Der amtliche Sportboot-führerschein – See

Leitfaden
für die theoretische
und praktische Prüfung

für

- BEWERBER
- AUSBILDER
- PRÜFER

mit

- allen 362 amtlichen Prüfungsfragen sowie den Antworten einschließlich der Kartenaufgaben
- übersichtlicher Darstellung aller Führerscheinbestimmungen von der Antragstellung bis zur Aushändigung des Führerscheins
- der Prüfung für Seenot-Signalmittel einschließlich der 48 amtlichen Prüfungsfragen und Antworten
- dem Text der Verordnung mit allen aktuellen Ergänzungen
- mehr als 300 meist mehrfarbigen Abbildungen und Grafiken
- der wichtigen Beilage: die 20 Original-Seekartenausschnitte

Die spezielle Lern- und Ausbildungshilfe

Enge Verbindung von Text und Bild und damit
leicht faßliche Darstellung des Stoffes
unter Berücksichtigung der Ausbildungspraxis

Vertiefung wichtiger Sachgebiete

Schwerpunktbildung nach den Erfordernissen der Ausbildung

Auffrischung der Kenntnisse für Führerscheininhaber

Der amtliche Sportboot-führerschein-See

der Bundesrepublik Deutschland

Der sichere Weg zur Prüfung

12. völlig überarbeitete und erweiterte Auflage

von Ministerialdirigent a. D. Kurt Graf
und Ministerialrat Dr. Dietrich Steinicke

im Bundesverkehrsministerium, Abt. Seeverkehr

BUSSESEEWALD

ISBN 3-512-03163-3

1. Auflage © 1977
2. Auflage © 1978
3. Auflage © 1980
4. Auflage © 1981
5. Auflage © 1983
6. Auflage © 1984
7. Auflage © 1986
8. Auflage © 1987
9. Auflage © 1989
10. Auflage © 1991
11. Auflage © 1994
12. Auflage © 1997 by Busse + Seewald GmbH & Co. KG
Graphik und Gestaltung Prof. Christoph Drescher
Satz und Druck: Busse-Druck, Herford

Printed in Germany

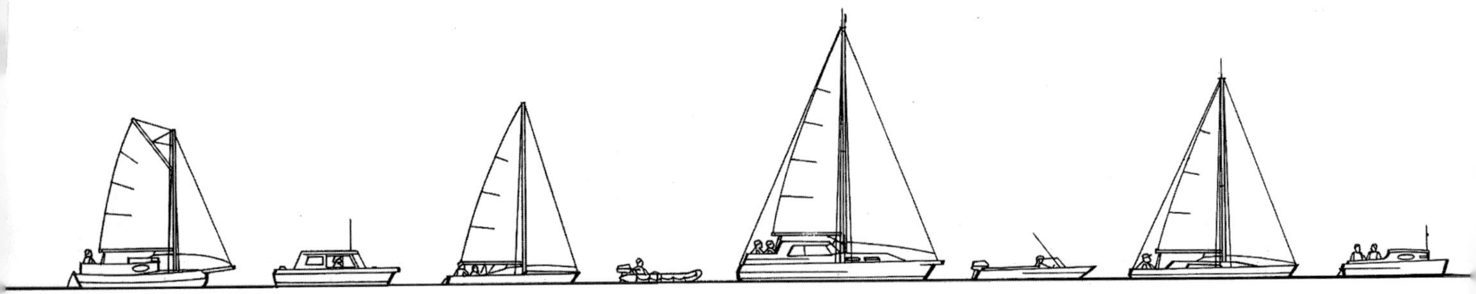

Grundregel für das Verhalten im Verkehr

Jeder Verkehrsteilnehmer hat sich so zu verhalten, daß die Sicherheit und Leichtigkeit des Verkehrs gewährleistet ist und daß kein Anderer geschädigt, gefährdet oder mehr als nach den Umständen unvermeidbar behindert oder belästigt wird. Er hat insbesondere die Vorsichtsmaßregeln zu beachten, die Seemannsbrauch oder besondere Umstände des Falles erfordern.

(SeeSchStrO, § 3 Abs. 1)

Die Entwicklung des Führerscheins und des Werkes

Am 1. September 1967 ist die Motorbootführerscheinverordnung in Kraft getreten. Sie galt zunächst nur für Motorboote mit einer Motorleistung von mehr als 5 PS. Der Motorbootsportler sollte dazu die Kenntnisse erwerben, die ihm eine sichere Teilnahme am allgemeinen Schiffsverkehr im Bereich der Seeschiffahrtsstraßen und der Küstengewässer ermöglichen.

Die schon nach den ersten Jahren mit dieser Verordnung gewonnenen guten Erfahrungen führten zu Ergänzungen und zu Verbesserungen. Viele Vorschläge aus dem Kreis der Betroffenen ergaben nützliche Hinweise im Werk in den Jahren 1967 bis 1996.

1970 war es notwendig geworden, den neugefaßten Fragen- und Antwortenkatalog zu berücksichtigen und verschiedene einschlägige Änderungen in der Gesetzgebung aufzunehmen.

Am 1. November 1971 trat eine umfangreiche Neufassung der Seeschiffahrtsstraßen-Ordnung in Kraft, so daß der Abschnitt Gesetzgebung umgestaltet werden mußte.

Mit der Sportbootführerscheinverordnung vom 20. Dezember 1973 wurde die Führerscheinpflicht auf alle Sportboote ausgedehnt, die mit einem Motor ausgerüstet sind, der mehr als 5 PS abgibt, also auch auf Segelfahrzeuge.

Diesen tiefgreifenden Veränderungen trug der neue Prüfungsleitfaden auf mannigfaltige Art Rechnung. Darüber hinaus wurde das Werk auf folgende Funktionen ausgerichtet:

- Förderung der richtigen Ausbildung der Bewerber für das Bestehen der Prüfung;
- Anleitung und Hilfe für den Ausbilder und für die Gestaltung der Ausbildung;
- Unterstützung der amtlichen Tätigkeit der Prüfer bei der Durchführung der Prüfung;
- Nachschlagewerk für alle, die am Wassersport interessiert sind, und für geübte Bootsführer zur Auffrischung der Kenntnisse.

Im **Teil I** wurden alle gesetzlichen Vorschriften und die Durchführungsrichtlinien in Frage und Antwort entsprechend dem zeitlichen Ablauf des Verwaltungsverfahrens – von der Antragstellung bis zur Aushändigung des Führerscheins – erklärt. Einbezogen wurden auch alle damit zusammenhängenden Grundsatzfragen, z. B. Notwendigkeit der Einführung des amtlichen Sportbootführerscheins – See, Geltungsbereich usw. Der Text der Sportbootführerscheinverordnung – See wurde am Schluß des Werkes aufgenommen, um den interessierten Leser auf die einschlägigen Regelungen, auf die die §§-Hinweise im fortlaufenden Text Bezug nehmen, im Originalwortlaut aufmerksam zu machen. Tabellen, Übersichten, Karten usw. mit ausführlichen Fundstellenhinweisen schließlich sollen das Studium der unerläßlichen Verfahrensvorschriften erleichtern. – Mit dieser Art der Darstellung sollte erreicht werden, daß auch der juristische Laie sich sehr schnell zurechtfindet.

In **Teil II** wurden die 362 amtlichen Fragen *der theoretischen Prüfung mit allen dazugehörenden Antworten,* einschließlich der *20 Kartenaufgaben* mit den *Ausschnitten aus Original-Seekarten* sowie den Lösungen aufgenommen. Die Prüfungsantworten haben nicht den Charakter einer amtlichen Pflichtantwort, sondern sind Antwortvorschläge für den Prüfer, um die Gleichbehandlung bei der Bewertung der Antworten zu gewährleisten. Es kommt daher nicht auf den Wortlaut, sondern auf den sachlich richtigen Inhalt der Antwort an. Zusätzlich zu den Fragen und Antworten, die jeweils deutlich hervorgehoben sind, wurden Hinweise, Graphiken und Abbildungen aufgenommen, die dem Bewerber das Verstehen und Einprägen des Prüfungsstoffes erleichtern sollen.

In zweierlei Hinsicht ist besonders auf die neu aufgenommenen Kartenaufgaben hinzuweisen: Die Lösung der Kartenaufgaben wurde so aufbereitet, daß der Bewerber nach Erarbeitung der theoretischen Grundlagen im Abschnitt Nautik und in der allgemeinen Erläuterung zu den Kartenaufgaben zur richtigen Lösung kommt. Die zum amtlichen Fragenkatalog gehörenden 20 Seekartenausschnitte sind den Seekarten D 30 und D 49 des Bundesamtes für Seeschiffahrt und Hydrographie entnommen. Diese Ausschnitte liegen dem Buch bei.

Teil III befaßt sich mit dem Inhalt der **praktischen Prüfung,** die nicht unerheblich umgestaltet worden ist. Der Vorbereitung auf die praktische Prüfung wurde bisher zumeist nur wenig Zeit gewidmet. Das wird künftig anders sein müssen, wenn der Bewerber die Prüfungsanforderungen erfüllen und die Prüfung bestehen will. Die Erläuterungen der erforderlichen praktischen Kenntnisse und Fertigkeiten im Teil III beschränken sich auf die für die Prüfung notwendigen Grundbegriffe, die weitgehend durch bildliche Darstellungen verdeutlicht werden.

Bei dem geschilderten Aufbau des Leitfadens ist es die Absicht der Autoren, die gesteckten Ziele – Prüfungsgrundlagen sowohl für den Bewerber als auch für den Ausbilder und Prüfer – dadurch zu erreichen, daß

- der amtliche Prüfungsstoff vollständig und unverändert wiedergegeben und zusätzlich erläutert wird,
- sämtliche Führerscheinbestimmungen mit Hinweisen auf die Fundstelle wiedergegeben und erläutert werden,
- nur amtliche Unterlagen verwendet werden.

Darüber hinaus kann dieses Buch als Nachschlagewerk für alle dienen, die am Wassersport interessiert sind, gleichgültig, ob sie schon einen Führerschein besitzen, ihn noch erwerben wollen oder sich noch unschlüssig darüber sind.

Der Unschlüssige kann durch die anschauliche Darstellung des Stoffes leicht vorher selbst prüfen, ob er sich den Anforderungen einer Prüfung gewachsen fühlt. – Wer seinen Führerschein mit Hilfe dieses Leitfadens erworben hat, sollte das Buch nicht gleich nach der Prüfung aufatmend beiseite legen: Kein Prüfungswissen bleibt ewig auf dem Niveau des Prüfungszeitpunktes! Deshalb sollte das Buch von Zeit zu Zeit zur Auffrischung der Kenntnisse wieder hervorgeholt werden.

Im Januar 1980 war aufgrund der 4. Änderung der Seeschifffahrtsstraßen-Ordnung vom 29. 04. 1978 die Einführung des Betonnungssystems „A" im Bereich der deutschen Seeschifffahrtsstraßen zu berücksichtigen. Es handelte sich insbesondere um die Änderung der Schiffahrtszeichen zur Bezeichnung der Ansteuerung des Fahrwassers, der Fahrwasserseiten, der Fahrwassermitte, der Bezeichnung von Untiefen, Wracks und anderen Schiffahrtshindernissen, von militärischen und zivilen Sperr- bzw. Warngebieten.

1982 wurde das Werk aufgrund folgender Änderungen von Gesetzesvorschriften, Grundsätzen und Richtlinien umfassend überarbeitet:

- Wegfall des optischen Sturmwarndienstes ab 31. 12. 1982
- Änderung der Sportbootführerschein-Verordnung–See mit Wirkung vom 01. 04. 1983
- Änderung der internationalen Regeln von 1972 zur Verhütung von Zusammenstößen auf See (Seestraßenordnung) mit Wirkung vom 01. 06. 1983
- 5. Änderung der Seeschiffahrtsstraßen-Ordnung mit Wirkung vom 01. 03. 1983
- Inkrafttreten der DIN 13312 betreffend „Größen, Benennungen und Zeichen in der Navigation".

Die sich aus den vorstehenden Anlässen ergebenden Änderungen bei der Durchführung der Vorschriften zum Erwerb des Sportbootführerscheins–See waren glücklicherweise in einem zeitlichen Zusammenhang eingetreten, so daß es möglich war, alle Änderungen zum gleichen Zeitpunkt durchzuführen.

1989 erfolgte eine weitere Bearbeitung, weil umfangreiche Änderungen im Prüfungsstoff und in den damit zusammenhängenden Gesetzen, Verordnungen und Richtlinien eingetreten waren:

Die durch Erlaß des Bundesministers für Verkehr vom 2. Mai 1989 – See 19/48.57.01 – 07/18VV 89 II – eingeführten Änderungen des Fragen- und Antwortenkatalogs beruhten insbesondere auf den Änderungen der Seestraßenordnung, die weltweit am 11. November 1989 in Kraft traten. Die gleichzeitig mit der Einführungsverordnung vom 15. Juni 1989, BGBl. I S. 1107, erfolgte Umbenennung der „Seestraßenordnung" in „Kollisionsverhütungsregeln (KVR)" hatte zahlreiche Korrekturen notwendig gemacht. Außerdem hatten sich Änderungen im allgemeinen Sicherheitsbereich der Seeschiffahrt ergeben, die auch im Wassersportbereich zu berücksichtigen waren. Schließlich wurden im Zusammenhang mit der ohnehin notwendigen Änderung des Fragen- und Antwortenkatalogs verschiedene Anregungen aus der Praxis sowohl zum Fragen- und Antwortenkatalog als auch zum Erläuterungsteil berücksichtigt. Es ist immer wieder erfreulich zu sehen, wie engagiert sich Wassersportler mit diesem Werk befassen.

Da am 1. April 1989 auch die Verordnung über das Führen von Sportbooten auf Binnenschiffahrtsstraßen vom 22. März 1989 in Kraft getreten war, konnte diese in den Teilen I und IX berücksichtigt und der volle Wortlaut dieser Verordnung in den Anlagen aufgenommen werden. Im Hinblick auf die Einführung des „Sportbootführerscheins–Binnen" wurde der Titel dieses Werkes in „Der amtliche Sportbootführerschein–See" umbenannt. Trotz dieser Änderungen war das bewährte Grundkonzept des Werkes unverändert geblieben.

1991 waren es vor allem die Änderungen des Fragen- und Anwortenkataloges, die aufgrund des Einigungsvertrages, der Änderung der Schiffahrtsordnung Emsmündung, der Kollisionsverhütungsregeln und der Seeschiffahrtsstraßen-Ordnung sowie aufgrund der Erkenntnisse der Seeunfalluntersuchung eine Überarbeitung des Werkes erforderlich machten. Im Zusammenhang damit wurden Anregungen der Prüfungsausschüsse und der Schulen im Hinblick auf Klarstellungen und redaktionelle Verbesserungen berücksichtigt. Darüber hinaus trug die neue Auflage den neuen Kartenaufgaben Rechnung, die aus dem Bereich der Küstengewässer Mecklenburg-Vorpommerns ausgewählt worden waren. Auch wurden die Seekartenauszüge für die Kartenaufgaben aus den bereits auf das neue internationale Signatursystem umgestellten Seekarten aus dem deutschen Küstenbereich der Nord- und Ostsee entnommen. Schließlich wurden im allgemeinen Teil die umfangreichen Änderungen der Durchführungsrichtlinien für die Wassersportverbände und für die Wasser- und Schiffahrtsverwaltung eingearbeitet. Damit war nun auch die in den neuen Bundesländern eingerichtete Prüfungsorganisation in das bisherige System der Prüfungsausschüsse integriert worden, so daß dieses Werk in allen Bundesländern Deutschlands Gültigkeit bekam. Zur qualitativen Verbesserung wurden eine Reihe neuer bildlicher Darstellungen aufgenommen und für den potentiellen Antragsteller zum Erwerb einer Fahrerlaubnis ein Originalantragsformular und ärztliches Zeugnis zur Arbeitserleichterung beigelegt.

Eine weitere umfangreiche Änderung des Werkes wurde 1994 erforderlich, da sowohl in der Verordnungsgebung als auch in den Durchführungsvorschriften Veränderungen eingetreten waren, die bis dahin in einer Beilage zu dem Werk berücksichtigt gewesen waren. Abgesehen von Änderungen durch die Verordnung über den Erwerb von Sportsee- und Sporthochseeschifferscheinen vom 17. Dezember 1992 (BGBl. I S. 2061) – hierdurch wurde der bisherige „Sportbootführerschein" in die Bezeichnung „Sportbootführerschein–See" geändert – waren zwei grundsätzliche Neufassungen der Durchführungsrichtlinien zu berücksichtigen: Die Richtlinien für den Deutschen Motor-Yachtverband und den Deutschen Segler-Verband über die Durchführung der Aufgaben nach § 4 der Sportbootführerscheinverordnung–See vom 27. April 1977 (VKBl. S. 309) wurden am 12. Februar 1992 (VKBl. S. 65) geändert und ergänzt und insgesamt neu bekanntgemacht (VKBl. S. 88). Die darin enthaltenen Änderungen traten unterschiedlich am 1. März und am 1. September 1992 in Kraft. Mit weiteren Änderungen der Bekanntmachung vom 17. März 1993 (VKBl. S. 299) und vom 21. Dezember 1993 (VKBl. S. 51) wurden verschiedene Änderungen betreffend das Anfechtungsverfahren, die Anweisung für die Durchführung der praktischen Prüfung und über die Ausstellung des Sportbootführerscheins–See ohne Prüfung eingeführt.

Vorwort zur 12. Auflage

Diese Auflage hat den bewährten Prüfungsleitfaden nicht nur erheblich erweitert, sondern ihn auch im Gegensatz zu früheren Auflagen wesentlich geändert; und zwar aus folgenden Gründen:

Ende Januar 1997 ist ein neuer Fragen- und Antwortenkatalog veröffentlich worden, der ab 1. Mai 1997 den Prüfungen verbindlich zugrunde gelegt wird. Dieser Katalog ist in zweijähriger Arbeit von einem Expertenteam aus Vertretern von Prüfungsausschußvorsitzenden unter Leitung eines Vertreters der Wasser- und Schiffahrtsdirektion Nordwest erarbeitet worden und berücksichtigt die langjährigen Prüfungserfahrungen, Änderungsvorschläge der Ausbildungsstätten, Erkenntnisse der Seeunfalluntersuchung und Weiterentwicklungen der Vorschriften und der seemännischen Sorgfaltspflichten. Dabei wurden 19 Fragen und Antworten neu eingefügt, 34 Fragen und Antworten zusammengefaßt und 184 Fragen bzw. Antworten geändert, ergänzt oder redaktionell neugefaßt. Lediglich 122 Fragen und Antworten des Katalogs, dessen Gesamtzahl unverändert blieb, wurden beibehalten.

Die 12. Auflage berücksichtigt aber auch die Änderung der Richtlinien vom 25. November 1996, die eine einheitliche Punktbewertung für die Antworten dergestalt eingeführt hat, daß alle Fragen bei richtiger Beantwortung mit zwei Punkten bewertet werden, ohne daß das bisherige Punktsystem geändert wurde.

Schließlich enthält die Neuauflage auch die auf den neuesten Stand gebrachten Seekartenauszüge, die keine Kurslinien mehr enthalten, da sie künftig vom Prüfling einzuzeichnen sind.

Die Tatsache, daß die Neuauflage um 38 Seiten erweitert wurde, macht deutlich, daß die Erläuterungen nicht nur im Hinblick auf die neuen Fragen, sondern auch auf die modifizierten Fragen oder Antworten durch den Text oder durch graphische Darstellungen vertieft worden sind. Wie beim neugefaßten Fragen- und Antwortenkatalog haben die Autoren des Prüfungsleitfadens ihre langjährigen Kenntnisse und Erfahrungen mit der Prüfungsmaterie in die Neuauflage eingebracht.

Hamburg/Bonn, Januar 1997 — Die Verfasser

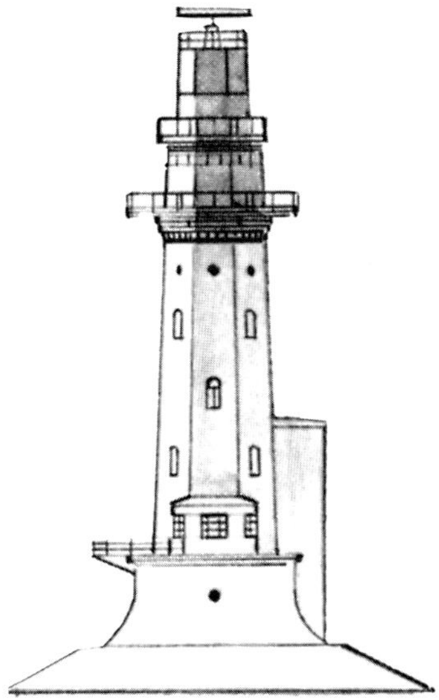

Leuchtturm Hoheweg (Weser)

Inhalt

Teil I Das Wichtigste über den Sportbootführerschein–See

Teil II Die amtlichen Fragen und Antworten

Teil III Die praktische Prüfung

Teil IV Die Prüfung für Seenot-Signalmittel mit den amtlichen Fragen und Antworten

Anlagen

Stichwortverzeichnis

Beilagen

1. **Muster des Antragsformulars auf Zulassung zur Prüfung.**

2. **Muster des ärztlichen Zeugnisses für Sportbootführerscheinbewerber.**

3. **Empfehlungen des Bundesministers für Verkehr, der Wasser- und Schiffahrtsdirektionen Nord und Nordwest, der Prüfungsausschüsse des Deutschen Motoryachtverbandes und des Deutschen Segler-Verbandes für den amtlichen Sportbootführerschein–See für die Ausbildung zur Ablegung der Prüfung zum Erwerb des Sportbootführerscheins–See.**

4. **Die 20 Seekartenausschnitte zu den Kartenaufgaben (Fragen 343–362)**

5. **Laufzettel für die praktische Prüfung.**

6. **Einverständniserklärung des gesetzlichen Vertreters.**

Zeichenerklärungen und Abkürzungen

1. Zeichenerklärung

1.1 *Darstellung der Lichter*

Rundumlicht

Festes Licht, sichtbar über einen begrenzten Horizontbogen

Festes Licht, sichtbar über einen begrenzten Horizontbogen, vom Beobachter abgekehrte Richtung

Funkellicht, sichtbar über den ganzen Horizont

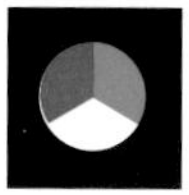

Funkellicht, sichtbar über drei begrenzte Horizontbögen

1.2 *Darstellung der Schall- und Lichtsignale*

1 langer Ton

1 kurzer Ton

Glockenschlag

Raschen Läuten der Glocke

Rasches Schlagen des Gongs

1.3 *Darstellung der Kennungen mit Abkürzung der Kennungen (englisch/deutsch)*

Funkelfeuer mit dauerndem Funkeln (Q/Fkl.)

Schnelles Funkelfeuer mit dauerndem schnellen Funkeln (VQ/SFkl.)

Funkelfeuer mit Gruppen von 3 Funkeln (Q [3]/Fkl. [3])

Schnelles Funkelfeuer mit Gruppen von 3 schnellen Funkeln (VQ [3]/SFkl. [3])

Funkelfeuer mit Gruppen von 6 Funkeln und 1 Blink (Q [6] + LFl/Fkl. [6] + Blk.)

Schnelles Funkelfeuer mit Gruppen von 6 schnellen Funkeln und 1 Blink (VQ [6] + LFl/SFkl. [6] + Blk.)

Funkelfeuer mit Gruppen von 9 Funkeln (Q [9]/Fkl. [9])

Schnelles Funkelfeuer mit Gruppen von 9 schnellen Funkeln (VQ [9]/SFkl. [9])

Funkelfeuer mit Unterbrechungen (IQ/Fkl. unt.)

Seekarten Ausschnitte aus den Seekarten D 2, D 30, D 36 und D 87 ohne eingedruckte Decca-Hyperbeln

1.4 *Sonstige Darstellungen in den Teilen II und III*

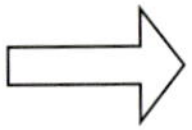 Windrichtung

 Kollisionskurs des ausweichpflichtigen Fahrzeugs

 beabsichtigter Kurs des nicht ausweichpflichtigen Fahrzeugs

 zurückgelegter Weg

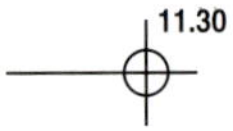

wahrer Schiffsort z. B. 11 Uhr 30 Min.

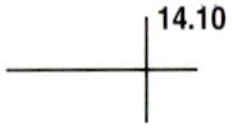

Koppelort z. B. 14 Uhr 10 Min.

2. Abkürzungen und Fundstellen von Gesetzen, Verordnungen usw.

RiVerb
Richtlinien für den Deutschen Motoryachtverband und den Deutschen Segler-Verband über die Durchführung der Aufgaben nach § 4 der Sportbootführerscheinverordnung–See, vom 17. Februar 1992 See 19/48.57.01–02/3 VA 92, zuletzt geändert durch Erlaß vom 25. November 1996 See 19/48.57.01–02/ VA 96 Verkbl. S. 106 in der Fassung der Bekanntmachung der Neufassung vom 20. Dezember 1996 See 19/48.57.01–02/83 VA 96 (Verkbl. S. 12)
Literaturhinweis:
Deutscher Küsten-Almanach IV A 2, Carl Heymanns Verlag, Köln

RiWSV
Richtlinien für die Wasser- und Schiffahrtsverwaltung des Bundes über die Durchführung der Aufgaben nach der Sportbootführerscheinverordnung vom 26. August 1994 (Verkbl. S. 50)
Literaturhinweis:
Deutscher Küsten-Almanach IV A 3, Carl Heymanns Verlag, Köln

SeeAufgG
Gesetz über die Aufgaben des Bundes auf dem Gebiet der Seeschiffahrt (Seeaufgabengesetz) vom 24. Mai 1965 (BGBl. I S. 833) in der Fassung der Bekanntmachung vom 27. September 1994 (BGBl. I S. 3902), zuletzt geändert durch Artikel 1 des Ausführungsgesetzes Seerechtsübereinkommen 1982/1994 vom 6. Juni 1995 (BGBl. I S. 778)
Literaturhinweis:
Deutscher Küsten-Almanach I B 1, Carl Heymanns Verlag, Köln

SchBesV
Schiffsbesetzungsverordnung vom 4. April 1984 (BGBl. I S. 523), zuletzt geändert durch die Verordnung vom 18. Dezember 1989 (BGBl. I S. 2457)
Literaturhinweis:
Deutscher Küsten-Almanach I B 35, Carl Heymanns Verlag, Köln

SchOffzAusbV
Verordnung über die Ausbildung und Befähigung von Kapitänen und Schiffsoffizieren des nautischen und technischen Schiffsdienstes vom 11. Februar 1985 (BGBl. I S. 323), zuletzt geändert durch die Verordnung vom 22. August 1991 (BGBl. I S. 1803) in der Fassung der Bekantmachung vom 15. Januar 1992 (BGBl. I S. 22)
Literaturhinweis:
Deutscher Küsten-Almanach I B 36, Carl Heymanns Verlag, Köln

Seenot-Signalmittel
Die Zusatzprüfung bei Prüfungsausschüssen für Wassersportführerscheine. Herausgegeben in Verbindung mit dem Bundesverkehrsministerium – Abteilung Seeverkehr – und dem Bundesinnenministerium von der Busseschen Verlagshandlung, Herford

SeeSchStrO
Seeschiffahrtsstraßen-Ordnung vom 3. Mai 1971 (BGBl. I S. 641ff.), zuletzt geändert durch die Verordnung vom 24. Februar 1987 (BGBl. I S. 746), in der Fassung der Bekanntmachung vom 15. April 1987 (BGBl. I S. 1266), zuletzt geändert durch Artikel 5 der Ausführungsverordnung zum Seerechtsübereinkommen vom 7. Dezember 1994 (BGBl. I S. 3744)
Literaturhinweis:
Graf/Steinicke, Seeschiffahrtsstraßen-Ordnung, kommentierte Textausgabe, 10. Aufl., Carl Heymanns Verlag, Köln
Deutscher Küsten-Almanach I A 2, Carl Heymanns Verlag, Köln

SeeUG
Gesetz über die Untersuchung von Seeunfällen (Seeunfalluntersuchungsgesetz) vom 6. Dezember 1985 (BGBl. I S. 2146), zuletzt geändert durch Art. 3 des Ausführungsge-

setzes Seerechtsübereinkommen 1992/1994 vom 6. Juni 1995 (BGBl. I S. 778).
Literaturhinweis:
Deutscher Küstenalmanach I B 1a
Kommentar zum SeeUG,
Verlag K. O. Stark, Hamburg

KVR
Kollisionsverhütungsregeln, Regeln zur Verhütung von Zusammenstößen auf See – siehe VO KVR –
Literaturhinweis:
Graf/Hübschmann/Steinicke, Kollisionsverhütungsregeln, Textausgabe mit den Erläuterungen der IMO
3. Aufl. 1991, Carl Heymanns Verlag, Köln
Deutscher Küsten-Almanach I A 1, Carl Heymanns Verlag, Köln

SportbootFüV-See
Verordnung über die Eignung und Befähigung zum Führen von Sportbooten auf den Seeschiffahrtsstraßen (Sportbootführerschein–See) vom 20. Dezember 1973 (BGBl. I S. 1988), zuletzt geändert durch VO vom 7. Dezember 1994 (BGBl. I S. 3744)

SportbootFüV-Bin
Verordnung über das Führen von Sportbooten auf den Binnenwasserstraßen (Sportbootführerscheinverordnung–Binnen – SportbootFüV-Bin) vom 22. März 1989 (BGBl. I S. 536, berichtigt S. 1102) in der Fassung des Gesetzes vom 25. September 1990 (BGBl. I S. 2106)

Sportseeschifferscheinverordnung
Verordnung über den Erwerb von Sportsee- und Sporthochseeschifferscheinen vom 17. Dezember 1992 (BGBl. I S. 2061)

See-SportbootvermietungsVO
Verordnung über die Inbetriebnahme und gewerbsmäßige Vermietung und Benutzung von Sportbooten im Küstenbereich vom 7. April 1981 (BGBl. I S. 1981), zuletzt geändert durch Artikel I der Verordnung vom 18. Dezember 1995 (BGBl. I S. 1928)
Literaturhinweis:
Charterboot, Carl Heymanns Verlag, Köln
Deutscher Küsten-Almanach IV A 7, Carl Heymanns Verlag, Köln

VO Sicherung der Seefahrt
Verordnung über die Sicherung der Seefahrt vom 7. Juli 1993 (BGBl. I S. 1417)

VwKostG
Verwaltungskostengesetz vom 23. Juni 1970 (BGBl. I S. 821)

VwGO
Verwaltungsgerichtsordnung vom 21. Januar 1960 (BGBl. I S. 17), zuletzt geändert durch Gesetz vom 25. Mai 1976 (BGBl. I S. 1253)

VBKatBin-See
Allgemeine Verwaltungsvorschrift für die Erteilung von Buß- und Verwarnungsgeldern für Zuwiderhandlungen gegen strom- und schiffahrtspolizeiliche Vorschriften des Bundes auf Binnen- und Seeschiffahrtsstraßen sowie auf der Hohen See (Buß- und Verwarnungsgeldkatalog Binnen- und Seeschiffahrtsstraßen vom 15. Februar 1993 (Verkbl. S. 222)

VO KVR
Verordnung zu den Internationalen Regeln von 1972 zur Verhütung von Zusammenstößen auf See vom 13. Juni 1977 (BGBl. I S. 813), zuletzt geändert durch die VO vom 7. Dezember 1994 (BGBl. I S. 3744), siehe KVR
Literaturhinweis:
Graf/Hübschmann/Steinicke, Kollisionsverhütungsregeln 1991, 3. Aufl., Carl Heymanns Verlag, Köln

3. Sonstige Abkürzungen

Abs.	Absatz
Abschn.	Abschnitt
Abt.	Abteilung
α	Alpha (Winkelbezeichnung)
Art.	Artikel
β	Beta (Winkelbezeichnung)
Bb	Backbord
Bft	Beaufort
BfS	Bekanntmachungen für Seefahrer
BGBl.	Bundesgesetzblatt
BSH	Bundesamt für Seeschiffahrt und Hydrographie
BremGBl	Bremisches Gesetzblatt
BVM	Bundesverkehrsministerium
δ	Delta (Ablenkung)
DGzRS	Deutsche Gesellschaft zur Rettung Schiffbrüchiger
DIN	Deutsche Industrie-Norm
DMYV	Deutscher Motoryachtverband e. V.
DSV	Deutscher Segler-Verband e. V.
E	East (Ost)
E-Anlage	Elektrische Anlage
Erl.	Erläuterung
f	Fehlweisung
ff.	folgende
GVOBl.	Gesetz- und Verordnungsblatt
Sch.-H.S.	Schleswig-Holstein
GVBl. HB	Gesetz- und Verordnungsblatt Hamburg
5°	Grad (z. B. fünf)
hPa	Hektopascal
IMO	International Maritim Organisation
KoA	Koordinierungsausschuß Deutscher Motoryachtverband e.V. und Deutscher Segler-Verband e.V.
KpK	Kompaßkurs
KpN	Kompaßnord
λ	Lambda
min	Minute
5′	Minute (z. B. fünf)
mw	Mißweisung
mwK	Mißweisender Kurs
mwN	Mißweisend Nord
MRCC	Maritime Rescue Co-Ordination Centre
N	Nord
NfS	Nachrichten für Seefahrer
§	Paragraph (wenn im Text ohne Zusatz = SpbootFüV)
PA	Prüfungsausschuß für den amtlichen Sportbootführerschein
PS	Pferdestärke
φ	Phi
rwK	Rechtweisender Kurs
rwN	Rechtweisend Nord
S	Süd
SAR	Search and Rescue (Suche und Rettung)
Stb.	Steuerbord
Std.	Stunde
Verkbl.	Verkehrsblatt
vgl.	vergleiche
VO	Verordnung
Vorz.	Vorzeichen
Wk	wahrer Kurs
WSA	Wasser- und Schiffahrtsamt
WSD	Wasser- und Schiffahrtsdirektion
W	West

Teil I

Das Wichtigste über den Sportbootführerschein – See

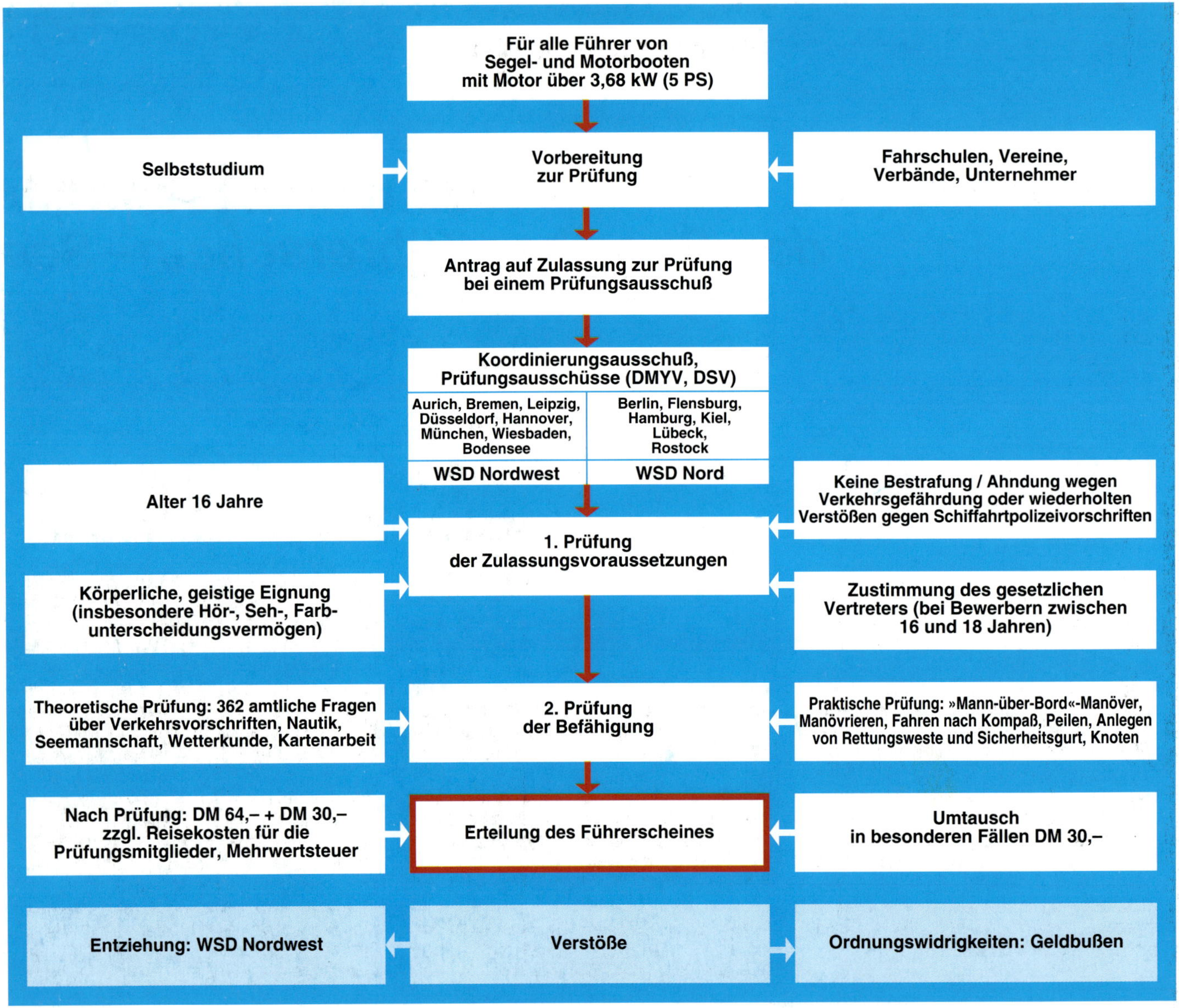
Für alle Führer von Segel- und Motorbooten mit Motor über 3,68 kW (5 PS)
Selbststudium
Vorbereitung zur Prüfung
Fahrschulen, Vereine, Verbände, Unternehmer
Antrag auf Zulassung zur Prüfung bei einem Prüfungsausschuß
Koordinierungsausschuß, Prüfungsausschüsse (DMYV, DSV)
Aurich, Bremen, Leipzig, Düsseldorf, Hannover, München, Wiesbaden, Bodensee
Berlin, Flensburg, Hamburg, Kiel, Lübeck, Rostock
WSD Nordwest
WSD Nord
Alter 16 Jahre
Keine Bestrafung / Ahndung wegen Verkehrsgefährdung oder wiederholten Verstößen gegen Schiffahrtpolizeivorschriften
1. Prüfung der Zulassungsvoraussetzungen
Körperliche, geistige Eignung (insbesondere Hör-, Seh-, Farbunterscheidungsvermögen)
Zustimmung des gesetzlichen Vertreters (bei Bewerbern zwischen 16 und 18 Jahren)
Theoretische Prüfung: 362 amtliche Fragen über Verkehrsvorschriften, Nautik, Seemannschaft, Wetterkunde, Kartenarbeit
2. Prüfung der Befähigung
Praktische Prüfung: »Mann-über-Bord«-Manöver, Manövrieren, Fahren nach Kompaß, Peilen, Anlegen von Rettungsweste und Sicherheitsgurt, Knoten
Nach Prüfung: DM 64,– + DM 30,– zzgl. Reisekosten für die Prüfungsmitglieder, Mehrwertsteuer
Erteilung des Führerscheines
Umtausch in besonderen Fällen DM 30,–
Entziehung: WSD Nordwest
Verstöße
Ordnungswidrigkeiten: Geldbußen

I. Inhalt und Umfang der Verpflichtung zum Besitz eines Sportbootführerscheins–See

1. Warum ist der Sportbootführerschein–See erforderlich?

Wer am Verkehr teilnimmt – gleichgültig ob im Straßenverkehr oder im Schiffsverkehr –, muß die Verkehrsregeln kennen! Dabei ist es gleichgültig, ob er Berufsschiffer ist oder ob er die Schiffahrt zum Vergnügen betreibt, d. h. Sportschiffer ist. Die Verkehrsregeln lernt man aber nicht dadurch, daß man gegen sie verstößt und dafür bestraft wird, sondern daß man sich ausbildet oder durch Fachkundige ausbilden läßt. Das Prinzip, Ausbildung durch Erziehung und nicht durch Bestrafung zu erreichen, hat den Gesetzgeber veranlaßt, in dem Gesetz über die Aufgaben des Bundes auf dem Gebiet der Seeschifffahrt vorzusehen, daß die Sicherheit und Leichtigkeit des Verkehrs auf dem Gebiet der Sportschiffahrt durch die Festlegung der Anforderungen an die Eignung und Befähigung der Führer von Sportfahrzeugen und die erforderlichen Befähigungszeugnisse zu gewährleisten ist. [§ 9 Abs. 1 Nr. 3 SeeAufgG]

Diese Regelung entspricht einer langen Tradition im Seebereich, denn seit altersher steht der Ausbildungsgrundsatz in der Seeschiffahrt im Vordergrund. Eine Notwendigkeit, die Ausbildung für Wassersportler zwingend vorzuschreiben, ergab sich jedoch erst Mitte der sechziger Jahre. Welche Ursachen hatte dies?

Anfang der sechziger Jahre war die Zahl der Wassersportfahrzeuge sprunghaft angestiegen. Immer mehr Wassersportler kamen auch aus dem Binnenland mit ihren Booten auf die Seeschiffahrtsstraßen und an die See. Sie stießen hier auf Verhältnisse, die sie nicht kannten und von denen sie zum Teil überhaupt noch keine Vorstellung hatten. Gleichzeitig nahm aber auch die Berufsschiffahrt erheblich zu. Dies führte zu einer Verkehrslage, die von jedem Verkehrsteilnehmer eine besondere Disziplin und spezielle Kenntnisse erforderte. Es verwundert daher nicht, daß die Unfallzahlen, an denen Sportboote beteiligt waren, in die Höhe stiegen. Dies beruhte – soweit sich die Ursachen überhaupt feststellen ließen – nicht nur auf der Unterschätzung der allgemeinen Gefahren auf See, den Unkenntnissen auf dem Gebiet der Navigation, der Sicherheitsausrüstung und der Nichtbeachtung von Wettermeldungen und Warnsignalen; auch Geltungssucht und Leichtsinn allein waren es nicht, die die Wassersportler dazu verleiteten, die erforderlichen Sicherheitsvorkehrungen außer acht zu lassen. Sondern es war vor allem die Unkenntnis der Verkehrsregeln, die gerade bei einem engen räumlichen Nebeneinander von Berufs- und Sportschiffahrt zu einer nicht länger tragbaren Gefährdung der Verkehrssicherheit führten.

Wenn auch noch keine spektakulären Kollisionen zu verzeichnen waren, so häuften sich die Beinahe-Unfälle von Sportbooten, bei denen nur durch entsprechende Rücksichtnahme seitens der Berufsschiffahrt schwerwiegende Beeinträchtigungen der Sicherheit und Leichtigkeit des Verkehrs verhindert werden konnten. Deshalb forderten nicht nur die Wasserschutzpolizei, sondern auch die Lotsen, die Deutsche Gesellschaft zur Rettung Schiffbrüchiger, die Wasser- und Schiffahrtsdirektionen im Küstenbereich und die Verbände der Berufsschiffahrt, sogar in Sammelunterschriftsaktionen, durch geeignete Maßnahmen hiergegen einzuschreiten.

Nachdem in den Jahren 1963 und 1965 der Bundesminister für Verkehr mehrmals die Wassersportler auf die Gefahren einer ungeübten Ausübung des Wassersports auf den Seeschiffahrtsstraßen und auf See hingewiesen hatte und die Ergebnisse zeigten, daß diese Aufrufe allein nicht ausreichend waren, wurde die Führerscheinpflicht für Motorsportboote mit mehr als 5 PS durch die Motorbootführerscheinverordnung vom 17. Januar 1967 am 1. März 1967 gesetzlich eingeführt. Diese Beschränkung der Führerscheinpflicht auf nur einen Teil der Sportschiffahrt war lediglich eine Zweckmäßigkeitsentscheidung. Es galt zunächst, die erforderliche Verwaltungsorganisation aufzubauen und die notwendigen Erfahrungen zu sammeln. Es stand aber von vornherein fest, daß dies nur der erste Schritt war. Der zweite Schritt folgte am 1. Januar 1974, als durch die Sportbootführerscheinverordnung vom 23. Dezember 1973 die Füh-

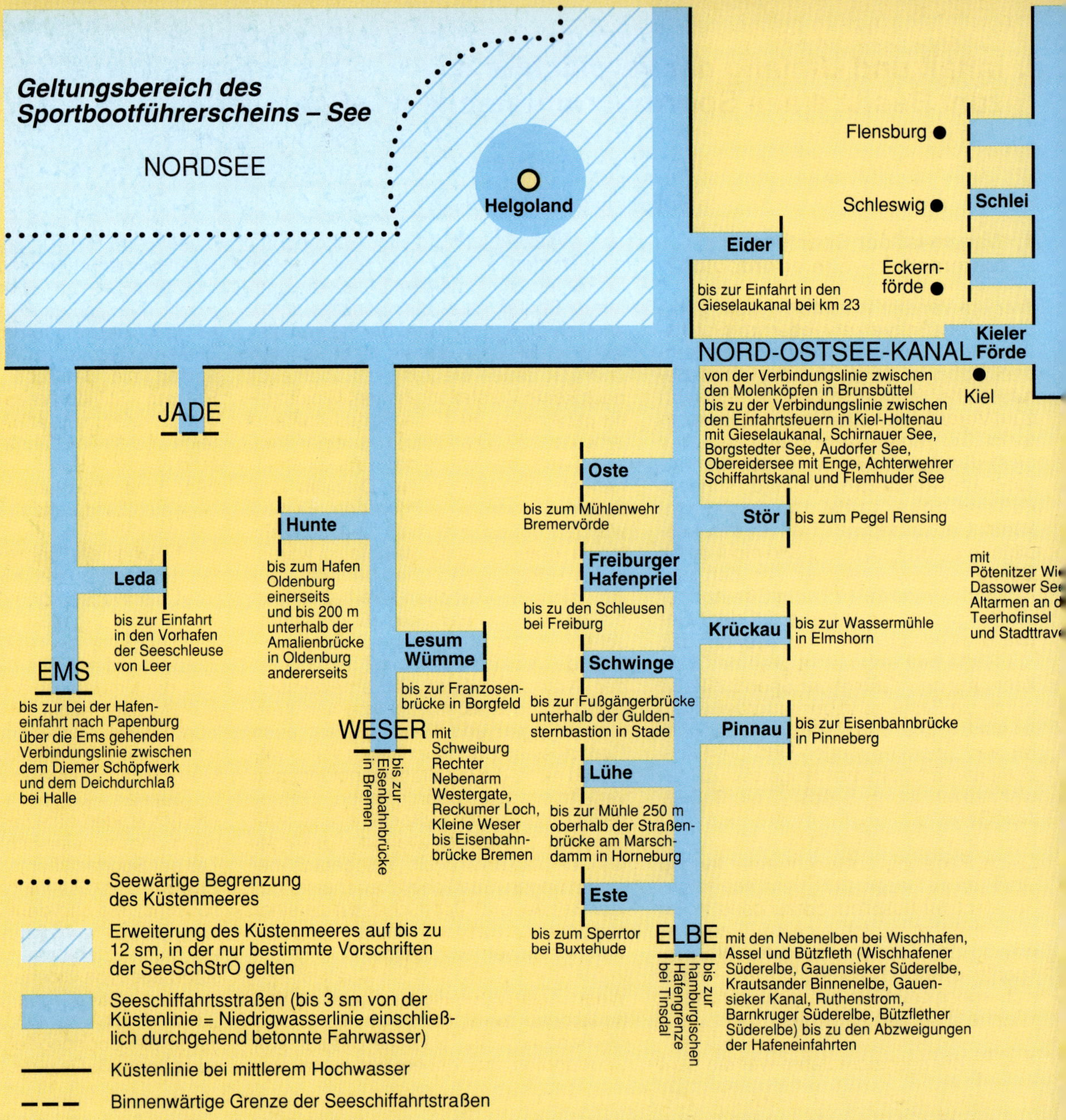

Geltungsbereich des Sportbootführerscheins – See
NORDSEE
Helgoland
Flensburg
Schleswig
Schlei
Eider
bis zur Einfahrt in den Gieselaukanal bei km 23
Eckernförde
Kieler Förde
Kiel
NORD-OSTSEE-KANAL
von der Verbindungslinie zwischen den Molenköpfen in Brunsbüttel bis zu der Verbindungslinie zwischen den Einfahrtsfeuern in Kiel-Holtenau mit Gieselaukanal, Schirnauer See, Borgstedter See, Audorfer See, Obereidersee mit Enge, Achterwehrer Schiffahrtskanal und Flemhuder See
JADE
Oste
bis zum Mühlenwehr Bremervörde
Stör
bis zum Pegel Rensing
Hunte
bis zum Hafen Oldenburg einerseits und bis 200 m unterhalb der Amalienbrücke in Oldenburg andererseits
Leda
bis zur Einfahrt in den Vorhafen der Seeschleuse von Leer
Freiburger Hafenpriel
bis zu den Schleusen bei Freiburg
mit Pötenitzer Wi
Dassower Se
Altarmen an d
Teerhofinsel
und Stadttrav
Krückau
bis zur Wassermühle in Elmshorn
Lesum
Wümme
bis zur Franzosenbrücke in Borgfeld
EMS
bis zur bei der Hafeneinfahrt nach Papenburg über die Ems gehenden Verbindungslinie zwischen dem Diemer Schöpfwerk und dem Deichdurchlaß bei Halle
Schwinge
bis zur Fußgängerbrücke unterhalb der Guldensternbastion in Stade
WESER
mit Schweiburg Rechter Nebenarm Westergate, Reckumer Loch, Kleine Weser bis Eisenbahnbrücke Bremen
bis zur Eisenbahnbrücke in Bremen
Pinnau
bis zur Eisenbahnbrücke in Pinneberg
Lühe
bis zur Mühle 250 m oberhalb der Straßenbrücke am Marschdamm in Horneburg
Este
bis zum Sperrtor bei Buxtehude
ELBE
bis zur hamburgischen Hafengrenze bei Tinsdal
mit den Nebenelben bei Wischhafen, Assel und Bützfleth (Wischhafener Süderelbe, Gauensieker Süderelbe, Krautsander Binnenelbe, Gauensieker Kanal, Ruthenstrom, Barnkruger Süderelbe, Bützflether Süderelbe) bis zu den Abzweigungen der Hafeneinfahrten
Seewärtige Begrenzung des Küstenmeeres
Erweiterung des Küstenmeeres auf bis zu 12 sm, in der nur bestimmte Vorschriften der SeeSchStrO gelten
Seeschiffahrtsstraßen (bis 3 sm von der Küstenlinie = Niedrigwasserlinie einschließlich durchgehend betonnte Fahrwasser)
Küstenlinie bei mittlerem Hochwasser
Binnenwärtige Grenze der Seeschiffahrtsstraßen

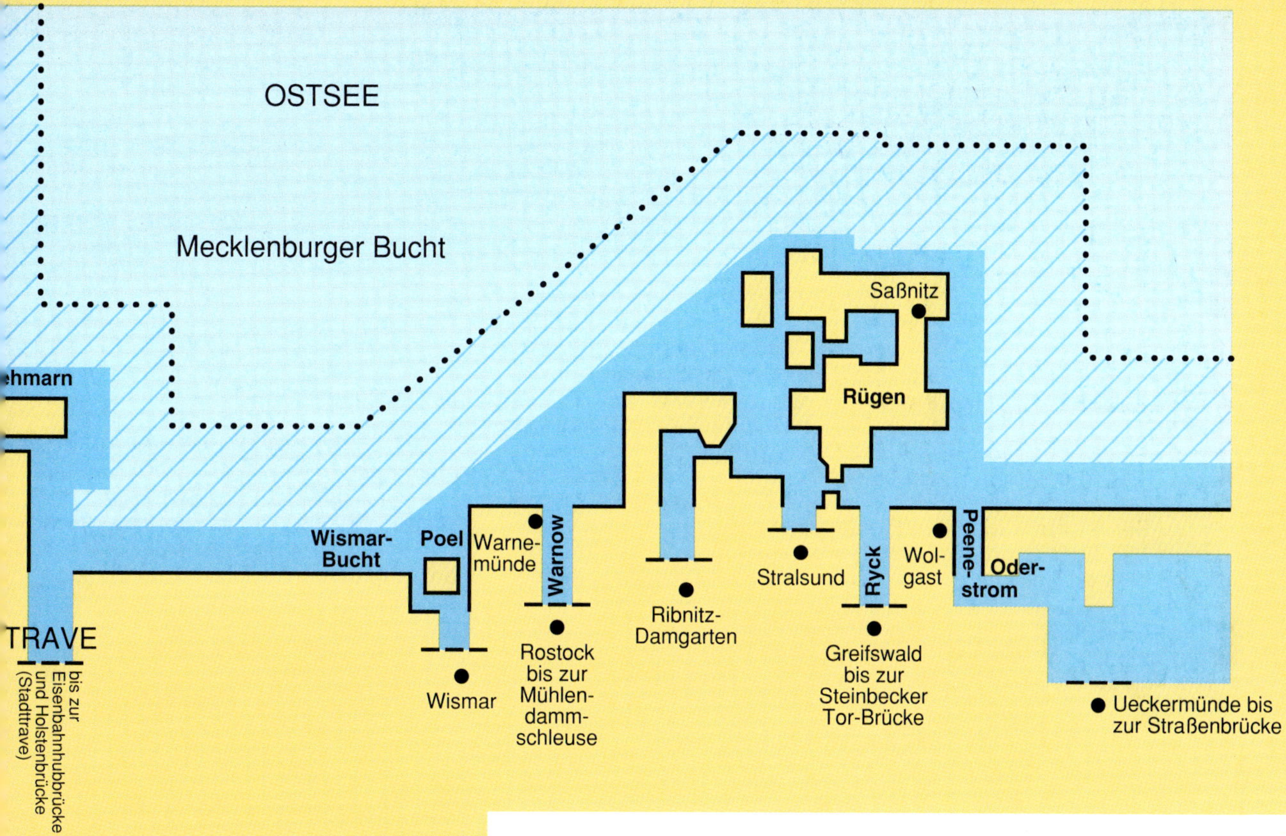

rerscheinpflicht auf motorisierte Segelfahrzeuge mit mehr als 5 PS erweitert wurde. Daß auch Wassersportler mit motorisierten Fahrzeugen mit weniger als 5 PS oder mit reinen Segelbooten die Verkehrsregeln kennen und beachten müssen, liegt auf der Hand. Ob dies durch eine Ausdehnung der Führerscheinpflicht auf alle Sportboote gewährleistet werden muß, wird die Zukunft erweisen. Dies gilt genauso für die Frage, ob für größere Sport- und Vergnügungsfahrzeuge bzw. Sport- und Vergnügungsfahrzeuge mit besonders starken Motoren nicht die Mindestanforderungen an die erforderlichen Kenntnisse erhöht werden müssen.

2. Welche rechtliche Bedeutung hat der Sportbootführerschein – See?

Durch die Sportbootführerscheinverordnung – See wird das Führen eines Sportbootes mit einem Motor von mehr als 3,68 kW (5 PS) auf den Seeschiffahrtsstraßen von dem Besitz einer Fahrerlaubnis abhängig gemacht. [*§ 1 Abs. 1*] Das bedeutet: Wer ohne Fahrerlaubnis fährt, verstößt gegen ein Fahrverbot und muß mit einer entsprechend hohen Geldbuße rechnen. [*§ 12*]

Der Sportbootführerschein hat nur die Bedeutung eines Nachweises, daß der Inhaber die Fahrerlaubnis besitzt. Der Sportbootführerschein ist deshalb kein Befähigungszeugnis im Sinne der Patente der Berufsschiffahrt.

3. Wo ist der Sportbootführerschein – See erforderlich?

Eine Fahrerlaubnis, d. h. der Sportbootführerschein, ist auf den **Seeschifffahrtsstraßen** erforderlich (siehe Übersicht auf Seite 22/23). **Sie ist nicht erforderlich** im Bereich der Erweiterung des Küstenmeeres auf bis zu 12 sm sowie auf der Hohen See.

Seeschiffahrtsstraßen sind die von Seeschiffen befahrbaren Wasserstraßen im Küstenbereich, auf denen die Kollisionsverhütungsregeln und die Schiffahrtsstraßen-Ordnung gelten. Die Seeschifffahrtsstraßen liegen im Geltungsbereich der SeeSchStrO. Der Geltungsbereich der Seeschiffahrtsstraßen-Ordnung ist seewärts begrenzt durch die seewärtige Grenze des Küstenmeeres, d. h. die Hoheitsgrenze, und binnenwärtig begrenzt durch die Binnenschiffahrtsstraßen bzw. Häfen. [*§ 1 Abs. 1 SeeSchStrO*]

Ab 1. Januar 1995 wurden die deutschen Hoheitsgewässer generell auf 12 sm von der Basislinie = Niedrigwasserlinie ausgedehnt. Aufgrund dieser Entscheidung wird künftig zwischen dem Bereich der **Seeschiffahrtsstraßen,** in dem die wesentlichen Änderungen und Ergänzungen zu den KVR gelten, und dem bis zur seewärtigen Grenze des Küstenmeeres reichenden Geltungsbereich der **Seeschiffahrtsstraßen-Ordnung** unterschieden, in dem im wesentlichen nur die Vorschriften über die maritime Verkehrssicherung, die Meldepflicht und die schiffahrtspolizeilichen Befugnisse der Wasser- und Schiffahrtsverwaltung und der Küstenwache des Bundes gelten.

Während der Geltungsbereich der Seeschiffahrtsstraßen-Ordnung an der Hoheitsgrenze endet, verläuft **die seewärtige Grenze der Seeschiffahrtsstraßen 3 sm seewärts der Basislinie.** Dieser Geltungsbereich wird nur dort seewärts geringfügig ausgedehnt, wo beidseits betonnte Fahrwasser bestehen, wie z. B. auf der Elbe, Weser und Jade, dort aber erst **ab** dem ersten Tonnenpaar, so daß die Ansteuerungstonnen nicht zum Fahrwasser gehören. **Eine Fahrerlaubnispflicht (Sportbootführerschein – See) besteht nur auf den Seeschiffahrtsstraßen,** also nur in den vorgenannten Bereichen.
Von Bedeutung ist die ebenfalls ab 1. 1. 1995 durchgeführte binnenwärtige Erweiterung des Geltungsbereichs der Seeschiffahrtsstraßen-Ordnung – siehe Karte – in Mecklenburg-Vorpommern
- auf der Warnow von der Mündung in die Unterwarnow bis zur Mühlenschleuse in Rostock
- auf der Ryck bis zur Steinbecker-Tor-Brücke in Greifswald und
- auf der Uecker bis zur Straßenbrücke in Ueckermünde.

Schwierig feststellbar für den Wassersportler ist die auf dem Wasser nicht gekennzeichnete seewärtige Begrenzung des Küstenmeeres, d. h. die Hoheitsgrenze, und die seewärtige Begrenzung der Seeschiffahrtsstraßen. Diese Grenzen sind in den amtlichen Seegrenzkarten des BSH eingetragen.

4. Wer muß einen Sportbootführerschein – See haben?

Einen Sportbootführerschein – See muß jeder Führer eines Sportbootes haben, das mit einem Motor von mehr als 3,68 kW (5 PS) ausgerüstet ist, es sei denn, daß er von dem Erfordernis einer Fahrerlaubnis ausgenommen ist. [*§ 1 Abs. 1 Nr. 1*] Während deutsche Staatsangehörige generell der Führerscheinpflicht unterliegen (Ausnahmen § 1 Abs. 1 Nr. 1), gilt dies für Ausländer nur in bestimmten Fällen. [*§ 1 Abs. 1 Nr. 2*] (Ausnahmen siehe Ziff. 5).

4.1 Wer ist ein Fahrzeugführer?

Fahrzeugführer im Sinne der SportFüV ist, wer für das Befolgen der schiffahrtspolizeilichen Vorschriften verantwortlich ist. [*§ 4 Abs. 1 u. 4 SeeSchStrO*] Steht der Fahrzeugführer bei Fahrtbeginn nicht fest, so ist von den Beteiligten der verantwortliche Fahrzeugführer festzulegen, der im Besitz der Fahrerlaubnis sein muß. Der Fahrzeugführer kann sich beim Steuern des Fahrzeuges oder bei der Bedienung des Motors Hilfspersonen bedienen, die keiner Fahrerlaubnis bedürfen, soweit diese nach seinen Anweisungen tätig werden und die Möglichkeit der sofortigen Einflußnahme auf die Bedienung der Ruder- und Maschinenanlage zur Führung des Schiffes besteht. Dies gilt nicht für schnelle Sportboote, bei denen es für die Befolgung der schiffahrtspolizeilichen Vorschriften sowie zur Sicherheit des Fahrzeuges unerläßlich ist, daß der Fahrzeugführer das Sportboot selbst steuert und den Motor bedient. [*2.1 RiWSV 1*]

Diese Regelung führt zur Bildung von zwei Gruppen von Fahrzeugführern, nämlich solchen, die nicht selbst steuern und den Motor bedienen müssen, d. h. sich eines Steuermannes bedienen können, sowie solchen, die das Sportboot allein führen müssen, weil es eine bestimmte Geschwindigkeit überschreitet. Eine bestimmte Geschwindigkeitsgrenze kann allerdings nicht festgelegt werden. Diese Zweiteilung ist auch der Berufsschiffahrt nicht fremd und durchaus auf Sportboote übertragbar.

4.2 Was ist ein Sportboot?

Sportboote im Sinne der Verordnung sind alle Wasserfahrzeuge, die vom Bootsführer nicht gewerbsmäßig für Sport- und Erholungszwecke verwendet werden (§ 1 Abs. 1 Satz 2).
Bei der Anwendung dieser Regelung ist folgendes zu beachten:

● *1. Wasserfahrzeuge*

Zu Wasserfahrzeugen im Sinne der Verordnung sind alle Fahrzeuge zu zählen, die zur Beförderung von Personen auf dem Wasser geeignet und bestimmt sind. Aufgrund ihrer Konstruktion zählen hierzu nicht nur die konventionellen Wasserfahrzeuge wie Verdränger und Gleiter, sondern auch Fahrzeuge mit halb oder ganz aus dem Wasser herausragendem Fahrzeugkörper wie Tragflächenfahrzeuge und Luftkissenfahrzeuge, die während der schnellen Fahrt nur mit den Tragflächen bzw. gar nicht mit dem Wasser in Berührung kommen. Auch Amphibienfahrzeuge sind hierzu zu zählen, die bereits heute serienmäßig für private Zwecke hergestellt werden. Schließlich gehören hierzu alle motorisierten Wassersportgeräte mit Wasserstrahlantrieb, die als Personal Watercraft bezeichnet werden, wie Wasserbobs, Wasserscooter, Jetbike oder Jetski. In der SportbootFüV – See ist klargestellt worden, daß diese „Wassermotorräder“ führerscheinpflichtig sind.

Dagegen sind die aufblasbaren Schwimmhilfen und Badematratzen nicht als Wasserfahrzeuge im Sinne der Verordnung anzusehen.
Aufgrund der Konstruktion und des Einsatzbereiches lassen sich die Sportboote in folgende Kategorien einteilen:

1. Wasserfahrzeuge, die für Fahrten seewärts der Grenze der Seefahrt geeignet und bestimmt sind, insbesondere Segel- und Motoryachten.
2. Wasserfahrzeuge, die für Fahrten binnenwärts der Grenze der Seefahrt oder in Strandnähe geeignet und bestimmt sind, insbesondere offene Segel-, Motor-, Ruder-, Falt-, Schlauch- und Tretboote sowie Kanus.

Diese Einteilung ist auch für das Mieten von Charterbooten maßgeblich (vgl. § 1 SeeSportbootvermietungsVO).

Nicht unter den Begriff eines Sportbootes fallen dagegen Wasserfahrzeuge, die ursprünglich zur Verwendung in der Berufsschiffahrt gebaut wurden und daher nach Bauart und Ausrüstung, aber auch nach der für Kauffahrteischiffe erforderlichen Größe, Maschinenleistung und Fahrverhalten, der Schiffssicherheitsverordnung entsprechen mußten, wie z. B. umgebaute Fischkutter, Kümos, ehemalige Feuerschiffe, Polizei- und Marinefahrzeuge. Denn durch die Änderung des Einsatzzweckes wird die Bauart nicht verändert.

● *2. Verwendung für Sport- und Erholungszwecke*

Bei der Verwendung zu Sport- und Erholungszwecken kommt es auf den bestimmungsmäßigen Einsatz an. Hierzu ist der Einsatz eines Wasserfahrzeugs zum Angeln, zur Jagd, zum Wasserskilaufen, für Rund- und Wanderfahrten, Regatten usw. zu zählen.

Dagegen ist das Übersetzen von Personen von einem Flußufer zum anderen oder vom Festland zu den Inseln nicht als Sport- oder Erholungszweck anzusehen. Vielmehr handelt es sich hierbei um Personenbeförderung im Fährverkehr.

Desgleichen ist auch die Verwendung von Seeschiffen – entgegen ihrer ursprünglichen Bestimmung – zur Traditionspflege, zur nicht gewerblichen Aus- und Fortbildung, zu sozialen Zwecken und vergleichbaren Verwendungen nicht als Sport- und Erholungszweck im Sinne der Sportbootführerscheinverordnung – See anzusehen, zumal diese Schiffe schon nicht unter den Sportbootbegriff fallen.

● *3. Nicht gewerbsmäßige Verwendung*

Die Verwendung von Wasserfahrzeugen für Sport- und Erholungszwecke ist dann gewerbsmäßig, wenn sie dem Erwerb durch Seefahrt dient.

Ein wichtiges Indiz für die Gewerbsmäßigkeit kann die entgeltliche Beschäftigung von Personen als Schiffsbesatzung sein. Entscheidend ist, daß die Nutzung des Bootes als Gewerbe anzusehen ist, d. h. auf Dauer in der Absicht zur Gewinnerzielung erfolgt.

Typischer Anwendungsfall der Verordnung ist die Benutzung des eigenen Sportbootes für private Sport- und Erholungszwecke. Auch die Überlassung des eigenen Bootes an einen Freund für eine Bootstour gegen Unkostenerstattung ist noch keine gewerbsmäßige Nutzung.

Erfolgt die Verwendung der Wasserfahrzeuge für Sport- und Erholungszwecke gewerbsmäßig, verlieren sie hierdurch ihren Charakter als Sportboote mit der Folge, daß diese Fahrzeuge dann der Schiffssicherheitsverordnung und der Schiffsbesetzungs- und Ausbildungsverordnung als Sondervorschriften unterliegen. Wasserfahrzeuge, die zu organisierten und entgeltlichen Angelfahrten eingesetzt werden oder der Wassersportausbildung durch gewerbliche Segelschulen dienen, sind daher keine Sportboote im Sinne der Verordnung.

Anders verhält es sich wiederum mit Fahrzeugen gemeinnütziger Sportvereine und Verbände, die für die Ausbildung ihrer Mitglieder eingesetzt werden. Dies gilt auch für Fahrzeuge der Deutschen Lebensrettungsgesellschaft und des Deutschen Roten Kreuzes, die weder für Sport- und Erholungszwecke noch gewerblich eingesetzt werden.

Ein gesetzlich geregelter Sonderfall ist die gewerbsmäßige Vermietung von Sportbooten, die in der See-Sportbootvermietungsverordnung geregelt ist. Danach muß der Mieter eines Sportbootes, das von ihm für Sport- und Erholungszwecke verwendet wird, ebenfalls im Besitz eines Sportbootführerscheins sein (§§ 1 Abs. 1, 7 Abs. 2).

4.3 Wann ist ein Sportboot mit einem Motorantrieb ausgerüstet?

Ein Sportboot ist nicht nur dann mit einem Motorantrieb ausgerüstet, wenn es einen eingebauten Motor oder einen fest angebrachten Außenbordmotor besitzt, sondern auch dann, wenn z. B. der Außenbordmotor an Bord mitgeführt, aber noch nicht fest angebracht ist.

4.4 Wann hat ein Motor 3,68 kW (5 PS) oder mehr?

Ein Motor hat mehr als 3,68 kW (5 PS), wenn dessen größte nicht überschreitbare Nutzleistung an der Propellerwelle mehr als 3,68 kW beträgt. [*§ 1 Abs. 1 Nr. 3*]

Wie bei jeder Abgrenzung sind aber auch hier die Grenzwerte um 3,68 kW herum interessant, denn bei vollen 3,68 kW ist noch kein Sportbootführerschein erforderlich, sondern erst ab 3,69 kW. Die in diesem Grenzbereich bestehende Unsicherheit wird noch dadurch verstärkt, daß viele Bootsmotoren ausländischer Herkunft sind, die nach anderen, nationalen Vorschriften vermessen worden sind.

Deshalb führt das Bundesamt für Seeschiffahrt und Hydrograhie – BSH – (früher DHI) eine Liste der Sportmotoren, die ohne Führerschein geführt werden dürfen (sog. Freiliste – vgl. Anlage Nr. 3). Diese Freiliste hilft der Wasserschutzpolizei bei der Führerscheinkontrolle und der Industrie und dem Handel bei der Beratung der Käufer. In die Freiliste sind diejenigen Motoren aufzunehmen, für die der Hersteller, Vertreiber oder Importeur für eine bestimmte Bauserie ein Gutachten eines anerkannten Sachverständigen vorlegt, das die Übereinstimmung mit § 1 Abs. 1 Satz 3 bestätigt. Als Sachverständige sind insbesondere zugelassen:

- Institute Technischer Hochschulen (Universitäten),
- Fachhochschulen und
- Technische Überwachungsvereine.

Entsprechendes gilt für Sachverständige, die in den Mitgliedstaaten der Europäischen Gemeinschaft ansässig sind. Die Gutachten sind in deutscher Sprache vorzulegen.

Aus dem Gutachten muß hervorgehen, daß die Leistungsprüfung nach den Bestimmungen der DIN 1941 (Abnahmeprüfung von Hubkolben-Verbrennungsmotoren) durchgeführt wurde.

Die blockierte Leistung an der Propellerwelle, die als größte, nicht überschreitbare Nutzleistung nach DIN 6271 (Hubkolben-Verbrennungsmotoren, Normbezugsbedingungen und Angaben über Leistung, Kraftstoff- und Schmierölverbrauch) dauernd abgegeben werden kann, ist unter Berücksichtigung der dort unter Nummer 5 genannten Normbezugsbedingungen anzugeben. Das Gutachten soll weiter, neben den Forderungen der Nummer 8 der DIN 1941, eine kurze Beschreibung enthalten.

Bei Fahrzeugen mit Luftschraubenantrieb sind der blockierten Leistung an der Propellerwelle die blockierte Leistung an der Welle der Luftschraube und bei Fahrzeugen mit Pumpenantrieb die blockierte Leistung an der Rotorwelle der Pumpe gleichzusetzen.

Bei Änderung der Typbezeichnung, der äußeren Aufmachung oder anderen, die Leistung nicht beeinflussenden Veränderungen, aber sonst im wesentlichen gleicher Ausführung wie bei bereits anerkannten Motoren, ist eine nochmalige Leistungsüberprüfung durch einen Sachverständigen nicht erforderlich. Der Hersteller, Vertreiber oder Importeur hat die Gleichheit glaubhaft nachzuweisen.

Weitere Auskünfte hierüber erteilen das BSH, die WSDen und WSÄ und die Wasserschutzpolizeidienststellen im Bereich der Seeschiffahrtsstraßen (vgl. Anlagen 4 und 5).

4.5 Welche Sportboote sind fahrerlaubnisfrei?

Fahrerlaubnisfrei sind [*§ 1 Abs. 1 Nr. 3*]:

1. Sportboote, die mit einem Motorantrieb ausgerüstet sind, dessen größte nicht überschreitbare Nutzleistung an der Propellerwelle 3,68 Kilowatt oder weniger beträgt.
2. Sportboote, die keinen Motorantrieb haben, wie z. B. Ruder- und Paddelboote, Segelboote, Wassertreter, Wellenroller, Kanus usw.

In Anlage 3 ist die vom BSH herausgegebene sog. Freiliste der Motoren abgedruckt, die 3,68 kW (5 PS) leisten und daher führerscheinfrei sind.

Befähigungszeugnisse der Handelsschiffahrt

AN	Kapitän in der Küstenfahrt
AKW	Nautischer Schiffsoffizier auf Kleiner Fahrt
AK	Kapitän auf Kleiner Fahrt
AMW	Nautischer Schiffsoffizier auf Mittlerer Fahrt
AM	Kapitän auf Mittlerer Fahrt
AGW	Nautischer Schiffsoffizier auf Großer Fahrt
AG	Kapitän auf Großer Fahrt

Befähigungszeugnisse der Fischerei

BKü	Seeschiffer in der Küstenfischerei
BKW	Nautischer Schiffsoffizier in der Kleinen Hochseefischerei
BK	Kapitän in der Kleinen Hochseefischerei
BGW	Nautischer Schiffsoffizier in der Großen Hochseefischerei
BG	Kapitän in der Großen Hochseefischerei

[§ 1 Abs. 1 Nr. 1 / § 4 und 5 SchOffzAusbV]

5. Wer ist von der Führerscheinpflicht befreit?

Von der Führerscheinpflicht sind **befreit:**

1. Deutsche Staatsangehörige, wenn sie ein deutsches Patent der Handelsschiffahrt oder der Fischerei oder ein sonstiges, vom BVM anerkanntes amtliches deutsches Befähigungszeugnis zum Führen eines Wasserfahrzeugs auf den Seeschiffahrtsstraßen besitzen. [*§ 1 Abs. 1 Satz 3 Nr. 1*]
2. Personen mit Wohnsitz außerhalb des Geltungsbereiches dieser Verordnung, die sich nicht länger als ein Jahr im Geltungsbereich dieser Verordnung aufhalten, es sei denn, daß in dem Staat ihres Wohnsitzes für das Führen von Sportbooten auf Wasserstraßen, die mit den Seeschiffahrtsstraßen vergleichbar sind, ein Befähigungsnachweis amtlich vorgeschrieben ist; in diesem Fall sind die Inhaber des in dem Staat ihres Wohnsitzes geltenden Befähigungsnachweises ausgenommen, soweit Gegenseitigkeit gewährleistet ist. [*§ 1 Abs. 1 Satz 3 Nr. 2*]

5.1 Welche deutschen Befähigungszeugnisse befreien?

Vom BVM anerkannte amtliche deutsche Befähigungszeugnisse:

Wasser- und Schiffahrtsdirektionen		Ausnahmegenehmigung der Wasser- und Schiffahrtsdirektion aufgrund eines Prüfungszeugnisses zum Seeschiffer in der Küstenfahrt – AKü – oder zum Seeschiffer in der Küstenfischerei – BKü –
Bundeswehr	**Marine:**	„Führerschein der Marine für Segelboote und Kraftboote" mit der erteilten Erlaubnis für „Kraftboot" (Kraftbootführerschein der Marine), Leistungsnachweis II für Wachoffiziere, Dokument zur Kommandanteneignung. Sind die Voraussetzungen für die Ausstellung des Kraftbootführerscheines der Marine erfüllt, ohne daß der Schein ausgestellt worden ist, kann die Berechtigung durch Vorlage einer entsprechenden Bescheinigung des Marineunterstützungskommandos in Wilhelmshaven nachgewiesen werden.
	Heer:	Betriebsberechtigungsschein für Pioniermaschinen mit dem Zusatz „Zusatzprüfung für Seeschifffahrtsstraßen, Küstengewässer und Nord-Ostsee-Kanal" Lehrberechtigungsschein für Ausbilder der Pioniermaschinenführer mit dem Zusatz „Zusatzprüfung für Seeschiffahrtstraßen, Küstengewässer und Nord-Ostsee-Kanal" Prüfberechtigungsschein für Prüfer der Pioniermaschinenführer mit dem Zusatz „Zusatzprüfung für Seeschiffahrtsstraßen, Küstengewässer und Nord-Ostsee-Kanal".
	Anmerkung:	Die erfolgreich abgelegte „Zusatzprüfung für Seeschiffahrtsstraßen, Küstengewässer und Nord-Ostsee-Kanal" ist nur gültig in Verbindung mit Dienststempel und Unterschrift des Dienststellenleiters des schweren Pionierbataillons 620 in Schleswig. Sind die Voraussetzungen für die Erteilung eines der vorstehenden Berechtigungsscheine erfüllt, ohne daß sich der Schein im Besitz des Antragstellers befindet, kann die Berechtigung durch Vorlage einer entsprechenden Bescheinigung des schweren Pionierbataillons 620 in Schleswig nachgewiesen werden.
Binnenschiffahrt		Für eine Seeschiffahrtsstraße gültiges Schifferpatent, Schifferausweis oder Feuerlöschbootpatent nach der Verordnung über Befähigungszeugnisse in der Binnenschiffahrt vom 7. Dezember 1981 (BGBl. I S. 1333) in jeweils geltender Fassung sowie Befähigungsnachweise im Sinne der §§ 4 und 29 dieser Verordnung, sofern diese zum Führen von Wasserfahrzeugen mit eigener Antriebsart auf einer Seeschiffahrtsstraße berechtigten.
Wasserschutzpolizei		Zeugnisse der Wasserschutzpolizei-Schule Hamburg über die erfolgreiche Teilnahme an einem WSP-Fachlehrgang – Küste – in Verbindung mit einem Ausweis über die Zulassung zur selbständigen Führung von Wasserfahrzeugen der Wasserschutzpolizei oder Kraftbooten der Polizei sowie Ausweis über die Zulassung zum Führen von Dienstbooten der Wasserschutzpolizei, der von der zuständigen Stelle der Küstenländer Hamburg, Bremen, Niedersachsen, Mecklenburg-Vorpommern oder Schleswig-Holstein erteilt ist, oder Nachweiskarte über die Eignung und Befähigung zum Führen von Dienst-Kfz und Dienstbooten der Wasserschutzpolizei Hamburg.
Bundesgrenzschutz Bereitschaftspolizei/Länder		Kraftbootführerschein des Bundesgrenzschutzes See sowie Bootsführerschein See/Binnen und Bootsfahrlehrerschein des Bundesgrenzschutzes und der Bereitschaftspolizeien der Länder (BPdL); entsprechende Ausbildungsnachweise des Bundesgrenzschutzes und der Bereitschaftspolizeien der Länder mit dem darauf vermerkten Prüfergebnis, daß der Inhaber die Bootsführerscheinprüfung bestanden hat und berechtigt ist, „motorisierte Wasserfahrzeuge" des BGS und der Bereitschaftspolizeien der Länder (BPdL) zu führen, nur noch bis zum 31. Dezember 1980.
Bundesanstalt Technisches Hilfswerk		Bootsführerschein des Katastrophenschutzes, der von der Bundesanstalt Technisches Hilfswerk ausgestellt wird und zum Führen motorisierter Wasserfahrzeuge des Katastrophenschutzes auf Seeschiffahrtsstraßen berechtigt.

5.2 Welche ausländischen Befähigungszeugnisse befreien?

Folgende ausländische Befähigungsnachweise, die in dem betreffenden Staat zum Führen von Sportbooten auf Wasserstraßen vorgeschrieben sind, die mit den Seeschiffahrtsstraßen vergleichbar sind, befreien die Staatsangehörigen von der Führerscheinpflicht:

Land	Bezeichnung
Dänemark:	1. Yachtschiffer 3. Klasse 2. Yachtschiffer 2. Klasse 3. Yachtschiffer 1. Klasse Diese Zertifikate werden ausgestellt aufgrund des Gesetzes Nr. 556 vom 12. November 1975 über die Schiffsbemannung. (gilt nur für Fahrzeuge von 20 BRT bis 100 BRT)
Frankreich:	1. „Permis A" 2. „Permis B" 3. „Certificat d'aplitude au commandement des navires de plaisance à moteur"
Italien:	„PATENTE DI ABILITAZIONE a condurre MOTOSCAFI od IMBARCAZIONI a MOTORE per uso privato" (Gesetz Nr. 813 vom 9. 5. 1932, veröffentlicht im italienischen Gesetzblatt „Gazzetta ufficiale del 16 juglio 1932, n. 163"). Ausländer, die im Besitz eines amtlichen Befähigungsnachweises oder eines anderen von ihrem Heimatstaat anerkannten gleichwertigen Zeugnisses sind, können im Rahmen der nachgewiesenen Befähigung auf den italienischen Binnenwasserstraßen kostenfrei Sportschiffe oder Sportboote befehligen oder führen. Damit ist der deutsche Sportbootführerschein auch von Italien anerkannt worden.
Jugoslawien:	1. „Motorist Skipper's Licence of Competency" (Mornar Motorist) Dieses Patent berechtigt zum Führen von Maschinenfahrzeugen bis 20 BRT und wird aufgrund des Art. 6 der Verordnung über die Berufsbezeichnungen, die Fachausbildung und die Befugnis der Besatzungsmitglieder der Schiffe der jugoslawischen Handelsmarine (Amtsblatt SFR Nr. 30, 34/66; 18/69) ausgestellt. 2. „Fachbefähigung als Bootsführer für Binnengewässer und See" Dieses Zertifikat wird aufgrund des § 4 der Verordnung über die Zahl der Besatzungsmitglieder und die Zusammensetzung der Besatzungen von Booten und Schwimmanlagen, die fachliche Qualifikation, den Erwerb der fachlichen Qualifikation und das Programm der Fachprüfung (Amtsblatt der Sozialistischen Autonomen Provinz Vojvodina Nr. 22/78 vom 5. Juli 1978) ausgestellt.

Land	Bezeichnung
Polen:	1. „MOTORBOOTSTEUERMANN 1. KLASSE“ Dieses Zertifikat wird vom polnischen Motoryachtverband aufgrund der Verordnung des Hauptkomitees für Körperkultur und Touristik über die Führung von Segel- und Motoryachten vom 25. August 1969 ausgestellt. 2. „Yachtkapitän auf großer Fahrt“ 3. „Yachtkapitän für die Ostseefahrt“ 4. „Yachtsteuermann für die Seefahrt“ 5. „Motobootkapitän“ 6. „Motorbootsteuermann für die Seefahrt“ Die Seglerbefähigungszeugnisse werden von den Prüfungskommissionen des Polnischen Seglerverbandes und die Motorbootbefähigungszeugnisse von den Prüfungskommissionen des Polnischen Motorboot- und Wasserskiverbandes nach der Verordnung des Vorsitzenden des Hauptkomitees für Körperkultur und Sport vom 8. Januar 1981 über die Rangbezeichnungen auf Segelyachten und Motorbooten (Monitor Polski Nr. 2 Pos. 7) ausgestellt.
Portugal:	1. „PATRÃO DE EMBARÇÃCOES A MOTOR“ 2. „PATRÃO DE COSTA“ 3. „PATRÃO DE ALTO MAR“ Diese Zertifkate werden aufgrund der Artikel 40–42 des Gesetzes „Porturia No. 12:815, de Majo de 1949“ ausgestellt.
Niederlande:	„Klein Vaarbewijs II“ Dieses Zertifikat wurde bis Ende 1991 vom Minister van Verkeer en Waterstaat en Directeur-General Scheepvaart en Maritime Zaken und wird ab 1. Januar 1992 durch den Koninklijke Nederlandse Touristenbond ANWB namens des Minister van Verkeer en Waterstaat ausgestellt.
Schweiz:	1. Fähigkeitsausweis „B“ Cruising Club Schweiz (CCS) 2. Fähigkeitsausweis „B“ u. „C“ Segelschule Rorschach, Goldach/SG (SSR) 3. Fähigkeitsausweis „B“ Sportnavigation Office, Zürich (SNO) 4. Führerausweis für Yachten auf See B der Luft- und Seefahrtschule A. Avi (LSA) in Stettlen, Kanton Bern Dieser Ausweis wird im Sinne von Art. 19 der Verordnung des Bundesrates über die schweizerischen Yachten zur See vom 15. März 1971 ausgestellt.
Spanien:	1. „CAPITÁN DE YATE“ 2. „PATRÓN DE YATE“ 3. „TITULO DE PATRÓN DE EMBARCACIONES DEPORTIVAS A MOTOR DE PRIMERO CLASE“ 4. „TITULO DE PATRÓN DE EMBARCACIONES DEPORTIVAS A MOTOR DE SECUNDA CLASE“ Diese vier Befähigungsnachweise werden aufgrund der Verordnung „ORDEN DE 10 DE DICIEMBRE DE 1965 (B. O. del Estado no. 280) por la que se reorganizan los titulos a exigir para el manejo de las embarcaciones de recreo“ (Erlaß vom 10.12.1965 des Handelsministeriums/Boletin Oficial del Estado Numero 280) ausgestellt.

Ausländer, in deren Heimatstaat ein Befähigungszeugnis gemäß der vorstehenden Übersicht **nicht** vorgeschrieben ist, sind automatisch ohne weiteren Befähigungsnachweis von der Führerscheinpflicht befreit, wenn sie sich nicht länger als ein Jahr im Geltungsbereich der Verordnung aufhalten. Mit dieser in Anpassung an § 6 SpoFüV – Binnen erfolgten Befreiung ausländischer Wassersportler ist dem Bedürfnis nach möglichst ungehinderter Durchfahrt ausländischer Wassersportler, insbesondere aus Großbritannien und Skandinavien, durch die deutschen Hoheitsgewässer – vor allem durch den Nord-Ostsee-Kanal – Rechnung getragen worden, zumal sich bei der schon vorher vorläufig eingeführten Regelung keine Gefährdungen des Verkehrs ergeben hatten.

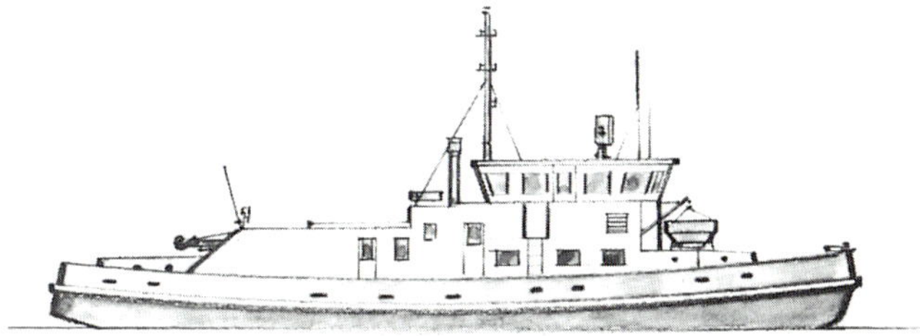

Flußschlepper und Eisbrecher (Oberelbe)

Leuchtturm Roter Sand (Weser)

6. Wie wird der Besitz der Fahrerlaubnis oder die Ausnahme von dem Erfordernis einer Fahrerlaubnis nachgewiesen?

Der Besitz der erforderlichen Fahrerlaubnis kann durch eine der folgenden amtlichen Bescheinigungen nachgewiesen werden: [*§ 1 Abs. 2 u. Abs. 3*]

- **Sportboot-Führerschein, Motorboot-Führerschein nach der Motorbootführerscheinverordnung v. 17.1.1967**
- **Amtliches deutsches Befähigungszeugnis**
- **Anerkanntes amtliches deutsches Befähigungszeugnis**
- **Anerkanntes amtliches ausländisches Befähigungszeugnis (nur für ausl. Staatsangeh.)**

II. Beauftragung des Deutschen Motoryachtverbandes und des Deutschen Segler-Verbandes

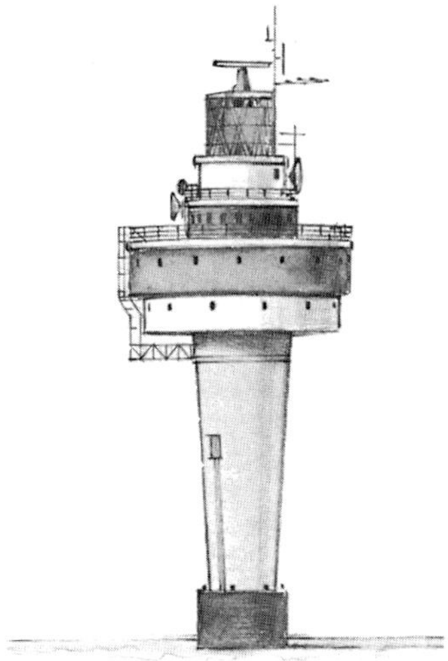

Leuchtturm Alte Weser

Die Entscheidung über Anträge auf Zulassung zur Sportbootführerscheinprüfung, die Abnahme dieser Prüfungen, die Ausstellung der Sportbootführerscheine bei Bestehen der Prüfung sowie die Erhebung der dafür entstandenen Kosten sind Hoheitsaufgaben. Für sie wären an sich die Behörden der Wasser- und Schiffahrtsverwaltung als Schiffahrtspolizeibehörden zuständig gewesen. Das BVM hatte sich jedoch abweichend hiervon für eine „unbürokratische Lösung" entschieden und den DMYV und den DSV gemeinsam beauftragt, diese Aufgabe für die Bundesrepublik Deutschland durchzuführen. Den Ausschlag hierzu gab, daß die Bundesbehörden neue Aufgaben nur nach Personalverstärkung übernehmen konnten, der Schwerpunkt der Aufgaben der Wasser- und Schiffahrtsverwaltung nicht auf dem Gebiet des Wassersports liegt, die Sportverbände sich bereits auf diesem Gebiet betätigt hatten, die Reserven der Verbände und Vereine insoweit noch nicht erschöpft waren und die gesetzliche Grundlage für die Beauftragung der Sportverbände vorhanden war. [§§ 4 und 7 SeeaufG]

Bei dieser gesetzlichen Ermächtigungsgrundlage handelt es sich um die gesetzlich vorgesehene Möglichkeit, einen privaten Unternehmer mit der Durchführung hoheitlicher Aufgaben zu beauftragen (sog. „beliehener Unternehmer"), d. h. ihn zu ermächtigen, Verwaltungsakte auf dem Gebiet des öffentlichen Rechts zu erlassen. Die beauftragten Sportverbände müssen deshalb als beliehene Unternehmer unabhängig von ihrer normalen Verbandsarbeit diese hoheitlichen Aufgaben – auch im Hinblick auf Nichtmitglieder – nach den Weisungen des Hoheitsträgers, nämlich des BVM, durchführen und dürfen dabei Mitglieder nicht bevorzugen und Nichtmitglieder nicht schlechterstellen.

Die gesetzlich vorgeschriebene gemeinsame Durchführung der oben dargestellten Hoheitsaufgaben wird dadurch sichergestellt, daß die beauftragten Verbände gemeinsame Prüfungsausschüsse eingerichtet haben und darüber hinaus einen Koordinierungsausschuß gegründet haben, der einerseits den Kontakt zu den einzelnen Prüfungsausschüssen hält und andererseits Ansprechpartner für das BVM ist, das die Fach- und Rechtsaufsicht ausübt. Der Ausschuß führt die Bezeichnung:

Die gemeinsamen Prüfungsausschüsse sind durch Vertreter beider Sportverbände paritätisch besetzt. Wo dies z. Z. noch nicht der Fall ist, wird dies aber im Rahmen des normalen Wechsels bzw. bei der Vergrößerung oder der Neuschaffung von Ausschüssen angestrebt. Aufgabe der gemeinsamen Prüfungsausschüsse ist es, über Anträge auf Zulassung zur Prüfung zu entscheiden, die Prüfungen abzunehmen, bei Bestehen der Prüfung Fahrerlaubnisse zu erteilen, die Sportbootführerscheine auszustellen sowie die vorgeschriebenen Gebühren zu erheben. Die Prüfungsausschüsse führen die Bezeichnung:

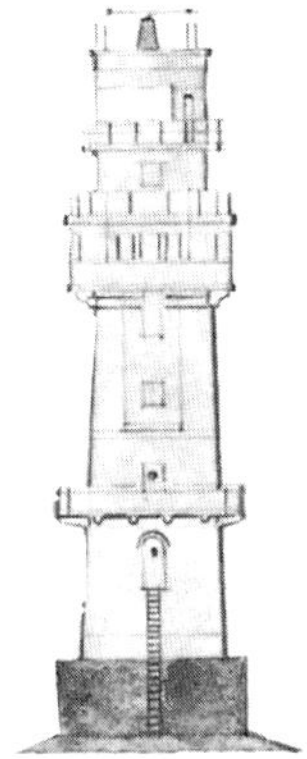

Oberfeuer Robbenplate (Weser)

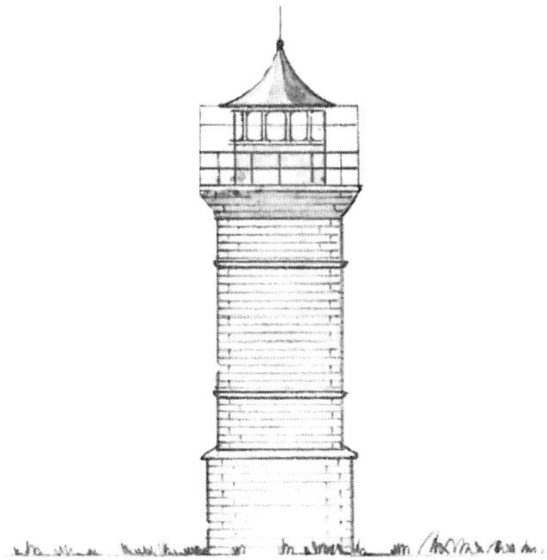

Leuchtturm Memmert

III. Die Zulassung zur Sportbootführerscheinprüfung

1. Welche Voraussetzungen müssen erfüllt sein?

Voraussetzungen für die Zulassung zur Prüfung [*§ 2 Abs. 1*]

- **Eignung aufgrund des bisherigen Verhaltens im Verkehr**
- **Körperliche und geistige Eignung**
- **Vollendung des 16. Lebensjahres**

1.1 Wie alt muß der Bewerber sein?

Der Bewerber muß mindestens das 16. Lebensjahr vollendet haben.
Bewerber, die das 18. Lebensjahr noch nicht vollendet haben, bedürfen der schriftlichen Zustimmung des gesetzlichen Vertreters.

Das 16. bzw. 18. Lebensjahr ist mit Erreichen des 16. bzw 18. Geburtstages vollendet.

Das bedeutet, daß vor dem Erreichen des 16. Geburtstages eine Zulassung zur Sportbootführerschein-Prüfung grundsätzlich nicht zulässig ist. Im Hinblick darauf aber, daß nach § 2 Abs. 1 Nr. 1 das Mindestalter Voraussetzung für die Erteilung der Fahrerlaubnis und nicht für die Zulassung zur Prüfung ist, hat der BMV in begründeten Einzelfällen eine Zulassung zur Prüfung bis zu einem Vierteljahr vor Vollendung des 16. Lebensjahres mit der Maßgabe zugelassen, daß die Fahrerlaubnis erst mit Vollendung des 16. Lebensjahres ausgehändigt werden darf.

Die Unterschrift in der Zustimmungserklärung muß amtlich beglaubigt sein. Das BVM hat hierfür ein besonderes Formular vorgesehen. Die Beglaubigung kann durch einen Notar oder auch durch eine Behörde erfolgen. [*Anlage 12 RiVerb*]

Mit dem Erfordernis der schriftlichen Zustimmung des gesetzlichen Vertreters wird der Erziehungsberechtigte aufgrund seiner Aufsichtspflicht in die Mitverantwortung einbezogen. Vor Erteilung der Zustimmung sollte er kritisch prüfen, ob dem Jugendlichen ein Boot zur selbständigen und verantwortlichen Führung anvertraut werden kann.

Ein Jugendlicher ist ordnungwidrigkeitsrechtlich und strafrechtlich nur dann verantwortlich, wenn er zur Zeit der Tat nach seiner sittlichen und geistigen Entwicklung reif ist, das Unrecht der Tat einzusehen und nach dieser Einsicht zu handeln. Liegt diese Reife nicht vor, dann ist an Stelle des Jugendlichen der Erziehungsberechtigte verantwortlich, wenn der Jugendliche später ein Boot führt und hierbei eine Verkehrsordnungswidrigkeit oder eine Straftat begeht.

Auch die Haftung für die Folgen eines von dem Jugendlichen angerichteten Schadens bei dem Führen eines Bootes sollte der Erziehungsberechtigte bei der Erteilung der Zustimmung mit bedenken. Ein Jugendlicher wird nämlich nur in seltenen Ausnahmefällen selbst finanziell hierfür einstehen können.

1.2 Wann ist der Bewerber zum Führen eines Sportbootes geeignet?

1.2.1 Welche körperliche Eignung muß der Bewerber besitzen?

Der Bewerber muß körperlich und geistig zur Führung eines Sportbootes geeignet sein. Über das Vorliegen eines ausreichenden Hör-, Seh- und Farbunterscheidungsvermögens ist ein ärztliches Zeugnis nach dem Muster in der Beilage 2 vom untersuchenden Arzt unmittelbar dem Vorsitzenden des zuständigen Prüfungsausschusses in einem verschlossenen Umschlag und in Abschrift dem Antragsteller zuzuleiten (siehe Tabelle auf S. 35). [*§§ 2 Abs. 2, 5 Abs. 1 Nr. 3*]
Die Anforderungen an das Hörvermögen und das Farbunterscheidungsvermögen müssen in jedem Falle voll erfüllt sein, damit der Bewerber zur Prüfung zugelassen werden kann.

Hör-, Seh- und Farbunterscheidungsvermögen *[2.1.3 RiVerb]*

Hörvermögen
Verstehen der Sprache gewöhnlicher Lautstärke in 3 m Entfernung mit dem jeweils dem Untersucher zugewandten Ohr und in 5 m Entfernung mit beiden Ohren zugleich ohne Hörhilfe. Ein Mangel des Hörvermögens kann nicht durch eine Hörhilfe ausgeglichen werden. Werden diese Voraussetzungen nicht erreicht, muß auf dem besseren Ohr mindestens Umgangssprache aus 5 m Entfernung verstanden werden.
Untersuchungen, die vergleichbare Werte mittels eines audiometrischen Verfahrens bestätigen, sind zulässig.

Sehvermögen
Die Sehschärfe muß, vorbehaltlich der Regelung nach Nr. 2.1.3.2 – ggf. mit Sehhilfe –, mindestens noch auf dem einen Auge 0,7 und auf dem anderen Auge 0,5 betragen. Dabei muß auch das Auge mit der geringeren Sehschärfe ohne Korrektur noch ein ausreichendes Orientierungsvermögen besitzen.
Als Sehhilfe sind auch Kontaktlinsen oder Haftschalen zugelassen. *[2.1.3.1 RiVerb]*

Ausnahmen
Werden diese Voraussetzungen für die Sehschärfe nicht erreicht, müssen mindestens folgende Anforderungen erfüllt werden:

1. Die Sehschärfe eines Auges muß mit oder ohne Sehhilfe mindestens 1,0 betragen.
2. Die campimetrische Untersuchung des Auges mit der besseren Sehschärfe muß freie Gesichtsfeldaußengrenzen und darf keine pathologischen Skotome ergeben.
3. Das Auge mit der besseren Sehschärfe darf keine fortschreitende Augenerkrankung haben.

[2.1.3.2 RiVerb]
Über das Vorliegen der vorstehenden Voraussetzungen muß ein augenärztliches Zeugnis beim Prüfungsausschuß vorgelegt werden (zu den Einschränkungen bei der Erteilung der Fahrerlaubnis vgl. Nr. 4.2 RiVerb).

Untersuchung der Sehschärfe (2.1.3.2 RiVerb)
Die ärztliche bzw. augenärztliche Untersuchung der Sehschärfe soll nach DIN 58 220 und ein- und beidäugig erfolgen. Ist die beidäugige Sehschärfe besser als die jedes Einzelauges, kann die beidäugige Sehschärfe als die des Auges mit der besseren Sehschärfe angesetzt werden. *[2.1.3.3 RiVerb]*

Farbunterscheidungsvermögen
Schnelles und richtiges Erkennen der Farbtafeln zweier anerkannter Systeme (Farbtafeln nach Velhagen, Ishihara oder Bostroem) oder der Farbentestscheibe Nr. 173. In Zweifelsfällen muß eine augenfachärztliche Untersuchung mit dem Anomaloskop durchgeführt werden.
Ergibt diese Untersuchung keine Farbtüchtigkeit (normale Trichromasie mit einem Anomalquotienten zwischen 0,7 und 1,4), ist nur eine Grünschwäche (Deuteranomalie mit einem Anomalquotienten zwischen 1,4 und 6,0) zulässig.

Bei den Anforderungen an das Sehvermögen sind, um Härtefälle zu vermeiden, die in der Tabelle vorgesehenen Ausnahmen möglich, die der Bewerber mindestens erfüllen muß, um noch zugelassen zu werden. [*2.1.3.4 RiVerb*]

Erfüllt der Bewerber nur diese Anforderungen, kann ihm die Fahrerlaubnis nur unter Auflagen erteilt werden (vgl. Abschn. VII. 2). Über das Vorliegen eines ausreichenden Hör-, Seh- und Farbunterscheidungsvermögens ist ein ärztliches Zeugnis auf vorgeschriebenem Formblatt (Muster siehe Beilage 2) vorzulegen. Für den Fall, daß nur die Ausnahmevoraussetzungen hinsichtlich des Sehvermögens erfüllt sind, ist das Zeugnis vom Augenarzt auszustellen. Im Zweifelsfalle kann die Vorlage eines amts- oder fachärztlichen Zeugnisses oder die Beantragung der Erteilung eines Führungszeugnisses nach § 30 Abs. 5 des Bundeszentralregistergesetzes verlangt werden. (§ 2 Abs. 2 Satz 2 [*Anlagen 2 u. 3 RiVerb*]

Aus den in den Richtlinien festgelegten Anforderungen an die körperliche Eignung ergibt sich, daß der Verlust eines Auges durch Erfüllung bestimmter Mindestvoraussetzungen des verbliebenen Auges ausgeglichen werden kann. Dagegen schließt starke Gehörminderung die Eignung zum Führen eines Sportbootes auf den Seeschiffahrtsstraßen in jedem Falle aus. Denn die auf den Seeschiffahrtsstraßen vorgeschriebenen verkehrsüblichen Schallsignale erfordern, daß der Führer eines Sportbootes über ein ausreichendes Hörvermögen verfügen muß, um sich sicher und verkehrsgerecht, insbesondere bei Nebel, im Schiffsverkehr bewegen zu können. Der Mangel des Hörvermögens kann auch nicht durch ein Hörgerät ausgeglichen werden, da dieses die in unmittelbarer Nähe des Fahrzeugführers bestehenden Geräusche des eigenen Antriebs verstärkt und dadurch die von anderen Fahrzeugen abgegebenen Schallsignale überlagert.

Das Vorliegen einer erheblichen Farbschwäche schließt ebenfalls den Erwerb einer Fahrerlaubnis aus, da die Beachtung der farbigen Schiffahrtszeichen als Gebots- und Verbotszeichen voraussetzt, daß die Farben richtig erkannt und eingeordnet werden. Bei der Festlegung der Anforderungen an das Farbunterscheidungsvermögen ist jedoch eine leichte Grünschwäche in Kauf genommen worden.

Außer dem Besitz eines ausreichenden Hör-, Seh- und Farbunterscheidungsvermögens muß der Bewerber auch sonst noch körperlich geeignet sein. Insoweit bestehen keine speziellen Regelungen, so daß in jedem Einzelfall zu prüfen ist, ob das Fehlen körperlicher Gliedmaßen oder das Vorliegen körperlicher Mängel die körperliche Eignung ausschließen (vgl. die Indikationen auf der Rückseite des Musters eines ärztlichen Zeugnisses – Beilage 2).

Werden solche körperlichen Mängel, die die Eignung des Bewerbers ausschließen, festgestellt und können die mit dem Mangel der Eignung verbundenen Gefahren nicht durch Auflagen (Hilfsmittel, bestimmtes Verhalten) ausgeglichen werden, so kann der Bewerber nicht zur Prüfung zugelassen werden. In Zweifelsfällen, z. B. bei Querschnittlähmung, ist der Bewerber unter Vorbehalt zur Prüfung zuzulassen und die körperliche Eignung abschließend erst im Rahmen der praktischen Prüfung festzustellen [*2.1.3.6 RiVerb*]. Leidet ein Bewerber unter Krankheiten oder körperlichen Mängeln nach Nr. 5.3 des neugestalteten ärztlichen Zeugnisses (Rückseite), die Bedenken gegen die körperliche oder geistige Eignung begründen, die Eignung aber nicht ausschließen, ist ihm die Auflage zu erteilen, durch eine im Abstand von 2 Jahren durchzuführende ärztliche Wiederholungsuntersuchung nachzuweisen, daß

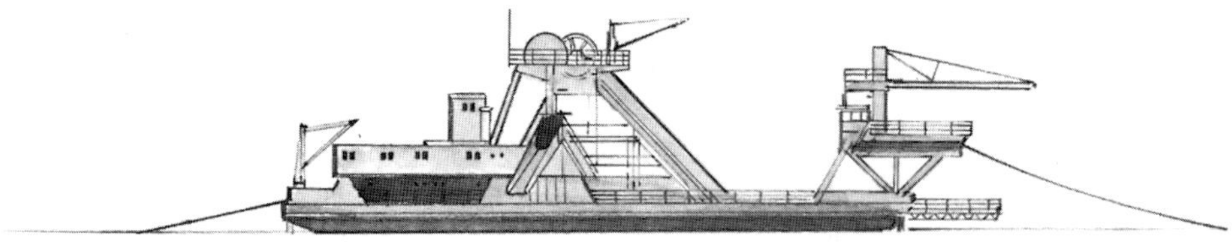

Eimerketten-Bagger

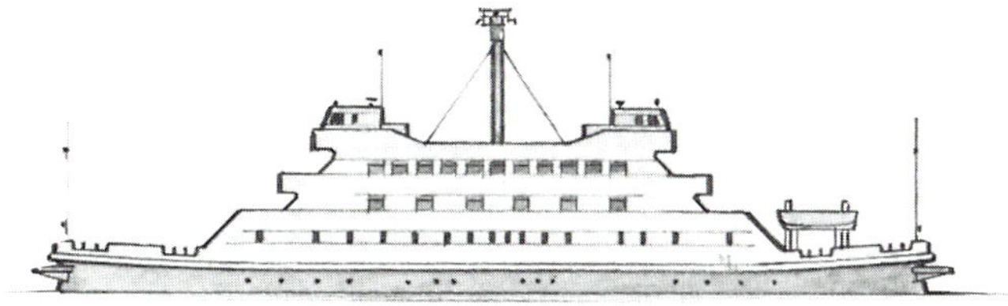

Kraftfahrzeug- und Personenfähre (Unterweser)

die Voraussetzungen für die körperliche oder geistige Eignung noch vorliegen. Die Frist kann auf Vorschlag des Arztes verkürzt werden.

1.2.2 Wann ist der Bewerber geistig geeignet?

Als Tatsachen, die Zweifel an der geistigen Eignung begründen, sind anzusehen:

1. Sucht (Trunk- und Rauschgiftsucht),
2. organisch sowie psychisch bedingte Geisteskrankheiten. [*2.1.4 RiVerb*]

Die Neigung zur Trunksucht kann sich einmal aus den Vorstrafen des Bewerbers ergeben, die in dem polizeilichen Führungszeugnis nach § 30 Abs. 5 des Bundeszentralregistergesetzes enthalten sind. Dabei ist es unerheblich, wo das Trunkenheitsdelikt begangen worden ist, auf dem Wasser oder auf der Straße. Es kann aber auch noch auf andere Weise festgestellt werden, daß der Bewerber zur Trunksucht neigt, nämlich wenn Veranlassung besteht, hierüber ein amts- oder fachärztliches Zeugnis zu verlangen. [*§ 2 Abs. 1 Nr. 2, Abs. 2*]

Sind Zweifel an der geistigen Eignung oder aufgrund des bisherigen Verhaltens im Verkehr begründet, kann der Vorsitzende die Beibringung eines Zeugnisses eines medizinisch-psychologischen Instituts oder eines sonstigen amts- oder fachärztlichen Zeugnisses verlangen. [*2.2 RiVerb*]

1.2.3 Wann ist der Bewerber aufgrund seines bisherigen Verhaltens im Verkehr geeignet?

Der Bewerber muß aufgrund seines bisherigen Verhaltens im Verkehr zum Führen eines Sportbootes geeignet sein. Als Tatsache, die zwingend die Eignung ausschließt, ist durch die VO der Fall geregelt, daß dem Bewerber bereits eine Fahrerlaubnis durch das Seeamt oder Bundesoberseeamt bestandskräftig entzogen worden ist. [*§ 2 Abs. 2 S. 1*]
Als Tatsachen, die Zweifel an der Eignung aufgrund des bisherigen Verhaltens im Verkehr begründen, sind anzusehen, wenn der Bewerber

1. wegen Gefährdung des Schiffsverkehrs rechtskräftig bestraft worden ist,
2. wiederholt mit Geldbuße geahndete Zuwiderhandlungen gegen Schiffahrtspolizeivorschriften begangen hat oder
3. sonst erheblich gegen allgemeine Verkehrsvorschriften verstoßen oder Straftaten im Verkehr begangen hat. [*§ 2 Abs. 2, S. 3, 2.1.4 RiVerb*]

Bei den Straftaten wegen Gefährdung des Schiffsverkehrs handelt es sich um die Vorschriften der §§ 315a ff. StGB (gefährliche Eingriffe in den Schiffsverkehr, Gefährdung des Schiffsverkehrs, Trunkenheit im Verkehr).

Zuwiderhandlungen gegen Schiffahrtspolizeivorschriften sind alle Verstöße gegen die Kollisionsverhütungsregeln, die Seeschiffahrtsstraßen-Ordnung, die Sperrgebietsverordnung, die Verordnung zu den Kollisionsverhütungsregeln, insbesondere über das Verhalten in Verkehrstrennungsgebieten auf der Hohen See usw. Eine wiederholte Zuwiderhandlung muß mindestens zweimal erfolgt sein. Dies setzt voraus, daß die einzelnen Zuwiderhandlungen von Sportbootführern in einer Kartei festgehalten werden (vgl. Abschn. X. 3). [*§ 2 Abs. 1 Nr. 2, Abs. 2, S. 3*]

Unter allgemeinen Verkehrsvorschriften sind hier insbesondere Verkehrsregeln der Straßenverkehrsordnung und der Luftverkehrsordnung zu verstehen, denn Verstöße gegen Schiffahrtspolizeivorschriften sind bereits erfaßt.

Dementsprechend sind auch unter Straftaten im Verkehr nicht Verstöße gegen die §§ 315a ff. StGB zu verstehen, sondern sonstige allgemeine Straftaten, die im Verkehr beim Führen von Kraft- oder Luftfahrzeugen begangen werden. Beispiele aus der Rechtsprechung der Verwaltungsgerichte:

Fahrlässiger Vollrausch, fahrlässiges Führen eines Kraftfahrzeugs im fahruntüchtigen Zustand (§ 323a StGB), vorsätzliches Führen eines Kraftfahrzeugs ohne Fahrerlaubnis in Tateinheit mit fahrlässiger Körperverletzung, Unfallflucht, Diebstahl mit Hilfe eines Pkw usw.

In vorgenannten Fällen haben die Verwaltungsgerichte festgestellt, daß die Täter aufgrund ihrer „rechtsfeindlichen Gesinnung" charakterlich nicht mehr zum Führen von Sportbooten aufgrund ihres Verhaltens im Verkehr geeignet sind.

Die Verwaltungsgerichte haben auch festgestellt, daß die gleichzeitige Bestrafung von Straftaten im Verkehr bzw. Ahndung von Zuwiderhandlungen gegen Schiffahrtspolizeivorschriften einerseits und der Entzug der Fahrerlaubnis andererseits nicht gegen das Verbot der Doppelbestrafung verstößt.

1.3 Wie und wo ist der Antrag auf Zulassung zur Prüfung und Erteilung der Fahrerlaubnis zu stellen?

Die Zulassung zur Prüfung erfolgt nur auf Antrag. Hierfür hat der Antragsteller das vorgeschriebene Formblatt (Muster siehe Beilage 1) zu verwenden, damit die Zulassungsprüfung mit den damit verbundenen Verwaltungsmaßnahmen eingeleitet werden kann und klar ist, daß der Antragsteller die hiermit verbundenen Kosten zu tragen hat. [*§§ 5, 6 Abs. 1 / Anlage 1 RiVerb*]

1.3.1 Welche Angaben und Unterlagen muß der Antrag enthalten?

Dem Antrag ist beizufügen die Fotokopie eines gültigen amtlichen Kraftfahrzeug-Führerscheins im Sinne der Bestimmungen der §§ 1 Abs. 2,2 StVG und der StVZO (Führerschein für Landfahrzeuge mit Maschinenantrieb, die nicht an Bahngleise gebunden sind) oder auf Verlangen des Prüfungsausschusses ein Führungszeugnis nach den Vorschriften des Bundeszentralregistergesetzes (BZRG); bei persönlicher Abgabe des Antrags genügt die Vorlage eines gültigen amtlichen Kraftfahrzeug-Führerscheins, die auf dem Antrag vermerkt wird; bei Bewerbern unter 18 Jahren soll von der Vorlage eines Führungszeugnisses abgesehen werden; bei anderen Bewerbern, die keinen amtlichen Kraftfahrzeug-Führerschein vorlegen können, ist ein Führungszeugnis für Behörden nach §§ 31, 30 Abs. 5 (0) BZRG zu verlangen. Diese Unterlagen, mit Ausnahme des amtlichen Kraftfahrzeug-Führerscheins, dürfen nicht älter als 12 Monate sein, ein Führungszeugnis darf jedoch nicht älter als 6 Monate sein. Dies gilt auch für den Fall, daß der Antragsteller bereits eine Prüfung nicht bestanden hat und eine erneute Zulassung beantragt.

Wenn bei der Antragstellung nur eine Fotokopie des Kfz-Führerscheins beigefügt wird, muß spätestens bei der Prüfung der Kfz-Führerschein selbst vorgelegt werden. Andernfalls ist die Vorlage einer **beglaubigten** Kopie des Kfz-Führerscheins (nicht älter als 6 Monate) erforderlich. Die Vorlage ist auf dem Antrag oder der Fotokopie zu vermerken.

Eine Zulassung zur Prüfung soll erst dann erfolgen, wenn alle Unterlagen vorliegen. Der Bewerber kann auch zur Prüfung zugelassen werden, wenn das verlangte Führungszeugnis noch nicht vorliegt, aber die Beantragung nachgewiesen ist. In diesem Fall erhält der Bewerber nach bestandener Prüfung den Sportbootführerschein erst, wenn das Führungszeugnis eingegangen ist und keine Zweifel an seiner Zuverlässigkeit erkennen läßt.

1.3.2 Wo ist der Antrag zu stellen?

Der Antrag ist bei dem PA zu stellen, bei dem er die Prüfung ablegen will (vgl. Abschn. V. 2). Ein bestimmter PA ist nicht vorgeschrieben. Bei der Auswahl des PA sollte der Bewerber jedoch beachten, daß es zweckmäßig ist, den nächstgelegenen PA zu wählen, da andernfalls dem Bewerber Mehrkosten entstehen können. [*§ 5 Abs. 1*]

2. Wann und durch wen erfolgt die Zulassung zur Prüfung?

Der Bewerber wird erst dann zur Prüfung

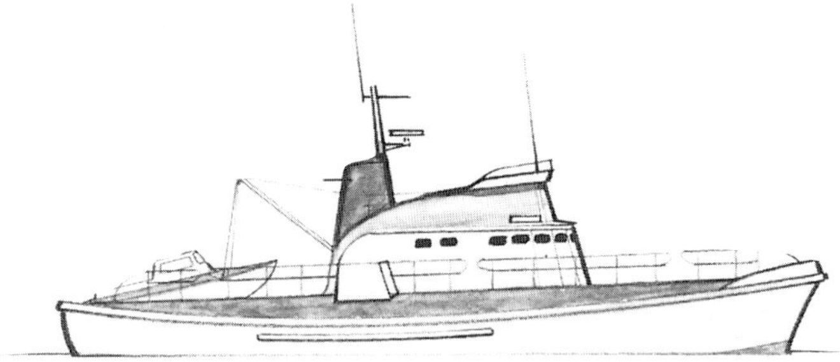

Seenot-Rettungskreuzer mit Tochterboot

zugelassen, wenn er die Zulassungsvoraussetzungen erfüllt. Zusätzlich zu den in Nr. 1 dargestellten Voraussetzungen muß die Frist von vier Wochen für eine erneute Teilnahme nach Nichtbestehen einer Prüfung eingehalten werden. [*§ 6 Abs. 5*]

Die Zulassung zur Prüfung erfolgt durch den Vorsitzenden des PA, bei dem der Bewerber seinen Antrag gestellt hat. Der Vorsitzende hat insbesondere darauf zu achten, daß die vorgeschriebenen Unterlagen einschließlich des Führungszeugnisses vorliegen.

Im Ausnahmefall kann ein Bewerber, dessen Führungszeugnis noch nicht vorliegt, dann zur Prüfung zugelassen werden, wenn nachweislich ein längerer Zeitraum seit der Antragstellung verstrichen ist, und zwar unter dem Vorbehalt, daß im Falle des erfolgreichen Bestehens der Prüfung die Aushändigung des Führerscheins von dem Ergebnis der Prüfung des Führungszeugnisses abhängig gemacht wird.

Die Durchführung der Prüfung vor der Zulassung ist nicht statthaft. Eine förmliche Zulassung ist jedoch nicht erforderlich, sie kann vielmehr auch durch die Ladung zu einem Prüfungstermin erfolgen. Da es sich bei der Entscheidung über die Zulassung zur Prüfung um einen selbständigen Verwaltungsakt handelt, ist die Prüfung des Vorliegens der Zulassungsvoraussetzungen sorgfältig durchzuführen. Dabei wird, bestehen hierüber Zweifel, die Entscheidung im Einvernehmen mit der für den PA zuständigen WSD getroffen (vgl. Abschn. VI. 1). [*§ 6 Abs. 1*]

Außerdem ist der Vorsitzende des PA berechtigt, bei Zweifeln hinsichtlich der körperlichen und geistigen Eignung eines Bewerbers zusätzlich ein amts- oder fachärztliches Gutachten einzuholen.

Wird der Bewerber zur Prüfung nicht zugelassen, erteilt der Vorsitzende des PA dem betreffenden Bewerber einen schriftlichen Ablehnungsbescheid mit Gründen, Kostenentscheidung und Rechtsbehelfsbelehrung nach vorgeschriebenem Muster (§§ 37 bis 39, 41 und 80 Verwaltungsverfahrensgesetz). [*Anlage 4 RiVerb*]

3. Wie kann man sich gegen die Nichtzulassung rechtlich wehren?

Der Bewerber kann den die Zulassung zur Prüfung ablehnenden Bescheid anfechten, d. h. Widerspruch beim PA einlegen. Der PA hat seine Entscheidung dann zu überprüfen. Hält der PA den Widerspruch für zutreffend (begründet), ist der Ablehnungsbescheid aufzuheben und der Bewerber zur Prüfung zuzulassen. Hält der PA den Widerspruch für nicht begründet, unterrichtet er unverzüglich den KoA und nachrichtlich die zuständige WSD. Der KoA erläßt in Abstimmung mit der zuständigen WSD nach dem Muster der Anlage 4 zu den RiVerb einen Widerspruchsbescheid mit Kostenrechnung und Rechtsbehelfsbelehrung. [*3.3, Anlage 4, RiVerb*]

IV. Erwerb der erforderlichen Befähigung

1. Wer bildet aus?

Die Ausbildung der Sportbootführerscheinbewerber ist gesetzlich nicht geregelt. Es ist vielmehr dem Bewerber überlassen, wie er sich die erforderlichen Kenntnisse aneignet. Nach den bisherigen Erfahrungen haben sich vor allem diejenigen Bewerber im Selbststudium auf die Prüfung vorbereitet, die schon über Vorkenntnisse oder sogar über ein eigenes Boot verfügten.

Der Großteil der Führerscheinbewerber bereitet sich jedoch nicht im Selbststudium auf die Prüfung vor, sondern läßt sich in Ausbildungskursen in gewerblichen Fahrschulen oder bei gemeinnützigen Organisationen wie Sportvereinen, Volkshochschulen, ÖTV-Schifffahrtsschulen usw. das erforderliche Wissen vermitteln. Die genaue Anzahl der von den verschiedenen Stellen durchgeführten Ausbildungskurse ist nicht bekannt, weil eine besondere Registrierpflicht nicht besteht. Auch gibt es zum gegenwärtigen Zeitpunkt noch keine Richtlinien, wie z. B. im Straßenverkehr, nach denen die Ausbildung durchzuführen ist.

Die Entwicklung wird aber von der Verwaltung sorgfältig insbesondere daraufhin überprüft, ob der Erlaß von Ausbildungsrichtlinien notwendig wird. Eine gesetzliche Regelung wie im Straßenverkehr zeichnet sich nicht ab.

Was die Qualität der verschiedenen Ausbildungskurse betrifft, so muß daher der Bewerber selbst darauf achten, ob die Ausbilder geeignet und befähigt sind, das vorgeschriebene Wissen zu vermitteln. Der Bewerber wird ebenfalls auf die Höhe der Kosten für die einzelnen Kurse zu achten haben, da sie im Hinblick auf die unterschiedliche Dauer und Methoden der Ausbildung sehr differieren. Sie müssen auf jeden Fall aber von der Prüfungsgebühr unterschieden werden.

Welche Kenntnisse sich der Bewerber über das für die Führerscheinprüfung erforderliche Wissen hinaus freiwillig aneignen will, um sich oder sein Fahrzeug zu schützen, bleibt ihm überlassen. Er sollte sich jedoch bei dieser Frage bewußt sein, daß es sich bei den vorgeschriebenen Kenntnissen nur um ein Mindestwissen handelt, das ihn in die Lage versetzt, sich richtig im Verkehr zu verhalten.

2. Wo gibt es Ausbildungsstätten?

Die Durchführung der Ausbildung in Schulungskursen usw. ist staatlich nicht reglementiert. Es besteht daher auch keine Registrierung der Ausbildungsstätten. Soweit bekannt ist, besteht aber eine Vielzahl von Ausbildungsstätten. Der Deutsche Motoryachtverband und der Deutsche Segler-Verband haben sich in der Vergangenheit bemüht, auf Verbandsebene auf die Qualität der Ausbildungsstätten einzuwirken. Sie haben Grundsätze für die Anforderungen an solche Betriebe erlassen. Schulen usw., die diesen Anforderungen entsprechen, werden von diesen Verbänden anerkannt. Aber nicht alle Ausbildungsstätten legen Wert auf eine solche Anerkennung und bilden trotzdem mit guten Erfolgen aus. Bei den Prüfungen stellt es sich schnell heraus – Durchfallquote –, wer intensiv und gut ausbildet.

Die Verbände geben Listen der von ihnen anerkannten Schulen heraus. Eine solche Liste des Deutschen Motoryachtverbandes wird z. B. – stets auf dem neuesten Stand – in der Motorbootzeitschrift „stander" veröffentlicht. Vom Deutschen Segler-Verband kann eine solche Liste angefordert werden. Eine zusätzliche Liste der sogen. „freien Ausbildungsstätten" führt der BusseSeewald Verlag in Herford, der diesbezügliche Anfragen beantworten kann.

V. Die Durchführung der Prüfung

Die Prüfung, in der die Befähigung zum Führen eines Sportbootes nachzuweisen ist, soll zeigen, ob der Bewerber ausreichende Kentnisse der für das Führen eines Sportbootes maßgeblichen schifffahrtspolizeilichen Vorschriften und die zur sicheren Führung auf den Seeschifffahrtsstraßen erforderlichen Kenntnisse hat und zu ihrer praktischen Anwendung fähig ist. [*§ 3*]

Inhalt und Verfahren der Prüfung hat das BVM in Richtlinien geregelt, um die Einheitlichkeit der Prüfungen zu gewährleisten und damit dem Gleichbehandlungsgrundsatz Rechnung zu tragen. [*3 RiVerb*]

1. Wer prüft?

Die Prüfungen werden von den gemeinsamen Prüfungsausschüssen der beauftragten Verbände abgenommen (vgl. Anlage Nr. 2). [*6 Abs. 1/1 RiVerb*]. Den Sitz dieser PA hat das BVM auf Vorschlag der beauftragten Verbände bestimmt. Nach diesem Verfahren können je nach Bedarf weitere PA eingerichtet werden. Die Vorsitzenden eines PA und deren Stellvertreter werden ebenfalls auf gemeinsamen Vorschlag der beauftragten Verbände (KoA) vom BVM bestellt. Die Beisitzer werden von den beauftragten Verbänden (KoA) und von den zuständigen WSDn jeweils für ihren Bereich benannt. Ein Rechtsanspruch auf Bestellung als Prüfer besteht weder für einzelne Personen noch für Vereine. Die Prüfung wird von dem Vorsitzenden des PA oder dessen Stellvertreter, einem von den beauftragten Verbänden und einem von der zuständigen WSD benannten Beisitzer abgenommen. Diese Regelung besagt jedoch nicht, daß der PA nur aus diesen drei Prüfungsmitgliedern besteht, vielmehr kann ein PA, was auch in der Regel der Fall ist, aus mehreren stellvertretenden Vorsitzenden und einer größeren Anzahl von Beisitzern der beauftragten Verbände und der zuständigen WSD bestehen, um mit größtmöglicher Flexibilität die jeweils erforderliche Anzahl von Prüfungskommissionen bilden zu können. [*§ 6 Abs. 2*]

Der Vorsitzende, dessen Stellvertreter und die Beisitzer müssen geeignet und zuverlässig sein, insbesondere mindestens einen amtlichen Motorbootführerschein bzw. Sportbootführerschein besitzen. Der Vorsitzende und dessen Stellvertreter müssen die Gewähr bieten, daß die Hoheitsaufgaben nach Maßgabe der Durchführungsrichtlinien ordnungsgemäß ausgeführt werden. Die beauftragten Verbände haben gemeinsam (KoA) die Vorsitzenden der Prüfungsausschüsse und die Beisitzer der Verbände über ihre Rechte und Pflichten entsprechend der Anlagen 1 und 2 zu Anlage 2 der *RiVerb* in der jeweils geltenden Fassung zu belehren und sich davon zu überzeugen, daß sie die vorstehenden Voraussetzungen jederzeit erfüllen. Wenn Umstände eintreten, die den Prüfer für seine Tätigkeit ungeeignet oder unzuverlässig erscheinen lassen, so haben die beauftragten Verbände unverzüglich den Bundesminister für Verkehr zu unterrichten. Ergibt die Prüfung durch eine zuständige Fachaufsichtsbehörde, daß der betreffende Prüfer nicht mehr geeignet oder zuverlässig ist, ist er aus seinem Amt zu entfernen.

Eine Schulungstätigkeit, die der Vorbereitung auf die Sportbootführerscheinprüfung dient, ist unvereinbar mit der Tätigkeit als Vorsitzender oder Beisitzer eines PA. Üben der Vorsitzende oder ein stellvertretender Vorsitzender eines PA eine derartige Schulungstätigkeit aus, so unterrichten die beauftragten Verbände unverzüglich das BVM, das nach Anhörung der beauftragten Verbände die Bestellung widerrufen oder zurücknehmen kann. Ist der Betreffende ein von den beauftragten Verbänden benannter Beisitzer, so wird er von ihnen von seiner Prüfungstätigkeit entbunden. Ist der Betreffende ein von der zuständigen WSD benannter Beisitzer, so wird diese unverzüglich benachrichtigt, damit sie die erforderliche Maßnahme trifft. Das gilt auch dann, wenn sonstige Umstände vorliegen, die das Mitglied das PA für seine Tätigkeit ungeeignet oder unzuverlässig erscheinen lassen. [*§ 6 Abs. 1*]

2. Wo wird geprüft?

Der Ort der Prüfung wird von dem PA festgelegt, bei dem der Bewerber den Antrag zur Prüfung gestellt hat. Grundsätzlich werden die Prüfungen am Sitz des PA durchgeführt. Auf Veranlassung der Bewerber kann der PA auch Prüfungen außerhalb seines Sitzes durchführen. Die damit verbundenen Kosten gehen dann zu Lasten der Bewerber. [*1.1 RiVerb*]

Prüfungsorte für den amtlichen Sportbootführerschein

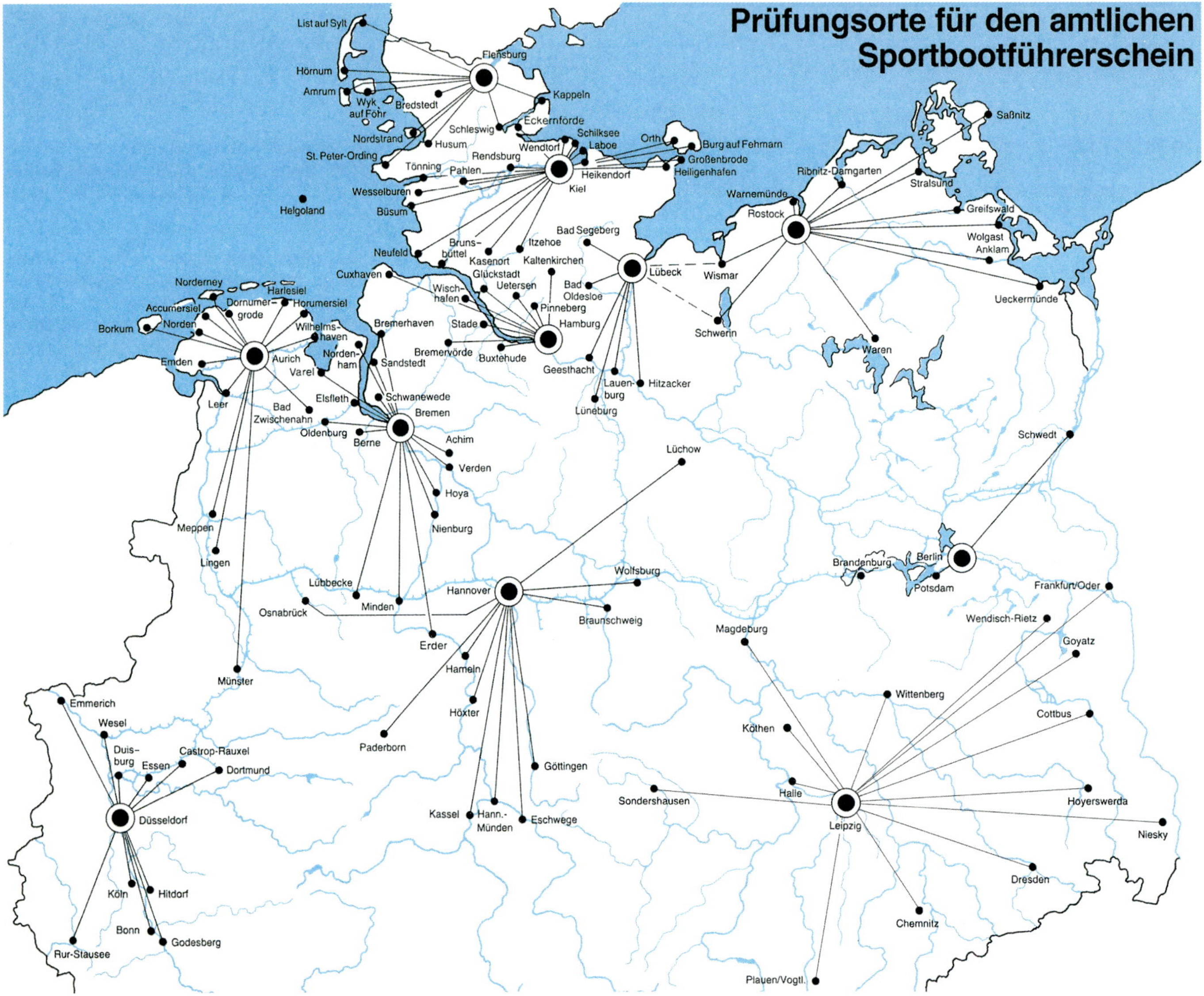

Sitz eines Prüfungsausschusses

Prüfungsort (nicht festgelegt)

Hinweis:
Die Prüfung kann auch an anderen Orten stattfinden, wenn dort entsprechend viele Bewerber und Prüfungsmöglichkeiten sind.

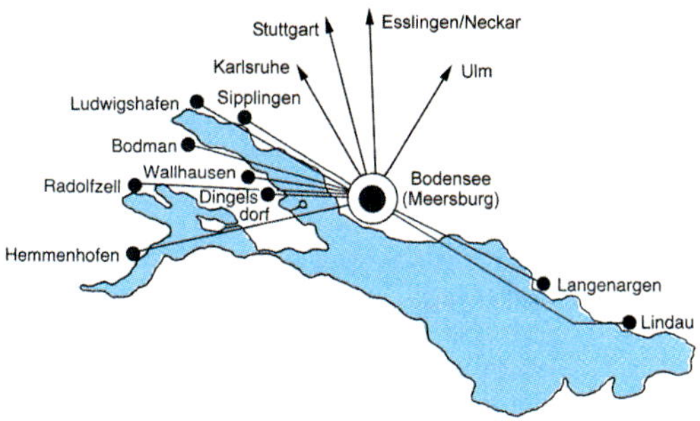

Prüfungsorte des Prüfungsausschusses Bodensee

Eine räumliche Abgrenzung der Zuständigkeit der einzelnen PA ist nicht festgelegt worden. Gleichwohl sind die Tätigkeitsbereiche der einzelnen PA so abgestimmt, daß nicht zwei PA am gleichen Ort prüfen. Die Übersicht auf den Seiten 44 und 45 zeigt, wo die PA bisher im wesentlichen Prüfungen abgenommen haben.

3. Wie wird geprüft?

3.1 Allgemeines

Die Prüfung wird von dem Vorsitzenden des PA oder dessen Stellvertreter und zwei Beisitzern abgenommen, die mit Stimmenmehrheit entscheiden. Der eine Beisitzer wird von den beauftragten Verbänden, der andere von der zuständigen WSD benannt. [*§ 6 Abs. 2/3.2.1 RiVerb*] Die Prüfung besteht aus einem theoretischen und einem praktischen Teil und soll möglichst an einem Tag durchgeführt werden.

Die Prüfung wird von dem Vorsitzenden des PA oder dessen Stellvertreter geleitet. Der Vorsitzende und die Beisitzer prüfen, soweit zweckmäßig, gemeinsam. Die Prüfung wird so lange durchgeführt, bis sich die Prüfer ein ausreichendes Urteil gebildet haben. Der PA achtet darauf, daß sich die Fragen und die Anforderungen im vorgeschriebenen Rahmen halten. Er achtet ferner darauf, daß bei der Prüfung niemand, insbesondere wegen der Zugehörigkeit oder Nichtzugehörigkeit zu einem Verein, bevorzugt oder benachteiligt wird. Soweit das Prüfungsverfahren in den Durchführungsrichtlinien nicht geregelt ist, liegt die Ausgestaltung der Prüfung im pflichtgemäßen Ermessen der beauftragten Verbände. Kann die Prüfung aus zwingenden Gründen nicht an einem Tag abgeschlossen werden, ist darauf zu achten, daß der noch ausstehende Teil der Prüfung möglichst von denselben Prüfern abgenommen wird. Möchte der Bewerber gleichzeitig mit der Prüfung für den Sportbootführerschein den Befähigungsnachweis nach der SpoFüV-Binnen erwerben, soll der PA dies dadurch ermöglichen, daß die getrennten Prüfungen in einem zeitlichen Zusammenhang angelegt werden. [*§ 6 Abs. 6*] Im Hinblick darauf, daß die beiden Prüfungen von verschiedenen PAs abgenommen werden, die allerdings im Einzelfall teilweise aus denselben PA-Mitgliedern bestehen können, sind entsprechende organisatorische Vorkehrungen notwendig. Der Bewerber sollte daher einen entprechenden Antrag rechtzeitig stellen.

3.2 Vorbereitung zur Prüfung

Ort und Zeitpunkt der Prüfung wird vom Vorsitzenden des PA im Einvernehmen mit der zuständigen WSD rechtzeitig vorher festgesetzt. Zu diesem Zweck werden vorher der zuständigen WSD der beabsichtigte Prüfungstermin und -ort sowie die voraussichtliche Anzahl der Prüflinge mitgeteilt.

Gleichzeitig werden die Prüfungsteilnehmer schriftlich geladen. In der Ladung wird der Bewerber auf die Kostenfolgen im Falle eines unentschuldigten Fernbleibens hingewiesen. [*3.2.2 RiVerb, vgl. 7.1.2 RiVerb und Abschnitt VII 4*]

Auf die Einhaltung einer Ladungsfrist und der Schriftform kann der Bewerber verzichten. Mit Zustimmung des Bewerbers kann die Ladung auch an den Lehrgangsleiter gerichtet werden. Die erforderlichen Erklärungen kann der Bewerber im Antragsformular abgeben.

Prüfungstermine, insbesondere in der Wassersportsaison, werden so festgesetzt, daß längere Wartezeiten für die Bewerber vermieden werden. Damit die Bewerber die Prüfung zu dem von ihnen vorgesehenen Termin ablegen können, haben sie in ihrem eigenen Interesse darauf zu achten, daß sie den Antrag rechtzeitig stellen und die vorgeschriebenen Unterlagen vollständig und fristgerecht beifügen.

3.3 Welche Kenntnisse müssen in der theoretischen Prüfung nachgewiesen werden?

Durch die theoretische Prüfung ist der Nachweis folgender Kenntnisse zu erbringen (siehe nebenstehende Tabelle). [*3.1.2 RiVerb*]

Der Vorsitzende des PA sorgt dafür, daß die Prüfung an einem geeigneten Ort durchgeführt wird, der sowohl genügend große Räume für die theoretische Prüfung als auch einen Bootsanleger für die praktische Prüfung aufweist.

Die Zahl der Prüfungsteilnehmer sollte mindestens 20 Bewerber betragen.

Es dürfen jeweils nur so viele Bewerber in einer Prüfung gleichzeitig geprüft werden, als durch organisatorische Maßnahmen sichergestellt ist, daß die Prüfung ordnungsgemäß abgenommen werden kann [*3.1.2 RiVerb*]. Die bisherige Obergrenze von 30 Bewerbern wurde mit dieser Regelung durch eine flexible Organisationsregelung ersetzt.

Welche Kenntnisse im einzelnen erforderlich sind, ergibt sich aus dem Fragenkatalog (vgl. Teil II), da nur der darin enthaltene Prüfungsstoff Gegenstand der theoretischen, schriftlichen oder mündlichen Prüfung ist.

1. **Kenntnisse der maßgebenden schiffahrtspolizeilichen Vorschriften**
   - Kollisionsverhütungsregeln
   - Seeschiffahrtsstraßen-Ordnung
   - Schiffahrtsordnung Emsmündung
   - Schiffahrtspolizeiverordnung über Sicherheitsmaßnahmen für militärische Sperr- und Warngebiete an der schleswig-holsteinischen Ost- und Westküste und am Nord-Ostsee-Kanal

2. **Nautische Grundkenntnisse**
   - terrestrische Navigation
   - Kompaßlehre
   - Gebrauch der Seekarten und Seebücher
   - Auswertung nautischer Nachrichten und Bekanntmachungen
   - Kenntnis der Schiffahrtszeichen, soweit sie nicht in der Seeschiffahrtsstraßen-Ordnung geregelt sind
   - Gezeitenkunde

3. **Seemannschaft**
   - Manövrieren, Fahren im Schlepp, Ankern
   - Verhalten bei Seenotfällen und Havarien sowie bei schlechtem Wetter, Notsignale
   - Sicherheitsmaßnahmen und Sicherheitsausrüstung
   - Verhütung und Bekämpfung von Bränden

4. **Wetterkunde**
   - Gebrauch des Barometers
   - Lesen von Wetterkarten
   - Wind- und Sturmwarnungen

3.4 Wie wird die theoretische Prüfung durchgeführt, kann auf sie verzichtet oder hiervon befreit werden?

Die theoretische Prüfung wird grundsätzlich schriftlich oder mündlich gemeinsam von dem Vorsitzenden und den Beisitzern durchgeführt.

Vor der Prüfung legen der Vorsitzende und die Beisitzer gemeinsam fest, welcher von den 20 Fragebögen mit je 30 Fragen und einer Kartenaufgabe mit je 3 Fragen, die jeweils einen wohlausgewogenen Querschnitt der Fragen aus dem Fragenkatalog (vgl. Teil II) für die theoretische Prüfung enthalten, für die schriftliche Beantwortung innerhalb einer Stunde und 15 Minuten verwendet werden soll. [*3.2.2 RiVerb*]

Der von den beauftragten Verbänden gemeinsam mit den WSDn erstellte und vom BVM fachlich geprüfte Fragenkatalog enthält 342 Fragen und 20 Kartenaufgaben. Um eine möglichst große Einheitlichkeit der Prüfungen zu erreichen und gleichzeitig Täuschungsmanöver zu verhindern, sind die in dem Fragenkatalog enthaltenen Fragen in 20 Fragebogenkombinationen in der Weise aufgeteilt worden, daß jede Frage in mindestens einem der 20 Fragebogenkombinationen erscheint und daß die für die Sicherheit und Leichtigkeit des Verkehrs besonders wichtigen Fragen entsprechend häufig wiederkehren.

Unerlaubte Hilfsmittel, wie z. B. Bücher oder Taschenrechner u. ä., dürfen bei der Beantwortung der Fragen nicht benutzt werden. Bei einem Täuschungsversuch gilt die Prüfung als nicht bestanden. Das gilt auch für bereits erfolgreich durchgeführte Prüfungsteile.

Vor Beginn der Prüfung hat der Vorsitzende die Bewerber über die Folgen eines Täuschungsversuchs zu belehren. [*3.2.3.1 RiVerb*]

Die Prüfung wird von einem Mitglied des PA beaufsichtigt.

Bestehen bei der Prüfung Zweifel an der Identität des Bewerbers, kann die Vorlage eines Identitätsnachweises (Personalausweis) verlangt werden. [*3.2.2 RiVerb]*

Vor Beginn der Prüfung wird festgestellt, ob die zum Prüfungstermin geladenen Bewerber vollzählig erschienen sind. Ist ein Bewerber trotz Ladung nicht erschienen, wird er erneut geladen und dabei darauf hingewiesen, daß bei erneutem Nichterscheinen sein Antrag auf Prüfung als zurückgewiesen gilt. [*7.2 RiVerb*]

Während der Prüfung dürfen außer den Bewerbern nur die Mitglieder und Bediensteten des Prüfungsausschusses, der KoA und Vertreter der zuständigen Aufsichtsbehörde anwesend sein. [*3.2.2 RiVerb*]

Zur Gewährleistung eines einheitlichen Prüfungsmaßstabes sind für die Prüfer Antwortvorschläge für die Bewertung der von den Bewerbern gegebenen Antworten vorgesehen, die eine Empfehlung an den Prüfer darstellen. Die Antwort des Bewerbers braucht nicht wörtlich mit dem Antwortvorschlag übereinzustimmen. Die Bewertung der Beantwortung einer Frage richtet sich danach, im welchem Maße die gegebene Antwort mit dem sachlichen Inhalt, der Vollständigkeit und der fachlichen Terminologie des Antwortvorschlags übereinstimmt.

Hat er eine Frage in diesem Sinne vollständig und richtig beantwortet, so erhält er zwei Punkte ●●. Hat er sie dagegen nur zum Teil oder gar nicht beantwortet, so erhält er einen Punkt ● bzw. keinen Punkt.
Die Prüfung gilt als **nicht bestanden,** wenn der Bewerber

von 66 erreichbaren Punkten
nur 43 oder weniger Punkte

erreicht hat.
Werden

54 oder weniger Punkte

erreicht, ist eine **mündliche Prüfung** erforderlich.
Erreicht der Bewerber eine Punktzahl von

mindestens 55 Punkten,

wird er von der mündlichen Prüfung befreit, wenn nicht besondere Umstände dennoch eine mündliche Prüfung erfordern.

Gegenstand der mündlichen Prüfung ist der im amtlichen Fragen- und Antwortenkatalog enthaltene Prüfungsstoff. Es sollen keine Fragen gestellt werden, die bereits in der schriftlichen Prüfung nicht richtig beantwortet worden sind. [*3.2 RiVerb*]

Erscheint es dem Prüfungsausschuß zweckmäßig, so kann er bestimmen, daß die mündliche Prüfung zunächst von nur zwei Mitgliedern des Prüfungsausschusses durchgeführt wird. Diese haben dem dritten Mitglied des Prüfungsausschusses Bericht über den Verlauf der mündlichen Prüfung zu erstatten und ihm einen Bewertungsvorschlag zu unterbreiten. Hält er die vorgeschlagene Bewertung nach dem Verlauf der bisherigen Prüfung für zutreffend, kann er sich dem Vorschlag ohne Fortsetzung der mündlichen Prüfung anschließen. Bestehen Zweifel daran, daß der Bewerber die nach § 3 SpbootFüV-See geforderten Kenntnisse hat, ist die Prüfung so lange gemeinsam durchzuführen, bis sich jeder Prüfer ein ausreichendes Urteil gebildet hat.

Der Nachweis der erforderlichen Kenntnisse gilt als erbracht, wenn der Bewerber Inhaber des Zeugnisses über die Prüfung zum Sportseeschiffer nach der Bekanntmachung Sportsee-/Sporthochseeschiffer ist oder eine Bescheinigung der Wasserschutzpolizeischule Hamburg über die erfolgreiche Teilnahme an einem wasserschutzpolizeilichen Einweisungs-Lehrgang vorlegt. [*3.2.3.3.1 RiVerb*]

Der Bewerber kann vom PA von der theoretischen Prüfung befreit werden, wenn er in einer früheren, nicht bestandenen Prüfung bei demselben PA hierbei überdurchschnittliche Kenntnisse nachgewiesen hat. [*§ 6 Abs. 5*]

Die vorangegangene Prüfung darf nicht länger als 6 Monate zurückliegen. Die Befreiung liegt im pflichtgemäßen Ermessen des PA. [*3.2.3.4 RiVerb*]

3.5 Welche Fähigkeiten müssen in der praktischen Prüfung nachgewiesen werden?

Die praktische Prüfung erstreckt sich auf die Beherrschung folgender Manöver und Fertigkeiten:

- Rettungsmanöver („Mann-über-Bord"-Manöver mit Hilfe eines treibenden Gegenstandes)
- Manövrieren (Ablegen, Wenden auf engem Raum, kursgerechtes Aufstoppen, Anlegen)
- Fahren nach Kompaß
- Peilen (einfache Peilung/Kreuzpeilung)
- Anlegen einer Rettungsweste und eines Sicherheitsgurtes, wichtige Knoten (Achtknoten, Kreuzknoten, Palstek, halber Schlag, zwei halbe Schläge, einfacher Schotstek, doppelter Schotstek, Webeleinenstek und Belegen von Enden).

3.6 Wie wird die praktische Prüfung durchgeführt?

Der Vorsitzende und die Beisitzer sollen sich, soweit notwendig gemeinsam, durch die praktische Prüfung an Bord davon überzeugen, daß der Bewerber die zur sicheren Führung eines Sportbootes erforderlichen Kenntnisse anwenden (vgl. Teil III) kann. Durch praktische Manöver hat jeder Bewerber mindestens den Nachweis zu erbringen, daß er An- und Ablegen sowie ein „Mann-über-Bord"-Manöver durchführen kann.

Erscheint es dem PA zweckmäßig, so kann er bestimmen, daß die praktische Prüfung zunächst von nur einem Mitglied des Prüfungsausschusses durchgeführt wird. Dieses Mitglied hat dann den anderen Mitgliedern Bericht über den Verlauf des begutachteten Prüfungsteils zu erstatten und einen Bewertungsvorschlag zu unterbreiten. Halten die übrigen Mitglieder die vorgeschlagene Bewertung nach dem Verlauf der bisherigen Prüfung für zutreffend, können sie sich dem Vorschlag ohne Fortsetzung der praktischen Prüfung anschließen. Bestehen Zweifel an der Eignung, ist die Prüfung gemeinsam so lange durchzuführen, bis sich jeder Prüfer ein ausreichendes Urteil gebildet hat. [*3.2.3.2 RiVerb*]

Für die praktische Prüfung sollte ein Gewässer gewählt werden, das entweder eine Seeschiffahrtsstraße ist oder wenigstens in etwa vergleichbare Verhältnisse aufweist. [*3.2.3.2 RiVerb*]

Für die Abnahme der praktischen Prüfung hat der Bewerber ein betriebsfähiges Sportboot mit mehr als 3,68 kW (5 PS) und einen Bootsführer zu stellen, der eine Fahrerlaubnis haben muß. Der Vorsitzende kann ein Sportboot ablehnen, wenn es nicht verkehrssicher ist oder aufgrund seiner Bauart, Größe und Tragfähigkeit für die Durchführung der Prüfung ungeeignet ist (§ 6 Abs. 4). Auf dem Sportboot müssen ein Anker mit ausreichender Leine oder Kette, ein Bootshaken, ein Rettungsring, ein Feuerlöscher und gegebenenfalls zwei Stechpaddel sowie für jede an Bord befindliche Person eine zugelassene Rettungsweste vorhanden sein.

Während der Prüfungsfahrt haben anleitende oder unterstützende Maßnahmen, die dem Zweck der Prüfung zuwiderlaufen, zu unterbleiben.

Während der Prüfung dürfen außer den Bewerbern nur die Mitglieder und Bediensteten des PA, des KoA und Vertreter der zuständigen Aufsichtsbehörde, zusätzlich der verantwortliche Bootsführer sowie das zur Bedienung erforderliche Personal anwesend sein. Die Anwesenheit des Fahrlehrers ist nicht gestattet, es sei denn, daß er der verantwortliche Bootsführer ist.

Ergibt die praktische Prüfung, daß der Bewerber die vorgeschriebenen Manöver und Fertigkeiten nicht beherrscht oder die notwendigen Schiffahrtspolizeivorschriften nicht anwenden kann, so gilt die Prüfung als nicht bestanden. [*3.2.3.2 RiVerb*]

Zur **Vereinheitlichung der Durchführung der praktischen Prüfung** bei allen PAs sind die Pflichtmanöver/Fertigkeiten nunmehr erstmals festgelegt und ihre Abnahme durch den PA in einer gesonderten Dienstanweisung geregelt worden (siehe Anlage 3).

Zum Nachweis des sicheren Führens eines Sportfahrzeuges hat jeder Bewerber in der praktischen Prüfung mindestens vier verschiedene Fahrmanöver/Fähigkeiten richtig auszuführen sowie mindestens fünf verschiedene Knoten vorzuführen und deren Bedeutung zu erklären, die vom Prüfer ausgewählt werden. In jedem Fall sind das Rettungsmanöver und das Fahren nach Kompaß durchzuführen. Die übrigen Manöver und Fähigkeiten werden vom Prüfer ausgewählt. Die Anweisung für die Durchführung der praktischen Prüfung (siehe Abschnitt „Praktische Prüfung" – 3.2.3.2 RiVerb) ist hierbei zu beachten.

3.7 Wann kann auf die praktische Prüfung verzichtet oder hiervon befreit werden?

Der Nachweis der Fähigkeit zur Anwendung der zur sicheren Führung eines Sportbootes auf den Seeschiffahrtsstraßen erforderlichen Kenntnisse gilt als erbracht, wenn der Bewerber eines der nachfolgenden Fertigkeitszeugnisse besitzt:

1. Befähigungszeugnisse im Sinne der §§ 4 und 6 der Binnenschifferpatentverordnung vom 7. Dezember 1981 (BGBl. I S. 1333) in jeweils geltender Fassung, soweit diese Zeugnisse nur für Binnenschiffahrtsstraßen oder Teile von ihnen gelten.
2. Zeugnis für die Zulassung zum Verkehr mit Motorfahrzeugen auf Teilen einer Seeschiffahrtsstraße, z. B. Inhaber eines Hafenpatentes nach der Hamburgischen Verordnung über Befähigungszeugnisse in der Hafenschiffahrt vom 16. September 1959 (GVBl. S. 128).
3. Zeugnis nach § 9 der Polizeiverordnung über die Benutzung von maschinengetriebenen Wasserfahrzeugen zur gewerblichen Personenbeförderung auf den Gewässern um Helgoland vom 2. Juni 1964 (GVOBl. Sch.-H. S. 67).
4. Bodenseeschifferpatent A in Verbindung mit einer zusätzlichen Bescheinigung über eine mit Erfolg abgelegte praktische Motorbootprüfung bei den Landratsämtern Bodenseekreis, Konstanz oder Lindau.

Eine praktische Prüfung hat auch dann stattzufinden, wenn der Bewerber lediglich im Besitz eines Verbandszeugnisses ist. Der Bewerber kann vom PA von der praktischen Übung befreit werden, wenn er in einer früheren nicht bestandenen Prüfung bei demselben PA hierbei überdurchschnittliche Kenntnisse nachgewiesen hat. [*§ 6 Abs. 5*] Die vorangegangene Prüfung darf nicht länger als 6 Monate zurückliegen. Die Befreiung liegt im pflichtgemäßen Ermessen des PA. [*3.2.3.4 RiVerb*]

3.8 Wie wird das Ergebnis der Prüfung festgestellt?

Die Prüfung ist so lange durchzuführen, bis sich die Prüfer ein ausreichendes Urteil gebildet haben.

Der Bewerber hat die Prüfung bestanden, wenn er die erforderlichen Kenntnisse und Fähigkeiten durch die theoretische **und** praktische Prüfung nachgewiesen hat. Der Prüfungsausschuß beschließt mit Stimmenmehrheit.

Besteht dagegen ein Bewerber die Prüfung nicht, so hat ihm der Vorsitzende des PA das Ergebnis mündlich mit dem Hinweis mitzuteilen, daß er einen schriftlichen Bescheid mit Gründen, Kostenentscheidung und Rechtsbehelfsbelehrung erhält. Der Bescheid ist nach dem Muster der Anlage 4 zu den RiVerb zu fertigen (§§ 37–39, 41 Verwaltungsverfahrensgesetz). Eine neue Prüfung kann frühestens nach Ablauf von vier Wochen abgenommen werden. [*§ 6 Abs. 5*] Hat der Bewerber in einem der beiden Prüfungsteile überdurchschnittliche Kenntnisse nachgewiesen, ist er in dem o. g. Bescheid auf die Möglichkeit der Befreiung von Prüfungsteilen hinzuweisen, wenn die erneute Prüfung nicht später als sechs Monate nach der nichtbestandenen Prüfung durchgeführt wird [*3.2.3.5 RiVerb*]. Über den Prüfungsverlauf wird für jeden Bewerber eine Ergebnisniederschrift nach Muster aufgenommen und aufbewahrt. [*3.2.3.4 Anlage 4 RiVerb*]

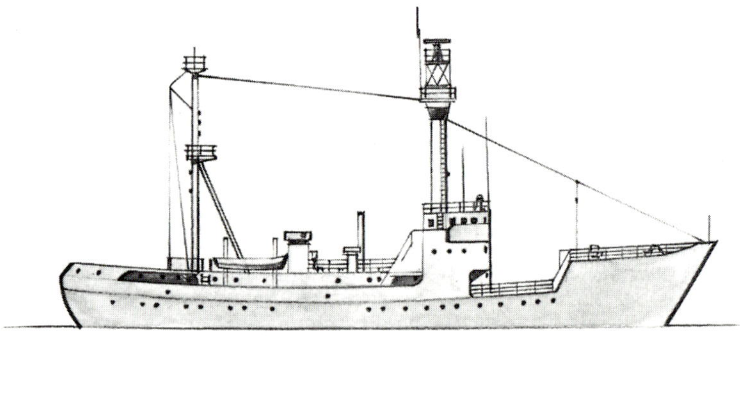

Ehemaliges Feuerschiff „Borkumriff“

VI. Ausübung der Fachaufsicht über die Prüfung

Die den beiden Sportverbänden übertragenen Hoheitsaufgaben verpflichten den Staat als Auftraggeber, diese Tätigkeit zu beaufsichtigen. Die Fach- und Rechtsaufsicht hat sich dabei sowohl auf die Gesetzmäßigkeit als auch auf die Zweckmäßigkeit der Ausübung der Hoheitsbefugnisse zu erstrecken.

1. Welche Behörden sind zuständig?

Bei der Durchführung der übertragenen Hoheitsaufgaben unterstehen die beauftragten Sportverbände der Fachaufsicht des BVM, das sich bei der Durchführung der Fachaufsicht über die PA – nicht dagegen über den KoA – der WSDn Nord und Nordwest bedient. Die Zuständigkeit der beiden WSDn für die einzelnen PAs hat das BVM wie folgt festgelegt:

WSD Nord
für die Prüfungsauschüsse
Hamburg, Lübeck,
Kiel, Flensburg, Berlin, Rostock

WSD Nordwest
für die Prüfungsausschüsse
Aurich, Bremen,
Düsseldorf, Hannover, Leipzig,
Meersburg/Bodensee,
München, Wiesbaden

Die WSDn üben die Fachaufsicht über die ihnen zugewiesenen PA aus. Die Wasser- und Schiffahrtsdirektion Nordwest nimmt bei der Durchführung der Fachaufsicht die Amtshilfe der Wasser- und Schiffahrtsdirektionen Mitte, Ost, West, Südwest und Süd, die Wasser- und Schiffahrtsdirektion Nord die Amtshilfe der Wasser- und Schiffahrtsdirektion Ost in Anspruch. Gleichzeitig entsenden sie Beisitzer, die möglichst Inhaber eines Motor- oder Sportbootführerscheins, eines gleichwertigen oder eines nautischen Befähigungszeugnisses sein sollen. Hierdurch wird sichergestellt, daß die schiffahrtspolizeilichen Belange, insbesondere die Anforderungen der Berufsschiffahrt, Berücksichtigung finden.

2. Umfang der Fachaufsicht

Grundsätzlich haben die WSDn darauf zu achten, daß die RiVerb beachtet werden. Bei der Zulassung von Bewerbern haben sie darauf zu achten, daß sie erst dann erfolgt, wenn aufgrund der beizufügenden Unterlagen feststeht, daß die Zulassungsvoraussetzungen vorliegen. [*1.2 RiWSV*]

Bei der Durchführung der Prüfung erstreckt sich die Fachaufsicht insbesondere darauf, daß

- die zugelassene Teilnehmerzahl nicht überschritten wird,
- der Gleichheitsgrundsatz nicht verletzt wird, d.h. Vereinsmitglieder nicht im Verhältnis zu Nichtmitgliedern bervorzugt werden und die Fragen hinsichtlich der Schwierigkeit und Bedeutung in der mündlichen Prüfung wohlausgewogen sind,
- in der theoretischen Prüfung erst kurz vor Beginn der Prüfung der Fragebogen ausgewählt wird,
- bei der praktischen Prüfung
  a) ein verkehrssicheres Prüfungsfahrzeug vorhanden ist, das aufgrund seiner Bauart, Sicherheitsausrüstung, Größe, Tragfähigkeit und Motorenleistung für die Durchführung der Prüfung geeignet ist,
  b) das Gewässer, auf dem die Prüfung stattfindet, eine Seeschiffahrtsstraße ist oder wenigstens vergleichbare Verhältnisse aufweist und
  c) geeignete Wetterverhältnisse herrschen.

Kann die Prüfung aus zwingenden Gründen nicht an einem Tag abgeschlossen werden, ist darauf zu achten, daß der noch ausstehende Teil der Prüfung möglichst von denselben Prüfern abgenommen wird.

VII. Verwaltungsmaßnahmen nach Abschluß der Prüfung

1. Wann und wie wird der Sportbootführerschein ausgestellt?

Nach bestandener Prüfung wird dem Bewerber die Fahrerlaubnis erteilt und ihm der Sportbootführerschein innerhalb einer Woche ausgehändigt oder mit Einschreiben zugestellt. [*4.1 RiVerb*]

Der Vorsitzende des Prüfungsausschusses oder dessen Stellvertreter unterschreibt den Führerschein. Der Führerschein wird in der linken unteren Ecke des für das Lichtbild vorgesehenen Raumes auf dem Lichtbild und neben der Unterschrift des Vorsitzenden oder dessen Stellvertreters mit dem Stempel des Prüfungsausschusses versehen, aus dem sich ergibt, daß er im Auftrage der beiden beauftragten Verbände tätig geworden ist.

Sämtliche Unterlagen eines Bewerbers werden von dem von den beauftragten Verbänden eingerichteten KoA zwei Jahre lang aufbewahrt. Die eingereichten Unterlagen der Bewerber, die die Prüfung nicht bestanden haben, werden wieder zurückgegeben. [*4.3 RiVerb*]

2. Wann ist der Sportbootführerschein unter Auflagen zu erteilen und wie werden die Auflagen überwacht?

Bewerbern, die beschränkt körperlich geeignet sind oder die als ungeeignet angesehen werden können, weil sie wegen Gefährdung des Schiffsverkehrs rechtskräftig bestraft worden sind oder wiederholt mit Geldbuße geahndete Zuwiderhandlungen gegen Schiffahrtspolizeivorschriften begangen haben, kann die Fahrerlaubnis unter Auflagen erteilt werden, soweit dadurch die mit dem Mangel der Eignung verbundenen Gefahren durch den Bewerber ausgeglichen werden können. [*§ 2 Abs. 3 Satz 1*]

2.1 Welche Auflagen werden erteilt, wenn eine Sehhilfe erforderlich ist?

Wird von einem Bewerber die vorgeschriebene Sehschärfe (vgl. Abschn. III, 1.2.1) nur mit Sehhilfe erreicht, so ist ihm die Auflage zu erteilen, eine gegen Verlust besonders gesicherte Brille oder andere Sehhilfe bei der Führung des Sportbootes ständig zu tragen und eine Ersatzsehhilfe mitzuführen.

Zusätzlich ist der Führerschein des betreffenden Bewerbers mit einem Stempel folgenden Inhalts zu versehen:

> Brille mit Sicherung oder andere Sehhilfe ist zu tragen; Ersatz ist mitzuführen.

2.2 Welche Auflagen werden erteilt, wenn nur die Mindestanforderungen an das Sehvermögen oder das Hörvermögen erfüllt werden?

Werden von einem Bewerber nur die Mindestvoraussetzungen für das Sehvermögen oder die Ausnahmebestimmungen (vgl. Abschn. III, 1.2.1) erreicht, so wird ihm die Auflage erteilt, durch eine im Abstand von 2 Jahren durchzuführende augenärztliche Wiederholungsuntersuchung nachzuweisen, daß die Voraussetzungen noch vorliegen. Die Frist kann auf Vorschlag des Augenarztes bis auf 4 Jahre verlängert oder auf 1 Jahr verkürzt werden. Zusätzlich ist der Führerschein des betreffenden Bewerbers mit dem nachfolgenden Stempel zu versehen. [*4.2.2 RiVerb*]

> Der (Die) Führerscheininhaber(in) hat sich der nächsten Wiederholungsuntersuchung im ....(Monat/Jahr) zu unterziehen und darf Wasserskiläufer nicht ziehen.

Eine Wiederholungsuntersuchung ist deshalb angezeigt, weil eine Verschlechterung des Sehvermögens auf dem bislang völlig gesunden Auge, die altersbedingt oder aus sonstigen Gründen eintreten kann, bei einem nur „Einäugigen“ geeignet ist, viel schneller dahin zu führen, daß die Schwelle zur körperlichen Ungeeignetheit überschritten wird, als dies bei einem unbeschränkt Geeigneten zutrifft. Um solche wesentlichen Minderungen der optischen Wahrnehmung zu erkennen, ist die Durchführung von Wiederholungsuntersuchungen in regelmäßigen Abständen das geeignete Mittel. Die Tatsache, daß der Bewerber nicht an einer fortschreitenden Augenkrankheit leidet, ist hierfür ohne Belang. Die periodische Beibringung des augenärztlichen Zeugnisses mag zwar lästig sein, sie stellt aber im Hinblick auf den zeitlichen und geringen finanziellen Aufwand nur eine relativ geringfügige Beeinträchtigung dar, die wegen des Interesses der Allgemeinheit an der Verhütung von Unfällen im Rahmen des Grundsatzes der Verhältnismäßigkeit hingenommen werden muß.

Denn ohne Zweifel wird durch den Verlust des räumlichen Sehens die Orientierungsfähigkeit insbesondere in der Dunkelheit stark beeinträchtigt. Das macht ganz allgemein Einschätzungen von Entfernungen und von Bewegungsrichtungen anderer Fahrzeuge im Nahbereich schwieriger als für andere Schiffsführer. Die Fähigkeit zum räumlichen Sehen spielt auf dem Wasser u. a. deshalb eine gegenüber dem Verkehr zu Lande gesteigerte Rolle, weil die Boote ihre Umgebung nicht durch Scheinwerfer ausleuchten. Das Verbot, Wasserskiläufer zu ziehen, trägt dem eingeschränkten Sehvermögen im Nahbereich Rechnung und hält sich daher innerhalb des sachlich Gebotenen und Zumutbaren. Dem Führerscheininhaber wird weiterhin schriftlich auferlegt, jede Änderung des Wohnsitzes unverzüglich dem PA mitzuteilen. [*4.2.2 RiVerb*]

Werden von einem Bewerber nur die Mindestvoraussetzungen für das *Hörvermögen* (vgl. Abschn. III, 1.2.1) erreicht, so wird ihm die Auflage erteilt, durch eine im Abstand von 2 Jahren durchzuführende Wiederholungsuntersuchung nachzuweisen, daß die Voraussetzungen noch vorliegen. Die Frist kann auf Vorschlag des Arztes verkürzt werden. [*4.2.3*] Die Auflage wird ebenfalls im Führerschein eingetragen.

2.3 Von wem werden die Auflagen erteilt, neu erteilt und überwacht?

Die Auflagen werden nach Bestehen der Prüfung vom PA dem Führerscheininhaber mündlich und nur auf seinen ausdrücklichen Wunsch durch einen schriftlichen Bescheid mit Rechtsmittelbelehrung mitgeteilt. Die Erteilung der Auflagen ist ein selbständiger Verwaltungsakt, der unabhängig von der Fahrerlaubnis angefochten werden kann (insoweit vgl. Abschn. III, 3). Für die nachträgliche Eintragung der Auflagen oder für die Neuerteilung der Auflagen, die grundsätzlich schriftlich erfolgt, ist der Koordinierungsausschuß zuständig. Nach rechtzeitiger Vorlage eines augenärztlichen Attests über die Wiederholungsuntersuchung, in der dem Führerscheininhaber ein ausreichendes Seh- und Farbunterscheidungsvermögen nach den oben angegebenen Werten bescheinigt wird, trägt der Koordinierungsausschuß in den Sportbootführerschein den Zeitpunkt der nächsten Wiederholungsuntersuchung unter Angabe von Jahr und Monat ein.

Für den Fall der rechtzeitigen Vorlage eines ärztlichen Attests über ein ausreichendes Hörvermögen gilt das Entsprechende.

Eine Überwachung der Termine durch den PA erfolgt nicht mehr. Hierfür ist der Betreffende selbst verantwortlich, zumal die Fristüberschreitung eine Ordnungswidrigkeit darstellt. Wird aufgrund einer Wiederholungsuntersuchung oder einer polizeilichen Kontrolle festgestellt, daß Anlaß zu der Annahme besteht, daß nach dem Erwerb der Fahrerlaubnis eine Beschränkung der körperlichen Eignung eingetreten ist oder daß eine angeordnete Wiederholungsuntersuchung nicht durchgeführt worden ist, ist der Führerscheininhaber vom Koordinierungsausschuß aufzufordern, sich innerhalb einer angemessenen Frist zur Überprüfung seiner körperlichen Eignung einer fachärztlichen Untersuchung zu unterziehen und ein neues Zeugnis nach dem Muster der Anlagen 2 oder 3 vorzulegen. [*4.2.4 RiVerb*]

Ergibt die Wiederholungsuntersuchung, daß kein ausreichendes Hör-, Seh- oder Farbunterscheidungsvermögen mehr vorliegt, wird ein Entziehungsverfahren eingeleitet (vgl. Abschn XI).

3. Wie kann man sich gegen das Nichtbestehen der Prüfung rechtlich wehren?

Erteilung und Nichterteilung der Fahrerlaubnis sind Verwaltungsakte. Die Nichterteilung der Fahrerlaubnis kann daher nach Durchführung eines Vorverfahrens (Widerspruchsverfahren) vor den Verwaltungsgerichten angefochten werden, so daß sie mit einer Rechtsbehelfsbelehrung nach dem Muster der Anlage 4.1 versehen ist. [*§§ 40, 42 VWGO*]

Legt ein Betroffener Widerspruch gegen die Nichterteilung einer Fahrerlaubnis ein, hat der PA seine Entscheidung zu überprüfen. Hält der PA den Widerspruch für zutreffend (begründet), ist der Ablehnungsbescheid aufzuheben und die Prüfung für bestanden zu erklären. Hält der PA dagegen den Widerspruch nicht für begründet, unterrichtet er unverzüglich den KoA und nachrichtlich die zuständige WSD. Der KoA erläßt in Abstimmung mit der zuständigen WSD einen Widerspruchsbescheid mit Kostenrechnung und Rechtsbehelfsbelehrung nach dem Muster der Anlage 4.2 zu den RiVerb.
Das vorstehende Verfahren gilt auch für den Fall, daß die Ausstellung eines Sportbootführerscheins ohne Prüfung verweigert wird (vgl. Abschn. VIII).

Anlage 4 (4.1)
RiVerb

Rechtsbehelfsbelehrung
Gegen diesen Bescheid des PA kann binnen eines Monats nach seiner Bekanntgabe Widerspruch erhoben werden. Der Widerspruch ist schriftlich oder zur Niederschrift bei der Geschäftsstelle des Koordinierungsausschusses des Deutschen Motoryachtverbandes e. V. und des Deutschen Segler-Verbandes e. V., 22309 Hamburg, Gründgensstraße 18, Telefon: (0 40) 6 30 80 11 (Geschäftszeit: Mo. bis Do. von 9.00 bis 16.00 Uhr, Freitag von 9.00 bis 13.00 Uhr) einzulegen.

Anlage 4 (4.2)
RiVerb

Rechtsbehelfsbelehrung
Gegen die Entscheidung des Koordinierungsausschusses des Deutschen Motoryachtverbandes und des Deutschen Segler-Verbandes vom .... kann innerhalb eines Monats nach Zustellung dieses Widerspruchsbescheides, Klage beim Verwaltungsgericht in 20097 Hamburg, Nagelsweg 37, schriftlich oder zur Niederschrift des Urkundsbeamten der Geschäftsstelle erhoben werden.
Die Klage muß den Kläger, die Beklagten (Deutscher Motoryachtverband und Deutscher Segler-Verband) und den Streitgegenstand bezeichnen und soll einen bestimmten Antrag enthalten. Die zur Begründung dienenden Tatsachen und Beweismittel sollen angegeben und die angefochtene Verfügung in Urschrift oder Abschrift beigefügt werden. Der Klage und allen Schriftsätzen sollen Abschriften für die übrigen Beteiligten beigefügt werden.

4. Welche Kosten werden für die einzelnen Amtshandlungen erhoben?

Die Kosten sollen den Aufwand der Verwaltung einschließlich der beauftragten Verbände decken (Kostendeckungsprinzip). Zusätzlich zu den Kosten, von denen der abzuführende Bundesanteil abzuziehen ist, werden 7 % Mehrwertsteuer erhoben.

Zu Nr. 1
Diese Gebühr wird auch dann erhoben, wenn der Bewerber die Prüfung nicht besteht, sie wiederholt oder von der mündlichen oder praktischen Prüfung befreit wird oder wenn der Bewerber zusätzlich zur Vorlage seines Sportseeschifferzeugnisses noch die praktische Prüfung ablegen muß, um die Fahrerlaubnis zu erhalten. [*7.1.1.1 RiVerb*]

Zu Nr. 2
Mit dieser Gebühr wird der Verwaltungsaufwand für die Ausstellung des Sportbootführerscheins und seiner Registrierung abgedeckt.

Zu Nr. 3
Diese Gebühr wird dann erhoben, wenn nach Erteilung der Fahrerlaubnis aufgrund des Fahrverhaltens des Führerscheininhabers im Verkehr Auflagen erteilt werden, um zwischenzeitlich eingetretene Mängel der Eignung auszugleichen.

Zu Nr. 4
Im Falle der Ausstellung einer Ersatzausfertigung ist in den Kosten der für die Registrierung des ungültigen Führerscheins erforderliche Betrag enthalten.

Kosten (Gebühren und Auslagen)

Nr.	Tatbestand	DM
1.	Für die Abnahme der Führerscheinprüfung	64,–
2.	für die Erteilung einer Fahrerlaubnis nach Bestehen der Prüfung	30,–
3.	für die nachträgliche Erteilung von Auflagen nach § 2 Abs. 3	11,50
4.	für die Ausstellung einer Ersatzausfertigung nach § 7	30,–
5.	für die Erteilung einer Fahrerlaubnis ohne Prüfung nach § 13	30,–
6.	für die Ablehnung eines Antrags	19,–
7.	für die Entziehung einer Fahrerlaubnis nach § 8 und Verhängung eines Fahrverbots nach § 8a	85,– bis 250,–
8.	teilweise oder vollständige Zurückweisung eines Widerspruchs	bis zur Höhe der Gebühr für die angeforderte Amtshandlung
9.	Reisekosten für die Mitglieder der Prüfungsausschüsse und die Kosten für die Bereitstellung von Prüfungsräumen	tatsächlich entstandene Kosten
10.	Rücknahme des Widerspruchs nach Beginn der sachlichen Bearbeitung, jedoch vor deren Beendigung	bis 75 % von Nr. 8

Zu Nr. 5
Mit dieser Gebühr wird der mit der Prüfung der Voraussetzungen und der mit der Ausstellung des Sportbootführerscheins und seiner Registrierung verbundene Verwaltungsaufwand abgedeckt.

Zu Nr. 6
Handelt es sich lediglich um eine schriftliche oder mündliche Anfrage, wird noch keine Gebühr erhoben. Dies gilt nicht, wenn der Antragsteller gleichzeitig mit der Anfrage die Zulassung und Abnahme der Prüfung begehrt.

Zu Nr. 8
Für die teilweise oder vollständige Zurückweisung eines Widerspruchs, soweit sich der Widerspruch nicht ausschließlich gegen eine Kostenentscheidung richtet, ist eine Gebühr bis zur Höhe der für die angefochtene Amtshandlung festgesetzten Gebühr zu erheben. Dies gilt nicht, wenn der Widerspruch nur deshalb keinen Erfolg hat, weil die Verletzung einer Verfahrens- und Formvorschrift nach § 45 des Verwaltungsverfahrensgesetzes unbeachtlich ist.

Zu Nr. 9
Für die Rücknahme des Widerspruchs nach Beginn der sachlichen Bearbeitung, jedoch vor deren Beendigung, ist eine Gebühr bis zu 75 vom Hundert der Gebühr nach Nr. 8 zu erheben.

Zu Nr. 10
Neben den Fahrkosten sind Reisekosten nach der Reisekostenstufe B des Bundesreisekostengesetzes in jeweils gültiger Fassung für die Mitglieder des Prüfungsausschusses als Auslagen immer dann zu erheben, wenn die Prüfung nicht am Sitz der zuständigen Wasser- und Schiffahrtsdirektion bzw. des Prüfungsausschusses stattfindet. Im Interesse der

Bewerber wird darauf zu achten sein, daß die Prüfungen nicht ohne genügenden sachlichen Grund und gegen das Interesse der Bewerber an anderen Orten stattfinden.

Die Reisekosten werden anteilig auf die Bewerber einer Prüfung umgelegt. [*7.1.2 RiVerb*]

Reisekosten sind anteilig auch von denjenigen Prüflingen zu zahlen, die unentschuldigt einem solchen Prüfungstermin ferngeblieben sind. Darüber hinaus sind die anteiligen Auslagen, die den Mitgliedern des Prüfungsausschusses und dem Ausschuß selbst entstanden sind, einzubeziehen.

Die Kosten für die Bereitstellung von Prüfungsräumen (Raummiete, evtl Heizung, Reinigung usw.) werden ebenfalls anteilig auf alle Bewerber zur Prüfung umgelegt. [*7.1.2.2 und 2.3 RiVerb*]

5. Wie werden die Kosten erhoben?

Die Kosten werden, ausgenommen im Falle der Entziehung einer Fahrerlaubnis, der Verhängung eines Fahrverbots, der Erteilung eines Führerscheins ohne Prüfung und der Ausstellung einer Ersatzausfertigung von dem PA festgesetzt und eingezogen. Im Falle der Entziehung der Fahrerlaubnis und der Verhängung eines Fahrverbots werden die Kosten von der WSD Nordwest, im Falle der Erteilung eines Führerscheins ohne Prüfung und der Ausstellung einer Ersatzausfertigung von dem KoA festgesetzt und eingezogen. [*7.3 RiVerb*]

Schuldner der Kosten ist

1. wer die Amtshandlung veranlaßt oder zu wessen Gunsten sie vorgenommen wird,
2. wer die Kosten durch eine vor der zuständigen Behörde abgegebene oder ihr mitgeteilte Erklärung übernommen hat.

Die Gebührenschuld entsteht, soweit ein Antrag notwendig ist, mit dessen Eingang, im übrigen mit der Beendigung der gebührenpflichtigen Amtshandlung. [*§ 10 VwKostG*]

Die Verpflichtung zur Erstattung von Auslagen entsteht mit der Aufwendung des zu erstattenden Betrages.

Die Kosten können jedoch erst eingezogen werden, wenn sie fällig sind. Dazu ist erforderlich, daß eine Kostenentscheidung getroffen und dem Kostenschuldner bekanntgegeben wird. [*§ 17 VwKostG*]

Die Entscheidung über die Kosten ergeht, soweit möglich, zusammen mit der Sachentscheidung. Aus der Kostenentscheidung müssen mindestens hervorgehen: kostenerhebende Stelle, Kostenschuldner, kostenpflichtige Amtshandlung, Einzelbeträge, Zeit, Ort und Art der Zahlung. Die Kostenentscheidung kann mündlich ergehen; sie wird auf Antrag schriftlich bestätigt. Soweit sie schriftlich ergeht oder schriftlich bestätigt wird, wird auch die Rechtsgrundlage für die Erhebung der Kosten sowie deren Berechnung angegeben. [*§ 14 VwKostG*]

Bei der Abnahme von Prüfungen wird die Kostenentscheidung in der Regel am Ende der Prüfung getroffen werden. Soweit der Führerschein sofort ausgehändigt wird, wird normalerweise eine mündliche Kostenentscheidung ergehen. Wird hingegen der Führerschein übersandt oder ist die Prüfung nicht bestanden, so wird die Kostenentscheidung schriftlich mit der Übersendung des Führerscheins bzw. dem Bescheid über das Nichtbestehen der Prüfung erlassen. Da die Kostenentscheidung ein selbständiger Verwaltungsakt ist, kann sie mit Rechtsmitteln angefochten werden (vgl. Absch. III, 3, VII. 3). Ergeht die Kostenentscheidung mündlich, sollen Beanstandungen sofort erhoben werden.

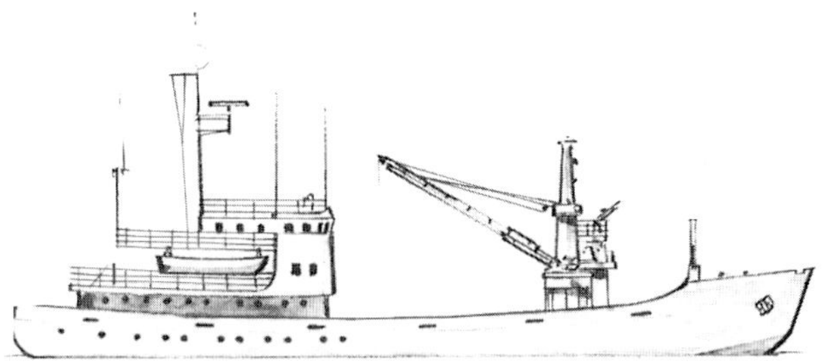

Tonnenleger

Besteht ein Bedürfnis, die voraussichtlichen Kosten bereits vor Vornahme der Amtshandlung einzuziehen, was insbesondere bei der Abnahme von Prüfungen zweckmäßig sein kann, so kann ein angemessener Vorschuß oder eine angemessene Sicherheitsleistung bis zur Höhe der voraussichtlich entstehenden Kosten gefordert werden. [*§ 16 VwKostG*]

Wird ein angeordneter Vorschuß nicht geleistet, so kann die Vornahme der Amtshandlung abgelehnt werden. Die Anordnung der Vorschußzahlung kann mit der Zulassung bzw. der Ladung zur Prüfung verbunden werden. Bei der Zahlung eines Vorschusses wird bei der Kostenentscheidung klargestellt, inwieweit durch den Vorschuß die ausstehenden Kosten bereits geleistet bzw. welche zusätzlichen Beträge zu zahlen sind.

Wird ein Antrag ausschließlich wegen Unzuständigkeit abgelehnt, so wird keine Gebühr erhoben. Wird ein Antrag auf Vornahme einer Amtshandlung zurückgenommen, nachdem mit der fachlichen Arbeit begonnen wurde, die Amtshandlung aber noch nicht beendet ist, oder wird ein Antrag aus anderen Gründen als wegen Unzuständigkeit abgelehnt, oder wird eine Amtshandlung zurückgenommen oder widerrufen, so ermäßigt sich die vorgesehene Gebühr um ein Viertel; es kann von ihrer Erhebung abgesehen werden, wenn dies der Billigkeit entspricht.

Für die Stundung, Niederschlagung und den Erlaß von Kostenforderungen gelten die Vorschriften der Bundeshaushaltsordnung. Diese Maßnahmen sollen nur im Einvernehmen mit den zuständigen WSDn erfolgen.

Werden die Gebühren nicht gezahlt, werden sie mit Unterstützung der zuständigen WSD beigetrieben. Der Anspruch auf Zahlung von Kosten verjährt nach drei Jahren, spätestens mit dem Ablauf des vierten Jahres nach der Entstehung. Die Verjährung beginnt mit dem Ablauf des Kalenderjahres, in dem der Anspruch fällig geworden ist. [*§ 20 VwKostG*]

VIII. Ausstellung des Sportbootführerscheins–See ohne Prüfung

1. Berechtigen Fertigkeitszeugnisse der Verbände?

Fertigkeitszeugnisse der Verbände berechtigen nicht zur Ausstellung eines Sportbootführerscheins ohne Prüfung. Zwar ist in der SportFüV vorgesehen, daß Verbandszertifikate, die bis zum Stichtag der Verkündung der Verordnung ausgestellt sind, innerhalb eines Jahres in einen amtlichen Sportbootführerschein ohne weitere Prüfung umgetauscht werden können [*§ 13 Abs. 1*]; diese Umtauschfrist ist aber am 31. Dezember 1974 abgelaufen.

2. Welche Befähigungszeugnisse berechtigen?

Die im § 1 Abs. 1 sowie in Abschn. I.5.1 aufgeführten amtlichen Befähigungszeugnisse zum Führen von Wasserfahrzeugen auf den Seeschiffahrtsstraßen befreien zwar von der Führerscheinpflicht; gleichwohl hat sich in der Vergangenheit die Notwendigkeit ergeben, diesem Personenkreis zu Legitimationszwecken auf Antrag einen Sportbootführerschein ohne Prüfung auszustellen. Dies stellt nicht nur für den einzelnen Fahrzeugführer eine Vereinfachung dar, sondern erleichtert bei der Vielzahl unterschiedlicher Zeugnisse auch den zuständigen Überwachungsorganen die Führerscheinkontrolle. Daher ist in der Verordnung vorgesehen, daß der von den beauftragten Verbänden eingerichtete KoA gegen Vorlage des betreffenden Befähigungszeugnisses auf Antrag einen Sportbootführerschein ausstellen kann. [*§ 13 Abs. 2, 6.1 RiVerb*]

3. Welche amtlichen Prüfungszeugnisse berechtigen?

Gegen Vorlage eines

- Zeugnisses über die Prüfung zum Sporthochseeschiffer nach der Bekanntmachung Sportsee-/ Hochseeschiffer,
- Prüfungszeugnisses der Gruppe A oder B der Schiffsoffiziers-Ausbildungsverordnung oder eines entsprechenden Qualifikationsnachweises der ehem. Deutschen Demokratischen Republik,
- Befähigungsnachweises der ehemaligen Deutschen Demokratischen Republik zum Führen von Sportmotorbooten für die Fahrtbereiche Seewasserstraßen, Küstenfahrt, Seefahrt

kann der KoA ebenfalls einen Sportbootführerschein ausstellen, sofern die Inhaber körperlich, geistig und aufgrund ihres bisherigen Verhaltens im Verkehr zum Führen eines Sportbootes geeignet sind, insbesondere über ein ausreichendes Hör-, Seh- und Farbunterscheidungsvermögen verfügen. [*§ 2 Abs. 1 Nr. 2/6.2 RiVerb*] Die Frist für die Ausstellung eines Sportbootführerscheins ohne Prüfung bei Vorlage bestimmter, bis zum 31. 12. 1974 ausgestellter Zeugnisse der Bundeswehr ist am 31. 12. 1980 abgelaufen.

4. Welche Unterlagen sind einem Antrag beizufügen?

Die Ausstellung eines Sportbootführerscheins kann in den in Nr. 3 aufgeführten Fällen nur gegen Vorlage des Originalzeugnisses, einer Zweitausfertigung oder einer beglaubigten Kopie erfolgen. Außerdem sind die im Abschn. I.1.3.1 angegebenen Unterlagen beizufügen, die nicht älter als 6 Monate sein dürfen. [*6.2.2 RiVerb*]

Die Ablehnung des Antrags ist ein selbständiger Verwaltungsakt, der mit einem Rechtsmittel angefochten werden kann (vgl. insoweit Abschn. III. 3). Wird der Antrag abgelehnt, wird dies daher dem Antragsteller durch einen schriftlichen Bescheid mit Rechtsbehelfsbelehrung mitgeteilt.

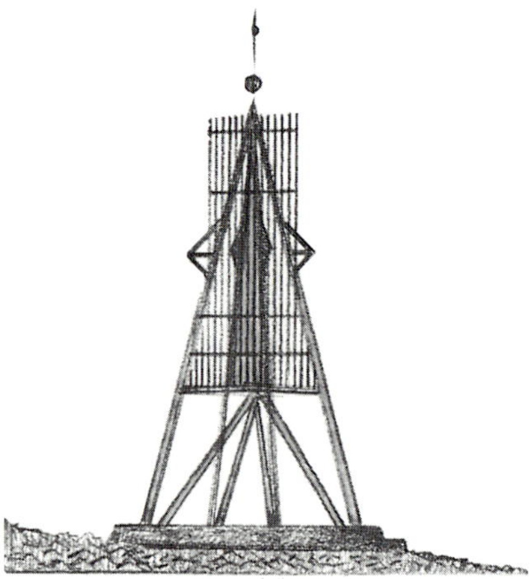

Kugelbake Cuxhaven

IX. Verwaltungsmaßnahmen nach Ausstellung eines Sportbootführerscheins – See

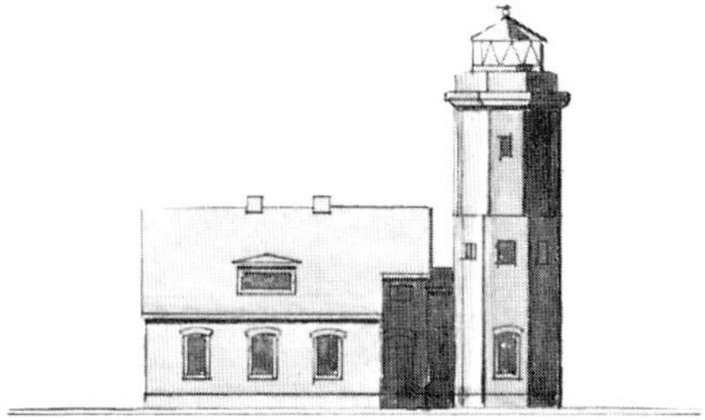

Leuchtturm Westermarkelsdorf

1. Wann müssen Eintragungen im Sportbootführerschein geändert werden?

Ergeben sich im Laufe der Zeit Änderungen der Eintragungen im Führerschein, so können diese von dem KoA berichtigt werden. Die Änderung wird so vorgenommen, daß sie als solche erkenntlich und die ändernde Stelle ersichtlich ist. Die Tatsache der einzutragenden Änderung muß der Inhaber des Sportbootführerscheins durch Vorlage der Urkunde beweisen (Heiratsurkunde, Bescheinigung des Einwohnermeldeamtes usw.). Abgesehen von Schreib- und Portokosten werden keine Gebühren erhoben. Auf Wunsch des Führerscheininhabers kann auch ein neuer Führerschein ausgestellt werden. Der bisherige Führerschein ist dann einzuziehen. In diesem Fall sind Gebühren zu erheben (vgl. Abschn. VII. 4). [*5.1 RiVerb*]

2. Wann kann eine Ersatzausfertigung ausgestellt werden?

Ist ein Sportbootführerschein unbrauchbar geworden oder wird glaubhaft gemacht, daß er gestohlen oder verlorengegangen ist, so wird auf Antrag (Formular) vom KoA eine Ersatzausfertigung ausgestellt, wenn der Antragsteller als Inhaber des Sportbootführerscheins anhand der Unterlagen identifiziert wird. [*§ 7/5.2, Anlage 13 RiVerb*]

Der unbrauchbar gewordene Sportbootführerschein wird eingezogen. Ein Sportbootführerschein ist unbrauchbar geworden, wenn er unleserlich oder teilweise beschädigt worden ist oder sonst als Urkunde im Rechtsverkehr nur erschwert verwendet werden kann. Ist der Sportbootführerschein gestohlen worden, muß der Antragsteller nachweisen, daß er den Diebstahl bei der Polizei angezeigt hat. Ist der Sportbootführerschein verlorengegangen, muß er diese Tatsache möglichst unter Angabe von Zeugen durch eine schriftliche Versicherung bestätigen.

Die Ersatzausfertigung wird als solche bezeichnet und die Tatsache ihrer Ausstellung in den Prüfungsunterlagen vermerkt. Unter das Datum der Ausstellung der Ersatzausfertigung wird zusätzlich das Datum der Ausstellung der Erstausfertigung gesetzt. Als Gebühr werden DM 30,– erhoben. [*§ 10 Abs. 1, Nr. 4*]

3. Wird ein Verzeichnis geführt?

Der KoA führt ein Verzeichnis der Inhaber der Fahrerlaubnisse und daneben eine alphabetische Kartei. In das Verzeichnis und die Kartei werden Name, Anschrift, Geschlecht, Geburtsdatum und Geburtsort sowie das Datum der Erteilung der Fahrerlaubnis und gegebenenfalls der Verlust des Sportbootführerscheins und das Datum der Ersatzausfertigung sowie bei Entzug der Fahrerlaubnis auch der Grund und die Frist eingetragen, innerhalb derer eine neue Fahrerlaubnis nicht erteilt werden darf. Die Ausstellung von Ersatzausfertigungen wird ebenfalls eingetragen. Der Schutz der personenbezogenen Daten vor Mißbrauch ist aufgrund des Datenschutzgesetzes gewährleistet. [*§ 9 Abs. 1/5.3 RiVerb*]

Dieses Verzeichnis enthält den jeweiligen Bestand der ausgestellten Führerscheine und bildet die Grundlage für alle Auskünfte.

4. Dürfen Auskünfte aus dem Verzeichnis erteilt werden?

Die Führerscheinkartei dient dem Zweck, den zuständigen amtlichen Stellen die für ihre Tätigkeit notwendigen Unterlagen zu liefern. Auskünfte aus dem Verzeichnis dürfen nur an die Gerichte, Seeämter, Staatsanwaltschaften und Polizeibehörden erteilt werden, soweit dies im öffentlichen Interesse liegt und gesetzliche Vorschriften nicht entgegenstehen. Der KoA ist gegenüber den genannten Stellen nicht nur zur Auskunftserteilung berechtigt, sondern auch verpflichtet. Die Erteilung von Auskünften an nicht genannte Behörden ist ausgeschlossen, auch wenn sie dort amtlichen Zwecken dienen sollten. [*§ 9 Abs. 2/5.4 RiVerb*]

Privatpersonen sind in keinem Falle auskunftsberechtigt, insbesondere auch nicht Rechtsanwälte im Falle privatrechtlicher Schadenersatzprozesse.

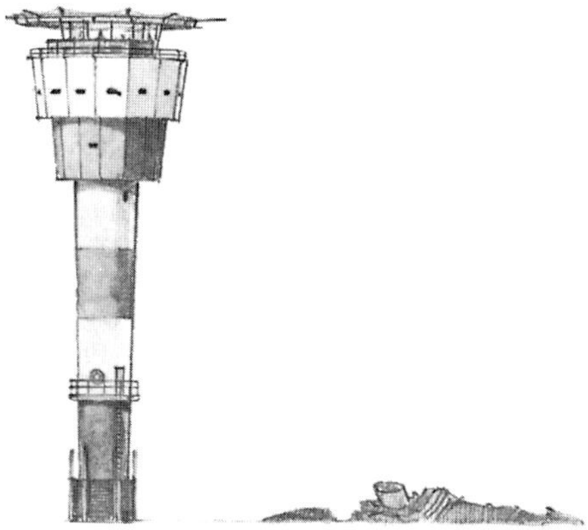

Leuchtturm Vogelsand (Elbe)

X. Maßnahmen zur Überwachung der Führer von Sportbooten und zur Ahndung von Verstößen gegen die Sportbootführerscheinverordnung – See

1. Wer ist für die Durchführung der schiffahrtspolizeilichen Kontrolle zuständig und wie erfolgt sie?

1.1 Welche Vollzugsorgane werden tätig?

Die Kontrolle der Führer von Sportbooten, ob sie einen gültigen Sportbootführerschein oder ein anerkanntes Befähigungszeugnis mitführen oder etwa erteilte Auflagen erfüllt haben, obliegt den Schiffahrtspolizeibehörden. Schiffahrtspolizeibehörden sind die WSDn Nord und Nordwest sowie die ihnen nachgeordneten Wasser- und Schiffahrtsämter; diese bedienen sich der Vollzugshilfe der Wasserschutzpolizei der Länder nach Maßgabe einer Vereinbarung zwischen dem Bund und den Ländern über die Ausübung der schiffahrtspolizeilichen Vollzugsaufgaben sowie des Bundesgrenzschutzes und der Zollverwaltung. [*§ 11/3.1 RiWSV/§ 60 SeeSchStrO*]

Zur Überwachung der Führer von Sportbooten werden in unregelmäßigen Abständen Kontrollen durchgeführt (siehe nebenstehende Tabelle).

Kontrollziel 1
Fahrerlaubnispflichtiges Sportboot (Freiliste)
Besitz der Fahrerlaubnis
Mitführen eines gültigen
- Sportbootführerscheins/Motorbootführerscheins,
- amtlichen deutschen Befähigungszeugnisses,
- anerkannten amtlichen deutschen Befähigungszeugnisses,
- anerkannten amtlichen ausländischen Befähigungszeugnisses

Kontrollziel 2
Einhaltung der im Sportbootführerschein eingetragenen Auflagen
Anhaltspunkte, daß die körperliche oder geistige Eignung nicht mehr gegeben ist

1.2 Wie erfolgt die schiffahrtspolizeiliche Überprüfung von Sportbooten mit Bootsmotoren, die nicht in der Freiliste aufgeführt sind?

Bei der Prüfung der Fahrerlaubnispflichtigkeit eines Sportbootes, dessen Motor in der von dem Bundesamt für Seeschifffahrt und Hydrographie zu führenden sog. Freiliste nicht aufgeführt ist, haben die Schiffahrtspolizeibehörden wie folgt zu verfahren:

- Ist das Sportboot mit einem gedrosselten verplombten Serienmotor ausgerüstet, der eine Herstellerangabe über die Leistung zur Zeit der Verplombung aufweist, ist die Verplombung zu überprüfen. Ist diese unbeschädigt, so ist die Angabe des Herstellers anzuerkennen.
- Kann der Führer eines Sportbootes mit Einzelmotor eine Bescheinigung des Herstellers, Vertreibers oder Importeurs vorlegen, aus der hervorgeht, daß die Dauernutzleistung des Motors 3,68 Kilowatt oder weniger beträgt, ist diese Bescheinigung anzuerkennen.
- Können bei der Kontrolle des Motors keine Leistungsangaben festgestellt werden oder liegen in den Fällen a) und b) trotz dieser Leistungsangaben konkrete Verdachtsgründe vor, die auf eine höhere Motorleistung schließen lassen, sind die erforderlichen Angaben über die Dauernutzleistung des Motors bei dem Hersteller, Vertreiber oder Importeur zu erfragen. [*4.2 RiWSV*]

1.3 Wie wird die Einhaltung der im Führerschein eingetragenen Auflagen überwacht?

Wird bei der Kontrolle eines Führerscheininhabers festgestellt, daß der Führerschein aufgrund einer beschränkten Sehschärfe des Inhabers die früher erteilte Auflage enthält, eine Höchstgeschwindigkeit von 10 sm/h nicht zu überschreiten, und hat der Führerscheininhaber diese Geschwindigkeit überschritten, um einen Wasserskiläufer zu ziehen, ist die Weiterfahrt mit dem Wasserskiläufer zu untersagen. Außerdem ist die Wasser- und Schiffahrtsdirektion Nordwest zu unterrichten. Hat der Führerscheininhaber die Höchstgeschwindigkeit überschritten, ohne einen Wasserskiläufer zu ziehen, so ist im Hinblick auf die Änderung der Durchführungsrichtlinien für den DMYV und den DSV vom 26. November 1985 (Verkehrsblatt S. 815) aus Gründen der Gleichbehandlung von der Einleitung eines Ordnungswidrigkeitsverfahrens abzusehen. [*4.3 RiWSV*]

2. Welche Maßnahmen erfolgen bei Zuwiderhandlungen gegen Auflagen und bei Verdacht körperlicher Mängel?

Kann bei einer schiffahrtspolizeilichen Kontrolle der Führer eines Sportbootes entgegen den Eintragungen im Führerschein eine Ersatzsehhilfe nicht vorweisen oder ist die eingetragene Frist für eine Wiederholungsuntersuchung bereits verstrichen, kann ihm die Weiterfahrt untersagt werden. Außerdem sind zu unterrichten

- der Koordinierungsausschuß für den amtlichen Sportbootführerschein,
- die Wasser- und Schiffahrtsdirektion Nordwest als Entziehungsbehörde und
- die zuständige Wasser- und Schiffahrtsdirektion als Bußgeldbehörde nach § 12 Abs. 2.

Besteht aufgrund des Verhaltens eines Sportbootführerscheininhabers oder aufgrund anderer Umstände (z. B. Tragen einer Sehhilfe) bei einer Kontrolle Anlaß zu der Annahme, daß nach der Erteilung der Fahrerlaubnis eine Schwächung der Sehschärfe eingetreten ist oder eine bei der Erteilung der Fahrerlaubnis vorhandene Sehschwäche sich verstärkt hat, oder daß eine andere, die körperliche Eignung beeinträchtigende Behinderung im Sinne von Nr. 5.3 der Beilage 2 (Ärztliches Zeugnis für Sportbootführerscheinbewerber) der Durchführungsrichtlinien für den DMYV und den DSV vorliegt, so kann die Weiterfahrt untersagt werden, wenn die Sicherheit des Verkehrs dies erfordert. Die Wasser- und Schiffahrtsdirektion Nordwest und der Koordinierungsausschuß sind zu unterrichten. [*4.4 RiWSV*]

3. Werden Verstöße gegen die Sportbootführerscheinverordnung–See mit Bußgeld geahndet?

Verstöße oder Zuwiderhandlungen gegen Vorschriften können durch Strafen oder Geldbußen geahndet werden. Die Strafbarkeit einer Tat wird im Strafgesetzbuch und in Nebenstrafgesetzen bestimmt. Die Möglichkeit, eine Zuwiderhandlung mit einer Geldbuße zu ahnden, ist im Ordnungwidrigkeitsgesetz geregelt. Strafe und Ordnungswidrigkeit unterscheiden sich durch ihren Unrechtsgehalt. Straftat ist das kriminelle Unrecht, Ordnungwidrigkeit das sog. Verwaltungsrecht. Die Bezeichnung „Ordnungswidrigkeit" bringt zum Ausdruck, daß es sich bei diesem Unrecht um Verstöße gegen die Gebots- oder Verbotsvorschriften handelt, die im wesentlichen ordnungssetzende oder -erhaltende Bedeutung haben. Im Gegensatz dazu wird als Straftat die Verletzung von Rechtsvorschriften gewertet, die den Schutz der Grundlagen der Gesellschaftsordnung und sonstiger für das sittliche Zusammenleben von Menschen wesentlicher Rechtsgüter bezwecken.

Die Ordnungwidrigkeit ist also nicht ein Weniger gegenüber der Straftat, sondern etwas anderes. Sie ist ihrem Charakter nach keine Sühne für ein Verschulden und soll auch nicht erzieherisch wirken. Sie hat keine herabsetzende Wirkung – keine Eintragung in das Strafregister – und kann nicht in eine Ersatzfreiheitsstrafe umgewandelt werden. Demgemäß bestehen auch gegenüber der Straftat erhebliche Unterschiede in den Verfahrensvorschriften. Es werden nur Verwaltungsbehörden tätig, die im Gegensatz zu den Justizbehörden, für die grundsätzlich Strafverfolgungszwang besteht (Legalitätsprinzip), nach pflichtgemäßem Ermessen zu entscheiden haben, ob sie eine Geldbuße festsetzen wollen oder nicht (Opportunitätsprinzip). Die Grenzen des pflichtgemäßen Ermessens sind gesetzlich nicht näher bestimmt. [*§ 47 OWiG*]

Im Hinblick darauf, daß es sich bei der Sportbootführerscheinverordnung–See um polizeiliche Gebots- und Verbotsvorschriften handelt, hat der Gesetzgeber Zuwiderhandlungen dagegen als Ordnungswidrigkeiten eingestuft, die mit einem Bußgeld geahndet werden. Um eine möglichst gleichmäßige Ahndung der Ordnungwidrigkeiten zu gewährleisten, hat der Bundesminister für Verkehr einen Verwarnungs- und Bußgeldkatalog* erlassen und darin die Ahndung von Verstößen gegen die Sportbootführerscheinverordnung–See wie folgt geregelt:

*) Verwarnungs- und Bußgeldkatalog für die Seeschiffahrt, siehe Deutscher Küsten Almanach, Abschnitt V. 4.

Lfd. Nr.	Tatbestand	§§ der Sportbootführerschein verordnung–See	Ordnungswidrigkeit nach §§ Sportbootführerschein verordnung–See	Verwarnungsgeld DM	Geldbuße DM
10.1	Führen eines Sportbootes ohne Fahrerlaubnis	1 Abs. 1 Satz 1	12 Abs. 1 Nr. 1	–,–	300,–
10.2	Zulassen oder Anordnen als Eigentümer oder Führer eines Sportbootes, daß jemand dieses führt, der nicht die dazu erforderliche Fahrerlaubnis besitzt	1 Abs. 1	12 Abs. 1 Nr. 3	–,–	300,–
10.3	Nichtmitführen einer zum Führen von Sportbooten berechtigenden Fahrerlaubnis oder eines entsprechenden Befähigungszeugnisses oder Nichtaushändigen zur Prüfung an eine zur Kontrolle befugte Person	1 Abs. 2 Satz 2	12 Abs.1 Nr. 4	20,–	100,–
10.4	Zuwiderhandeln gegen eine vollstreckbare Auflage	2 Abs. 3	12 Abs. 1 Nr. 5	–,–	50–300,–
10.5	Nichtabliefern des Sportbootführerscheins nach Entziehung der Fahrerlaubnis	8 Abs. 5 Satz 2, 3	12 Abs. 1 Nr. 6	–,–	200,–
10.6	Führen eines Sportbootes trotz erteilten Fahrverbots	8a Abs. 1	12 Abs. 1 Nr. 2	–,–	500,–

Aus dem Verwarnungs- und Bußgeldkatalog ergibt sich, daß lediglich das Nichtmitführen des Sportbootführerscheins bzw. eines anerkannten Befähigungsnachweises beim Führen von Sportbooten verwarnungsgeldfähig ist, wobei der Betrag von DM 20,– zwingend vorgeschrieben ist. Bei allen übrigen Zuwiderhandlungen darf der Verstoß nur mit einem Bußgeld geahndet werden, wobei es sich bei den im Katalog angegebenen Beträgen um Regelsätze handelt, die auf einer fahrlässigen Begehung, normalen Tatumständen und mittleren geregelten wirtschaftlichen Verhältnissen beruhen. Das bedeutet, daß bei vorsätzlichem Handeln oder bei rücksichtslosem oder grob verkehrswidrigem Handeln der Bußgeldbetrag höher liegen kann und wird. Ist ein anderer gefährdet oder geschädigt worden, ist der Bußgeldbetrag mindestens 25 % höher als der Regelsatz.

4. Wie kann man sich gegen die Erteilung eines Bußgeldbescheides wehren?

Gegen alle Maßnahmen der Wasser- und Schiffahrtsdirektionen im Bußgeldverfahren stehen dem betroffenen Fahrzeugführer die üblichen formlosen Rechtsbehelfe zu, die ohne Einhaltung einer besonderen Form (Schriftform), also auch mündlich, erhoben werden können. Er kann bei der Polizeidienststelle, der der Beamte angehört, dessen Maßnahme beanstandet wird, Gegenvorstellungen erheben. Auf die Gegenvorstellung hin kann die Polizeidienststelle die beanstandete Maßnahme aufheben oder abändern. Außerdem kann der Betroffene gegen die Maßnahme Aufsichtsbeschwerde einlegen, mit der er entweder das dienstliche Verhalten des betreffenden Polizeibeamten beanstanden (Dienstaufsichtsbeschwerde) oder die von diesem getroffene sachliche Entscheidung angreifen kann (Fachaufsichtsbeschwerde).

Vor allem hat der Betroffene die Möglichkeit, gegen den Bußgeldbescheid innerhalb von zwei Wochen nach Zustellung schriftlich oder zur Niederschrift bei der WSD, die den Bußgeldbescheid erlassen hat, Einspruch zu erheben. [*§ 67 OWiG*] Die Einlegung dieses förmlichen Rechtsbehelfs führt jedoch noch nicht unmittelbar zu einer gerichtlichen Nachprüfung der getroffenen Entscheidung durch das Amtsgericht, in dessen Bezirk die WSD ihren Sitz hat, sondern ermöglicht zunächst der WSD eine Überprüfung ihrer Entscheidung. Die WSD kann den Bußgeldbescheid zurücknehmen, wenn das Vorbringen des Betroffenen oder die daraufhin vorgenommenen Ermittlungen die Beschuldigung entkräften oder eine Ahndung nicht mehr geboten erscheinen lassen, und das Verfahren einstellen. Hebt die WSD den Bußgeldbescheid nicht auf oder ermäßigt sie das Bußgeld nicht und nimmt der Betroffene seinen Einspruch nicht zurück, übersendet die WSD die Akten an die Staatsanwaltschaft, die sie dem Amtsrichter vorlegt.

XI. Entzug der Fahrerlaubnis Erteilung eines Fahrverbotes

1. Unter welchen Voraussetzungen kann die Fahrerlaubnis entzogen werden?

Die Erteilung der Fahrerlaubnis ist ein begünstigender Verwaltungsakt, dessen Rücknahme nur möglich ist, wenn die ausdrücklich geregelten Entziehungstatbestände vorliegen. Hierbei ist zwischen zwingenden Entscheidungstatbeständen („ist“) [*§ 8 Abs. 1/5.1 RiWSV*] und Ermessenstatbeständen („kann“) [*§ 8 Abs. 2*] zu unterscheiden:

Entziehungstatbestände

Zwingende Entziehung

1. Fehlen der körperlichen und geistigen Eignung
2. Fehlen der Eignung aufgrund des Verhaltens im Verkehr

Ermessensentscheidung

3. Rechtskräftige Verurteilung wegen Gefährdung des Schiffsverkehrs
4. Wiederholte Begehung von mit Geldbuße geahndeten Zuwiderhandlungen gegen strom- und schiffahrtspolizeiliche Vorschriften
5. Führung eines Sportbootes unter erheblicher Einwirkung geistiger Getränke oder anderer berauschender Mittel
6. Nichterfüllen einer mit der Fahrerlaubnis verbundenen Auflage
7. Erwirken durch in wesentlicher Beziehung unrichtige oder unvollständige Angaben
8. Erwirken durch arglistige Täuschung, Drohung oder Bestechung

Zu Nr. 1 und 2

Bei fehlender körperlicher oder geistiger Eignung muß die Fahrerlaubnis entzogen werden. Da es keine generellen Nachuntersuchungen im Hinblick auf die körperliche oder geistige Eignung zum Führen von Sportfahrzeugen gibt, wird eine Entziehung der Fahrerlaubnis aus diesen Gründen nur möglich sein, wenn im Einzelfall die Schiffahrtspolizeibehörden (vgl. Abschn. X.2), die PA (vgl. Abschn. VII.2) oder die Verbände konkrete Hinweise darüber erhalten, daß die Voraussetzungen, die zur Erteilung des Führerscheins geführt haben (vgl. Abschn. III.1), nicht mehr vorliegen. In diesem Falle kann, wenn Anlaß zu der Annahme besteht, daß der Führerscheininhaber zum Führen von Sportbooten ungeeignet ist, die Vorlage eines amts- oder fachärztlichen Zeugnisses verlangt werden. Ergibt sich daraus, daß der Führerscheininhaber nicht mehr geeignet ist, so muß die Fahrerlaubnis entzogen werden. Dies gilt auch für den Fall, daß der Führerscheininhaber aufgrund seines gesamten Verhaltens im Verkehr, einschließlich des Straßenverkehrs, nicht mehr geeignet ist.

Zu Nr. 3 und 4

Die Fahrerlaubnis kann entzogen werden, wenn der Inhaber nach der Erteilung wegen Gefährdung des Schiffsverkehrs rechtskräftig verurteilt worden ist oder wiederholt mit Geldbuße geahndete Zuwiderhandlungen gegen Schiffahrtspolizeivorschriften begangen hat. Während eine einmalige rechtskräftige Bestrafung wegen Gefährdung des Schiffsverkehrs für eine Entziehung der Fahrerlaubnis ausreicht, kann die Fahrerlaubnis im Falle von mit Geldbuße bedrohten Zuwiderhandlungen gegen Schiffahrtspolizeivorschriften erst im Wiederholungsfall entzogen werden.

Dabei bedeutet der Wiederholungsfall,

daß mindestens zwei Zuwiderhandlungen begangen worden sind. [*§ 8 Abs. 2/5.1 RiWSV*] Im Gegensatz zur mangelnden körperlichen und geistigen Eignung steht es im Ermessen der zuständigen Verwaltungsbehörde, in vorstehenden Fällen die Fahrerlaubnis zu entziehen, da es sich um eine „Kann"-Vorschrift handelt (vgl. Abschn. III. 1).

Zu Nr. 7 und 8
Bei der Entziehung der Fahrerlaubnis handelt es sich in beiden Fällen rechtstechnisch um die Rücknahme eines rechtswidrigen Verwaltungsaktes gemäß § 48 Abs. 2 Verwaltungsverfahrensgesetz. Die Fahrerlaubnis ist durch falsche Angaben erwirkt, wenn die in dem Antragsformular vorgesehenen Angaben nicht der Wahrheit entsprechen, beispielsweise, wenn der Antragsteller bereits eine Fahrerlaubnis besitzt und im Umtauschwege versucht, einen weiteren Sportbootführerschein zu erhalten. Die Angaben sind unvollständig, wenn sie wörtlich genommen der Wahrheit nicht widersprechen, aber Wesentliches verschweigen, so daß das Verschwiegene den Sinn der Angaben verändert.
Bei einem Seeunfall kann die Fahrerlaubnis auch vom Seeamt entzogen werden. [*§ 17 Abs. 3 SeeUG*]

2. Von wem sind der zuständigen Behörde Tatsachen mitzuteilen?

Die beauftragten Verbände, der KoA, die PA und die Schiffahrtspolizeibehörden haben der WSD Nordwest alle Tatsachen unverzüglich mitzuteilen, die eine Entziehung der Fahrerlaubnis rechtfertigen können. Hierbei handelt es sich um eine Rechtsverpflichtung, bei der kein Ermessen besteht. [*§ 8 Abs. 4/4.4 RiVerb*]

3. Wer ist für die Entziehung der Fahrerlaubnis zuständig?

Für die Entziehung der Fahrerlaubnis ist allein die WSD Nordwest zuständig. [*§ 8 Abs. 3*]

Jeder im Bereich der Wasser- und Schiffahrtsdirektion Nord festgestellte und schriftlich geahndete Verstoß von Sportbootführerscheininhabern gegen die Sportbootführerscheinverordnung und sonstige schiffahrtspolizeiliche Vorschriften ist daher der Wasser- und Schiffahrtsdirektion Nordwest abschriftlich mitzuteilen. Die Wasser- und Schiffahrtsdirektion Nordwest wertet diese und entsprechende eigene Unterlagen im Hinblick auf eine ggf. zu treffende Entscheidung über die Entziehung der Fahrerlaubnis bzw. die Verhängung eines Fahrverbots aus. [*§ 8 Abs. 4,8a*] Liegen der Wasser- und Schiffahrtsdirektion Nordwest Hinweise auf begründete Zweifel an der körperlichen Eignung eines Führerscheininhabers vor, so kann sie die Vorlage eines amts- oder fachärztlichen Gutachtens verlangen.

Liegen ihr Hinweise auf begründete Zweifel an der geistigen Eignung eines Führerscheininhabers vor, so kann sie die Vorlage eines amts- oder fachärztlichen Gutachtens oder eines Gutachtens einer amtlich anerkannten medizinisch-psychologischen Untersuchungsstelle verlangen.

Ist eine Fahrerlaubnis zu entziehen, die aufgrund eines Befähigungszeugnisses der Gruppen A oder B der Schiffsoffizier-Ausbildungsverordnung erteilt worden ist, sind die Ausstellungsbehörde und der Bundesminister für Verkehr zu unterrichten.

Ist einem Führerscheininhaber die Fahrerlaubnis zu entziehen, muß geprüft werden, ob eine Frist zu bestimmen ist, vor deren Ablauf eine neue Fahrerlaubnis nicht erteilt werden darf.

Die Frist ist dem Koordinierungsausschuß und dem Führerscheininhaber mitzuteilen. Ist ein vorübergehendes Fahrverbot nach § 8 Abs. 1 zu verhängen, so ist die Dauer zu bestimmen und dem Inhaber des Befähigungszeugnisses mitzuteilen.

Kommt die nachträgliche Erteilung einer Auflage wegen einer Beschränkung der körperlichen Eignung in Betracht, so ist die Sache dem zuständigen Prüfungsausschuß zur Entscheidung zuzuleiten. [*3.2 RiWSV*]

Seit Inkrafttreten der Sportbootführerscheinverordnung wurden Fahrerlaubnisse bisher nur in wenigen Fällen entzogen, beispielsweise wegen Trunkenheit am Ruder, wegen allgemeiner Erkrankung (Epilepsie), wegen Fehlens des ausreichenden Sehvermögens, wegen Nichterfüllung einer Auflage und wegen wiederholter Verstöße gegen Schiffahrtspolizeivorschriften.

4. Wann erlischt die Fahrerlaubnis, und wer ist hiervon zu unterrichten?

Die Fahrerlaubnis erlischt einmal mit der freiwilligen Rückgabe des Führerscheins; sie erlischt zum andern mit der Rechtskraft der Entscheidung über die Entziehung. Das bloße Einbehalten des Sportbootführerscheins zu Kontrollzwecken oder im polizeilichen Ermittlungsverfahren führt dagegen noch nicht zum Erlöschen der Fahrerlaubnis. [*§ 8 Abs. 5*]

Gegen die Entziehung der Fahrerlaubnis ist, da es sich um einen Verwaltungsakt handelt, das Rechtsmittel des Widerspruchs gegeben (vgl. Abschn. III. 3, VII. 3).

Hat die WSD Nordwest die sofortige Vollziehung der Entziehung der Fahrerlaubnis im öffentlichen Interesse besonders angeordnet und wird die Entziehung der Fahrerlaubnis mit einem Rechtsmittel angefochten, so erlischt zwar die Fahrerlaubnis nicht, gleichwohl ist der Sportbootführerschein unverzüglich abzuliefern. [*§ 8 Abs. 5*]

Wird dagegen vom Gericht die aufschiebende Wirkung der Einlegung eines Rechtsmittels wiederhergestellt, ist der Sportbootführerschein bis zur Entscheidung des Gerichts zu belassen. [*§ 80 Abs. 5 VWGO*]

Ist die Entscheidung über die Entziehung der Fahrerlaubnis rechtskräftig geworden, ist der Sportbootführerschein unverzüglich der WSD Nordwest abzuliefern. Diese hat unverzüglich Mitteilung von der Entziehung der Fahrerlaubnis an die beauftragten Verbände zu machen. Werden die beauftragten Verbände von der WSD Nordwest, einem Seeamt oder dem Bundesoberseeamt davon unterrichtet, daß dem Inhaber einer Fahrerlaubnis diese von der WSD Nordwest, einem Seeamt, dem Bundesoberseeamt oder einem Verwaltungsgericht entzogen worden ist, so haben die beauftragten Verbände (Koordinierungsausschuß) die Prüfungsausschüsse hiervon zu unterrichten.

5. Können für die Neuerteilung eines Sportbootführerscheins–See Fristen und Bedingungen festgesetzt werden?

In jedem Entziehungsfall wird von der WSD Nordwest geprüft, ob eine Frist zu bestimmen ist, vor deren Ablauf eine neue Fahrerlaubnis nicht erteilt werden darf. Die Frist wird in dem Führerscheinverzeichnis des KoA vermerkt. [*5.2 RIWSV*]

Außerdem kann die WSD Nordwest Bedingungen für die Erteilung eines neuen Sportbootführerscheins festsetzen. [*§ 8 Abs. 6*]

6. Unter welchen Voraussetzungen kann ein Fahrverbot erteilt werden und wer ist dafür zuständig?

Ein Fahrverbot ist die von einem Monat bis zu 12 Monaten befristete oder unbefristete Untersagung des Führens von Sportbooten auf den Seeschiffahrtsstraßen. Im Unterschied zur Entziehung der Fahrerlaubnis ist die erneute Ablegung einer Sportbootführerscheinprüfung bei Erteilung eines Fahrverbotes nicht erforderlich. Dieses Rechtsinstitut kommt daher in solchen Fällen in Betracht, wenn der Sportbootführerscheininhaber **erstmals** in einer noch nicht den dauernden Entzug der Fahrerlaubnis rechtfertigenden Art und Weise gegen die Verkehrsvorschriften verstoßen hat und die zuständige WSD Nordwest eine Ahndung in dieser Weise für ausreichend hält, um ihn künftig zu einem verkehrsgerechten Verhalten anzuhalten.

Ein Fahrverbot kann erteilt werden:

❶ **Dem Inhaber eines Befähigungszeugnisses nach § 1 Abs. 1 Satz 3 Nr. 1 ist** das Führen eines Sportbootes auf Seeschiffahrtsstraßen befristet für die Dauer von einem bis zu zwölf Monaten oder unbefristet zu untersagen (Fahrverbot), wenn die Voraussetzungen des § 8 Abs. 1 vorliegen.

❷ **Dem Inhaber eines Befähigungszeugnisses nach § 1 Abs. 1 Satz 3 Nr. 1 kann** das Führen eines Sportbootes auf Seeschiffahrtsstraßen befristet für die Dauer von einem bis zu zwölf Monaten oder unbefristet untersagt werden, wenn die Voraussetzungen des § 8 Abs. 2 Nr. 1, 2 oder 3 vorliegen oder der Inhaber einer im Befähigungszeugnis eingetragenen Auflage nicht nachkommt.

❸ **Dem Inhaber einer Fahrerlaubnis kann** das Führen eines Sportbootes auf Seeschiffahrtsstraßen befristet für die Dauer von einem bis zu zwölf Monaten untersagt werden, wenn die Voraussetzungen des § 8 Abs. 2 Nr. 1, 2, 3 oder 4 gegeben sind und sich aus dem Verhalten des Inhabers im Verkehr nicht ergibt, daß er zum Führen eines Sportbootes nicht mehr geeignet ist.

● Über das Fahrverbot entscheidet die Wasser- und Schiffahrtsdirektion Nordwest. Sie teilt ihre Entscheidung, soweit der Inhaber eines Befähigungszeugnisses betroffen ist, unter Angabe der Gründe der Behörde mit, die das Befähigungszeugnis erteilt hat.

● Der Sportbootführerschein ist nach der bestandskräftigen Anordnung des Fahrverbots unverzüglich der Wasser- und Schiffahrtsdirektion Nordwest abzuliefern. Er ist auch abzuliefern, wenn die Anordnung des Fahrverbots angefochten wurde, aber der sofortige Vollzug der Anordnung angeordnet worden ist. [*§ 8a Abs. 1 bis 5*]

XII. Anerkennung des Sportbootführerscheins–See außerhalb seines Geltungsbereichs

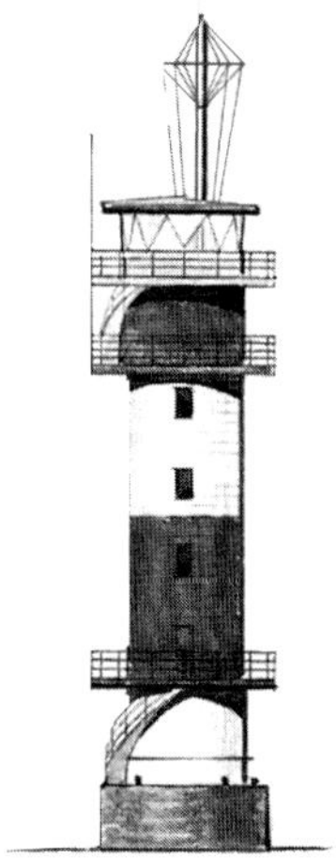
Leuchtturm Kalkgrund

1. Wo wird der Sportbootführerschein–See auf Landeswasserstraßen der Bundesrepublik Deutschland anerkannt?

Der Sportbootführerschein wird auf folgenden Landeswasserstraßen der Bundesrepublik Deutschland anerkannt:

1. Auf dem **Bodensee** wird der Sportbootführerschein als Schifferpatent anerkannt. Die Anerkennung ist durch eine Bescheinigung der zuständigen Behörde nachzuweisen und darf höchstens für die Dauer eines Monats innerhalb eines Jahres ausgesprochen werden. Sie kann auf formlosen Antrag unter Beifügung des Sportbootführerscheins in beglaubigter Fotokopie bei den zuständigen Behörden beantragt werden. Ferner ist die genaue Anschrift, das Geburtsdatum und der Geburtsort anzugeben (Artikel 1209 BodenseeSchO).

2. **Elbe-Weser-Binnenschiffahrtsweg** Inhaber von Sportbootführerscheinen, die Sportboote von mehr als 15 Tonnen Wasserverdrängung führen, sind von dem Erfordernis eines Binnenschifferpatentes befreit (PVO Schiffsweg Elbe/Weser).

2. Wo wird der Sportbootführerschein–See im Ausland anerkannt?

Im Ausland wird der Sportbootführerschein–See überall im Rahmen einer auf nationalen Vorschriften beruhenden Führerscheinpflicht anerkannt (siehe nebenstehende Tabelle).

Wenn in den Staaten, in denen keine Führerscheinpflicht besteht, eine Pflicht eingeführt wird, wird sichergestellt werden, daß der Sportbootführerschein dort anerkannt wird.

Unabhängig davon erleichtert aber der Besitz des Sportbootführerscheins bei Kontrollen und Unglücksfällen die Formalitäten.

Land	Führerscheinpflicht	Anerkennung des Sportbootführerscheins
Bulgarien	ja	ja (nur auf den vorgeschriebenen Schiffahrtswegen)
Dänemark	ja, für Boote über 20 t	ja
Finnland	ja, für deutsche Fahrzeuge	ja
Frankreich	ja	ja
Griechenland	ja, für deutsche Fahrzeuge	ja
Großbritannien	nein	ja
Irland	nein	–
Italien	ja	ja
Malta	nein	–
Niederlande	ja	ja
Norwegen	nein	ja
Polen	ja	ja (polnisches Visum erforderlich)
Portugal	ja	ja (wenn Sportfahrzeug unter deutscher Flagge)
Rumänien	ja	ja (unter Beachtung der rumänischen Vorschriften)
Schweden	nein	–
Spanien	ja	ja (für kleine Motorsportfahrzeuge) Für Sportfahrzeuge unter spanischer Flagge Umschreibung im spanischen Führerschein möglich
Türkei	ja	ja
Russische Föderation	ja	ja

Teil II

Die amtlichen Fragen und Antworten

Zu Übungs- und Testzwecken werden die 20 amtlichen Fragebogen mit Antwortenblättern und einer ausführlichen Einführung und Anleitung für Übungszwecke für die Sportbootführerscheinprüfung–See empfohlen.

Diese Fragebogen mit Antwortenblättern sind gleichfalls im BusseSeewald-Verlag, Herford, erschienen.

Gesetzeskunde

Allgemeines

Anwendungsbereich der KVR und SeeSchStrO

1

Welche drei gesetzlichen Bestimmungen regeln den Verkehr auf den Seeschiffahrtsstraßen?

Antwort:

1. **Die Kollisionsverhütungsregeln (KVR).**
2. **Die Seeschiffahrtsstraßen-Ordnung (SeeSchStrO).**
3. **Die Schiffahrtsordnung Emsmündung.**

2

Wo gelten die nachfolgend aufgeführten Verkehrsvorschriften:
1. **Kollisionsverhütungsregeln (KVR),**
2. **Seeschiffahrtsstraßen-Ordnung (SeeSchStrO),**
3. **Schiffahrtsordnung Emsmündung?**

Antwort:

1. **Auf der Hohen See und auf den mit dieser zusammenhängenden, von Seeschiffen befahrbaren Gewässern.**
2. **Auf den deutschen Seeschiffahrtsstraßen.**
3. **Im Mündungsgebiet der Ems und auf der Leda.**

3

Welche Vorschrift gilt, wenn eine Bestimmung der Seeschiffahrtsstraßen-Ordnung bzw. der Schiffahrtsordnung Emsmündung mit den Kollisionsverhütungsregeln im Widerspruch steht?

Antwort:

Die Vorschrift der Seeschiffahrtsstraßen-Ordnung bzw. der Schiffahrtsordnung Emsmündung.

4

Auf welchen Gewässern der Bundesrepublik Deutschland ist der Besitz des Sportbootführerscheins–See als Erlaubnis für das Führen eines Sportbootes vorgeschrieben; welche Sportboote sind davon ausgenommen?

Antwort:

1. **Auf den deutschen Seeschiffahrtsstraßen.**
2. **Sportboote ohne Motorantrieb oder solche mit einer größten nichtüberschreitbaren Nutzleistung von 3,68 Kilowatt (5 PS) oder weniger an der Propellerwelle.**

Zu Fragen 1 bis 4:

Auf den Seeschiffahrtsstraßen gelten 2 Verkehrsordnungen:
- Die Kollisionsverhütungsregeln*) und
- die Seeschiffahrtsstraßen-Ordnung**)

Die Kollisionsverhütungsregeln haben internationalen Charakter, denn auf der riesigen, keiner Hoheitsgewalt unterliegenden Hohen See müssen für alle Schiffe dieselben Verkehrsregeln gelten. Diese Verkehrsordnung gilt auch auf den Seeschiffahrtsstraßen (vgl. Übersicht Teil I.3), die die Hohe See mit den Seehäfen verbinden, da diese von Seeschiffen befahren werden. Aber ihre Bestimmungen berücksichtigen nicht die Verkehrsverhältnisse auf dichter befahrenen, weniger tiefen, engen und teilweise künstlich angelegten Wasserstraßen, auf

denen auch Seeschiffe fahren. Deshalb müssen die Kollisionsverhütungsregeln im Hinblick auf die zum Teil weit ins Land reichenden Seeschiffahrtsstraßen der Bundesrepublik Deutschland durch die Vorschriften der nationalen Seeschiffahrtsstraßen-Ordnung ergänzt werden, die den besonderen örtlichen Verhältnissen Rechnung tragen und die deshalb Vorrang haben müssen. Diese Zweiteilung zwischen nationaler und internationaler Verkehrsordnung ist daher unvermeidlich.
Der Besitz einer Fahrerlaubnis (Sportbootführerschein – See) für das Führen von Sportbooten mit Motorantrieb von mehr als 3,68 kW (5 PS) an der Propellerwelle ist auf den deutschen Seeschiffahrtsstraßen nach § 1 Abs. 1 SportbootführerscheinVO-See vorgeschrieben. **Ohne** Führerschein besteht ein **persönliches Fahrverbot.**
Vorschriften: § 1 SeeSchStrO, § 2 VO KVR

Beachte:
Im Hinblick darauf, daß die Ems in das gemeinsame Eigentum und in die gemeinsame Hoheitsgewalt Deutschlands und der Niederlande fällt, ist auch die Verkehrsordnung gleichlautend von beiden Staaten erlassen worden. Eine seitliche Grenze gibt es deshalb nicht.

---

*) Graf/Hübschmann/Steinicke, Kollisionsverhütungsregeln 1972, 3. Aufl. 1991, mit bildlichen Darstellungen, Carl Heymanns Verlag KG, Köln
**) Graf/Steinicke, Seeschiffahrtsstraßen-Ordnung, kommentierte Textausgabe, mit Einführung, Hinweisen und sämtlichen sonstigen Verkehrsvorschriften für Seeschiffe und seegehende Yachten, 10. Auflage, Carl Heymanns Verlag KG, Köln

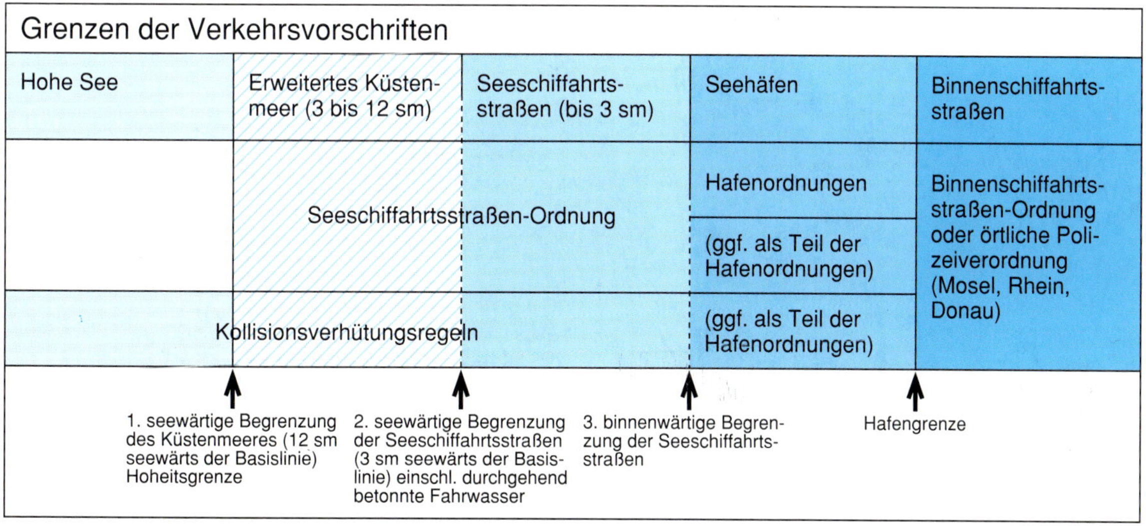

Wichtiger Hinweis:
Die seewärtige Grenze der Hoheitsgewässer der Bundesrepublik Deutschland wurde ab 1. Januar 1995 auf 12 sm von der Basislinie = Niedrigwasserlinie ausgedehnt. Sie ist in der vom Bundesamt für Seeschiffahrt und Hydrographie herausgegebenen Seegrenzkarte D 50 und in anderen Küstenkarten mit einem Maßstab von 1:50 000 eingezeichnet (vgl. die Skizze und die Erläuterungen des Geltungsbereichs der SpofüV-See Teil I, 3).

Verantwortung des Fahrzeugführers

5

1. **Wer ist für die Befolgung der Verkehrsvorschriften verantwortlich?**
2. **Was ist zu tun, wenn vor Antritt der Fahrt nicht feststeht, wer Fahrzeugführer ist?**

Antwort:

1. **Der Fahrzeugführer oder sein Stellvertreter.**
2. **Der verantwortliche Fahrzeugführer muß bestimmt werden. Er muß zur Führung des Fahrzeugs berechtigt sein.**

Zu Frage 5:

Während in der Berufsschiffahrt durch Seemannsgesetz und durch die Schiffsbesetzungsverordnung festgelegt ist, wer Fahrzeugführer ist, steht dies auf einem Sportfahrzeug nicht immer eindeutig fest.

1. Denn der Eigentümer ist nicht automatisch der Fahrzeugführer.
2. Berechtigt zur Fahrzeugführung ist, wer die gemäß § 1 Abs. 1 SpofüV-See erforderliche Fahrerlaubnis oder den für das Seegebiet vorgesehenen freiwilligen staatlichen Sportsee- bzw. Sporthochseeschifferschein besitzt.

Wichtige Hinweise: Der Fahrzeugführer ist nicht mit dem Rudergänger zu verwechseln. Auch auf Sportbooten braucht der verantwortliche Fahrzeugführer nicht ständig selbst Ruder zu gehen, sondern kann sich eines Rudergängers bedienen, der selbst nicht im Besitz einer Fahrerlaubnis sein muß. Andererseits hat der Fahrzeugführer sicherzustellen, daß aufgrund seiner Verantwortung für die Einhaltung der Verkehrsvorschriften seinen Anordnungen Folge geleistet wird (vgl. Teil I, 4.1).

Verfügt das Sportfahrzeug nicht über einen Motor mit mehr als 3,68 kW (5 PS) an der Propellerwelle, sind auch Verbandszertifikate für die Frage der Berechtigung maßgeblich.
Sind mehrere Personen zur verantwortlichen Führung eines Fahrzeugs berechtigt da, so haben sie vor Antritt der Fahrt festzulegen, wer der verantwortliche Fahrzeugführer und wer sein Stellvertreter ist.

Vorschriften:
§ 4 SeeSchStrO, § 4 VO KVR

6

1. **Wie hat sich ein Fahrzeugführer zu verhalten, der infolge des Genusses alkoholischer Getränke oder anderer berauschender Mittel in der sicheren Führung des Fahrzeugs behindert ist?**
2. **Was ist in einem solchen Fall zu veranlassen?**

Antwort:

1. **Er darf das Fahrzeug nicht führen.**
2. **Es ist eine andere berechtigte Person zum Fahrzeugführer zu bestimmen.**

Zu Frage 6:
Folgen der Verkehrsgefährdung durch Alkohol:
Bei fast jedem zweiten untersuchten Sportbootunfall ist festgestellt worden, daß der Bootsführer infolge des Genusses alkoholischer Getränke in der sicheren Führung des Fahrzeuges behindert war. Das herabgesetzte Reaktionsvermögen war zumindest mitursächlich für den Unfall, z. B. für Fehlhandlungen nach dem Sturz einer Person ins Wasser.

Ist ein Fahrzeugführer auf Grund des Genusses alkoholischer Getränke nicht mehr in der Lage, das Boot zu führen, oder hat er eine Blutalkoholkonzentration von mehr als 0,8 Promille im Körper, ist bzw. gilt er als **fahruntüchtig** mit der Folge, daß **Fahrverbot** besteht. Aus diesem Grund muß ein anderes Besatzungsmitglied, das zur Fahrzeugführung berechtigt ist (vgl. Erl. zu Frage 5), zum Fahrzeugführer bestimmt werden.

Wer eine Blutalkoholkonzentration von 1,1 oder mehr Promille oder eine Alkoholmenge im Körper hat, die zu einer solchen Blutalkoholkonzentration führt, gilt als fahruntüchtig und begeht als Fahrzeugführer darüber hinaus eine **Straftat,** auch wenn es nicht zu einem Unfall, einer Gefährdung oder zu einem sonst auffälligen Verhalten gekommen ist. Ist es bei einer Fahrzeugführung mit einer Blutalkoholkonzentration von 0,8 und mehr Promille zu einem Seeunfall gekommen, der von einem Seeamt untersucht wird, wird dem Fahrzeugführer in jedem Fall der Sportbootführerschein entzogen.

Vorschriften:
§ 3 Abs. 3 SeeSchStrO, § 3 Abs. 3 VO KVR

Definitionen

7

Wie lautet die Grundregel der Verordnung zu den Kollisionsverhütungsregeln (KVR), der Seeschiffahrtsstraßen-Ordnung (SeeSchStrO) und der Verordnung zur Einführung der Schiffahrtsordnung Emsmündung über das Verhalten im Verkehr?

Antwort:

1. **Sicherheit und Leichtigkeit des Verkehrs müssen gewährleistet sein.**
2. **Kein Anderer darf geschädigt, gefährdet oder unnötig behindert oder belästigt werden.**
3. **Vorsichtsmaßnahmen beachten, die Seemannsbrauch oder besondere Umstände erfordern.**

Zu Frage 7:
Bedeutung und Inhalt der Grundregel:
Die Grundregel für das Verhalten im Verkehr ist die wichtigste Verhaltensvorschrift, aus der sich alle Einzelregelungen der KVR und SeeSchStrO als Konkretisierungen herleiten lassen. Das bedeutet, daß in allen den Fällen, in denen eine besondere Verhaltensvorschrift nicht besteht, die Grundregel Anwendung findet.

Die Grundregel verpflichtet auch zur Beachtung von Vorsichtsmaßregeln, die der Seemannsbrauch oder besondere Umstände des Falles erfordern. Das bedeutet, daß neben den ausdrücklich durch die KVR und die SeeSchStrO vorgeschriebenen Verhaltensregeln auch die ungeschriebenen Vorsichtsmaßregeln zu beachten sind, die sich durch ständige Übung der Fahrzeugführer herausgebildet haben oder deren Beachtung sich in einem Einzelfall aufgrund der besonderen Umstände ergibt (siehe im einzelnen Erl. zu Frage 8).

Die Grundregel dient nicht nur dem Zweck, die Sicherheit des Verkehrs, sondern auch dessen Leichtigkeit, d. h. Flüssigkeit, zu gewährleisten. Die Sicherheit ist nicht mehr gewährleistet, wenn ein anderer Fahrzeugführer geschädigt, d. h. mit dessen Fahrzeug kollidiert wird, oder dessen Fahrzeug gefährdet wird, d. h. der Möglichkeit einer Kollision ausgesetzt wird. Die Leichtigkeit des Verkehrs ist nicht mehr gewährleistet, wenn ein anderer Fahrzeugführer vermeidbar behindert, d. h. z. B. zum Verlangsamen der Geschwindigkeit oder gar zum Aufstoppen gezwungen wird, ohne daß er bereits geschädigt oder gefährdet wird, oder wenn ein anderer Fahrzeugführer belästigt wird, z. B. durch zu starkes Motorengeräusch beeinträchtigt wird.

Da die Grundregel für das Verhalten im Verkehr selbständig unter Bußgelddrohung gestellt ist, kann eine Ordnungswidrigkeit auch dann vorliegen, wenn kein Verstoß gegen eine besondere Vorschrift, sondern nur gegen die Grundregel vorliegt.

Vorschriften:
§ 3 SeeSchStrO, § 3 VO KVR

Zur Grundregel für das Verhalten im Verkehr gehören auch noch folgende Regelungen:
① Zur Abwehr einer unmittelbar drohenden Gefahr müssen unter Berücksichtigung der besonderen Umstände auch dann alle erforderlichen Maßnahmen ergriffen werden, wenn diese ein Abweichen von den Vorschriften der KVR oder der SeeSchStrO notwendig machen.
Wer infolge körperlicher oder geistiger Mängel oder des Genusses alkoholischer Getränke oder berauschender Mittel in der sicheren Führung des Fahrzeugs behindert ist, darf ein Fahrzeug nicht führen.
② Alle Führer eines mit einer UKW-Sprechfunkanlage ausgerüsteten Fahrzeugs sind verpflichtet, bei der Befolgung der Verkehrsvorschriften die von den Verkehrszentralen (Revierzentralen) gegebenen Verkehrsinformationen und -unterstützungen abzuhören und unverzüglich entsprechend den Bedingungen der jeweiligen Verkehrssituation zu berücksichtigen.

8

Was verstehen Sie unter dem Begriff „seemännische Sorgfaltspflicht“ und wie wird sie erfüllt?

Antwort:

1. **Die Verpflichtung zur Beachtung von Vorsichtsmaßregeln über die Verkehrsvorschriften hinaus, die Seemannsbrauch oder besondere Umstände des Falles erfordern.**
2. **Zur Erfüllung der seemännischen Sorgfaltspflicht gehört auch die Anwendung der Sicherheitsregeln, die u. a. in der nautischen Veröffentlichung des Bundesamtes für Seeschiffahrt und Hydrographie „Sicherheit im See- und Küstenbereich“ enthalten sind.**

Zu Frage 8:
Die Erfüllung der seemännischen Sorgfaltspflichten für Sportfahrzeuge gehört zur Verantwortung des Schiffsführers: Neben den Verhaltenspflichten aufgrund der Verkehrsvorschriften hat jeder Fahrzeugführer die seemännischen Sorgfaltspflichten zu beachten, d. h. aufgrund der Grundregeln für das Verhalten im Verkehr die Vorsichtsmaßregeln, die Seemannsbrauch oder besondere Umstände des Falles erfordern. Damit kommt den Sorgfaltspflichten die gleiche rechtliche Bedeutung zu wie den Verkehrsvorschriften. Sie sind daher wie diese gemäß § 61 Abs. 1 Nr. 1 SeeSchStrO bußgeldbewehrt. Und auch in der Seeunfalluntersuchung werden die seemännischen Sorgfaltspflichten der Prüfung eines fehlerhaften Verhaltens aller beteiligten Besatzungsmitglieder zugrunde gelegt. Hierbei kommt ihnen vor allem die Bedeutung der Beweislastumkehr zu, d. h., daß im Falle der Nichtbeachtung der Beteiligte nachweisen muß, daß die besonderen Umstände des Falles ein anderes Verhalten erforderten.

Die seemännischen Sorgfaltspflichten erstrecken sich aber nicht nur auf das **Verkehrsverhalten,** sondern auch auf den **Wachdienst,** d. h. die **Schiffsführung,** und auf die **Navigation;** denn auch insoweit haben sich aufgrund des Seemannsbrauches klare und eindeutig nachweisbare Vorsichtsmaßregeln für die Führung von Sportfahrzeugen herausgebildet. Die Verordnung über den **Wachdienst** auf Seeschiffen (Wachdienst-Verordnung) vom 15. Oktober 1984 gilt nicht nur für die Berufsschiffahrt, sondern auch für alle gewerbsmäßig verwendeten Sport- und Vergnügungsfahrzeuge. Für alle anderen Fahrzeuge, für die die Wachdienst-Verordnung nicht gilt, gehört eine Anwendung der folgenden Grundsätze dieser Verordnung zu den Regeln guter Seemannschaft:

■ Bei längeren Fahrten muß eine **Wacheinteilung** und eine **ordentliche Wachübergabe** für den sicheren Betrieb an Bord vorgenommen werden.

Bei der Entscheidung über die Zusammensetzung der Wache sind unter anderen folgende Gesichtspunkte zu berücksichtigen:

- der Steuerstand darf nicht unbesetzt sein,
- die Wetterbedingungen, Sichtverhältnisse und die Tageszeit (Tageslicht oder Dunkelheit),
- die Nähe von Gefahren für die oder durch die Schiffahrt, die von dem Wachführer zusätzliche navigatorische Handlungen erfordern,
- die Betriebsbedingungen und der Gebrauch von Navigationshilfen und jede andere für die sichere Navigation des Schiffes zu verwendende Einrichtung,
- die Ausrüstung mit einer Selbststeueranlage,
- die außergewöhnlichen Anforderungen an die Wache, die sich infolge besonderer betrieblicher Umstände ergeben können.

Besetzung von Ausguck und Ruder

■ Es ist sicherzustellen, daß

- auf dem Revier und bei hoher Verkehrsdichte,
- bei verminderter Sicht,
- wenn die Bauart des Fahrzeuges oder besondere Umstände es erfordern und
- von Sonnenuntergang bis Sonnenaufgang

der Ausguck und das Ruder mit einer geeigneten Person besetzt sind.

■ Außerdem ist aufgrund der Verantwortung des Fahrzeugführers für die Sicherheit von Schiff und Crew eine der wichtigsten Vorsichtsmaßregeln zu beachten, nämlich **daß das Fahrzeug in bezug auf die bevorstehende Reise die**

- erforderliche Sicherheitsausrüstung,
- die notwendige Stabilität,
- den erforderlichen Auftrieb und
- einen sicheren Verschlußzustand hat, d. h. also zusammengefaßt **seeklar** ist, und
- die Crew in die Funktionen bei einem Seeunfall eingewiesen ist **(Sicherheitsrolle).**

Die wichtigsten seemännischen Sorgfaltsregeln für Wassersportler sind in den „Zehn Sicherheitsregeln für Wassersportler" zusammengefaßt, die in der nachstehenden Veröffentlichung:

„Sicherheit im See- und Küstenbereich, Sorgfaltspflichten für Wassersportler"

des BSH abgedruckt sind und nachstehend wiedergegeben werden. Diese Veröffentlichung enthält für **Wassersportler** die von den verantwortlichen Behörden sowie von den Verbänden und Institutionen definierten **seemännischen Sorgfaltspflichten.**

Auf diese Weise wird nicht nur für die Seeämter, Schiffahrtspolizeibehörden und Bußgeldbehörden, sondern auch für den Wassersportler selbst deutlich, welche **Verpflichtungen** er neben den Verkehrsvorschriften im Interesse der Sicherheit und Leichtigkeit des Verkehrs zu erfüllen hat.

Die in dieser Veröffentlichung enthaltenen Sicherheitsempfehlungen sind gemäß interner Dienstanweisung von den Seeämtern bei einem Seeunfall als Verwaltungsvorschriften gemäß § 18 SeeUG dem Seeunfalluntersuchungsverfahren zugrunde zu legen mit der Folge, daß bei einer Nichtbeachtung ein fehlerhaftes Verhalten festgestellt werden kann. Jeder Wassersportler ist daher gut beraten, wenn er insbesondere die zehn Sicherheitsregeln beachtet.

Die zehn Sicherheitsregeln für Wassersportler

Jeder Wassersportler ist gut beraten, wenn er insbesondere folgende Regeln beachtet:

❶	**Fahrzeugführer**	**Schätzen Sie Ihre Kenntnisse und Fähigkeiten richtig ein.** Auch wenn Sie die Befähigung zum Führen eines Sportbootes in einer Prüfung nachgewiesen haben, sammeln Sie zunächst am Tage praktische Erfahrungen in geschützten Gewässern, die nur wenig von Fahrzeugen der Berufsschiffahrt befahren werden.
❷	**Fahrzeug**	**Machen Sie sich mit den Eigenschaften und der Einrichtung Ihres Fahrzeuges vertraut.** Ihr Fahrzeug muß für das vorgesehene Fahrtgebiet geeignet sein. Stellen Sie fest, ob Ihr Fahrzeug den Anforderungen für Fahrten in Küstennähe oder auf der Hohen See genügt. Fahrzeug und Einrichtung müssen sich in einem fahr- und funktionstüchtigen Zustand befinden.
❸	**Sicherheits-ausrüstung**	**Rüsten Sie Ihr Fahrzeug mit geeigneten Rettungsmitteln aus.** Zur Mindestsicherheitsausrüstung gehören eine Rettungsweste für jede Person an Bord, geeignete Mittel, um ein Feuer an Bord zu bekämpfen, und Signalmittel, um einen Notfall anzuzeigen, sowie Lenzvorrichtung (Pumpe, Eimer, Ösfaß) und Erste-Hilfe-Ausrüstung. Zur Orientierung empfehlen sich die Sicherheitsrichtlinien der Kreuzer-Abteilung des DSV. Die Sicherheitsausrüstung muß regelmäßig überprüft und gewartet werden.
❹	**Reiseplanung**	**Informieren Sie sich über das vorgesehene Fahrtgebiet.** Machen Sie sich mit den Schiffahrtsvorschriften und den Hilfen für die Navigation Ihres Fahrtgebietes vertraut. Für die Reiseplanung und -durchführung unerläßliche Hilfsmittel sind auf den neuesten Stand berichtigte Seekarten und Seebücher sowie Tidenkalender, Erfahrungsberichte und die von der Kreuzer-Abteilung des DSV empfohlenen Hafenhandbücher.

❺ **Wetter**

Unterrichten Sie sich über die herrschenden und vorhergesagten Wetter- und Seegangsverhältnisse.
Treten Sie im Küsten- und Seebereich nie eine Fahrt an, ohne vorher den Wetterbericht gehört zu haben, und beobachten Sie stets die Wetterentwicklung im Vergleich mit den an Bord aufgenommenen Berichten. Der Seewetterbericht ist den allgemeinen Wettervorhersagen der Rundfunksender vorzuziehen.
Der Seewetterdienst in Hamburg erstellt gegen geringe Gebühren spezielle Törnberatungen für Wassersportler über Telefon, Telefax oder Telex mit Wettervorhersagen bis zu fünf Tagen (Telefon: 040/3190-8811 oder 8812).
Informieren Sie sich, ob im zu befahrenden Gewässer z. Zt. meteorologische Gefahren auftreten können (z. B. Mistral, Bora, tropischer Wirbelsturm).

❻ **Einweisung**

Unterrichten Sie Ihre Besatzungsmitglieder und Gäste über Sicherheitsvorkehrungen an Bord.
Zeigen Sie den Aufbewahrungsort der Rettungsmittel, und üben Sie das Anlegen von Rettungsweste und Sicherheitsgurt („Lifebelt"). Erklären Sie den Umgang mit Seenot-Signalmitteln.
Erläutern Sie die für die Sicherheit wichtigen Einrichtungen des Fahrzeugs, wie Lenzeinrichtungen, Seeventile – vor allem am Pump-WC –, Feuerlöscheinrichtungen, Heiz- und Kocheinrichtungen. Achten Sie darauf, daß Ihre Besatzungsmitglieder und Gäste sich an Bord sicher bewegen, Arme und Beine nicht außenbords hängen lassen und auf Segelbooten den Gefahrenbereich des Großbaums meiden. Bestimmen und unterweisen Sie ein geeignetes Besatzungsmitglied als Vertreter, falls Sie als Fahrzeugführer ausfallen sollten.

❼ **Mann über Bord**

Treffen Sie Maßnahmen gegen das Überbordfallen und prüfen Sie Möglichkeiten, Überbordgefallene zu bergen.
Lassen Sie rechtzeitig Rettungswesten und Sicherheitsgurte anlegen. Weisen Sie auf geeignete Befestigungspunkte für Sicherheitsgurte hin. Üben Sie regelmäßig „Mann-über-Bord"-Manöver. Prüfen Sie Möglichkeiten und üben Sie das Anbordholen insbesondere von geschwächten Personen.

❽ **Nebel**

Verlassen Sie keinen sicheren Liegeplatz bei Nebel.
Werden Sie von Nebel oder schlechter Sicht überrascht, möglichst umgehend Fahrwasser und Schiffahrtswege verlassen, zum eigenen Schutz einen sicheren Ort aufsuchen und Fahrt unterbrechen. In jedem Fall sind bei verminderter Sicht die vorgeschriebenen Schallsignale zu geben.
Sportfahrzeuge, insbesondere solche aus Holz oder Kunstoff, können ihre Radarauffaßbarkeit durch einen Radarreflektor verbessern. Fahrzeuge mit Metallmast können ihre Radarauffaßbarkeit durch eine aufrechte Bootslage erhöhen.

❾ **Berufsschiffahrt**

Halten Sie sich von der Berufsschiffahrt nach Möglichkeit fern.
Meiden Sie Schiffahrtswege und halten Sie sich im Fahrwasser so weit wie möglich rechts oder außerhalb des Fahrwassers, sofern dies ohne Gefahr möglich ist. Segelfahrzeuge dürfen beim Kreuzen im Fahrwasser die durchgehende Schiffahrt nicht behindern.

❿ **Ausguck**

Halten Sie stets einen gehörigen Ausguck.
Hiermit stellen Sie sicher, daß Sie frühzeitig Kollisionssituationen, treibende Gegenstände oder andere Gefahren für Ihr Fahrzeug erkennen können. Durch Ihre Aufmerksamkeit können Sie Notlagen anderer Sportfahrzeuge entdecken und Hilfe leisten.

9

Welche Sicherheitsmaßnahmen sollte der Fahrzeugführer im Rahmen seiner seemännischen Sorgfaltspflicht vor Fahrtantritt zum Schutze und für die Sicherheit der Personen an Bord treffen?

Antwort:

Der Fahrzeugführer hat die Besatzungsmitglieder und Gäste

1. **über die Sicherheitsvorkehrungen an Bord zu unterrichten,**
2. **in die Handhabung der Rettungs- und Feuerlöschmittel einzuweisen,**
3. **auf geeignete Maßnahmen gegen das Überbordfallen hinzuweisen.**

Zu Frage 9:
Der Fahrzeugführer ist für den Schutz des menschlichen Lebens und die Sicherheit der Besatzungsmitglieder und Gäste an Bord verantwortlich, auch wenn es sich um ein Sportfahrzeug in nicht gewerblichem Einsatz handelt. Dies ergibt sich verkehrsrechtlich aus § 3 Abs. 1 SeeSchStrO (vgl. Frage 7).
Aus dieser Verantwortung ergibt sich die seemännische Sorgfaltspflicht des Fahrzeugführers, **alle Personen an Bord**

Zu 1 über die Sicherheitsvorkehrungen **zu unterrichten,** insbesondere die Sicherheitsausrüstung, die Sicherheitsrolle und Lage und Handhabung der Absperrventile zur Brandverhütung, des Feuerlöschers, der Seenotsignalmittel, des Gaswarngerätes und der Seeventile und in die Funktionen nach der Sicherheitsrolle einzuweisen

Zu 2 das Anlegen der Rettungswesten und des Lifebelts zu üben, ggf. das Manöver der Inbetriebnahme der Rettungsinsel und die Funktionsweise und Handhabung der Seenotsignale zu **erläutern** und

Zu 3 auf geeignete Maßnahmen gegen das Überbordfallen (Anlegen der Rettungsweste und des Lifebelts und Einpicken an sicheren Haltepunkten bei bestimmten Windstärken bzw. Seegang, Nichtverlassen der Plicht, Arbeiten bei Nacht auf dem Vorschiff nur in angeleintem Zustand) **hinzuweisen** (vgl. Erl. zu Frage 329 – sichere Einpickpunkte).

Hinweise:

- Sicherheitsrolle siehe Erl. zu Frage 8
- Anlegen von Rettungsweste und Sicherheitsgurt siehe Teil III.4
- Sofortmaßnahmen beim Überbordfallen siehe Teil III.5
- Die 10 Sicherheitsregeln der Veröffentlichung des BSH, Sicherheit im See- und Küstenbereich (vgl. Erl. zu Frage 8)

Beachte:
Die **Sicherheitsrolle** soll gewährleisten, daß die notwendigen Maßnahmen bei einem Seeunfall unverzüglich und zuverlässig auf Anweisung des Fahrzeugführers bzw. des Wachführers ausgeführt werden. In diesem Rahmen sollen auch Kompetenzen und Aufgabenverteilung und das Verhalten bei Notfällen (z. B. „Mann-über-Bord"-Manöver, Leck, Schiffsbrand o. ä.) klar und unmißverständlich besprochen und festgelegt werden. Für den Fall des Ausfalls des Fahrzeugführers ist vor Fahrtantritt ein geeignetes Crewmitglied als Vertreter zu bestimmen und zu unterweisen.
Die Sicherheitsrolle sollte mindestens folgende Sicherheitsmaßnahmen berücksichtigen:

- Benachrichtigung aller an Bord befindlichen Personen bei einem Unfall;
- sicheres und schnelles Verlassen des Fahrzeuges;
- Bekämpfen eines Brandes;
- Herstellen des Verschlußzustandes sowie Durchführung der Lecksicherung;
- Rettung von über Bord gefallenen Personen;
- Treffen von lebensrettenden Sofortmaßnahmen bei Unfallverletzten und
- Benachrichtigen der zuständigen Stellen (Deutsche Gesellschaft zur Rettung Schiffbrüchiger, Wasserschutzpolizei).

10

Was verstehen Sie unter dem Begriff „in Fahrt"?

Antwort:

Wenn ein Fahrzeug
- **weder vor Anker liegt,**
- **noch an Land festgemacht hat,**
- **noch auf Grund sitzt.**

Zu Frage 10:
Ein Fahrzeug ist also umgekehrt immer dann in Fahrt, wenn es Fahrt durchs Wasser macht. Ob es gleichzeitig auch Fahrt über Grund macht, spielt keine Rolle. So befindet sich z. B. ein gegen die Tide fahrendes Fahrzeug in Fahrt, auch wenn es keine Fahrt über Grund macht.

Vorschrift: Regel 3b, c und i KVR

11

1. Wie lang ist die Dauer eines kurzen Tons (●)?
2. Wie lang ist die Dauer eines langen Tons (▬)?

Antwort:

1. Etwa 1 Sekunde.
2. Etwa 4–6 Sekunden.

Zu Frage 11:
Vorschrift: Regel 32b und c KVR

12

Was verstehen Sie unter dem Begriff „Manöver des letzten Augenblicks"?

Antwort:

1. **Ausweichmanöver des Kurshalters.**
2. **Es muß durchgeführt werden, wenn ein Zusammenstoß durch Manöver des Ausweichpflichtigen allein nicht mehr vermieden werden kann.**

Zu Frage 12:
Diese Regel verpflichtet das kurshaltepflichtige Fahrzeug

1. Kurs und Geschwindigkeit so lange beizubehalten, wie das ausweichpflichtige Fahrzeug allein auszuweichen vermag;
2. selbst Ausweichmanöver einzuleiten, wenn ein Zusammenstoß durch Manöver des ausweichpflichtigen Fahrzeugs allein nicht mehr vermieden werden kann.

In dieser Lage einer unmittelbar drohenden Gefahr müssen im Rahmen des Manövers des letzten Augenblicks auch dann die erforderlichen Maßnahmen zur Abwehr der Gefahr getroffen werden, wenn diese ein Abweichen von den Vorschriften der KVR und SeeSchStrO erfordern (Regel 2b KVR, § 3 Abs. 2 SeeSchStrO – vgl. Erl. zu Frage 7).

Vorschrift: Regel 17b KVR

13

Wann gelten Sie als überholendes Fahrzeug?

Antwort:

Wenn ich mich einem anderen Fahrzeug aus einer Richtung von mehr als 22,5 Grad achterlicher als querab (Bereich des Hecklichtes) nähere. Im Zweifelsfalle habe ich mich als überholendes Fahrzeug zu betrachten.

Zu Frage 13: **Überholende Kurse**

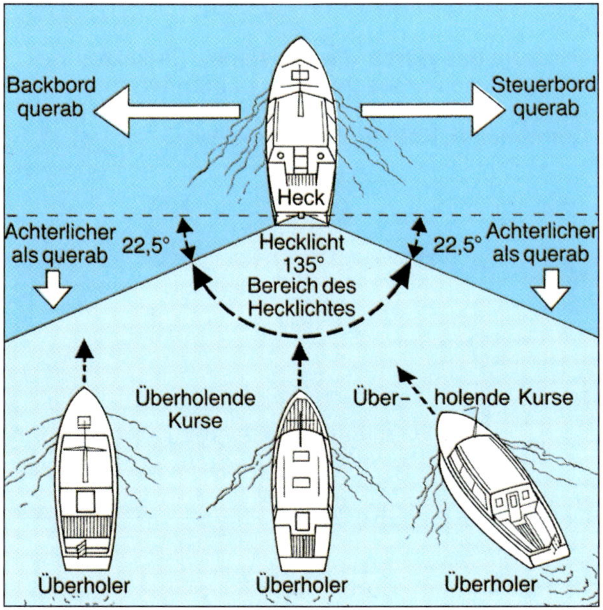

Ausweichpflicht des Überholers

Kreuzende Kurse

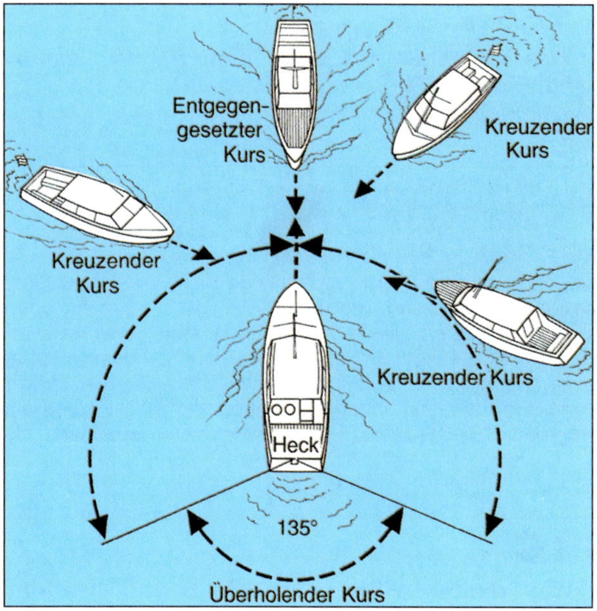

Kurse anderer Fahrzeuge mit stehender Peilung, die eine Ausweichpflicht begründen

Hinweis:
Andere Fahrzeuge nähern sich auf *überholenden Kursen,* wenn sie im Sichtbereich des Hecklichtes (Horizontbogen von 135°) von achtern aufkommen. Der Überholer fährt schneller als das vorausfahrende Fahrzeug, so daß die Gefahr eines Zusammenstoßes besteht.

Beachte:
Der Kurs, auf dem sich zwei Fahrzeuge mit Maschinenantrieb einander nähern, daß die Möglichkeit der Gefahr eines Zusammenstoßes besteht,

- entgegengesetzter Kurs,
- kreuzender Kurs oder
- überholender Kurs

entscheidet, wer ausweichpflichtig ist.

Hinweis:
Andere Fahrzeuge nähern sich auf *kreuzenden Kursen* von Steuerbord oder Backbord, wenn es keine Gegenkommer oder Überholer sind und die Peilung steht, so daß die Gefahr eines Zusammenstoßes besteht.

Vorschrift: Regel 13 b und c KVR

14

Was verstehen Sie unter dem Begriff „manövrierunfähiges Fahrzeug“?

Antwort:

Ein Fahrzeug, das wegen außergewöhnlicher Umstände nicht so wie vorgeschrieben manövrieren und daher einem anderen Fahrzeug nicht ausweichen kann (z. B. Ausfall der Ruder- oder Maschinenanlage).

15

Was verstehen Sie unter dem Begriff „manövrierbehindertes Fahrzeug“?

Antwort:

Ein Fahrzeug, das durch die Art seines Einsatzes behindert ist, so wie vorgeschrieben zu manövrieren und daher einem anderen Fahrzeug nicht ausweichen kann (z. B. Tonnenleger, Kabelleger, Bagger).

Zu Fragen 14 und 15:

Ein Fahrzeug ist manövrierunfähig, wenn es wegen außergewöhnlicher Umstände nicht so manövrieren kann, wie es die KVR vorschreiben, weil z. B. die Maschinen- oder die Ruderanlage ausgefallen ist und es daher einem anderen Fahrzeug nicht ausweichen kann. Ein Fahrzeug ist manövrierbehindert, wenn es z. B. Seezeichen, Unterwasserkabel oder eine Rohrleitung aufnimmt, versorgt oder auslegt, wenn es baggert oder Vermessungen oder Unterwasserarbeiten ausführt oder wenn es Versorgungsmanöver ausführt oder aufgrund eines Schleppvorgangs nicht in der Lage ist, von seinem Kurs abzuweichen und einem anderen Fahrzeug auszuweichen.

Hinweis: Lichterführung vgl. Erl. zu Fragen 36 ff.

Vorschrift: Regel 3 f und g KVR

16

Was verstehen Sie unter dem Begriff „verminderte Sicht“?

Antwort:

Sichteinschränkung durch Nebel, dickes Wetter, Schneefall, heftige Regengüsse oder ähnliche Umstände.

17

Welche Maßnahmen müssen Sie bei verminderter Sicht treffen?

Antwort:

1. **Es muß mit sicherer, den verminderten Sichtverhältnissen angepaßter Geschwindigkeit gefahren werden.**
2. **Es müssen Nebelschallsignale gegeben werden.**
3. **Es müssen Positionslichter eingeschaltet werden.**
4. **Es muß Ausguck gegangen werden.**

Zu Fragen 16 und 17:

● Unter der **sicheren Geschwindigkeit,** die den Sichtverhältnissen angepaßt sein muß, ist gem. Regel 6 KVR folgende Geschwindigkeit zu verstehen:

Zur Bestimmung der sicheren Geschwindigkeit müssen unter anderem von allen Fahrzeugen folgende Umstände berücksichtigt werden:

1. die Sichtverhältnisse;
2. die Verkehrsdichte einschließlich Ansammlungen von Fischerei- oder sonstigen Fahrzeugen;
3. die Manövrierfähigkeit des Fahrzeugs unter besonderer Berücksichtigung der Stoppstrecke und der Dreheigenschaften unter den gegebenen Bedingungen;
4. bei Nacht eine Hintergrundhelligkeit, z. B. durch Lichter an Land oder eine Rückstrahlung der eigenen Lichter;
5. die Wind-, Seegangs- und Strömungsverhältnisse sowie die Nähe von Schiffahrtsgefahren;
6. der Tiefgang im Verhältnis zur vorhandenen Wassertiefe.

Vgl. Frage 28

● Außer nach einer Feststellung, daß keine Möglichkeit der Gefahr eines Zusammenstoßes besteht, muß jedes Fahrzeug, das anscheinend vorlicher als querab das Nebelsignal eines anderen Fahrzeugs hört oder das eine Nahbereichslage mit einem anderen Fahrzeug vorlicher als querab nicht vermeiden kann, seine **Fahrt auf das für die Erhaltung der Steuerfähigkeit geringstmögliche Maß verringern.** Erforderlichenfalls muß es jegliche Fahrt wegnehmen und in jedem Fall mit äußerster Vorsicht manövrieren, bis die Gefahr eines Zusammenstoßes vorüber ist.

Neben der sicheren Geschwindigkeit ist bei verminderter Sicht der **Ausguck** von besonderer Bedeutung.

Hinweis:
Schallsignale bei verminderter Sicht vgl. Erl. zu Fragen 66 ff.
Lichterführung vgl. Fragen 30 ff.
Maßnahmen beim Hören eines Schallsignals bei verminderter Sicht vgl. Frage 91.
Sicherheitsmaßnahmen an Bord neben den in den KVR bei verminderter Sicht vorgeschriebenen Verhaltensregeln vgl. Frage 308.
Fahrweise bei verminderter Sicht vgl. Frage 307.
Sichere Geschwindigkeit vgl. Frage 28.

Vorschriften:

Begriffe	Regel KVR
verminderte Sicht	3
Sichere Geschwindigkeit	6, 19 b
Schallsignale bei verminderter Sicht	35
Positionslichter	20 c
Ausguck	5

18

1. **Wann gilt ein Fahrzeug unter Segel als Maschinenfahrzeug?**
2. **Welches zusätzliche Signal führt es am Tage?**

Antwort:

1. **Wenn es gleichzeitig mit Maschinenkraft fährt.**
2. **Einen schwarzen Kegel, Spitze unten.**

Zu Frage 18:

Aufgrund der Benutzung des Maschinenantriebs ist das Segelfahrzeug hinsichtlich der Manövrierfähigkeit einem Maschinenfahrzeug gleichzusetzen, so daß es auch entsprechend ausweichen kann. Dies ist anderen Fahrzeugen durch den Signalkörper „schwarzer Kegel, Spitze unten" kenntlich zu machen. Wird dagegen der Maschinenantrieb nicht benutzt, bleibt das Fahrzeug ein Segelfahrzeug.

Vorschrift: Regeln 3c und 25e KVR

19

Welche Seite wird als Luv-, welche als Leeseite bezeichnet?

Antwort:
Die dem Wind zugekehrte Seite wird als Luvseite, die dem Wind abgekehrte Seite als Leeseite bezeichnet.

Zu Frage 19:

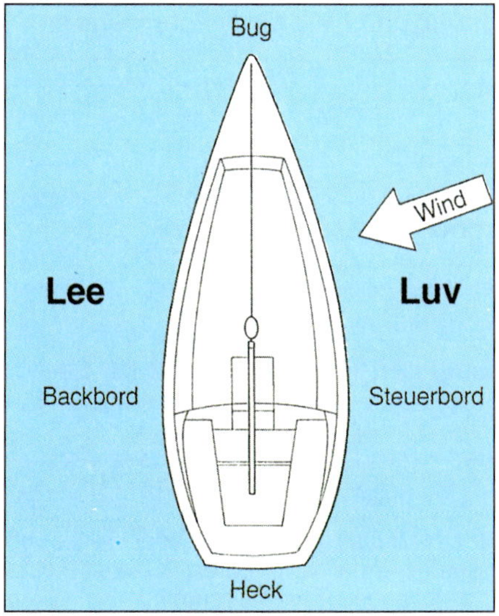

Die Frage, von welcher Seite der Wind kommt, und zwar in Blickrichtung auf den Bug, d. h. von der Steuerbord- oder der Backbordseite des Fahrzeugs, ist ausschließlich für Segelfahrzeuge im Hinblick auf die Ausweichregeln relevant.

Hinweis: Ausweichregeln für Segelfahrzeuge vgl. Regel 12 KVR und Erl. zu Frage 75 sowie die Bilddarstellungen zu Fragen 74 bis 80.

Vorschrift: Regel 12 KVR

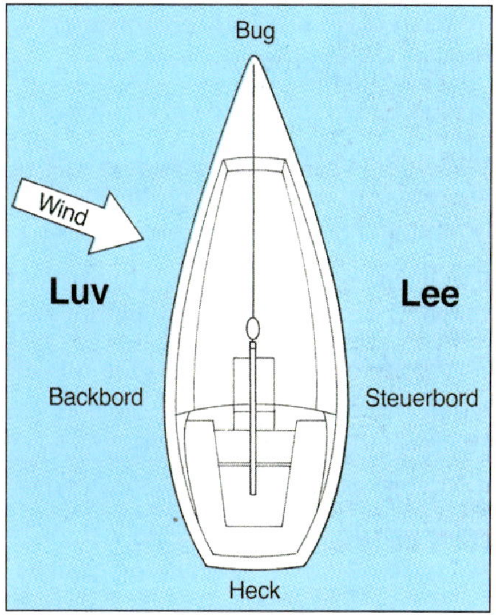

Verwendung von Positionslaternen

20

Wann und in welchem Zustand müssen Positionslaternen an Bord sein?

Antwort:
Sie müssen ständig und gebrauchsfertig mitgeführt werden.

21

Wann müssen die Lichter von Fahrzeugen geführt oder gezeigt werden?

Antwort:
Von Sonnenuntergang bis Sonnenaufgang und bei verminderter Sicht.

22

1. Welcher Zeitraum gilt als „am Tage"?
2. Welcher Zeitraum gilt als „bei Nacht"?

Antwort:

1. Von Sonnenaufgang bis Sonnenuntergang.
2. Von Sonnenuntergang bis Sonnenaufgang.

23

Wozu dient die Lichterführung?

Antwort:

Sie zeigt die Fahrtrichtung und Lage eines Fahrzeugs an.

24

Welche Vorschriften regeln die Ausrüstung, Anordnung und Anbringung der Positionslaternen auf Fahrzeugen?

Antwort:

1. Die KVR.
2. Die SeeSchStrO.
3. Die Schiffahrtsordnung Emsmündung.

25

Welche Laternen dürfen Sie nur als Positionslaternen verwenden?

Antwort:

Laternen, deren Baumuster vom Bundesamt für Seeschiffahrt und Hydrographie (BSH) zur Verwendung zugelassen sind.

Zu Fragen 20 bis 25:
Wichtige Grundsätze:

- Positionslaternen dienen der vorgeschriebenen Lichterführung, durch die sowohl die Lage (Bug, Heck, Steuer- und Backbord) als auch die Richtung (kreuzender Kurs, überholender Kurs) eines Fahrzeugs angezeigt werden (vgl. Erl. Frage 13 und 19).
- Nur die KVR und die SeeSchStrO regeln, welche Lichter geführt oder gezeigt werden dürfen. Andere Lichter dürfen nur verwendet werden, wenn sie mit den vorgeschriebenen Lichtern nicht verwechselt werden können.
- Positionslaternen müssen ständig mitgeführt werden, d. h. am Tage und bei Nacht gebrauchsfertig sein, also an eine Strom- oder Energiequelle angeschlossen sein.
- Die vorgeschriebenen Lichter müssen bei Nacht und bei verminderter Sicht geführt und Lichtsignale gezeigt werden.
- Positionslaternen sind in der Zeit, in der sie zu führen sind, fest anzubringen. Bei der Anbringung sind die Vorschriften der KVR und der SeeSchStrO über die Anordnung, den Abstand und die Abschirmung der Lichter sowie die An- und Einbauanweisung des Laternenherstellers zu beachten. Es ist darauf zu achten, daß die Ausstrahlungsbereiche der Positionslaternen nicht durch stehendes oder laufendes Gut beeinträchtigt werden.
- Es dürfen nur baumustergeprüfte Positionslaternen verwendet werden, die vom BSH für die Hohe See und die Seeschifffahrtsstraßen zugelassen und mit einer Baumusternummer (z. B. BSH/00/01/76) versehen sind. Für diese Laternen sind keine Wiederholungsprüfungen mehr vorgeschrieben.
- Fahrzeuge unter Ruder oder Segel von weniger als 20 m Länge, die keine ausreichende Stromerzeugung an Bord haben, können weiterhin zugelassene Petroleum-Positionslaternen nach DIN 89 950 verwenden.
- Die zugelassenen Positionslaternen müssen die vorgeschriebenen Lichtstärken erbringen, damit die für die einzelnen Lichter vorgeschriebenen Mindesttragweiten erreicht werden. Beachte daher die auf der Positionslaterne angebrachten Zeichen betr. Mindesttragweite!
- Die Wirksamkeit und Betriebssicherheit der Positionslaternen muß jederzeit gewährleistet sein. Die Einhaltung der vorstehenden Regeln kann von der Wasserschutzpolizei daher auch am Tage kontrolliert werden. Verantwortlich sind der Fahrzeugführer und der Eigentümer.

Vorschriften:

Regelung	KVR/SeeSchStrO
Ständiges Mitführen von Positionslaternen	§ 8 Abs. 1 SeeSchStrO
Lichterführungspflicht	Regel 20 b KVR, § 8 Abs. 1 SeeSchStrO
Definitionen am Tage, bei Nacht	§ 2 Abs. 2 Nr. 1 und 2 SeeSchStrO
Anbringung	Regel 21 und Anlage I KVR, § 8 SeeSchStrO
Verwendung nur baumustergeprüfter Positionslaternen	§ 9 SeeSchStrO
Mindesttragweite	Regel 22 KVR, § 8 Abs. 2 SeeSchStrO
Lichtstärke	Anlage I Abschnitt 8 KVR
Verantwortlichkeit, allg.	§ 4 VO KVR, § 4 SeeSchStrO
Verantwortlichkeit für Betriebssicherheit und Wirksamkeit	§§ 8 Abs. 1, 9 Abs. 2 SeeSchStrO

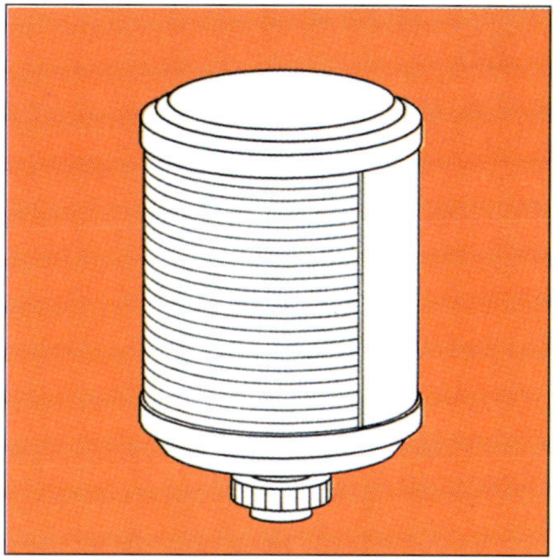

Positionslaterne. Sie muß vom BSH zugelassen und mit einer Baumusternummer versehen sein (z. B. BSH/00/01/76).

Hinweis:
vgl. Fragen 58 bis 60 und die dortigen Erläuterungen.

26

Was verstehen Sie unter dem Begriff „Verkehrstrennungsgebiet"?

Antwort:

1. **Es sind bekanntgemachte Schiffahrtswege, die durch Trennlinien oder Trennzonen in Einbahnwege geteilt sind.**
2. **Sie dürfen jeweils nur in Fahrtrichtung rechts befahren werden.**

Zu Frage 26: **Vorschrift:** § 6 VO KVR, Regel 10 KVR
Hinweis: Verhalten im Bereich von Verkehrstrennungsgebieten; vgl. Erl. zu Fragen 97ff.

27

Was verstehen Sie unter dem Begriff „in Sicht befindlich"?

Antwort:

Wenn jedes Fahrzeug vom anderen optisch wahrgenommen werden kann.

Zu Frage 27: **Vorschrift:** Regel 3k KVR
Beachte: Die optische Wahrnehmung kann auch mit Hilfe eines Fernglases erfolgen. Die Erfassung eines anderen Fahrzeuges mit Hilfe eines Radargerätes ist dagegen keine optische Wahrnehmung!

28

Wie haben Sie allgemein Ihre Geschwindigkeit einzurichten?

Antwort:

Jedes Fahrzeug muß mit einer „sicheren Geschwindigkeit" fahren, d. h. es muß sich der Verkehrslage, den Sicht- und Witterungsverhältnissen anpassen und jederzeit aufgestoppt werden können.

Zu Frage 28: **Vorschrift:** Regel 6 KVR

29

Was ist bei der Benutzung von Laternen, Leuchten und Scheinwerfern zu beachten?

Antwort:

1. **Sie dürfen nicht blenden und dadurch die Schiffahrt gefährden oder behindern.**
2. **Sie dürfen nicht mit anderen Lichtsignalen zu verwechseln sein.**

Zu Frage 29: **Vorschrift:** § 6 Abs. 2 SeeSchStrO

Kollisionsverhütungsregeln (KVR)

Lichter- und Signalkörperführung

Maschinenfahrzeuge

30

Sie sehen folgendes Fahrzeug:

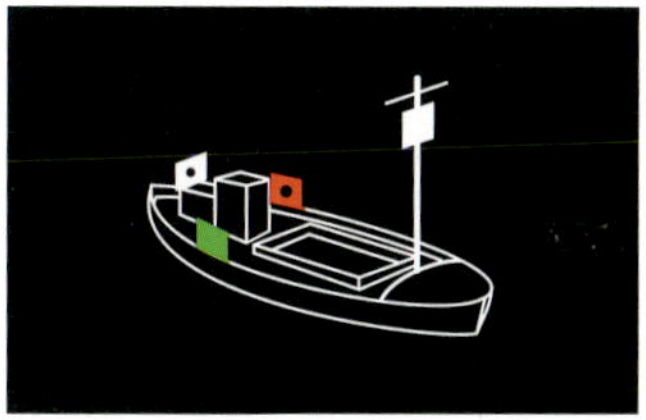

Was ist das für ein Fahrzeug?

Antwort:

Maschinenfahrzeug in Fahrt von weniger als 50 Meter Länge.

31

Sie sehen folgendes Fahrzeug:

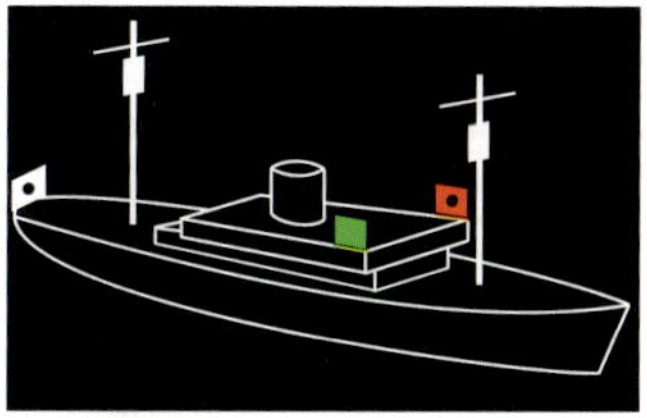

Welches Fahrzeug muß diese Lichter führen?

Antwort:

Maschinenfahrzeug in Fahrt von 50 und mehr Meter Länge.

Zu Fragen 30 und 31:

Beschreibung der Lichter:

- ein weißes Topplicht vorn (unter 50 m Länge)
- ein zweites weißes Topplicht achterlicher und höher als das erste Topplicht (ab 50 m Länge)
- Seitenlichter grün und rot
- ein weißes Hecklicht

Vorschrift: Regel 23 a KVR

Hinweis: Schallsignale bei verminderter Sicht Regel 35 a u. b KVR; vgl. Erl. zu Fragen 64 ff.

Schleppverbände

32

Sie sehen folgenden Schleppverband:

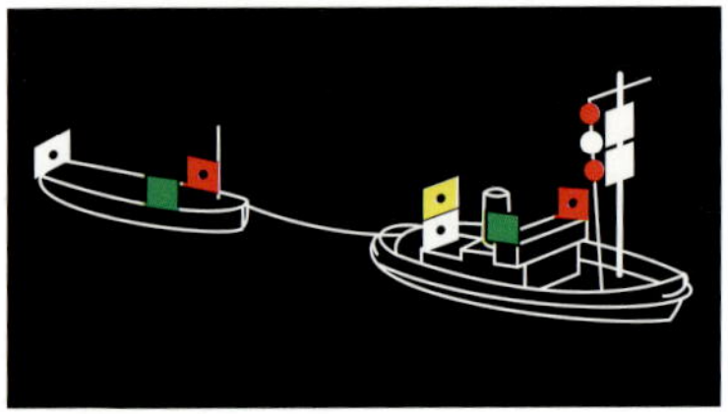

1. **Was ist das für ein Schleppverband?**
2. **Was bedeutet es, wenn das schleppende Fahrzeug zusätzlich drei Rundumlichter senkrecht übereinander – das obere und untere rot, das mittlere weiß – führt?**

Antwort:

1. **Schleppverband in Fahrt von 200 Meter Länge oder weniger.**
2. **Der Schleppverband ist manövrierbehindert.**

33

Sie sehen folgenden Schleppverband:

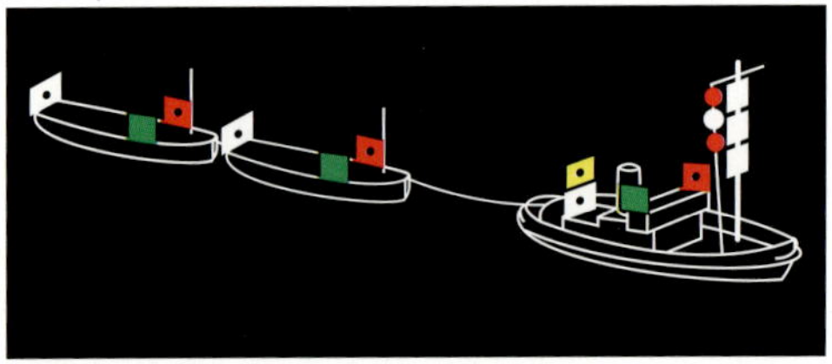

1. **Was ist das für ein Schleppverband?**
2. **Was bedeutet es, wenn das schleppende Fahrzeug zusätzlich drei Rundumlichter senkrecht übereinander – das obere und untere rot, das mittlere weiß – führt?**

Antwort:

1. **Schleppverband in Fahrt von mehr als 200 Meter Länge.**
2. **Der Schleppverband ist manövrierbehindert.**

Zu Fragen 32 und 33:
Beschreibung der Lichter:
Schlepper:

- Anstelle des für Maschinenfahrzeuge vorgeschriebenen Topplichts zwei Topplichter senkrecht übereinander (Schleppverband von 200 m Länge oder weniger, schleppendes Fahrzeug unter 50 m Länge)
- drei weiße Topplichter (Schleppverband von mehr als 200 m Länge, schleppendes Fahrzeug unter 50 m Länge)

- Seitenlichter grün und rot
- ein weißes Hecklicht und ein gelbes Schlepperlicht senkrecht über dem Hecklicht
- drei Rundumlichter – das obere und das untere rot, das mittlere weiß

Bedeutung der Lichter:
Der Schleppverband kann nicht vom Kurs abweichen (manövrierbehindert). (Definition vgl. Frage 15)

Vorschrift: Regel 24 a und 27 b KVR

Hinweis: Schallsignale bei verminderter Sicht Regel 35 c u. e KVR; vgl. Erl. zu Fragen 64 ff.

34
Welche Lichter führen geschleppte Fahrzeuge?

Antwort:
Seitenlichter rot und grün und ein weißes Hecklicht.

Zu Frage 34:

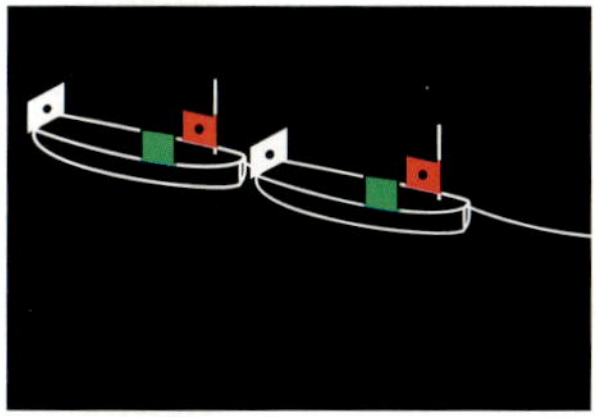

Vorschrift: Regel 24 e und f KVR

Hinweis: Schallsignale bei verminderter Sicht Regel 35 e KVR; vgl. Erl. zu Fragen 64 ff.

35
Was bedeutet es, wenn jedes Fahrzeug eines Schleppverbandes einen schwarzen Rhombus führt?

Antwort:
Schleppverband von mehr als 200 Meter Länge.

Zu Frage 35:

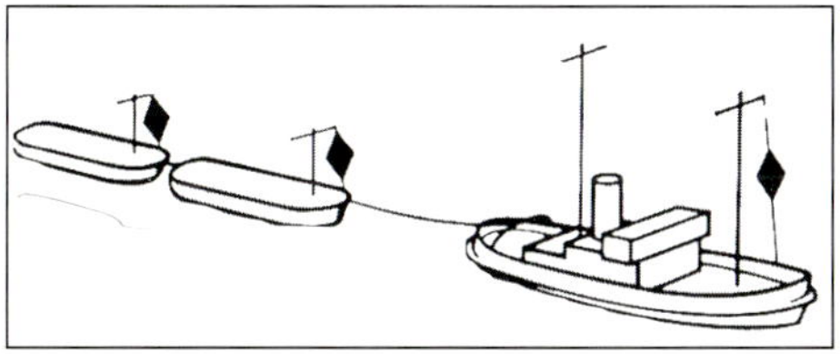

Vorschrift: Regel 24 a und e KVR

Hinweis: Schallsignale bei verminderter Sicht Regel 35 c und e KVR; vgl. Erl. zu Fragen 64 ff.

Manövrierunfähige Fahrzeuge

36

Sie sehen folgendes Fahrzeug:

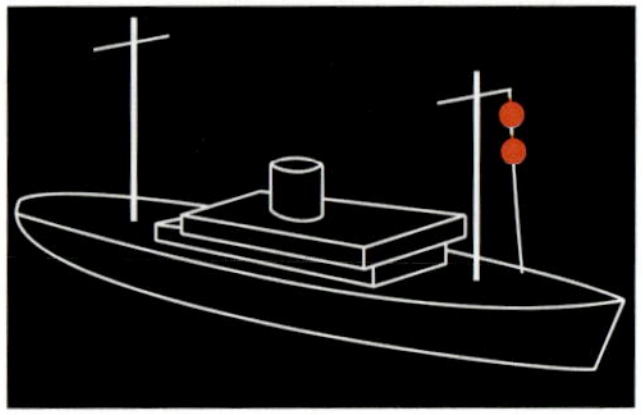

Was ist das für ein Fahrzeug?

Antwort:

Ein manövrierunfähiges Fahrzeug in Fahrt (ohne Fahrt durchs Wasser).

37

Sie sehen folgendes Fahrzeug:

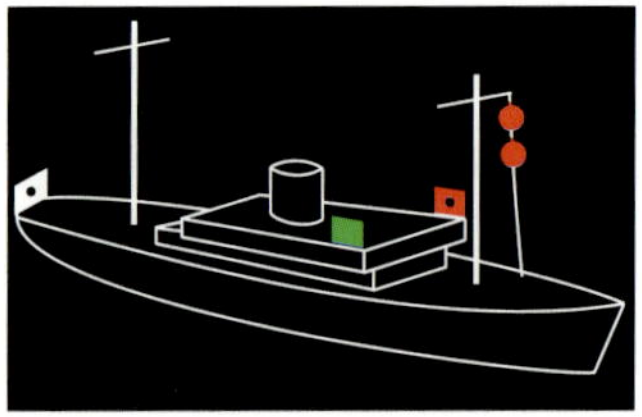

Was ist das für ein Fahrzeug?

Antwort:

Ein manövrierunfähiges Fahrzeug mit Fahrt durchs Wasser.

38

Sie sehen folgendes Fahrzeug:

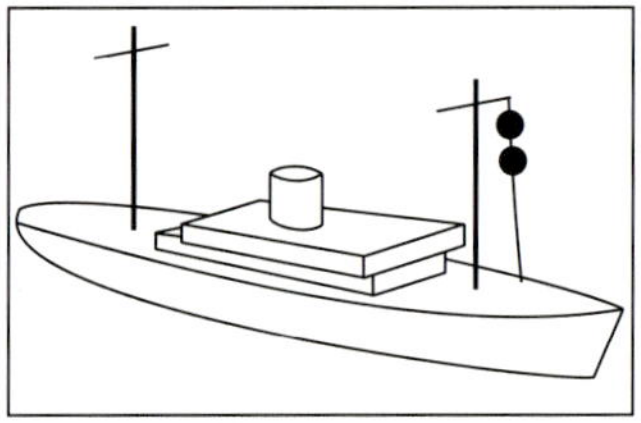

Was ist das für ein Fahrzeug?

Antwort:

Ein manövrierunfähiges Fahrzeug.

Zu Fragen 36 bis 38:

Beschreibung der Sichtzeichen:

- Bei Nacht: 2 rote Rundumlichter übereinander dort, wo sie am besten zu sehen sind. Bei Fahrt durchs Wasser zusätzlich Seitenlichter grün und rot und ein weißes Hecklicht.
- Am Tage: 2 schwarze Bälle senkrecht übereinander dort, wo sie am besten zu sehen sind.

Beachte: Topplichter dürfen nicht geführt werden.

Vorschrift: Regel 27 a KVR

Hinweis: Definition vgl. Frage 14; Schallsignale bei verminderter Sicht Regel 35 c KVR; vgl. Erl. zu Fragen 64 ff.

39

Welche Signalkörper haben Sie zu führen, wenn Ihr Fahrzeug von 12 und mehr Meter Länge manövrierunfähig ist?

Antwort:

Zwei schwarze Bälle senkrecht übereinander.

Zu Frage 39:

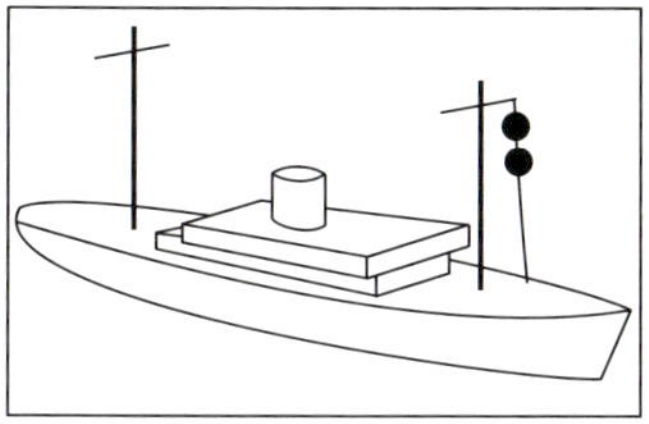

Vorschrift: Regel 27 a KVR

40

Welche Lichter haben Sie zu führen, wenn Ihr Fahrzeug von 12 und mehr Meter Länge manövrierunfähig ist, und zwar
1. in Fahrt (ohne Fahrt durchs Wasser),
2. mit Fahrt durchs Wasser?

Antwort:

1. Zwei rote Rundumlichter senkrecht übereinander.
2. Zwei rote Rundumlichter senkrecht übereinander und zusätzlich die Seitenlichter und das Hecklicht.

Zu Frage 40:

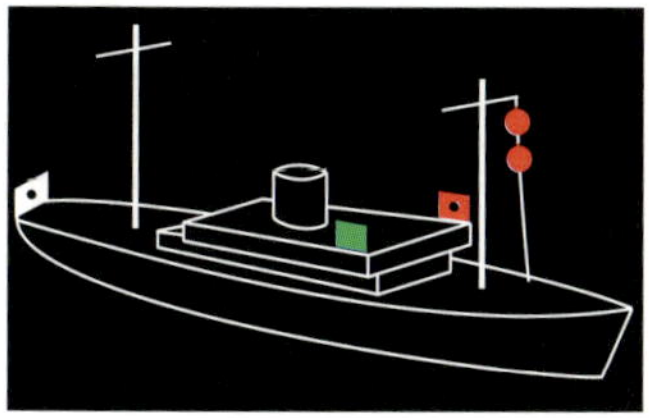

Vorschrift: Regel 27 a KVR

Manövrierbehinderte Fahrzeuge

41

Sie sehen folgendes Fahrzeug:

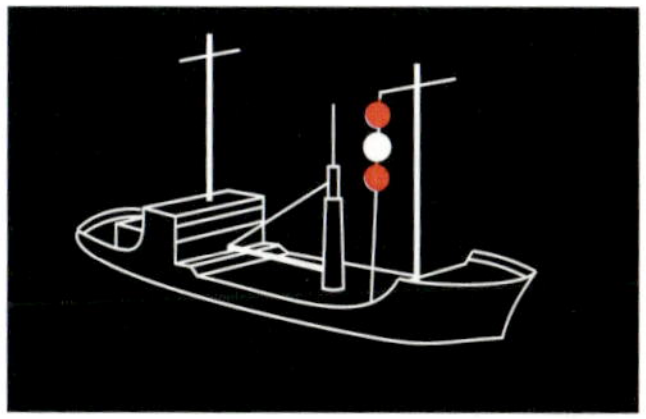

Was ist das für ein Fahrzeug?

Antwort:

Ein manövrierbehindertes Fahrzeug in Fahrt (ohne Fahrt durchs Wasser).

42

Sie sehen folgendes Fahrzeug:

Welches Fahrzeug muß diese Lichter führen?

Antwort:

Ein manövrierbehindertes Fahrzeug mit Fahrt durchs Wasser von 50 und mehr Meter Länge.

43

Sie sehen folgendes Fahrzeug:

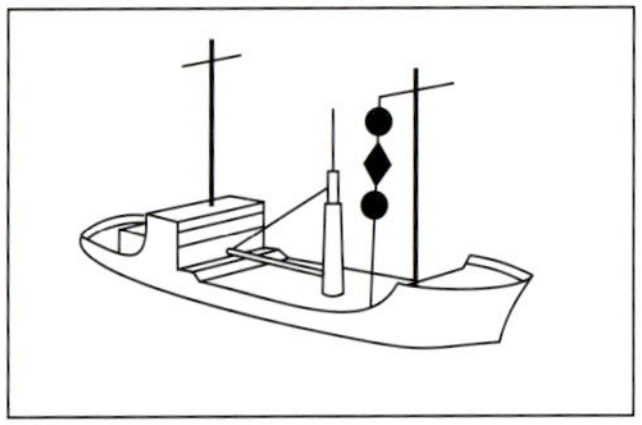

Was ist das für ein Fahrzeug?

Antwort:

Ein manövrierbehindertes Fahrzeug.

Zu Fragen 41 bis 43:

Beschreibung der Sichtzeichen:

- Bei Nacht: 3 Rundumlichter übereinander, das obere rot, das mittlere weiß und das untere rot dort, wo sie am besten zu sehen sind.
  Mit Fahrt durchs Wasser zusätzlich ein weißes Topplicht vorn und ein zweites weißes Topplicht achterlicher und höher als das erste Topplicht (über 50 m Länge) sowie Seitenlichter grün und rot und ein weißes Hecklicht.
- Am Tage: 3 Signalkörper senkrecht übereinander, oben einen schwarzen Ball, in der Mitte einen schwarzen Rhombus und unten einen schwarzen Ball dort, wo sie am besten zu sehen sind.

Vorschrift: Regel 27 b KVR

Hinweise: Definition vgl. Frage 15; Schallsignale bei verminderter Sicht Regel 35 c KVR; vgl. Erl. zu Fragen 64 ff.

Auf Grund sitzende Fahrzeuge

44

Sie sehen folgendes Fahrzeug:

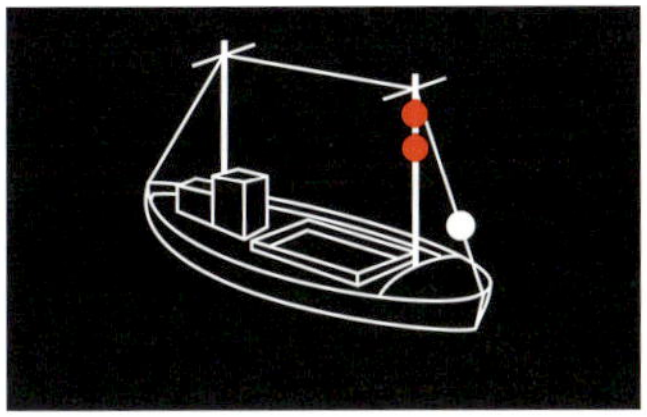

Was ist das für ein Fahrzeug?

Antwort:

Ein Grundsitzer von weniger als 50 Meter Länge.

45

Sie sehen folgendes Fahrzeug:

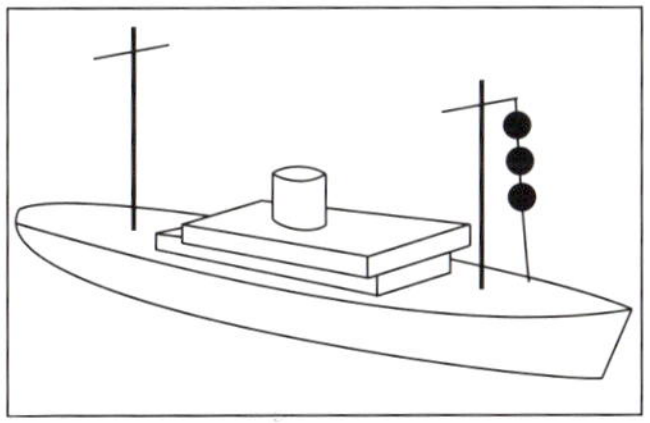

Was ist das für ein Fahrzeug?

Antwort:

Ein Grundsitzer.

46

Sie sehen folgendes Fahrzeug:

Welches Fahrzeug muß diese Lichter führen?

Antwort:

Ein Grundsitzer von 50 und mehr Meter Länge.

Zu Fragen 44 bis 46:

Beschreibung der Sichtzeichen:

- Bei Nacht: Ein weißes Rundumlicht dort, wo es am besten zu sehen ist, und zusätzlich 2 rote Rundumlichter senkrecht übereinander dort, wo sie am besten zu sehen sind, bei 50 und mehr Meter Länge zusätzlich ein weißes Rundumlicht niedriger als das vordere Licht am Heck.
- Am Tage: 3 schwarze Bälle senkrecht übereinander dort, wo sie am besten zu sehen sind.

Vorschrift: Regel 30 d KVR

Hinweis: Schallsignale bei verminderter Sicht Regel 35 h KVR, vgl. Erl. zu Fragen 64 ff.

Tiefgangbehinderte Fahrzeuge

47

Sie sehen folgendes Fahrzeug:

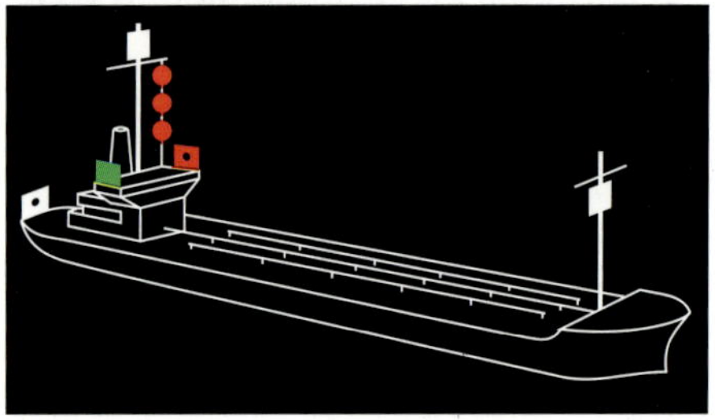

Welches Fahrzeug muß diese Lichter führen?

Antwort:

Ein tiefgangbehindertes Fahrzeug von 50 und mehr Meter Länge in Fahrt.

48

Sie sehen folgendes Fahrzeug:

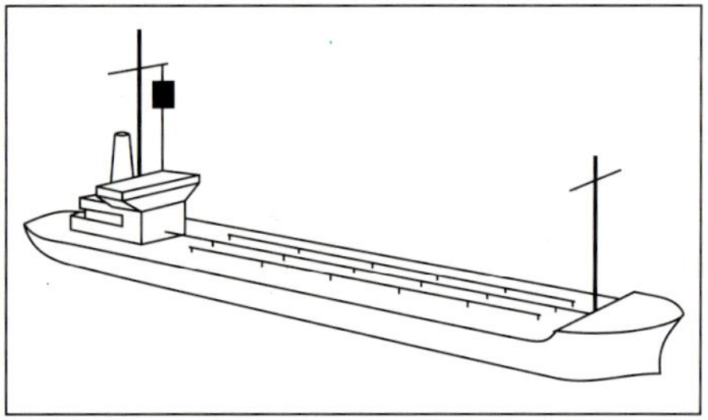

Was ist das für ein Fahrzeug?

Antwort:

Ein tiefgangbehindertes Fahrzeug in Fahrt.

Zu Fragen 47 und 48:

Beschreibung der Sichtzeichen:

- Bei Nacht: Ein weißes Topplicht vorn, ein zweites weißes Topplicht achterlicher und höher als das vordere Topplicht, Seitenlichter grün und rot und ein weißes Hecklicht sowie zusätzlich drei Rundumlichter senkrecht übereinander dort, wo sie am besten zu sehen sind.
- Am Tage: Ein schwarzer Zylinder dort, wo er am besten zu sehen ist.

Hinweis: Schallsignale bei verminderter Sicht Regel 35 c KVR; vgl. Erl. zu Fragen 64 ff; Ausweichregeln vgl. Frage 81.

Definition: Ein durch seinen Tiefgang behindertes Maschinenfahrzeug ist ein Fahrzeug, das durch seinen Tiefgang im Verhältnis zu der vorhandenen Tiefe und Breite des befahrenen Gewässers erheblich behindert ist, von seinem zu verfolgenden Kurs abzuweichen (Regel 3 h KVR).

Vorschrift: Regel 28 KVR

Fischende Fahrzeuge

49

Sie sehen folgendes Fahrzeug:

Welches Fahrzeug muß diese Lichter führen?

Antwort:

Ein fischender Trawler (Fischereifahrzeug) mit Fahrt durchs Wasser von 50 und mehr Meter Länge.

50

Sie sehen folgendes Fahrzeug:

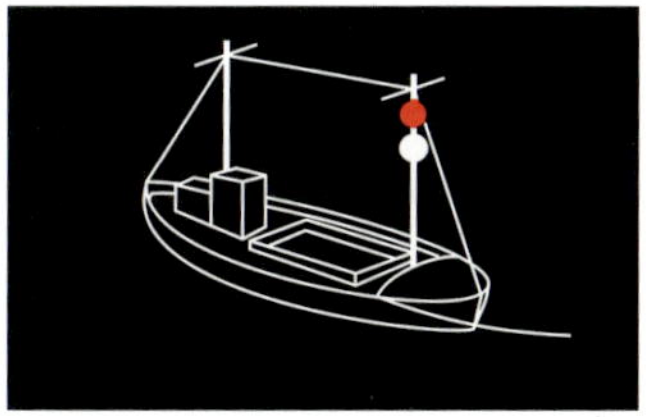

Was ist das für ein Fahrzeug?

Antwort:

Ein fischendes Fahrzeug, das nicht trawlt, z. B. Treibnetzfischer.

51

Sie sehen folgendes Fahrzeug:

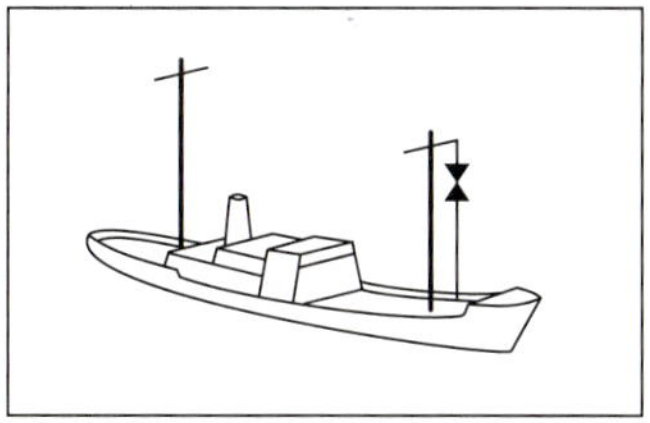

Was ist das für ein Fahrzeug?

Antwort:

Ein fischendes Fahrzeug.

52

Was verstehen Sie unter dem Begriff „fischendes Fahrzeug"?

Antwort:

Ein Fahrzeug, das mit Netzen, Leinen, Schleppnetzen oder anderen Fanggeräten fischt, welche seine Manövrierfähigkeit einschränken.

Zu Fragen 49 bis 52:

Beschreibung der Sichtzeichen: Fischende Trawler (Schleppnetzfischer) von 50 und mehr Meter Länge:

- Bei Nacht: 2 Rundumlichter, das obere grün, das untere weiß und ein weißes Topplicht achterlicher und höher als das grüne Rundumlicht, zusätzlich Seitenlichter grün und rot und ein weißes Hecklicht.
- Am Tage: Ein schwarzes Stundenglas dort, wo es am besten zu sehen ist.

Fischendes Fahrzeug, das nicht trawlt (Treibnetzfischer):

- Bei Nacht: 2 Rundumlichter übereinander, das obere rot, das untere weiß.
- Am Tage: Ein schwarzes Stundenglas dort, wo es am besten zu sehen ist.

Vorschrift: Regel 26 b KVR

Definition: Die Antwort entspricht der Definition in Regel 3 d KVR. Als fischende Fahrzeuge sind anzusehen Fahrzeuge, die mit Schleppangeln oder anderen, die Manövrierfähigkeit nicht einschränkenden Fanggeräten fischen (Regel 3 d KVR)
Beachte: Am Tage ist nicht erkennbar, ob das fischende Fahrzeug Fahrt durch das Wasser macht.
Hinweis: Schallsignale bei verminderter Sicht Regel 35 c KVR; vgl. Erl. zu Fragen 64 ff.

Vorschrift: Regel 26 c KVR

Fahrzeuge unter Ruder oder Segel

53

Welche Fahrzeuge führen nur Seitenlichter rot und grün und ein weißes Hecklicht?

Antwort:
Segler, Ruderboote und geschleppte Fahrzeuge.

Zu Frage 53: **Vorschriften:** Regel 24 e, 25 KVR
Definition: Segelfahrzeug ist ein Fahrzeug unter Segel, dessen Maschinenkraft, falls vorhanden, nicht benutzt wird (Regel 3 c KVR)
Hinweis: Schallsignale bei verminderter Sicht (Regel 35 e und i KVR); vgl. Erl. zu Fragen 64 ff.

54

Was für eine Laterne kann ein Segelfahrzeug von weniger als 20 Meter Länge anstelle der Seitenlichter und des Hecklichtes führen?

Antwort:
Eine Dreifarbenlaterne an oder nahe der Mastspitze.

Zu Frage 54:

Vorschrift: Regel 25 b KVR

55

Welche Lichter darf ein Fahrzeug unter Ruder führen oder zeigen?

Antwort:

Es darf die Seitenlichter und das Hecklicht führen. Andernfalls ist ein weißes Licht gebrauchsfertig zur Hand zu haben, das rechtzeitig gezeigt werden muß, um einen Zusammenstoß zu verhüten.

Zu Frage 55:

Vorschrift: Regel 25 d KVR

56

Welche Lichter muß ein Fahrzeug unter Segel, das gleichzeitig mit Maschinenkraft fährt, führen?

Antwort:

Die für ein Maschinenfahrzeug vorgeschriebenen Lichter.

Zu Frage 56:

Vorschrift: Regel 25 KVR

Kleine Maschinenfahrzeuge

57

Welche Lichter kann bzw. muß ein Maschinenfahrzeug in Fahrt von weniger als 7 Meter Länge, dessen Höchstgeschwindigkeit 7 Knoten nicht übersteigt, führen?

Tragen Sie die Lichter unter Angabe der Farben und Sichtwinkel ein, geben Sie an, in welcher Mindesthöhe das Topp- oder Rundumlicht über den Seitenlaternen geführt werden muß, und geben Sie ferner an, welche Erleichterung anstelle der beiden Seitenlaternen zulässig ist.

1. kann:

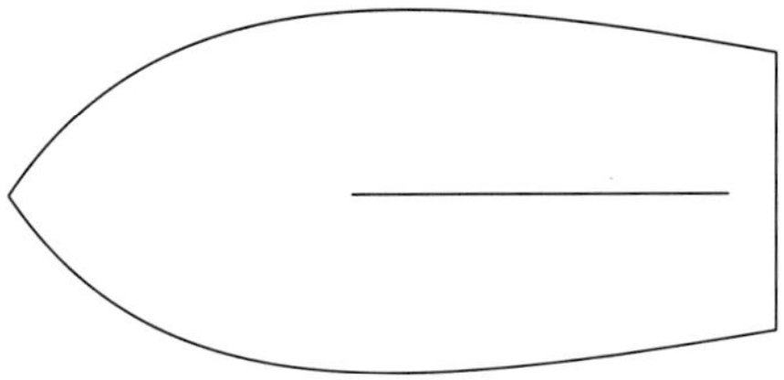

2. muß, soweit möglich:

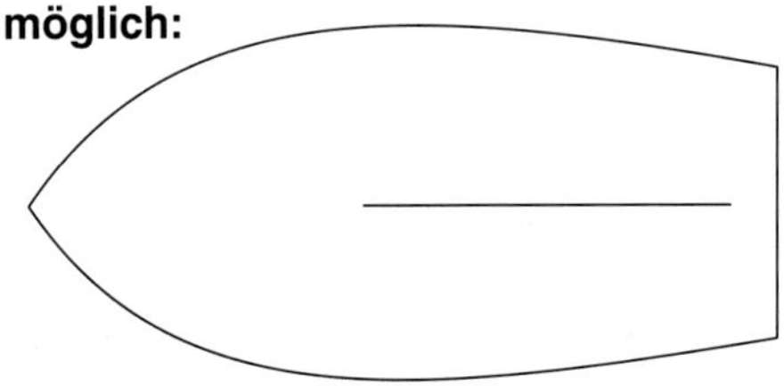

3. muß mindestens:

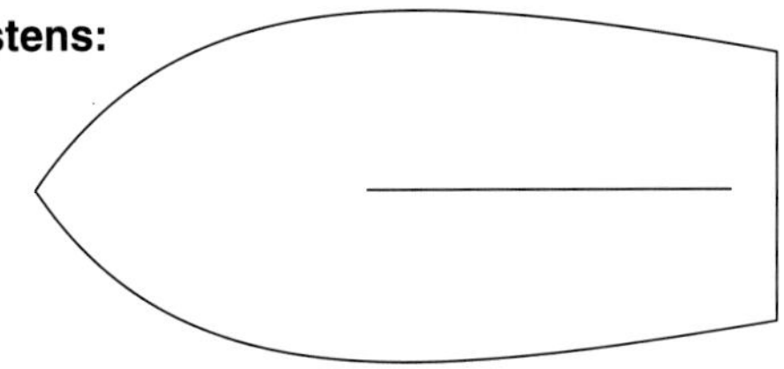

Antwort:

1. kann:

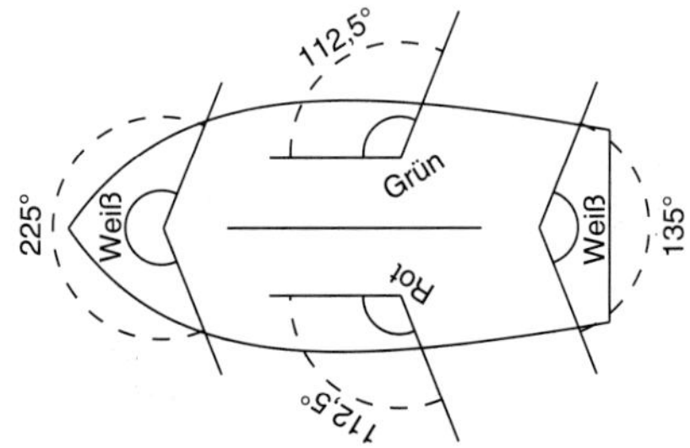

2. muß, soweit möglich:

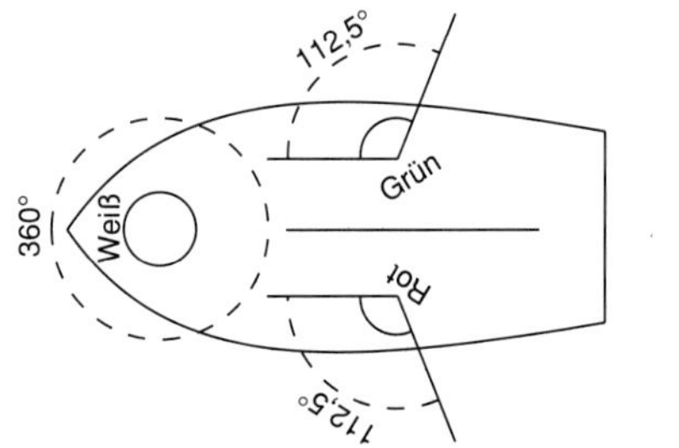

3. muß mindestens:

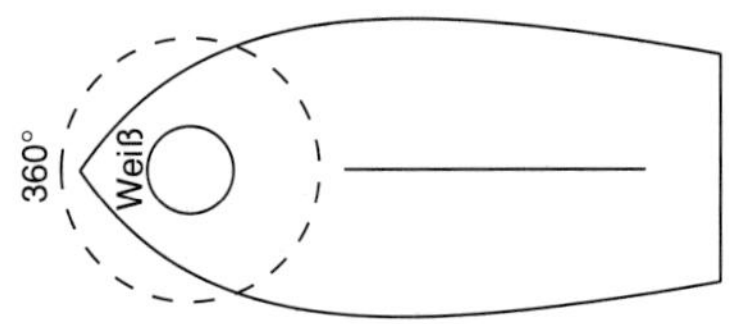

Das Topp- oder Rundumlicht muß mindestens 1 Meter höher als die Seitenlaternen geführt werden. Anstelle der beiden Seitenlaternen kann eine Zweifarbenlaterne geführt werden.

Zu Frage 57: **Vorschriften:** Regel 23 a und c, 21a, b, c und e KVR
Hinweise: Schallsignale bei verminderter Sicht Regel 35 a und i KVR, vgl. Erl. zu Fragen 64 ff.; abweichende Lichterführung auf den Seeschiffahrtsstraßen; vgl. Erl. zu Fragen 116, 117

58

Welche Lichter kann bzw. muß ein Maschinenfahrzeug in Fahrt von weniger als 12 Meter Länge führen?

Tragen Sie die Lichter unter Angabe der Farben und Sichtwinkel ein, geben Sie an, in welcher Mindesthöhe das Topp- oder Rundumlicht über den Seitenlaternen geführt werden muß, und geben Sie ferner an, welche Erleichterung anstelle der beiden Seitenlaternen zulässig ist.

1. kann:

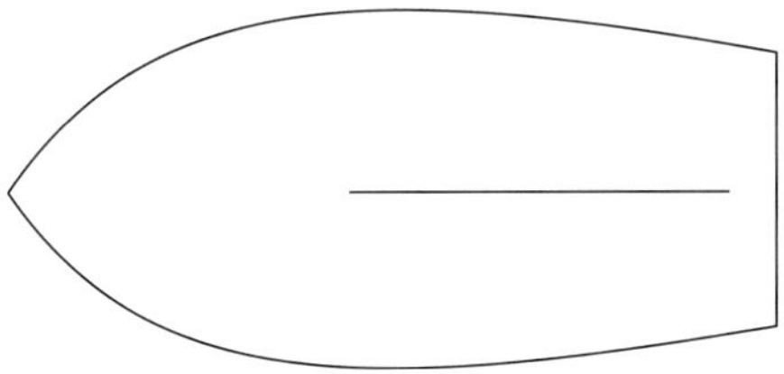

2. muß mindestens:

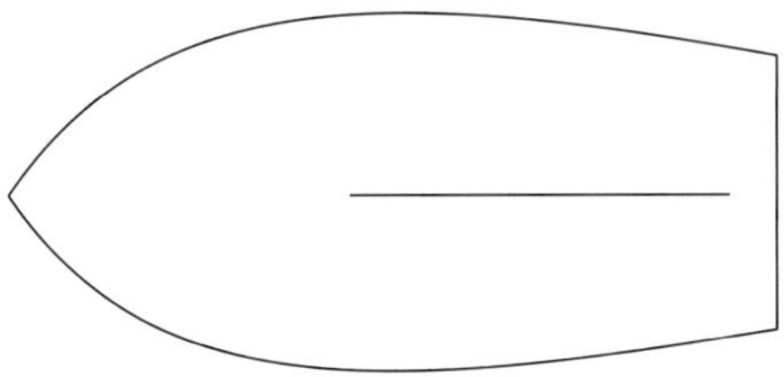

Antwort:

1. kann:

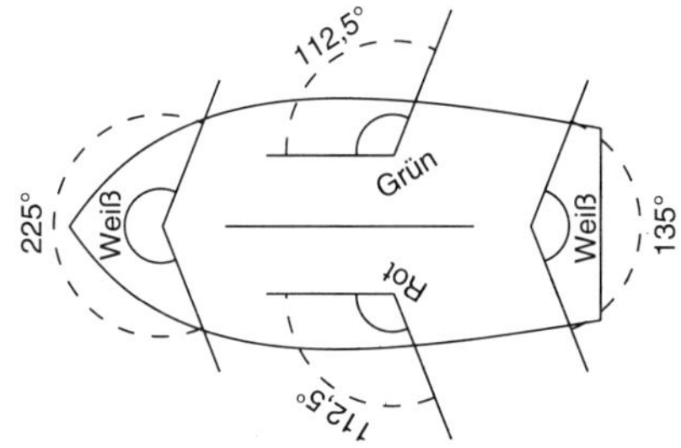

2. muß mindestens:

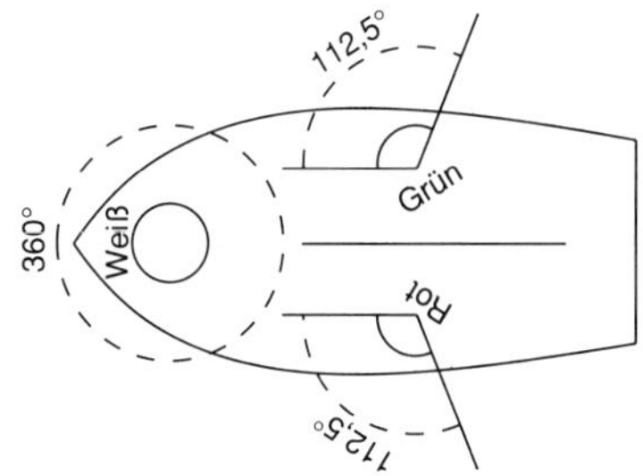

Das Topp- oder Rundumlicht muß mindestens 1 Meter höher als die Seitenlaternen geführt werden.
Anstelle der beiden Seitenlaternen kann eine Zweifarbenlaterne geführt werden.

59

Welche Lichter muß ein Maschinenfahrzeug in Fahrt von 12 und mehr, jedoch weniger als 20 Meter Länge führen?

Tragen Sie die Lichter unter Angabe der Farben und Sichtwinkel ein, geben Sie an, in welcher Mindesthöhe das Topplicht über dem Schandeckel geführt werden muß, und geben Sie ferner an, welche Erleichterung anstelle der beiden Seitenlaternen zulässig ist.

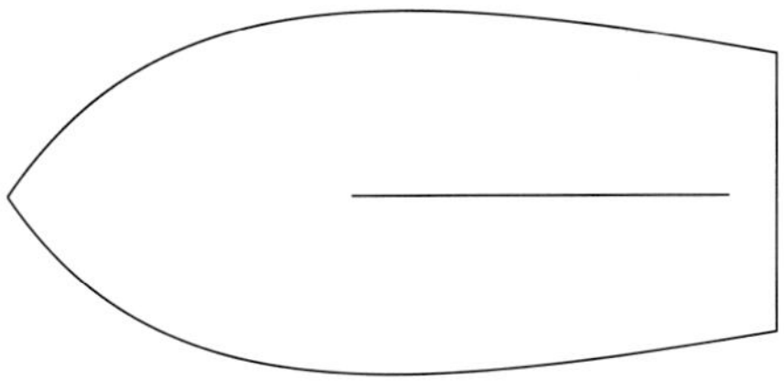

Antwort:

Höhe des Topplichtes über dem Schandeckel: Mindestens 2,50 Meter.

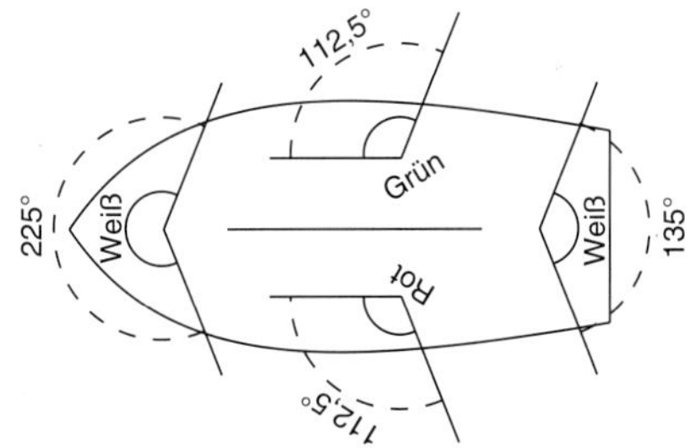

Anstelle der beiden Seitenlaternen kann eine Zweifarbenlaterne geführt werden.

60

Welche Lichter muß ein Maschinenfahrzeug in Fahrt von 20 und mehr, jedoch weniger als 50 Meter Länge führen?

Tragen Sie die Lichter unter Angabe der Farben und Sichtwinkel ein, und geben Sie ferner die Mindesthöhe des Topplichtes über dem Schiffskörper an.

Antwort:

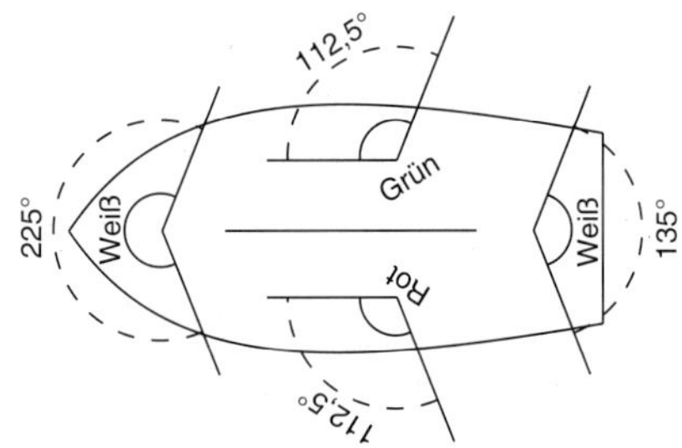

Höhe des Topplichtes über dem Schiffskörper: Mindestens 6 Meter oder in einer der Breite des Fahrzeugs mindestens gleichkommenden Höhe, es braucht jedoch nicht höher als 12 Meter angebracht zu sein.

Zu Fragen 58 bis 60:

Merke: Die Lichterführung von Maschinenfahrzeugen zwischen 7 und 50 m Länge unterscheidet sich lediglich durch die verschiedenen Tragweiten der Lichter und ihre Anbringungshöhe:

- Fahrzeuge unter 12 m Länge Topplicht 2 sm, mind. 1 m höher als Seitenlichter
  Seitenlichter 1 sm
  Hecklicht 2 sm
- Fahrzeuge über 12 m, aber unter 20 m Länge Topplicht 3 sm, mind. 2,5 m über dem Schandeckel
  Seitenlichter 2 sm
  Hecklicht 2 sm
- Fahrzeuge über 20 m, aber unter 50 m Länge Topplicht 5 sm, mind. 6 m über dem Schiffskörper
  Seitenlichter 2 sm
  Hecklicht 2 sm

Die vorgeschriebene Anbringungshöhe über dem Bootskörper wird vom Schandeckel aus gerechnet, der die obere Verkleidung der Außenhautbeplankung in Höhe des Setzbordes darstellt. Da das oberste Deck oftmals einen erheblichen Sprung besitzt, liegt der Ausgangspunkt der Messung vorn, mittschiffs und achtern nicht in der gleichen Ebene. Deshalb sollte zweckmäßigerweise die höchste Ebene als Ausgangsbasis für die „Höhe" gewählt werden.

Auf den Seeschiffahrtsstraßen ist für Fahrzeuge unter Bundesflagge unter 12 m Länge abweichend von Regel 22 b und c KVR vorgeschrieben, daß die Tragweite der Seitenlichter 2 sm betragen muß (§ 10 Abs. 1 SeeSchStrO).

Vorschriften: Regel 23 a, 22 b und c Anlage I Nr. 2 a, c und d KVR

Hinweis: Schallsignale bei verminderter Sicht Regel 35 a und i KVR; vgl. Erl. zu Fragen 64 ff.

Ankerlieger

61

Was für ein Licht muß ein Ankerlieger von weniger als 50 Meter Länge führen?

Antwort:

Ein weißes Rundumlicht an gut sichtbarer Stelle.

Zu Frage 61:

Beachte: Abweichend von Regel 30 a KVR, wonach Ankerlieger und Grundsitzer generell ein weißes Rundumlicht im vorderen Teil und ein weißes Rundumlicht am oder nahe dem Heck, niedriger als das vordere führen müssen, darf ein Fahrzeug von weniger als 50 m Länge statt diesen nur ein weißes Rundumlicht dort führen, wo es am besten gesehen werden kann.

Vorschrift: Regel 30 b KVR

Hinweis: Schallsignale bei verminderter Sicht Regel 35 g KVR; vgl. Erl. zu Fragen 64 ff.

62

Sie sehen folgendes Fahrzeug:

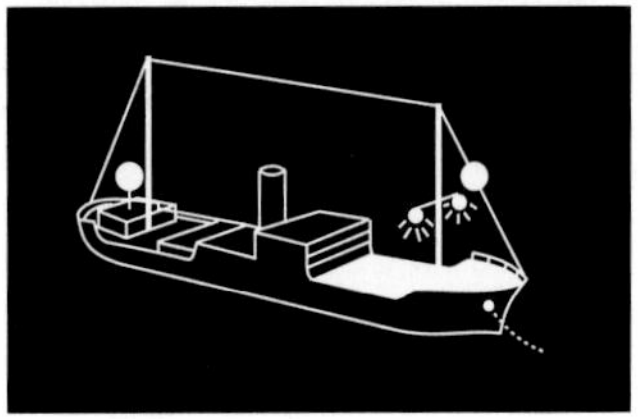

Welches Fahrzeug muß diese Lichter führen?

Antwort:

Ein vor Anker liegendes Fahrzeug von 100 und mehr Meter Länge.

Zu Frage 62:

Beschreibung der Lichter: Rundumlicht im vorderen Teil dort, wo es am besten zu sehen ist, und ein weißes Rundumlicht an oder nahe dem Heck, niedriger als das vordere Licht und zusätzlich die eingeschaltete Decksbeleuchtung.

Beachte: Fahrzeuge von 100 und mehr Meter Länge sind gemäß Regel 30 KVR verpflichtet, zusätzlich zu den beiden Ankerlichtern die vorhandenen Arbeitslichter zur Beleuchtung des Decks einzuschalten.

Vorschriften: Regel 30 a und c KVR
Hinweis: Schallsignale bei verminderter Sicht Regel 35 g KVR; vgl. Erl. zu Fragen 64 ff.

63

Was für einen Signalkörper muß ein Ankerlieger führen?

Antwort:

Einen schwarzen Ball an gut sichtbarer Stelle.

Zu Frage 63:

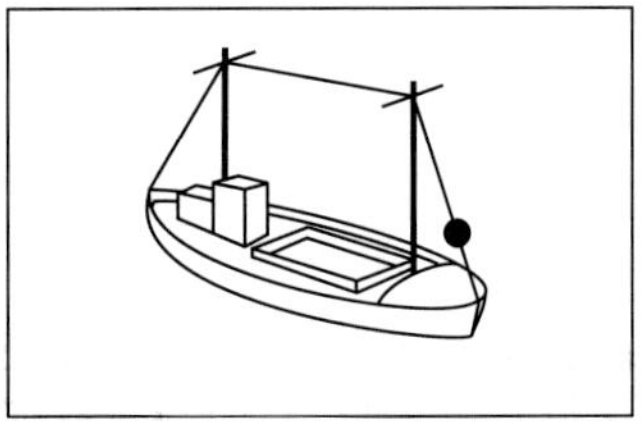

Vorschrift: Regel 30 a KVR

Schallsignale bei verminderter Sicht

64

Sie hören bei verminderter Sicht mindestens alle zwei Minuten einen langen Ton mit der Pfeife (▬). Welches Fahrzeug gibt dieses Signal?

Antwort:

Ein Maschinenfahrzeug, das Fahrt durchs Wasser macht.

65

Sie hören bei verminderter Sicht mindestens alle zwei Minuten zwei aufeinanderfolgende lange Töne mit der Pfeife (▬ ▬).
Welches Fahrzeug gibt dieses Signal?

Antwort:
Ein Maschinenfahrzeug in Fahrt, das seine Maschine gestoppt hat und keine Fahrt durchs Wasser macht.

66

Sie hören bei verminderter Sicht mindestens alle zwei Minuten drei aufeinanderfolgende Töne mit der Pfeife, und zwar lang, kurz, kurz (▬ ● ●).
Welche Fahrzeuge geben dieses Signal?

Antwort:
1. **Ein manövrierunfähiges Fahrzeug in Fahrt.**
2. **Ein manövrierbehindertes Fahrzeug in Fahrt oder vor Anker.**
3. **Ein tiefgangbehindertes Fahrzeug in Fahrt.**
4. **Ein Segelfahrzeug in Fahrt.**
5. **Ein schleppendes oder schiebendes Fahrzeug in Fahrt.**
6. **Ein fischendes Fahrzeug in Fahrt oder vor Anker.**

67

Sie hören bei verminderter Sicht mindestens alle zwei Minuten drei aufeinanderfolgende Töne mit der Pfeife, und zwar lang, kurz, kurz (▬ ● ●) und im Anschluß daran vier aufeinanderfolgende Töne mit der Pfeife, und zwar lang, kurz, kurz, kurz (▬ ● ● ●).
Welches Fahrzeug gibt das letztgenannte Signal?

Antwort:
Ein geschlepptes Fahrzeug oder das letzte bemannte Fahrzeug eines Schleppverbandes in Fahrt.

68

Was für ein Schallsignal muß ein Segelfahrzeug in Fahrt von 12 und mehr Meter Länge bei verminderter Sicht geben?

Antwort:
Mindestens alle zwei Minuten drei aufeinanderfolgende Töne mit der Pfeife, und zwar lang, kurz, kurz (▬ ● ●).

69

Welches Schallsignal muß ein Fahrzeug in Fahrt von weniger als 12 Meter Länge bei verminderter Sicht geben, wenn es die sonst vorgeschriebenen Schallsignale nicht geben kann?

Antwort:
Mindestens alle zwei Minuten ein kräftiges Schallsignal, das mit den vorgeschriebenen nicht verwechselt werden kann.

70

Sie hören bei verminderter Sicht mindestens jede Minute 5 Sekunden lang rasches Läuten der Glocke.
Welches Fahrzeug gibt dieses Signal?

5 s

Antwort:

Ein Fahrzeug vor Anker von weniger als 100 Meter Länge.

71

Sie hören bei verminderter Sicht jede Minute etwa 5 Sekunden lang rasches Läuten der Glocke und unmittelbar danach ungefähr 5 Sekunden lang rasch den Gong schlagen.
Welches Fahrzeug gibt dieses Signal?

5 s 5 s

Antwort:

Ein Fahrzeug vor Anker von 100 und mehr Meter Länge.

72

Welches zusätzliche Schallsignal darf jeder Ankerlieger bei verminderter Sicht geben, um einem sich nähernden Fahrzeug seinen Standort anzuzeigen?

Antwort:

Mit der Pfeife
kurz, lang, kurz (● ▬ ●).

Zu Fragen 64 bis 72:

Beachte: Die Schallsignalanlagen müssen den Anforderungen der Anlage III zu den KVR entsprechen und vom BSH baumustergeprüft sein (Regel 33 KVR § 6 Abs. 3 SeeSchStrO)

Definition: „verminderte Sicht“ vgl. Frage 15

Merkregel: Fahrzeuge in **Fahrt** geben die Schallsignale zur Identifizierung ihrer Ausweichfähigkeit und Ausweichpflicht mit der **Pfeife.** Ankerlieger und Grundsitzer geben die Schallsignale mit der **Glocke**

Hinweise: vgl. die Manöver- und Warnsignale in Fragen 93–96 und die Gefahren- und Warnsignale nach der SeeSchStrO in Fragen 120–124

Schallsignale bei verminderter Sicht

Signal	Anwendung	Fahrzeug		KVR
▬	mind. alle 2 min Pfeife	Maschinenfahrzeug mit Fahrt durchs Wasser	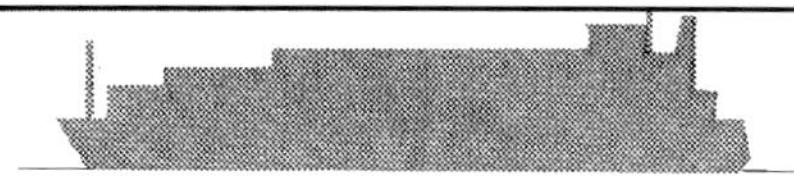	35 (a)
▬ ▬	mind. alle 2 min Pfeife	Maschinenfahrzeug in Fahrt, das seine Maschine gestoppt hat und keine Fahrt durchs Wasser macht		35 (b)
▬ ● ●	mind. alle 2 min Pfeife	manövrierunfähiges Fahrzeug in Fahrt	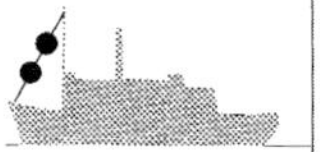	35 (c)
		manövrierbehindertes Fahrzeug in Fahrt		
		tiefgangbehindertes Fahrzeug in Fahrt	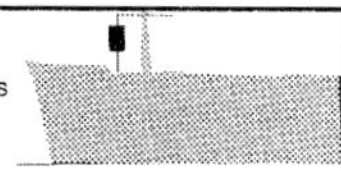	
		Segelfahrzeug in Fahrt		
		schleppendes, schiebendes Fahrzeug in Fahrt	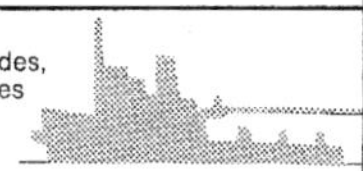	
		fischendes Fahrzeug in Fahrt		
▬ ● ● ●	mind. alle 2 min Pfeife unmittelbar nach Schleppersignal	geschlepptes Fahrzeug in Fahrt		35 (e)
		geschlepptes Fahrzeug in Fahrt oder letzter bemannter Anhang eines Schleppzugs		
▬	mind. alle 2 min kräftiges Schallsignal	Fahrzeuge unter 12 m Länge in Fahrt		35 (i)
 5 s	mind. jede min Glocke (Vorschiff) rasch läuten (5 s)	Ankerlieger unter 100 m Länge	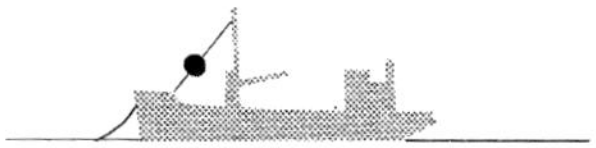	35 (g)
 5 s	mind. jede min Glocke (Vorschiff) rasch läuten (5 s), unmittelbar danach Gong (Achterschiff) rasch schlagen (5 s)	Ankerlieger ab 100 m Länge		35 (g)
● ▬ ●	Pfeife	zusätzliches Signal zur Standortanzeige für Ankerlieger	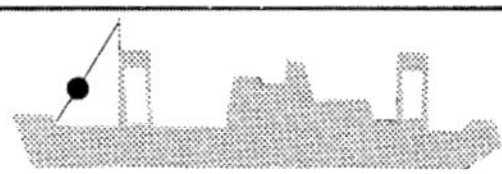	35 (g)
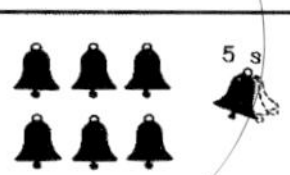 5 s	mind. jede min Glocke (Vorschiff) rasch läuten (5 s), zusätzl. vor und nach Glocke 3 getrennte Glockenschläge	Grundsitzer unter 100 m Länge		35 (h)
 5 s	mind. jede min Glocke (Vorschiff) rasch läuten (5 s), zusätzl. vor u. nach Glocke 3 getr. Glockenschläge, unmittelb. danach Gong (A.-Schiff) rasch schlagen (5 s)	Grundsitzer ab 100 m Länge	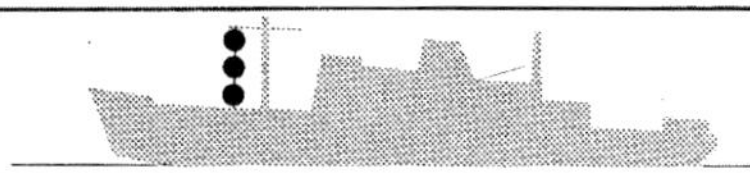	35 (h)

Ausweichregeln

Allgemeines

1. **Prüfe bei allen Fahrzeugen durch Peilung, aus welcher Richtung – auf das eigene Fahrzeug bezogen – sich andere Fahrzeuge nähern.**

   Von den entsprechenden **Kielrichtungen** (vgl. Darstellung zu Frage 13) hängt es bei **Maschinenfahrzeugen** untereinander ab, **wer ausweichpflichtig ist.**

2. **Rangordnung der Fahrzeuge im Hinblick auf die Ausweichpflicht nach KVR**

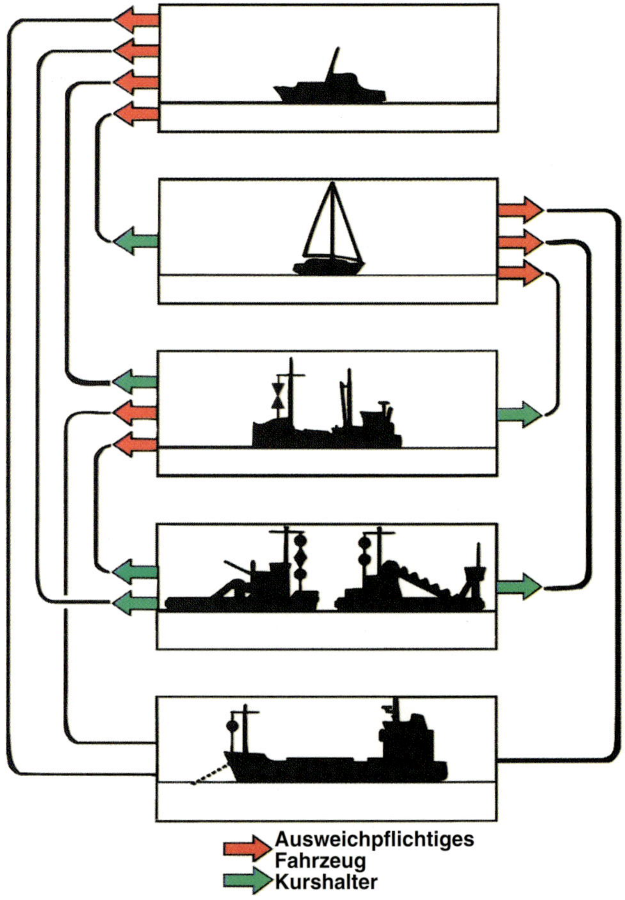

Merksätze:

Ausweichpflichtig sind
- bei Gegenkommern:
  beide
- bei Fahrzeugen von Steuerbord voraus oder querab:
  ich selbst
- bei Fahrzeugen von Backbord voraus oder querab:
  diese
- bei Überholen von achtern:
  diese

3. Zur Klärung der Ausweichpflicht bei einem sich nähernden Segelfahrzeug ist zu prüfen:

A Hat das sich nähernde Fahrzeug den **Wind von derselben Seite,** d. h., liegt es auch auf dem Backbordbug oder dem Steuerbordbug bzw. fällt der Wind auch von Steuerbord oder von Backbord ein?

B Liegt mein Fahrzeug in Luv oder in Lee von ihm?

Ergebnis: Kommt der Wind von derselben Seite, ist das luvwärtige Segelfahrzeug ausweichpflichtig.

Merksatz: Lee vor Luv

C Hat das sich nähernde Fahrzeug den **Wind von der anderen Seite,** d. h., liegt es auf dem anderen Bug und hat den Großbaum auf der anderen Seite?

D Kommt der **Wind von Backbord oder von Steuerbord?**

Ergebnis: Kommt der Wind nicht von derselben Seite, muß das Fahrzeug, das den Wind von Backbord hat, dem anderen ausweichen.

Merksatz: Backbordbug vor Steuerbordbug

Beachte: Die Leeseite eines Segelfahrzeugs ist die Seite, auf der das Großsegel gesetzt ist, d. h. der Großbaum ist; die andere Seite ist die Luvseite, von der der Wind einfällt.

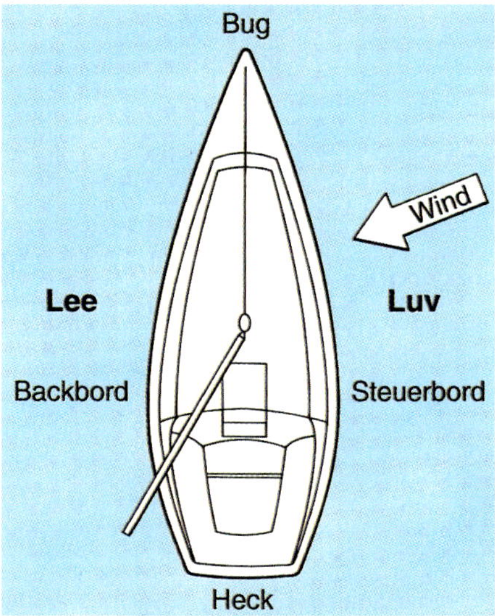

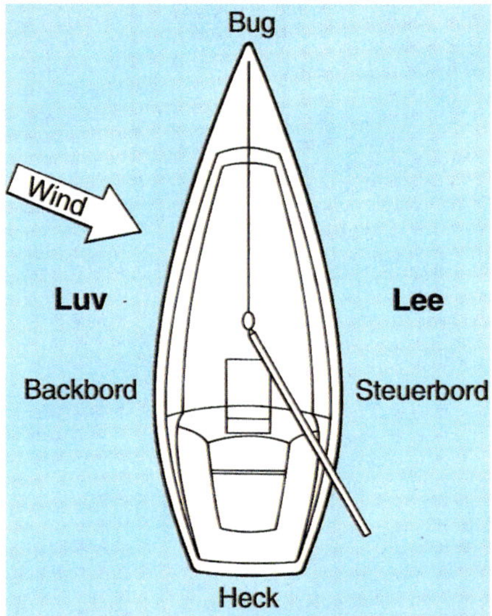

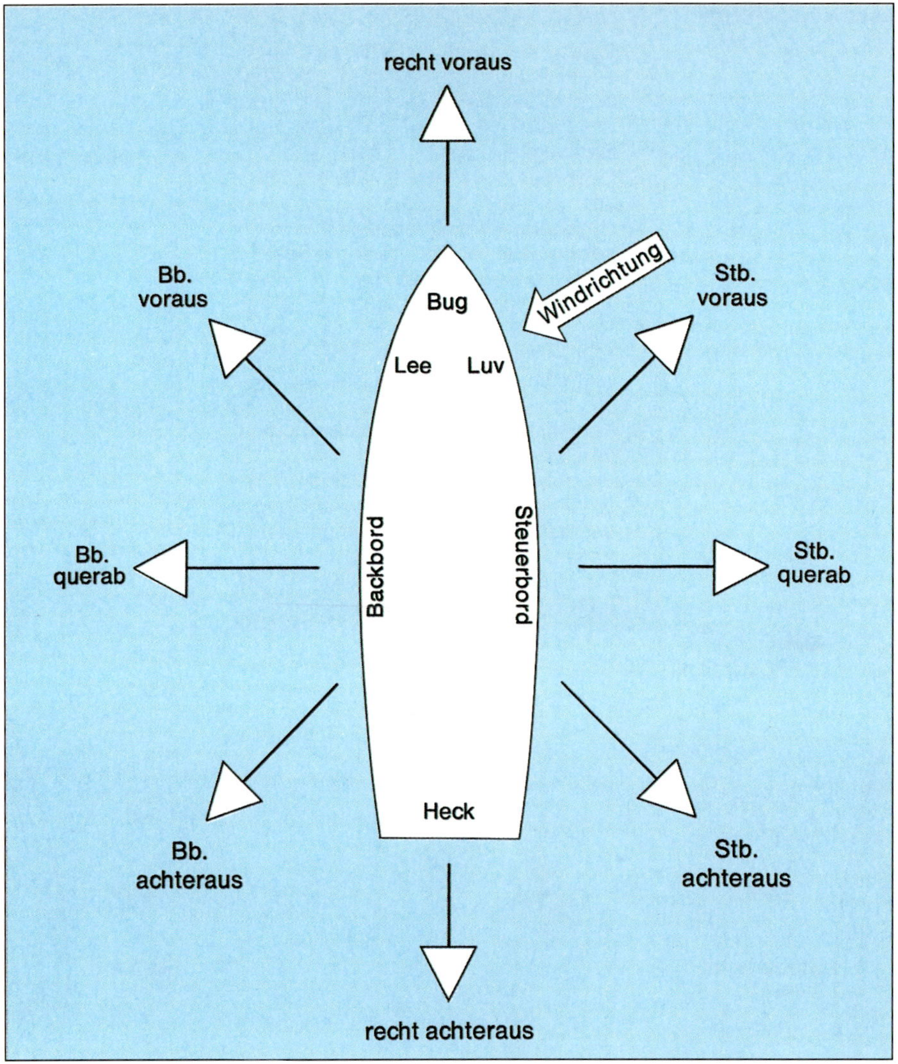

Richtungen und Seitenbezeichnungen (auf das Schiff bezogen)

Ausweichregeln

73 **Wie stellen Sie fest, ob die Möglichkeit der Gefahr eines Zusammenstoßes besteht?**	Antwort: **Wenn sich der Abstand zum anderen Fahrzeug verringert und sich die Kompaßpeilung nicht oder nicht merklich ändert.** **Im Zweifelsfall ist die Gefahr als bestehend anzunehmen.**

Zu Frage 73:

Beispiel einer stehenden Peilung

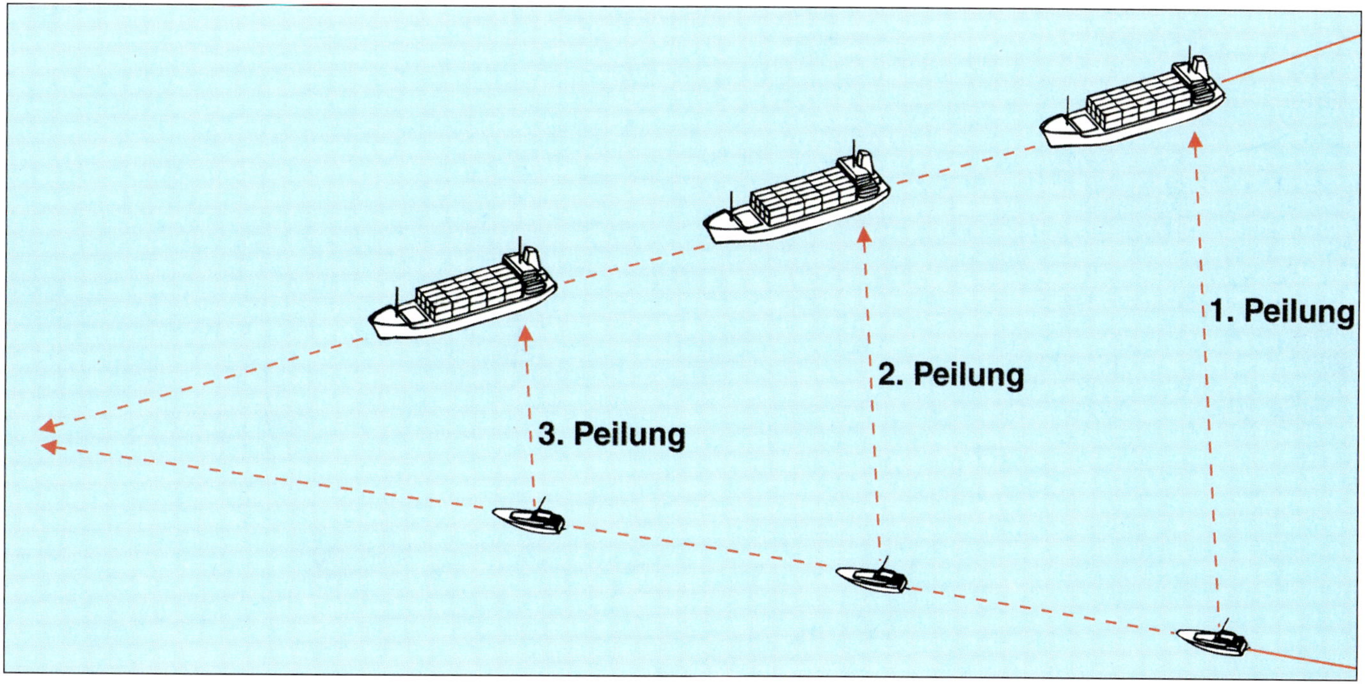

Hinweis:
Zu den verschiedenen Kollisionskursen anderer Fahrzeuge vgl. Erl. zu Frage 13.

Vorschriften: Regel 7 a und d KVR

Segelfahrzeuge untereinander

74

Zwei in Sicht befindliche Segelfahrzeuge nähern sich im freien Seeraum oder außerhalb des Fahrwassers so, daß die Möglichkeit der Gefahr eines Zusammenstoßes besteht.
Welches Fahrzeug muß dem anderen ausweichen, wenn sie den Wind nicht von derselben Seite haben?

Antwort:
Es muß dasjenige Fahrzeug ausweichen, das den Wind von Backbord hat.

Zu Frage 74:

Beachte: Das Ausweichmanöver ist möglichst frühzeitig und entschlossen durchzuführen; vgl. Erl. zu Frage 89

Hinweis: Verhalten von Fahrzeugen bei verminderter Sicht Regel 19 KVR; vgl. Erl. zu Frage 91

Vorschrift: Regel 12 a, i KVR

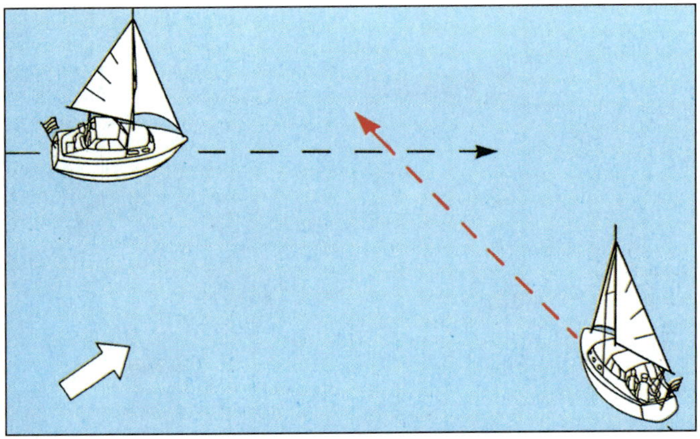

Mir nähert sich auf kreuzendem Kurs an Backbord voraus ein Segelfahrzeug, das den Wind nicht von derselben Seite hat.

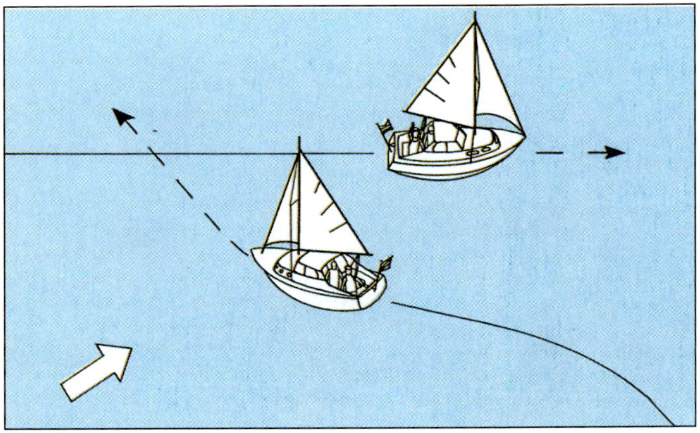

Ich habe den Wind von Backbord und muß daher ausweichen, d.h. hinter seinem Heck passieren.

75

Zwei in Sicht befindliche Segelfahrzeuge nähern sich im freien Seeraum oder außerhalb des Fahrwassers so, daß die Möglichkeit der Gefahr eines Zusammenstoßes besteht.
Welches Fahrzeug muß dem anderen ausweichen, wenn sie den Wind von derselben Seite haben?

Antwort:
Es muß das luvwärtige Fahrzeug dem leewärtigen Fahrzeug ausweichen.

Zu Frage 75:

Beachte: Das Ausweichmanöver ist möglichst frühzeitig und entschlossen durchzuführen; vgl. Erl. zu Frage 89

Hinweis: Verhalten von Fahrzeugen bei verminderter Sicht Regel 19 KVR; vgl. Erl. zu Frage 91

Definition: „luvwärtig" vgl. Frage 19
Vorschrift: Regel 12 ii KVR

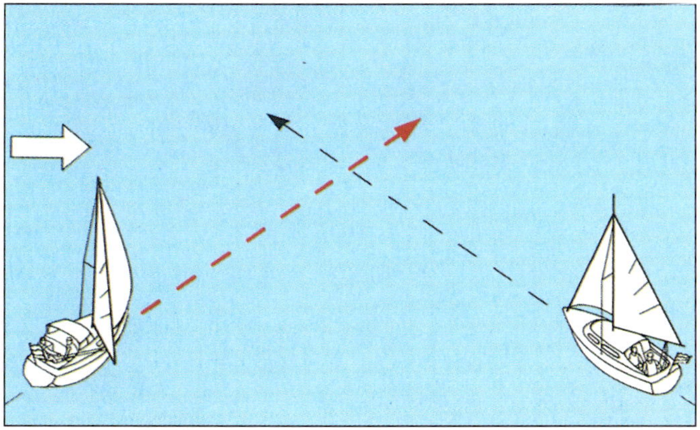

Mir nähert sich auf kreuzendem Kurs ein Segelboot an Steuerbord voraus, das den Wind von derselben Seite hat.

Ich bin das luvwärtige Fahrzeug und muß daher dem leewärtigen ausweichen, d.h. hinter seinem Heck passieren.

76

Wie hat sich ein Segelfahrzeug im freien Seeraum oder außerhalb des Fahrwassers zu verhalten, wenn es mit dem Wind von Backbord ein Segelfahrzeug in Luv sichtet und nicht mit Sicherheit feststellen kann, ob das andere Fahrzeug den Wind von Backbord oder von Steuerbord hat und die Möglichkeit der Gefahr eines Zusammenstoßes besteht?

Antwort:
Es muß ausweichen.

Zu Frage 76:

Beachte: Das Ausweichmanöver ist möglichst frühzeitig und entschlossen durchzuführen; vgl. Erl. zu Frage 89

Hinweis: Verhalten von Fahrzeugen bei verminderter Sicht Regel 19 KVR; vgl. Erl. zu Frage 91

Definition: „luvwärtig" vgl. Frage 19

Vorschrift: Regel 12 a iii KVR

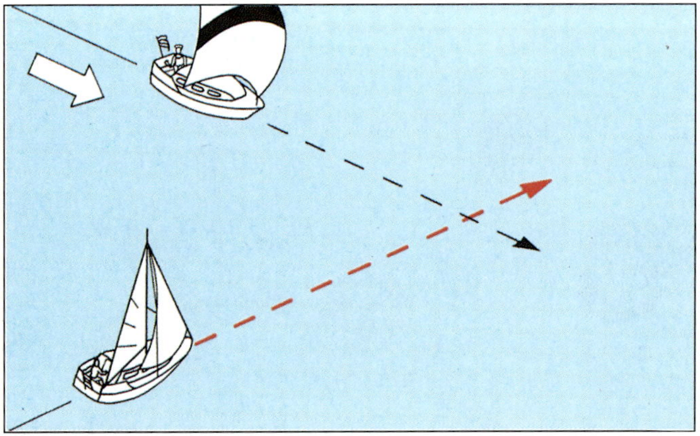

Mir nähert sich auf kreuzendem Kurs ein Segelfahrzeug an Backbord voraus, das in Luv liegt; ich kann nicht mit Sicherheit feststellen, ob es den Wind von Backbord oder von Steuerbord hat.

Ich habe den Wind von Backbord und muß daher ausweichen, d. h. hinter seinem Heck passieren.

Maschinenfahrzeuge untereinander

77

Wie müssen sich zwei in Sicht befindliche Maschinenfahrzeuge verhalten, die sich einander auf entgegengesetzten oder fast entgegengesetzten Kursen nähern, um die Möglichkeit der Gefahr eines Zusammenstoßes zu vermeiden?

Antwort:

Jedes Fahrzeug muß seinen Kurs nach Steuerbord ändern.

Zu Frage 77:

Beachte: Das Ausweichmanöver ist möglichst frühzeitig und entschlossen durchzuführen; vgl. Erl. zu Frage 89

Hinweis: Verhalten von Fahrzeugen bei verminderter Sicht Regel 19 KVR; vgl. Erl. zu Frage 91

Vorschrift: Regel 14 KVR

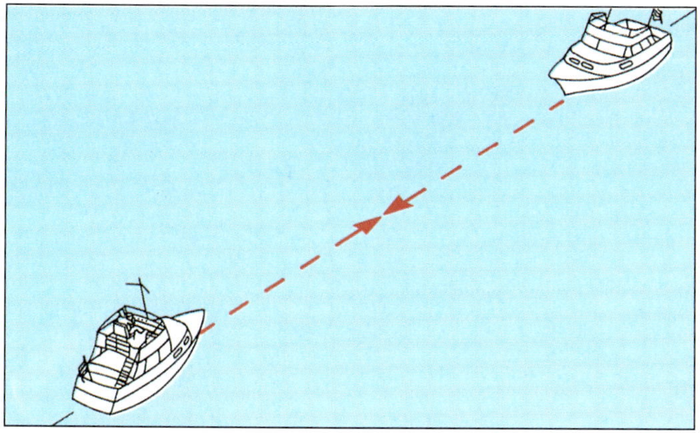

Mir nähert sich auf entgegengesetztem Kurs ein Maschinenfahrzeug recht voraus.

Beide Fahrzeuge müssen ausweichen, d. h. ihren Kurs nach Steuerbord so ändern, daß sie einander an der Backbordseite passieren.

78

Welches von zwei in Sicht befindlichen Maschinenfahrzeugen, deren Kurse einander so kreuzen, daß die Möglichkeit der Gefahr eines Zusammenstoßes besteht, ist ausweichpflichtig?

Antwort:

Dasjenige Fahrzeug muß ausweichen, welches das andere an seiner Steuerbordseite hat.

Zu Frage 78:

Beachte: Das Ausweichmanöver ist möglichst frühzeitig und entschlossen durchzuführen; vgl. Erl. zu Frage 89

Hinweis: Verhalten von Fahrzeugen bei verminderter Sicht Regel 19 KVR; vgl. Erl. zu Frage 91

Vorschrift: Regel 15 KVR

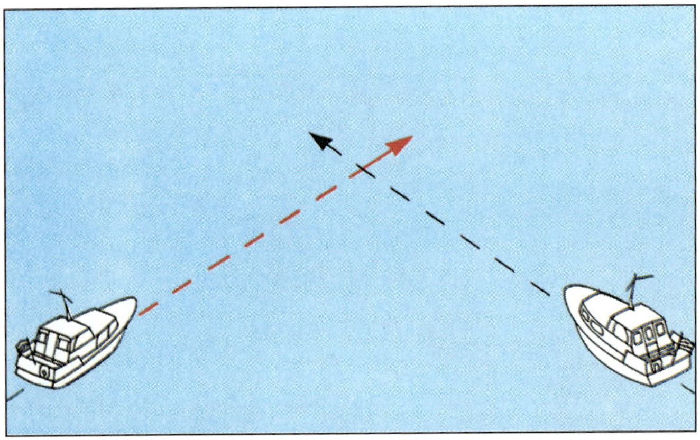

Mir nähert sich auf kreuzendem Kurs an Steuerbord voraus ein Maschinenfahrzeug.

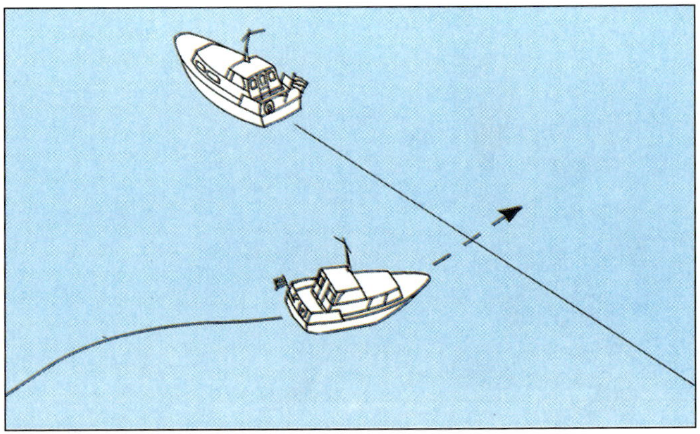

Ich habe das andere Fahrzeug an meiner Steuerbordseite und muß daher ausweichen, d. h. hinter seinem Heck passieren.

Maschinenfahrzeuge – Segelfahrzeuge

79

Wie hat sich ein Maschinenfahrzeug im freien Seeraum oder außerhalb des Fahrwassers gegenüber einem in Sicht befindlichen Segelfahrzeug zu verhalten, wenn die Möglichkeit der Gefahr eines Zusammenstoßes besteht?

Antwort:

Das Maschinenfahrzeug muß ausweichen.

Zu Frage 79:

Beachte: Das Ausweichmanöver ist möglichst frühzeitig und entschlossen durchzuführen, vgl. Erl. zu Frage 89

Hinweis: Verhalten von Fahrzeugen bei verminderter Sicht Regel 19 KVR; vgl. Erl. zu Frage 91

Vorschrift: Regel 18 a KVR

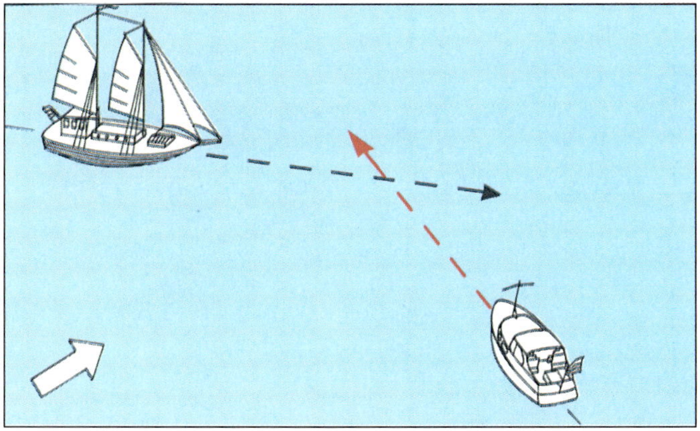

Mir nähert sich auf kreuzendem Kurs ein Segelfahrzeug an Backbord voraus.

Ich bin ausweichpflichtig, d. h. ich muß meinen Kurs nach Backbord so ändern, daß ich hinter seinem Heck passiere.

Maschinenfahrzeuge – manövrierunfähige, – behinderte, – fischende Fahrzeuge

80

Wie hat sich ein Maschinenfahrzeug im freien Seeraum oder außerhalb des Fahrwassers gegenüber einem in Sicht befindlichen manövrierunfähigen Fahrzeug zu verhalten, wenn die Möglichkeit der Gefahr eines Zusammenstoßes besteht?

Antwort:

Das Maschinenfahrzeug muß ausweichen.

Zu Frage 80:

Beachte: Das Ausweichmanöver ist möglichst frühzeitig und entschlossen durchzuführen, vgl. Erl. zu Frage 89

Hinweis: Verhalten von Fahrzeugen bei verminderter Sicht Regel 19 KVR; vgl. Erl. zu Frage 91

Vorschrift: Regel 18 a KVR
Definition: „Manövrierunfähiges Fahrzeug" vgl. Frage 14

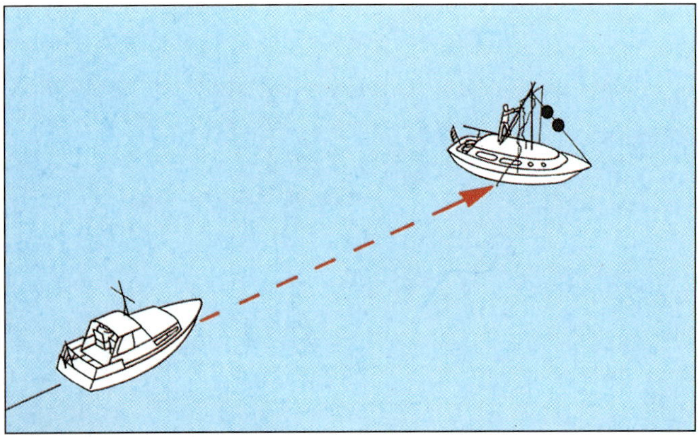

Ich nähere mich einem manövrierunfähigen Fahrzeug, das recht voraus liegt.

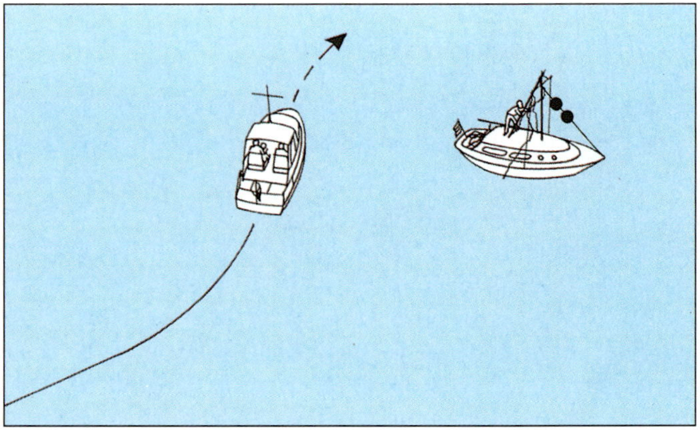

Ich bin ausweichpflichtig, d. h. ich muß meinen Kurs nach Backbord oder Steuerbord ändern.

81

Wie hat sich ein Maschinenfahrzeug im freien Seeraum oder außerhalb des Fahrwassers gegenüber einem in Sicht befindlichen manövrierbehinderten Fahrzeug zu verhalten, wenn die Möglichkeit der Gefahr eines Zusammenstoßes besteht?

Antwort:

Das Maschinenfahrzeug muß ausweichen.

Zu Frage 81:

Beachte: Das Ausweichmanöver ist möglichst frühzeitig und entschlossen durchzuführen, vgl. Erl. zu Frage 89

Hinweis: Verhalten von Fahrzeugen bei verminderter Sicht Regel 19 KVR; vgl. Erl. zu Frage 91

Vorschrift: Regel 18 a KVR
Definition: „Manövrierbehindertes Fahrzeug" vgl. Frage 15

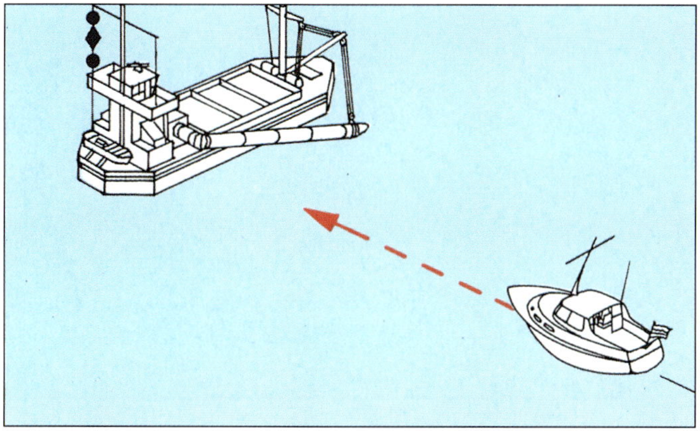

Ich nähere mich einem manövrierbehinderten Fahrzeug, das recht voraus liegt.

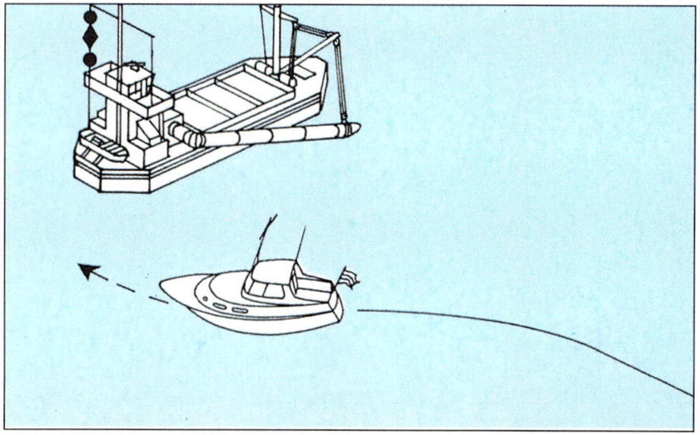

Ich bin ausweichpflichtig, d. h. ich muß meinen Kurs entweder nach Backbord oder Steuerbord ändern.

82

Wie hat sich ein Maschinenfahrzeug im freien Seeraum oder außerhalb des Fahrwassers gegenüber einem in Sicht befindlichen fischenden Fahrzeug zu verhalten, wenn die Möglichkeit der Gefahr eines Zusammenstoßes besteht?

Antwort:
Das Maschinenfahrzeug muß ausweichen.

Zu Frage 82:

Beachte: Das Ausweichmanöver ist möglichst frühzeitig und entschlossen durchzuführen, vgl. Erl. zu Fragen 88 und 89

Hinweis: Verhalten von Fahrzeugen bei verminderter Sicht Regel 19 KVR; vgl. Erl. zu Frage 91

Vorschrift: Regel 18 a KVR
Definition: „Fischendes Fahrzeug" vgl. Erl. zu Fragen 49–52

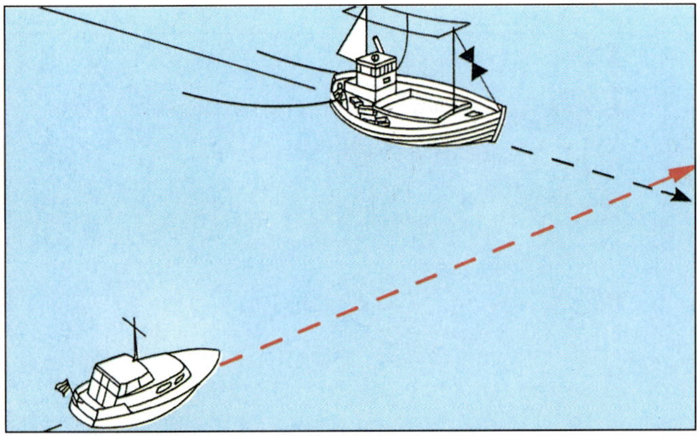

Ich nähere mich einem fischenden Fahrzeug, das an Backbord voraus liegt und meinen Kurs kreuzt.

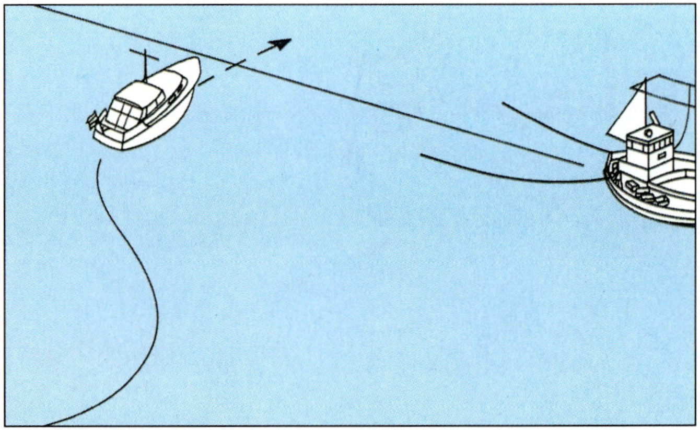

Ich bin ausweichpflichtig, d. h. ich muß meinen Kurs nach Backbord so ändern, daß ich das Fahrzeug mit deutlichem Abstand von seinem Heck passieren kann.

Segelfahrzeuge – manövrierunfähige, – behinderte, – fischende Fahrzeuge

83

Wie hat sich ein Segelfahrzeug im freien Seeraum oder außerhalb des Fahrwassers gegenüber einem in Sicht befindlichen manövrierunfähigen Fahrzeug zu verhalten, wenn die Möglichkeit der Gefahr eines Zusammenstoßes besteht?

Antwort:

Das Segelfahrzeug muß ausweichen.

Zu Frage 83:

Vorschrift: Regel 18b KVR

Ich nähere mich einem manövrierunfähigen Fahrzeug, das recht voraus liegt.

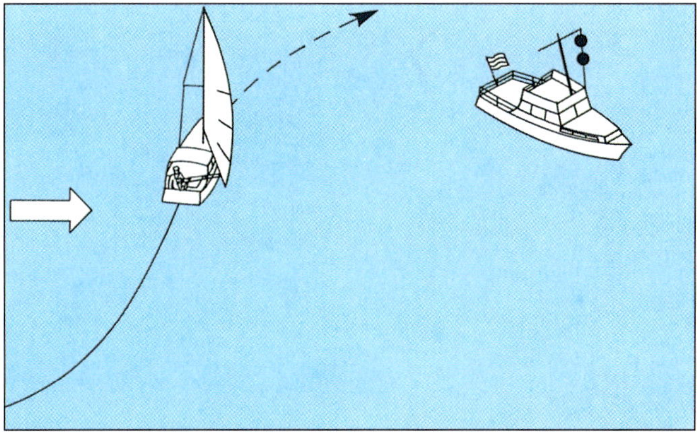

Ich bin ausweichpflichtig und ändere daher meinen Kurs nach Backbord oder Steuerbord.

84

Wie hat sich ein Segelfahrzeug im freien Seeraum oder außerhalb des Fahrwassers gegenüber einem in Sicht befindlichen manövrierbehinderten Fahrzeug zu verhalten, wenn die Möglichkeit der Gefahr eines Zusammenstoßes besteht?

Antwort:

Das Segelfahrzeug muß ausweichen.

Zu Frage 84:

Vorschrift: Regel 18b KVR

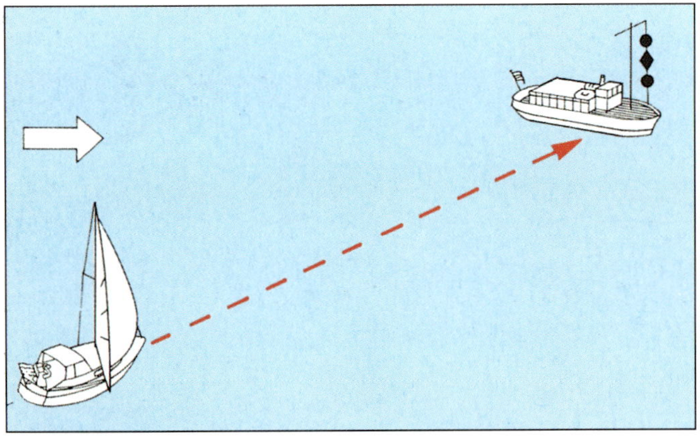

Ich nähere mich einem manövrierbehinderten Fahrzeug, das recht voraus liegt.

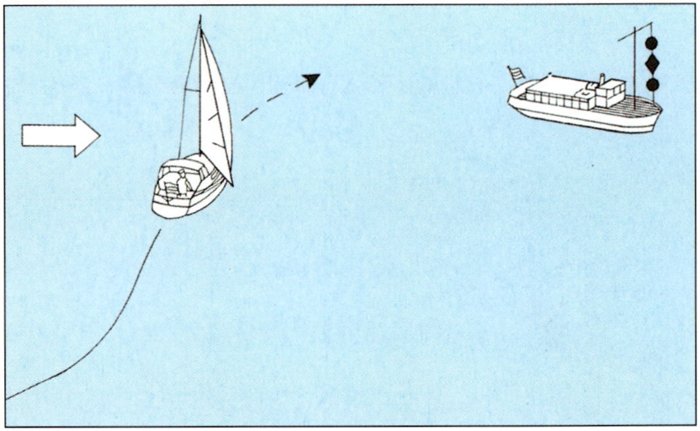

Ich bin ausweichpflichtig und ändere daher meinen Kurs nach Backbord, um das Schiff hinter seinem Heck zu passieren.

85

Wie hat sich ein Segelfahrzeug im freien Seeraum oder außerhalb des Fahrwassers gegenüber einem in Sicht befindlichen fischenden Fahrzeug zu verhalten, wenn die Möglichkeit der Gefahr eines Zusammenstoßes besteht?

Antwort:

Das Segelfahrzeug muß ausweichen.

Zu Frage 85:

Vorschrift: Regel 18b KVR

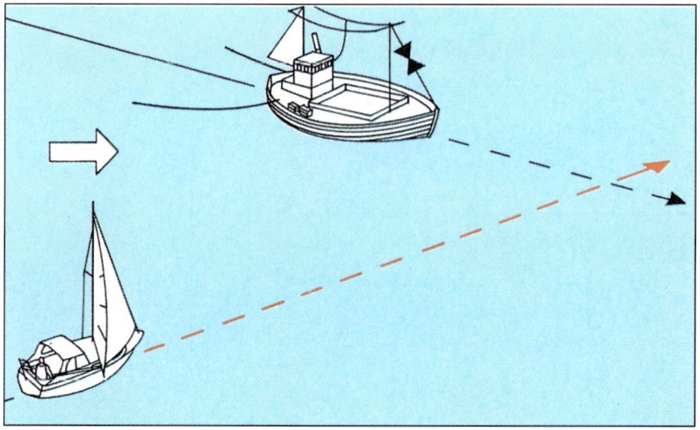

Ich nähere mich einem fischenden Fahrzeug, das an Backbord voraus liegt.

Ich bin ausweichpflichtig, d. h. ich muß meinen Kurs nach Backbord so ändern, daß ich das Fahrzeug mit deutlichem Abstand von seinem Heck passieren kann.

86

Sie sehen folgendes Fahrzeug:

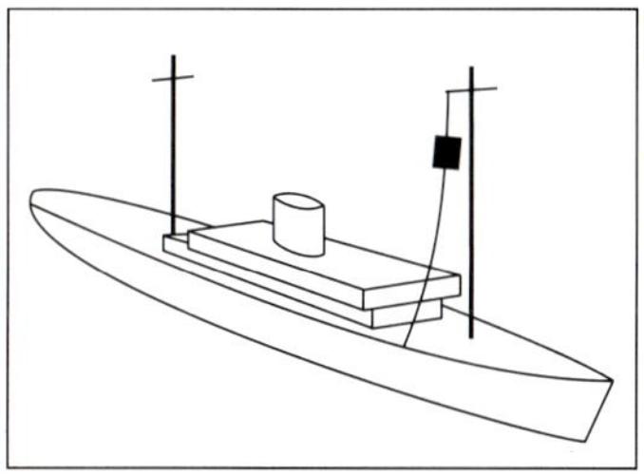

Wie verhalten Sie sich gegenüber diesem Fahrzeug?

Antwort:

Ich darf die sichere Durchfahrt des Fahrzeuges nicht behindern.

87

Sie sehen folgendes Fahrzeug:

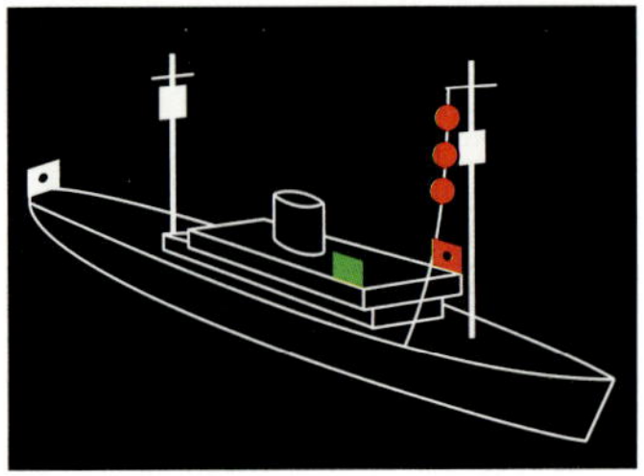

Wie verhalten Sie sich gegenüber diesem Fahrzeug?

Antwort:

Ich darf die sichere Durchfahrt des Fahrzeuges nicht behindern.

Zu Fragen 86 und 87:

Vorschrift: Regel 18 d KVR

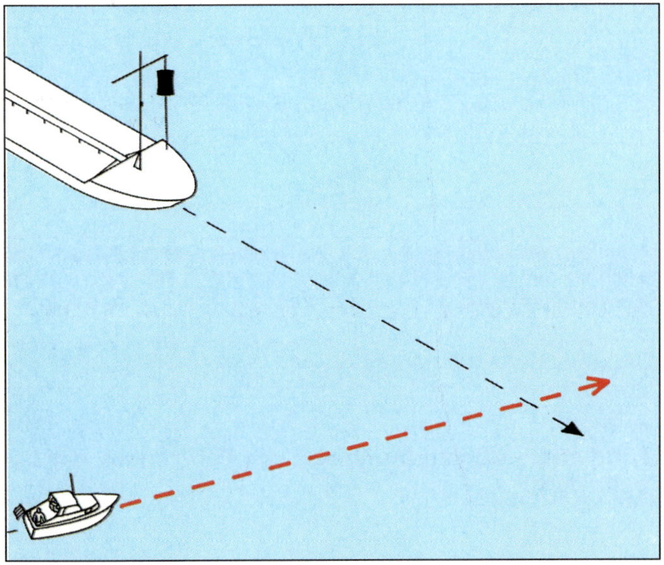

Ich nähere mich einem tiefgangbehinderten Fahrzeug.

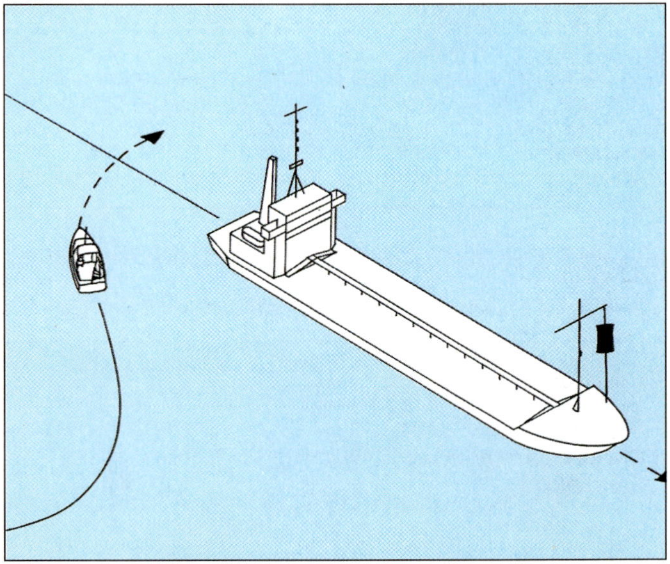

Ich bin ausweichpflichtig und ändere daher meinen Kurs nach Backbord, um die sichere Durchfahrt des tiefgangbehinderten Fahrzeugs nicht zu behindern.

Durchführung der Ausweichmanöver

88

Wie verhalten Sie sich als Kurshalter vor Einleitung des Manövers des letzten Augenblicks gegenüber einem ausweichpflichtigen Fahrzeug?

Antwort:

Kurs und Geschwindigkeit sind zunächst beizubehalten und dem Ausweichpflichtigen ist besondere Aufmerksamkeit zu widmen.

89

Wie verhalten Sie sich als Ausweichpflichtiger gegenüber einem Kurshalter?

Antwort:

Ich muß das Ausweichmanöver frühzeitig, durchgreifend und klar erkennbar durchführen.

Zu Fragen 88 und 89:

■ **Pflichten des Kurshalters:** Das kurshaltepflichtige Fahrzeug muß bei einer stehenden Peilung (vgl. Erl. Frage 73) zunächst unbedingt Kurs und Geschwindigkeit beibehalten. Es darf jedoch durch eigene Manöver Maßnahmen zur Vermeidung eines Zusammenstoßes ergreifen, sobald klar ist, daß das ausweichpflichtige Fahrzeug nicht das vorgeschriebene Ausweichmanöver rechtzeitig und entschlossen durchführt. Deshalb ist dem ausweichpflichtigen Fahrzeug besondere Aufmerksamkeit zu widmen. Ist aus irgendeinem Grund das kurshaltepflichtige Fahrzeug dem ausweichpflichtigen Fahrzeug so nahe gekommen, daß ein Zusammenstoß durch das Manöver des ausweichpflichtigen Fahrzeugs allein nicht vermieden werden kann, so muß es so manövrieren, wie es zur Vermeidung eines Zusammenstoßes am dienlichsten ist (Manöver des letzten Augenblicks, vgl. Erl. zu Frage 12 sowie zu Frage 92).

■ **Pflichten des Ausweichpflichtigen:** Das ausweichpflichtige Fahrzeug muß das Ausweichmanöver möglichst frühzeitig, und zwar klar erkennbar durch eine durchgreifende Kursänderung durchführen.

Vorschriften: Regeln 16, 17 a und b KVR

Hinweis: Beachtung der Vorfahrt vgl. Erl. zu Frage 125

90

Wie hat sich ein überholendes Fahrzeug zu verhalten?

Antwort:

Es hat dem zu überholenden Fahrzeug auszuweichen.

Zu Frage 90:

Vorschrift: Regel 13 a KVR
Hinweis: Zur Frage, wann ein Fahrzeug als überholendes gilt, vgl. Erl. zu Frage 13, Regel 13 b bis d KVR

91

Wie haben Sie sich zu verhalten, wenn Sie bei verminderter Sicht anscheinend vorlicher als querab das Schallsignal eines anderen Fahrzeugs hören?

Antwort:

1. **Ebenfalls Schallsignale geben.**
2. **Fahrt so weit verlangsamen, daß die Steuerfähigkeit noch erhalten bleibt.**
3. **Erforderlichenfalls muß jegliche Fahrt weggenommen werden.**
4. **Vorsichtig manövrieren, bis die Gefahr eines Zusammenstoßes vorüber ist.**

Zu Frage 91:

Beachte: Wenn Fahrzeuge in einem Bereich oder in der Nähe eines Bereiches verminderter Sicht fahren und sich daher einander nicht in Sicht haben, finden die Ausweichregeln der Kollisionsverhütungsregeln keine Anwendung! In diesem Fall muß mit einer den gegebenen Umständen und Bedingungen der verminderten Sicht angepaßten sicheren Geschwindigkeit gefahren werden (Regel 19 a und b KVR). Diese Geschwindigkeit muß auf das für die Erhaltung der Steuerfähigkeit geringstmögliche Maß weiter verringert werden, wenn vorlicher als querab das Nebelsignal eines anderen Fahrzeugs ertönt. In diesem Fall ist äußerste Vorsicht geboten!

Vorschrift: Regel 19 e KVR

Hinweis: Schallsignale bei verminderter Sicht vgl. Erl. zu Fragen 64 ff. Weitere Maßnahmen bei verminderter Sicht vgl. Frage 17.

92

Wie verhalten Sie sich als Kurshalter, wenn Sie feststellen, daß ein anderes Fahrzeug seiner Ausweichpflicht nicht nachkommt und die Gefahr einer unmittelbar bevorstehenden Kollision besteht?

Antwort:

1. **Ich gebe mindestens fünf kurze Töne mit der Pfeife.**
2. **Ich führe das „Manöver des letzten Augenblicks“ durch.**
3. **Es ist so zu manövrieren, wie es zur Vermeidung eines Zusammenstoßes am dienlichsten ist.**

Zu Frage 92:

Maßnahmen des Kurshalters

Neben den allgemeinen Maßnahmen zur Vermeidung eines Zusammenstoßes (Regel 8 KVR) muß der Kurshalter folgendes beachten:

- Muß von zwei Fahrzeugen eines ausweichen, so muß das andere Kurs und Geschwindigkeit beibehalten (Kurshalter).
- Der Kurshalter darf jedoch zur Abwendung eines Zusammenstoßes selbst manövrieren, sobald klar wird, daß der Ausweichpflichtige nicht angemessen nach diesen Regeln handelt.
- Ist der Kurshalter dem Ausweichpflichtigen aus irgendeinem Grund so nahe gekommen, daß ein Zusammenstoß durch Manöver des letzteren allein nicht vermieden werden kann, so muß der Kurshalter so manövrieren, wie es zur Vermeidung eines Zusammenstoßes am dienlichsten ist.
- Ein Maschinenfahrzeug, das bei kreuzenden Kursen als Kurshalter selbst manövriert, um einen Zusammenstoß mit einem anderen Maschinenfahrzeug zu vermeiden, darf seinen Kurs, sofern die Umstände es zulassen, gegenüber einem Fahrzeug an seiner Backbordseite nicht nach Backbord ändern.
- Diese Regel befreit das ausweichpflichtige Fahrzeug nicht von seiner Ausweichpflicht.

Manöver zur Vermeidung eines Zusammenstoßes

Ein Sportfahrzeug nähert sich einem Handelsschiff so, daß sich die Peilung zu dem anderen Fahrzeug nicht oder nur unwesentlich verändert (**sogenannte stehende Peilung** – vgl. zu Frage 73).
Welche Manöver hat das Sportfahrzeug als ausweichpflichtiges Fahrzeug einzuleiten, wenn sich die beiden Fahrzeuge optisch in Sicht haben?

- Das Sportfahrzeug sollte ein weiträumiges Umfahren durch eine frühzeitige und durchgreifende Kursänderung einleiten, um einen Nahbereich zu vermeiden (Regel 8 c KVR).
- Bei weiterer Annäherung und stehender Peilung muß, wenn die Möglichkeit der Gefahr eines Zusammenstoßes besteht, der Ausweichpflichtige zur Gewährleistung eines sicheren Passierabstandes seiner Pflicht zum Ausweichen unverzüglich nachkommen. Der Kurshalter ist verpflichtet, seinen Kurs und seine Geschwindigkeit beizubehalten (Regel 17 Buchst. a Ziff. 1 KVR; Regeln 8, Buchst. d) und 16 KVR).
- Kommt bei weiterer Annäherung und stehender Peilung der Ausweichpflichtige seiner Pflicht nicht angemessen nach, **darf** der Kurshalter selbst manövrieren, wie es zur Vermeidung einer Kollision am dienlichsten ist (Regel 17 Buchst. a Ziff. ii KVR).
- Ist der Kurshalter dem ausweichpflichtigen Sportfahrzeug so nahe gekommen, daß ein Zusammenstoß durch Manöver des Ausweichpflichtigen allein nicht vermieden werden kann **(Manöver des letzten Augenblicks),** so muß auch der Kurshalter so manövrieren, wie es zur Vermeidung der Kollision am dienlichsten ist (Regel 17 Buchst. b KVR).

Vorschrift: Regel 34 d KVR

Hinweis: Definition „Manöver des letzten Augenblicks“ Frage 12. Vgl. die sonstigen Manöver und Warnsignale in Fragen 93 ff. und die Achtungs- sowie Gefahren- und Warnsignale in Fragen 120 ff.

Beispiel der Manöver zur Vermeidung eines Zusammenstoßes

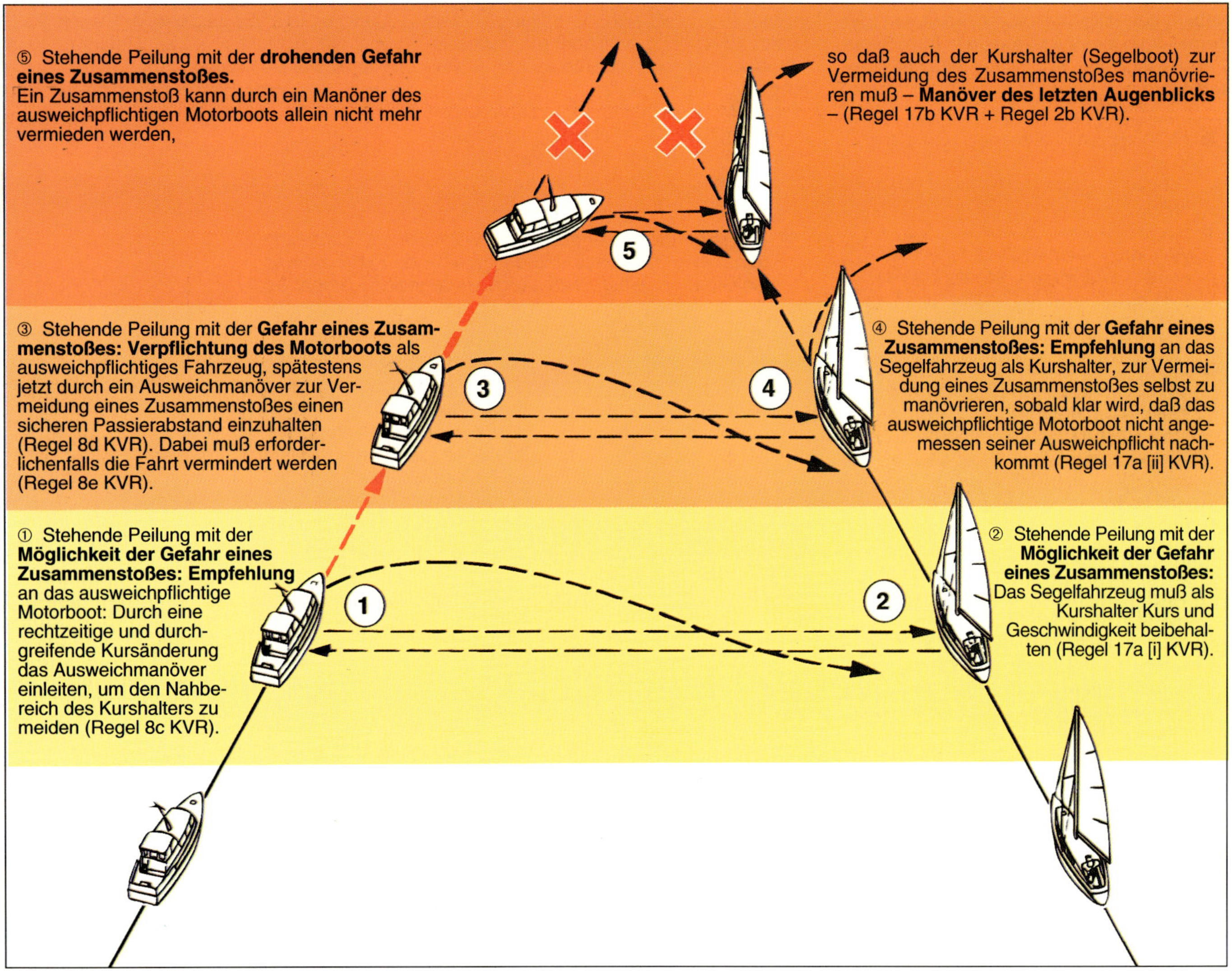

Manöver- und Warnsignale

93

Welche Bedeutung haben die folgenden von Maschinenfahrzeugen gegebenen Schallsignale:
1. Ein kurzer Ton (●),
2. zwei kurze Töne (● ●)?

Antwort:
1. Kursänderung nach Steuerbord.
2. Kursänderung nach Backbord.

94

Welche Bedeutung hat folgendes von Maschinenfahrzeugen gegebene Schallsignal:
Drei kurze Töne (● ● ●)?

Antwort:
Antrieb läuft rückwärts.

Kursänderungssignale

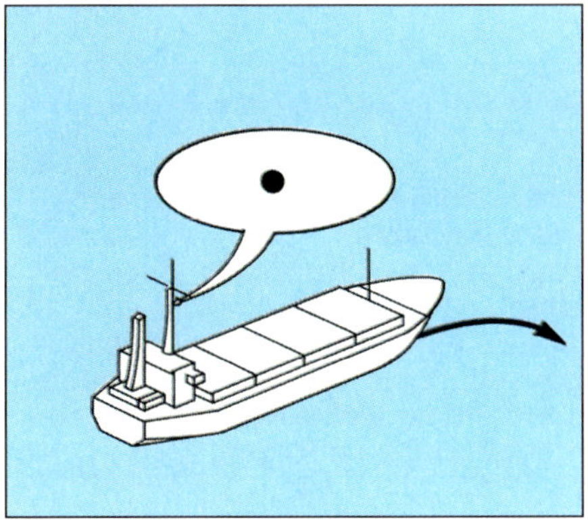

Ich ändere meinen Kurs nach Steuerbord!

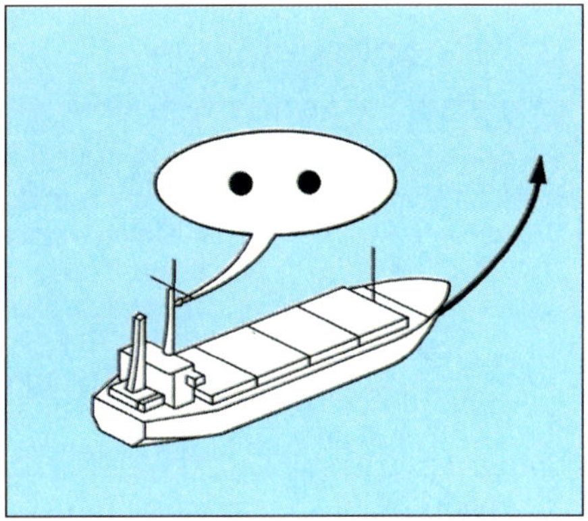

Ich ändere meinen Kurs nach Backbord!

Mein Antrieb läuft rückwärts!

95 **Welche Bedeutung hat folgendes Schallsignal: Mindestens fünf kurze, rasch aufeinanderfolgende Töne (● ● ● ● ●)?**	Antwort: **Ein Ausweichpflichtiger wird auf seine Ausweichpflicht aufmerksam gemacht.**

96 **Welche Bedeutung hat folgendes Schallsignal bei verminderter Sicht:** **Ein kurzer Ton, ein langer Ton, ein kurzer Ton (● ▬ ●)?**	Antwort: **Ein Ankerlieger macht ein sich näherndes Fahrzeug auf eine gefährliche Annäherung aufmerksam.**

Zu Fragen 93 bis 96: **Vorschriften:** Regeln 34 a, d und g KVR

Verhalten im Bereich von Verkehrstrennungsgebieten

97 **Was ist bei der Benutzung eines Verkehrstrennungsgebietes zu beachten?**	Antwort: **1. Auf dem entsprechenden Einbahnweg in der allgemeinen Verkehrsrichtung fahren.** **2. Soweit wie möglich von der Trennlinie oder der Trennzone klarhalten.** **3. In der Regel an den Enden des Einbahnweges ein- oder auslaufen; bei seitlichem Ein- oder Auslaufen hat dies in einem möglichst kleinen Winkel zur allgemeinen Verkehrsrichtung zu erfolgen.**

98 **Was ist hinsichtlich des Querens der Einbahnwege von Verkehrstrennungsgebieten zu beachten?**	Antwort: **1. Das Queren ist möglichst zu vermeiden.** **2. Falls gequert werden muß, hat dies möglichst mit der Kielrichtung im rechten Winkel zur allgemeinen Verkehrsrichtung zu erfolgen.** **3. Die Kielrichtung des querenden Fahrzeugs muß auch dann einen rechten Winkel zur allgemeinen Verkehrsrichtung bilden, wenn das Fahrzeug durch Strom und Wind versetzt wird.**

99

Sie fahren in einem Verkehrstrennungsgebiet auf dem Einbahnweg in der allgemeinen Verkehrsrichtung:
1. **Nach welchen Regeln müssen Sie in diesem Bereich fahren und ausweichen?**
2. **Wie haben Sie sich als Maschinenfahrzeug in einem Einbahnweg gegenüber einem Maschinenfahrzeug zu verhalten, das den Einbahnweg von Steuerbord kommend quert, wenn die Möglichkeit der Gefahr eines Zusammenstoßes besteht?**
3. **Wie haben Sie sich als Segelfahrzeug beim Queren eines Verkehrstrennungsgebietes gegenüber einem Maschinenfahrzeug zu verhalten, das auf einem Einbahnweg in der allgemeinen Verkehrsrichtung fährt?**

Antwort:
1. **Nach den Kollisionsverhütungsregeln.**
2. **Ich muß ausweichen.**
3. **Ich darf die sichere Durchfahrt des Maschinenfahrzeugs nicht behindern.**

100

Wie hat sich ein Fahrzeug von weniger als 20 Meter Länge oder ein Segelfahrzeug in Verkehrstrennungsgebieten zu verhalten?

Antwort:
Es darf die sichere Durchfahrt eines dem Einbahnwege folgenden Maschinenfahrzeugs nicht behindern.

Zu Fragen 97 bis 100:

Beachte: Verkehrstrennungsgebiete sind die Autobahnen der See: Es sind Schifffahrtswege, die durch Trennlinien oder Trennzonen in Einbahnwege geteilt sind, auf denen jeweils nur in Fahrtrichtung rechts gefahren werden darf (vgl. Definition in Erl. zu Frage 26). Auf diesen Schiffahrtswegen wird auch bei Nebel mit großer Geschwindigkeit gefahren. Verkehrstrennungsgebiete sollten daher von kleinen Fahrzeugen gemieden werden. Dies gilt vor allem auch für das Queren von Einbahnwegen. Auch in der Nähe von Verkehrstrennungsgebieten, insbesondere im Bereich des Zu- und Abgangs, ist mit besonderer Vorsicht und mit möglichst großem Abstand zu fahren, um Kollisionssituationen zu vermeiden.

Queren eines Verkehrstrennungsgebietes

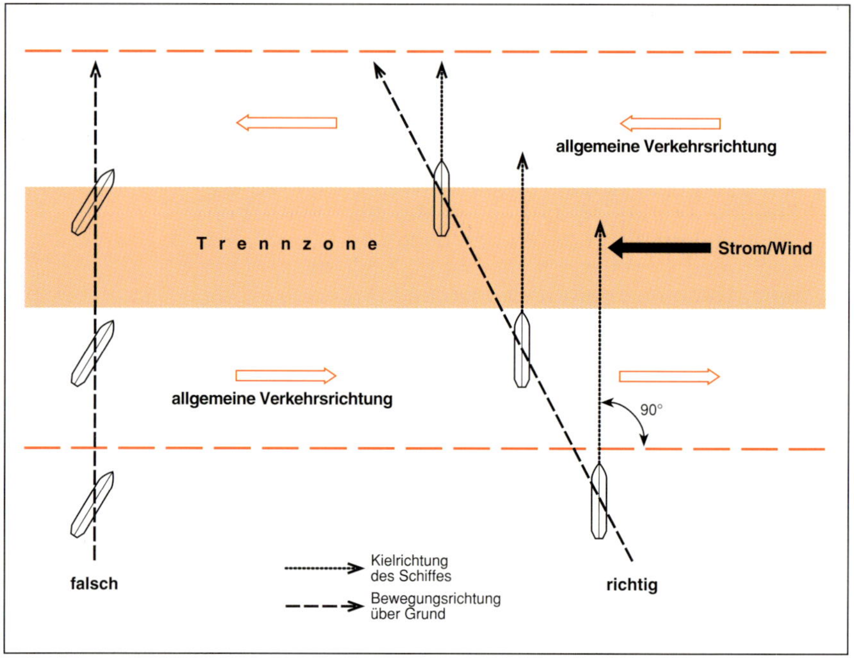

Ist das Fahrzeug zum Queren eines Verkehrstrennungsgebietes gezwungen, beispielsweise wenn ein aus Norderney kommendes Sportboot ein nördlich des Verkehrstrennungsgebietes „Terschelling – German Bight" liegendes Ziel ansteuern will, so muß es – wie in der nebenstehenden Skizze beispielhaft dargestellt – die Einbahnwege des Verkehrstrennungsgebietes in der Weise queren, daß möglichst die Kielrichtung im rechten Winkel zur allgemeinen Verkehrsrichtung läuft.

Die Bewegungsrichtung des Fahrzeugs über Grund ist dabei unerheblich, vielmehr kommt es auf die Kielrichtung des Fahrzeugs an. Denn wesentlicher Sinn dieser Regelung ist es, daß andere Fahrzeuge, die dem Verlauf der allgemeinen Verkehrsrichtung folgen, eindeutig erkennen können – vor allem bei Nacht und verminderter Sicht –, ob das Fahrzeug den Einbahnweg queren oder ihm ebenfalls in der allgemeinen Verkehrsrichtung folgen will.

Außer beim Queren oder beim seitlichen Einlaufen in einen Einbahnweg oder beim seitlichen Verlassen eines Einbahnweges darf ein Fahrzeug nicht in eine Trennzone einlaufen oder sie überfahren, ausgenommen in Notfällen zur Abwendung einer unmittelbaren Gefahr oder zum Fischen innerhalb der Trennzone.

Ein Fahrzeug von weniger als 20 m Länge oder ein Segelfahrzeug darf die sichere Durchfahrt eines Maschinenfahrzeugs auf dem Einbahnweg nicht behindern.

Ein Fahrzeug, das ein Verkehrstrennungsgebiet nicht benutzt, muß von diesem einen möglichst großen Abstand halten.

Küstenverkehrszonen dürfen vom Durchgangsverkehr, der den entsprechenden Einbahnweg des angrenzenden Verkehrstrennungsgebiets sicher befahren kann, in der Regel nicht benutzt werden. Fahrzeuge von weniger als 20 m Länge und Segelfahrzeuge dürfen jedoch Küstenverkehrszonen unter allen Umständen benutzen.

Vorschrift: Regel 10 KVR

Vorbeifahren an manövrierbehinderten Fahrzeugen

101

Sie sehen folgendes Fahrzeug:

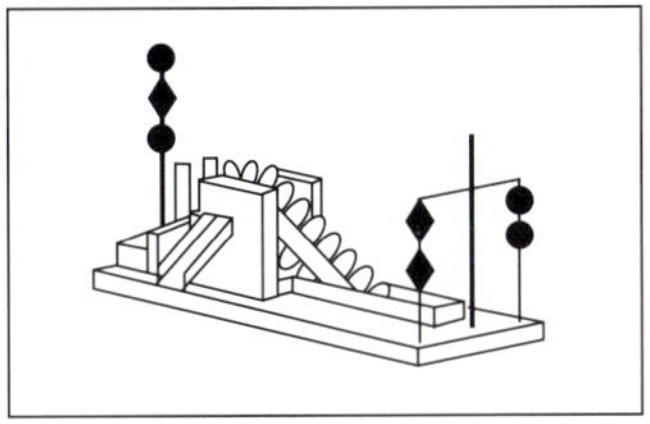

1. **Was ist das für ein Fahrzeug?**
2. **Wie müssen Sie an diesem Fahrzeug vorbeifahren?**

Antwort:

1. **Ein manövrierbehindertes Fahrzeug, das baggert oder Unterwasserarbeiten ausführt und dabei die Schiffahrt behindert.**
2. **An der Seite, an der sich zwei schwarze Rhomben senkrecht übereinander angeordnet befinden.**

102

Sie sehen folgendes Fahrzeug im Fahrwasser:

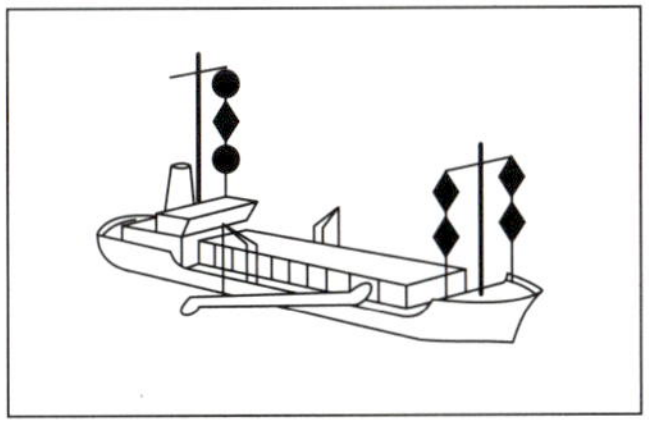

1. **Was ist das für ein Fahrzeug?**
2. **Wie müssen Sie an diesem Fahrzeug vorbeifahren?**

Antwort:

1. **Ein manövrierbehindertes Fahrzeug, das baggert oder Unterwasserarbeiten ausführt und dabei die Schiffahrt behindert.**
2. **An der Seite, die in meiner Fahrtrichtung rechts liegt.**

103

Sie sehen folgendes Fahrzeug:

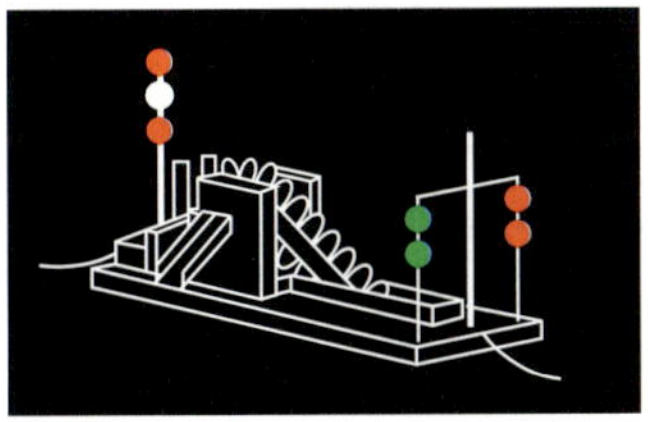

1. **Was ist das für ein Fahrzeug?**
2. **Wie müssen Sie an diesem Fahrzeug vorbeifahren?**

Antwort:

1. **Ein manövrierbehindertes Fahrzeug, das baggert oder Unterwasserarbeiten ausführt und dabei die Schiffahrt behindert.**
2. **An der Seite, an der sich 2 grüne Rundumlichter senkrecht übereinander angeordnet befinden.**

104

Sie sehen folgendes Fahrzeug im Fahrwasser:

1. **Welches Fahrzeug muß diese Lichter führen?**
2. **Wie müssen Sie an diesem Fahrzeug vorbeifahren?**

Antwort:

1. **Ein manövrierbehindertes Fahrzeug mit Fahrt durchs Wasser von 50 und mehr Meter Länge, das baggert oder Unterwasserarbeiten ausführt und dabei die Schiffahrt behindert.**
2. **An der Seite, die in meiner Fahrtrichtung rechts liegt.**

Zu Fragen 101 bis 104

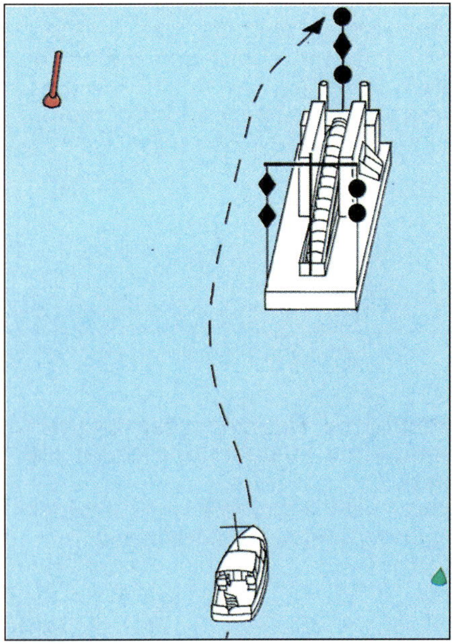

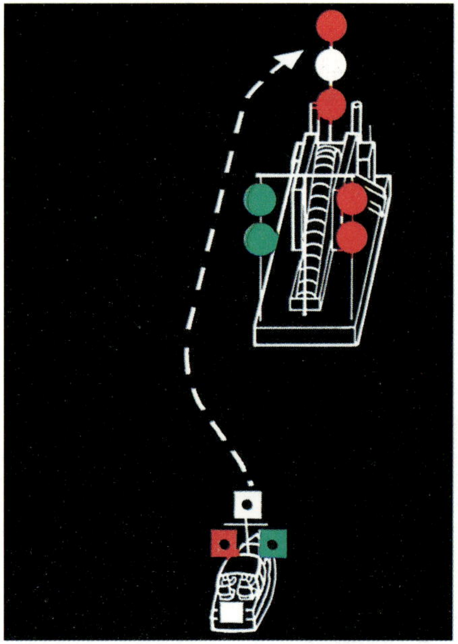

Immer an der Seite passieren, an der 2 schwarze Rhomben bzw. 2 grüne Lichter geführt werden.

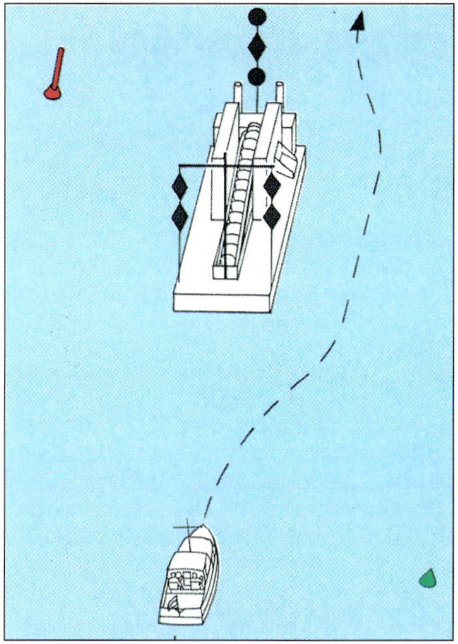

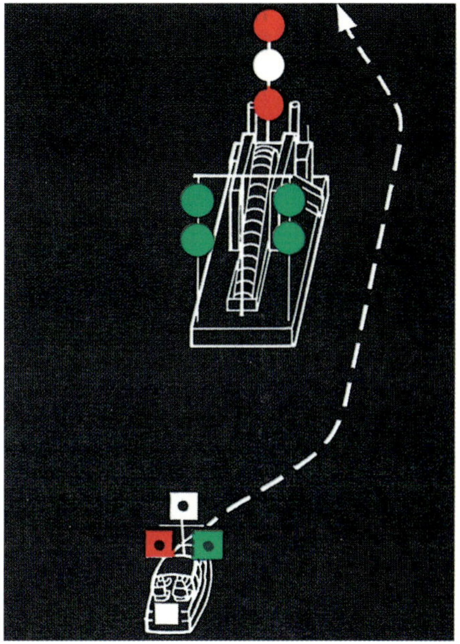

Ist die Vorbeifahrt an beiden Seiten frei, ist im Fahrwasser rechts vorbei zu fahren.

Merke: Beim Vorbeifahren an manövrierbehinderten Fahrzeugen, die baggern oder Unterwasserarbeiten ausführen, ist auf folgendes zu achten:

1. Ist das manövrierbehinderte Fahrzeug in Fahrt?
2. Ist auf einer Seite oder auf beiden Seiten eine Behinderung angezeigt?

Derartige Fahrzeuge sollten immer auf der Seite passiert werden, an der das Fahrzeug zwei schwarze Rhomben (am Tage) oder zwei grüne Rundumlichter (bei Nacht) führt! Werden diese Sichtzeichen an beiden Seiten geführt, ist im Fahrwasser rechts vorbeizufahren.

Vorschrift: Regel 27 d KVR

Hinweis: Ausweichregeln, vgl. Erl. zu Fragen 81 und 84

105

Sie sehen auf einem Fahrzeug folgende Flagge:

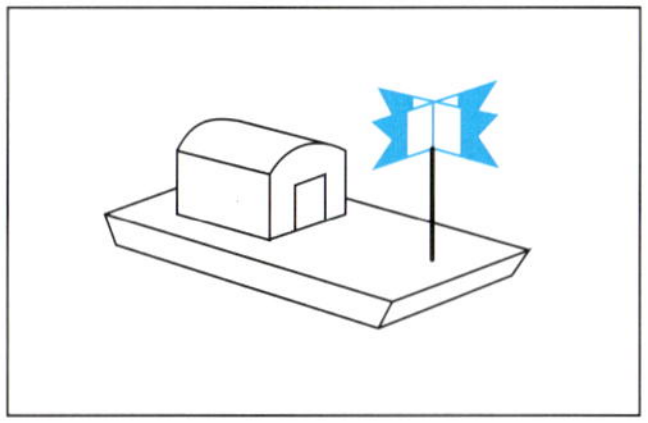

1. **Was bedeutet dieses Signal?**
2. **Wie verhalten Sie sich beim Passieren dieses Fahrzeugs?**

Antwort:

Taucherarbeiten.

1. **Fahrzeug hat Taucher unten.**
2. **Ausreichenden Abstand halten, mit äußerster Vorsicht passieren.**

Zu Frage 105: **Vorschrift:** Regel 27 e KVR

Seeschiffahrtsstraßen-Ordnung (SeeSchStrO)/Schiffahrtsordnung Emsmündung

Allgemeines

106

Wo ist festgelegt, welche Wasserflächen Seeschiffahrtsstraßen sind?

Antwort:

In § 1 der Seeschiffahrtsstraßen-Ordnung (SeeSchStrO) und § 1 der Einführungsverordnung zur Schiffahrtsordnung Emsmündung (EmsSchEV)

107

Welche örtlichen Sondervorschriften zusätzlich zur Seeschiffahrtsstraßen-Ordnung (SeeSchStrO) und zur Schiffahrtsordnung Emsmündung gibt es und was ist darin geregelt?

Antwort:

Die Bekanntmachungen der Wasser- und Schiffahrtsdirektionen Nord und Nordwest zur Seeschiffahrtsstraßen-Ordnung und zur Schiffahrtsordnung Emsmündung, die örtliche Sondervorschriften enthalten und Hinweise für die einzelnen Seeschiffahrtsstraßen geben.

Zu Fragen 106 und 107:

Der räumliche Bereich der Seeschiffahrtsstraßen:

Während der Geltungsbereich der SeeSchStrO die Wasserflächen bis 12 sm seewärts der Basislinie (Niedrigwasserlinie) umfaßt, erstrecken sich die Seeschiffahrtsstraßen nur bis 3 sm seewärts der Basislinie (vgl. Erl. zu Frage 4 sowie die Karte auf S. 24 und 25).

Bedeutung der Bekanntmachungen zur SeeSchStrO: Durch zahlreiche Bestimmungen der SeeSchStrO und der Schiffahrtsordnung Emsmündung werden die WSDen ermächtigt, den örtlichen und sachlichen Anwendungsbereich bestimmter Ge- und Verbote durch Bekanntmachungen festzulegen.

Beispiele: Ankerverbotsgebiete (§ 32 Abs. 1 SeeSchStrO), Stellen, an denen das Anlegen und Festmachen verboten ist (§ 33 Abs. 2 SeeSchStrO), Zeiträume, Wasserstände und Wetterverhältnisse, bei denen ein Fahrverbot besteht (§ 30 Abs. 2 SeeSchStrO), Wasserflächen innerhalb des Fahrwassers, auf denen das Wasserskilaufen erlaubt ist (§ 31 Abs. 1 SeeSchStrO), usw. Die Bekanntmachungen der WSDen sind nach § 60 Abs. 1 SeeSchStrO im Bundesanzeiger zu veröffentlichen. Darüber hinaus werden sie im BSH-Handbuch Nr. 2114 abgedruckt. Verschiedene im Buchhandel erhältliche Textausgaben der SeeSchStrO*) sowie Gesetzessammlungen**) enthalten die Bekanntmachungen der WSDen zur SeeSchStrO ebenfalls. Verstöße gegen die durch Bekanntmachung festgelegten Ge- und Verbote sind genauso wie Verstöße gegen die abschließend in der SeeSchStrO selbst enthaltenen Vorschriften Ordnungswidrigkeiten nach § 61 SeeSchStrO, die von den WSDen mit einem Bußgeld geahndet werden.

---

*) Graf/Steinicke, Seeschiffahrtsstraßen-Ordnung, kommentierte Textausgabe mit sämtlichen Seeverkehrsvorschriften, 10. Auflage, Carl Heymanns Verlag, Köln

**) Deutscher Küsten-Almanach, herausgegeben in Verbindung mit dem BVM, Abt. Seeverkehr, vom Carl Heymanns Verlag, Köln

Lichterführung

Fahrzeuge des öffentlichen Dienstes

108

Sie sehen folgendes Fahrzeug:

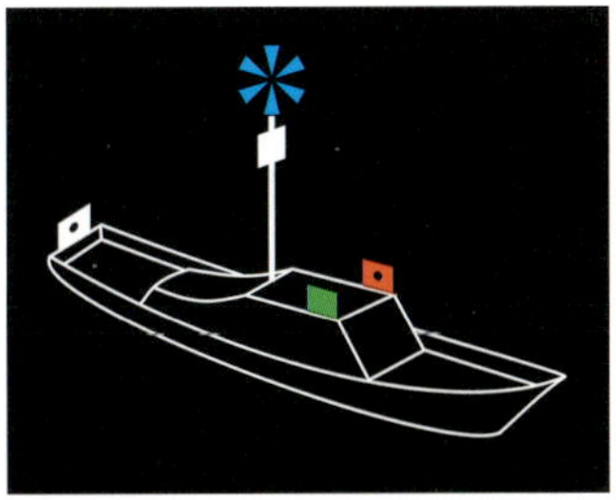

1. Was ist das für ein Fahrzeug?
2. Welche Sonderstellung hat es?

Antwort:

1. Fahrzeug des öffentlichen Dienstes im Einsatz.
2. Es darf von den Verkehrsvorschriften abweichen.

Zu Frage 108:

Beachte: das Blaulicht wird von Fahrzeugen des öffentlichen Dienstes im Einsatz insbesondere dann gezeigt, wenn bei der Erfüllung polizeilicher Aufgaben die Polizeifahrzeuge die Vorschriften der KVR oder der SeeSchStrO nicht einhalten können.

Fahrzeuge des öffentlichen Dienstes, die zur Erfüllung polizeilicher Aufgaben eingesetzt werden und die daher das Blaulicht führen dürfen, sind Fahrzeuge der Wasserschutzpolizei, der Wasser- und Schiffahrtsverwaltung des Bundes (Tonnenleger, Eisbrecher), des Bundesgrenzschutzes und der Zollverwaltung.

Sonstige Fahrzeuge des öffentlichen Dienstes: Hafenärztlicher Dienst, Fahrzeuge der Bundeswehr, Feuerwehr.

Hinweis: Verhalten bei der Aufforderung zum „Anhalten", vgl. Fragen 165 ff.

Vorschrift: § 7 Abs. 1 SeeSchStrO

109

Sie sehen Leuchtkugeln mit weißen Sternen:
1. Wer gibt dieses Signal?
2. Wie verhalten Sie sich?

Antwort:
1. Fahrzeuge der Bundeswehr oder des Bundesgrenzschutzes bei militärischen Übungen.
2. Ausreichenden Abstand halten.

Zu Frage 109:

Vorschrift: § 7 Abs. 2 SeeSchStrO

110

Was sind Fahrwasser im Sinne der Seeschiffahrtsstraßen-Ordnung (SeeSchStrO) und der Schiffahrtsordnung Emsmündung?

Antwort:
1. Es sind Wasserflächen, die durchgehend durch Fahrwasserseitenbezeichnung begrenzt oder gekennzeichnet sind,
2. binnenwärts der Flußmündungen auch nicht gekennzeichnete Wasserflächen, die für die durchgehende Schiffahrt bestimmt sind.

111

Welches ist – außer in Wattgebieten – die Steuerbordseite eines Fahrwassers?

Antwort:
Es ist die Seite, die ein von See kommendes Schiff an seiner Steuerbordseite hat.

Zu Fragen 110 und 111:

Fahrwasser sind zunächst die großen durchgehend durch Fahrwasserbezeichnung begrenzten oder gekennzeichneten Flußreviere, aber auch die durch Fahrwassertonnen begrenzten oder gekennzeichneten Nebenflüsse, Förden und Wattenfahrwasser, soweit sie Seeschiffahrtsstraßen – vgl. Fragen 4, 106 – sind.

Darüber hinaus sind binnenwärts der Flußmündungen, d. h. auf den Binnenwasserstraßen, auch die nichtbetonnten Wasserflächen Fahrwasser, wenn sie für die durchgehende Schiffahrt bestimmt sind. Unter den Begriff „Schiffahrt" fällt nicht nur der Verkehr von Seeschiffen, sondern auch der von Binnenschiffen, Sportfahrzeugen und sonstigen Kleinfahrzeugen, die die Seeschiffahrtsstraße benutzen. Denn nach der SeeSchStrO werden alle Verkehrsteilnehmer auf den Seeschiffahrtsstraßen grundsätzlich gleich behandelt. Das ergibt sich daraus, daß in den wichtigsten Verkehrsvorschriften, insbesondere den Fahrregeln, nicht zwischen seegehenden und nicht seegehenden Fahrzeugen differenziert wird, so daß unter dem Begriff „durchgehende Schiffahrt" der gesamte auf der Seeschiffahrtsstraße sich bewegende Längsverkehr zu verstehen ist.

In der Praxis bereitet es allerdings immer wieder Schwierigkeiten festzustellen, wo die Grenze eines nichtbetonnten, aber von der durchgehenden Schiffahrt in Anspruch genommenen Fahrwassers verläuft. Daß die Grenze des Fahrwassers nicht die Uferlinie darstellt, vielmehr zum Schutze des Ufers als auch des Fahrzeugs ein Sicherheitsabstand einzuhalten ist, versteht sich von selbst. Er richtet sich nach den örtlichen „Gegebenheiten", d. h., er ist nach Wasserstand und Tiefgang des Fahrzeug jeweils verschieden.

Wichtiger Hinweis: Fast alle Fahrregeln des 4. Abschnitts der SeeSchStrO gelten nur im Fahrwasser und nur im Bereich der Seeschiffahrtsstraßen!

Vorschriften: § 2 Abs. 1 Nr. 1 SeeSchStrO (Fahrwasser). § 2 Abs. 1 Nr. 2 SeeSchStrO (Steuerbordseite der Fahrwasser).

Hinweis: Schiffahrtszeichen zur Kennzeichnung der Ansteuerung und seitlichen Begrenzung der Fahrwasser vgl. Fragen 76 ff.

112

Was verstehen Sie unter dem Begriff „Wassermotorräder“?

Antwort:

Motorisierte Wassersportgeräte, z. B. Wasserbob, Wasserskooter, Jetbike oder Jetski sowie sonstige gleichartige Geräte.

Zu Frage 112:

Hinweise auf die besonderen Verkehrsregeln für Wassermotorräder (vgl. auch Erl. zu Frage 137)

- Die Wassermotorräder haben allen anderen Fahrzeugen auszuweichen; die Ausweichpflicht untereinander richtet sich nach den Internationalen Regeln von 1972 zur Verhütung von Zusammenstößen auf See (Kollisionsverhütungsregeln – KVR).
- Auf den freigegebenen Wasserflächen darf bei Nacht, bei verminderter Sicht und während der bekanntgemachten Zeiten nicht gefahren werden.
- Des weiteren sind die Kollisionsverhütungsregeln und die Seeschiffahrtsstraßen-Ordnung zu beachten.
- Vor Stellen mit erkennbarem Badebetrieb darf außerhalb des Fahrwassers in einem Abstand von weniger als 500 m von der jeweiligen Wasserlinie des Ufers eine Höchstgeschwindigkeit durch das Wasser von 4,3 kn nicht überschritten werden.

Wassermotorräder in Nordsee-Nationalparken und auf dem Dassower See

Nach der Verordnung über das Befahren der Bundeswasserstraßen in Nationalparken im Bereich der Nordsee (§ 4 Abs. 3 Satz 2) ist das Befahren der Zonen I außerhalb der Fahrwasser mit Wassermotorrädern **verboten.** Da das Fahren **im Fahrwasser** mit Wassermotorrädern nach der Seeschifffahrtsstraßen-Ordnung ebenfalls verboten ist, darf also insgesamt in den Zonen I nicht gefahren werden. Die Grenzen der Nationalparke sowie deren Zonen I sind in den jeweiligen amtlichen Seekarten dargestellt.

Auf dem Dassower See ist das Fahren mit Wassermotorrädern aufgrund der Befahrensregelung für dieses Naturschutzgebiet ebenfalls nicht möglich.

Achtung:

- Denken Sie auch daran, daß der Führer eines Wassermotorrades Inhaber eines Sportbootführerscheines nach der Sportbootführerscheinverordnung–See sein muß.
- Beachten Sie, daß mit dem Inkrafttreten der Änderung der See-Sportbootvermietungsverordnung vom 18. Dezember 1995 (BGBl. S. 1938) Wassermotorräder mit Wirkung vom 16. Juni 1996 nur in Betrieb genommen werden dürfen, wenn sie mit einem gültigen amtlichen Kennzeichen nach § 4 der Verordnung über die Kennzeichnung von auf Binnenschiffahrtsstraßen verkehrenden Kleinfahrzeugen vom 21. Februar 1995 (BGBl. I S. 226), die durch § 9 der Verordnung vom 31. Mai 1995 (BGBl. I S. 769) geändert worden ist, versehen sind.

Vorschrift: § 31 Abs. 5 SeeSchStrO

Hinweis: Freigegebene Wasserflächen vgl. Frage 137

113

Welche besondere Verpflichtung hat ein Fahrzeugführer, dessen Fahrzeug mit einer UKW-Sprechfunkanlage ausgerüstet ist?

Antwort:

Er ist verpflichtet, die von der Verkehrszentrale gegebenen Verkehrsinformationen und -unterstützungen abzuhören und zu berücksichtigen.

Zu Frage 113:

Beachte: Es entspricht der seemännischen Sorgfaltspflicht (vgl. Frage 8), bei Vorhandensein einer UKW-Sprechfunkanlage diese auf den Seeschiffahrtsstraßen immer auf den jeweiligen UKW-Kanal zu schalten, um die Verkehrsinformationen (Verkehrslageberichte), Verkehrsunterstützungen und Verkehrsregelungen seitens der Verkehrszentralen (maritime Verkehrssicherung) abzuhören.

Empfehlung: Bei Segelfahrzeugen empfiehlt es sich, zum Abhören der Verkehrsinformationen einen Decklautsprecher zu installieren.

Achtung: Bei verminderter Sicht ist die Teilnahme an der maritimen Verkehrssicherung über UKW deshalb **unbedingt** erforderlich, weil die Seelotsen bei der Landradarberatung von der Verkehrszentrale aus manchmal Schwierigkeiten haben, die Radarechos von den die durchgehende Schiffahrt gefährdenden Sportfahrzeugen zu identifizieren, um sie anzusprechen und entsprechend beraten zu können.

Die Verpflichtung zum Abhören der von der Verkehrszentrale durchgeführten Verkehrssicherungsinformationen und Verkehrsunterstützungen ist nunmehr ausdrücklich durch Ergänzung der Grundregeln für das Verhalten im Verkehr mit der Maßgabe geregelt worden, daß sie der verantwortliche Fahrzeugführer unverzüglich entsprechend den Bedingungen der jeweiligen Verkehrssituation berücksichtigen muß.

Wo gibt es Verkehrszentralen?
Die Verkehrszentralen und deren UKW-Kanäle sind in den Bekanntmachungen der WSDen Nordwest und Nord veröffentlicht. Die Bekanntmachungen sind im Deutschen Küsten-Almanach (Carl Heymanns Verlag; Köln) enthalten und werden jeweils auf dem neuesten Stand gehalten .

Vorschrift: § 3 Abs. 1 SeeSchStrO

Hinweis: Seemännische Sorgfaltspflicht vgl. Frage 8; notwendige Sicherheitsmaßnahmen vgl. Frage 308

Fahrzeuge mit gefährlichen Gütern

114

Sie sehen folgendes Fahrzeug (tags, nachts):

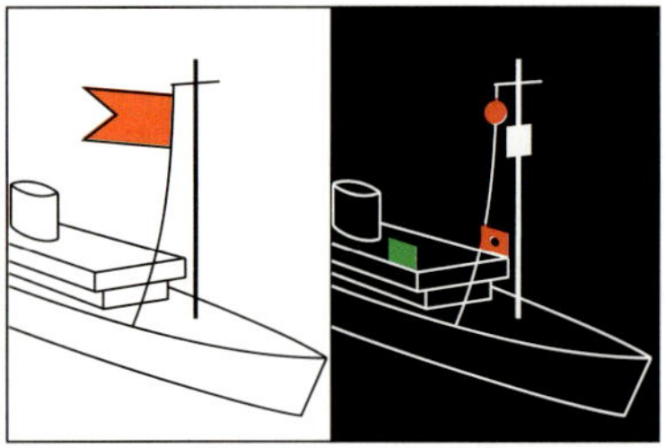

Was bedeutet die rote Flagge bzw. das rote Rundumlicht?

Antwort:

Ein Fahrzeug, das bestimmte gefährliche Güter befördert oder ein nicht entgaster Tanker, von dem eine Gefahr ausgehen kann.

Zu Frage 114:

Beschreibung der Sichtzeichen:
Bei Nacht: Ein festes rotes Licht.
Am Tage: Die Flagge B des Internationalen Signalbuches.

Vorschrift: § 14 SeeSchStrO

Hinweis: „Bleib-weg-Signal“ bei Unfällen vgl. Frage 124

Kleine Fahrzeuge

115

Welche Lichter muß ein Fahrzeug unter Segel von weniger als 12 Meter Länge oder ein Fahrzeug unter Ruder auf der Seeschiffahrtsstraße führen, wenn es die nach den Kollisionsverhütungsregeln (KVR) vorgeschriebenen Lichter nicht führen kann?

Antwort:

Ein weißes Rundumlicht.

Zu Frage 115:

Vorschrift: § 10 Abs. 2 SeeSchStrO

Hinweis: Lichterführung nach den KVR vgl. Fragen 53 ff.

116

Wann darf ein Maschinenfahrzeug von weniger als 7 Meter Länge auf Seeschiffahrtsstraßen nicht fahren, wenn es die nach den Kollisionsverhütungsregeln (KVR) vorgeschriebenen Lichter nicht führen kann?

Antwort:

Es darf in der Zeit, in der die Lichterführung vorgeschrieben ist, nicht fahren, es sei denn, daß ein Notstand vorliegt.

117

Wann darf ein Fahrzeug unter Segel von weniger als 12 Meter Länge oder unter Ruder auf Seeschiffahrtsstraßen nicht fahren, wenn es nicht mindestens ein weißes Rundumlicht führen kann?

Antwort:

Es darf in der Zeit, in der die Lichterführung vorgeschrieben ist, nicht fahren, es sei denn, daß ein Notstand vorliegt.

Zu Fragen 116 und 117:

Beachte: Auf Seeschiffahrtsstraßen besteht für Maschinen-, Segel- und Ruderfahrzeuge ein absolutes Fahrverbot bei Nacht und verminderter Sicht, wenn sie die nach den KVR bzw. SeeSchStrO vorgeschriebenen Lichter nicht führen können! Das bedeutet, daß eine noch nicht begonnene Fahrt nicht angetreten werden darf, es sei denn, daß ein Notstand vorliegt, z. B. Hilfeleistung für ein havariertes Boot. Ist die Fahrt bereits angetreten und tritt ohne Verschulden der Zeitpunkt ein, zu dem die Lichterführung vorgeschrieben ist, hat sich das Fahrzeug entsprechend der Antwort zu Frage 118 zu verhalten.

Vorschrift: § 10 Abs. 3 SeeSchStrO

Hinweise: Lichterführung eines Maschinenfahrzeugs nach KVR vgl. Fragen 57 ff. und eines Fahrzeugs unter Ruder oder Segel vgl. Fragen 53 ff.

118

Wie muß sich ein Fahrzeug auf Seeschiffahrtsstraßen bei einem Notstand verhalten, wenn es die vorgeschriebenen Lichter nicht führen kann?

Antwort:

1. **Eine elektrische Leuchte oder Laterne mit einem weißen Licht ständig gebrauchsfertig bereithalten.**
2. **Zur Verhütung eines Zusammenstoßes das weiße Licht rechtzeitig zeigen.**

Zu Frage 118:

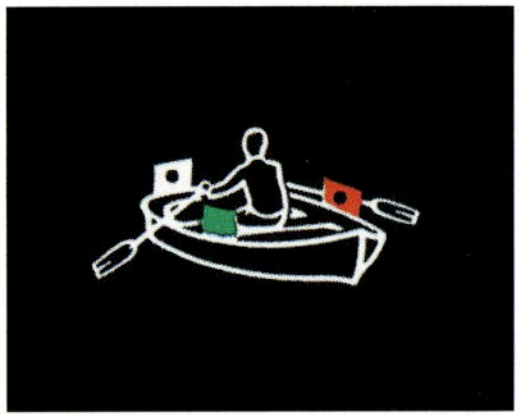

Vorschrift: § 10 Abs. 3 SeeSchStrO
Hinweis: Lichterführung vgl. Fragen 53 ff., 115, 117

119

Was für ein Licht müssen Sie auf einem Sportboot setzen, wenn Sie festgemacht haben und keine ausreichende Beleuchtung vom Ufer her vorhanden ist?

Antwort:

Ein festes weißes Rundumlicht mittschiffs an der Fahrwasserseite.

Zu Frage 119:

Hinweis: Das feste weiße Rundumlicht braucht nicht geführt zu werden, wenn

① die Umrisse des Fahrzeugs durch fremde Lichtquellen ausreichend und dauerhaft erkennbar sind oder
② das Fahrzeug im Bereich bekanntgemachter Liegestellen liegt, deren Umrisse ausreichend und dauernd erkennbar sind (§ 18 Abs. 2 SeeSchStrO)

Vorschrift: § 18 Abs. 1 Nr. 1 SeeSchStrO

Achtungs- sowie Gefahren- und Warnsignale

120

Welches Schallsignal müssen Sie, wenn es die Verkehrslage erfordert, beim Einlaufen in andere Fahrwasser und Häfen und beim Auslaufen aus ihnen geben?

Antwort:

Einen langen Ton als Achtungssignal.

121

Sie hören
2 Gruppen von je einem
langen und vier kurzen Tönen
(▬ ● ● ● ●)
(▬ ● ● ● ●):
Was bedeutet dieses Schallsignal?

Antwort:

Allgemeines Gefahren- und Warnsignal.

122

Wie lautet das „Allgemeine Gefahren- und Warnsignal"?

Antwort:

2 Gruppen von je einem langen und vier kurzen Tönen.
(▬ ● ● ● ●)
(▬ ● ● ● ●)

123

Wann ist das „Allgemeine Gefahren- und Warnsignal" zu geben?

Antwort:

Wenn ein Fahrzeug ein anderes Fahrzeug gefährdet oder durch dieses selbst gefährdet wird.

124

Sie hören in jeder Minute mindestens fünfmal hintereinander mit jeweils 2 Sekunden Zwischenpause einen kurzen und einen langen Ton
(● ▬ ● ▬ ● ▬ ● ▬ ● ▬ usw. 2 s):

1. **Was bedeutet dieses Schallsignal?**
2. **Wie haben Sie sich zu verhalten?**

Antwort:

1. **Bleib-weg-Signal, Gefahr durch gefährliche Güter.**
2. **Sofort den Gefahrenbereich verlassen, Feuer und Zündfunken möglichst vermeiden (Explosionsgefahr).**

Zu Fragen 120 bis 124:

Vorschriften: Achtungssignal (§ 19 SeeSchStrO), Allgemeines Gefahren- und Warnsignal (§ 20 Abs. 1 SeeSchStrO), Bleib-weg-Signal (§ 20 Abs. 2 SeeSchStrO).
Hinweise: Manöver- und Warnsignale (Kursänderungssignale) vgl. Fragen 95 ff.; Schallsignale bei verminderter Sicht vgl. Fragen 64 ff.; Seenotsignale vgl. Fragen 330 ff.; Maßnahmen beim „Bleib-weg-Signal" (§ 37 Abs. 6 SeeSchStrO)

Vorfahrtregeln

125 **Wie haben sich die Fahrzeuge zu verhalten, die** **1. in das Fahrwasser einlaufen,** **2. das Fahrwasser queren,** **3. im Fahrwasser drehen,** **4. ihre Anker- und Liegeplätze verlassen?**	Antwort: **Sie haben die Vorfahrt der im Fahrwasser fahrenden Fahrzeuge zu beachten.**

126 **Wie haben Sie sich beim Drehen im Fahrwasser oder beim Queren des Fahrwassers zu verhalten?**	Antwort: **Die im Fahrwasser fahrenden Fahrzeuge haben Vorfahrt und dürfen nicht gefährdet oder behindert werden.**

Zu Fragen 125 und 126:

Wichtiger Grundsatz: Die Vorfahrtregeln der SeeSchStrO kommen nur im Fahrwasser bzw. beim Einlaufen in das Fahrwasser, und zwar nur in folgenden vier Fällen zur Anwendung, in denen aufgrund des Vorranges der SeeSchStrO (§ 1 Abs. 3) die Ausweichregeln der KVR nicht gelten und die auf den folgenden Seiten dargestellt sind.

Beachte:
Für die Einhaltung der Vorfahrtregeln ist die Kenntnis der Bedeutung folgender Begriffe wichtig:

Wichtige Begriffe	Bedeutung
„Fahrwasser"	...sind die Teile der Wasserfläche einer Seeschifffahrtsstraße, die entweder gekennzeichnet sind (durch Tonnen, Baken, Dalben, Pricken oder Stangen) oder auf denen regelmäßig durchgehende Schiffahrt stattfindet
„Vorfahrt beachten"	Warten oder Ausweichen
„Vorfahrt haben"	Kurs und Geschwindigkeit beibehalten; nicht: Vorfahrt erzwingen (Manöver des letzten Augenblicks)
„Queren des Fahrwassers"	deutliches Abweichen der allgemeinen Fahrtrichtung (über Grund) vom Fahrwasserverlauf

Merke: Wer die Vorfahrt zu beachten hat, muß rechtzeitig durch sein Fahrverhalten erkennen lassen, daß er warten wird. Er darf nur weiterfahren, wenn er übersehen kann, daß die Schiffahrt nicht beeinträchtigt wird (§ 25 Abs. 3 SeeSchStrO).

Vorschrift: § 25 SeeSchStrO

Hinweis: Ausweichregeln vgl. Fragen 74 ff.

In das Fahrwasser einlaufendes Fahrzeug

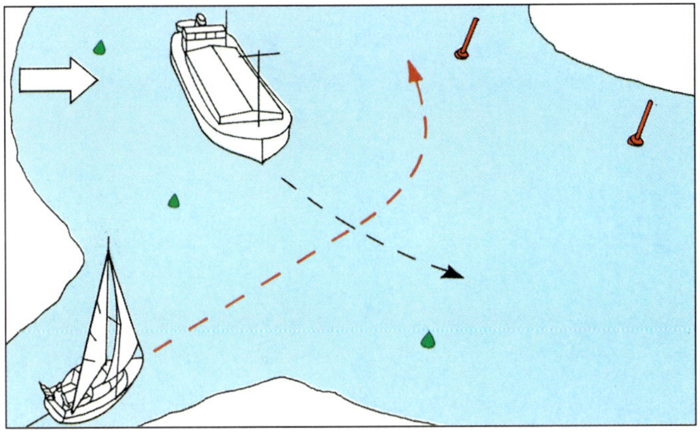

Ich will in ein anderes Fahrwasser einlaufen, in dem ein anderes Fahrzeug fährt, das meinen Kurs kreuzt.

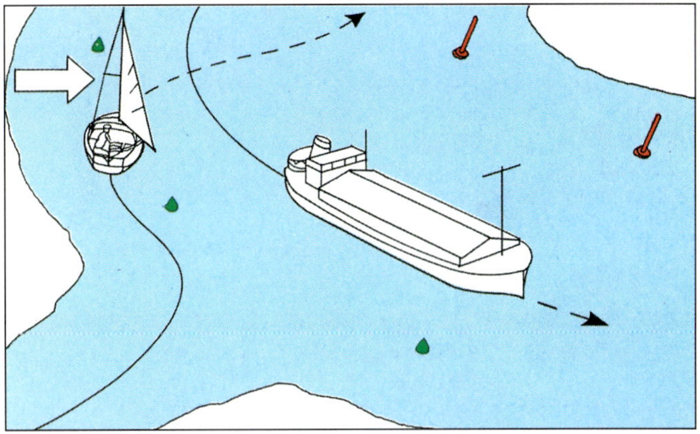

Ich muß die Vorfahrt beachten, d. h. warten oder so ausweichen, daß das Fahrzeug im Fahrwasser nicht gefährdet oder behindert wird.

Das Fahrwasser querendes Fahrzeug

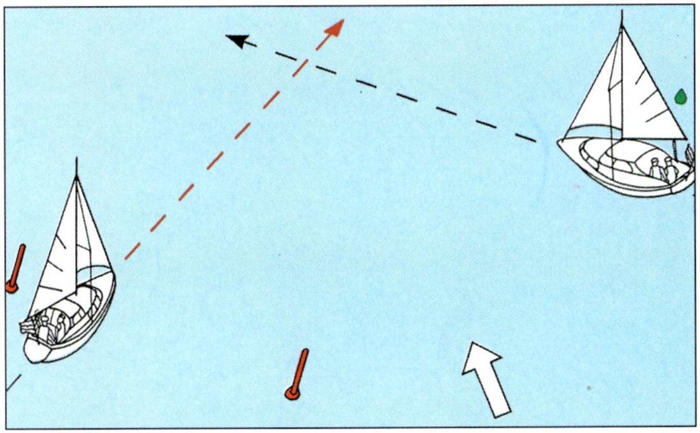

Ich will das Fahrwasser queren, in dem ein anderes Fahrzeug fährt, das meinen Kurs kreuzt.

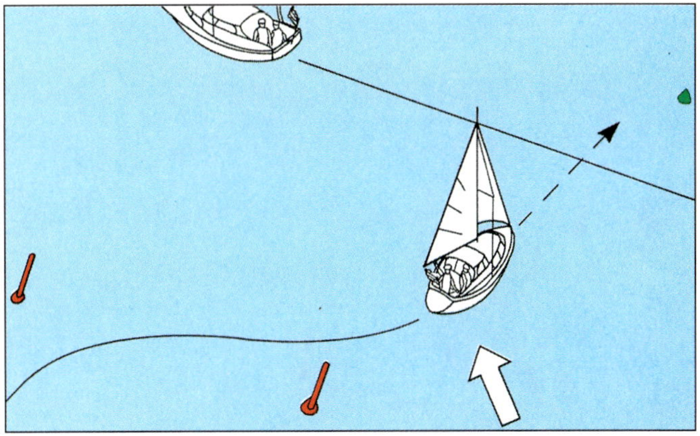

Ich muß die Vorfahrt beachten, d. h. warten oder so ausweichen, daß das Fahrzeug im Fahrwasser nicht gefährdet oder behindert wird.

Im Fahrwasser drehendes Fahrzeug

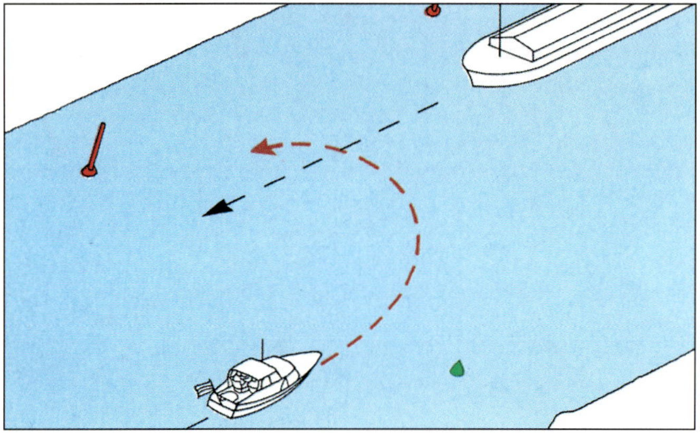

Ich will im Fahrwasser drehen, in dem mir ein anderes Fahrzeug entgegenkommt.

Ich muß die Vorfahrt beachten, d. h. warten, bis das Fahrzeug passiert hat.

Vom Ankerplatz in das Fahrwasser einlaufendes Fahrzeug

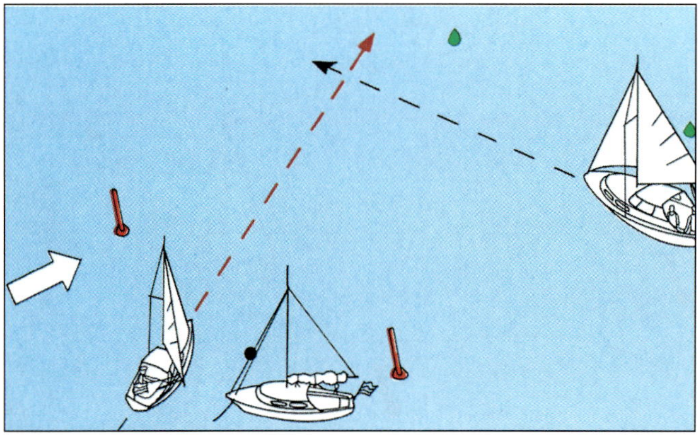

Ich will meinen Ankerplatz verlassen und auf der gegenüberliegenden Fahrwasserseite binnenwärts auslaufen, auf der ein anderes Fahrzeug meinen Kurs kreuzt.

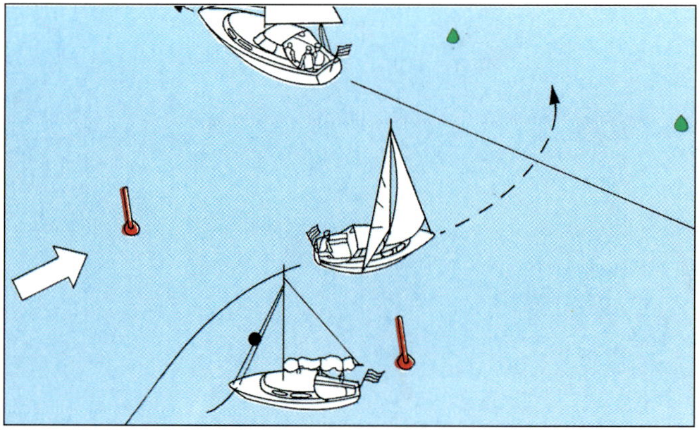

Ich muß die Vorfahrt beachten, d. h. warten oder so ausweichen, daß das Fahrzeug im Fahrwasser nicht gefährdet oder beeinträchtigt wird.

Rechtsfahrgebot

127

Wo muß im Fahrwasser grundsätzlich gefahren werden?

Antwort:

Soweit wie möglich rechts.

Zu Frage 127:

Grundsatz: Der Grundsatz, daß auf der in Fahrtrichtung rechts liegenden Fahrwasserseite soweit wie möglich rechts gefahren werden muß, gilt für alle Fahrzeuge!

Ausnahmen: Auf der Seeschiffahrtsstraße Weser sind Fahrwasserabschnitte bekanntgemacht, wo im Fahrwasser links gefahren werden darf (nur Wegerechtschiffe).

Beachte: Der Grundsatz des Rechtsfahrgebotes gilt für Segelfahrzeuge mit folgender Maßgabe:

Sind Segelfahrzeuge wegen der Windverhältnisse nicht in der Lage, dem Fahrwasserverlauf zu folgen, dürfen sie beim Kreuzen das Fahrwasser auf kurzem Weg queren, wenn dadurch vorfahrtberechtigte Fahrzeuge nicht gefährdet oder behindert werden. In Fahrwasserabschnitten mit starkem Schiffsverkehr kann unter Berücksichtigung der übrigen örtlichen Verhältnisse eine Gefährdung oder Behinderung der durchgehenden Schiffahrt durch kreuzende Segelfahrzeuge jedoch bereits generell gegeben sein.

Die WSDen Nord und Nordwest sind nach § 60 SeeSchStrO grundsätzlich ermächtigt, in solchen Fällen das Kreuzen einzuschränken, z. B. auf die rechte Fahrwasserhälfte zu beschränken oder in besonderen Fällen zu untersagen. Das gleiche gilt bei Genehmigung von Regatten.

Hinweis: Die Abstände zu anderen Fahrzeugen sind auf dem Wasser schwer zu schätzen, außerdem wird die Geschwindigkeit von Großfahrzeugen häufig unterschätzt. Zwingen Sie in Ihrem eigenen Interesse die Großschiffahrt nicht zu Notmanövern.

Vorschrift: § 22 Abs. 1 SeeSchStrO

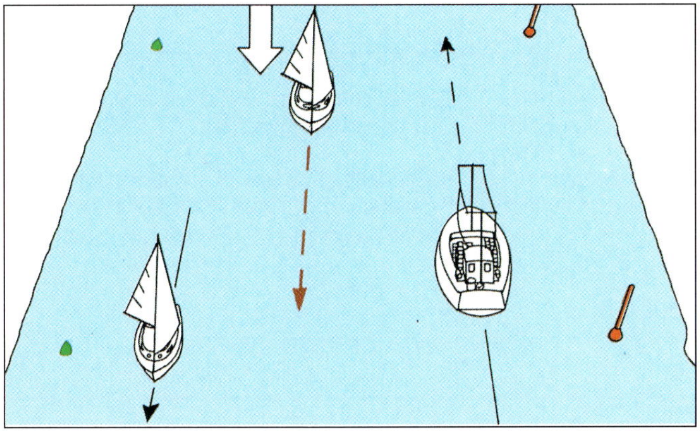

Ich kann dem Fahrwasserverlauf folgen, da ich achterlichen Wind habe.

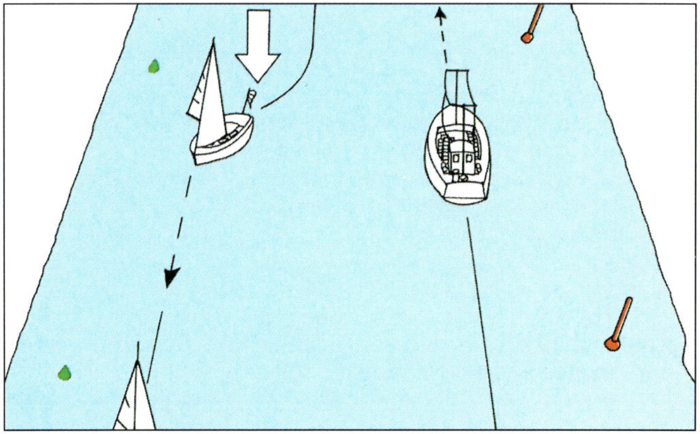

Ich ändere meinen Kurs nach Steuerbord, um möglichst nahe am Tonnenstrich dem Fahrwasserverlauf zu folgen.

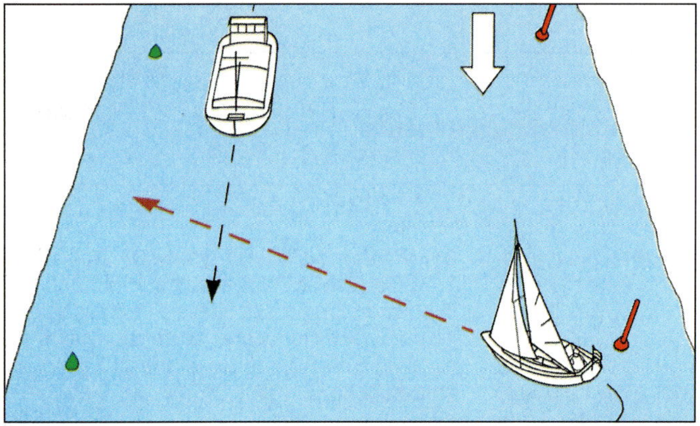

Ich kann beim Kreuzen dem Fahrwasserverlauf nicht folgen und muß daher das Fahrwasser queren, auf dem ein anderes Fahrzeug meinen Kurs kreuzt.

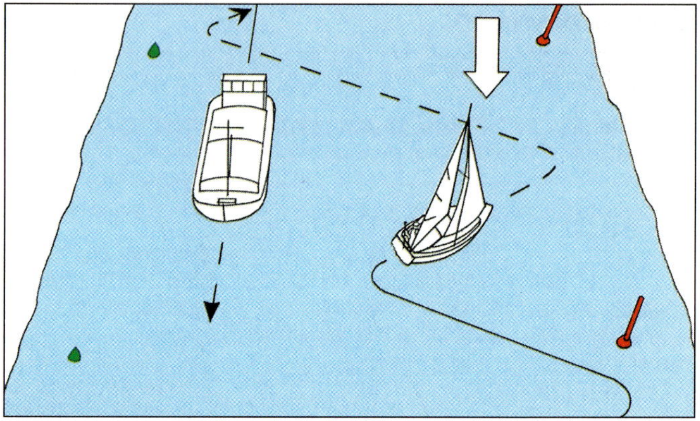

Ich muß die Vorfahrt beachten, d. h. durch kurze Schläge auf der rechten Fahrwasserseite so lange warten, bis auch die andere Fahrwasserseite frei ist.

Fahren außerhalb des Fahrwassers

128

Was muß ein Fahrzeug, das außerhalb des Fahrwassers fährt, durch seine Fahrweise klar erkennen lassen?

Antwort:

Es muß klar erkennbar sein, daß das Fahrwasser nicht benutzt wird.

Zu Frage 128:

Beachte: Eine bestimmte Seite oder Fahrtrichtung braucht außerhalb des Fahrwassers nicht eingehalten zu werden. Lediglich auf bestimmten Wasserflächen außerhalb des Fahrwassers, die von den WSDen Nord und Nordwest bekanntgemacht werden, haben sich alle Fahrzeuge an der in ihrer Fahrtrichtung rechts vom Fahrwasser liegenden Seite zu halten. Eine solche Bekanntmachung ist für den Bereich der Seeschiffahrtsstraße Weser für Fahrzeuge über 12 m von Bremerhaven bis zur Eisenbahnbrücke in Bremen erlassen worden.

Vorschrift: § 22 Abs. 3 und 4 SeeSchStrO
Hinweis: Ausweichregeln außerhalb des Fahrwassers vgl. Fragen 74 ff.

129

Nach welchen Regeln muß außerhalb des Fahrwassers ausgewichen werden?

Antwort:

Nach den Kollisionsverhütungsregeln (KVR).

Zu Frage 129:

Merke: Da in der SeeSchStrO für das Fahren außerhalb der Fahrwasser keine besonderen Vorfahrt- und Ausweichregeln vorgeschrieben sind, gelten die Ausweichregeln der KVR.
Hinweis: Ausweichregeln vgl. Fragen 74 ff.

Überholen

130

Wo ist das Überholen verboten?

Antwort:

1. **In der Nähe von in Fahrt befindlichen nicht freifahrenden Fähren.**
2. **An Engstellen.**
3. **In unübersichtlichen Krümmungen.**
4. **In Schleusenbereichen.**
5. **An Stellen und innerhalb von Strecken, die durch Überholverbotszeichen gekennzeichnet sind.**

131

Sie sehen folgendes Sichtzeichen:

Was bedeutet dieses Sichtzeichen?

Antwort:

Überholverbot für alle Fahrzeuge.

Zu Fragen 130 und 131:

Überholverbote

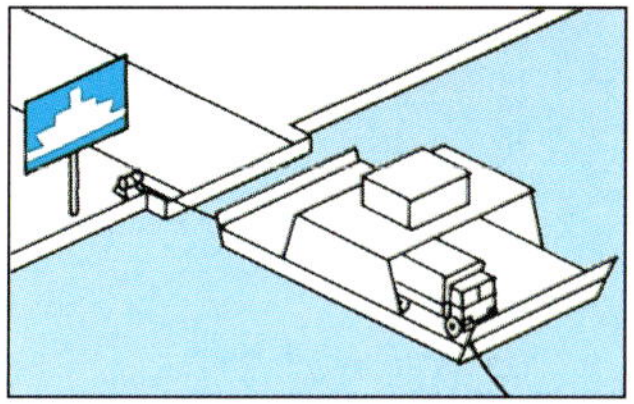
In der Nähe nicht freifahrender Fähren

an Engstellen

in unübersichtlichen Krümmungen

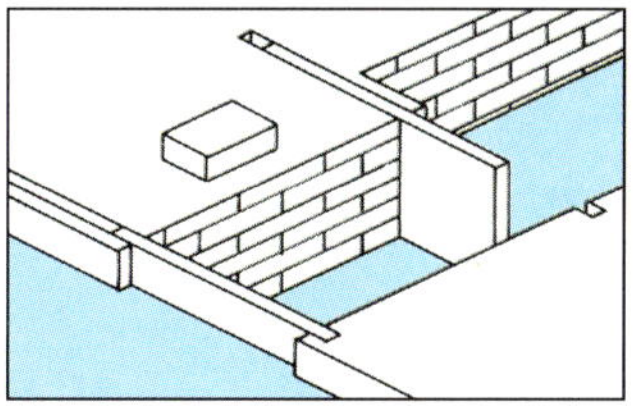
in Schleusen

beim Schiffahrtszeichen „Überholverbot“

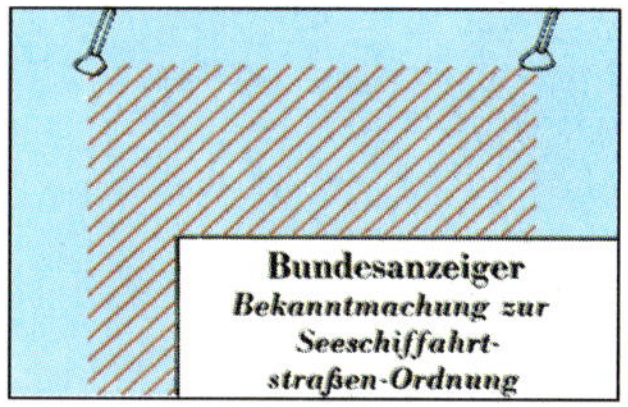

auf bekanntgemachten Wasserflächen

Merke: Im Bereich der Wasserflächen und an den Stellen, an denen ein Überholverbot besteht, ist in der Regel auch das Ankern, Anlegen und Festmachen verboten.

Vorschrift: § 23 SeeSchStrO, Nr. A.1 a) der Anlage I.1 der SeeSchStrO

Hinweis: Ankern, Anlegen und Festmachen, vgl. Erl. zu Fragen 138, 139; Durchführung des Überholmanövers vgl. Erl. zu Fragen 266 ff.; Definition des überholenden Fahrzeugs vgl. Frage 13.

Durchfahrt durch Brücken, Sperrwerke und Schleusen

132	Antwort:
Wo muß ein wartepflichtiges Fahrzeug vor einer Brücke, einem Sperrwerk oder einer Schleuse anhalten, solange die Durchfahrt nicht freigegeben ist?	**In ausreichender Entfernung oder, wenn vorhanden, vor dem Halteschild halten.**

133	Antwort:
Wo darf ein wartepflichtiges Fahrzeug vor einer Brücke, einem Sperrwerk oder einer Schleuse nicht festmachen?	**An den Leitwerken und Abweisedalben.**

Zu Fragen 132 und 133:

Warten vor einem Sperrwerk

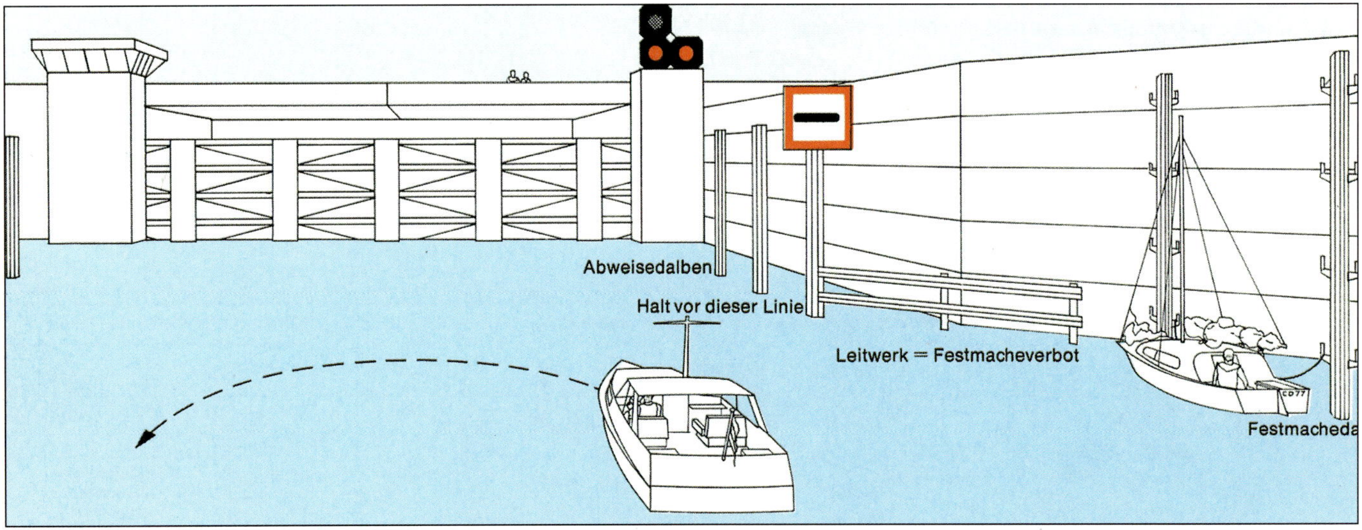

Ich muß vor dem Halteschild anhalten und darf nicht an Leitwerken und Abweisedalben festmachen.

Vorschriften: §§ 28, Abs. 1, 29 Abs. 1 SeeSchStrO

Hinweise: Die Signalregelung der Durchfahrt, wichtige Grundsätze und Sperrung von Brückenöffnungen vgl. Erl.zu Fragen 171 bis 173.

Wasserskilaufen, Wassermotorräder

134

Wo darf Wasserski gelaufen werden?

Antwort:

1. **Außerhalb des Fahrwassers, wenn es nicht von der Wasser- und Schiffahrtsdirektion durch Bekanntmachung verboten ist.**
2. **Im Fahrwasser auf Abschnitten, die durch die Wasser- und Schiffahrtsdirektion bekanntgemacht oder durch blaue Tafeln mit dem weißen Symbol eines Wasserskiläufers bezeichnet sind.**

Zu Frage 134: **Vorschrift:** § 31 Abs. 1 sowie B.5 der Anlage I zur SeeSchStrO **Hinweis:** vgl. Darstellung der Regelungen auf der nächsten Seite

135

Wann darf kein Wasserski gelaufen und nicht mit Wassermotorrädern gefahren werden?

Antwort:

Bei Nacht und bei verminderter Sicht und während der bekanntgemachten Verbotszeiten.

136

Wie haben sich Wasserskiläufer und ihre Zugboote sowie Wassermotorräder bei Annäherung an andere Fahrzeuge zu verhalten?

Antwort:

1. **Sie haben auszuweichen.**
2. **Der Wasserskiläufer hat sich im Kielwasser des Zugbootes zu halten.**

Zu Fragen 135 und 136: **Vorschrift:** § 31 Abs. 2 und 4 SeeSchStrO

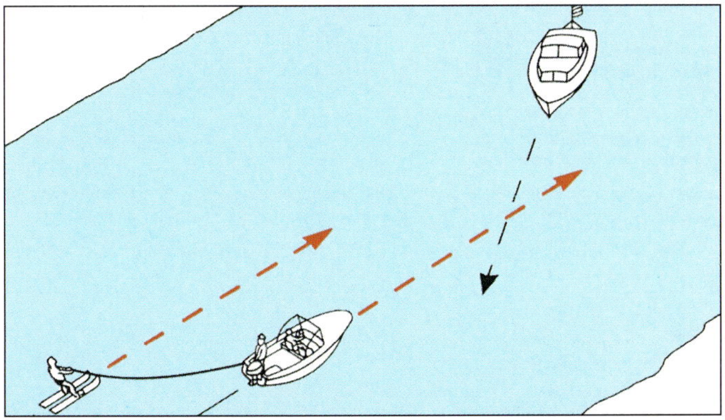

Mir nähert sich von Backbord voraus ein anderes Fahrzeug auf kreuzendem Kurs, während ich einen Wasserskiläufer ziehe.

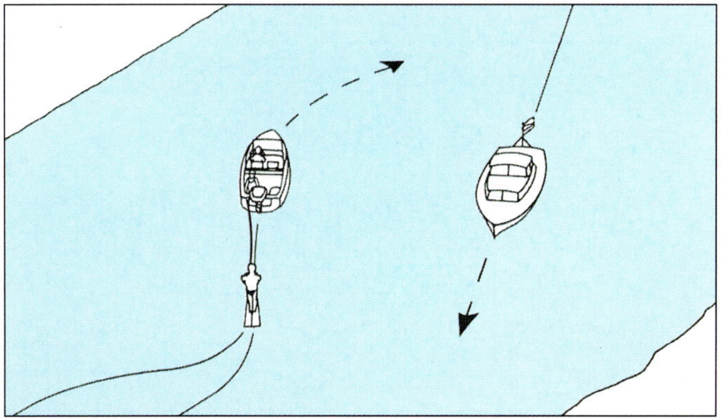

Ich muß ausweichen, d. h. meinen Kurs nach Backbord ändern, und der Wasserskiläufer sich in meinem Kielwaser halten.

Wasserskilaufen

Verbotene und freigegebene Wasserflächen für das Wasserskilaufen

Zu Frage 134:

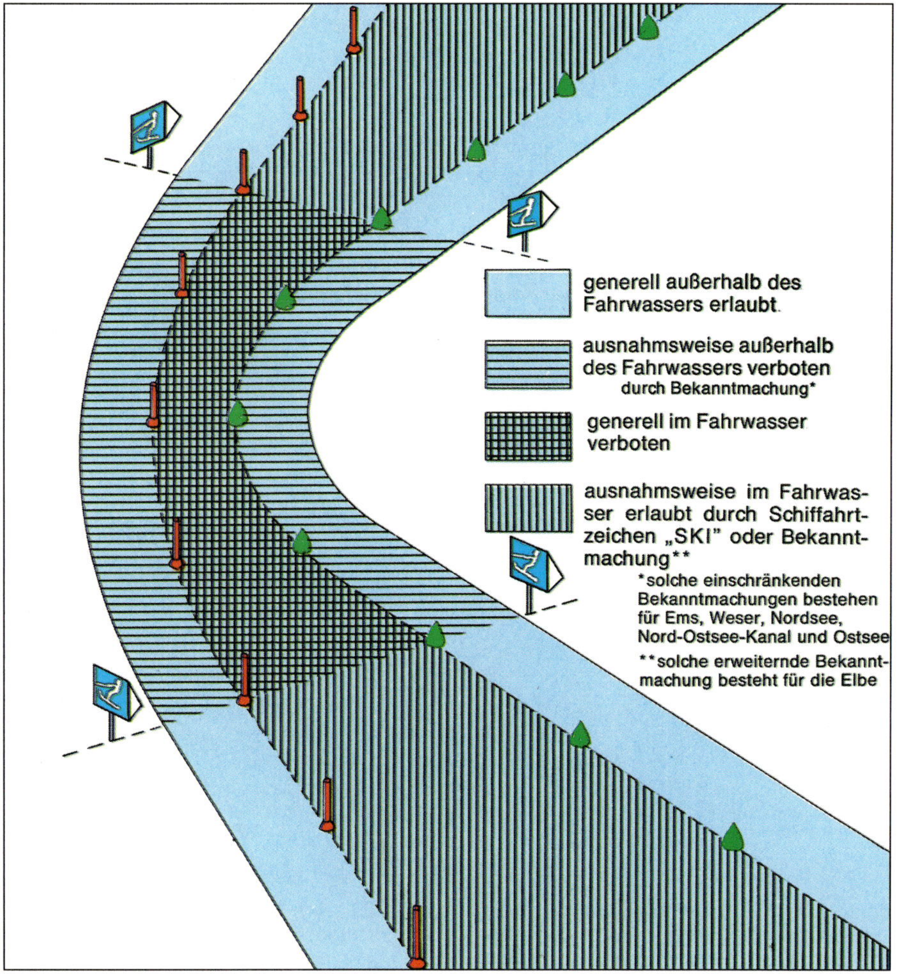

Wichtige Grundsätze:

1. Bei Nacht und verminderter Sicht besteht Fahrverbot.
2. Die Verpflichtung des Zugbootes, allen anderen Fahrzeugen auszuweichen, ergänzt die Ausweichregeln nach Regel 18 SeeSchStrO.
3. Die Wasserskiläufer sind unabhängig vom Verhalten ihres Zugbootes als Verkehrsteilnehmer eigenverantwortlich verpflichtet, beim Begegnen mit anderen Fahrzeugen sich im Kielwasser ihres Zugbootes zu halten.

Vorschrift: § 31 Abs. 2 und 4 SeeSchStrO

Hinweise: Definitionen „Nacht" und „verminderte Sicht" vgl. Fragen 16 und 22; Ausweichregeln vgl. Fragen 74 ff.

137

Wo darf mit Wassermotorrädern gefahren werden?

Antwort:

1. **Außerhalb des Fahrwassers, wenn es nicht von der Wasser- und Schiffahrtsdirektion durch Bekanntmachung verboten ist.**
2. **Im Fahrwasser auf Abschnitten, die durch die Wasser- und Schiffahrtsdirektion bekanntgemacht oder durch blaue Tafeln mit dem weißen Symbol eines Wassermotorrades bezeichnet sind.**

Zu Frage 137:

Nach der Seeschiffahrtsstraßen-Ordnung ist das Fahren **im Fahrwasser** mit Wassermotorrädern grundsätzlich **verboten.**

Ausnahmen:

- Wasserflächen, die von der zuständigen Strom- und Schiffahrtspolizeibehörde bekanntgemacht worden sind
- Wasserflächen, die durch das Sichtzeichen gekennzeichnet sind

Außerhalb des Fahrwassers ist das Fahren mit Wassermotorrädern grundsätzlich **erlaubt.**

Ausnahmen:

- Wasserflächen, die von der zuständigen Strom- und Schiffahrtspolizeibehörde bekanntgemacht worden sind:
  a) im Bereich der Wasser- und Schiffahrtsdirektion Nordwest derzeit keine,
  b) im Bereich der Wasser- und Schiffahrtsdirektion Nord die bekanntgemachten Reeden sowie die Bereiche bis 200 m vor Hafeneinfahrten, Anlegestellen und Liegestellen.

Vorschrift: § 31 Abs. 5 SeeSchStrO

Hinweis: Begriff „Wassermotorräder" und Verhaltensregeln vgl. Frage 112

Ankern

138

Wo ist Ankern verboten?
(Nennen Sie mindestens 4 Stellen oder Bereiche).

Antwort:

1. **Im Fahrwasser.**
2. **An engen Stellen und in unübersichtlichen Krümmungen.**
3. **Im Umkreis von 300 m von schwimmenden Geräten, Wracks und anderen Schiffahrtshindernissen, von Kabeltonnen sowie von Stellen für militärische und zivile Zwecke.**
4. **Vor Hafeneinfahrten, Anlegestellen, Schleusen und Sielen sowie in den Zufahrten des NOK.**
5. **Innerhalb von Fähr- und Brückenstrecken.**
6. **300 m vor und hinter Ankerverbotszeichen.**

Zu Frage 138:
Merke: Soweit das Ankern nicht verboten ist, ist der Ankerplatz so zu wählen, daß die Schiffahrt im Fahrwasser nicht beeinträchtigt wird. Der Gebrauch des Ankers für Manövrierzwecke gilt nicht als Ankern (§ 32 Abs. 3 SeeSchStrO).

Hinweise: Definition „Fahrwasser" vgl. Frage 110, Kennzeichnung von Baggern (manövrierbehinderte Fahrzeuge) vgl. Fragen 41 ff., Kennzeichnung von Wracks und anderen Schiffahrtshindernissen vgl. Fragen 192 ff., Durchführung des Ankermanövers vgl. Erl. zu Fragen 271 ff., vgl. die Darstellung auf der nächsten Seite.

Vorschrift: § 32 Abs. 1 SeeSchStrO

Anlegen und Festmachen

139

Wo dürfen Sie mit Ihrem Fahrzeug nicht anlegen bzw. nicht festmachen?
(Nennen Sie mindestens 4 Stellen, Bauwerke oder Bereiche).

Antwort:

1. **An Sperrwerken, Strombauwerken, Leitwerken, Pegeln, festen und schwimmenden Schiffahrtszeichen.**
2. **An engen Stellen und in unübersichtlichen Krümmungen.**
3. **Vor Hafeneinfahrten und an Anlegestellen, die nicht für Sportboote bestimmt sind.**
4. **Innerhalb von Fähr- und Brückenstrecken.**
5. **An Stellen, die durch die Sichtzeichen „Festmache- und Liegeverbot" gekennzeichnet sind.**

Zu Frage 139:
Wichtiger Grundsatz: Wo das Anlegen und Festmachen nicht verboten ist, darf aber die Schiffahrt hierdurch nicht beeinträchtigt werden. Dies gilt sowohl in bezug auf andere bereits festgemachte Fahrzeuge als auch auf andere fahrende Fahrzeuge. Hat ein Fahrzeug mit dem Manöver des Anlegens begonnen, hat die übrige Schiffahrt diesen Umstand zu berücksichtigen und mit der gebotenen Vorsicht zu navigieren (§ 33 Abs. 1 SeeSchStrO).

Vorschrift: § 33 Abs. 2 SeeSchStrO
Hinweise: Durchführung des Manövers des Anlegens und Festmachens vgl. Erl. zu Fragen 274 ff. und Teil III Abschn. 2, vgl. Darstellung auf der übernächsten Seite.

Zu Frage 138:

Ankerverbote

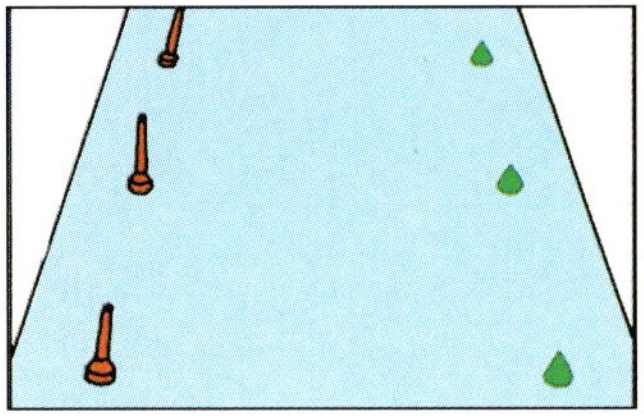

im Fahrwasser

an Engstellen

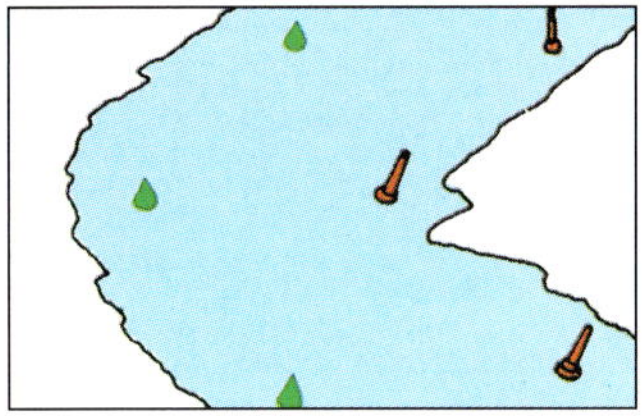

in unübersichtlichen Krümmungen

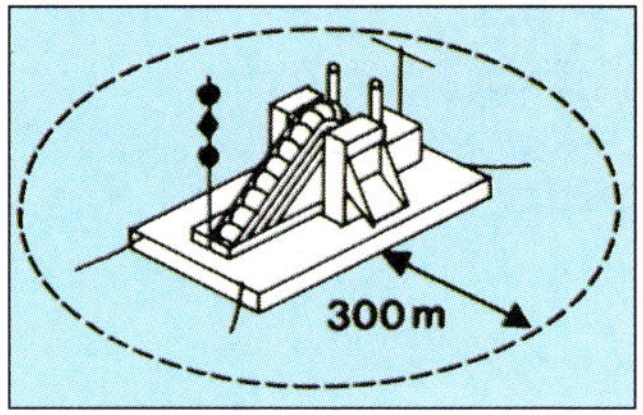

im Umkreis von 300 m von schwimmenden Geräten

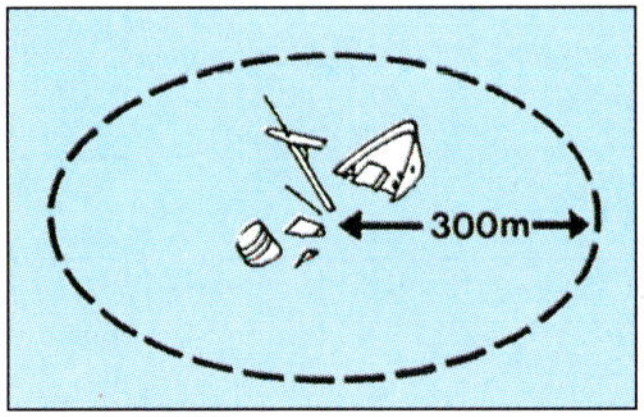

im Umkreis von 300 m von Wracks

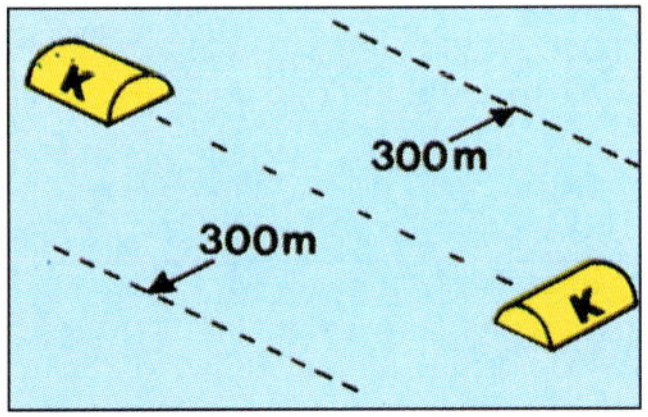

im Abstand von 300 m beiderseits von Kabeltrassen

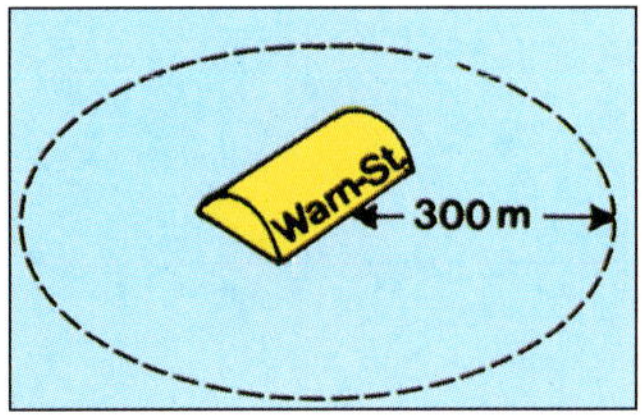

im Umkreis von 300 m von Stellen für militärische oder zivile Zwecke

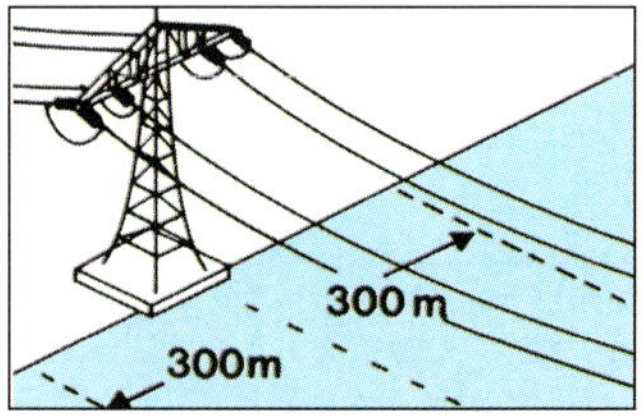

im Bereich von Hochspannungsleitungen bei verminderter Sicht

vor Hafeneinfahrten

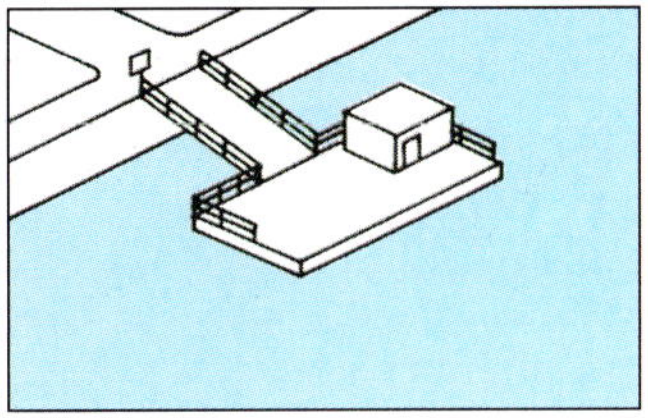

vor Anlegestellen

vor Schleusen

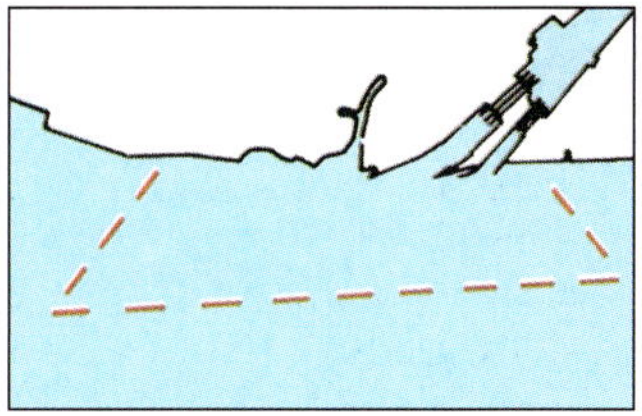

in der Zufahrt zum NOK in Brunsbüttel

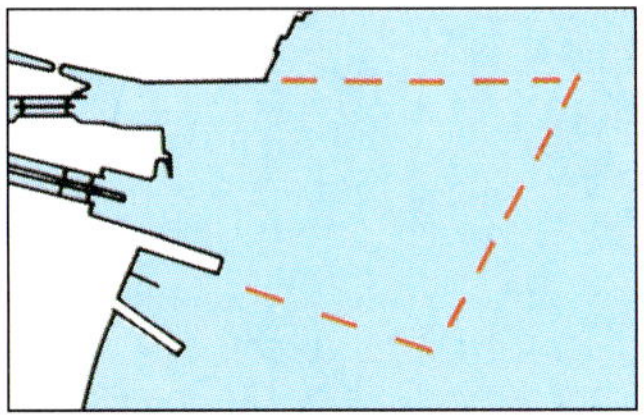

in der Zufahrt zum NOK in Kiel-Holtenau

innerhalb von Fährstrecken

innerhalb von Brückenstrecken

300 m vor und hinter Ankerverbotszeichen

Hinweise: Schiffahrtszeichen „Ankerverbote" vgl. Fragen 156 f.

an Strombauwerken

an Leitwerken

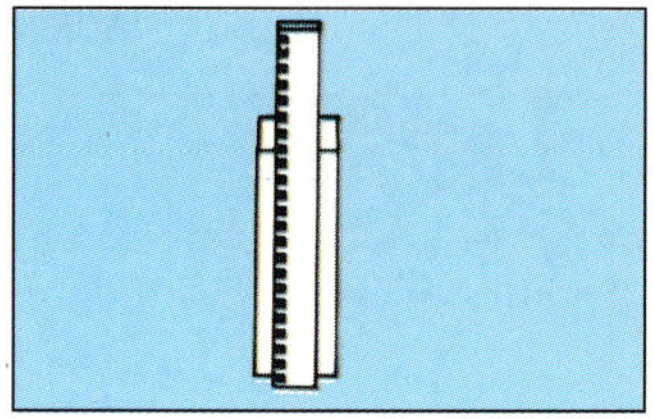
an Pegeln

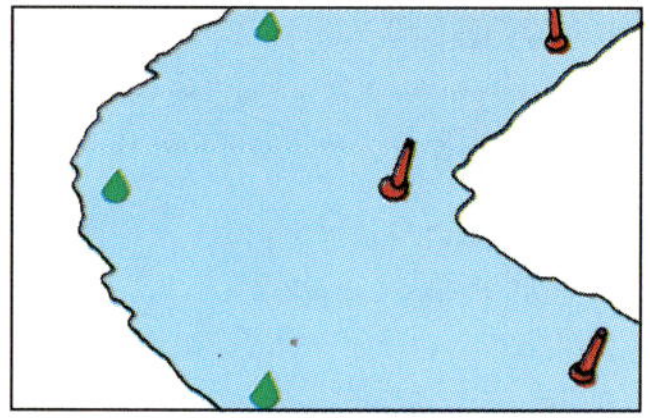
in unübersichtlichen Krümmungen

an durch das Festmacheverbot gekennzeichneten Stellen

vor Hafeneinfahrten

innerhalb von Fährstrecken

innerhalb von Brückenstrecken

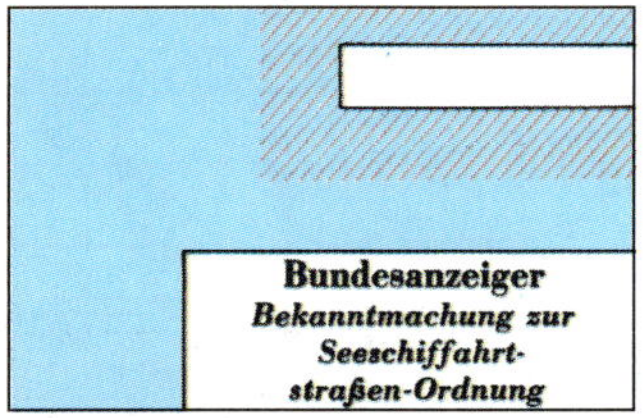

an bekanntgemachten Stellen

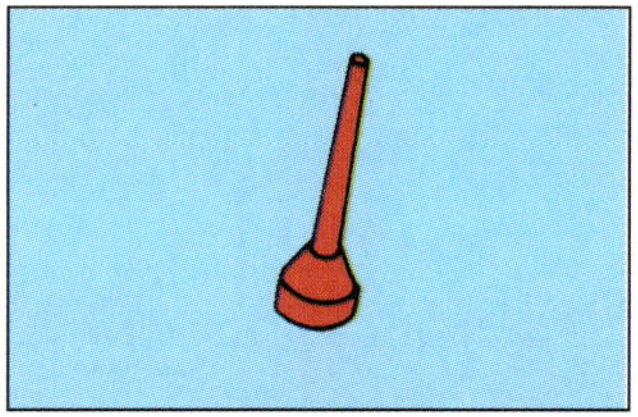
an schwimmenden Schiffahrtszeichen

an abbrüchigen Stellen am Ufer

an Engstellen

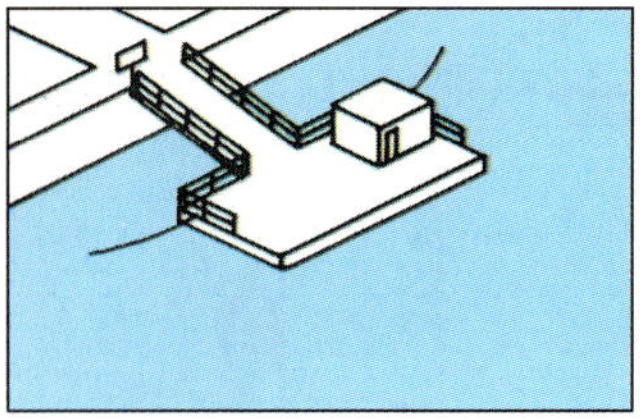
an Anlegestellen

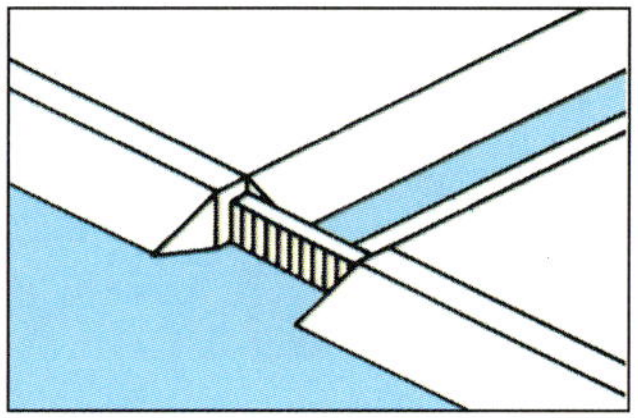
an Sperrwerken

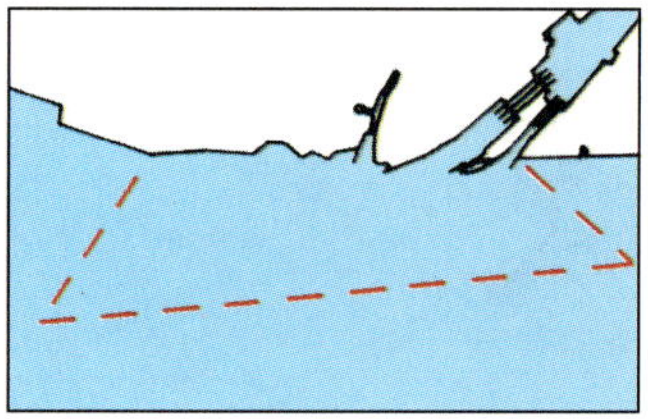
in der Zufahrt zum NOK in Brunsbüttel

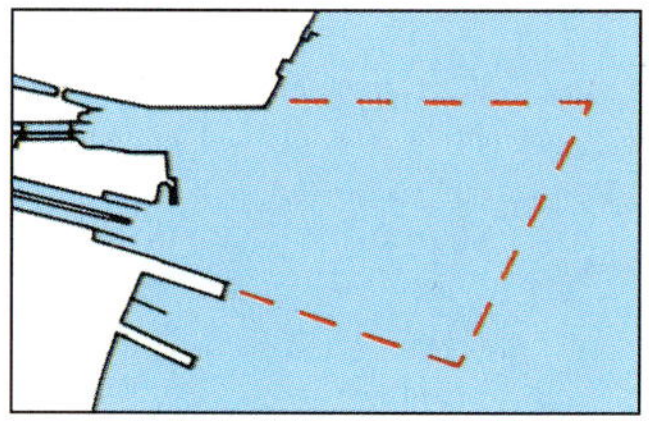
in der Zufahrt zum NOK in Kiel-Holtenau

Hinweise: Schiffahrtszeichen „Festmacheverbote“ vgl. Fragen 158 f.

Maßnahmen beim Sinken

140 **Was unternehmen Sie, wenn für Ihr Fahrzeug die Gefahr des Sinkens im Fahrwasser besteht?**	Antwort: **Es ist soweit wie möglich aus dem Fahrwasser zu bringen, um eine Beeinträchtigung der Schiffahrt zu vermeiden.**

141 **Was unternehmen Sie, um die Schiffahrt zu warnen, wenn Ihr Fahrzeug gesunken ist?**	Antwort: **Stelle des gesunkenen Fahrzeugs behelfsmäßig kennzeichnen und die Schiffahrtspolizeibehörde benachrichtigen.**

Zu Fragen 140 und 141:

Beachte: Diese Maßnahmen sollen verhindern, daß andere Fahrzeuge durch das gesunkene Fahrzeug gefährdet oder behindert werden.

Wichtiger Hinweis für die Besatzung des sinkenden Fahrzeugs:
Solange wie möglich an Bord bleiben oder sich am Fahrzeug festhalten, bis Hilfe kommt.

Vorschrift: § 37 Abs. 1 bis 3 SeeSchStrO
Hinweise: Verhalten nach einem Zusammenstoß vgl. Erl. zu Fragen 324 ff.; Seenotsignale vgl. Fragen 330 ff.

Nord-Ostsee-Kanal

142 **Während welcher Zeiträume dürfen Sportfahrzeuge ohne Lotsen den Nord-Ostsee-Kanal durchfahren?**	Antwort: **Während der bekanntgemachten Tagfahrzeiten, ausgenommen bei verminderter Sicht.**

143 **Bei welchem Signal dürfen Sportfahrzeuge ohne Lotsen von den Kanalreeden in die Zufahrten und in die Schleusen des Nord-Ostsee-Kanals einfahren?**	Antwort: **Wenn ein weißes unterbrochenes Licht gezeigt wird.**

144 **In welchen besonderen Vorschriften ist die Durchfahrt durch den Nord-Ostsee-Kanal geregelt?**	Antwort: **1. Im Abschnitt „Ergänzende Vorschriften für den Nord-Ostsee-Kanal" der SeeSchStrO.** **2. In der Bekanntmachung der WSD Nord zur SeeSchStrO.**

Zu den Fragen 142 bis 144:
Bei der Durchfahrt durch den Nord-Ostsee-Kanal ist vor allem der siebente Abschnitt der SeeSchStrO nebst der ergänzenden Bekanntmachung der WSD Nord zu beachten. Alle wesentlichen Verkehrsregeln für Sportfahrzeuge und wichtige Hinweise haben die WSÄ Brunsbüttel und Kiel-Holtenau in einem Merkblatt zusammengefaßt, das auch in der Broschüre „Sicherheit in der Sportschiffahrt im See- und Küstenbereich“ aufgenommen wurde und das folgenden Wortlaut hat:

1 Allgemeines
Auf dem NOK gelten die Bestimmungen der Seeschiffahrtsstraßen-Ordnung mit der dazugehörigen Bekanntmachung der Wasser- und Schiffahrtsdirektion Nord. Sportfahrzeuge dürfen den NOK und dessen Zufahrten im Bereich der Elbe und der Kieler Förde lediglich zur Durchfahrt und ohne Lotsen **nur während der Tagfahrzeiten** und nur bei sichtigem Wetter benutzen. Das gilt nicht für das Aufsuchen der zugelassenen Liegestellen im Yachthafen Kiel-Holtenau sowie im Binnenhafen und Alten Hafen Brunsbüttel.
Wegen der starken Belastung des Funkverkehrs auf dem NOK sollten nur in besonderen Fällen die Revierzentralen (Schleusenmeister, Verkehrslenkung) gerufen werden. Es wird empfohlen, auf den entsprechenden UKW-Kanälen ständig hörbereit zu sein. Auf Funkdisziplin ist zu achten.

Tagfahrzeiten – gesetzliche Landeszeit – sind:

1. 1. bis 15. 1.	7.30 bis 17.00 Uhr
16. 1. bis 31. 1.	7.30 bis 17.30 Uhr
1. 2. bis 15. 2.	7.00 bis 18.00 Uhr
16. 2. bis 28./29. 2.	6.30 bis 18.30 Uhr
1. 3. bis 15. 3.	5.30 bis 19.00 Uhr
16. 3. bis 31. 3.	5.00 bis 19.30 Uhr
1. 4. bis 15. 4.	4.30 bis 20.00 Uhr
16. 4. bis 30. 4.	4.00 bis 20.30 Uhr
1. 5. bis 15. 5.	3.30 bis 21.00 Uhr
16. 5. bis 31. 5.	3.00 bis 21.30 Uhr
1. 6. bis 30. 6.	2.30 bis 22.00 Uhr
1. 7. bis 15. 7.	2.30 bis 22.00 Uhr
16. 7. bis 31. 7.	3.00 bis 21.30 Uhr
1. 8. bis 15. 8.	3.30 bis 21.00 Uhr
16. 8. bis 31. 8.	4.00 bis 20.30 Uhr
1. 9. bis 15. 9.	4.30 bis 20.00 Uhr
16. 9. bis 30. 9.	5.00 bis 19.30 Uhr
1. 10. bis 15. 10.	5.30 bis 19.00 Uhr
16. 10. bis 31. 10.	6.00 bis 18.30 Uhr
1. 11. bis 15. 11.	6.30 bis 17.30 Uhr
16. 11. bis 30. 11.	7.00 bis 17.00 Uhr
1. 12. bis 31. 12.	7.30 bis 17.00 Uhr

Bei Sommerzeit beginnen und enden die Tagfahrzeiten eine Stunde später.

2 Kanalgebühren
Alle Sportfahrzeuge, welche **den NOK in westlicher oder östlicher Richtung durchfahren,** entrichten die Kanalgebühren beim Zeitungskiosk im Schleusenbereich Kiel-Holtenau.
Alle Sportfahrzeuge, welche **den NOK nur auf einer Teilstrecke befahren,** entrichten die Kanalgebühren in der Eingangs- oder Ausgangsschleuse. In Brunsbüttel soll hierfür am Gebühren-Anleger oder im Yachthafen festgemacht werden.
Der als Quittung ausgehändigte Berechtigungsschein wird in der Ausgangsschleuse kontrolliert.
Sportfahrzeuge, welche ihren ständigen Liegeplatz im NOK zwischen den Schleusen haben und dort fahren wollen, benötigen einen vom zuständigen Wasser- und Schiffahrtsamt (gegen Entrichtung einer Gebührenpauschale) ausgestellten Jahres-Fahrtausweis.

3 Höchstgeschwindigkeit
Die Höchstgeschwindigkeit von 15 km/h **über Grund** darf nicht überschritten werden.

4 Rechtsfahrgebot
Im NOK muß soweit wie möglich rechts gefahren werden. In bestimmten Strecken ist der Mindestabstand vom Ufer durch Sichtzeichen angegeben.

5 Segeln auf dem NOK
Das Segeln ist auf dem NOK verboten. Dies gilt nicht
1. im Schleusenvorhafen Kiel-Holtenau vor den Alten Schleusen,
2. außerhalb des Fahrwassers auf dem Borgstedter See, dem Audorfer See, der Obereidersee und dem Flemhuder See.

Sportfahrzeuge mit Maschinenantrieb dürfen zusätzlich Segel setzen. Sie müssen dann im Vorschiff einen schwarzen Kegel – Spitze nach unten – führen.

6 Wasserskilaufen
Das Wasserskilaufen ist auf dem NOK verboten.

7 Verhalten bei Nebel
Bei plötzlich auftretender verminderter Sicht dürfen Sportfahrzeuge an geeigneter Stelle auf der Kanalstrecke festmachen, wenn die Sicherheit des Verkehrs durch die Weiterfahrt bis zum nächsten Weichengebiet gefährdet wird. In den Weichen darf bei Nebel hinter den Dalben festgemacht werden. Hierfür sind Festmacherringe an den fünf östlichen und westlichen Dalben angebracht.

8 Fährstellen
Die Fährstellen sind mit besonderer Aufmerksamkeit zu passieren.

9 Gefahren durch Sog und Wellenschlag
Beim Vorbeifahren von Schiffen ist wegen der dabei auftretenden Sogwirkung besondere Vorsicht geboten.

10 Liegestellen für Sportfahrzeuge
Als Liegestelle für Sportfahrzeuge gelten
① der Yachthafen Brunsbüttel (km 1,8), max. Aufenthaltsdauer vier Tage.
② die Ausweichstelle Brunsbüttel Nordseite (km 2,7), sofern Yachthafen Brunsbüttel überfüllt, max. 1 Nacht.
③ Liegestelle in der Wendestelle der Weiche Dückerswisch-Nordseite (km 20,5).

Legende
① Befahrungsabgaben, für die Gesamtstrecke nur Kiel-Holtenau, Brunsbüttel nur für Teilstrecken
② Verkehrslenkung/Hafenkapitän
③ Schleusenmeister
④ Zoll
⑤ Wasser- und Schiffahrtsamt
⑥ Wasserschutzpolizei
⑦ Lotsen
⑧ Telefon
⑨ Kiosk

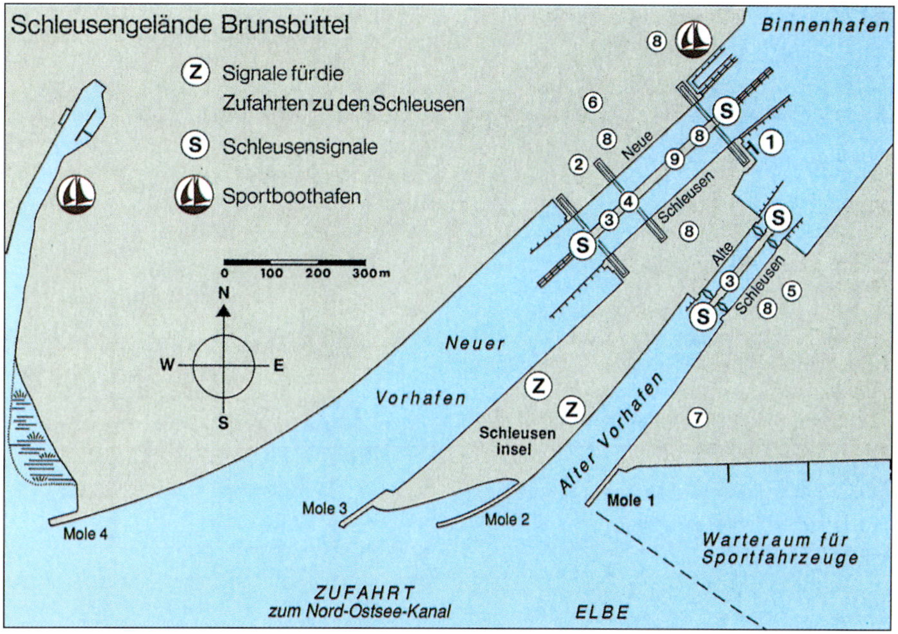

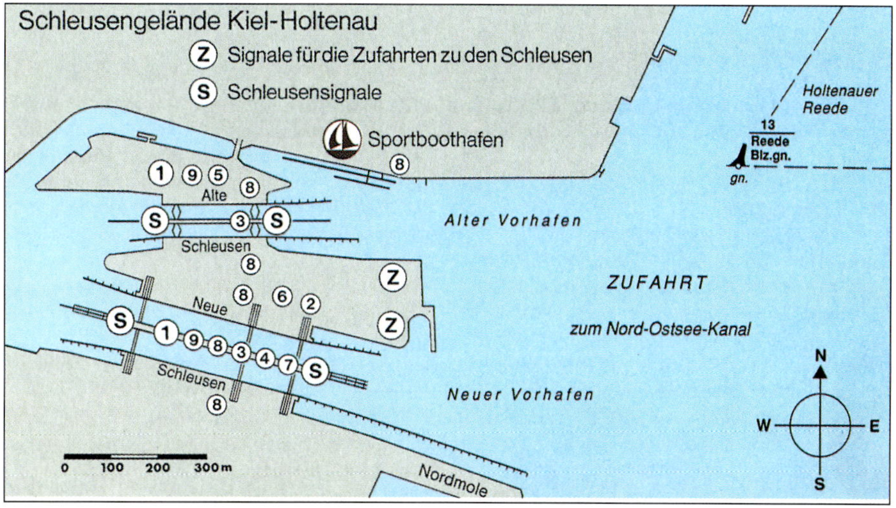

④ Liegestellen vor der Gieselau-Schleuse (Einfahrt bei km 40,5) – Benutzung nur für eine Übernachtung und nur an der südlich der Schleuse befindlichen Liegestelle.
Ausländische und solche inländischen Sportfahrzeuge, die zollfreien Mund- und Schiffsvorrat unter zollamtlicher Überwachung mit sich führen, dürfen den Liegeplatz vor der Gieselau-Schleuse nur aufsuchen, wenn sie vorher zollamtlich (Holtenau oder Brunsbüttel) abgefertigt worden sind.
⑤ Liegestellen im Obereidersee mit Enge (Einfahrt bei km 66).
⑥ Liegestellen im Borgstedter See (Einfahrt bei km 70).
⑦ Reede im Flemhuder See (Einfahrt bei km 85,4) – Benutzung nur für eine Übernachtung –
⑧ der Yachthafen Kiel-Holtenau (km 98,5). Die Außenkante am Außensteg darf von Sportbooten nicht belegt werden.

Sportfahrzeuge sollen ihre Kanalfahrt so einrichten, daß sie vor Ablauf der Tagfahrzeit eine Liegestelle für Sportfahrzeuge erreichen.

Das Festmachen in den Schleusenvorhäfen, an den zahlreichen kleinen Brücken der Kanalverwaltung oder direkt an der Kanalböschung ist ausnahmslos verboten und gefährlich!

11 Lichtsignale

11.1 Einlaufen in die Zufahrten

Sportfahrzeuge dürfen in die Zufahrten zum NOK nur einlaufen, wenn an den auf den Schleuseninseln befindlichen Signalmasten für die jeweilige Schleuse (Alte oder Neue Schleuse) folgendes Signal gezeigt wird:

Einfahrt frei für Sportfahrzeuge
(Ein unterbrochenes weißes Licht)

Warteraum:
Brunsbüttel östlich der Zufahrtsgrenze, Kiel-Holtenau nördlich der Zufahrtsgrenze.

Signale für die Zufahrten zum NOK | Signale für die Vorhäfen und Schleusen des NOK

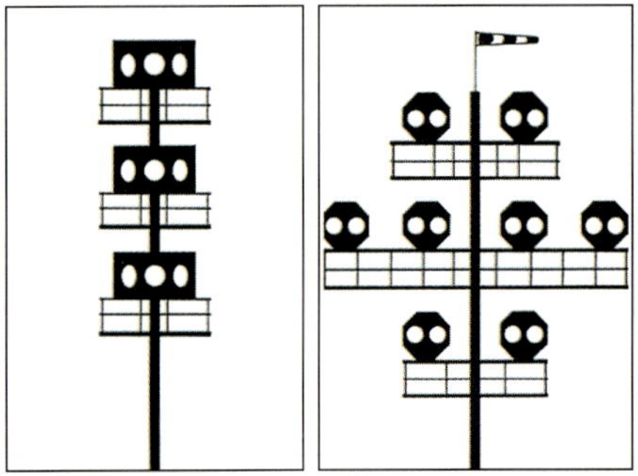

 Aufforderung zum Einlaufen in die Zufahrt für Sportfahrzeuge (ein unterbrochenes weißes Licht)

 Aufforderung zum Einlaufen in den betreffenden Vorhafen bzw. in die betreffende Schleuse für Sportfahrzeuge (ein unterbrochenes weißes Licht)

11.2 Einlaufen in die Schleusenvorhäfen und Schleusen

Sportfahrzeuge dürfen in die Schleusenvorhäfen und Schleusen nur einlaufen, wenn an den Signalmasten auf der MIttelmauer der jeweiligen Schleuse folgendes Signal gezeigt wird:

Einfahrt frei für Sportfahrzeuge
(ein unterbrochenes weißes Licht)

Auf Lautsprecherdurchsagen des Schleusenmeisters muß geachtet werden.
Das Überholen in den Schleusen ist verboten. Sportfahrzeuge müssen in der Schleuse beim Vorbeifahren an festgemachten Fahrzeugen auf Schraubenstrom, der von in Nullstellung drehenden Verstellpropellern ausgehen kann, achten.

11.3 Durchfahren der Weichengebiete

Im allgemeinen haben die Signale in den Weichen keine Bedeutung für die Sportschifffahrt. Sportfahrzeuge müssen die Fahrt unterbrechen und hinter den Dalben an den Festmacherringen warten, wenn an den Weichensignalmasten folgendes Signal gezeigt wird:

Ausfahren verboten für alle Fahrzeuge
(drei unterbrochene rote Lichter übereinander)

Verkehr beim Ölhafen Brunsbüttel

Im Binnenhafen Brunsbüttel ist die Weiterfahrt für alle Fahrzeuge verboten, wenn an den Signalmasten des an der Nordseite liegenden Ölhafens folgendes Signal gezeigt wird:

Weiterfahren verboten
(zwei feste rote Lichter nebeneinander)

Hinweise: Fährstelle am NOK vgl. Erl. zu Fragen 176 und 177, Verbot des Ankerns, Anlegens und Festmachens sowie Überholens im Bereich der Zufahrten zum NOK vgl. Erl. zu Fragen 113 ff., 138 und 139.

Vorschriften: § 51 Abs. 1 SeeSchStrO (Durchfahrterlaubnis nur während der Tagfahrzeit), Nrn. A. 20 und A. 21 der Anlage I zur SeeSchStrO (Einfahrtssignale), §§ 41 ff. SeeSchStrO (Ergänzende Vorschriften für den NOK mit wichtigen Durchfahrtsregeln für Sportboote).

145

Sie sehen im Nord-Ostsee-Kanal an einem Weichensignalmast drei unterbrochene rote Lichter übereinander:
1. Was bedeutet dieses Signal?
2. Wie haben Sie sich dann in der Weiche zu verhalten?

Antwort:
1. Ausfahrt für alle Fahrzeuge verboten.
2. Aufhebung des Signals – ggf. hinter der rechten Dalbenreihe – abwarten.

Zu Frage 145:
Der Verkehr auf dem Nord-Ostsee-Kanal wird durch ein Verkehrssystem mit optischen Signalen geregelt. Die Berufsschiffahrt hat grundsätzlich Vorrang vor der Sportschiffahrt. Führer von Sportfahrzeugen haben sich in den Gesamtverkehr einzugliedern und dürfen den Verkehrsablauf nicht behindern. Für den Verkehr durch den Nord-Ostsee-Kanal werden am Tage Tagessichtsignale und bei Nacht Lichtsignale gezeigt. Diese Signale befinden sich an Signalmasten bei den Schleusen Brunsbüttel und Kiel-Holtenau sowie an und in den 12 Weichengebieten für das Begegnen größerer Schiffe. Die für die Sportfahrzeuge relevanten Gefahrsignale müssen unbedingt beachtet werden. Wenn ein Aufstoppen im Weichengebiet aufgrund der Signalregelung angeordnet wird, sollte im Interesse der eigenen Sicherheit hinter den in Fahrtrichtung rechts liegenden Dalben festgemacht werden. Die Liegeplätze vor den Dalben werden von der aufgestoppten Berufsschiffahrt genutzt.

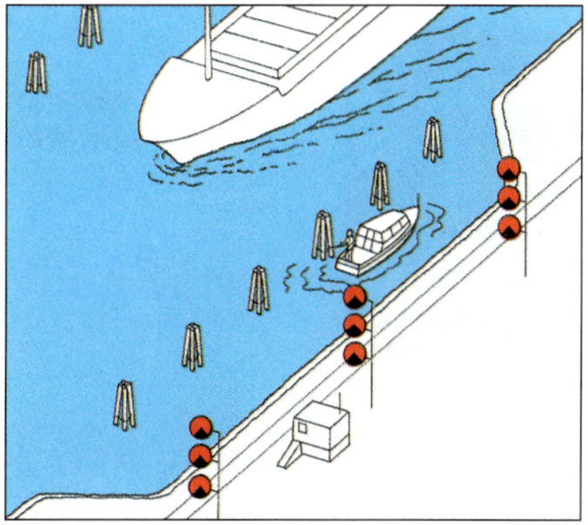

Hinweise: Sichtzeichen für die Weichengebiete vgl. Nr. A.22 b) Anlage I der SeeSchStrO.
Im Buchhandel sind folgende Spezialhandbücher für Wassersportler erhältlich:
„Der Nord-Ostsee-Kanal“ Streckenplan, Verkehrsregelung, Verkehrsvorschriften, Carl Heymanns Verlag KG, Köln.
„Der Nord-Ostsee-Kanal (NOK) Hinweise und Tips für Wassersportler“, herausgegeben vom Deutschen Motoryachtverband e. V. in Zusammenarbeit mit der Wasser- und Schiffahrtsdirektion Nord in Kiel und den Lotsenbrüderschaften am Nord-Ostsee-Kanal.

Vorschrift: § 49 SeeSchStrO

Gebots- und Verbotszeichen

146

Sie sehen an Land folgendes Sichtzeichen:

Was bedeutet dieses Sichtzeichen?

Antwort:
1. Begegnungsverbot an einer Engstelle.
2. Vorfahrtsregelung beachten.

Zu Frage 146:

Vorschrift: Nr. A. 2 Anlage I der SeeSchStrO

147

Sie sehen an Land folgendes Sichtzeichen:

Was bedeutet dieses Sichtzeichen?

Antwort:

Die Geschwindigkeit durch das Wasser in km/h, auf dem Nord-Ostsee-Kanal über Grund in km/h, die nicht überschritten werden darf; hier 12 km/h.

148

Sie sehen eines der folgenden Sichtzeichen (tags, nachts):

1. **Was bedeutet dieses Sichtzeichen?**
2. **Wie haben Sie sich zu verhalten?**

Antwort:

1. **Schutzbedürftige Anlage.**
2. **Sog und Wellenschlag vermeiden.**

149

Sie hören folgendes Schallsignal – 4 kurze Töne (● ● ● ●):

1. **Was bedeutet dieses Signal?**
2. **Wie verhalten Sie sich?**

Antwort:

1. **Brücke, Sperrwerk, Schleuse kann vorübergehend nicht geöffnet werden.**
2. **Fahrt unterbrechen, Freigabe abwarten.**

150

Sie sehen an Land folgendes Sichtzeichen:

Was bedeutet dieses Sichtzeichen?

Antwort:

Geschwindigkeitsbeschränkung, Sog und Wellenschlag vermeiden.

Zu Fragen 147 bis 150:
Wichtiger Grundsatz: Fahrzeuge haben ihre Geschwindigkeit rechtzeitig soweit zu vermindern, wie es erforderlich ist, um Gefährdungen von schutzbedürftigen Anlagen oder durch Schiffahrtszeichen gekennzeichneten Stellen des Ufers durch Sog oder Wellenschlag zu vermeiden. Dieser Grundsatz gilt insbesondere auch beim Vorbeifahren an

① Häfen, Schleusen und Sperrwerken,
② festliegenden Fähren,
③ manövrierunfähigen und festgekommenen sowie an manövrierbehinderten Fahrzeugen,
④ schwimmenden Geräten und schwimmenden Anlagen,
⑤ außergewöhnlichen Schwimmkörpern, die geschleppt werden, und
⑥ an Stellen, die durch die Flagge A des Internationelen Signalbuches gekennzeichnet sind (vgl. Frage 107), (§ 26 Abs. 6 Nr. 6 SeeSchStrO).

Vorschrift: Nrn. A.3 und 4 der Anlage I zur SeeSchStrO
Hinweis: Sichere Geschwindigkeit vgl. Frage 28

Verkehrsregelung im Bereich von Badegebieten

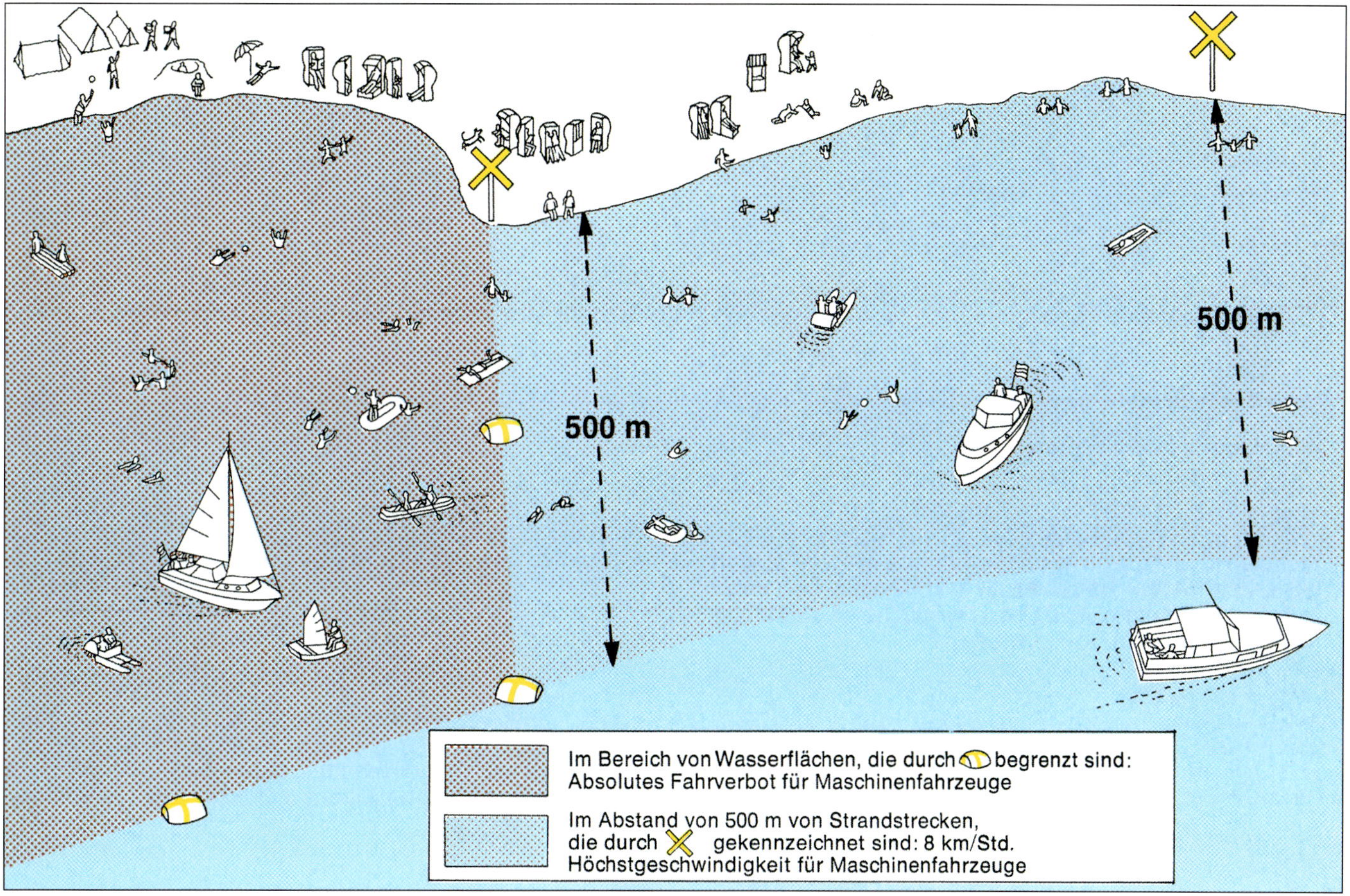

151

Sie sehen folgendes Sichtzeichen:

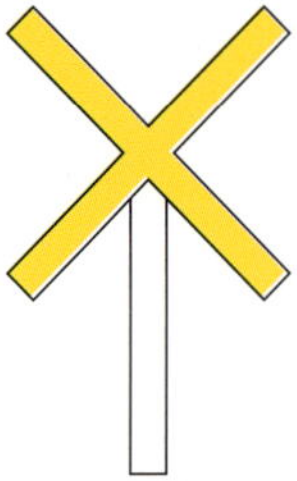

Was bedeutet dieses Sichtzeichen?

Antwort:

Geschwindigkeit von 8 km/h (4,3 sm/h) Fahrt durch das Wasser, die innerhalb eines Mindestabstandes von 500 m von der jeweiligen Uferlinie wegen Badebetriebes nicht überschritten werden darf.

152

Sie sehen folgende Tonne:

Was bedeutet diese Tonne?

Antwort:

Gesperrt für Maschinenfahrzeuge wegen Badebetriebes.

153

Welche Höchstgeschwindigkeit dürfen Sie vor Stellen mit erkennbarem Badebetrieb – außerhalb des Fahrwassers – in einem Abstand von 500 Meter und weniger vom Ufer nicht überschreiten?

Antwort:

8 km/h (4,3 sm/h) Fahrt durch das Wasser.

Zu Fragen 151 bis 153:

Merke: Vor Stellen mit erkennbarem Badebetrieb mit oder ohne Kennzeichnung durch eine Stange mit einem liegenden gelben Kreuz darf in einem Abstand von weniger als 500 m vom Ufer die Höchstgeschwindigkeit von 8 km/Std. nicht überschritten werden. Liegen dagegen weiße Tonnen mit einem rechtwinkligen gelben Kreuz aus, bedeutet das Fahrverbot für alle Maschinenfahrzeuge.

Vorschriften: Nr. A.5 und A.17a) der Anlage I zur SeeSchStrO, § 26 Abs. 3 SeeSchStrO

154

Sie sehen folgendes Sichtzeichen:

Was bedeutet dieses Sichtzeichen?

Antwort:

Mindestabstand in Metern, der vom Aufstellungsort der Tafel (hier 40 m von der in Fahrtrichtung rechten Seite) an eingehalten werden muß.

Zu Frage 154: **Vorschrift:** Nr. A.6 Anlage I der SeeSchStrO

155

Sie sehen folgendes Sichtzeichen:

1. **Was bedeutet dieses Sichtzeichen?**
2. **Wie haben Sie sich zu verhalten?**

Antwort:

1. **Anhalten vor beweglichen Brücken, Sperrwerken und Schleusen.**
2. **Vor dem Sichtzeichen anhalten, warten, bis die Durchfahrt freigegeben wird.**

Zu Frage 155:
Vorschrift: Nr. A.7 Anlage I der SeeSchStrO

Hinweis: Zur Regelung der Durchfahrt durch Schleusen vgl. Erl. zu Fragen 132 und 133

156

Sie sehen folgendes Sichtzeichen:

1. **Was bedeutet dieses Sichtzeichen?**
2. **Wie haben Sie sich zu verhalten?**

Antwort:

1. **Ankerverbot.**
2. **In einem Abstand von weniger als 300 m beiderseits des Sichtzeichens nicht ankern.**

Zu Frage 156:

Hinweis: Zu weiteren Ankerverboten vgl. Frage 138.

Vorschrift: Nr A.8 Anlage I der SeeSchStrO

157

Sie sehen eines der folgenden Schiffahrtszeichen (hier ohne Beschriftung):

1. **Was kennzeichnet dieses Schiffahrtszeichen?**
2. **Wo entnehmen Sie die Bedeutung dieses Schiffahrtszeichens?**

Antwort:

1. **Kennzeichnung besonderer Gebiete und Stellen, z. B. Warngebiete, Fischereigründe.**
2. **Die Bedeutung kann der Seekarte entnommen und aus der Beschriftung des Schiffahrtszeichens erkannt werden.**

Zu Frage 157:
Entsprechend der Bedeutung der Seezeichen im Einzelfall (z. B. Warngebiet, Fischereigründe) befindet sich an dem Seezeichen eine Beschriftung entsprechend der jeweiligen Bedeutung, z. B. „Warngebiet“, „Warn-G.“, „Fischerei“, „Fisch“.

Vorschrift: Nr. B. 16 der Anlage I zur SeeSchStrO i. V. § 32 Abs. 1 Nr. 2 SeeSchStrO

158

Sie sehen folgende Sichtzeichen:

1.

2.

Was bedeuten diese Sichtzeichen?

Antwort:

1. **Festmacheverbot.**
2. **Liegeverbot.**

Zu Frage 158: **Vorschrift:** Nr. A.9 und Nr. 10 der Anlage I zur SeeSchStrO **Hinweis:** weitere Festmacheverbote vgl. Erl. zu Frage 139

159

Sie sehen folgendes Sichtzeichen:

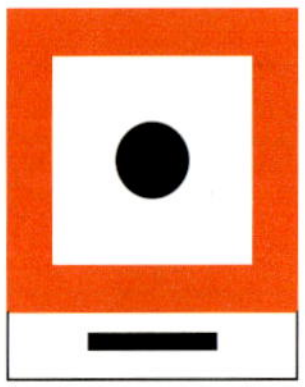

1. **Was bedeutet dieses Sichtzeichen?**
2. **Wie haben Sie sich zu verhalten?**

Antwort:

1. **Abgabe eines Schallsignales.**
2. **Das in der Zusatztafel angegebene Schallsignal – hier ein langer Ton – ist zu geben.**

Zu Frage 159: **Vorschrift:** Nr. A.12 der Anlage I der SeeSchStrO

160

Sie sehen folgendes Sichtzeichen:

Was bedeutet dieses Sichtzeichen?

Antwort:

Wasserflächen im Fahrwasser, auf denen das Wasserskilaufen erlaubt ist.

Zu Frage 160: **Vorschrift:** Nr. B.5 der Anlage I der SeeSchStrO **Hinweis:** Zur Regelung des Wasserskilaufens vgl. Fragen 134–136

161

Sie sehen folgendes Sichtzeichen:

Was bedeutet dieses Sichtzeichen?

Antwort:

Wasserflächen im Fahrwasser, auf denen das Fahren mit Wassermotorrädern erlaubt ist.

Zu Frage 161: **Vorschrift:** Nr. B.8 der Anlage I zur SeeSchStrO

Hinweis: Zur Regelung des Wassermotorradfahrens vgl. Erl. zu Fragen 112 und 137

162

Sie sehen folgendes Sichtzeichen:

Was bedeutet dieses Sichtzeichen?

Antwort:

Ende einer Gebots- oder Verbotsstrecke.

Zu Frage 162: **Vorschrift:** Nr. A.15 der Anlage I der SeeSchStrO

163

Woran können Sie erkennen, daß ein militärisches Warngebiet wegen Schießübungen für die Schiffahrt gesperrt ist?

Antwort:

An bestimmten Tag- und Nachtsignalen, die nach der Schiffahrtspolizeiverordnung der WSD Nord für militärische Sperr- und Warngebiete an entsprechenden Signalstellen und auf Sicherungsfahrzeugen gezeigt werden.

164

Sie sehen eines der folgenden Schiffahrtszeichen:

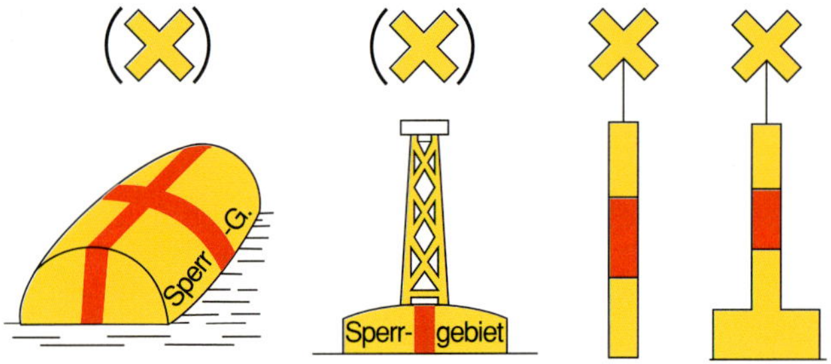

1. **Was bezeichnet dieses Schiffahrtszeichen?**
2. **Wie haben Sie sich zu verhalten?**

Antwort:

1. **Sperrgebiet.**
2. **Befahren für alle Fahrzeuge verboten.**

Zu Fragen 163 bis 164:
Beachte die Verkehrsregelung in Sperr- und Warngebieten:

① In den Sperrgebieten Schönhagen, Eckernförde/Nord, Eckernförde/Süd, Surendorf, Audorfer See und Borgstedter See ist jeder Aufenthalt von Fahrzeugen verboten.

② In den Warngebieten Aschau, Torpedo-Schießbahn Eckernförde/Süd, Todendorf, Putlos und Meldorfer Bucht ist der Aufenthalt von Fahrzeugen verboten, wenn und solange die für das jeweilige Warngebiet vorgesehenen Sperrzeichen an den Signalmasten und Sicherungsfahrzeugen gezeigt werden. Die Sperrzeichen sind für alle Warngebiete unterschiedlich, um Verwechslungen zu vermeiden.

Merke: Wenn das Warngebiet durch das Zeigen der in der SperrgebietsVO der WSD Nord vorgeschriebenen Sichtzeichen vorübergehend zum Sperrgebiet werden kann, tragen die Schiffahrtszeichen immer ein gelbes liegendes Kreuz als Toppzeichen.

Vorschriften: Nrn. A 17 b) (Sperrgebiete) und B. 16 a) und b) (Warngebiete) der Anlage I zur SeeSchStrO, § 3 der Schiffahrtspolizeiverordnung über Sicherungsmaßnahmen für militärische Sperr- und Warngebiete an der schleswig-holsteinischen Ost- und Westküste und im Nord-Ostsee-Kanal vom 2. Juli 1980 (Bundesanzeiger Nr. 126 vom 12. Juli 1980), abgedruckt im Küsten-Almanach I. A4.

Bei gezeigten Sperrzeichen zeitweiliges Aufenthaltsverbot

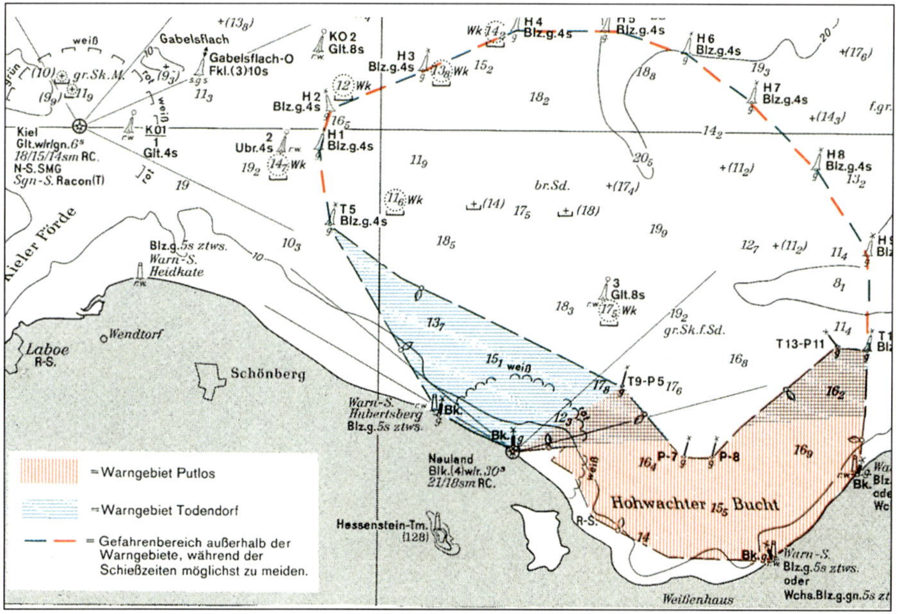

Warngebiete Putlos und Todendorf

Einfahrverbot für alle Fahrzeuge

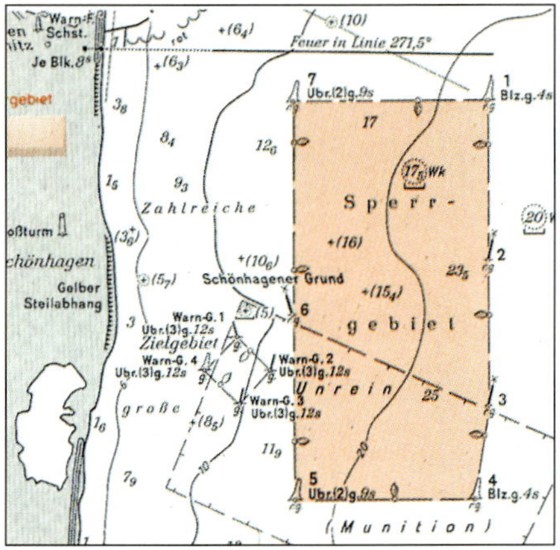

Sperrgebiet Schönhagen

165

Sie sehen folgende Flagge:

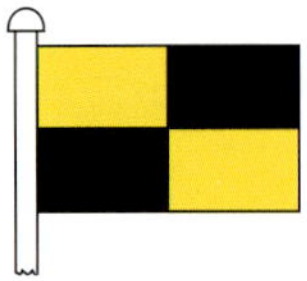

1. **Was bedeutet dieses Flaggensignal?**
2. **Wer zeigt dieses Signal?**

Antwort:

1. **Anhalten.**
2. **Fahrzeuge des öffentlichen Dienstes.**

166

Sie sehen oder hören folgendes Licht- bzw. Schallsignal: einmal kurz, einmal lang, zweimal kurz (● ▬ ● ●)

1. **Was bedeutet dieses Signal?**
2. **Wer gibt dieses Signal?**

Antwort:

1. **Anhalten.**
2. **Fahrzeuge des öffentlichen Dienstes.**

Polizeifahrzeug im Einsatz mit dem Licht- und Schallsignal „Anhalten“

Zu Fragen 165 und 166:

Beachte: Wird ein Fahrzeug durch die genannten Signale zum Anhalten aufgefordert, so sind der Eigentümer und der Fahrzeugführer verpflichtet, den Beamten des Fahrzeugs des öffentlichen Dienstes unverzüglich das Betreten des Fahrzeugs und die Ausübung ihrer Befugnisse zu ermöglichen. Das bedeutet, daß der Fahrzeugführer sofort das Schiff aufstoppen und alle sonstigen Maßnahmen ergreifen muß, um das Anbordkommen der Beamten zu erleichtern. Außerdem haben der Eigentümer und der Fahrzeugführer die bei der Überprüfung benötigten Hilfsmittel bereitzustellen sowie die Auskünfte zu erteilen und die Unterlagen vorzulegen (Sportbootführerschein), die zur Erfüllung der polizeilichen Aufgabe erforderlich sind.

Handelt es sich um ein Fahrzeug im schifffahrtpolizeilichen Einsatz, sind die Beamten entweder uniformierte Beamte der Wasserschutzpolizei der Länder, die aufgrund besonderer Vereinbarungen für den Bund auf den Bundeswasserstraßen vollzugspolizeilich tätig werden, oder um nicht uniformierte Beamte der Wasser- und Schiffahrtsverwaltung des Bundes, die sich entsprechend ausweisen.

Vorschriften: Nr. A.16 der Anlage I zur SeeSchStrO, § 8 des Gesetzes über die Aufgaben des Bundes auf dem Gebiet der Seeschiffahrt.

Hinweis: Lichterführung eines Polizeifahrzeugs im Einsatz vgl. Frage 108.

167

Sie sehen eines der folgenden Sichtzeichen (tags, nachts):

1. **Was bedeutet dieses Sichtzeichen?**
2. **Wie haben Sie sich zu verhalten?**

Antwort:

1. **Dauernde Sperrung der Seeschiffahrtsstraße.**
2. **Weiterfahrt verboten.**

168

Beschreiben Sie das Tag- und Nachtsignal für die dauernde Sperrung der Seeschiffahrtsstraße.

Antwort:

1. **Tagsignal:**
   Drei Körperzeichen übereinander, oben ein schwarzer Ball, in der Mitte ein schwarzer Kegel – Spitze unten –, unten ein schwarzer Kegel – Spitze oben.
2. **Nachtsignal:**
   Drei feste Lichter übereinander, das obere rot, das mittlere grün, das untere weiß.

169

Sie sehen folgendes Sichtzeichen:

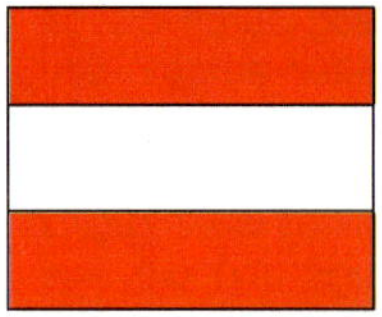

1. Was bedeutet dieses Sichtzeichen?
2. Wie haben Sie sich zu verhalten?

Antwort:

1. Dauernde Sperrung einer Teilstrecke der Seeschiffahrtsstraße.
2. Weiterfahrt in der Teilstrecke verboten.

170

Sie hören auf der Seeschiffahrtsstraße zwei Gruppen von je drei langen Tönen:
(▬ ▬ ▬)
(▬ ▬ ▬)
1. Was bedeutet dieses Signal?
2. Wie haben Sie sich zu verhalten?

Antwort:

1. Sperrung der Seeschiffahrtsstraße.
2. Weiterfahrt verboten.

Zu Fragen 167 bis 170:
Grundsatz: Die Schiffahrtszeichen in Frage 167, 168 und 170 dienen der Vollsperrung einer ganzen Seeschiffahrtsstraße oder einer längeren Teilstrecke, z. B. bei Kollisionen oder Festkommen großer Schiffe, Hochwasser oder Stapelläufen, wenn vorübergehend der gesamte Verkehr aufgestoppt werden muß.
Vorschrift: Nr. A.18a) und C.4 der Anlage I zur SeeSchStrO

Hinweis: Das Schiffahrtszeichen nach Frage 169 dient der Sperrung von Teilen einer Seeschiffahrtsstraße, wie z. B. einer Brückenöffnung (vgl. Erl. zu Frage 173).

171

Sie sehen an Brücken, Sperrwerken oder Schleusen folgende feste Lichter:

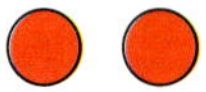

1. Was bedeutet dieses Sichtzeichen?
2. Wie haben Sie sich zu verhalten?

Antwort:

1. Brücke, Sperrwerk oder Schleuse geschlossen.
2. Durchfahren oder Einfahren verboten.

172

Sie sehen an Brücken, Sperrwerken oder Schleusen folgende feste Lichter:

1. Was bedeutet dieses Sichtzeichen?
2. Wie haben Sie sich zu verhalten?

Antwort:

1. Diese Anlage ist dauernd gesperrt.
2. Durchfahren oder Einfahren verboten.

Signalregelung Durchfahrt durch Brücken

Allgemeine Verkehrsregelung Durchfahren von Brücken

- Vor und unter Brücken ist das Begegnen und Überholen nur gestattet, wenn das Fahrwasser mit Sicherheit hinreichenden Raum für die gleichzeitige Durchfahrt gewährt. Anderenfalls ist die Vorfahrt entsprechend § 25 Abs. 2 SeeSchStrO zu beachten:
  1. in Tidengewässern und in tidefreien Gewässern mit Strömung hat Vorfahrt das mit dem Strom fahrende Fahrzeug, bei Stromstillstand das Fahrzeug, das vorher gegen den Strom gefahren ist,
  2. in tidefreien Gewässern ohne Strömung das Fahrzeug, das grundsätzlich die Steuerbordseite des Fahrwassers zu benutzen hat.

Das wartepflichtige Fahrzeug muß außerhalb der Brücke so lange warten, bis das andere Fahrzeug vorbeigefahren ist.

- Ein wartepflichtiges Fahrzeug muß in ausreichender Entfernung vor der Brücke anhalten. Dabei darf es vorübergehend an Festmachedalben, jedoch nicht an Leitwerken und Abweisedalben festmachen (vgl. Erl. zu Fragen 132 und 133).
- In geschlossenem oder teilweise geöffnetem Zustand dürfen Brücken nur von Fahrzeugen durchfahren werden, für die die Öffnungen der Brücke in geschlossenem Zustand mit Sicherheit ausreichen. Das Öffnen der Brücke darf nur verlangt werden, wenn die Durchfahrtshöhe auch nach dem Niederlegen von Masten, Aufbauten und Schornsteinen nicht ausreicht oder das Niederlegen mit unverhältnismäßig großen Schwierigkeiten verbunden ist.

Hinweis:
Wenn Durchfahrt verboten, vor dem Schiffahrtszeichen anhalten; nicht an Leitwerken und Abweisedalben festmachen.

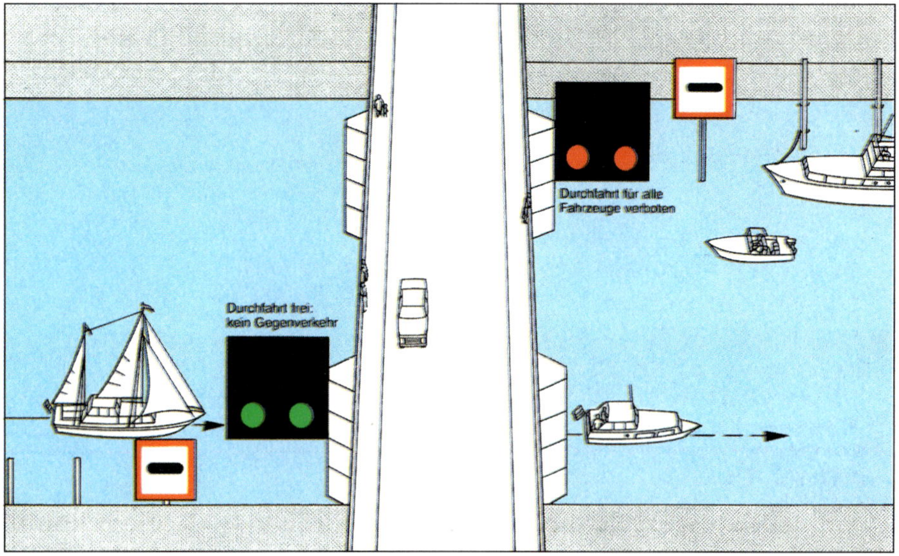

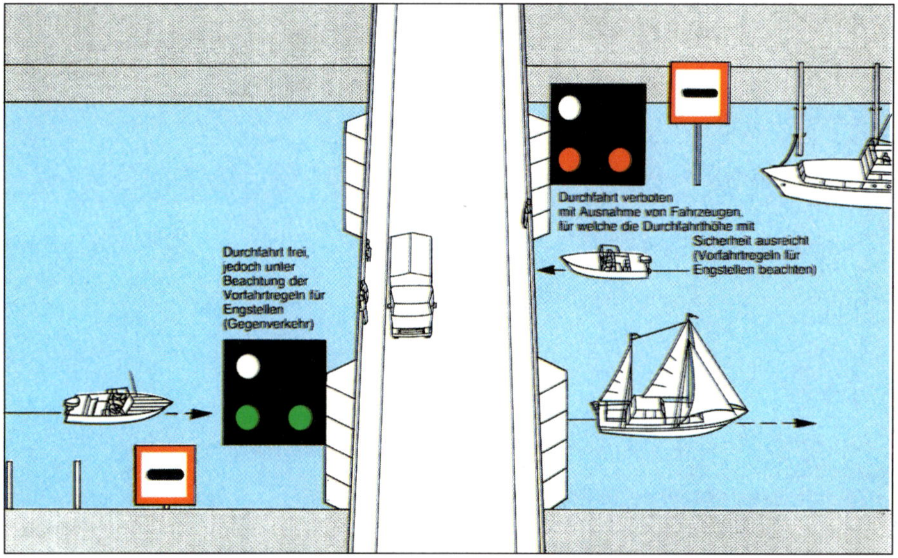

Wichtige Grundsätze für die Durchfahrt durch feste und bewegliche Brücken:

① Vor und unter Brücken ist das Begegnen und Überholen nur gestattet, wenn das Fahrwasser mit Sicherheit hinreichenden Raum für die gleichzeitige Durchfahrt gewährt. Ein wartepflichtiges Fahrzeug muß in ausreichender Entfernung vor der Brücke anhalten, es sei denn, der Abstand ist durch ein Halteschild festgelegt (vgl. Frage 156).

② Feste Brücken und bewegliche Brücken in geschlossenem oder teilweise geöffnetem Zustand dürfen nur von Fahrzeugen durchfahren werden, für die die Öffnung der Brücke in geschlossenem Zustand mit Sicherheit ausreicht. Das Öffnen der Brücke darf nur verlangt werden, wenn die Durchfahrtshöhe auch nach dem Niederlegen von Masten, Aufbauten und Schornsteinen nicht ausreicht oder das Niederlegen mit unverhältnismäßig großen Schwierigkeiten verbunden ist.

Wichtiger Hinweis:
Das Anforderungssignal „Brücke/Sperrtor/Schleuse öffnen" ist auf allen Seeschiffahrtsstraßen mit Ausnahme auf der Trave „zwei lange Töne" (Nr. 6.1 Anlage II.2 zur SeeSchStrO). Dieses Signal ist wirkungslos, wenn die Anlage dauernd gesperrt ist. Wird auf das Signal hin von den beiden nebeneinander angebrachten festen roten Lichtern das eine gelöscht, bedeutet dies: Die Freigabe wird vorbereitet (Nr. A.19 a] Anlage I.1 SeeSchStrO).

Hinweise:
Verhalten vor geschlossenen Brücken, Sperrtoren oder Schleusen vgl. Erl. zu Fragen 132 und 133.
Verbot des Ankern, Anlegens und Festmachens im Bereich von Brückenstrecken vgl. Erl. zu Fragen 138 und 139.

Vorschrift: Nr. A.19 a) der Anlage I zur SeeSchStrO

173

Sie sehen an einer Brücke folgende Tafeln:

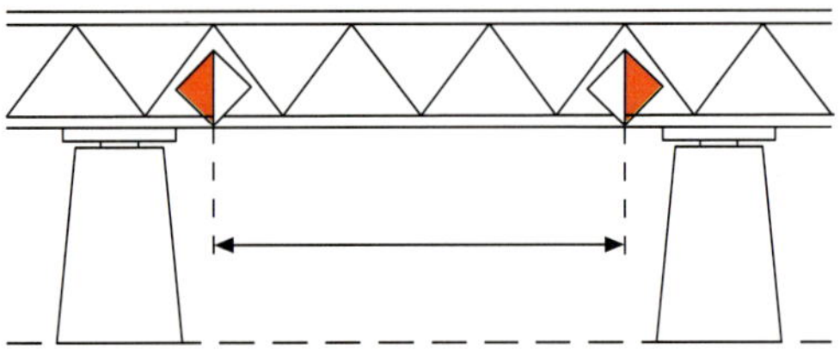

Was bedeuten diese Sichtzeichen?

Antwort:

Die Brückenöffnung darf nur innerhalb des durch die beiden Tafeln begrenzten Raumes durchfahren werden. Dies gilt nicht für kleine Fahrzeuge (Fahrzeuge von weniger als 12 m Länge).

Zu Frage 173:

Durchfahrt durch feste Brücken mit mehreren Öffnungen

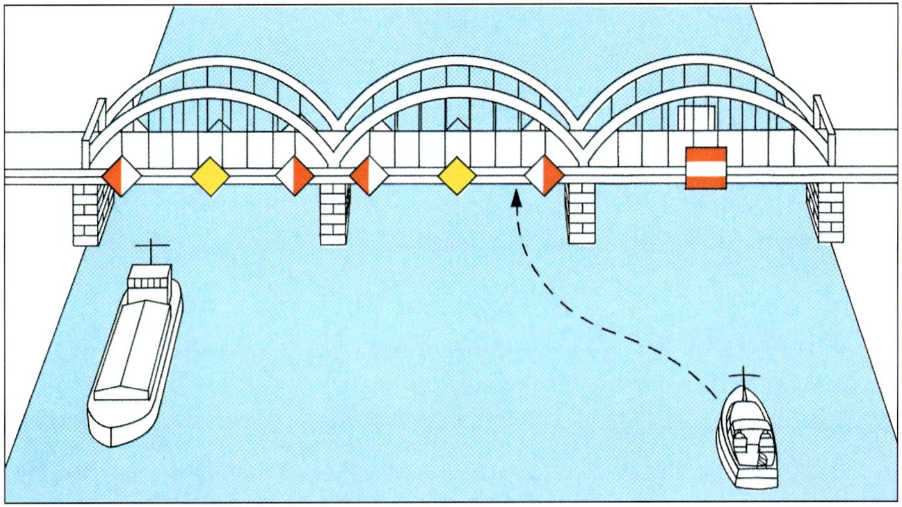

Beachte: Die auf der Spitze stehenden Tafeln kennzeichnen den Unterwassersockel der Stützpfeiler. Daher genügend Abstand halten!

Vorschrift: Nr. A.14 der Anlage I zur SeeSchStrO

Hinweis: Grundsätze für die Durchfahrt durch feste Brücken vgl. Erl. zu Fragen 171 und 172; Verbot des Ankerns, Anlegens und Festmachens im Bereich von Brückenstrecken vgl. Erl. zu Fragen 138 und 139.

Die linken beiden Brückenöffnungen sind in beiden Richtungen befahrbar, die rechte Brückenöffnung ist gesperrt.
(Nrn. A.14, A.18 a] und B.2 der Anlage I zur SeeSchStrO)

174

Sie sehen folgendes Sichtzeichen:

1.

oder

2.

Was bedeutet dieses Sichtzeichen?

Antwort:

1. Fährstelle, freifahrende Fähre.
2. Fährstelle, nicht freifahrende Fähre.

Zu Frage 174:

Fährstelle am Nord-Ostsee-Kanal

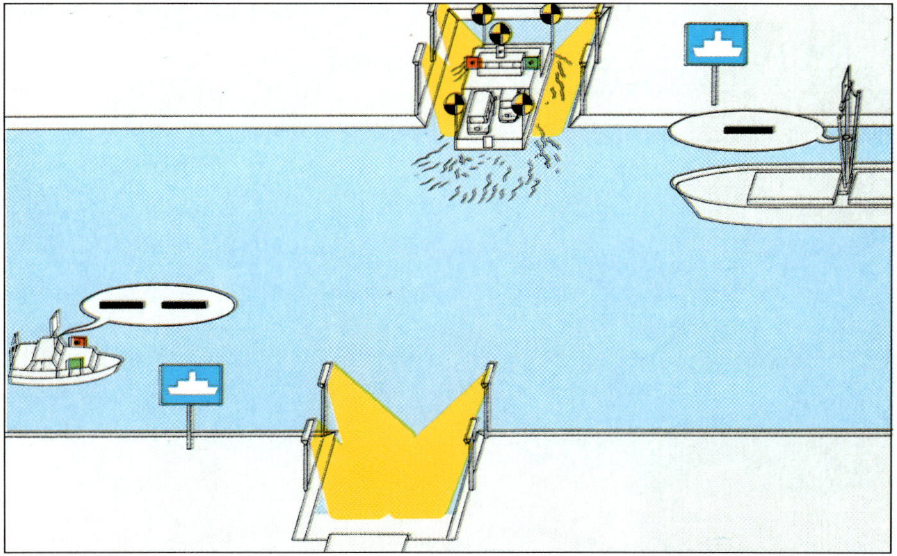

Grundsatz: Da eine Fähre in der Regel das Fahrwasser quert, hat sie die Vorfahrt der durchgehenden Schiffahrt zu beachten! Gleichwohl ist auf den Fährverkehr soweit wie möglich Rücksicht zu nehmen.

Vorschrift: Nr. B.1 der Anlage I zur SeeSch-StrO

Hinweis: Verbot des Überholens, Ankerns, Anlegen und Festmachens im Bereich von Fährstrecken vgl. Erl. zu Fragen 130, 138 und 139.

Auf dem Nord-Ostsee-Kanal ist an Fährstellen bei verminderter Sicht das Achtungssignal (westwärtsfahrend „ein langer Ton", ostwärtsfahrend „zwei lange Töne") zu geben (§ 21 Abs. 1 Nr. 6 i.V.m. Nr. 1.2 Anlage II.2 der SeeSchStrO).

175

Sie sehen eines der folgenden Sichtzeichen (tags, nachts):

Was bedeutet dieses Sichtzeichen?

Antwort:

Außergewöhnliche Schiffahrtsbehinderung.

Zu Frage 175:

Wichtiger Grundsatz: Diese Schiffahrtszeichen werden gezeigt, wenn z. B. durch festgekommene oder gesunkene Fahrzeuge das Fahrwasser erheblich verengt wird, ohne daß jedoch eine Vollsperrung erforderlich wird (vgl. Erl. zu Fragen 167 ff.). Die Signale werden auf den für jede Seeschiffahrtsstraße bekanntgemachten besonderen Warnsignalstellen gezeigt. In diesen Fällen ist mit besonderer Vorsicht weiterzufahren!

Vorschrift: Nr. B.6 Anlage I der SeeSchStrO

Bezeichnung der Fahrwasser

Allgemeines

Die Wasser- und Schiffahrtsverwaltung des Bundes betreibt und unterhält alle Schiffahrtszeichen auf den Bundeswasserstraßen und der Hohen See vor den Küsten der Bundesrepublik Deutschland. Die Schiffahrtszeichen dienen dem Zweck, dem Fahrzeugführer die erforderlichen Informationen über den Verlauf der Fahrwasser, das Vorhandensein von Schiffahrtshindernissen und den Standort seines Fahrzeugs zu geben.

Diese Schiffahrtszeichen sind in der SeeSchStrO geregelt. Durch die Vierte Verordnung zur Änderung der SeeSchStrO vom 25. April 1978 (BGBl. I S. 586) ist das neue, in Nordwesteuropa vereinheitlichte Betonnungssystem „A" eingeführt worden.

Das System „A" besteht aus einer Kombination kardinaler und lateraler Zeichen, das für alle festen und schwimmenden Schiffahrtszeichen angewendet wird, außer für Leuchttürme, Leitfeuer, Richtfeuer, Feuerschiffe und Großtonnen. Es sieht 5 verschiedene Arten von Schiffahrtszeichen vor. Die Bedeutung der Zeichen ergibt sich aus ihrer Form und Farbe, zusätzlich, falls vorhanden, aus Form und Farbe der Toppzeichen und Farbe und Kennung des Feuers.

Gliederung der Schiffahrtszeichen

Arten	Beispiele
Visuelle feste Zeichen	**Tafeln** **Leuchtfeuer** **Baken, Dalben** **Pricken, Stangen einschl. Toppzeichen**
Visuelle schwimmende Zeichen	**Tonnen einschließlich Toppzeichen** **Feuerschiffe**
Auditive Zeichen	**Nebelschallanlagen** **Glocken**
Funktechnische Zeichen	**Funkfeuer** **Decca-Sendeanlagen** **Radarantwortbaken** **Radarreflektoren**
Signale	**Lichttagessignale an beweglichen Brücken, Sperrwerken und Schleusen** **Weichensignale am NOK**
Anzeiger	**Wasserstandsanzeiger**

Laterale Zeichen

Diese Zeichen dienen der Bezeichnung der Seiten eines Fahrwassers. Die Bezeichnungsrichtung ist im allgemeinen die Hauptrichtung einer Hafenzufahrt, eines Flusses oder einer Schiffahrtsstraße von See kommend. Sie ist in allen Fällen aus der Seekarte zu ersehen. An der Steuerbordseite des Fahrwassers sind die Schiffahrtszeichen grün und tragen ggf. – von See beginnend – fortlaufende ungerade Ziffern. Auf der Backbordseite sind die Schiffahrtszeichen rot und tragen ggf. – von See beginnend – fortlaufend gerade Ziffern.

Kardinale Zeichen

Kardinale Zeichen bezeichnen allgemeine Gefahrenstellen. Sie werden in Verbindung mit den Kompaßrichtungen verwendet und zeigen an, in welcher Richtung, von der Gefahrenstelle aus gesehen, die günstigste Passierseite liegt.

Einzelgefahrzeichen
Mit einem dieser Zeichen wird eine Gefahrenstelle bezeichnet, die eine geringe Ausdehnung hat und an allen Seiten passiert werden kann.

Mittefahrwasserzeichen
Sie bezeichnen die Mitte eines Fahrwassers. Außerdem können sie als Ansteuerungszeichen ausliegen.

Sonderzeichen
Diese Zeichen kennzeichnen besondere Gebiete oder Stellen, z. B. militärische Übungsgebiete, Baggerschiffe, Rohrleitungen. Ihre Bedeutung muß den Seekarten und den nautischen Veröffentlichungen entnommen werden, ggf. geht sie aber auch aus der Aufschrift der Zeichen hervor.

Zu Übungszwecken ist nach Frage 205 eine schematische Darstellung der verschiedenen Betonnungsmöglichkeiten nebst Erklärung der Bedeutung der einzelnen Schiffahrtszeichen eingefügt. Außerdem wird auf die ebenfalls anliegenden 20 Seekartenausschnitte hingewiesen.

Die in Anlage I zur SeeSchStrO enthaltenen visuellen festen und schwimmenden Schiffahrtszeichen einschließlich ihrer Toppzeichen lassen sich ihrer äußeren Form nach wie folgt unterscheiden:

Formen der Schiffahrtszeichen

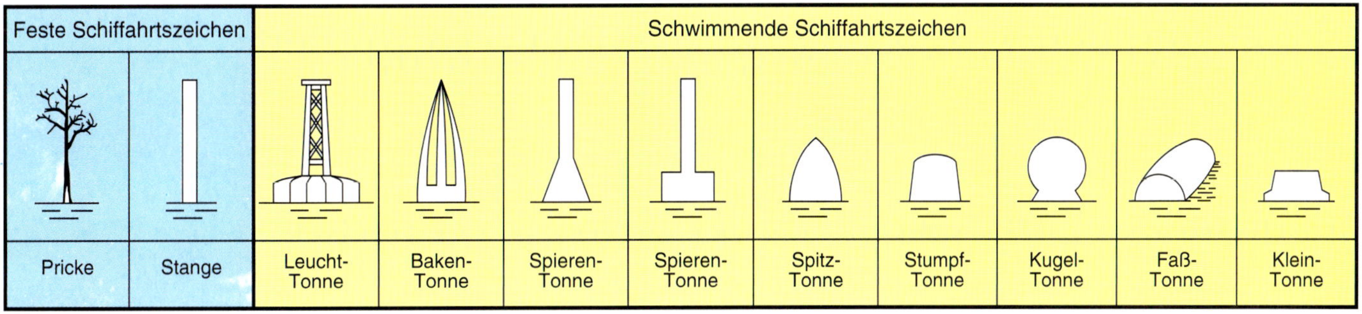

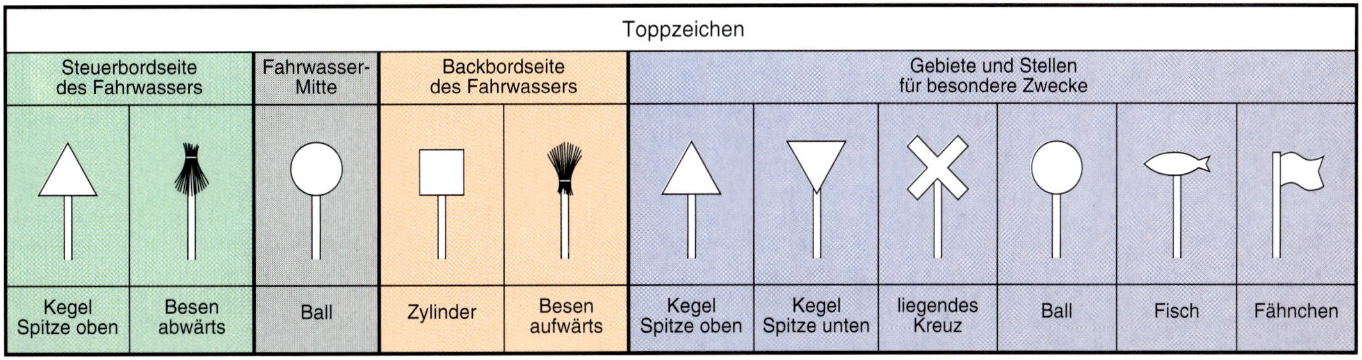

Bezeichnung der Fahrwasser

176

Sie sehen folgende Tonne:

Was bezeichnet diese Tonne?

Antwort:

1. **Ansteuerung eines Fahrwassers.**
2. **Auf Seeschiffahrtsstraßen die Bezeichnung der Mitte eines Fahrwassers, außerhalb der Seeschiffahrtsstraßen die Bezeichnung der Mitte eines Schiffahrtsweges.**

177

Sie sehen folgende Tonne:

Was bezeichnet diese Tonne?

Antwort:

Von See beginnend die erste Tonne der Steuerbordseite eines Fahrwassers.

178

Sie sehen folgende Tonne:

Was bezeichnet diese Tonne?

Antwort:

Von See beginnend die erste Tonne der Backbordseite eines Fahrwassers.

Zu Fragen 176 bis 178

Bei den Tonnen zur Bezeichnung der Fahrwasserseiten und der Fahrwassermitte handelt es sich um laterale Schiffahrtszeichen, die von See aus das Fahrwasser einer zu einem Hafen führenden oder die Hauptrichtung einer Seeschiffahrtsstraße begrenzen oder kennzeichnen (§ 2 Abs. 1 Nr. 1 SeeSchStrO), wobei die grünen Tonnen an der Steuerbordseite des Fahrwassers fortlaufende ungerade Zahlen und die roten Tonnen an der Backbordseite fortlaufende gerade Zahlen tragen. Anstrich und Beschriftung geben somit an, ob die Tonnen an beiden Seiten passiert werden können (Fahrwassermittebezeichnung) oder ob sie jeweils an der Backbord- oder an der Steuerbordseite des Fahrwassers liegen (vgl. Erl. zu Fragen 179 ff.).

Zu beachten ist, daß bei der Ansteuerungstonne das Fahrwasser noch nicht anfängt, sondern erst bei dem ersten Tonnenpaar der Fahrwasserseitenbezeichnung.

Die Tonne zu Frage 176 kann als Ansteuerungstonne auch mit dem (auch abgekürzten) Namen des jeweiligen Fahrwassers beschriftet sein.

Hinweis: Vgl. die schematische Darstellung der Schiffahrtszeichen zur Bezeichnung der Fahrwasser am Tage und bei Nacht nach Frage 195 sowie die schematische Gesamtdarstellung der Betonnung nach Frage 202.

Vorschrift: Nrn. B.11 und B.12 Anlage 1 der SeeSchStrO

179

Sie sehen eines der folgenden Schiffahrtszeichen:

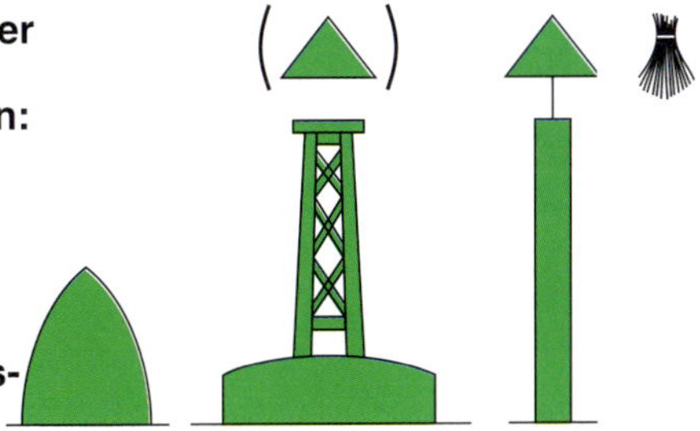

Welche Seite des Fahrwassers bezeichnet dieses Schiffahrtszeichen?

Antwort:

Die Steuerbordseite des Fahrwassers.

180

Sie sehen eines der folgenden Schiffahrtszeichen:

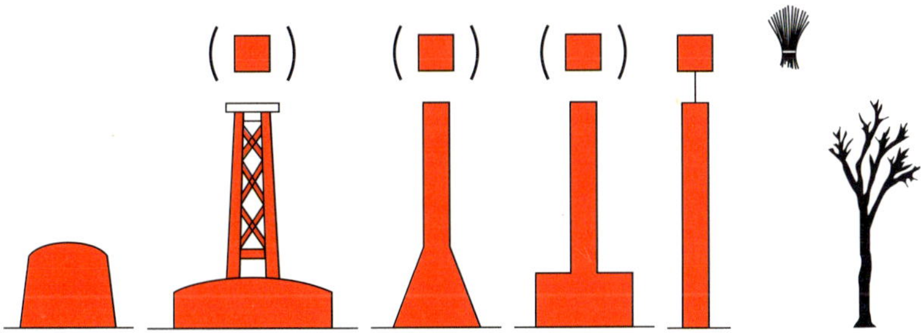

Welche Seite des Fahrwassers bezeichnet dieses Schiffahrtszeichen?

Antwort:

Die Backbordseite des Fahrwassers.

181

Welche Beschriftung tragen die Fahrwassertonnen
1. an der Backbordseite,
2. an der Steuerbordseite?

Antwort:
1. Fortlaufende gerade Nummern.
2. Fortlaufende ungerade Nummern.

182

Welchen Anstrich und welche Toppzeichen haben die Fahrwassertonnen
1. an der Backbordseite,
2. an der Steuerbordseite?

Antwort:
1. Rot, stumpfe Toppzeichen.
2. Grün, spitze Toppzeichen.

183

Sie sehen folgendes feste Schiffahrtszeichen:

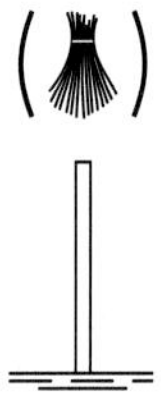

1. Welche Seite des Fahrwassers bezeichnet dieses Schiffahrtszeichen?
2. Wo findet es überwiegend Verwendung?

Antwort:
1. Die Steuerbordseite des Fahrwassers.
2. In den Wattengebieten.

184

Sie sehen folgendes feste Schiffahrtszeichen:

1. Welche Seite des Fahrwassers bezeichnet dieses Schiffahrtszeichen?
2. Wo findet es überwiegend Verwendung?

Antwort:
1. Die Backbordseite des Fahrwassers.
2. In den Wattengebieten.

185

Sie sehen folgendes feste Schiffahrtszeichen:

1. Welche Seite des Fahrwassers bezeichnet dieses Schiffahrtszeichen?
2. Wo findet es überwiegend Verwendung?

Antwort:
1. Die Backbordseite des Fahrwassers.
2. In den Wattengebieten.

Zu Fragen 179 bis 185:

Wichtiger Grundsatz: Die Steuerbordseite eines Fahrwassers ist die Seite, die bei den **von See einlaufenden Fahrzeugen** an Steuerbord liegt!

Verbindet ein Fahrwasser zwei durch Gründe voneinander getrennte Wasserflächen, z. B. im Wattenfahrwasser, soweit keine Hafeneinfahrt bezeichnet wird, gilt als Steuerbordseite des Fahrwassers die Seite, die von den Fahrzeugen aus westlicher Richtung kommend, d. h. von Nord (einschließlich) über West bis Süd (ausschließlich), an Steuerbord gelassen wird (§ 2 Abs. 1 Nr. 2 SeeSchStrO).

Beachte: Im Wattenfahrwasser werden die flachsten Stellen am Anfang und am Ende mit zwei buschförmig zusammengestellten Pricken bezeichnet.

Merke:

1. Auf der Steuerbordseite der Fahrwasser befinden sich **grüne** Spitztonnen, Leuchttonnen oder Stangen mit fortlaufenden **ungeraden** Nummern – von See beginnend oder nach festgelegter Richtung – ggf. mit einem angehängten kleinen Buchstaben, ggf. in Verbindung mit dem (auch abgekürzten) Namen des Fahrwassers; Toppzeichen (wenn vorhanden): Grüner Kegel, Spitze oben, oder Besen abwärts; Stangen immer mit Toppzeichen.

2. Auf der Backbordseite der Fahrwasser befinden sich **rote** Stumpftonnen, Leuchttonnen, Spierentonnen, Stangen oder Pricken mit fortlaufenden **geraden** Nummern – von See beginnend oder nach festgelegter Richtung –, ggf. mit einem angehängten kleinen Buchstaben, ggf. in Verbindung mit dem (abgekürzten) Namen des Fahrwassers; Toppzeichen (wenn vorhanden): roter Zylinder oder Besen aufwärts; Stangen immer mit Toppzeichen.

3. Bei Nacht ist an roten Feuerkennungen von Leuchttonnen lediglich zu erkennen, daß diese an der Backbordseite, an grünen Feuerkennungen, daß sie an der Steuerbordseite des Fahrwassers liegen. Um zu erkennen, um welche Leuchttonne es sich handelt, ist das Auszählen der Kennung und entsprechendes Informieren anhand der Seekarte unumgänglich.

Vorschrift: Nrn. B.11 und B.12 Anlage I der SeeSchStrO

Hinweise: Bezeichnung der Formen der einzelnen Schiffahrtszeichen und ihre Toppzeichen vgl. Erl. vor Frage 176; vgl. die Darstellung der Schiffahrtszeichen zur Bezeichnung der Fahrwasser am Tage und bei Nacht nach Frage 191 sowie die schematische Gesamtdarstellung der Betonnung nach Frage 202.

Einmündungen und Abzweigungen

186

Sie sehen folgende Tonne:

Was bezeichnet diese Tonne?

Antwort:

Steuerbordseite des durchgehenden Fahrwassers, Backbordseite des abzweigenden Fahrwassers.

187

Sie sehen folgende Tonne:

Was bezeichnet diese Tonne?

Antwort:

Backbordseite des durchgehenden Fahrwassers. Steuerbordseite des einmündenden Fahrwassers.

Zu Fragen 186 und 187:

Merke: Abzweigende oder einmündende Fahrwasser sind in der Regel mit lateralen Zeichen bezeichnet (überwiegend mit Tonnen der Fahrwasserseitenbezeichnung – vgl. Erl. zu Fragen 179 ff.). Sie können auch mit kardinalen Zeichen bezeichnet sein, z.B. wenn bei der Abzweigung gleichzeitig ein Wrack liegt. In beiden Fällen ist die Einmündung bzw. Abzweigung dadurch kenntlich gemacht, daß sich unter der Beschriftung des lateralen Zeichens oder der Beschriftung des kardinalen Zeichens durch waagerechten Strich getrennt der Name, ggf. abgekürzt, und die jeweils erste Nummer des abzweigenden oder letzte Nummer des einmündenden Fahrwassers befinden. Darüber hinaus haben die lateralen Zeichen **immer** ein Toppzeichen.

Einmündungen und Abzweigungen sind also am Tage durch ihre Beschriftung und in der Regel durch ihr Toppzeichen erkennbar, bei Nacht durch eine auffällige Kennung.

Hinweise: Vgl. auch die Darstellung der Schiffahrtszeichen zur Bezeichnung der Fahrwasser am Tage und bei Nacht nach Frage 191 sowie die schematische Gesamtdarstellung der Betonnung nach Frage 202.

Vorschrift: Nr. B.13 Anlage I der SeeSchStrO

Nachtbezeichnung der Fahrwasser

188 **Was bedeuten folgende Abkürzungen:** **1. Oc (2) R. Whis / Hl-Tn. Ubr. (2) r.?** **2. Fl (2) G / Blz. (2) gn.?** **3. Oc. WRG. 12 M / Ubr.w/r/gn. 12 sm?** **4. LFl / Blk.?** **5. Bell / Gl-Tn.?** **6. Dir / Lt-F.?**	Antwort: **1. Heultonne mit unterbrochenem Feuer Gruppe 2 rot.** **2. Blitzfeuer Gruppe 2 grün.** **3. Unterbrochenes Feuer mit weißem und rotem und grünem Sektor, Nenntragweite 12 sm.** **4. Blinkfeuer.** **5. Glockentonne.** **6. Leitfeuer.**

189 **Welche Kennung und Farbe haben die Feuer der Leuchttonnen an der Backbordseite des Fahrwassers?**	Antwort: **Rotes Blitzfeuer, rotes Funkelfeuer oder rotes unterbrochenes Feuer.**

190 **Welche Kennung und Farbe haben die Feuer der Leuchttonnen an der Steuerbordseite des Fahrwassers?**	Antwort: **Grünes Blitzfeuer, grünes Funkelfeuer oder grünes unterbrochenes Feuer.**

191 **Welche Kennung und Farbe hat das Feuer der Leuchttonnen in der Mitte des Fahrwassers?**	Antwort: **Weißes Gleichtaktfeuer oder weißes unterbrochenes Feuer.**

Zu Fragen 188 bis 191:

Im Zuge der Internationalisierung der Seekartenwerke der einzelnen Schiffahrtsnationen sind die Zeichen und Abkürzungen in den Seekarten vereinheitlicht worden; sie enthalten neben der nationalen Beschreibung jeweils die englische Übersetzung: Herausgeber/Publisher ist das BSH. Die Bezeichnung des Werkes lautet „Zeichen und Abkürzungen Karte 1 (INT 1), Symbols and Abbreviations Chart 1 (INT 1)".

Hinweise: Zu den verschiedenen Arten der Kennungen vgl. Erl. zu Fragen 211 ff.; zur Darstellung der Nachtbezeichnungen und ihrer Abkürzungen in der Seekarte vgl. Auszug aus der Karte 1 in der Erl. zu Frage 230 und in den Erl. zu den Seekartenaufgaben in Fragen 343 ff.; vgl. auch die Darstellung der Schiffahrtszeichen zur Bezeichnung der Fahrwasser am Tage und bei Nacht auf der nächsten Seite.

Vorschriften: Nrn. B.11 und B.12 Anlage 1 der SeeSchStrO

Darstellung der Schiffahrtszeichen zur Bezeichnung der Fahrwasser am Tage und bei Nacht

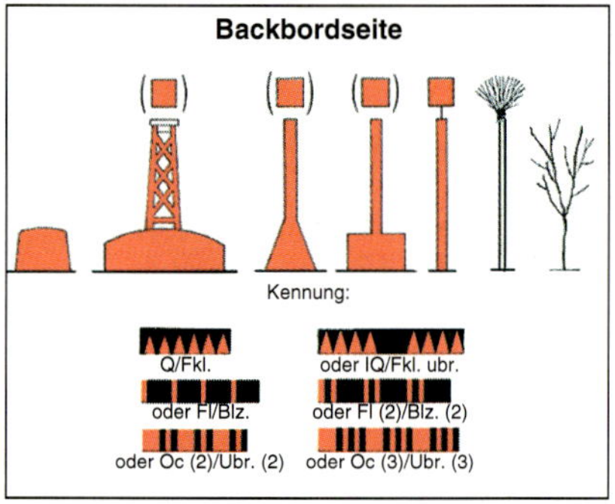

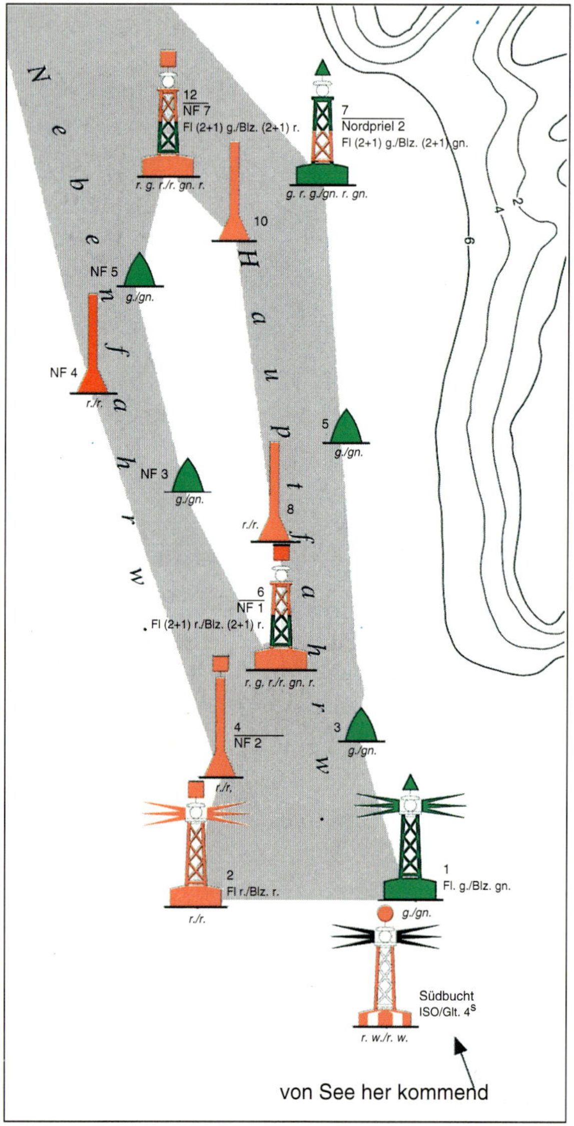

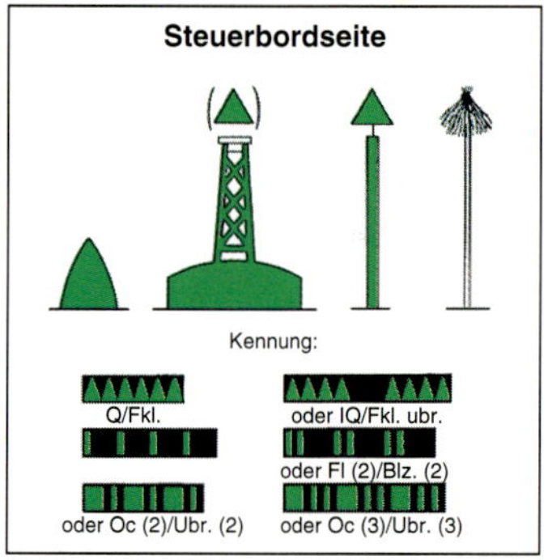

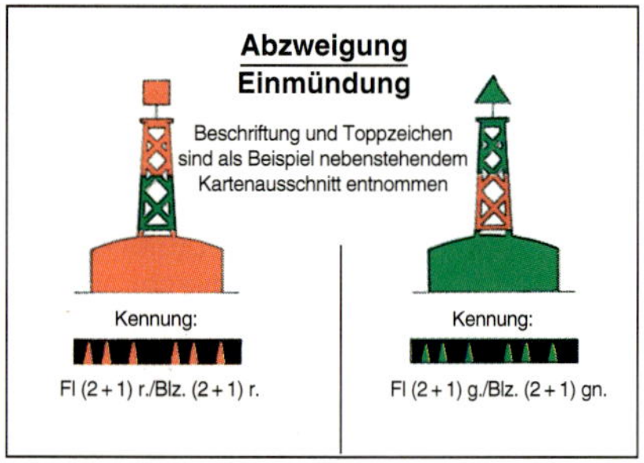

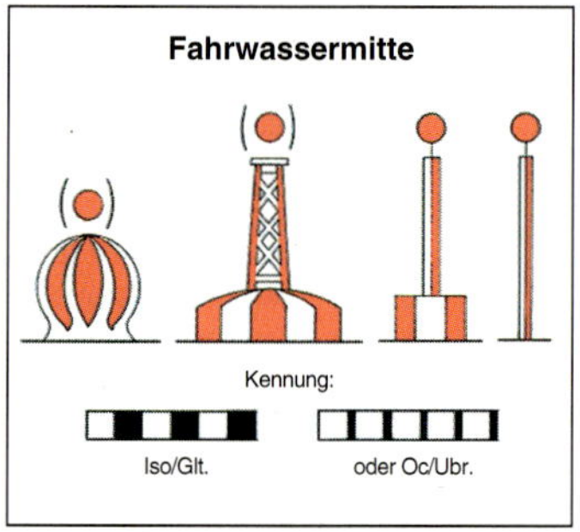

Bezeichnung der Gefahrenstellen

Allgemeine Gefahrenstellen

192

Sie sehen eines der folgenden Schiffahrtszeichen:

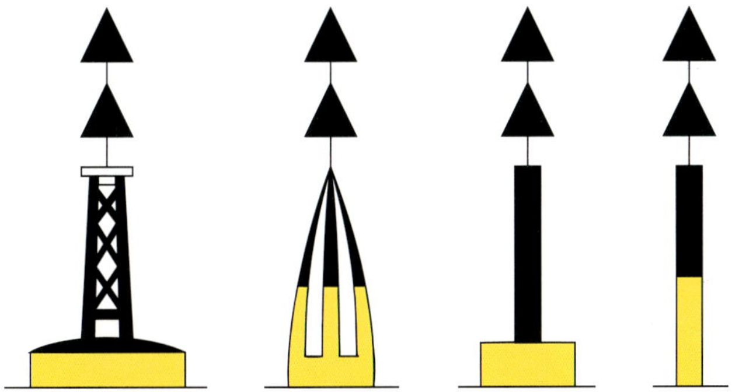

1. Was bedeutet dieses Schiffahrtszeichen?
2. Wie verhalten Sie sich beim Passieren?

Antwort:

1. Es zeigt eine allgemeine Gefahrenstelle an und liegt, erkennbar an seiner Farbgebung und seinem Toppzeichen, nördlich von ihr.
2. Ich passiere nördlich.

193

Sie sehen eines der folgenden Schiffahrtszeichen:

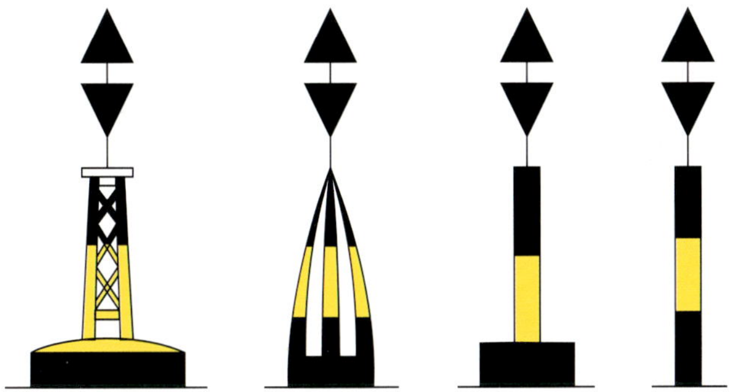

1. Was bedeutet dieses Schiffahrtszeichen?
2. Wie verhalten Sie sich beim Passieren?

Antwort:

1. Es zeigt eine allgemeine Gefahrenstelle an und liegt, erkennbar an seiner Farbgebung und seinem Toppzeichen, östlich von ihr.
2. Ich passiere östlich.

194

Sie sehen eines der folgenden Schiffahrtszeichen:

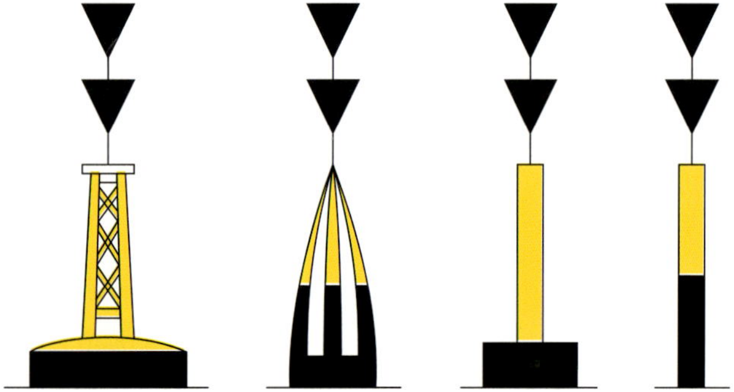

1. Was bedeutet dieses Schiffahrtszeichen?
2. Wie verhalten Sie sich beim Passieren?

Antwort:

1. Es zeigt eine allgemeine Gefahrenstelle an und liegt, erkennbar an seiner Farbgebung und seinem Toppzeichen, südlich von ihr.
2. Ich passiere südlich.

195

Sie sehen eines der folgenden Schiffahrtszeichen:

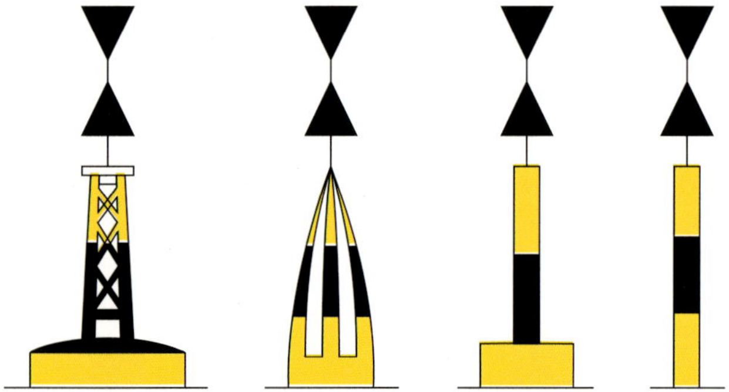

1. Was bedeutet dieses Schiffahrtszeichen?
2. Wie verhalten Sie sich beim Passieren?

Antwort:

1. Es zeigt eine allgemeine Gefahrenstelle an und liegt, erkennbar an seiner Farbgebung und seinem Toppzeichen, westlich von ihr.
2. Ich passiere westlich.

196

Sie sehen das weiße Feuer einer Leuchttonne mit folgender Kennung:

oder

1. Was bedeutet diese Kennung?
2. Wie verhalten Sie sich beim Passieren?

Antwort:

1. Es zeigt eine allgemeine Gefahrenstelle an und liegt, erkennbar an der Kennung, nördlich von ihr.
2. Ich passiere nördlich.

197

Sie sehen das weiße Feuer einer Leuchttonne mit folgender Kennung:

oder

1. Was bedeutet diese Kennung?
2. Wie verhalten Sie sich beim Passieren?

Antwort:

1. Es zeigt eine allgemeine Gefahrenstelle an und liegt, erkennbar an der Kennung, östlich von ihr.
2. Ich passiere östlich.

198

Sie sehen das weiße Feuer einer Leuchttonne mit folgender Kennung:

oder

1. Was bedeutet diese Kennung?
2. Wie verhalten Sie sich beim Passieren?

Antwort:

1. Es zeigt eine allgemeine Gefahrenstelle an und liegt, erkennbar an der Kennung, südlich von ihr.
2. Ich passiere südlich.

199

Sie sehen das weiße Feuer einer Leuchttonne mit folgender Kennung:

oder

1. Was bedeutet diese Kennung?
2. Wie verhalten Sie sich beim Passieren?

Antwort:

1. Es zeigt eine allgemeine Gefahrenstelle an und liegt, erkennbar an der Kennung, westlich von ihr.
2. Ich passiere westlich.

Zu Fragen 192 bis 199:

Grundsätze:

Allgemeine Gefahrenstellen

Hierbei handelt es sich z. B. um Untiefen, Wracks, Buhnen und sonstige Schifffahrtshindernisse. Zur Abwehr von Gefahren für die Schiffahrt wird durch den Anstrich, die Form der Toppzeichen und die Kennung der Schiffahrtszeichen eine Passierseite der Gefahrenstelle in Kompaßrichtung festgelegt. Eine allgemeine Gefahrenstelle ist in der Regel mit einem oder mehreren kardinalen Zeichen bezeichnet, die für die verschiedenen Quadranten den Bezug zur Lage der Gefahrenstelle angeben.

Hinweise: Vgl. die schemat. Darstellung der Bezeichnung einer allg. Gefahrenstelle auf der nächsten Seite sowie die Gesamtdarstellung der Betonnung nach Frage 202.

Vorschriften: Nr. B.15 Anlage I der SeeSchStrO

Darstellung einer allgemeinen Gefahrenstelle in der Seekarte.

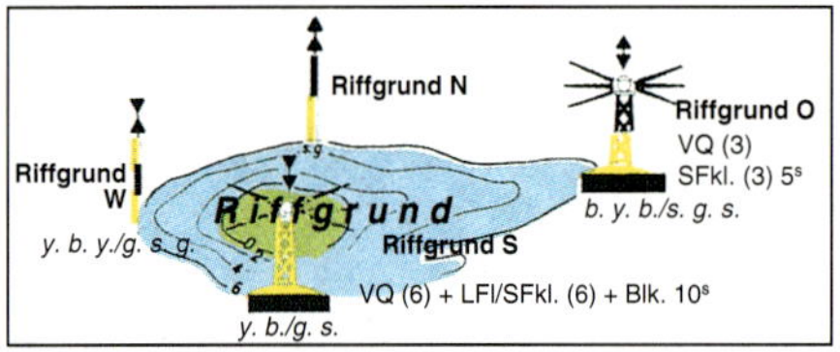

Merkregeln für das Erkennen der Passierrichtung bei allgemeinen Gefahrenstellen:

1. Passier-Merkregel:
   Die Form der Toppzeichen zeigt die Passierseite der Gefahrenstelle an.

2. Kennungs-Merkregel:
   Anzahl der Funkel (3, 6, 9) entspricht in der Zuordnung den Ziffern einer Uhr.

Bezeichnung der allgemeinen Gefahrenstelle (Kardinalsystem)

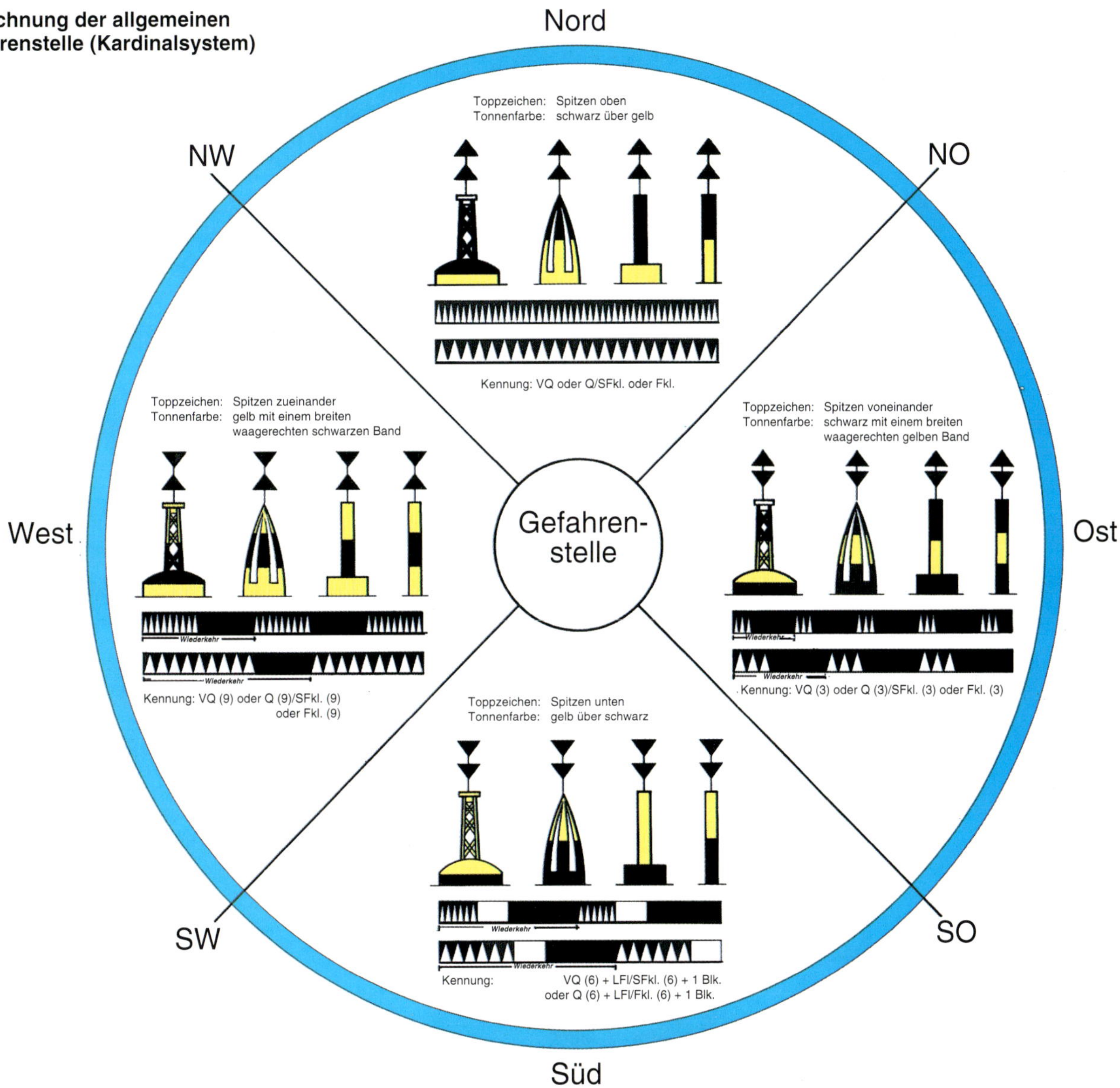

Einzelgefahrenstellen

200

Sie sehen eines der folgenden Schiffahrtszeichen:

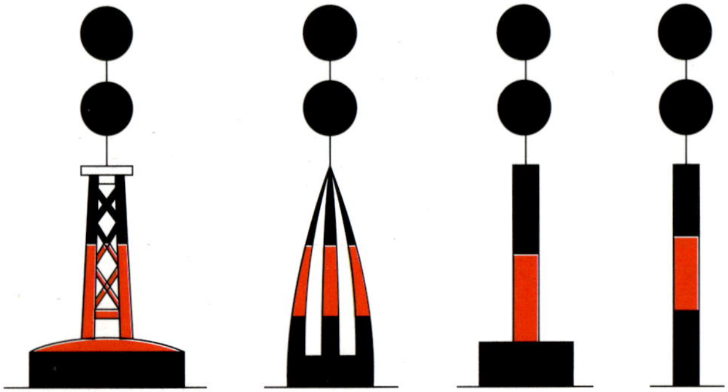

1. **Was bezeichnet dieses Schiffahrtszeichen?**
2. **Wie verhalten Sie sich beim Passieren?**

Antwort:

1. **Es zeigt eine Einzelgefahrenstelle an, erkennbar an seiner Farbgebung und seinem Toppzeichen.**
2. **Ich kann an allen Seiten passieren.**

201

Sie sehen das weiße Feuer einer Leuchttonne mit der Kennung Blz. (2):

1. **Was bedeutet dieses Feuer?**
2. **Wie verhalten Sie sich beim Passieren?**

Antwort:

1. **Es zeigt eine Einzelgefahrenstelle an, erkennbar an der Kennung.**
2. **Ich kann an allen Seiten passieren.**

Neue Gefahrenstellen

202

Sie sehen folgende doppelt ausgelegte Schiffahrtszeichen:

1. **Was bedeuten diese Schiffahrtszeichen?**
2. **Wie verhalten Sie sich beim Passieren?**

Antwort:

1. **Sie zeigen eine neue Gefahrenstelle an, erkennbar an ihrer Farbgebung und ihrem Toppzeichen und liegen südlich von ihr.**
2. **Ich passiere südlich.**

Einzelgefahrstellen

Das Schiffahrtszeichen liegt auf der Gefahrenstelle selbst, so daß die Gefahrenstelle an allen Seiten passiert werden kann.

Neue Gefahrenstellen

Diese sind wie allgemeine Gefahrenstellen oder Einzelgefahrstellen bezeichnet, jedoch wegen besonderer Umstände ist mindestens ein Sichtzeichen doppelt und ggf. mit einer Radarantwortbake mit der Kennung „D" versehen. Besonderes Kennzeichen also: 2 Sichtzeichen derselben Art nebeneinander.

Besondere Gebiete und Stellen

Die Bedeutung ist den Seekarten oder anderen nautischen Veröffentlichungen zu entnehmen und ist ggf. auch aus der Beschriftung des Zeichens zu erkennen.
Beispiele:

Warngebiet, Warnstelle
(Gebiet/Stelle für militärische oder zivile Zwecke, vor dessen Be-/Überfahren gewarnt wird)

Fischerei
(Begrenzung von Fischereigründen)

Schüttstelle
(Begrenzung einer Baggerschüttstelle)

Deviation
(Markierung von Punkten für die Deviationsbestimmung)

Kabel, K, Pipeline
(Kennzeichnung von Trassen, Kabeln und Rohrleitungen)

Meile
(Bezeichnung einer gemessenen Meile)

Einzelgefahrstellen

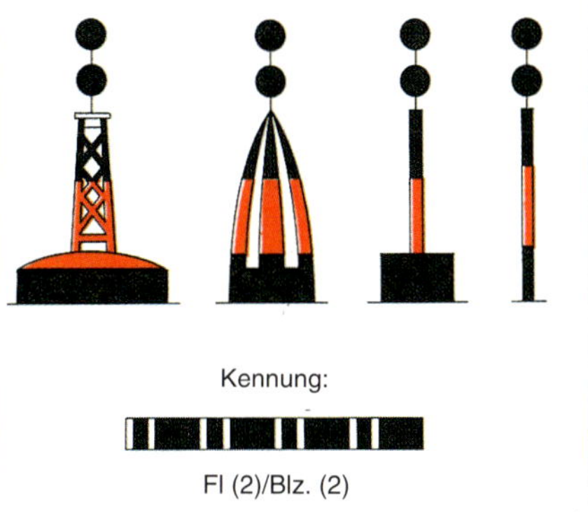

Neue Gefahrenstellen

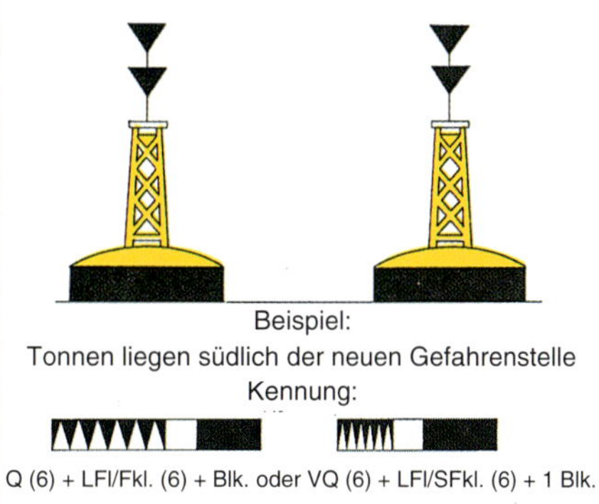

Kennzeichnung besonderer Gebiete und Stellen

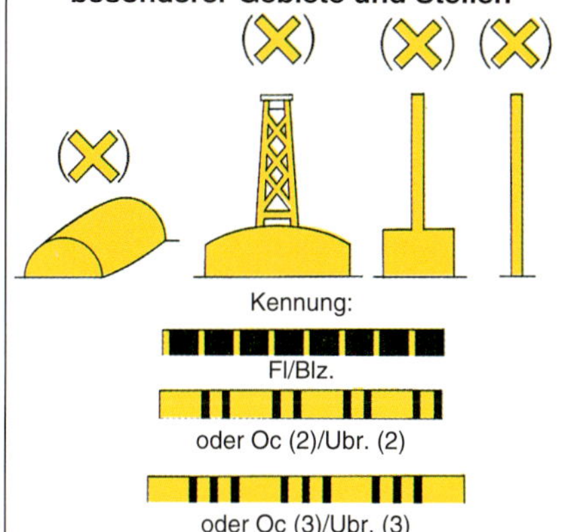

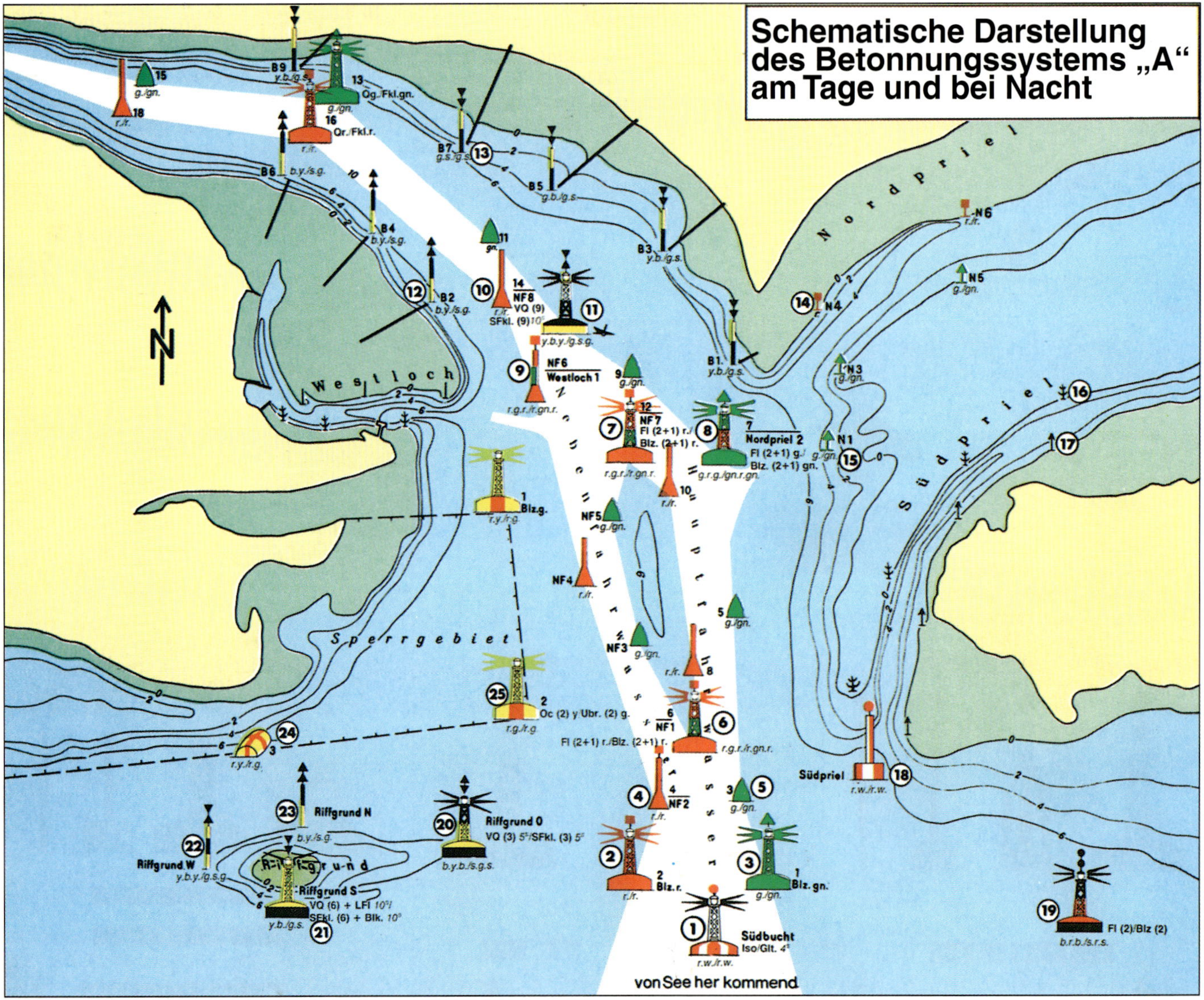
Schematische Darstellung des Betonnungssystems „A“ am Tage und bei Nacht
Westloch
Sperrgebiet
Nordpriel
Südpriel
Riffgrund
Nebenfahrwasser
Hauptfahrwasser
von See her kommend
Südbucht
Iso/Glt. 4s
r.w./r.w.
2 Blz. r.
r./r.
1 Blz. gn.
g./gn.
4 NF2
3
Fl (2+1) r./Blz. (2+1) r.
6 NF1
r.g.r./r.gn.r.
2 Oc (2) y/Ubr. (2) g.
r.g./r.g.
r.y./r.g.
Riffgrund N
b.y./s.g.
Riffgrund 0
VQ (3) 5s/SFkl. (3) 5s
b.y.b./s.g.s.
Riffgrund W
y.b.y./g.s.g.
Riffgrund S
VQ (6) + LFl 10s/
SFkl. (6) + Blk. 10s
y.b./g.s.
Südpriel
r.w./r.w.
Fl (2)/Blz (2)
b.r.b./s.r.s.
1 Blz.g.
r.y./r.g.
NF5
NF4
NF3
5
8
10
7 NF7
Fl (2+1) r./
Blz. (2+1) r.
7 Nordpriel 2
Fl (2+1) g./
Blz. (2+1) gn.
g.r.g./gn.r.gn.
NF6
Westloch 1
r.g.r./r.gn.r.
14 NF8
VQ (9)
SFkl. (9) 10s
y.b.y./g.s.g.
11
B1 y.b./g.s.
B2 b.y./s.g.
B3 y.b./g.s.
B4 b.y./s.g.
B5 g.b./g.s.
B6 b.y./s.g.
B7 g.s./g.s.
B9 y.b./g.s.
13 Oc./Fkl.gn.
16 Oc./Fkl.r.
15
18
N1
N3
N4
N5
N6
N

Bedeutung der einzelnen Schiffahrtszeichen

1. Leuchttonne mit Ball-Toppzeichen und der Kennung „Gleichtaktfeuer, Wiederkehr 4 Sekunden“ zur Bezeichnung der Ansteuerung des „Hauptfahrwassers“ in der Fahrwassermitte.
2. Leuchttonne mit Zylinder-Toppzeichen und der Kennung „Blitzfeuer mit roten Blitzen“ zur Bezeichnung der Backbordseite des „Hauptfahrwassers“.
3. Leuchttonne mit Kegel-Toppzeichen und der Kennung „Blitzfeuer mit grünen Blitzen“ zur Bezeichnung der Steuerbordseite des „Hauptfahrwassers“.
4. Spierentonne mit Zylinder-Toppzeichen zur Bezeichnung der Backbordseite des „Hauptfahrwassers“ und der Backbordseite des abzweigenden bzw. einmündenden „Nebenfahrwassers“.
5. Spitztonne zur Bezeichnung der Steuerbordseite des Fahrwassers.
6. Rote Leuchttonne mit grünem Band, Zylinder-Toppzeichen und der Kennung **Fl (2+1) r./Blz. (2+1) r.** zur Bezeichnung der Backbordseite des „Hauptfahrwassers“ und der Steuerbordseite des abzweigenden „Nebenfahrwassers“.
7. Rote Leuchttonne mit grünem Band, Zylinder-Toppzeichen und der Kennung **Fl (2+1) r./Blz. (2+1) r.** zur Bezeichnung der Backbordseite des „Hauptfahrwassers“ und der Steuerbordseite des einmündenden „Nebenfahrwassers“.
8. Grüne Leuchttonne mit rotem Band, Kegel-Toppzeichen und der Kennung **Fl (2+1) g./Blz. (2+1) gn.** zur Bezeichnung der Steuerbordseite des „Hauptfahrwassers“ und der Backbordseite des abzweigenden Fahrwassers „Nordpriel“.
9. Rote Spierentonne mit grünem Band und Zylinder-Toppzeichen zur Bezeichnung der Backbordseite des „Nebenfahrwassers“ und der Steuerbordseite des abzweigenden Fahrwassers „Westloch“.
10. Spierentonne zur Bezeichnung der Backbordseite des „Hauptfahrwassers“ und der Backbordseite des einmündenden bzw. abzweigenden „Nebenfahrwassers“.
11. Leuchttonne mit West-Toppzeichen und der Kennung „schnelles Funkelfeuer mit Gruppen von 9 schnellen Funkeln, Wiederkehr 10 Sekunden“ zur Bezeichnung des Wracks.
12. Stange mit Nord-Toppzeichen zur Bezeichnung des Stacks.
13. Stange mit Süd-Toppzeichen zur Bezeichnung des Stacks.
14. Stange mit Zylinder-Toppzeichen zur Bezeichnung der Backbordseite des Fahrwassers „Nordpriel“.
15. Stange mit Kegel-Toppzeichen zur Bezeichnung der Steuerbordseite des Fahrwassers „Nordpriel“.
16. Pricke zur Bezeichnung der Backbordseite des Fahrwassers „Südpriel“.
17. Stange mit Besen abwärts zur Bezeichnung der Steuerbordseite des Fahrwassers „Südpriel“.
18. Spierentonne mit Ball-Toppzeichen zur Bezeichnung der Ansteuerung des Fahrwassers „Südpriel“ in der Fahrwassermitte.
19. Leuchttonne mit Doppelball-Toppzeichen und der Kennung „Blitzfeuer mit Gruppen von 2 Blitzen“ zur Bezeichnung einer Einzelgefahrstelle.
20. Leuchttonne mit Ost-Toppzeichen und der Kennung „schnelles Funkelfeuer mit Gruppen von 3 schnellen Funkeln, Wiederkehr 5 Sekunden“ zur Bezeichnung der Untiefe „Riffgrund“.
21. Leuchttonne mit Süd-Toppzeichen und der Kennung „schnelles Funkelfeuer mit Gruppen von 6 schnellen Funkeln und 1 Blink, Wiederkehr 10 Sekunden“ zur Bezeichnung der Untiefe „Riffgrund“.
22. Stange mit West-Toppzeichen zur Bezeichnung der Untiefe „Riffgrund“.
23. Stange mit Nord-Toppzeichen zur Bezeichnung der Untiefe „Riffgrund“.
24. Stumpftonne zur Bezeichnung des Sperrgebietes.
25. Leuchttonne mit der Kennung „unterbrochenes gelbes Feuer mit 2 Unterbrechungen“ zur Bezeichnung des Sperrgebietes.

Befeuerung

Festfeuer

203

Welche Farbe eines Festfeuers treffen Sie einlaufend in der Regel bei Hafeneinfahrten
1. an der Backbordseite
2. an der Steuerbordseite
an?

Antwort:
1. Rot.
2. Grün.

Zu Frage 203:

Merke: Das Festfeuer scheint ununterbrochen.

Hinweis: Zu den verschiedenen Arten der Kennungen vgl. Erl. zu Fragen 211 ff., vgl. auch die Darstellung eines Festfeuers sowie die schematische Darstellung der Befeuerung der Seeschiffahrtsstraßen nach Frage 210.

Leitfeuer

204

Was verstehen Sie unter einem Leitfeuer und wozu dient es?

Antwort:
Es ist ein Sektorenfeuer verschiedener Kennungen und Farben (ein weißer Leitsektor und zwei farbige Warnsektoren), das ein Fahrwasser bezeichnet.

205

Wie navigieren Sie mit Hilfe eines Leitfeuers?

Antwort:
Ich muß mit meinem Fahrzeug in Fahrtrichtung rechts des durch den weißen Leitsektor gekennzeichneten Fahrwassers fahren.

206

Wenn Sie von See kommend auf ein Leitfeuer zufahren und aus dem weißen Leitsektor in den roten Warnsektor kommen, nach welcher Seite müssen Sie den Kurs ändern?

Antwort:
Nach Steuerbord.

207

Wenn Sie von See kommend auf ein Leitfeuer zufahren und aus dem weißen Leitsektor in den grünen Warnsektor kommen, nach welcher Seite müssen Sie den Kurs ändern?

Antwort:

Nach Backbord.

Zu Fragen 204 bis 207:

Merke: Der Leitsektor, der die von Untiefen, Wracks oder sonstigen Schiffahrtshindernissen freie Fahrrinne anzeigt, zeigt in der Regel weißes Festfeuer, aber auch weißes Gleichtaktfeuer.

Der Warn- bzw. Gefahrensektor an der Backbordseite des von See einlaufenden Fahrzeugs, der gemieden werden muß, zeigt in der Regel entweder rotes Festfeuer oder eine gerade Zahl weißer – in Ausnahmefällen auch roter – Blitze.

Der Warn- bzw. Gefahrensektor an der Steuerbordseite des von See einlaufenden Fahrzeugs zeigt in der Regel entweder grünes Festfeuer oder eine ungerade Zahl weißer – in Ausnahmefällen auch grüner – Blitze.

Beachte: In engen und viel befahrenen Fahrwassern sollten Sportboote nicht mitten im weißen Leitsektor, sondern möglichst rechts am Rande zum grünen Steuerbord-Warnsektor fahren, um die Großschiffahrt nicht zu gefährden und zu behindern und umgekehrt auch nicht von ihr gefährdet zu werden.

Hinweise: Vgl. die Darstellung eines Leitfeuers sowie die schematische Darstellung der Befeuerung der Seeschiffahrtsstraßen nach Frage 210. Weitere Einzelheiten sind dem Leuchtfeuerverzeichnis zu entnehmen, vgl. Erl. zu Frage 231.

Richtfeuer

208

1. **Was verstehen Sie unter einem Richtfeuer?**
2. **Wie navigieren Sie danach?**

Antwort:

1. **Es besteht aus einem Ober- und Unterfeuer.**
2. **Ich halte zunächst Ober- und Unterfeuer in Deckpeilung und fahre dann in Fahrtrichtung rechts der Richtfeuerlinie.**

Zu Frage 208:

Merke: Während durch den Leitsektor eines Leitfeuers ein breiteres Fahrwasser angezeigt wird, dient das Richtfeuer der genaueren Anzeige einer Ansteuerungs- bzw. Kurslinie, um das Fahrzeug durch gefährliche Hindernisse hindurch sicher zu führen. Der Kurs muß daher immer aufgrund laufender Deckpeilungen in Richtung des vorderen bzw. unteren Feuers korrigiert werden, um beide Feuer in Linie zu halten.

Wandert das Unterfeuer zu weit nach links vom Oberfeuer aus, muß der Kurs nach Backbord geändert werden; wandert das Unterfeuer zu weit nach rechts vom Oberfeuer aus, muß der Kurs nach Steuerbord geändert werden.

Beachte: Die Ansteuerungslinie eines Richtfeuers ist in der Regel in der Seekarte mit dem genauen Einlaufkurs bezeichnet.

Hinweise: Zum Steuern nach Schiffahrtszeichen vgl. Teil III. Abschnitt 1; vgl. auch die Darstellung eines Richtfeuers mit den verschiedenen Kennungen und die schematische Darstellung der Befeuerung der Seeschiffahrtsstraßen nach Frage 210. Weitere Einzelheiten sind dem Leuchtfeuerverzeichnis zu entnehmen, vgl. Erl. zu Frage 231.

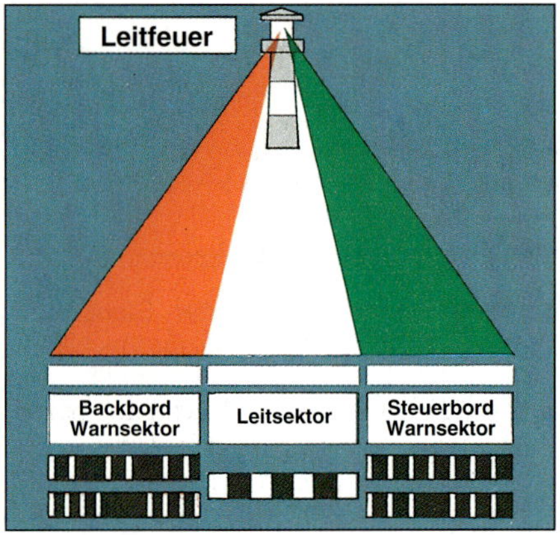
Leitfeuer
Backbord Warnsektor
Leitsektor
Steuerbord Warnsektor

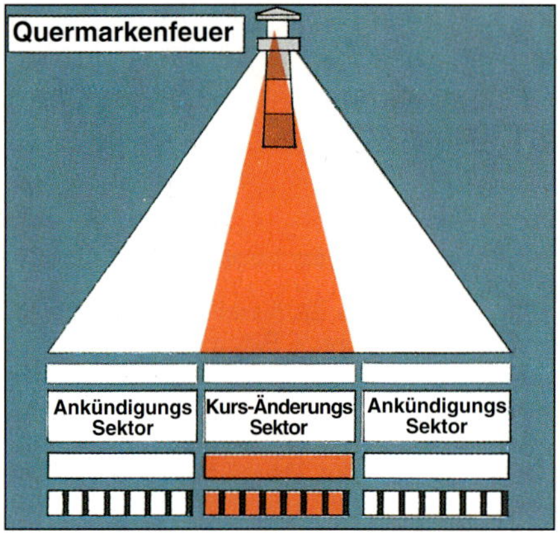
Quermarkenfeuer
Ankündigungs Sektor
Kurs-Änderungs Sektor
Ankündigungs Sektor

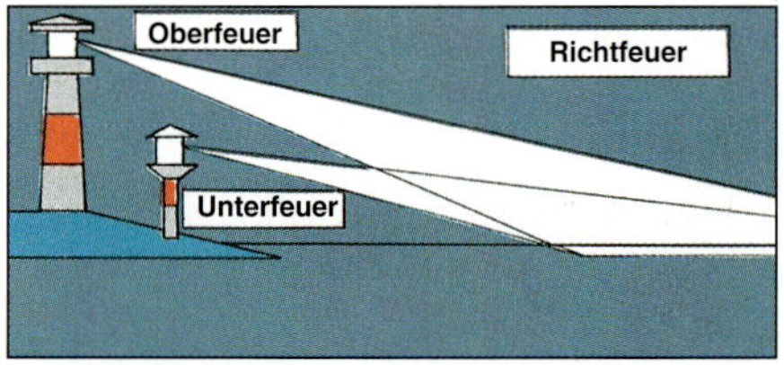
Oberfeuer
Richtfeuer
Unterfeuer

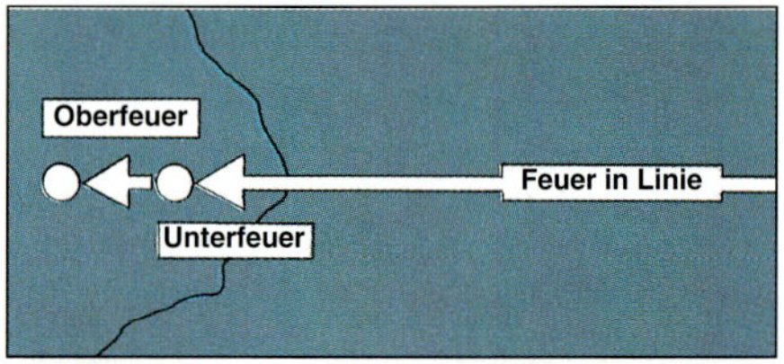
Oberfeuer
Feuer in Linie
Unterfeuer

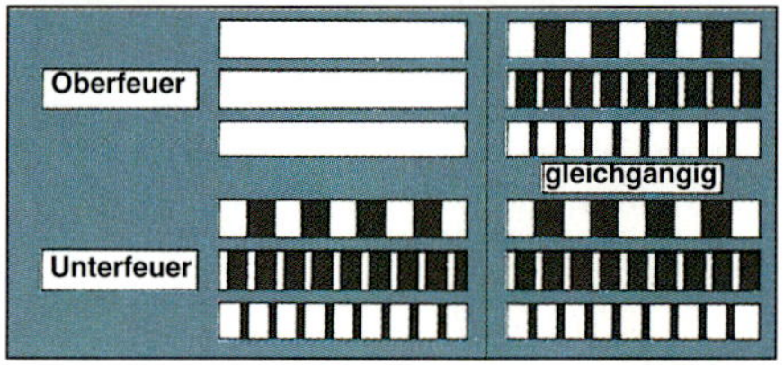
Oberfeuer
gleichgangig
Unterfeuer

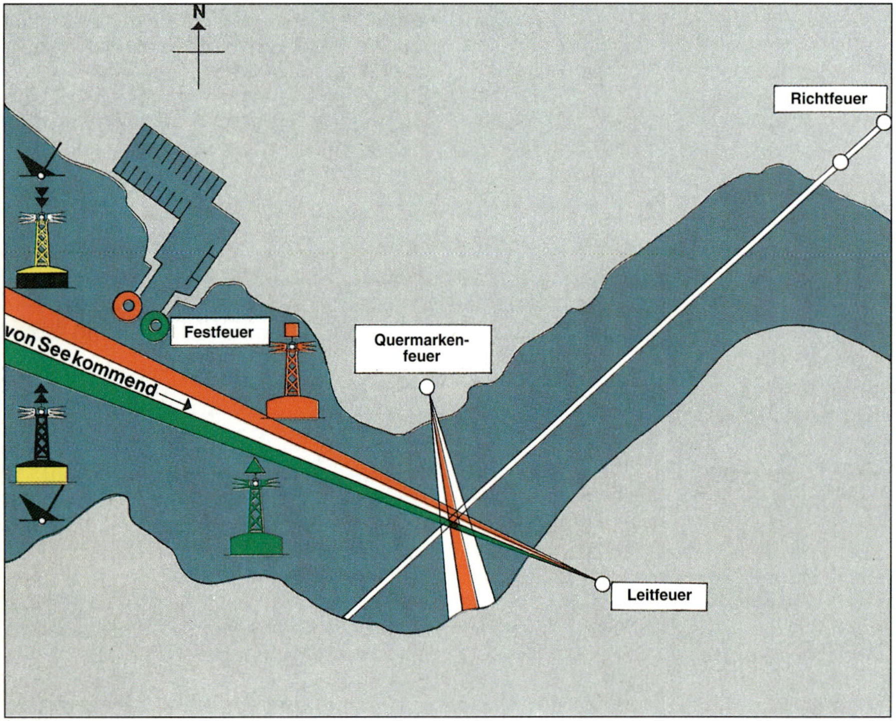
N
Richtfeuer
Festfeuer
von See kommend
Quermarken-
feuer
Leitfeuer

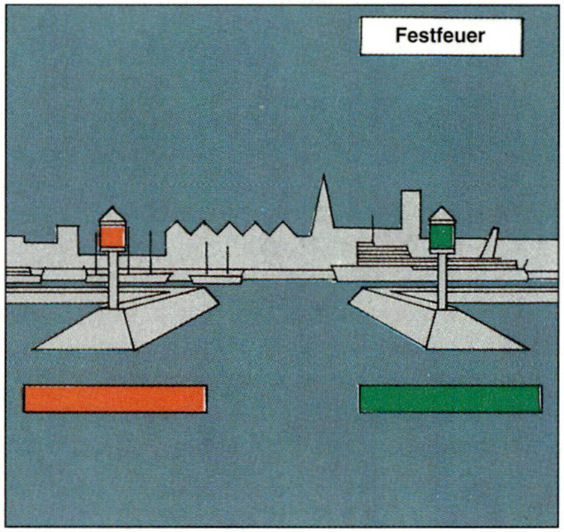
Festfeuer

Quermarkenfeuer

209

Was verstehen Sie unter einem Quermarkenfeuer und wozu dient es?

Antwort:

Ein Sektorenfeuer verschiedener Kennungen und Farben (zwei weiße Ankündigungssektoren und ein farbiger Kursänderungssektor), das auf eine erforderliche Kursänderung im Fahrwasser hinweist.

210

Wie navigieren Sie mit Hilfe eines Quermarkenfeuers?

Antwort:

Ich muß mit meinem Fahrzeug beim Übergang von dem weißen Ankündigungssektor in den folgenden farbigen Kursänderungssektor meinen Kurs ändern.

Zu Fragen 209 und 210:

Merke: Durch Quermarkenfeuer werden Kursänderungspunkte angezeigt; sie können auch gleichzeitig die Grenzen des befahrbaren Bereichs von Richt- und Leitfeuern bezeichnen. Das Quermarkenfeuer besteht aus einem roten oder einem grünen Kursänderungssektor, je nachdem, in welche Richtung die Kursänderung vorgenommen werden muß. Meistens ist es an beiden Seiten durch zwei weiße Ankündigungssektoren begrenzt.

Hinweis: Vgl. auch die Darstellung eines Quermarkenfeuers sowie die nebenstehende Darstellung der Befeuerung der Seeschifffahrtsstraßen. Weitere Einzelheiten sind dem Leuchtfeuerverzeichnis zu entnehmen, vgl. Erl. zu Frage 218.

Kennungen

211

Was verstehen Sie unter einem unterbrochenen Feuer?

Antwort:

Die Lichterscheinungen sind stets länger als die Verdunkelungen.

212

Was verstehen Sie unter einem Blinkfeuer?

Antwort:

Die Lichterscheinungen sind stets kürzer als die Verdunkelungen. Ein Blink ist mindestens zwei Sekunden lang.

213

Was verstehen Sie unter einem Blitzfeuer?

Antwort:

Die Lichterscheinungen sind stets kürzer als die Verdunkelungen. Ein Blitz ist weniger als zwei Sekunden lang.

214

Was verstehen Sie unter einem Funkelfeuer bzw. einem schnellen Funkelfeuer?

Antwort:

Schnell aufeinanderfolgende Lichterscheinungen (50 oder 60 bzw. 100 oder 120 Lichterscheinungen/Minute).

215

Was verstehen Sie unter einem Gleichtaktfeuer?

Antwort:

Die Lichterscheinungen und Verdunkelungen sind von gleicher Dauer.

216

Welche verschiedenen Kennungen von Leuchtfeuern gibt es?

Antwort:

Festfeuer, unterbrochenes Feuer, Gleichtaktfeuer, Blinkfeuer, Blitzfeuer, Funkelfeuer, schnelles Funkelfeuer.

217

Was verstehen Sie unter der Wiederkehr eines Leuchtfeuers?

Antwort:

Das ist der Zeitraum vom Einsetzen einer Taktkennung bis zum Einsetzen der nächsten gleichen Taktkennung.

Zu Fragen 211 bis 217:

Merke: Unter der Kennung eines Feuers versteht man die Dauer und Farbe seiner Lichterscheinungen und Verdunkelungen und seiner Wiederkehr. Manche Feuer sind so angeordnet, daß die Lichterscheinung innerhalb einer Taktkennung nicht nur einmal, sondern mehrmals in Gruppen auftritt, z. B. Feuer mit Gruppen von zwei, drei und vier Blitzen, Blinken oder Unterbrechungen. Die verschiedenen Kennungen von Feuern dienen dem Zweck, nachts die einzelnen Leuchtfeuer und befeuerten Tonnen leichter identifizieren zu können. Die weiteren Einzelheiten sind dem Leuchtfeuerverzeichnis zu entnehmen (vgl. Erl. zu Frage 231).

Übersicht über die verschiedenen Kennungen (Lichterscheinungen)

	Darstellung	Symbol in der Seekarte
1	Festfeuer	F.
2	Wiederkehr Unterbrochenes Feuer mit Einzelunterbrechung	Oc/Ubr.
3	Wiederkehr Unterbrochenes Feuer mit Gruppen von 2 Unterbrechungen	Oc(2)/Ubr.(2)
4	Wiederkehr Unterbrochenes Feuer mit Gruppen von 3 Unterbrechungen	Oc(3)/Ubr.(3)
5	Wiederkehr Gleichtaktfeuer	Iso/Glt.
6	Wiederkehr Blitzfeuer mit Einzelblitzen	Fl/Blz.
7	Wiederkehr Blitzfeuer mit Gruppen von 2 Blitzen	Fl(2)/Blz.(2)
8	Funkelfeuer mit dauerndem Funkel	Q/Fkl.
9	Wiederkehr Funkelfeuer mit Gruppen von 3 Funkeln	Q(3)/Fkl.(3)
10	Wiederkehr Funkelfeuer mit Gruppen von 6 Funkeln und 1 Blink	Q(6)+1LFl/ Fkl.(6)+1 Blk.
11	Wiederkehr Funkelfeuer mit Gruppen von 9 Funkeln	Q(9)/Fkl.(9)
12	Wiederkehr Funkelfeuer mit Unterbrechungen	IQ/SFkl. ubr.
13	Schnelles Funkelfeuer mit dauerndem schnellen Funkel	VQ/SFkl.
14	Wiederkehr Schnelles Funkelfeuer mit Gruppen von 3 schnellen Funkeln	VQ(3)/ SFkl.(3)
15	Wiederkehr Schnelles Funkelfeuer mit Gruppen von 6 schnellen Funkeln und 1 Blink	VQ(6)+1LFl/ SFkl.(6)+1Blk.
16	Wiederkehr Schnelles Funkelfeuer mit Gruppen von 9 schnellen Funkeln	VQ(9)/ SFkl.(9)

Beschreibung zu 1:
Ein Festfeuer zeigt einen Lichtschein von gleichbleibender Stärke ohne Unterbrechung.

Beschreibung zu 2 bis 4:
Ein unterbrochenes Feuer zeigt weiße oder farbige Scheine, die durch Verdunkelung unterbrochen werden (Unterbrechungen), und zwar gibt es
- unterbrochenes Feuer mit Einzelunterbrechungen oder
- unterbrochenes Feuer mit 2 oder 3 Unterbrechungen.

In allen Fällen ist die Scheindauer immer länger als die Dauer der Dunkelheit.

Beschreibung zu 5:
Ein Gleichtaktfeuer zeigt weiße oder farbige Scheine abwechselnd mit gleich langen Unterbrechungen.

Beschreibung zu 6 und 7:
Ein Blitzfeuer zeigt weiße oder farbige Blitze, und zwar gibt es
- Blitzfeuer mit Einzelblitzen oder
- Blitzfeuer mit Gruppen von 2, 3 oder 5 Blitzen.

Die Scheindauer von höchstens 2 Sekunden ist immer kürzer als die Unterbrechung.

Beschreibung zu 8 bis 12:
Ein Funkelfeuer zeigt ständig schnell aufeinander folgende kurze weiße oder farbige Blitze, und zwar gibt es
- Funkelfeuer mit dauerndem Funkeln oder
- Funkelfeuer mit Gruppen von 3, 6 und 9 Funkeln.

Werden die Funkeln von einer Periode der Dunkelheit unterbrochen, spricht man von einem unterbrochenen Funkelfeuer. Das Funkelfeuer zeigt mindestens 60 Blitze pro Minute. Wenn sich ein Blink anschließt, ist dessen Scheindauer länger als 2 Sek.

Beschreibung zu 13 bis 16:
Ein schnelles Funkelfeuer unterscheidet sich von dem Funkelfeuer nur durch die Zeitdauer der Funkel, und zwar zeigt es 120 oder 100 Funkel pro Minute. Es gibt
- schnelles Funkelfeuer mit dauerndem schnellen Funkeln oder
- schnelles Funkelfeuer mit Gruppen von 3, 6 und 9 schnellen Funkeln.

Umweltschutz, Befahrensregelungen für Naturschutzgebiete und Nationalparks

218

Wie haben Sie sich beim Befahren von Naturschutzgebieten und Nationalparken zu verhalten?

Antwort:

Befahrensregelungen (örtliche Befahrensverbote, zeitliche Befahrensbeschränkungen, festgesetzte Höchstgeschwindigkeiten und dergleichen) beachten.

219

Wie können Sie mithelfen, die Lebensmöglichkeiten der Pflanzen- und Tierwelt in Gewässern und Feuchtgebieten zu bewahren und zu fördern?

Antwort:

Indem ich mich umweltbewußt verhalte und hierbei insbesondere die „Zehn goldenen Regeln für das Verhalten von Wassersportlern in der Natur“ beachte, die von den Wassersportverbänden und dem Deutschen Naturschutzring erarbeitet wurden.

220

Warum sollen Sie sich von Schilf- und Röhrichtzonen sowie von dicht bewachsenen Uferzonen möglichst weit fernhalten?

Antwort:

Weil diese Zonen vielfach Rast- und Brutplätze besonders schutzwürdiger Vögel oder Fischlaichplätze sind.

Zu Fragen 218 bis 220:

Die zehn goldenen Regeln für das Verhalten von Wassersportlern in der Natur

1

Meiden Sie das Einfahren in Röhrichtbestände, Schilfgürtel und in alle sonstigen dicht und unübersichtlich bewachsenen Uferpartien. Meiden Sie darüber hinaus Kies-, Sand- und Schlammbänke (Rast- und Aufenthaltsplatz von Vögeln) sowie Ufergehölze. Meiden Sie auch seichte Gewässer (Laichgebiete), insbesondere solche mit Wasserpflanzen.

2

Halten Sie einen ausreichenden Mindestabstand zu Röhrichtbeständen, Schilfgürteln und anderen unübersichtlich bewachsenen Uferpartien sowie Ufergehölzen – auf breiten Flüssen beispielsweise 30 bis 50 Meter.

3
Befolgen Sie in Naturschutzgebieten unbedingt die geltenden Vorschriften. Häufig ist Wassersport in Naturschutzgebieten ganzjährig, zumindest zeitweise völlig untersagt oder nur unter bestimmten Bedingungen möglich.

4
Nehmen Sie in „Feuchtgebieten von internationaler Bedeutung" bei der Ausübung von Wassersport besondere Rücksicht. Diese Gebiete dienen als Lebensstätte seltener Tier- und Pflanzenarten und sind daher besonders schutzwürdig.

5
Benutzen Sie beim Landen die dafür vorgesehenen Plätze oder solche Stellen, an denen sichtbar kein Schaden angerichtet werden kann.

6
Nähern Sie sich auch von Land her nicht Schilfgürteln und der sonstigen dichten Ufervegetation, um nicht in den Lebensraum von Vögeln, Fischen, Kleintieren und Pflanzen einzudringen und diese zu gefährden.

7
Laufen Sie im Bereich der Watten keine Seehundbänke an, um Tiere nicht zu stören oder zu vertreiben. Halten Sie mindestens 300 bis 500 Meter Abstand zu Seehundliegeplätzen und Vogelansammlungen und bleiben Sie hier auf jeden Fall in der Nähe des markierten Fahrwassers. Fahren Sie hier mit langsamer Fahrstufe.

8
Beobachten und fotografieren Sie Tiere möglichst nur aus der Ferne.

9 Helfen Sie, das Wasser sauberzuhalten. Abfälle gehören nicht ins Wasser, insbesondere nicht der Inhalt von Chemietoiletten. Diese Abfälle müssen, genauso wie Altöle, in bestehenden Sammelstellen der Häfen abgegeben werden. Benutzen Sie ausschließlich die sanitären Anlagen an Land. Lassen Sie beim Stillliegen den Motor Ihres Bootes nicht unnötig laufen, um die Umwelt nicht zusätzlich durch Lärm und Abgase zu belasten.

10
Machen Sie sich diese Regeln zu eigen, und informieren Sie sich vor Ihren Fahrten über die für Ihr Fahrtgebiet bestehenden Bestimmungen. Sorgen Sie dafür, daß diese Kenntnisse und Ihr eigenes vorbildliches Verhalten gegenüber der Umwelt auch an die Jugend und vor allem an nichtorganisierte Wassersportler weitergegeben werden.

221

Sie stellen während einer Fahrt mit Ihrem Motorboot fest, daß sich Öl in der Bilge angesammelt hat. Was tun Sie mit dem ausgelaufenen Öl?

Antwort:
In einem geeigneten Behälter sammeln und im nächsten Hafen bei einer Altölsammelstelle entsorgen.

222

Was können Sie als Führer eines Sportbootes tun, um einen Beitrag zur Reinhaltung der Gewässer zu leisten?

Antwort:
Sämtliche Abfälle einschließlich Öle und Betriebsstoffe an Bord in geeigneten Behältern sammeln und an Land vorschriftsmäßig entsorgen.

Zu Fragen 221 und 222:

Hinweis: Eine Übersicht für die Sport- und Kleinschiffahrt über „**Entsorgungsmöglichkeiten für Öl, Schiffsmüll, Schiffsabwässer und Auffanganlagen gemäß MARPOL und Helsinki-Übereinkommen an der deutschen Küste**“ wird vom BSH Hamburg/Rostock herausgegeben.

Navigation

Allgemeines (Koordinatensytem)

Der Begriff „Navigation“ bezeichnet das Verfahren der Standort- und Kursbestimmung, Ausgangspunkt für die Navigation ist die Kugelgestalt der Erde. Um jeden Ort auf dieser Kugel festlegen und bezeichnen zu können, hat man die Erde mit einem System von Kreisen überzogen, dem KOORDINATENSYSTEM der Erde.

1. Definitionen:

Nullmeridian

Der **Nullmeridian** ist der Längenhalbkreis, auf dem die Sternwarte von Greenwich liegt. Die anderen Meridiane werden durch den Winkel bezeichnet, den sie am Nordpol mit dem Nullmeridian bilden. Sie werden von 0° bis 180° jeweils nach Ost und West gezählt.

Geographische Länge

Die **geographische Länge** eines Ortes ist der sphärische Winkel an den Polen zwischen dem Nullmeridian und dem Ortsmeridian.

Geographische Breite

Die **geographische Breite** eines Ortes ist der Winkel am Mittelpunkt der Erdkugel, zwischen der Äquatorebene und dem Erdradius des Ortes, polwärts gezählt von 0° bis 90°.

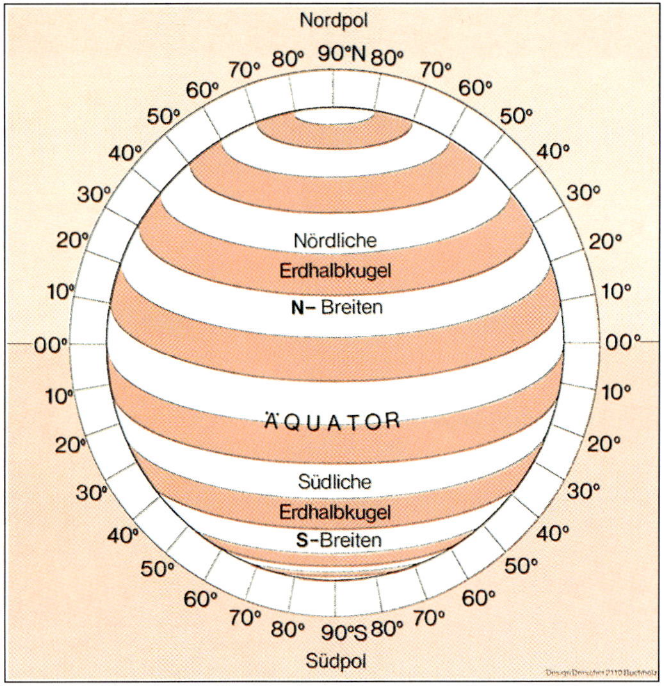

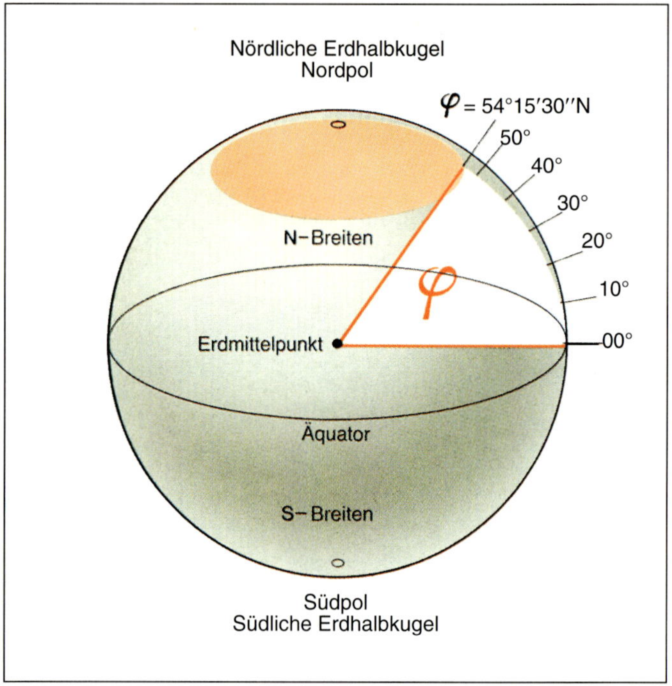

2. Die geographische Breite eines Ortes (bezeichnet mit dem griechischen Buchstaben φ [Phi])

Der Äquator, der im gleichen Abstand von den Polen die Erde in ihrem vollen Umfang umfaßt, trägt die Bezeichnung 0 ($\varphi = 00°$). Er teilt die Erde in eine Nord- und eine Südhalbkugel.

Parallel zum Äquator legt man nun weitere Kreise um die Erde, die Breitenkreise, und numeriert sie fortlaufend bis zum Nord- bzw. Südpol.

Der Nordpol trägt die Bezeichnung $\varphi = 90°$ nördlicher Breite oder kurz $\varphi = 90°$ N, der Südpol $\varphi = 90°$ S.

Der Breitenkreis, der durch den Schiffsort läuft, wird „Ortsbreite" genannt. Die geographische Breite eines Schiffsortes ist demnach der Winkel zwischen dem Breitenkreis des Ortes, dem Erdmittelpunkt und dem Äquator, angegeben in Graden (°), Minuten (′) und Sekunden (″).

Beispiel: $\varphi = 54°\ 15'\ 30''$ N

Dabei ist zu beachten, daß 1° = 60′, 1′ = 60″ hat. Somit kann o. a. Breite auch $\varphi = 54°\ 15{,}5'$ N lauten.

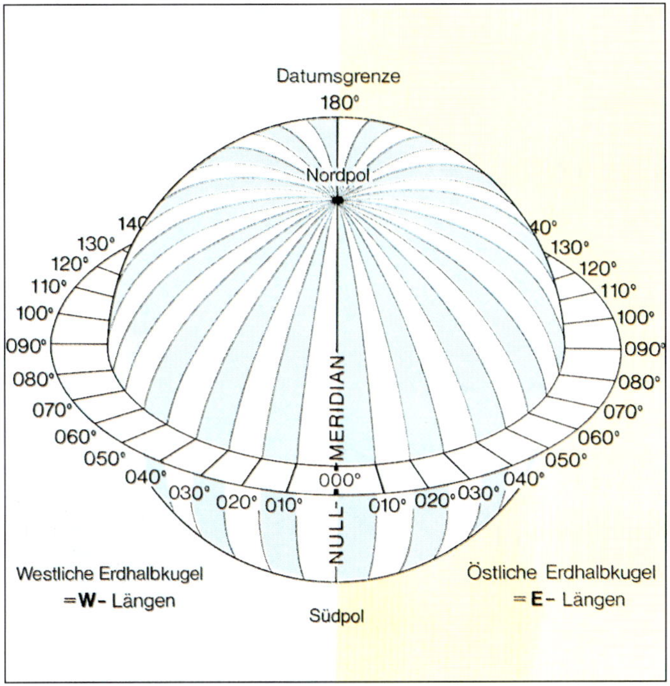

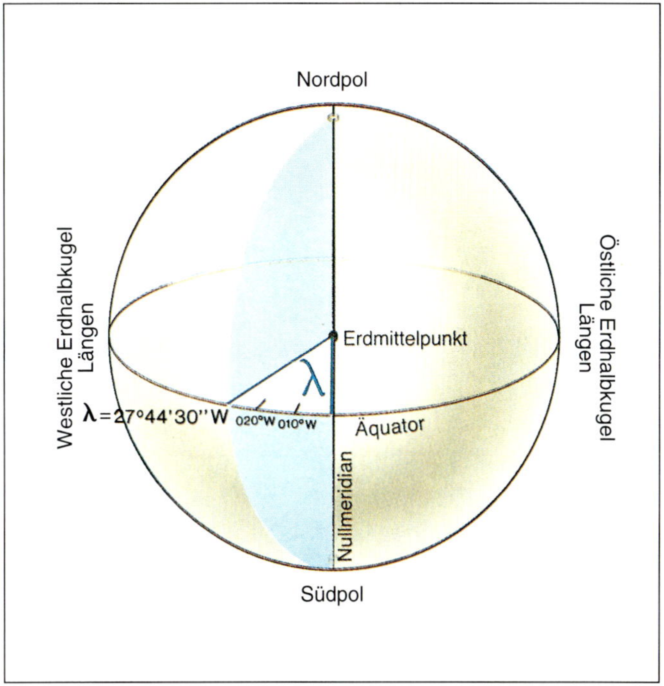

3. Die geographische Länge eines Ortes (bezeichnet mit dem griechischen Buchstaben λ [Lambda])

Das System zur Bezeichnung der geographischen Länge eines Ortes basiert darauf, daß 180 Kreise, die Längenkreise, durch die Pole der Erde gelegt werden. Zur Bestimmung der geographischen Länge eines Ortes zieht man die Längenhalbkreise = Meridiane heran, die jeweils vom Nordpol zum Südpol verlaufen.

Ausgangspunkt ist der Meridian, der durch die Sternwarte von Greenwich (nahe London) läuft. Dieser Meridian trägt die Bezeichnung 0 (λ = 000°), es ist der „Nullmeridian". Von hier ausgehend wird in Richtung Ost oder West fortlaufend numeriert (Beispiel: λ = 093° östlicher Länge oder kurz λ = 093° E oder λ = 173° W). Der Meridian, der dem Nullmeridian genau gegenüberliegt, trägt die Bezeichnung λ = 180° (ohne Richtungsbezeichnung). Er ist als Datumsgrenze bekannt.

Die geographische Länge, auf der der Schiffsort liegt („Ortsmeridian"), ist der Winkel zwischen dem Ortsmeridian, dem Erdmittelpunkt und dem Nullmeridian und wird in Graden (°), Minuten(′) und Sekunden (″) gemessen.

Beispiel: λ = 027° 44′ 30″ W
oder λ = 027° 44,5′ W

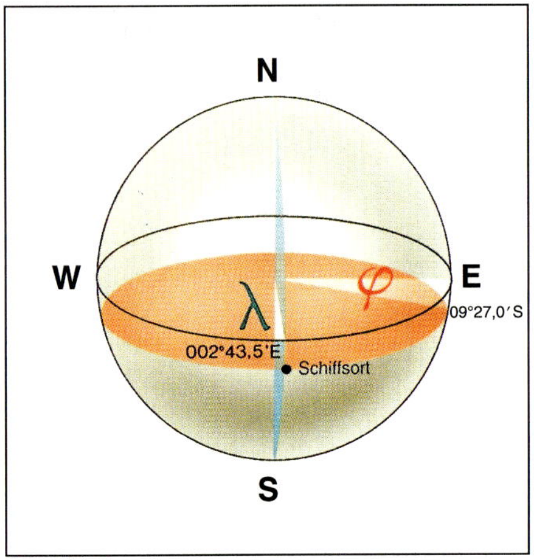

Beispiel: φ = 09° 27,0′ S
λ = 002° 43,5′ E

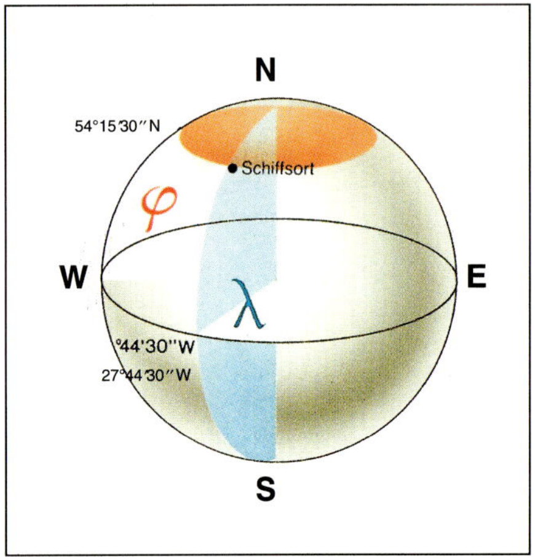

Beispiel: φ = 54° 15′ 30″ N
λ = 027° 44′ 30″ W

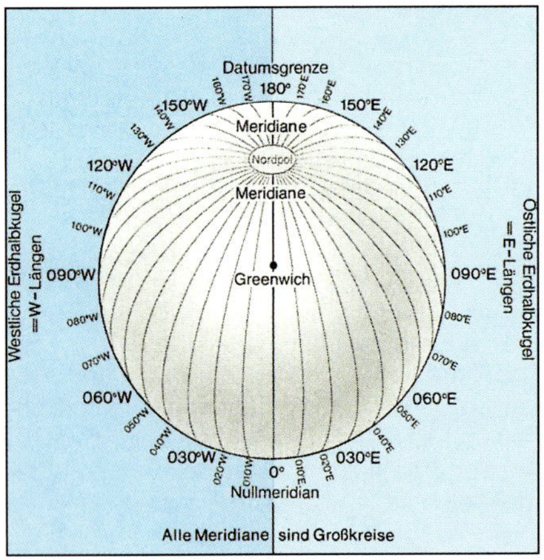

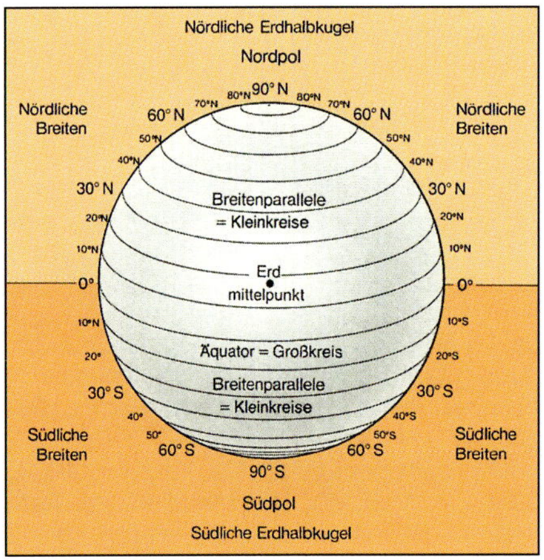

Groß- und Kleinkreise der Erde

Merke:

Jeder Ort auf der Erde kann mit Hilfe der zwei Koordinaten φ und λ eindeutig festgelegt werden. Dabei wird φ immer zuerst angegeben und zweistellig geschrieben (φ = 09° 27,0′ S). λ wird immer dreistellig geschrieben (λ = 002° 43,5′ E).

Beachte:

Alle Längenkreise sind Großkreise der Erde, d. h., sie umfassen die Erde in ihrem vollen Umfang (rund 40 000 km). Meridiane sind demnach Teil eines Großkreises. Nur ein Breitenkreis, nämlich der Äquator, ist Großkreis der Erde. Alle Breitenkreise nördlich und südlich des Äquators sind Kleinkreise. So sind die Pole (φ = 90° N bzw. 90° S) lediglich Punkte.

Bedeutung:

Das Kennen dieser Tatsachen ist von Bedeutung für das Ablesen von Entfernungen in der Seekarte.

Hinweis: Vgl. Erl. zu Frage 232.

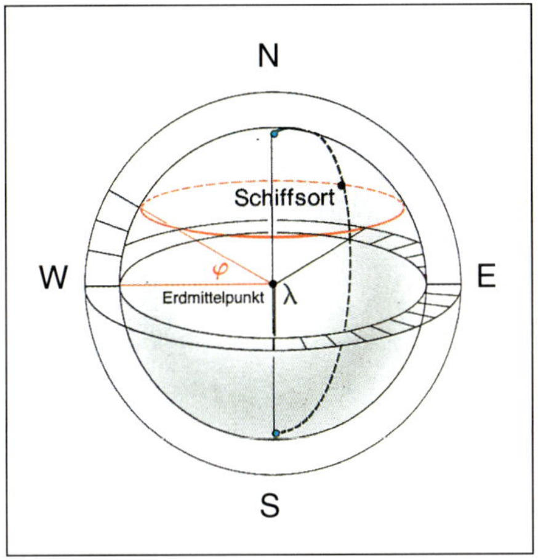

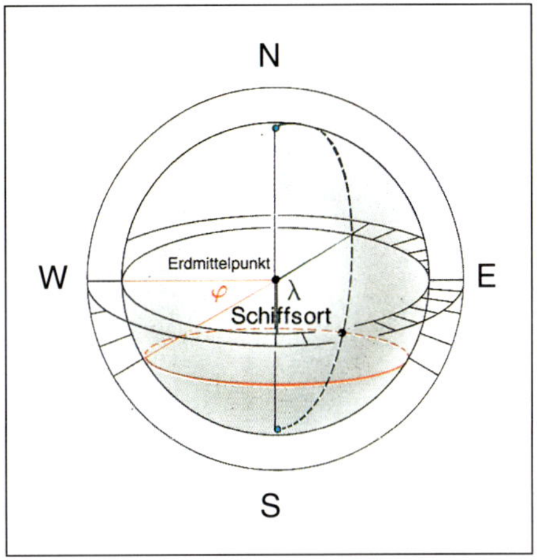

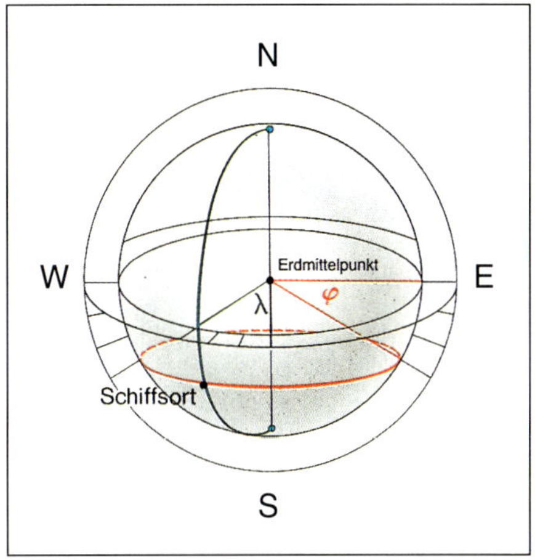

4. Anforderungen, die von der Seekarte erfüllt werden sollen

Die Abbildung der Kugeloberfläche der Erde auf einer Ebene, der Seekarte, kann nicht exakt geschehen. Es müssen dabei Kompromisse in Kauf genommen werden.

Die Seekarte muß folgende Anforderungen erfüllen:

- Kurslinien muß man als Gerade mit einem Kursdreieck einzeichnen können.
- Die in der Seekarte dargestellten Flächen müssen den Flächen auf der Erde (z. B. Landmassen und Buchten) ähnlich sein.
- Entfernungen sollen direkt der Karte entnommen werden können.

Alle diese Anforderungen erfüllt die Merkatorkarte, eine Kombination aus einer reinen Projektion der Erdoberfläche mit einem rechnerischen Entwurf.

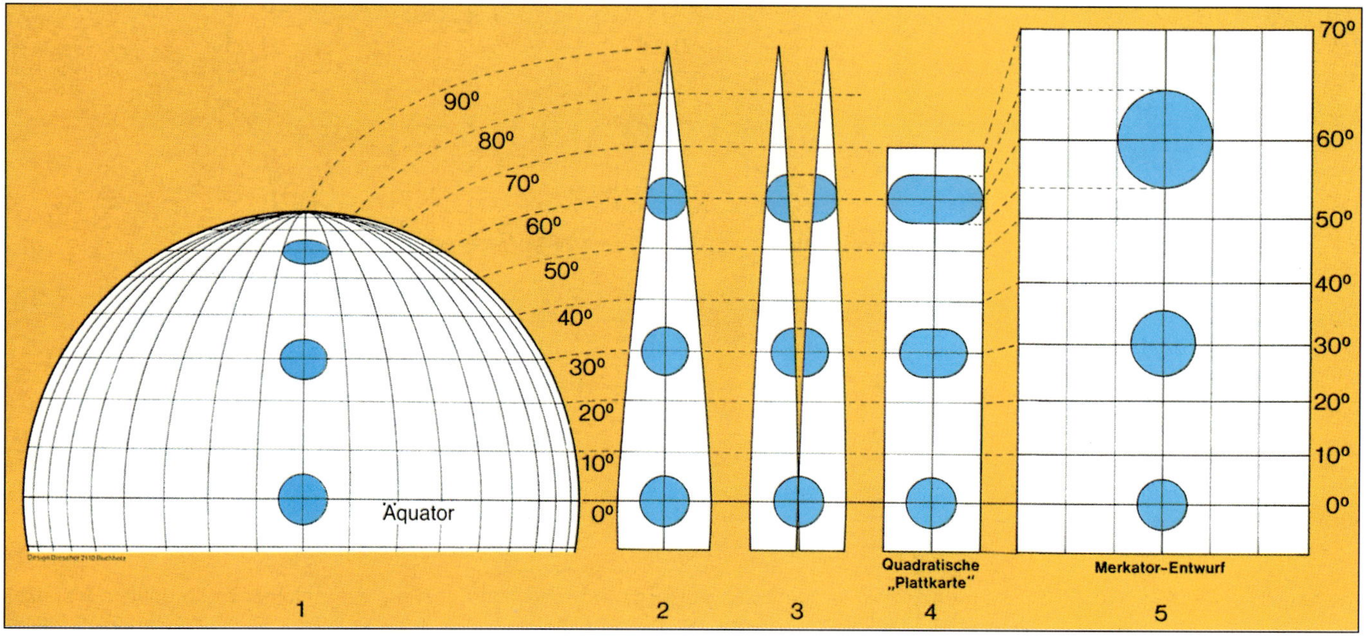

Merkatorprojektion
Merkatorentwurf

Die Meridiane, die sich auf der Kugel in den Polen treffen (1 und 2), werden auf der Karte als parallele Geraden abgebildet (3). Die Verzerrungen, die in höheren Breiten zunehmend in der Ost-West-Richtung entstehen (4), werden durch eine zunehmende Vergrößerung der Abstände der Breitenkreise zu den Polen hin ausgeglichen (5).

Merke:

- Ab ca. 70° nördlicher und südlicher Breite kann eine Merkatorkarte nicht mehr verwendet werden.
- Distanzen werden gemessen, indem Anfangs- und Endpunkte der zu messenden Distanz in einen Zirkel genommen und dann auf die Breitenskala am seitlichen Kartenrand (links oder rechts) übertragen werden.
- Die Mitte zwischen beiden Zirkelspitzen muß möglichst genau in der mittleren geographischen Breite zwischen Anfangs- und Endpunkt liegen.
- Die Anzahl der zwischen den Zirkelspitzen enthaltenen Breitenminuten sind die Anzahl der Seemeilen der Distanz.

Nautische Veröffentlichungen

223 **Welche amtlichen nautischen Veröffentlichungen geben Aufschluß über die für das Fahrtgebiet benötigten Angaben?**	Antwort: **Seekarten, Leuchtfeuerverzeichnisse, Seehandbücher, Gezeitentafeln, Atlas der Gezeitenströme, Nautischer Funkdienst, Nachrichten für Seefahrer, Bekanntmachungen für Seefahrer.**

Zu Frage 223:

Wichtiger Hinweis:

Alle amtlichen nautischen Veröffentlichungen (vgl. nachstehende Übersicht) stellt das BSH her. In dem „Verzeichnis der nautischen Karten und Bücher“ sind alle vom BSH herausgegebenen Seekarten und sonstigen nautischen Veröffentlichungen zusammengefaßt. Diese Veröffentlichungen werden über **zugelassene Vertriebsstellen,** die auch Seekarten berichtigen, und deren Auslieferungsstellen vertrieben.

Bundesrepublik Deutschland

Babenhausen Skandinavien-Shop, Tulpenstraße 1,
64832 Babenhausen,
Tel.: (0 60 73) 48 08, Fax: (0 60 73) 43 08

Bad Soden* Verlag Rheinschiffahrt-Bücherschapp, Sperberstr. 25,
Postfach 13 25, 65798 Bad Soden,
Tel.: (0 61 96) 2 88 66, Fax: (0 61 96) 64 21 41

Berlin* NAUTICON Handels-GmbH,
Kaiserin-Augusta-Allee 40, 10589 Berlin,
Tel.: (0 30) 3 44 80 90, Fax: (0 30) 3 45 33 15
Dietrich Reimer, Unter den Eichen 57,
12203 Berlin,
Tel.: (0 30) 8 31 40 81/82
* Bootschaft, Philippistraße 2,
14059 Berlin,
Tel.: (0 30) 32 60 20 40, Fax: (0 30) 32 60 20 42

Binz/Rügen Bücherinsel Dörte Pietsch, Hauptstraße 24,
18609 Binz/Rügen,
Tel.: (03 83 93) 25 36

Bremen* „SEEKARTE" Kapitän A. Dammeyer, Korffsdeich 3,
28217 Bremen,
Tel.: (04 21) 39 50 51/52, Fax: (04 21) 3 96 22 35

Bremerhaven Datema Bremerhaven, Am Seedeich 39,
27572 Bremerhaven,
Tel. (04 71) 79 98 14/15, Fax: (04 71) 7 58 08

Büsum Fischer-Genossenschaft Büsum e. G.,
Alte Hafeninsel 17, Postfach 11 13, 25757 Büsum,
Tel.: (0 48 34) 24 23 25 00

Cottbus Maritim-Center, C. W. Babick, Werner Straße 61,
03046 Cottbus,
Tel.(03 55) 3 37 85, Fax: (03 55) 3 36 85

Cuxhaven Buchhandlung Rauschenplat, Deichstraße 21,
27472 Cuxhaven,
Tel.: (0 47 21) 3 71 37

Düsseldorf Wassersport am Rheinturm, Kaistraße 11a,
40221 Düsseldorf,
Tel.: (02 21) 30 50 23, Fax: (02 21) 3 98 13 31

Emden Nautisch-technisches Büro, Bollwerkstraße 4,
Postfach 20 28, 26700 Emden,
Tel.: (0 49 21) 2 04 54, Fax: (0 49 21) 2 43 06

Flensburg Flensburger Yacht-Service GmbH, Am Industriehafen 4,
Postfach 15 17, 24905 Flensburg,
Tel.: (04 61) 1 77 27/28, Fax: (04 61) 2 77 44
Ostsee-Nautik, Inh. F. Kleeberg, Norderhofenden 16,
24937 Flensburg,
Tel.: (04 61) 2 04 76, Fax: (04 61) 2 04 76

Frankfurt/M. R. A. Lust, Liliencronstraße 11,
60320 Frankfurt/M., Tel.: (0 69) 56 16 98

Gladbeck K. Pieper & Co., Karl-Schneider-Straße 12,
45966 Gladbeck,
Tel.: (0 20 43) 97 37 22, Fax: (0 20 43) 4 75 27

Greifswald Boddenbuchhandlung, Am Markt 5,
17489 Greifswald, Tel.: (0 38 34) 39 94
Stadthafen, Thomas-Müntze-Straße,
17489 Greifswald, Tel.: (0 38 34) 8 95 60

Hamburg* * Bade & Hornig GmbH,
Deutsches Seekarten-Berichtigungsinstitut,
Herrengraben 31, Postfach 11 20 45,
20420 Hamburg,
Tel.: (0 40) 37 48 11-0, Fax: (0 40) 36 64 00
* Eckardt & Messtorff GmbH, Rödingsmarkt 16,
20459 Hamburg,
Tel.: (0 40) 37 48 42-14, Fax: (0 40) 37 30 28
Versandbuchhandlung K. Radtke & Sohn,
Hohenkamp 30, Postfach 37 09 26;
22129 Hamburg,
Tel.: (0 40) 6 47 22 50, Fax: (0 40) 6 47 86 64

Heiligenhafen Ernst Horn KG, Bergstraße 21,
23774 Heiligenhafen, Tel.: (0 43 62) 15 54

Helgoland Firma Hans Rickmers, Postfach 9 80,
27498 Helgoland, Tel.: (0 47 25) 5 85

Kiel* * Nautischer Dienst, Kapitän Stegmann,
Maklerstraße 8, Postfach 80 70,
24154 Kiel, Tel.: (04 31) 33 17 72, 33 23 53,
Fax: (04 31) 33 17 61
Buchhandlung Gerhard Schneider,
Holstenstraße 106/108, 24103 Kiel,
Tel.: (04 31) 4 90 13
Schiffsausrüstung H. Tiessen, Tiessenkai,
24159 Kiel-Holtenau,
Tel.: (04 31) 36 12 23/76, Fax: (04 31) 36 32 23

Köln Buchhandlung Sieger am Dom, Komödienstraße 7,
Postfach 10 18 47, 50445 Köln,
Tel.: (02 21) 2 57 67 14, Fax: (02 21) 25 51 01

Laboe Yachtservice R. Jensen, Börn 4/6,
24235 Laboe, Tel.: (0 43 43) 65 26

Lauterbach Bootsbau Rügen GmbH,
18581 Lauterbach/Rügen,
Tel.: (03 83 01) 4 35, Fax: (03 83 01) 2 94

Lübeck Buchhandlung Wilhelm Nitz, Rose 2,
Postfach 15 02 20, 23524 Lübeck-Travemünde,
Tel.: (0 45 02) 28 68, Fax: (0 45 02) 24 47

Lübeck HANÖ, Nautische Schiffsausrüstungen, An der Untertrave 41/42, 23552 Lübeck, Tel.: (04 51) 7 06 43 - 0, Fax: (04 51) 7 06 43 23

Maasholm Segelkiste, Inh. Antje Laß, Uhleweg 16, 24404 Maasholm, Tel.: (0 46 42) 66 51, Fax: (0 46 42) 6 91 26

Mesekhagen Maliezefski, Bootsmotoren GmbH, Greifswalder Straße 34a, 17498 Mesekenhagen, Tel.: (03 83 51) 3 69, Fax: (03 83 51) 2 81

München* GEOBUCH GmbH, Rosental 6, 80331 München, Tel.: (0 89) 26 50 30, Fax: (0 89) 26 37 13
* G. Leonhartsberger, Seekartenvertriebsstelle, Marienbader Straße 12, 80937 München, Tel.: (0 89) 3 11 00 50, Fax: (0 89) 3 16 36 12

Norddeich Yacht- und Bootszubehör Udo Gruchow, Am Hafen 5, Postfach 11 06, 26506 Norddeich, Tel.: (0 49 31) 8 13 00, Fax: (0 49 31) 86 08

Oldenburg Rose am Stau GmbH, Jacht- und Schiffsausrüstung, Stau 25/27, Postfach 42 26, 26032 Oldenburg, Tel.: (04 41) 2 63 73, Fax: (04 41) 2 63 75

Ribnitz-Damgarten Ribnitz-Segelservice Cpt. Lange, Karl-Marx-Straße. 22, 18311 Ribnitz-Damgarten, Tel.: (0 38 21) 22 09, Fax: (0 38 21) 22 09

Rostock Nautischer Dienst, Kapitän Stegmann, Zweigniederlassung, Überseehäfen, Postfach 48 12 03, 18134 Rostock, Tel.: (03 81) 36 63 16 00, Fax: (03 81) 39 84 71

Rostock Firma Schefferling, Am Strande 2, 18055 Rostock, Tel.: (03 81) 4 92 21 70, Fax: (03 81) 4 92 21 70
Universitätsbuchhandlung, Kröpeliner Straße 15, 18055 Rostock, Tel.: (03 81) 4 92 38 36, Fax: (03 81) 4 92 31 43
Schiffsversorgung Rostock, Ost-West-Straße, 18147 Rostock, Tel.: (03 81) 67 04 90, Fax: (03 81) 6 70 02 75/76

Schleswig Buchhandlung Karl Liesegang, Stadtweg 8, Postfach 13 49, 24823 Schleswig, Tel.: (0 46 21) 2 31 18, Fax: (0 46 21) 2 23 14

Stralsund* * Hygrapha, Querkanal 4a,18439 Stralsund, Tel.: (0 38 31) 29 30 63, 29 74 93, Fax: (0 38 31) 29 74 94
Seekarten Stralsund, Neue Badenstraße 4, 18439 Stralsund, Tel.: (0 38 31) 29 27 63, Fax: (0 38 31) 29 27 63

Vitte/Hiddensee Buchhandlung Koralle, 18565 Vitte, Tel.: (03 83 00) 2 18 (April bis Oktober)

Wilhelmshaven Lohse-Eissing, Buchhandlung-Verlag, Markstr. 38, Postfach 8 46, 26356 Wilhelmshaven, Tel.: (0 44 21) 4 16 87

Wismar Schiffsversorgung Rostock GmbH, Am Holzhafen, 23970 Wismar, Tel.: (0 38 41) 26 09
Segelmacherei Horst Bütow, Am Lohberg 9, 23966 Wismar, Tel.: (0 38 41) 28 30 03

Wolgast Schiffsausrüster Axel Hahn, Hafenstraße 1, 17438 Wolgast, Tel.: (0 38 36) 23 27, Fax: (0 38 36) 23 27
Schiffswerft Joachim Horn, Schloßplatz, 17348 Wolgast, Tel.: (0 38 36) 20 23 02

*** BSH Vertriebsstellen mit eigener Berichtigung für Seekarten und nautischen Veröffentlichungen.**

224

Welche Angaben enthalten die Nachrichten für Seefahrer (NfS) und die Bekanntmachungen für Seefahrer (BfS)?

Antwort:

Sie enthalten alle Veränderungen hinsichtlich Betonnung, Befeuerung, Wracks und Untiefen sowie andere die Schiffahrt betreffende Maßnahmen und Ereignisse.

Zu Frage 224:

- Die NfS (Beispiel nachstehend) erscheinen wöchentlich.
- Die BfS (Beispiel nachstehend) werden von den Wasser- und Schiffahrtsämtern herausgegeben und im allgemeinen in der nächsten Ausgabe der NfS weiter verbreitet.
- Seekarten, Seehandbücher, Leuchtfeuerverzeichnisse und nautische Funkdienste sind nach den Angaben in den NfS laufend zu berichtigen.
- Über die durchgeführte Berichtigung ist in dem jeweiligen Werk ein Berichtigungsvermerk aufzunehmen, aus dem die letzte für die Berichtigung berücksichtigte Ausgabe der NfS zu ersehen ist.

Merke: Benutze niemals veraltete Unterlagen!

Auszug aus den „Nachrichten für Seefahrer“

Heft 1/89	Teil 1 Kartenberichtigungen	27
★ T (21) 7 Letzte NfS 51/88 Ersetze	**Jade** Leuchttonne 45 durch gn. Eis-Leuchttonne 45 mit Fkl. gn. Dauer: Bis voraussichtlich Ende März 1989	(WSA Wilhelmshaven 106/88) 1/89 53° 35,7′ N 8° 10,1′ E
★ T (21) 8 Letzte NfS 42/88 Ersetze	**Jade** Leuchttonne 45 durch gn. Eis-Leuchttonne 45 mit Fkl. gn. Dauer: Bis voraussichtlich Ende März 1989	(WSA Wilhelmshaven 106/88) 1/89 53° 35,7′ N 8° 10,1′ E
★ (21) 46 (INT 1453) Letzte NfS 48/88 Verlege	**Wischhafener Fahrwasser** Tonnen WF 15 nach WF 14 nach	(WSA Hamburg 125/88) 1/89 53° 48′ 04,7′′ N 9° 21′ 40,9′′ E 53° 48′ 07,2′′ N 9° 21′ 40,9′′ E
★ T (21) 47 (INT 1454) Letzte NfS 43/88 Trage ein	**Elbe. Grauerort** ┬ ┬ ┬ ┬ zwischen „Sperrgebiet (Munition)“ in dem Gebiet (1/87-T (21) 47 aufgehoben)	(WSA Hamburg 124/88) 1/89 53° 40′ 42′′ N 9° 29′ 47′′ E 53° 40′ 43′′ N 9° 29′ 46′′ E 53° 40′ 38′′ N 9° 29′ 39′′ E 53° 40′ 42′′ N 9° 29′ 36′′ E
(21) 50 (INT 1045) Letzte NfS 52/88 Ersetze	**Horns Rev** Tonne mit ⧗ durch gn. Leuchttonne mit Blz. gn. 10 s	(DK 51/1706/88) 1/89 55° 34,8′ N 7° 49,2′ E
(21) 81 Letzte NfS 50/88 Trage ein	**Thyborøn. Sydhalen** **Plan A** Küstenlinie zwischen	(DK 51/1703/88) 1/89 56° 41′ 50′′ N 8° 13′ 38′′ E 56° 41′ 43′′ N 8° 13′ 38′′ E 56° 41′ 33′′ N 8° 13′ 44′′ E 56° 41′ 32′′ N 8° 13′ 40′′ E
 Trage ein	**Plan B** Küstenlinie zwischen	 56° 41′ 49,8′′ N 8° 13′ 38,4′′ E 56° 41′ 43,2′′ N 8° 13′ 38,4′′ E 56° 41′ 36,0′′ N 8° 13′ 42,3′′ E
Streiche	„Høfde 3“	56° 41,7′ N 8° 13,6′ E

Bekanntmachungen für Seefahrer

Bekanntmachung für Seefahrer Nr. 25/77

Bundesrepublik Deutschland. Ostfriesische Inseln. Memmert-Wattfahrwasser. Schiffahrtshindernis bezeichnet.

Frühere N.f.S. 76 - 387 (T).

Tonnen ausgelegt.

Geogr. Lage: a) 53° 38' 14" N, 7° 02' 35" O
b) 53° 38' 11" N, 7° 02' 37" O

Angaben: Auf a) und b) ist jeweils eine weiße Bakentonne mit weißem W-Toppzeichen ausgelegt worden. Dicht O-lich dieser Verbindungslinie liegen Eisenpfähle und Betontrümmer. Die Kleinschiffahrt wird gewarnt.

Norden, den 17. März 1977
Wasser- und Schiffahrtsamt Norden

I.III.Iv - 919/77 Az.: 28-01/2 (872.9)

\- - - - - - - - - -

Bekanntmachung für Seefahrer Nr. 26/77

Bundesrepublik Deutschland. Ostfriesische Inseln. Otzumer Balje. Tonnen verlegt. Tiefe.

Frühere B.f.S. 14/77, 1. c, e, f, 2.

1. Tonnen verlegt.
   a) Die schwarze Spitztonne B
   nach 53° 47' 43" N, 7° 37' 38" O
   b) die rote Spierentonne 1
   nach 53° 48' 09" N, 7° 37' 48" O
   c) die rote Spierentonne 2
   nach 53° 47' 45" N, 7° 37' 47" O
2. Tiefe.
   Angaben: Die geringste Tiefe befindet sich zwischen den Tonnen B und 3; sie beträgt z.Z. 1,5 m.

Norden, den 17. März 1977
Wasser- und Schiffahrtsamt Norden

225

Wo können Sie von den Bekanntmachungen für Seefahrer (BfS) Kenntnis erlangen?

Antwort:

An den dafür eingerichteten Aushangstellen (z. B. in Häfen und Schleusen).

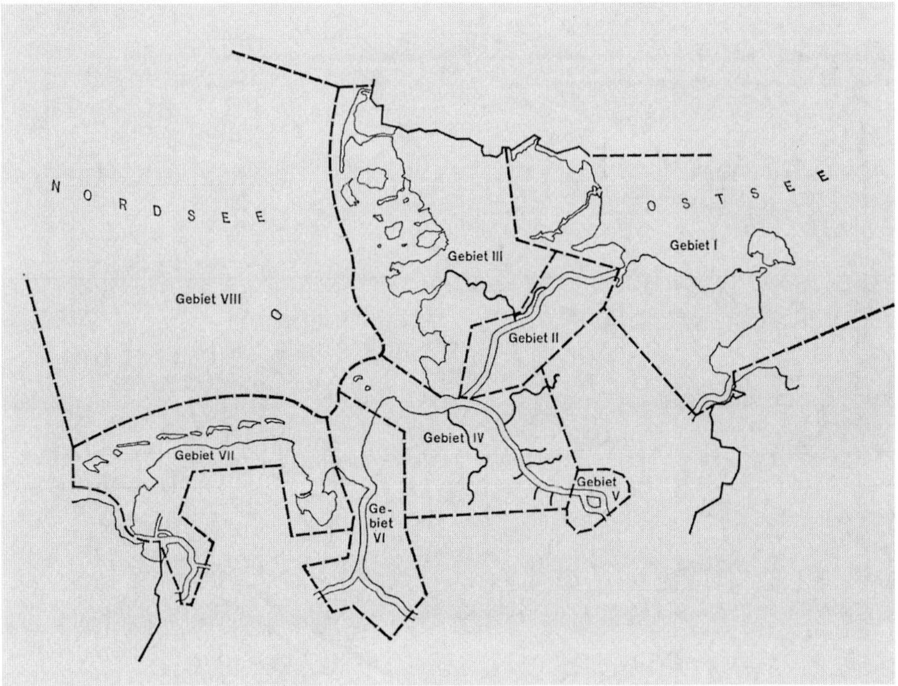

Zu Frage 225:

Da nicht an jeder Aushangstelle sämtliche BfS aushängen können, sind die deutschen Küstengewässer in acht Gebiete eingeteilt worden (vgl. nebenstehende Übersicht). Aus der nachstehenden Übersicht über Verteilung und Aushang der BfS ergibt sich, über welche Gebiete die BfS an den einzelnen Aushangstellen informieren. Die Einzelheiten sind im nautischen Warn- und Nachrichtendienst der Bundesrepublik Deutschland (Beiheft Nr. 1 zum Handbuch „Für Brücke und Kartenhaus“) geregelt.

Hinweis: vgl. Erl. zu Frage 223

226

Wo finden Sie Angaben über Schiffahrtsangelegenheiten, insbesondere Hinweise auf Schiffahrtsvorschriften der Länder, deren Küsten, Häfen und Naturverhältnisse?

Antwort:

In den See- und Hafenhandbüchern.

Zu Frage 226:
Das BSH gibt **Seehandbücher** in mehreren Bänden heraus. Sie sind in erster Linie für die Großschiffahrt bestimmt, enthalten aber auch für die sichere Führung eines Sportbootes wichtige Angaben und sollten daher beim Ansteuern und Befahren der deutschen oder ausländischen Küstengewässer und Häfen zu Rate gezogen werden. Alle Veränderungen der Seehandbücher werden über die NfS bekanntgegeben. Jedes Seehandbuch besteht aus den Teilen A, B und C.
Teil A unterrichtet über Schiffahrtsangelegenheiten wie Regelung und Sicherung der Schiffahrt nach den Vorschriften des jeweiligen Landes, dessen Küsten beschrieben werden, sowie über Entfernungs- und Umrechungstabellen usw.
Teil B beschreibt die Naturverhältnisse der einzelnen Seegebiete, z.B. Wetter, Klima, Gezeiten, Strömungen usw.
Teil C, der Hauptteil, enthält die Beschreibungen der Küsten und Häfen mit Anweisungen für die Ansteuerung der Häfen und das Durchfahren der Fahrwasser sowie Ratschläge für die Wahl des Schiffsweges, Angaben über örtliche Gezeiten, Strömungen usw.
Hafenhandbücher werden vom Deutschen Segler-Verband, Kreuzer-Abteilung (Hafenhandbücher für die Nordsee und Ostsee) sowie vom Deutschen Motoryachtverband (Hafenführer deutsche Nord- und Ostseeküste) herausgegeben.

Hinweis: Verzeichnis der Vertriebsstellen vgl. Frage 223

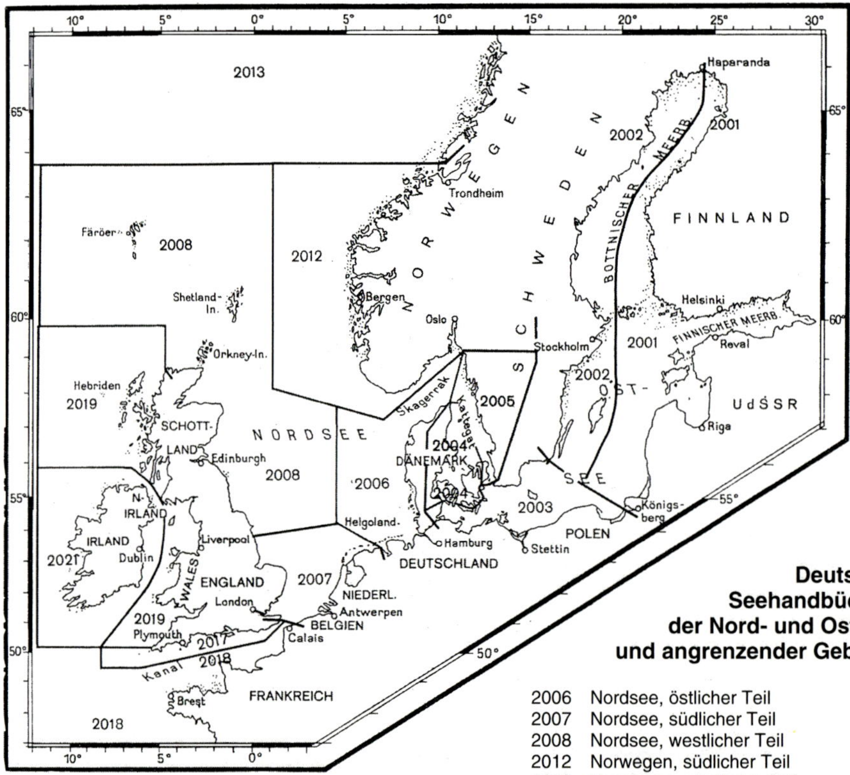

Deutsche Seehandbücher der Nord- und Ostsee und angrenzender Gebiete

2001 Ostsee, I. Teil
2002 Ostsee, II. Teil
2003 Ostsee, III. Teil
2004 Kattegat, I. Teil
2005 Kattegat, II. Teil
2006 Nordsee, östlicher Teil
2007 Nordsee, südlicher Teil
2008 Nordsee, westlicher Teil
2012 Norwegen, südlicher Teil
2013 Norwegen, nördlicher Teil
2015 Europ. Nordk. d. Sowjetunion
2017 Südküste Englands
2018 Nord- und Westküste Frankreichs
2019 Westküste Englands und Schottlands
2021 Küsten Irlands

227

Wovon sollten Sie sich vor Gebrauch einer Seekarte überzeugen?

Antwort:
Daß die Karte auf den neuesten Stand berichtigt ist.

228

Woran erkennen Sie, ob die Seekarte auf den neuesten Stand berichtigt ist?

Antwort:
An dem letzten amtlichen Berichtigungsdatum, das sich in der Regel an der linken Seite des unteren Kartenrandes befindet.

Zu Fragen 227 und 228:

Beispiel eines Berichtigungsstempels des BSH. Der Stempel läßt erkennen, daß die Seekarte vom BSH bis zur 31. Ausgabe 1996 der NfS berichtigt worden ist.

Beachte:

- Navigiere nie nach unberichtigten Seekarten! Die nach dem Druck eingetretenen Veränderungen und Ergänzungen können für die sichere Navigation von entscheidender Bedeutung sein.
- Das BSH berichtigt alle Seekarten bis zum Versand an die Vertriebsstellen bis zur letzten Ausgabe der NfS.
- Bis zum Tage des Verkaufs werden die Seekarten von den Vertriebsstellen handschriftlich berichtigt und dabei die letzte berücksichtigte Ausgabe der NfS vermerkt. Ein entsprechender Vermerk (Stempel) ist am linken unteren Kartenrand angebracht.
- Beim Kauf der Seekarte ist darauf zu achten, daß diese bis zur letzten Ausgabe der NfS berichtigt worden ist.
- Nach dem Kauf sind die Seekarten anhand der NfS vom Käufer selbst zu berichtigen. Er kann die Seekarte aber auch gegen Entgelt von einer Vertriebsstelle berichtigen lassen (vgl. Erl. zu Frage 223).
- Für die Sportschiffahrt werden vom BSH sieben sportschiffahrtsgerechte Kartenwerke herausgegeben, die den gesamten Bereich der Nord- und Ostseegewässer der Bundesrepublik Deutschland erfassen.
  Die Kartenwerke werden jährlich neu herausgegeben, so daß sie zu Saisonbeginn in aktualisierter Form vorliegen. Durch die NfS werden diese Kartenwerke nicht berichtigt.

229

In welcher Maßeinheit werden in deutschen Seekarten die Tiefen angegeben?

Antwort:
In Meter und Dezimeter.

Zu Frage 229:

Die Tiefenangaben werden auf einen festgelegten Wasserstand bezogen:

- Nordsee – mittleres Springniedrigwasser
- Ostsee – Mittelwasser

Der Wasserstand unterliegt auch Einflüssen, die aus der Seekarte nicht entnommen werden können; z. B. Windstau, wenn der Wind während eines längeren Zeitraumes aus der gleichen Richtung weht.

Stones	Steinküste, Kiesküste *Stony shore, Shingly shore*
Dunes	Sandhügel, Dünen *Sandhills, Dunes*
1_8 3	Trockenfallende Hügel über Kartennull *Drying heights above chart datum*
(9_7)	Geringste Tiefe in engem Fahrwasser *Least depth in narrow channel*
	Wellenbrecher (Steinschüttung) *Breakwater (loose boulders, tetrapods, etc.)*
Training wall	Leitdamm (bei Hochwasser teilweise unter Wasser) *Training wall (partly submerged at high water*
	Buhne, Stack (ständig über Wasser) *Groyne (always dry)*
	Buhne, Stack (im Gezeitenbereich) *Groyne (intertidal)*
	Buhne, Stack (ständig unter Wasser) *Groyne (always under water)*
2 Bns ≠ 270,5° 2 Bns ≠ 270°30'	Richtlinie (feste Linie: Kurslinie) *Leading line (firm line is fairway)*
25	Durchfahrtsbreite *Horizontal clearance*
	Unterwasserkabel *Submarine cable*
	Unterwasserkabelgebiet *Submarine cable area*
Slip	Aufschleppe, Schlipp, Rampe *Slipway, Patent slip, Ramp*
Causeway	Damm (im Watt oder feuchtem Gelände) *Causeway*
	Wellenbrecher (allgemein) *Breakwater (in general)*
Pyl Pyl	Hochspannungsleitung mit Masten und Sicherheits-Durchfahrtshöhe *Power transmission line with pylons and safe overhead clearance*

Swing Bridge 7-8	Drehbrücke mit Durchfahrtshöhe *Swing bridge with vertical clearance*
Lifting Bridge 4-2 (open 12)	Hebebrücke, Hubbrücke mit Durchfahrtshöhen (geschlossen und geöffnet) *Lifting bridge with vertical clearance (closed and open)*
Bascule Bridge 12	Klappbrücke mit Durchfahrtshöhe *Bascule bridge with vertical clearance*
20 (8-9)	Durchfahrtshöhe bei Hochwasser *Vertical clearance above High Water*
20	Feste Brücke mit Durchfahrtshöhe *Fixed bridge with vertical clearance*
20	Bewegliche Brücke (allgemein) mit Durchfahrtshöhe *Opening bridge (in general) with vertical clearance*
	Fähre *Ferry*
Cable Ferry	Seil-Fähre *Cable Ferry*
Lock	Schleuse (in großmaßstäbigen Karten) *Lock (on large-scale charts)*
	Schleuse (in kleinmaßstäbigen Karten) *Lock (on smaller-scale charts)*
Entry prohibited	Sperrgebiet (Verbotenes Gebiet) *Limit of prohibited area (no unauthorised entry)*
	Verkehrstrennungsgebiet, Schiffahrtswege durch Trennzonen geteilt *Traffic separation scheme, traffic separated by separation zone*
	Trennzone *Separation zone*
	Festgelegte Verkehrsrichtung *Established (mandatory) direction of traffic flow*
Precautionary Area	Vorsichtsgebiet *Precautionary area*
	Ankern verboten *Anchoring prohibited*
	Fischen verboten *Fishing prohibited*
	Grenze von Naturschutzgebieten aller Art *Limit of nature reserve* Naturschutzgebiet *Nature reserve* Nationalpark, Landschaftsschutzgebiet *Nature reserve* Vogelschutzgebiet *Bird sanctuary* Wildschutzgebiet *Game preserve* Robbenschutzgebiet *Seal sanctuary*

Spoil Ground	Baggerschütt- oder Schüttstelle *Spoil ground*
	Wrack mit sichtbaren Rumpfteilen oder Decksaufbauten über Kartennull *Wreck showing any portion of hull or superstructure at level of chart datum*
Mast	Wrack, von dem nur ein Mast oder Masten über Kartennull sichtbar sind *Wreck showing mast or masts above chart datum only*
	Gefährliches Wrack, Tiefe unbekannt *Dangerous wreck, depth unknown*
	Ungefährliches Wrack, Tiefe unbekannt *Non-dangerous wreck, depth unknown*
25 Wk	Wrack, geringste Tiefe unbekannt, die angegebene Tiefe kann jedoch als wahrscheinliche Mindesttiefe betrachtet werden *Wreck, least depth unknown, but considered to have a safe clearance to the depth shown*
# Foul	Wrackreste, Unrein, ungefährlich für die Überwasserschiffahrt, jedoch beim Ankern, Fischen usw. zu meiden *Remains of a wreck or other foul area, non-dangerous to navigation but to be avoided by vessels anchoring, trawling etc.*
4_6 Wk 25 Wk	Wrack, geringste Tiefe bekannt *Wreck, least depth known by sounding only*
	Gefährliche Unterwasserklippe, Tiefe unbekannt *Dangerous underwater rock of uncertain depth*
	Pfosten, Pfahl, Pfeiler *Minor post or pile*
R BRB Bn	Befeuerte Bake (Leuchtbake) ‡ *Lighted beacon* ‡
R Bn	Schwimmbake *Buoyant beacon, resilient beacon*
LtV	Feuerschiff, normalerweise bemannt *Normally manned light-vessel*
	Leuchtfloß ‡ *Light-float* ‡
	LANBY (Large Automatic Navigational Buoy), Großtonne *LANBY, super-buoy as navigational aid*
‡ Schwache Feuer, auf festen und schwimmenden Feuerträgern, entsprechen gewöhnlich den Merkmalen des Maritime IALA-Betonnungssystems. *Minor lights, fixed and floating, usually conform to IALA Maritime Buoyage System characteristics.*	
Fl.G G Fl.R R	Befeuerte Seezeichen in Karten mit einfarbigem Feuerkolorit *Lighted marks on standard charts*
Fl.R R Iso RW Fl.G G	Befeuerte Seezeichen in Karten mit mehrfarbigem Feuerkolorit *Lighted marks on multicoloured charts*

	Einfarbig, grüner oder schwarzer Farbanstrich *Green and black (symbols filled black)*
	Einfarbig, mit Ausnahme von grün und schwarz *Single colours other than green and black*
	Mehrfarbig, mit waagerechten Bändern, Farbreihenfolge von oben nach unten *Multiple colours in horizontal bands, thr colour sequence is from top to bottom*
	Mehrfarbig, senkrecht oder diagonal gestreift, die dunklere Farbe wird zuerst angegeben *Multiple colours in vertical or diagonal stripes, the darker colour is given first*
‡ 	Glockentonne, Ton wird durch Wellenbewegung erzeugt *Wave-actuated bell buoy*
‡ 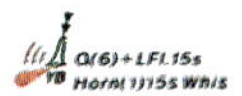	Leuchttonne mit Membransender, ein einzelner Ton, Wiederkehr 15 s, in Verbindung mit einem durch Wellenbewegung erzeugten Heulton *Light buoy, with horn giving a single blast every 15 seconds, in conjunction with a wave-actuated whistle*
‡ Das Zeichen für ein Nebelschallsignal kann entfallen, wenn seine Kennung angegeben ist *The fog signal symbol may be omitted when a description of the signal is given*	
Whis	Heuler *Whistle*
	Toppzeichen von Tonnen im IALA-System Toppzeichen von Baken werden aufrecht dargestellt) *IALA-System buoy topmarks* *(beacon topmarks shown upright)*
	Befeuerte Bohrplattform *Lighted offshore platform*
	Befeuerte Turmbake ‡ *Lighted beacon tower* ‡
	Empfohlener Ankerplatz (ohne definierte Grenzen) *Recommended anchorage (no defined limits)*
	Bootshafen, Sportboothafen, Jachthafen, Marina *Boat harbour, Marina*
	Hafenamt *Harbour-master's office*
	Zollamt, Zollstelle, Zollwache *Custom office*
 **Tr**	Turm *Tower*
 	Schornstein *Chimney*
	Lotsenversetzstelle, Position eines Lotsenschiffes *Boarding place, position of a Pilot-Cruising Vessel*
⊙ **Radar Mast** ⊙ **Radar Tr** ⊙ **Radar Sc** ⊙ **Radome**	Radarmast; Radarturm; Radarantenne; Radarkuppel *Radar mast; Radar tower; Radar scanner; Radar dome*

Ankpl.	Ankergebiet Ankerplatz	*Anchorage area*
Anl.	Kai, Landeplatz, Anleger	*Quay, Wharf*
bel.	beleuchtet	*illuminated*
Br.	Geographische Breite	*Latitude*
Drchf.	Durchfahrt	*Passage*
DW	Tiefwasserweg	*Deep Water route*
E	Ost	*East*
Einf.	Einfahrt	*Inlet*
F	Festfeuer	*Fixed*
Fhrwss.	Fahrwasser	*Channel*
Fls.	Felsen	*Rock*
fls.	felsig	*rocky*
F Racon	Radarantwortbake, sendet auf fester Frequenz außerhalb des Marinebandes	*Radar transponder beacon, responding on a fixed frequency outside the marine band*
gß.	groß	*large*
Gß. St.	Großer Stein	*Boulder*
gß. St.	große Steine	*Cobbles*
I.	Insel	*Island*
K.	Kap	*Cape*
K.	Kies	*Gravel*
kbl	Kabellänge (0,1 sm)	*Cable*
kl.	klein	*small*
Klp.	Klippe	*Rock*
Ldg-Pl.	Landungsplatz für Boote	*Landing for boats*
Lg.	Geographische Länge	*Longitude*
Lndg	Landungsplatz für Boote	*Landing for boats*
Lt	Leuchtfeuer	*Light*
Lt.-F.	Leitfeuer	*Direction light*
N	Nord	*North*
N-F.	Nebelfeuer	*Fog light*
NfS	Nachrichten für Seefahrer	*Notices for Mariners*
N-S.	Nebelschallsignal	*Fog signal*
Ob-F.	Oberfeuer	*Rear or upper light*

Pgl.	Pegel allgemein, Lattenpegel	*Tide scale or gauge*
Qm-F.	Quermarkenfeuer	*Cross light*
Ra	Radar	*Radar*
Rcht-F.	Richtfeuer	*Leading light*
Rd.	Reede	*Roads, Roadstead*
R-S.	Rettungsstelle, Rettungsbootstation	*Rescue station,* *Life boat station*
S	Süd	*South*
Sd.	Sand	*Sand*
SFkl.	Schnelles Funkelfeuer	*Very quick*
SFkl. unt.	Unterbrochenes schnelles Funkelfeuer	*Interrupted very quick*
Sgn-S.	Signalstelle	*Signal station*
SS	Signalstelle	*Signal station*
St.	Steine	*Stones*
st.	steinig	*flinty*
Strm-S.	Sturmsignalstelle	*Storm signal station*
trfall.	trockenfallend	*dries*
Ubr.	Unterbrochenes Feuer	*Occulting*
U-F.	Unterfeuer	*Front or lower light*
VSG	Vogelschutzgebiet	*Bird sanctuary*
W	West	*West*
Warn.	Warnung	*Warning*
Warn-F.	Warnfeuer, schwach	*Air obstruction lights of low intensity*
Warn-S.	Warnsignalstelle u. a.	*Warning signal station etc.*
wch.	weich	*soft*
Wk	Wrack	*Wreck*
W-S.	Wettersignalstelle, Windsignalstelle	*Weather signal station,* *Wind signal station*
Y	Gelb	*Yellow*
zbr.	zerbrochen	*broken*
zrst.	zerstört	*destroyed*
Z-S.	Zufluchtstelle für Schiffbrüchige	*Refuge for shipwrecked mariners*
ztwl.	zeitweilig	*temporary*
ztws.	zeitweise	*occasional*

230

Wo finden Sie Angaben über die Zeichen und Abkürzungen in den deutschen Seekarten?

Antwort:

In der Karte 1/INT 1 des Bundesamtes für Seeschifffahrt und Hydrographie (BSH).

Zu Frage 230:

- Die Karte 1/„INT 1“ wird vom BSH herausgegeben; diese frühere Karte wird jetzt als Heft herausgegeben (vgl. Erl. zu Fragen 188 bis 191).
- Mit der Karte 1/„INT 1“ sollte jedes Sportfahrzeug ausgerüstet sein. Denn ohne Kenntnis der Erläuterungen der Seekartensignaturen sind die nautischen Informationen nicht verständlich.
- Die wichtigsten Zeichen und Abkürzungen (vgl. Auszug auf den Seiten 216 und 217) sollten bekannt sein, damit sie in kritischen Situationen nicht erst lange gesucht zu werden brauchen.

231

Wo finden Sie die für die Navigation wichtigen Beschreibungen der Seezeichen, Angaben über deren Befeuerung und Angaben über Signalstellen?

Antwort:

Im Leuchtfeuerverzeichnis und in den Seekarten.

Zu Frage 231: **Hinweis:** Vgl. Erl. zu Frage 224

Die Seemeile

232

Wo entnehmen Sie in der Seekarte die Seemeilen?

Antwort:

Am rechten oder linken Kartenrand in Höhe des Standortes.

Zu Frage 232: **Hinweis:** Vgl. Kartenaufgaben Erl. Nr. 2.2 vor Frage 343

233

1. Was verstehen Sie unter einer Seemeile?
2. Wie lang ist eine Seemeile (in Metern)?

Antwort:

1. Sie ist die Länge einer Bogenminute des mittleren Erdumfangs.
2. 1852 m.

Zu Frage 233:

In der Schiffahrt wird als Entfernungsmaß die Seemeile (sm) benutzt. Sie ist die Länge einer Bogenminute des mittleren Erdumfanges.

Der Kreisumfang enthält 21 600 Bogenminuten (360 × 60). Da der mittlere Erdumfang 40 003,2 km beträgt, ergibt sich für

$$1\,\text{sm} = \frac{40\,003{,}2}{21\,600} = 1\,852\ \text{m}$$

Die Geschwindigkeit

234 **Was verstehen Sie unter dem Geschwindigkeitsbegriff „Knoten“?**	Antwort: **Das sind die in einer Stunde zurückgelegten Seemeilen.**

Zu Frage 234:

- In Gewässern mit Strömung (Tide, fließendes Wasser) ist zu unterscheiden zwischen der

  Fahrt des Schiffes durch das Wasser und der Fahrt des Schiffes über Grund.

  In Kursrichtung setzender Strom vergrößert und in entgegengesetzter Richtung setzender Strom verkleinert **die Fahrt über Grund.**
- Beim Arbeiten in der Seekarte darf nur die „Fahrt über Grund“ Berücksichtigung finden!
- Die gemessene Geschwindigkeit wird mit dem Log gemessen. In Gewässern mit Strömung zeigt das Log die Fahrt durch das Wasser an (vgl. Frage 236 – Ermittlung der Geschwindigkeit auf rechnerischem Weg –).

Hinweis: Im Handel werden verschiedene Geschwindigkeitsmesser angeboten. In der Sportschiffahrt wird häufig das Sumlog benutzt. Es besteht aus einem am Unterwasserschiff angebrachten Propeller (1), der durch die Fahrt des Schiffes vom Wasser angetrieben wird. Die Umdrehungen des Propellers werden mechanisch über eine biegsame Welle (2) auf ein die Geschwindigkeit des Schiffes anzeigendes Anzeigegerät übertragen (3). Die Anzeigegeräte haben einen Meilenzähler und zusätzlich einen Tagesmeilenzähler.

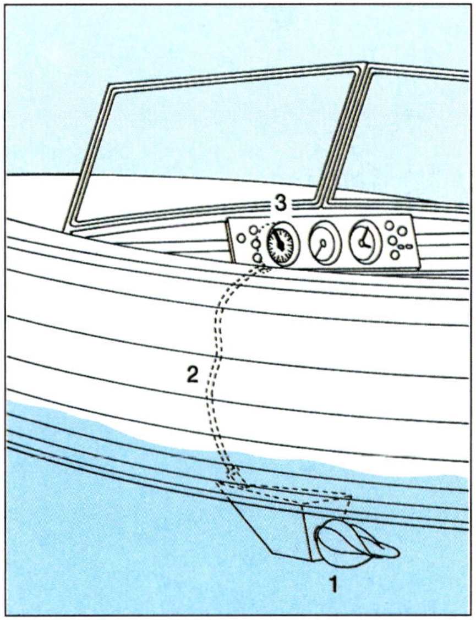

235

Wie errechnen Sie die Zeit in Minuten, die ein Fahrzeug benötigt, um eine bestimmte Distanz bei bekannter Geschwindigkeit abzulaufen?

Antwort:

$$\textbf{Zeit in min} = \frac{\textbf{Distanz in sm} \times \textbf{60 min/h}}{\textbf{Geschwindigkeit in sm/h}}$$

Zu Frage 235:

Rechenbeispiel: Ein Sportboot, das sich auf der Fahrt nach Schleimünde befindet, steht auf der Position 54° 31,4′ N, 010°, 03,7′ E.
In welcher Zeit wird die Distanz zwischen dieser Position und Leuchttonne 4 an der Südost-Ecke des Sperrgebietes zurückgelegt, wenn das Sportboot 7,5 Knoten läuft?
Distanz aus der Seekarte = 4,9 sm

$$\text{Zeit} = \frac{4{,}9 \times 60}{7{,}5} = 39 \text{ min}$$

Antwort: Die Distanz wird in 39 Minuten zurückgelegt.

Hinweis: vgl. Kartenaufgabe Nr. 334

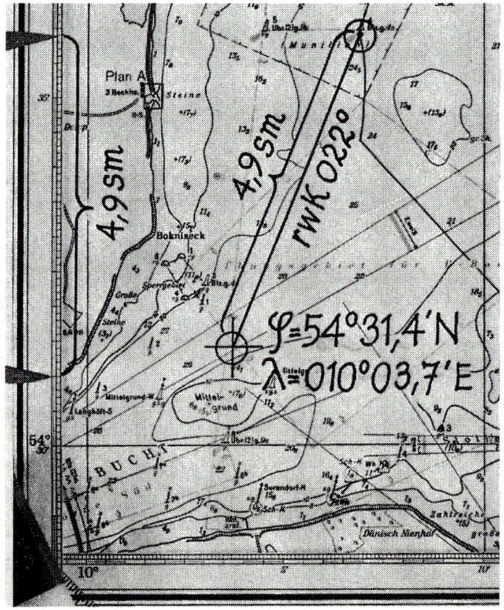

236

Wie errechnen Sie die Geschwindigkeit (in Knoten) eines Fahrzeugs bei bekannter Distanz (in Seemeilen) und Zeit (in Minuten)?

Antwort:

$$\textbf{Geschwindigkeit} = \frac{\textbf{Distanz} \times \textbf{60}}{\textbf{Zeit}}$$

Zu Frage 236:

Rechenbeispiel: Ein Sportboot hat um 15.45 Uhr die Untiefentonne Stollergrund W passiert und die Leuchttonne 3 um 17.15 Uhr erreicht.

Wie groß war die Geschwindigkeit des Fahrzeugs?

Benötigte Zeit: = 90 Minuten
Distanz aus der Seekarte = 8,3 sm

$$\text{Geschwindigkeit} = \frac{8{,}3 \times 60}{90} = 5{,}5 \text{ Knoten}$$

Antwort: Die Geschwindigkeit betrug 5,5 Knoten.

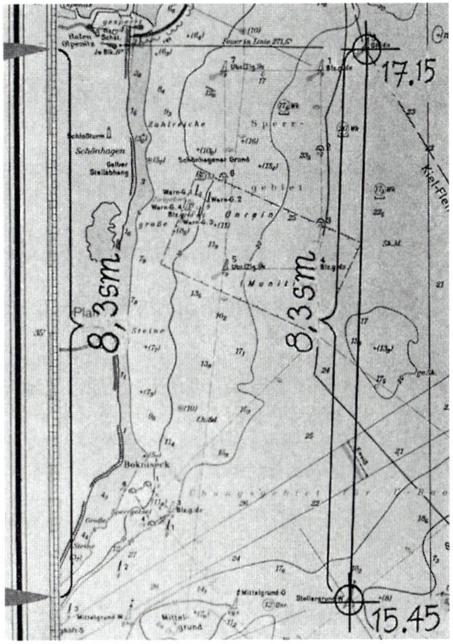

Kurse und Bezugsrichtungen

237

Was verstehen Sie unter dem rechtweisenden Kurs (Winkelangabe)?

Antwort:
Es ist der Winkel zwischen rechtweisend Nord und der Rechtvorausrichtung des Fahrzeugs.

238

Wie entnehmen Sie aus der Seekarte den Kartenkurs?

Antwort:
Durch Messen des Winkels zwischen rechtweisend Nord und der beabsichtigten Richtung des Weges über Grund.

239

Was verstehen Sie unter dem mißweisenden Kurs (Winkelangabe)?

Antwort:
Es ist der Winkel zwischen mißweisend Nord und der Rechtvorausrichtung des Fahrzeugs.

240

Was verstehen Sie unter dem Magnetkompaßkurs (Winkelangabe)?

Antwort:

Es ist der Winkel zwischen Magnetkompaß-Nord und der Rechtvorausrichtung des Fahrzeugs.

Zu Fragen 237 bis 240:

Unter Kurs ist die Fahrtrichtung des Schiffes zu verstehen. Der Kurs wird von der Kompaßrose in Graden angezeigt. Es sind bei einem Magnetkompaß folgende Kurse zu unterscheiden:

- Rechtweisender Kurs (rwK)
- Mißweisender Kurs (mwK)
- Magnetkompaßkurs (MgK)

Zur Erläuterung dieser Kurse ist die Kenntnis der verschiedenen Bezugsrichtungen erforderlich:

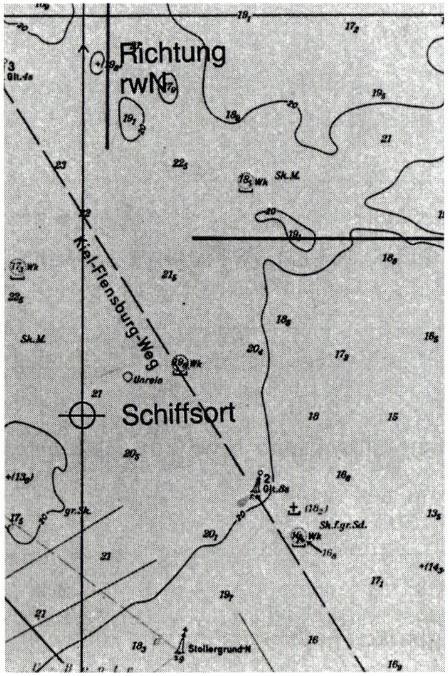

Rechtweisend Nord (rwN)
ist die geographische Nordrichtung.

Mißweisend Nord (mwN)
ist die Richtung der Horizontalkomponente des erdmagnetischen Feldes oder die Richtung, die der Nordstrich einer Magnetkompaßrose auf einem eisenfreien Schiff anzeigt (vgl. Erl. zu Fragen 241 bis 245).

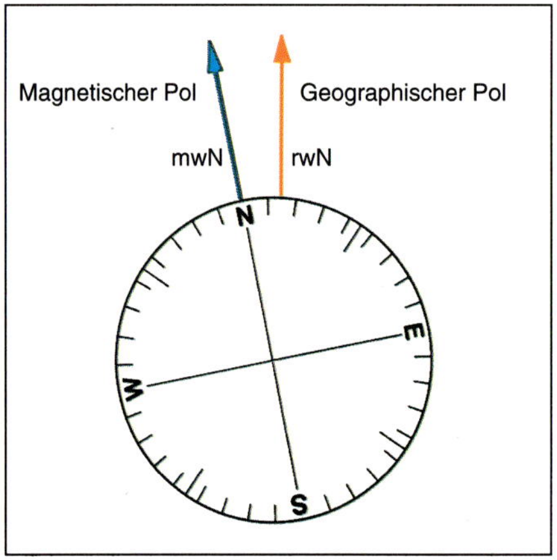

Magnetkompaß-Nord (MgN)
In die Horizontalebene projizierte Richtung des Strahls vom Mittelpunkt der Kompaßrosenteilung zu ihrem Nordpunkt.

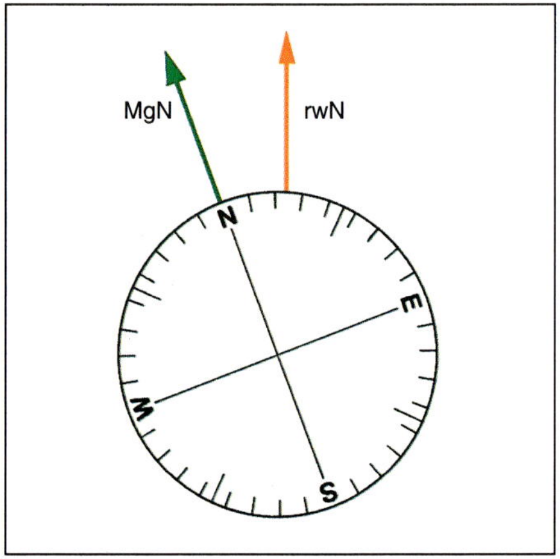

Aus den Winkeln zwischen diesen Bezugsrichtungen und der Rechtvorausrichtung des Schiffes ergeben sich folgende Kurse:

Rechtweisender Kurs
Winkel zwischen rwN und der Rechtvorausrichtung des Schiffes

Mißweisender Kurs
Winkel zwischen mwN und der Rechtvorausrichtung des Schiffes

Magnetkompaßkurs
Winkel zwischen MgN und der Rechtvorausrichtung des Schiffes

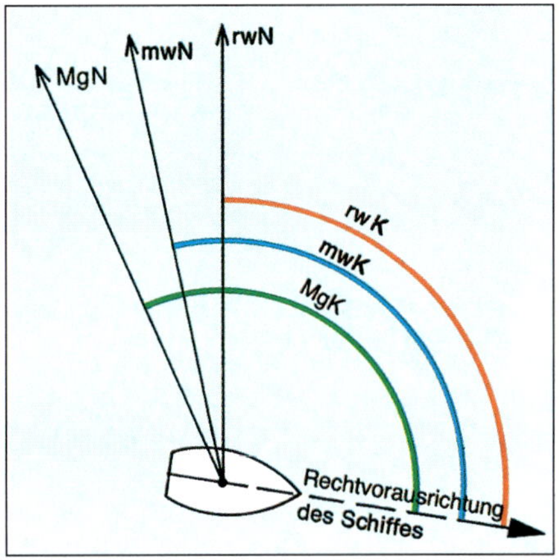

Darstellung eines Magnetkompasses (Schwimmkompaß), wie er allgemein auf Yachten als Steuerkompaß verwendet wird

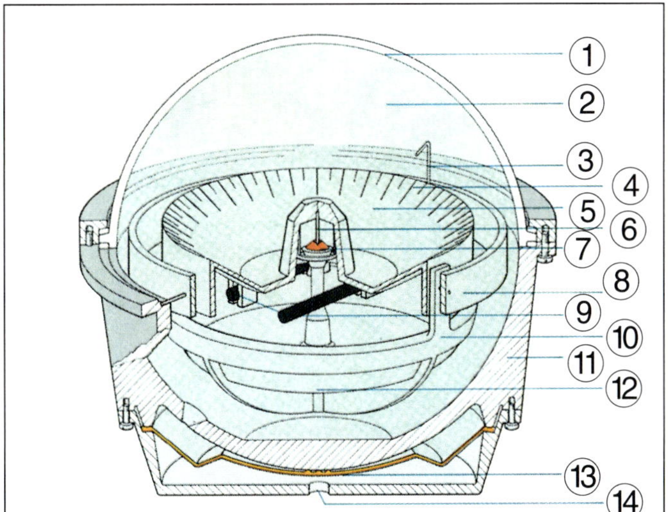

System des Schwimmkompasses

In einem Kompaßkessel schwimmt in einer Flüssigkeit die Kompaßrose. Diese sitzt auf einer Achse und trägt an der Unterseite Magneten. Durch den Auftrieb, den sie besitzt, wird die Reibung auf der Achse gemindert. Die Flüssigkeit unterstützt durch ihren Dämpfungseffekt das ruhige Ablesen des Kompasses.
Vgl. Frage 254

1 Glaskuppel
2 Kompaßflüssigkeit
3 Steuerstrich
4 Rosenteilung
5 Rosenkörper
6 Pinne
7 Lager
8 Äußerer Kardanring
9 Magnetsystem
10 Innerer Kardanring
11 Gehäuse
12 Dämpfungslamelle
13 Druckausgleichs-Membrane
14 Öffnung für Luftdruckausgleich

Mißweisung, Ablenkung, Fehlweisung

241

Was verstehen Sie unter Mißweisung (Winkelangabe)?

Antwort:

Es ist der Winkel zwischen rechtweisend Nord und mißweisend Nord.

242

Was verstehen Sie unter Magnetkompaßablenkung (Winkelangabe)?

Antwort:

Es ist der Winkel zwischen mißweisend Nord und Magnetkompaß-Nord.

243

Woraus setzt sich die Magnetkompaßfehlweisung zusammen?

Antwort:

Es ist die Summe aus Magnetkompaßablenkung und Mißweisung.

244

Wo entnehmen Sie die Mißweisung und ihre jährliche Änderung?

Antwort:

Aus der dem Standort nächstgelegenen Kompaßrose oder den entsprechenden Angaben in der Seekarte.

245

Woraus entnehmen Sie die Ablenkung (Deviation)?

Antwort:

Aus der für das betreffende Schiff aufgestellten Ablenkungstabelle (Deviationstabelle).

Zu Fragen 241 bis 245:

Mißweisung

Vom magnetischen Nordpol zum magnetischen Südpol verlaufen erdmagnetische Kraftlinien. Auf einem eisenfreien Schiff stellt sich die Magnetkompaßrose (Nordstrich) in Richtung dieser magnetischen Kraftlinien ein. Da magnetischer Nord- und Südpol nicht mit dem geographischen Nord- und Südpol zusammenfallen, zeigt der Nordstrich der Magnetkompaßrose nicht in Richtung rwN, sondern in Richtung mwN. Den Winkel zwischen diesen Richtungen nennt man Mißweisung (Mw).

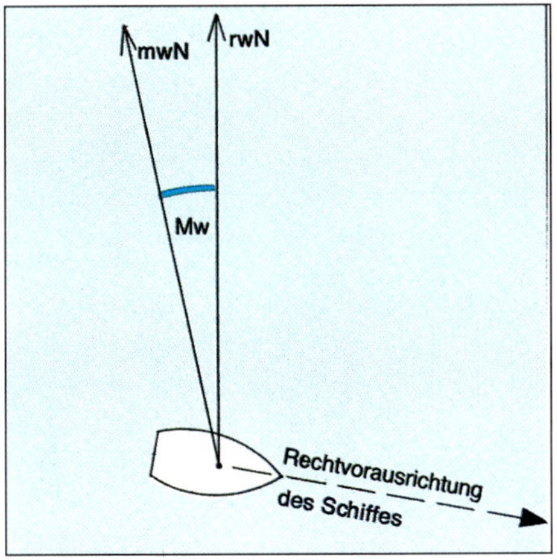

Beachte:

- Die Werte der Mißweisung sind an den einzelnen Orten der Erde unterschiedlich und verändern sich langsam.
- Die genaue Mißweisung und ihre jährliche Änderung sind der in der Seekarte eingedruckten Mißweisungsrose zu entnehmen.

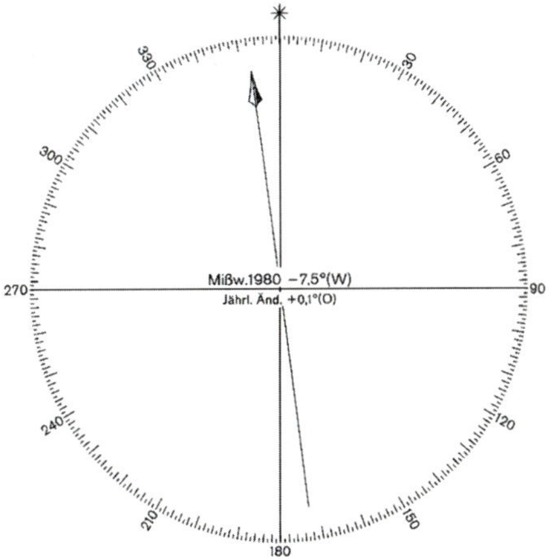

- Gegebenenfalls ist die für ein bestimmtes Jahr angegebene Mißweisung um den Betrag der jährlichen Änderung zu berichtigen.
- Seegebiete, in denen sich die Mißweisung stark ändert, sind in der Seekarte als „Gebiete unsicherer Mißweisung" gekennzeichnet.

Ablenkung (Deviation)

Neben dem Erdmagnetismus beeinflußt der Schiffsmagnetismus die Magnetkompaßrose. Die Ablenkung entsteht durch die magnetische Wirkung eiserner Teile an Bord und ist vom Aufstellungsort des Kompasses an Bord und vom Kurs des Schiffes abhängig. Durch den Schiffsmagnetismus richtet sich die Magnetkompaßrose nicht nach mwN, sondern nach MgN aus. Den Winkel zwischen diesen Richtungen nennt man Ablenkung (Abl).

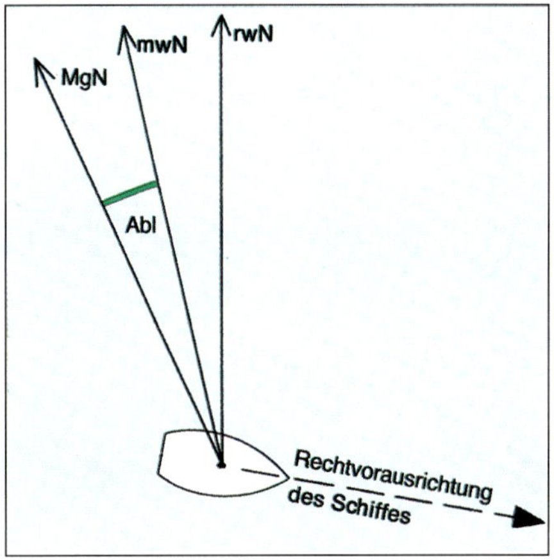

Beachte:

- Die Werte der Ablenkung sind einer für das betreffende Schiff aufgestellten Steuertafel (Deviationstabelle) zu entnehmen (Beispiel nebenstehend).
- Zur Vermeidung größerer Ablenkungen sollte der Kompaß möglichst frei vom Einfluß von Eisenteilen des Schiffes und in der Mittschiffslinie des Schiffes aufgestellt werden.
- Der Kompaß sollte möglichst erschütterungsfrei stehen, einen guten Rundumblick zum Peilen geben und gut ablesbar sein.
- Der Steuerstrich des Kompasses muß auf die Kiellinie oder parallel dazu ausgerichtet sein.

Steuertafel

MgK	Abl
000	− 1
010	± 0
020	+ 1
030	+ 2
040	+ 2
050	+ 3
060	+ 3
070	+ 4
080	+ 5
090	+ 5
100	+ 5
110	+ 4
120	+ 4
130	+ 3
140	+ 3
150	+ 2
160	+ 2
170	+ 1
180	+ 1
190	± 0
200	− 1
210	− 2
220	− 2
230	− 3
240	− 4
250	− 5
260	− 5
270	− 6
280	− 6
290	− 5
300	− 4
310	− 4
320	− 3
330	− 3
340	− 2
350	− 2
360	− 1

Fehlweisung

Die Fehlweisung (Fw) ist die Summe aus Magnetkompaßablenkung und Mißweisung oder der Winkel zwischen rwN und MgN.

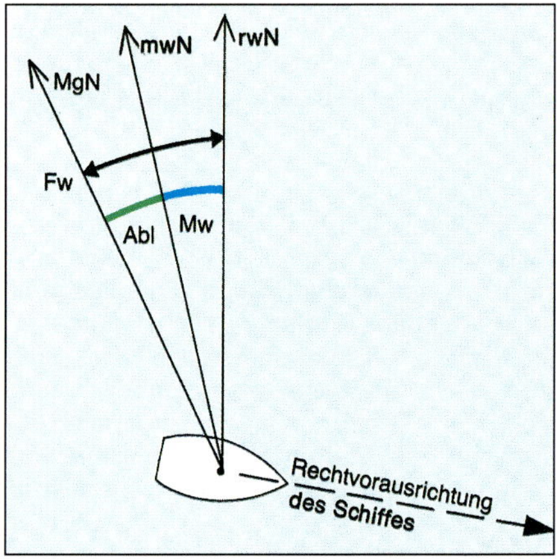

Kursbeschickung

246

Wie verwandeln Sie den rechtweisenden Kurs in den zu steuernden Magnetkompaßkurs?

Antwort:

Durch Anbringung der Mißweisung und der Ablenkung oder der Fehlweisung mit entgegengesetztem Vorzeichen.

247

Wie verwandeln Sie den Magnetkompaßkurs in den rechtweisenden Kurs?

Antwort:

Durch Anbringung der Ablenkung und der Mißweisung oder der Fehlweisung mit richtigem Vorzeichen.

Zu Fragen 246 und 247:
Beachte:

- Bei der Umwandlung der rwK zum MgK ist beim Rechengang mit umgekehrtem Vorzeichen zu rechnen.

Kursbeschickung ist die Umwandlung des rwK in den MgK bzw. des MgK in den rwK (vgl. Erl. nach Fragen 237 bis 240).

Das Kursbeschicken muß jeder sicher beherrschen. Am zweckmäßigsten ist es, sich folgenden Schematurm fest einzuprägen:

Magnetkompaßkurs	MgK
Ablenkung	Abl
mißweisender Kurs	mwK
Mißweisung	Mw
rechtweisender Kurs	rwK

Jeder Magnetkompaß hat eine andere Ablenkung; sie kann auf verschiedene Weise ermittelt werden. Ihre Werte sollten in einer Steuertafel festgehalten werden. Ein Beispiel einer Steuertafel befindet sich auf Seite 226. Die Mißweisung kann der Seekarte entnommen werden. Maßgebend ist jeweils die der Position nächstbefindliche Mißweisungs-Angabe.

Verwandlung der rwK in den MgK
In der Bordpraxis ist der Fall am häufigsten, daß von dem in der Seekarte eingezeichneten Kartenkurs ausgehend der zu steuernde Magnetkompaßkurs ermittelt werden muß. Auch in diesem Fall kann und sollte der oben erwähnte Schematurm verwendet werden; es wird jetzt jedoch von unten nach oben gerechnet, **und zwar mit umgekehrtem Vorzeichen.** Grundsätzlich sollte man anschließend durch eine Kontrolle von oben nach unten prüfen, ob die Beschickungswerte mit richtigem Vorzeichen eingesetzt und kein Rechenfehler gemacht wurde.

Rechenbeispiel:
Aus der Seekarte wird vom Ort A zum Ort B ein rwK von 142° entnommen. Mißweisung lt. Sekarte – 2°.
Ablenkung lt. Steuertafel + 3°.
Welcher Kurs muß am Magnetkompaß anliegen?

MgK	=	141°	Rechengang ↑
Abl.	=	+ 3°	
mwK	=	144°	
MW	=	– 2°	
rwK	=	142°	

Antwort: Um vom Ort A zum Ort B zu kommen, muß am Magnetkompaß der Kurs 141° anliegen.

Verwandlung des MgK in den rwK

Rechenbeispiel:
Der MgK beträgt 322°.
Ablenkung lt. Steuertafel – 3°.
Mißweisung lt. Seekarte – 2°.
Welcher rwK ergibt sich daraus?

MgK	=	322°	Rechengang ↓
Abl.	=	– 3°	
mwK	=	319°	
MW	=	– 2°	
rwK	=	317°	

Antwort: Dem MgK 322° entspricht der rwK 317°.

Bestimmung des Schiffsortes durch optische Peilungen

248
Was ist eine Peilung?

Antwort:
Das Feststellen der Richtung eines bekannten feststehenden Objektes durch Winkelmessung, um eine Standlinie zu erhalten, auf der sich das Schiff befindet.

249
Wie erhalten Sie eine Standlinie?

Antwort:
Durch die Peilung eines bekannten feststehenden Objektes und Eintragung der rechtweisenden Peilung in die Seekarte.

250
Was ist eine Kreuzpeilung?

Antwort:
Die Peilung zweier feststehender und bekannter Objekte in dichter Zeitfolge, die in einem möglichst rechten Winkel (90°) zueinander stehen.

251
Wie erhalten Sie mit Hilfe einer Kreuzpeilung Ihren Standort?

Antwort:
Durch Eintragung der rechtweisenden Peilungen zweier feststehender und bekannter Objekte als Standlinien in die Seekarte; ihr Schnittpunkt ist der Standort.

Zu Fragen 248 bis 251:

Der Schiffsort kann durch Peilung von Seezeichen und Objekten an Land bestimmt werden.
Peilung ist die Bestimmung der Richtung eines Objektes vom Standpunkt des Beobachters aus mit Hilfe eines auf den Kompaß aufgesetzten Peildiopters oder mit einem Handpeilkompaß. Die Richtung (Peilung) zum Objekt wird auf dem Kompaß abgelesen (Kompaßpeilung).

Merke: Magnetkompaßpeilungen müssen – entsprechend der Umwandlung des MgK zum rwK – unter Berücksichtigung der Ablenkung für den **jeweils anliegenden** MgK und der Mißweisung in rechtweisende Peilungen umgewandelt werden, bevor sie in die Seekarte eingetragen werden.

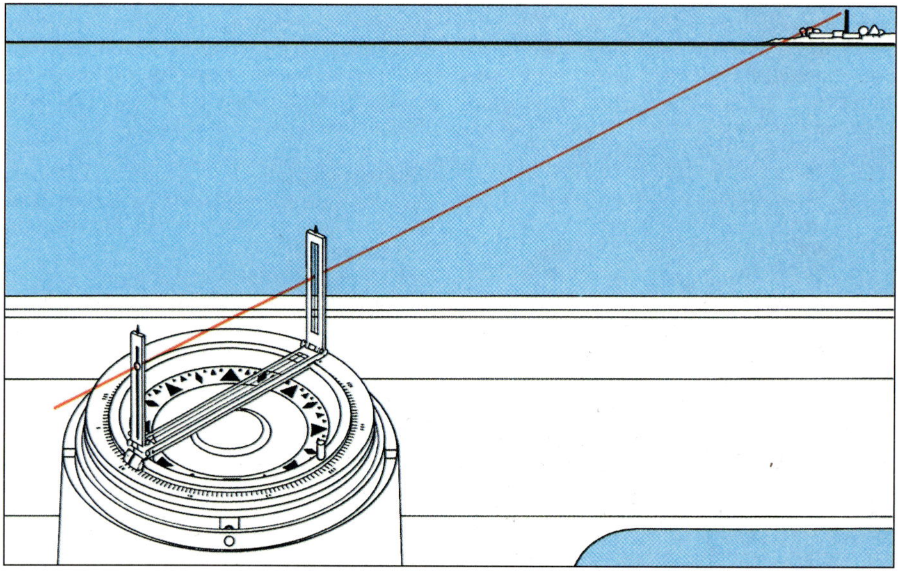

Magnetkompaß mit Peildiopter

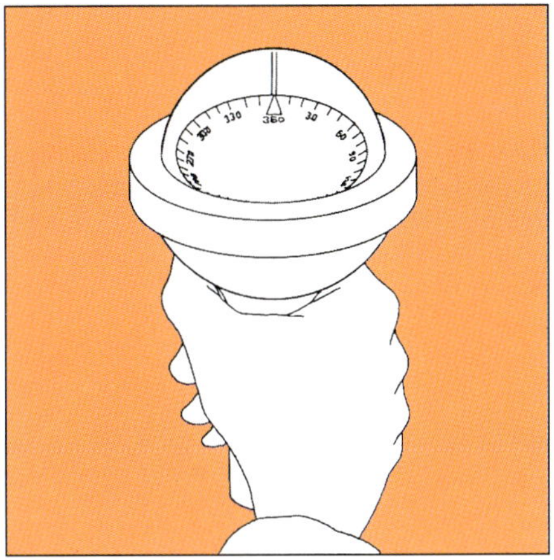

Handpeilkompaß

Rechenbeispiel:

Magnetkompaßpeilung	268°
Abl*	+ 7°
mißweisende Peilung	275°
Mw**	− 2°
rw Peilung	273°

* vom anliegenden Magnetkompaßkurs aus der Steuertafel
** aus der Seekarte

Eine einzige Peilung liefert nur eine Peillinie (Standlinie), auf der sich das Schiff befindet, und noch keinen Standort.

Zur Bestimmung des Schiffsortes werden immer zwei Standlinien benötigt. Diese erhält man u. a. durch Peilung von mindestens 2 Objekten (Kreuzpeilung). Die Peilungen sind kurz nacheinander durchzuführen.

Kreuzpeilung
Sie ist einfach und daher die am meisten angewandte Art der Schiffsortbestimmung: Am Magnetkompaß werden zwei Objekte gepeilt, die ermittelten Magnetkompaßpeilungen in die rechtweisenden Peilungen umgewandelt und diese in die Seekarte eingetragen. Der Schnittpunkt der Standlinien in der Seekarte ist der beobachtete Schiffsort (Standort).

Dieser wird in die Seekarte eingetragen. Für Eintragungen in Seekarten sollte man die folgenden graphischen Symbole der DIN 13312 verwenden:

Alle Symbole für Positionsangaben sind mit Angabe der vierstellig zu schreibenden Uhrzeit zu versehen.

Graphische Symbole in Navigationskarten

Bedeutung	graphisches Symbol
Positionen	
beobachteter Ort senkrechter Strich: Länge waagerechter Strich: Breite	
oder Standlinienkreuz	
oder Funkstandlinienkreuz	
Koppelort zur Kurslinie senkrechter Strich	
oder	
Standlinien	
Standlinie zum Zeitpunkt der letzten Beobachtung	
versegelte Standlinie	

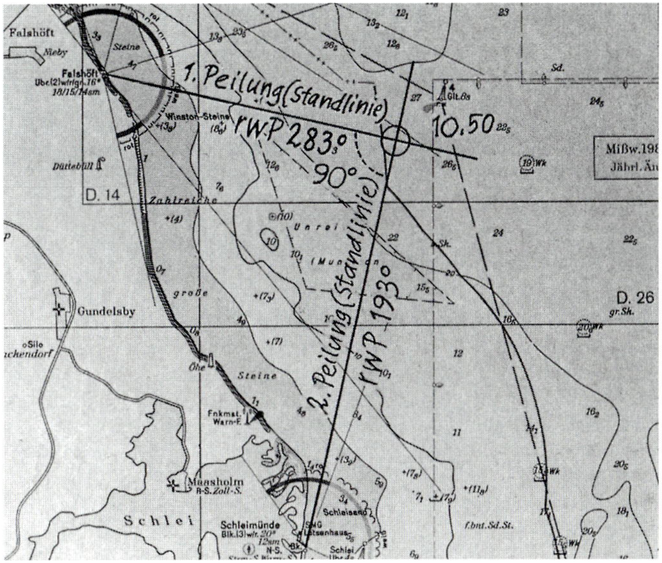

Kreuzpeilung

Merke: Um einen möglichst genauen Schnittpunkt für den Schiffsort zu erhalten, sollte der Winkel zwischen den Peilungen möglichst 90° betragen.

Strom- und Windversetzung

252

Was verstehen Sie unter
1. Stromversetzung?
2. Windversetzung?

Antwort:

1. Die Versetzung des Schiffes über Grund in Richtung und Distanz, die durch Gezeiten- oder Meeresströmungen verursacht wird.
2. Die Versetzung des Schiffes über Grund in Richtung und Distanz, die durch den Wind verursacht wird.

Zu Frage 252:

Strömungen und Winde können ein Fahrzeug versetzen. Diese Versetzung nach Richtung und Distanz muß bei der Kursbeschickung berücksichtigt werden. Der Beschickungswert erhält ein positives Vorzeichen (+), wenn Strom und Wind von Backbord, bzw. ein negatives Vorzeichen (–), wenn Strom und Wind von Steuerbord kommen.

Beispiel: Ein Sportboot will von der Position A eine Position B ansteuern, die von A aus in Richtung 107° liegt (s. Skizze). Diese Richtung ist der Kurs, den man steuern müßte, wenn das Sportboot und der Magnetkompaß nicht durch bestimmte Kräfte beeinflußt würden. Der Kurs von A nach B wird in der Bordpraxis der Seekarte entnommen, darum heißt er auch Kartenkurs (KaK).
In unserem Beispiel soll angenommen werden, daß ein starker N-Wind weht, ein Strom aus gleicher Richtung läuft und das Boot dadurch um 12° versetzt wird. Weil Wind und Strömung von Backbord kommen, und daher vorgehalten werden muß, erhält die Beschickung für Wind und Strom (BWS) ein positives Vorzeichen. Die Ablenkung lt. Steuertafel beträgt + 5°, die Mißweisung lt. Seekarte beträgt – 2°.

Versetzung durch Wind

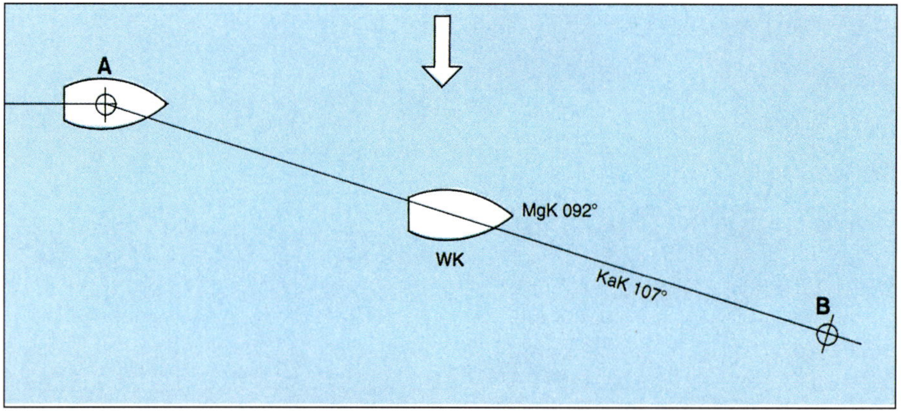

Welcher Magnetkompaßkurs muß gesteuert werden, um beim herrschenden Wind und Strom von A nach B zu gelangen?

Lösung der Aufgabe:
Ebenso wie bei der Erl. nach den Fragen 246 und 247 wird zunächst der Schematurm hingeschrieben, jedoch um den Beschickungswert BWS und den KaK ergänzt. Dann werden die bekannten Werte, nämlich Kartenkurs, Mißweisung und Ablenkung (letztere hier im Beispiel vorgegeben, sonst der Steuertafel entnehmen) mit ihrem Vorzeichen eingesetzt und der gesuchte Magnetkompaßkurs durch Rechnung von unten nach oben ermittelt, wobei mit umgekehrten Vorzeichen zu rechnen ist.

MgK	=	092°
Abl	=	+ 5°
mwK	=	097°
Mw	=	– 2°
rwK	=	095°
BWS	=	+ 12°
KaK	=	107°

Rechengang ↑

107° wird der Seekarte entnommen. Am Magnetkompaß sind 092° zu steuern.

Gekoppelter Schiffsort

253

Was verstehen Sie unter dem Koppelort?

Antwort:

Der Schiffsort, der unter Berücksichtigung der gesteuerten Kurse und zurückgelegten Distanzen und aller vorhersehbaren Einflüsse rechnerisch und zeichnerisch ermittelt wird.

Zu Frage 253:

Der Koppelort wird in der Seekarte unter Berücksichtigung der gesteuerten rechtweisenden Kurse, der abgelaufenen Distanzen und aller vorhersehbaren Einflüsse, den Strom eingeschlossen, ermittelt. Zeichnerisch ist der Koppelort in der Seekarte leicht darzustellen, indem man an den Abfahrtsort den rechtweisenden Kurs anträgt und auf der Kurslinie die zurückgelegte Distanz absteckt. Der Koppelort wird mit einem zur Kurslinie senkrechten Strich und der entsprechenden Uhrzeit in der Seekarte vermerkt.

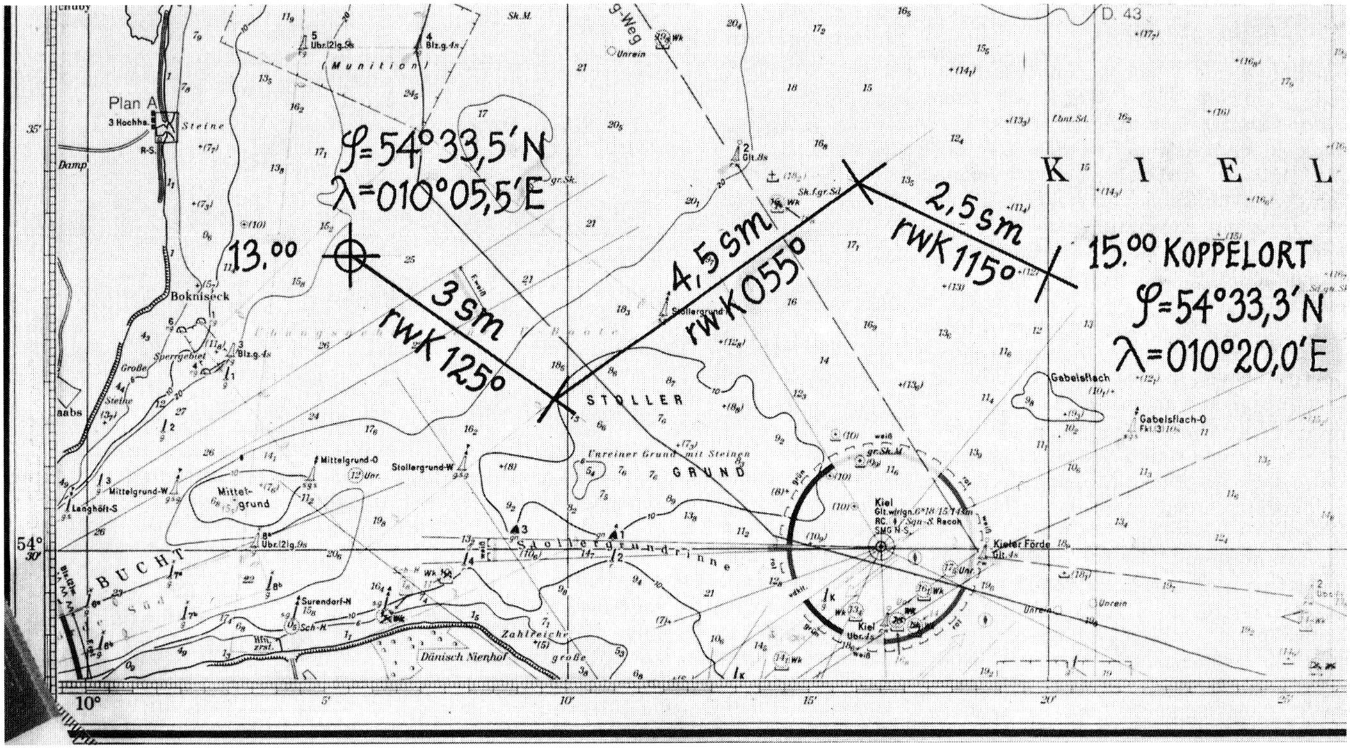

Beispiel: Eine Segelyacht steht um 13.00 Uhr auf der Position 54° 33,5′ N, 010° 05,5′ E und segelt anschließend bis 15.00 Uhr: 3 sm rwK 125°, 4,5 sm rwK 055° und 2,5 sm rwK 115°. Welcher Koppelort ergibt sich hieraus für 15.00 Uhr?
Nachdem die Kurse und Distanzen nacheinander in die Seekarte eingetragen wurden, ergibt sich um 15.00 Uhr der Koppelort 54° 33,3′ N, 010° 20,0′ E.

Beachte: Da bei der Bestimmung des Koppelortes Fehlerquellen vorliegen können (unbekannte Strömung, nicht richtig eingeschätzte Strom- und Windversetzung, Fehler in der Distanzermittlung, Steuerfehler usw.) kann er nur als ungefährer Schiffsort angesehen werden. Daher sollte, wenn der Koppelort in der Nähe von Untiefen und Schifffahrtshindernissen liegt, besondere Vorsicht walten!

Aufstellung des Magnetkompasses an Bord

254

Was müssen Sie bei der Aufstellung eines Magnetkompasses an Bord beachten?

Antwort:

1. **Sein Steuerstrich muß mit der Kiellinie zusammenfallen oder parallel dazu verlaufen.**
2. **Der Kompaß muß gut ablesbar sein.**
3. **Die Nähe von Eisenteilen und elektrischen Geräten soll vermieden werden.**

Zu Frage 254: Vgl. Erl. zu Fragen 241 bis 245

Die Gezeiten

255

Was verstehen Sie unter
1. Ebbe?
2. Flut?

Antwort:

1. **Fallen des Wassers vom Hochwasser zum folgenden Niedrigwasser.**
2. **Steigen des Wassers vom Niedrigwasser zum folgenden Hochwasser.**

256

Was verstehen Sie unter einer Tide?

Antwort:

Der Zeitraum zwischen einem Niedrigwasser und dem nächstfolgenden Niedrigwasser.

257

Was ist
1. Niedrigwasser?
2. Hochwasser?

Antwort:

1. Der Eintritt des niedrigsten Wasserstandes beim Übergang vom Fallen zum Steigen.
2. Der Eintritt des höchsten Wasserstandes beim Übergang vom Steigen zum Fallen.

258

Was verstehen Sie unter dem Begriff „Tidenhub"?

Antwort:

Das ist der Unterschied zwischen den Höhen des Hoch- und des Niedrigwassers.

Zu Fragen 255 bis 258:

Hinweis: Wie die Gezeitenströme bei allen Wasserständen auf der Elbe, der Weser/Jade, auf der Ems und in der Deutschen Bucht ablaufen, zeigen die „Stromscheiben" für diese Gezeitengebiete, erschienen im BusseSeewald-Verlag, Herford.

Mittlerer Tidenhub

Der mittlere Tidenhub an der deutschen Nordseeküste ist unterschiedlich hoch und beträgt z. B. in der Elbmündung (bei Cuxhaven) 2,85 m, bei Hamburg 2,20 m, in der Wesermündung (beim Leuchtturm Roter Sand) 2,70 m, im Jadebusen (bei Wilhelmshaven) 3,60 m, in der Emsmündung (bei Borkum) 2,20 m, bei Helgoland 2,25 m und an der Insel Sylt 1,70 m.

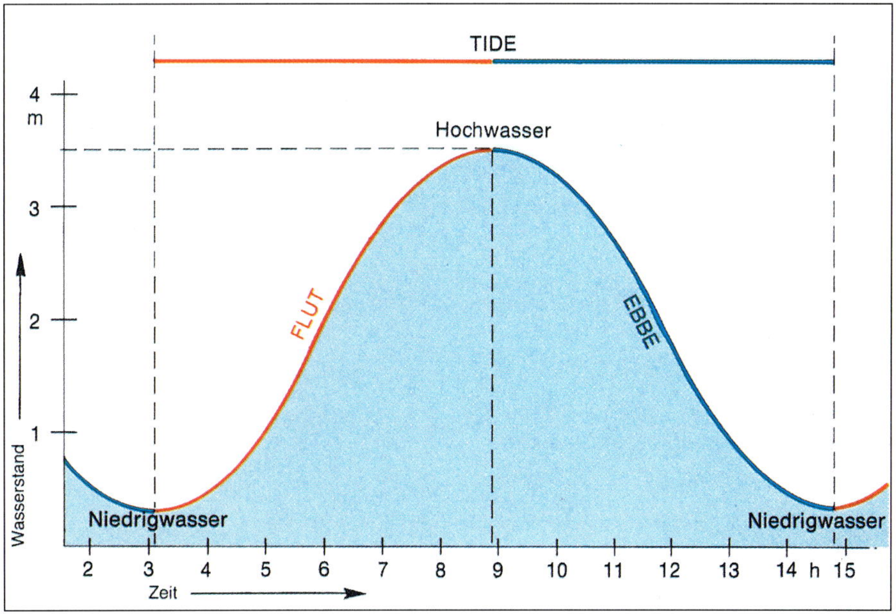

Tidenkurve

259

Wo finden Sie für einen bestimmten Ort die Angaben über Hoch- und Niedrigwasserzeiten und den Tidenhub?

Antwort:

In den Gezeitentafeln oder dem Gezeitenkalender des Bundesamtes für Seeschiffahrt und Hydrographie (BSH).

260

Wie lange sind Gezeitentafeln und Gezeitenkalender gültig?

Antwort:

Nur für das Jahr, für das sie herausgegeben sind.

Zu Fragen 259 und 260:
Hinweis: Vgl. Erl. zu Frage 223

Bremerhaven (Alter Leuchtturm) 1996

Tag	November				Tag	Dezember			
	HW		NW			HW		NW	
	Zeit	Zeit	Zeit	Zeit		Zeit	Zeit	Zeit	Zeit
1 Fr	4.29	17.00	10.57	23.03	1 **So**	4.37	17.10	11.04	23.08
2 Sa	5.03	17.37	11.26	23.33					
3 **So** ☾	5.42	18.20	11.59		2 Mo	5.13	17.47	11.34	23.41
					3 Di ☾	5.54	18.33		12.10
4 Mo	6.31	19.18	0.12	12.48	4 Mi	6.45	19.30	0.23	13.01
5 Di	7.37	20.31	1.10	13.58	5 Do	7.48	20.39	1.22	14.08
6 Mi	8.54	21.48	2.27	15.22	6 Fr	8.59	21.49	2.35	15.23
7 Do	10.08	22.53	3.50	16.39	7 Sa	10.08	22.51	3.52	16.33
8 Fr	11.07	23.41	5.00	17.36	8 **So**	11.09	23.42	5.02	17.33
9 Sa	11.54		5.55	18.20					
10 **So**	0.21	12.37	6.43	19.02	9 Mo		12.02	6.03	18.26
					10 Di ●	0.28	12.51	6.57	19.15
11 Mo ●	1.01	13.20	7.28	19.45	11 Mi	1.11	13.38	7.44	20.01
12 Di	1.39	14.01	8.10	20.26	12 Do	1.53	14.26	8.30	20.48
13 Mi	2.18	14.42	8.51	21.07	13 Fr	2.38	15.15	9.19	21.36
14 Do	2.57	15.26	9.32	21.48	14 Sa	3.24	16.04	10.06	22.20
15 Fr	3.38	16.11	10.13	22.26	15 **So**	4.10	16.51	10.49	23.01
16 Sa	4.20	16.56	10.52	23.02					
17 **So**	5.04	17.46	11.34	23.45	16 Mo	4.56	17.39	11.33	23.43
					17 Di ☽	5.47	18.34		12.22
18 Mo ☽	5.56	18.45		12.26	18 Mi	6.45	19.34	0.33	13.18
19 Di	7.00	19.56	0.42	13.32	19 Do	7.49	20.38	1.33	14.21
20 Mi	8.15	21.12	1.56	14.51	20 Fr	8.59	21.46	2.42	15.30
21 Do	9.33	22.25	3.20	16.12	21 Sa	10.11	22.51	3.56	16.38
22 Fr	10.43	23.26	4.38	17.20	22 **So**	11.18	23.50	5.06	17.41
23 Sa	11.41		5.41	18.14					
24 **So**	0.16	12.32	6.35	19.04	23 Mo		12.15	6.09	18.38
					24 Di ○	0.40	13.05	7.06	19.28
25 Mo ○	1.01	13.20	7.28	19.52	25 Mi	1.22	13.48	7.54	20.10
26 Di	1.42	14.03	8.16	20.33	26 Do	1.59	14.25	8.33	20.46
27 Mi	2.19	14.42	8.55	21.08	27 Fr	2.32	15.01	9.08	21.19
28 Do	2.52	15.20	9.29	21.40	28 Sa	3.06	15.37	9.41	21.50
29 Fr	3.27	15.59	10.02	22.11	29 **So**	3.41	16.11	10.13	22.19
30 Sa	4.03	16.36	10.34	22.39					
					30 Mo	4.15	16.44	10.42	22.46
					31 Di	4.48	17.18	11.11	23.16

● Neumond ☽ erstes Viertel ○ Vollmond ☾ letztes Viertel
Mitteleuropäische Zeit

Mindestausrüstung für die sichere Navigation

261

Was gehört zur Mindestausrüstung für die sichere Navigation?

Antwort:

1. **Seekarten für die Sportschiffahrt, Seehandbücher, Leuchtfeuerverzeichnisse, Nautischer Funkdienst für die Sportschiffahrt, Gezeitentafeln nebst Bleistift, Zirkel und Kursdreiecke.**
2. **Kompaß.**
3. **Lot.**
4. **Log.**
5. **Peileinrichtung.**
6. **Fernglas.**

Zu Frage 261:

Die für die sichere Navigation notwendige Mindestausrüstung ist für die

- Routenplanung,
- Positionsbestimmung, Kurs- und Geschwindigkeitsbestimmung sowie
- zur Erfüllung der Ausguck- und Ausweichpflichten

unverzichtbar und muß daher aufgrund der seemännischen Sorgfaltspflicht an Bord sein (vgl. Frage 8).

Beachte:
Nähere, die unterschiedlichen Fahrtgebiete berücksichtigende Empfehlungen sind in den Sicherheitsrichtlinien der Kreuzerabteilung des DSV enthalten.

Empfohlene, der seemännischen Praxis entsprechende Zusatzausrüstung:

- Ortungsfunkempfänger (GPS-Empfänger)
- Zweiter Kompaß, am besten als Peilkompaß
- Echolot
- Zusätzlich zur UKW-Sprechfunkanlage zum Abhören der Verkehrslagemeldungen der Verkehrszentralen eine für das Fahrtgebiet geeignete Seefunkanlage
- Barometer
- Chronometer, Uhr
- Rundfunkgerät zum Abhören von Wetterberichten und Sturmwarnungen
- Empfangsanlage für Schiffssicherheitsinformationen
- Text der SeeSchStrO und der KVR

Hinweise:
Zu den **Seekarten** und sonstigen amtlichen Veröffentlichungen vgl. Fragen 223 ff.
Zum **Kompaß** und seiner Verwendung zur Kursbestimmung, zur Peilung sowie zur Aufstellung an Bord vgl. Fragen 240, 251 und 254.
Zum **Log** und seiner Verwendung zur Geschwindigkeitsmessung vgl. Fragen 234 ff.
Zur **Peileinrichtung** vgl. Fragen 248 bis 251.
Das **Fernglas** dient beim Ausguck insbesondere zur frühzeitigen Erkennung und Identifizierung von Schiffahrtszeichen und sonstigen zu peilenden Objekten an Land oder auf dem Wasser, vgl. Abschn. 1.1 und Fragen 240 und 255.

Manövrieren

Verhalten in engen Gewässern

262

Wie müssen Sie in engen Gewässern Ihre Fahrt einrichten?

Antwort:

Vorsichtig und langsam fahren; Sog und Wellenschlag vermeiden.

Zu Frage 262:

Wichtiger Grundsatz: In engen Gewässern ist die besondere Geschwindigkeitsregel, daß das Fahrzeug jederzeit der Verkehrslage und der Beschaffenheit der Seeschiffahrtsstraße genügt und nötigenfalls rechtzeitig aufgestoppt werden kann, mit besonderer Aufmerksamkeit zu beachten, da wenig Raum für Ausweichmanöver vorhanden ist.

Beachte: Zu hohe Fahrt verursacht eine starke Brandungswelle am Ufer, die zu Schäden an festgemachten Fahrzeugen und Anlegern führen kann. Bei geringer Wassertiefe besteht zusätzlich die Gefahr, daß sich das Heck absenkt und die Steuerfähigkeit verlorengeht (vgl. Erl. zu Fragen 280 und 281).

Vorschriften: § 26 Abs. 1 und Abs. 4 SeeSchStrO

Hinweise: Allgemeine Geschwindigkeitsregel vgl. Erl. zu Frage 28; Fahrgeschwindigkeit bei schutzbedürftigen Anlagen und Stellen am Ufer (Schiffahrtszeichen) vgl. Fragen 148 ff.

263

Warum soll ein kleines Fahrzeug nicht dicht an ein großes in Fahrt befindliches Fahrzeug heranfahren?

Antwort:

Es kann durch dessen Bug- oder Heckwelle kentern oder durch den Sog mit dem Fahrzeug kollidieren.

Zu Frage 263:

Beachte: Das zu dichte Heranfahren an andere in Fahrt befindliche Fahrzeuge ist als Verstoß gegen die Vorsichtsmaßregeln nach Seemannsbrauch und damit gegen die Grundregel für das Verhalten im Verkehr anzusehen (§ 3 Abs. 1 SeeSchStrO). Außerdem liegt in diesem Verhalten ein Verstoß gegen die Pflicht, Vorfahrt- oder Ausweichmanöver rechtzeitig und entschlossen durchzuführen und dadurch das Manöver des letzten Augenblicks zu verhindern (vgl. Fragen 12 und 89).

264

Warum soll man möglichst gegen Strom und Wind anlegen?

Antwort:

Weil sich das Fahrzeug dabei besser manövrieren läßt.

Zu Frage 264:
Die Steuerfähigkeit einer Yacht hängt mit der Stärke der Strömung am Ruder zusammen. Beim Anlegen, mit langsamer Fahrt voraus, wird durch die Strömung die Wirkung des Ruders erhöht. Die Yacht ist gut manövrierbar. Bei langsamer Fahrt unterliegt eine Segelyacht bei Wind von der Seite einer starken Abdrift. Wind von vorn erleichtert also das Anlegemanöver.
Hinweis: vgl. Erl. zu Fragen 274 ff.; Anlegemanöver vgl. Teil III. Abschn. 5

265

Wie verhalten Sie sich beim Begegnen mit anderen Fahrzeugen in einem engen Fahrwasser?

Antwort:

Geschwindigkeit herabsetzen und ausreichenden Passierabstand halten.

Zu Frage 265:

Begegnen im engen Fahrwasser

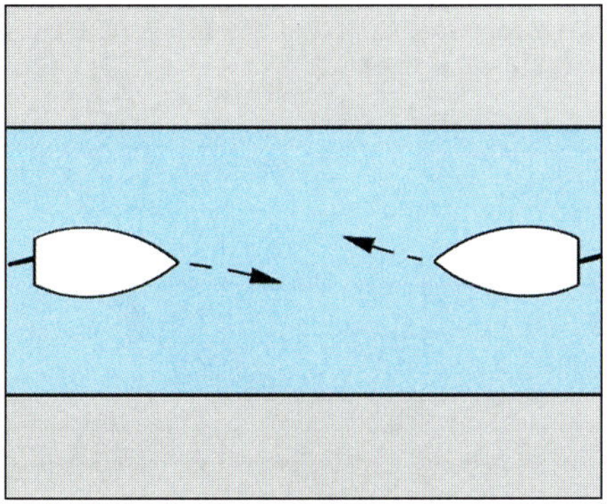

Rechtzeitig Geschwindigkeit reduzieren. Nicht zu früh ausweichen. Stb-Ruderlage, so daß ausreichender Passierabstand gewährleistet ist.

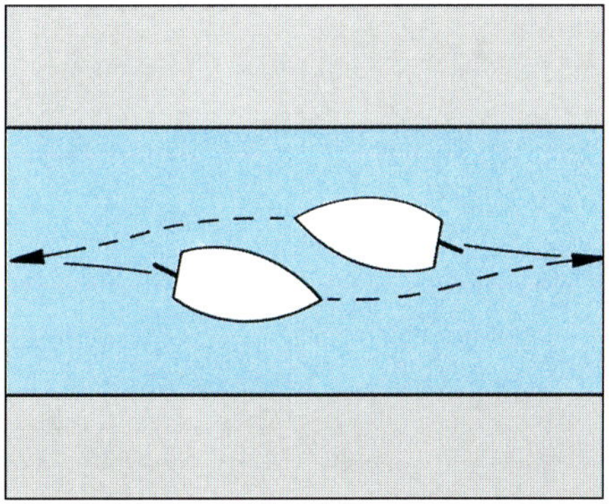

Frühzeitig beim Begegnen Bb-Ruderlage, um die Fahrwassermitte wieder zu erreichen.

Merke: Ein geringer Passierabstand zwischen den Fahrzeugen ist nicht so gefährlich, wie eine zu große Annäherung an das Ufer.

Hinweise: Ausweichregeln beim Begegnen vgl. Frage 77; Fahrgeschwindigkeit in engen Gewässern vgl. Erl. zu Frage 262; zum Begriff des Überholens vgl. Erl. Frage 13.

Überholen

266

Welche Gefahren können entstehen, wenn ein größeres Fahrzeug Sie überholt?

Antwort:

Mein Fahrzeug kann durch Stau, Sog oder Schwell aus dem Kurs laufen und kollidieren oder querschlagen, in flachen Gewässern auf Grund laufen; Gefahr des Überbordfallens.

267

Wie ist ein Überholmanöver durchzuführen?

Antwort:

Zügig und im ausreichenden Abstand und nur dann, wenn die Verkehrslage es erlaubt.

Zu Fragen 266 und 267:

Wichtige Grundsätze für das Überholen:

① Das Überholen ist nur gestattet, wenn das Fahrwasser unter Berücksichtigung der Verkehrslage hinreichenden Raum für die Vorbeifahrt gewährt, insbesondere während des ganzen Überholmanövers jede Gefährdung des Gegenverkehrs ausgeschlossen ist und kein ausdrückliches Überholverbot besteht.

② Das überholende Fahrzeug muß die Fahrt soweit herabsetzen oder einen solchen seitlichen Abstand vom vorausfahrenden Fahrzeug einhalten, daß kein gefährlicher Sog entstehen kann.

③ Das vorausfahrende Fahrzeug muß das Überholen soweit wie möglich erleichtern.
(§ 23 Abs. 1 und Abs. 3 SeeSchStrO)

Merke: Zur Vermeidung von Gefahren, die durch das Überholen eines größeren Fahrzeugs entstehen, sollten Sie durch den Ruf „Achtung Schwell" alle Besatzungsmitglieder warnen, um ein Überbordfallen zu verhindern. Außerdem sollten Sie, wenn das große Fahrzeug in sehr dichtem Abstand passiert und daher große Soggefahr besteht, seitlich vom Schiff wegsteuern und anschließend im Winkel von 90 Grad durch die Heckwelle steuern.

Hinweise: Definition vgl. Frage 13; Überholverbote vgl. Fragen 130 ff.

Schleppen

268

Wie lang sollte eine Schleppleine bei starkem Seegang sein?

Antwort:

Mindestens 2- oder 3fache Wellenlänge.

269

Was ist zu beachten, wenn ein Sportboot geschleppt werden soll?

Antwort:

1. **Die Schleppleine ist den Seegangsverhältnissen anzupassen, ein ruckartiges Steifkommen der Schleppleine ist zu vermeiden.**
2. **Die Schleppgeschwindigkeit darf nicht größer sein als die Geschwindigkeit, die der Anhang freifahrend bei Verdrängerfahrt erreichen kann.**

270

Wie vertäuen Sie Ihr Boot, wenn Sie längsseits geschleppt werden?

Antwort:

Durch 2 Querleinen (vorn und achtern je eine) sowie durch eine Vor- und eine Achterspring. Das Heck des schleppenden Fahrzeugs soll über das Heck des geschleppten Fahrzeugs hinausragen.

Zu Fragen 268 bis 270:

Beachte: Die Länge der Schleppleine sollte bei starkem Seegang so bemessen sein, daß sich schleppendes und geschlepptes Fahrzeug zur gleichen Zeit auf dem Wellenberg oder im Wellental befinden. Sie sollte möglichst in gut verankerten Klampen, notfalls am Mast oder an Aufbauten befestigt werden. Druckpunkte sollen durch Fender oder Bretter geschützt werden. Bei ruhigem Wetter genügt eine kurze Schleppleine.

Schleppen bei starkem Seegang

Längsseits schleppen durch ein Boot mit rechtsdrehender Schraube

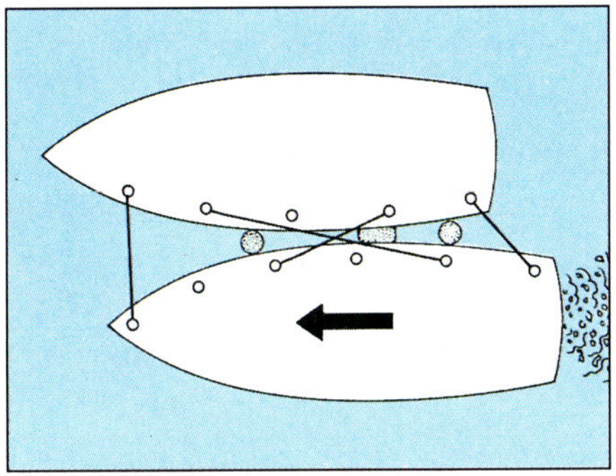

Beachte: Das Längsseitsschleppen sollte nur bei verhältnismäßig ruhigem Wasser durchgeführt werden. Fender ausbringen!

Wichtiger Hinweis: Motorsportfahrzeuge, die andere Sportfahrzeuge schleppen, gelten nicht als schleppende Maschinenfahrzeuge im Sinne der Seeschiffahrtsstraßen-Ordnung (§ 2 Abs. 1 Nr. 7 SeeSchStrO). Das bedeutet, daß sich schleppende Sportfahrzeuge nicht als Schleppverband kennzeichnen müssen (vgl. Regel 24 KVR).

Ankern

271

Wieviel Ankerkette bzw. -leine soll man normalerweise beim Ankern ausstecken?

Antwort:

Mindestens die dreifache Wassertiefe bei Kette oder die fünffache bei Leine.

Zu Frage 271:

Wichtige Grundsätze für das Ankern:

- Der Anker gräbt sich durch den Zug der Kette je nach Bauart mit einem oder zwei Flunken in den Grund ein.
- Durch das Gewicht der Ankerkette liegt der Schaft des Ankers am Grund, so daß der Zug der Kette parallel zum Boden wirkt und sich die Flunken eingraben können.

Durch den Zug der Kette parallel zum Grund gräbt sich der Anker ein.

- Jede Ankerleine sollte daher einen Kettenvorläufer haben.

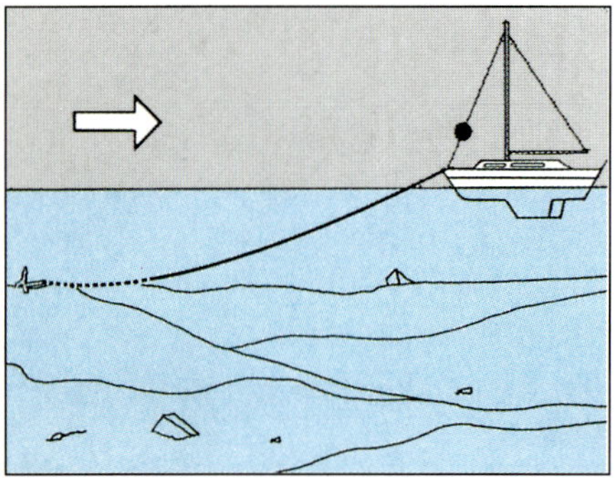

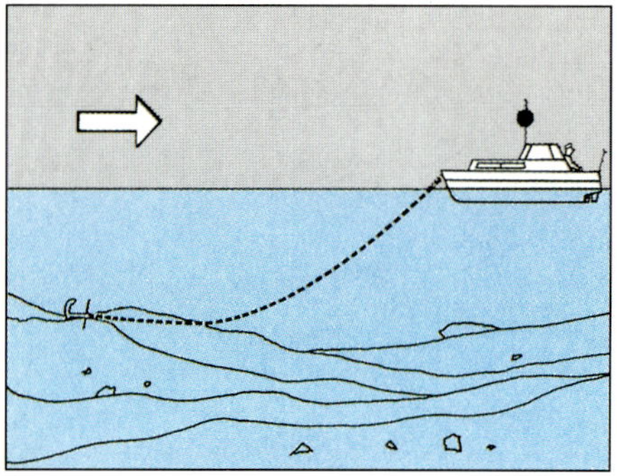

- Die Länge der Ankerkette sollte mindestens das Dreifache der Wassertiefe betragen.
- Das Gewicht des Ankers sollte der Bootsgröße angepaßt sein.
- Auf Sportbooten finden überwiegend folgende Ankerarten Verwendung:

  Stockanker mit beiklappbarem Stock und Flunken (1), Danforth-Anker (2), Draggen mit beiklappbaren Flunken (3) und Pflugscharanker (4).
- Jedes größere Sportboot sollte einen Reserveanker an Bord haben.
- Der Ankerplatz soll gegen Wind und Seegang geschützt sein.

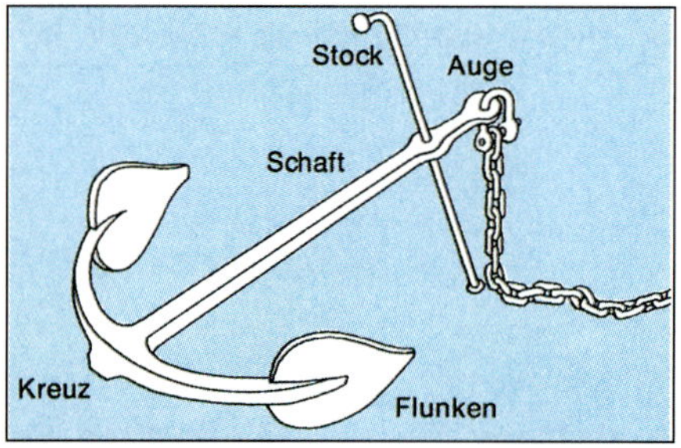

Stockanker (1)

- Als Ankergrund eignet sich am besten Sand, Ton und Lehm. Steinige und schlammige Ankergründe sind zu meiden.

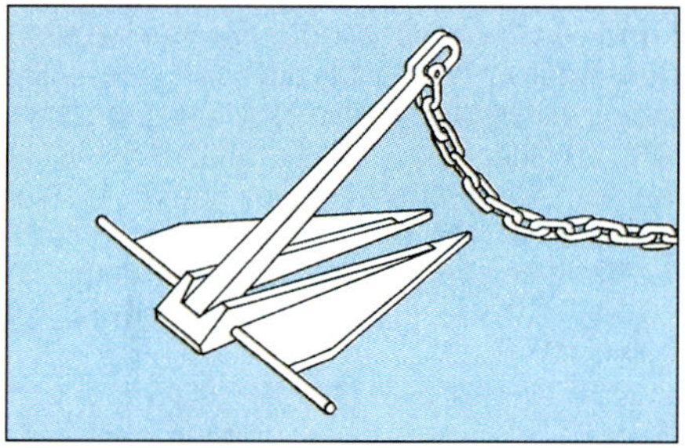

Danforth-Anker (2)

Draggen (3)

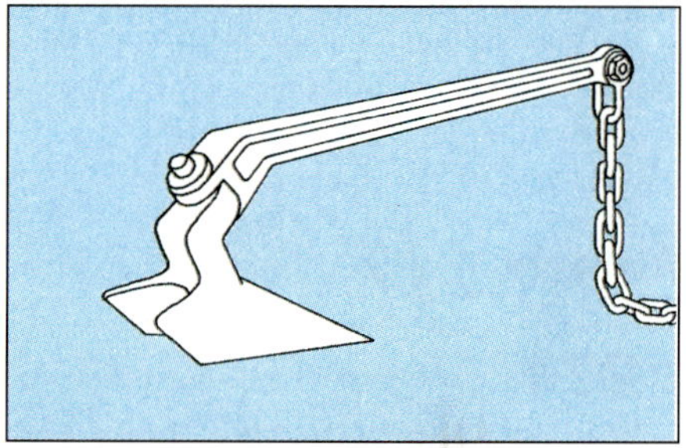

Pflugscharanker (4)

- Die Gezeiten sind zu beachten; es muß immer ausreichend Wasser unter dem Kiel bleiben.
- Das vor Anker liegende Fahrzeug muß frei von Nachbarbooten schwojen (drehen) können, wenn der Wind dreht oder der Strom seine Richtung ändert.
- Bevor der Anker geworfen wird, ist das Fahrzeug in den Wind zu drehen und aufzustoppen.
- Der Anker sollte erst geworfen werden, wenn das Fahrzeug Fahrt achteraus macht.
- Ankerball bzw. bei Dunkelheit Ankerlicht setzen!
- Wenn beim Ankerlichten zuviel Druck auf der Ankerkette ist, diesen durch langsame Fahrt voraus verringern.

Hinweise: Sichtzeichen und Schallsignale beim Ankern vgl. Fragen 61 ff. und 64 ff.; Ankerverbote vgl. Erl. zu Frage 138; Sicherheitsausrüstung vgl. Erl. zu Frage 317.

272

Woran können Sie erkennen, ob der Anker hält?

Antwort:

1. **Wenn beim Handauflegen auf die Ankerkette oder -leine kein Rucken zu verspüren ist.**
2. **Wenn sich die Ankerpeilung nicht ändert.**

273

Warum sollen Sie sich die Ankerpeilungen aufschreiben?

Antwort:

Um mit späteren Kontrollpeilungen festzustellen, ob der Anker hält.

Zu Fragen 272 und 273. **Hinweise:** Vgl. Erl. zu Fragen 250 ff.

Kontrolle des Schiffsortes durch Kreuzpeilung

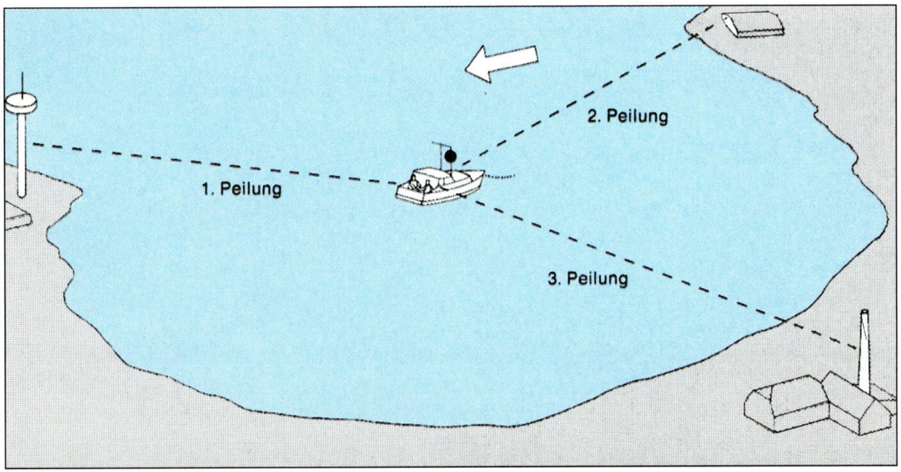

Anlegen

274 **Welches ist der günstigste Anlaufwinkel beim Anlegen in stromfreien Gewässern?**	Antwort: **Ein möglichst spitzer Winkel.**
275 **Welche äußeren Einflüsse können sich auf die Manövrierfähigkeit Ihres Bootes auswirken?**	Antwort: **Wind, Seegang, Strom, Sog, Wassertiefe.**
276 **Was verstehen Sie unter einer rechts- bzw. linksgängigen Schraube?**	Antwort: **Bei Vorwärtsgang dreht sich, von hinten gesehen, eine rechtsgängige Schraube nach rechts, eine linksgängige nach links.**
277 **Nach welcher Seite dreht sich im allgemeinen das Heck im Rückwärtsgang bei einer rechts- bzw. linksgängigen Schraube?**	Antwort: **Bei einer rechtsgängigen Schraube nach Backbord, bei einer linksgängigen nach Steuerbord.**

Zu Fragen 274 bis 277:

Hinweise: Zur Durchführung des Anlegemanövers vgl. Teil III Abschn. 2.2.2; zur Steuerwirkung vgl. Teil III Abschn. 1.2. Zur Wirkungsweise der Schraube, auch Propeller genannt, vgl. nebenstehende Darstellung.

Wirkungsweise der Schraube

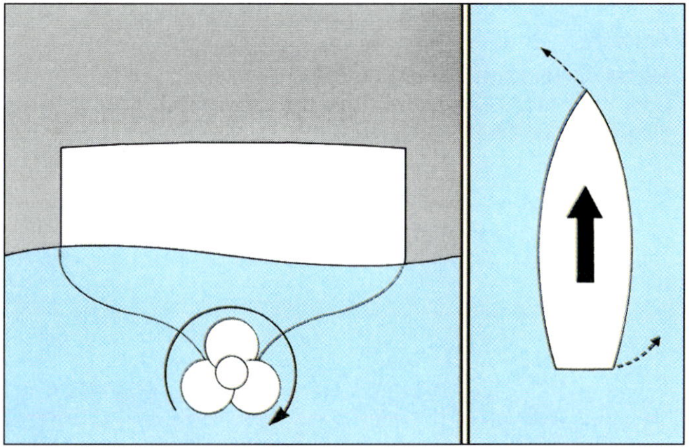

Bei rechtsgängiger Schraube dreht das Heck im allgemeinen nach Stb, wenn das Fahrzeug bei Mittschiffsruderlage Fahrt voraus aufnimmt,

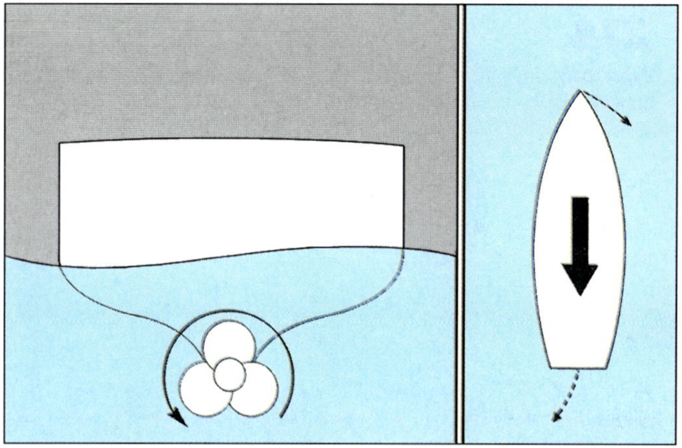

dreht das Heck im allgemeinen nach Bb, wenn das Fahrzeug bei Mittschiffsruderlage Rückwärtsfahrt aufnimmt.

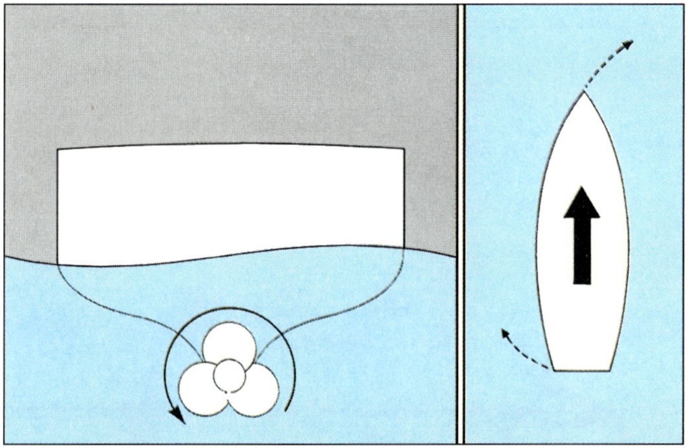

Bei linksgängiger Schraube dreht das Heck im allgemeinen nach Bb, wenn das Fahrzeug bei Mittschiffsruderlage Fahrt voraus aufnimmt,

dreht das Heck im allgemeinen nach Stb, wenn das Fahrzeug bei Mittschiffsruderlage Rückwärtsfahrt aufnimmt.

Festmachen

278

Was müssen Sie beim Festmachen Ihres Fahrzeugs beachten?

Antwort:

Es ist so festzumachen, daß das Fahrzeug sicher liegt und sich nicht losreißen kann. Wind, Strom und Wasserstandsänderungen sind zu berücksichtigen.

Zu Frage 278:

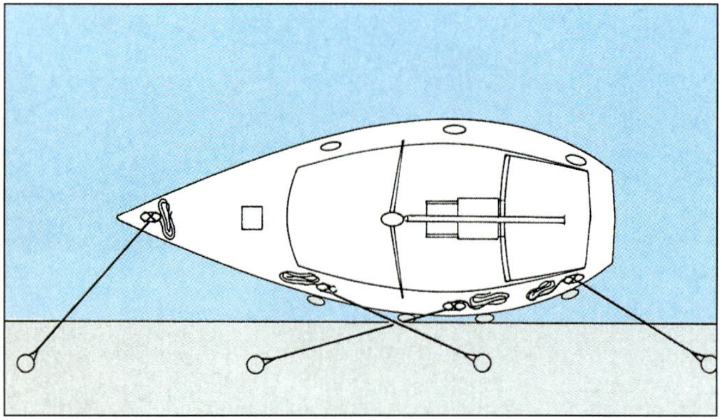

Beachte:
Für ein sicheres Festmachen ist es wichtig, daß Vor- und Achterleine und Vor- und Achterspring so bemessen sind, daß Wind-, Strom- und Wasserstandsänderungen berücksichtigt sind. Bei Starkwind, Strom und hohem Tidenhub sollten die Leinen durch eine Wache regelmäßig kontrolliert werden. Insbesondere in Tidegewässern muß sichergestellt werden, daß entweder an einem Schwimmponton festgemacht wird oder die Leinen laufend gefiert oder dichtgeholt werden. Die Art und Weise des sicheren Festmachens gehört zu den seemännischen Sorgfaltspflichten.

Hinweis: Hinsichtlich des Manövrierens beim An- und Ablegen und des sicheren Festmachens vgl. Teil III Abschn. 2 (Manövrieren) und die in diesem Abschnitt visualisierten Vorgänge beim Anlegen und Festmachen.

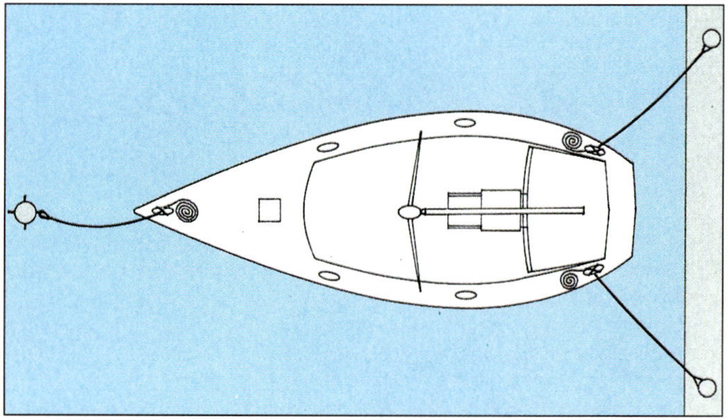

Beachte:
Es muß so festgemacht werden, daß das Schiff unter allen Bedingungen vor Wind und Seegang sicher, ortsfest und ohne Bewegung liegt. Zu prüfen ist, ob ein sogenannter Zugdämpfer verwendet werden soll. Dieser kann die Stoßbelastung besser abfangen. Er dehnt sich bei Belastung bis auf das Doppelte aus und verhindert den Bruch des Festmachers.

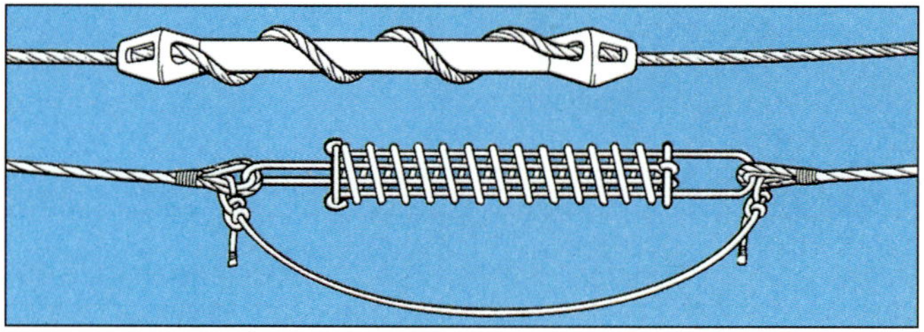

279

Welche Vorkehrungen sollten Sie neben dem sicheren Festmachen treffen, wenn Sie Ihr festgemachtes Fahrzeug für längere Zeit verlassen?

Antwort:

1. **Alle Seeventile schließen.**
2. **Hauptschalter des Bordnetzes ausschalten.**

Zu Frage 279:
Beim längeren Verlassen eines festgemachten Fahrzeugs müssen unbedingt alle Seeventile vollständig geschlossen werden, damit ein Sinken des Schiffes aufgrund einer Leckage der durch die Bordwand ins Wasser führenden Systeme während der Abwesenheit der Schiffsbesatzung ausgeschlossen wird. Zu diesem Zweck sollte eine Bootsskizze die Lage aller Seeventile enthalten, die allen Besatzungsmitgliedern bekannt sein sollte.

Unter Seeventilen sind alle Öffnungen in der Außenhaut des Fahrzeugs unter Wasser zu verstehen, wie der Zu- und Ablauf der Toilette, der Abfluß vom Spülbecken der Pantry sowie der Kühlwassereinlaß für den Motor usw. Darüber hinaus sollten auch die Austrittsöffnungen der Lenzpumpen geschlossen werden, da nicht auszuschließen ist, daß durch Schwell oder Seegang Wasser in den Bootskörper eindringt. Außerdem sollte nicht nur der Hauptschalter des Bordnetzes ausgeschaltet werden, um eine Entladung der Batterien zu vermeiden, sondern auch das Absperrventil der Flüssiggasanlage geschlossen werden, um den Austritt von Gas und dessen mögliche Entzündung zu vermeiden.

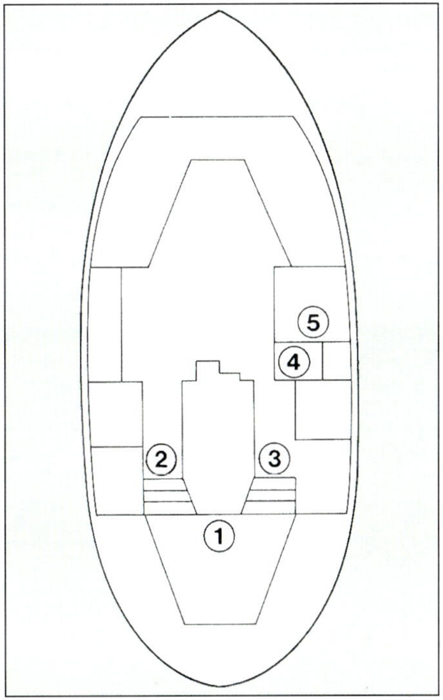

Die Lage der Seeventile und die Zugangsmöglichkeiten zu ihnen sollten allen Mitseglern bekannt sein; die Anfertigung einer Skizze nach nebenstehendem Muster ist angebracht:

① Bilgenentwässerungsverschraubung, von außen zugänglich, soll bei Winterlagerung an Land geöffnet werden.
② Kühlwassereintritt, zugänglich durch den Motorraum.
③ Kühlwassereintritt, zugänglich durch den Motorraum.
④ Auslauf für Toilette, zugänglich im Batterieraum.
⑤ Spülwassereintritt für Toilette, zugänglich durch den Batterieraum.

Geschwindigkeit

280

Warum müssen Sie bei geringer Wassertiefe mit der Geschwindigkeit heruntergehen?

Antwort:

1. **Zur Verbesserung der Steuerfähigkeit.**
2. **Zur Vermeidung einer Grundberührung durch das Absenken des Hecks.**

281

Welche Geschwindigkeit müssen Sie in engen Gewässern wählen, in denen am Ufer festgemachte Fahrzeuge liegen?

Antwort:

Eine Geschwindigkeit, bei der gefährlicher Sog oder Wellenschlag vermieden wird.

Zu Fragen 280 und 281:

Hinweis: Zur Fahrgeschwindigkeit in engen Gewässern vgl. Erl. zu Frage 262; zum Begriff der „sicheren Geschwindigkeit" vgl. Frage 28; zur Fahrgeschwindigkeit bei Nebel vgl. Frage 91; Schiffahrtszeichen „Sog und Wellenschlag vermeiden" vgl. Fragen 148 ff.

282

Womit kann ein steuerunfähiges Sportboot mit dem Bug in den Wind gehalten werden?

Antwort:

Mit dem Treibanker oder anderen geeigneten schwimmfähigen Gegenständen.

283

Warum ist es wichtig, bei starkem Seegang die Fahrt des Sportbootes zu vermindern?

Antwort:

Um Schäden durch Seeschlag möglichst zu vermeiden.

Zu Fragen 282 und 283:

Beachte:
Bei starkem Seegang ist bei Kursen gegen die See die Geschwindigkeit so weit zu reduzieren, daß ein Hineinfallen in das Wellental mit anschließend brechender See auf dem Vorschiff vermieden wird. Fällt bei schwerer See der Motor aus, so besteht die Gefahr des Querschlagens und Kenterns. Es muß daher versucht werden, den Bug des Fahrzeugs mit einem Treibanker gegen Wind und Seegang zu halten. Durch seine Form findet der Treibanker im Wasser mehr Widerstand als das Schiff. Am Bug angebracht, wird er das Fahrzeug ständig gegen Wind und See halten. Die Länge der ausgesteckten Treibankerleine und die Wellenlänge sollten gleich sein. Ein am Treibanker angebrachter und mit Öl gefüllter Beutel glättet das Wasser vor dem Schiff. Befindet sich kein Treibanker an Bord, so kann man sich mit einer lang ausgesteckten Trosse behelfen.

Fahrzeug mit ausgebrachtem Treibanker

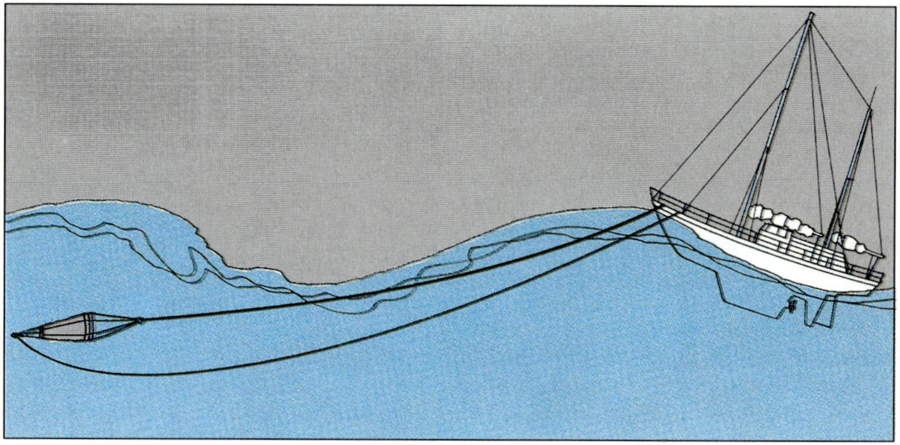

Wetterkunde

Allgemeines

Die Bedeutung von Begriffen in Seewetterberichten und Prognosen

Sicht

0 – 200 m	= dichter oder starker Nebel
200 – 500 m	= mäßiger Nebel
500 – 1000 m	= leichter Nebel
1 km – 4 km	= stark diesig, schlechte Sicht (bei starkem Niederschlag)
4 km – 10 km	= diesig
10 km – 20 km	= mittlere Sicht
über 20 km	= gute Sicht

Himmel

wolkenlos	N = 0
sonnig	N = 0 bis 1/8
heiter	N = 1/8 bis 2/8 bei C_L oder C_M bis 8/8 bei C_H
gering bewölkt	N = 2/8 bis 3/8 bei C_L oder C_M
wolkig	N = 4/8 bis 6/8 bei C_L oder C_M
stark bewölkt	N = 6/8 bei C_L oder C_M
fast bedeckt	N = 7/8 bei C_L oder C_M
bedeckt (bedeckter Himmel)	N = 8/8 bei C_L oder C_M
trüb	N = 8/8 tiefliegende C_L
wechselnd bewölkt	Rückseitenwetter

N = Bedeckungsgrad des Himmels in Achteln
C_L = tiefe Wolken
C_M = mittelhohe Wolken
C_H = hohe Wolken

Wind
NW

Richtung: Genauigkeit von + 25°; es werden nur folgende Richtungen gegeben: N, NE, E, SE, S, SW, W.
Richtungsänderung: rechtdrehend (im Uhrzeigersinn), rückdrehend (entgegengesetzt dem Uhrzeigersinn), nur bei jeweils mindestens 45°-Änderungen; umlaufender Wind (nur bis 5 kn).

Windstärke: Die Windangabe in Beaufort-Stärke bezieht sich auf einen **mittleren** länger andauernden Zeitraum.
Besonders bei labiler Luftmasse (Schauer) ist mit Böen zu rechnen, die bis zu 2 Bft-Stärken über dem Mittelwind liegen können.

Beaufortskala

Knoten (kn)	m/s	Beaufort (Bft)	Bezeichnung des Windes	Auswirkung der Windstärke auf die See
00	0 – 0,2	0	Stille	Spiegelglatte See
01 – 03	0,3 – 1,5	1	schwacher Wind	Kleine, schuppenförmig aussehende Kräuselwellen ohne Schaumkämme
04 – 06	1,6 – 3,3	2		Kleine Wellen, noch kurz, aber ausgeprägter. Die Kämme sehen glasig aus und brechen sich nicht
07 –10	3,4 – 5,4	3		Kämme beginnen zu brechen. Schaum überwiegend glasig, ganz vereinzelt kleine weiße Schaumköpfe
11 – 16	5,5 – 7,9	4	mäßiger Wind	Wellen noch klein, werden aber länger, weiße Schaumköpfe treten ziemlich verbreitet auf.
17 – 21	8,0 – 10,7	5	frischer Wind	Mäßige Wellen mit ausgeprägter langer Form. Überall weiße Schaumköpfe (vereinzelt Gischt)
22 – 27	10,8 – 13,8	6	starker Wind	Bildung großer Wellen beginnt. Kämme brechen und hinterlassen größere weiße Schaumflächen; etwas Gischt
28 – 33	13,9 – 17,1	7		See türmt sich; der beim Brechen entstehende weiße Schaum beginnt sich in Streifen in die Windrichtung zu legen
34 – 40	17,2 – 20,7	8	Sturm	Mäßig hohe Wellenberge mit Kämmen von beträchtlicher Länge. Von den Kämmen beginnt Gischt abzuwehen
41 – 47	20,8 – 24,4	9		Hohe Wellenberge; dichte Schaumstreifen in Windrichtung. „Rollen“ der See beginnt. Die Gischt kann die Sicht schon beeinträchtigen
48 – 55	24,5 – 28,4	10	schwerer Sturm	Sehr hohe Wellenberge mit langen überbrechenden Kämmen. See weiß durch Schaum. Rollen der See schwer und stoßartig. Sicht durch Gischt beeinträchtigt
56 – 63	28,5 – 32,6	11	orkanartiger Sturm	Außergewöhnlich hohe Wellenberge. Die Kanten der Wellenkämme werden überall zu Gischt zerblasen. Die Sicht ist herabgesetzt
64 und mehr	32,7 und mehr	12	Orkan	Luft mit Schaum und Gischt angefüllt. See vollständig weiß. Die Sicht ist sehr stark herabgesetzt; jede Fernsicht hört auf

284

Was bedeutet folgendes Zeichen in der Wetterkarte?

Antwort:

Windrichtung: NW; Windstärke: Bft 3; Bewölkung: wolkenlos.

Zu Frage 284:

Beachte: Die Fieder am Windpfeil weisen immer in Richtung des tiefen Druckes (Windrichtung). Jeder lange Strich bedeutet zwei Bft-Stärken (Windstärke), jeder kurze Strich eine Bft-Stärke. Der Bewölkungsgrad ergibt sich aus der Schwärzung des Kreises.

Hinweise: Weitere Wettersymbole vgl. die Seewetterkarte in Erl. zu Frage 292.

285

Welche Angaben liefert Ihnen die Beaufort-Skala?

Antwort:

1. **Einheiten der Windstärke von 0 bis 12.**
2. **Die Auswirkungen des Windes auf die See.**

Zu Frage 285:

Vgl. die nebenstehende Beaufortskala, die in der rechten Spalte die Auswirkungen der jeweiligen Windstärke auf die See enthält.

Einfluß des Luftdrucks auf die Wetterentwicklung

286

Wie wird der Luftdruck in der Wetterkarte dargestellt und in welcher Maßeinheit wird er angegeben?

Antwort:

Durch Isobaren und Zahlenangaben in Hektopascal (hPa).

Zu Frage 286:

Der Luftdruck wird mit dem Barometer gemessen.

Merke: Der mittlere Luftdruck auf Meereshöhe beträgt 1013 hPa.

Die Höhe des Luftdrucks ist für die Wind- und Wetterentwicklung aber nicht entscheidend!

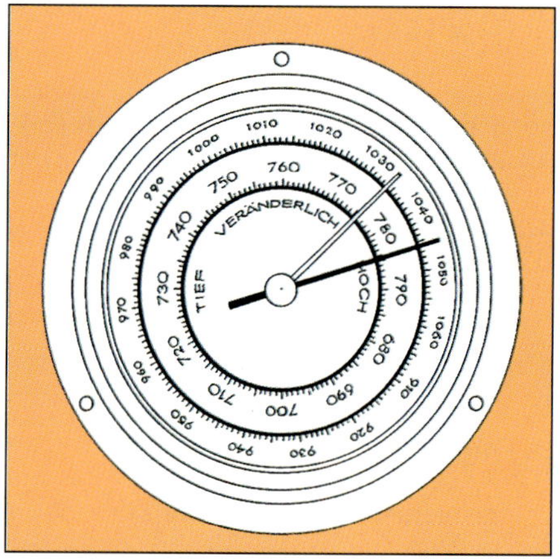

287

Welche Schlüsse können Sie aus raschen Luftdruckänderungen ziehen?

Antwort:

Schnelle Wetteränderung; bei fallender Tendenz Wetterverschlechterung, bei steigender Tendenz Wetterverbesserung.

288

Was bedeutet rasches Fallen des Luftdruckes?

Antwort:

In der Mehrzahl der Fälle Starkwind- oder Sturmgefahr.

Zu Fragen 287 und 288:

Beachte: Durch raschen Druckfall am Boden verstärkt sich das horizontale Druckgefälle. Dabei kann der Druckfall die Heranziehung eines bereits ausgebildeten Tiefs oder die Neubildung eines Tiefs bedeuten. Besonders im ersten Fall ist mit starkem Rückdrehen des Windes zu rechnen.

289

Was können Sie für eine Wetterentwicklung erwarten, wenn in unseren Breiten der Luftdruck um mehr als 1 Hektopascal in der Stunde fällt?

Antwort:

Es gibt Starkwind oder Sturm.

Zu Frage 289: **Beachte:** Starker Druckanstieg ist nicht umgekehrt immer mit einer Windabnahme verbunden. Im Bereich eines umfangreichen Hochs werden z. B. durch Druckanstieg die Ausströmvorgänge und damit der Wind intensiviert.

Wetterkarte

290

Was bedeuten die um einen Hoch- oder Tiefdruckkern in der Wetterkarte abgebildeten Linien und wie werden sie bezeichnet?

Antwort:

Linien, die Orte gleichen Luftdruckes miteinander verbinden. Es sind Isobaren.

Zu Frage 290: **Beachte:** Isobaren verlaufen

- fast parallel zur Windrichtung
- in etwa gleichen Abständen. Zum Kern des Tiefs hin werden Isobaren dichter. Die Isobarendichte ist ein Maßstab für die Windstärke.

291

Erklären Sie folgende Abbildung:

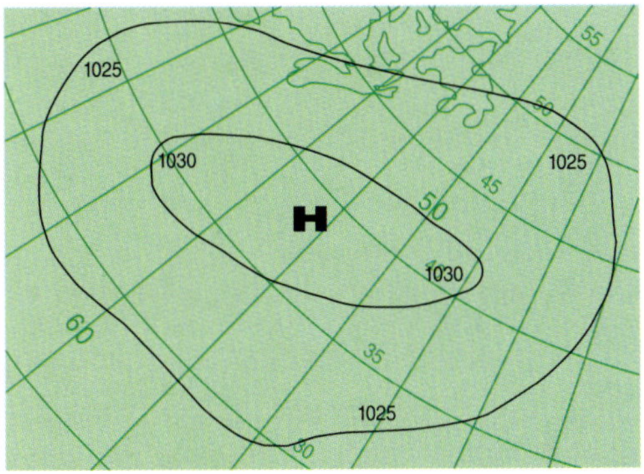

Antwort:

1. **Hochdruckgebiet.**
2. **Isobaren mit Zahlenangaben des Luftdruckes in Hektopascal.**

Zu Frage 291: **Beachte:** Die Strömungsrichtung erfolgt im Uhrzeigensinn (antizyklonal, im mathematischen Sinn rechts).

292

Erklären Sie folgende Abbildung:

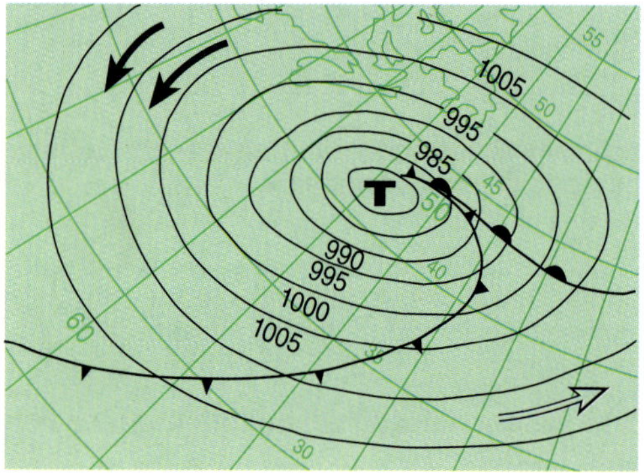

Antwort:

1. **Tiefdruckgebiet auf Nordbreite mit Warm- und Kaltfront.**
2. **Isobaren mit Zahlenangaben des Luftdruckes in Hektopascal.**
3. **Warme und kalte Luftströmungen.**

Zu Frage 292:

Beachte: In den vom Deutschen Wetterdienst veröffentlichten Wetterkarten werden die Isobaren in der Regel in Abständen von fünf zu fünf hPa gezeichnet, im britischen Wetterdienst z. B. jedoch von vier zu vier hPa. Das bedeutet, daß hier bei gleichen Druckgegensätzen die Isobaren enger gezeichnet sind.

Die Wetterkarte des 5. August 1949, 18.00 Uhr UTC (Universal Time Co-ordinated)

Allgemeine Lage

Der 5. August 1949 war in Deutschland ein sommerlich heiterer Tag; bei geringer Bewölkung herrschte Sonnenschein. Die Temperaturen lagen am späten Nachmittag nördlich der mitteldeutschen Gebirge bei 20 bis 22 Grad Celsius. Im Alpenvorland betrugen sie abends immer noch 29 Grad Celsius. Dabei herrschte Windstille, oder es wehten leichte Winde. Auch über großen Teilen Frankreichs war der Himmel heiter bis wolkenlos. Bei leichter Süd- bis Südost-Strömung hielten sich hier die Temperaturen bei 30 Grad Celsius. An diesem Tag überquerte eine *Warmfront* die Britischen Inseln und die Nordsee. Der Warmluftsektor reichte weit über Schottland hinaus. Die Warmluft erzeugte verbreitet Niederschlag mit anhaltendem *Landregen,* der sich rasch gegen Island hin ausbreitete. Ihr nachfolgend hatte die zugehörige *Kaltfront* Irland bereits überquert.

Fronten und Regen gehörten zu einem *Tief,* das über den Nordatlantik gezogen war; der Kern des Tiefs lag an diesem Abend zwischen Irland und Island.

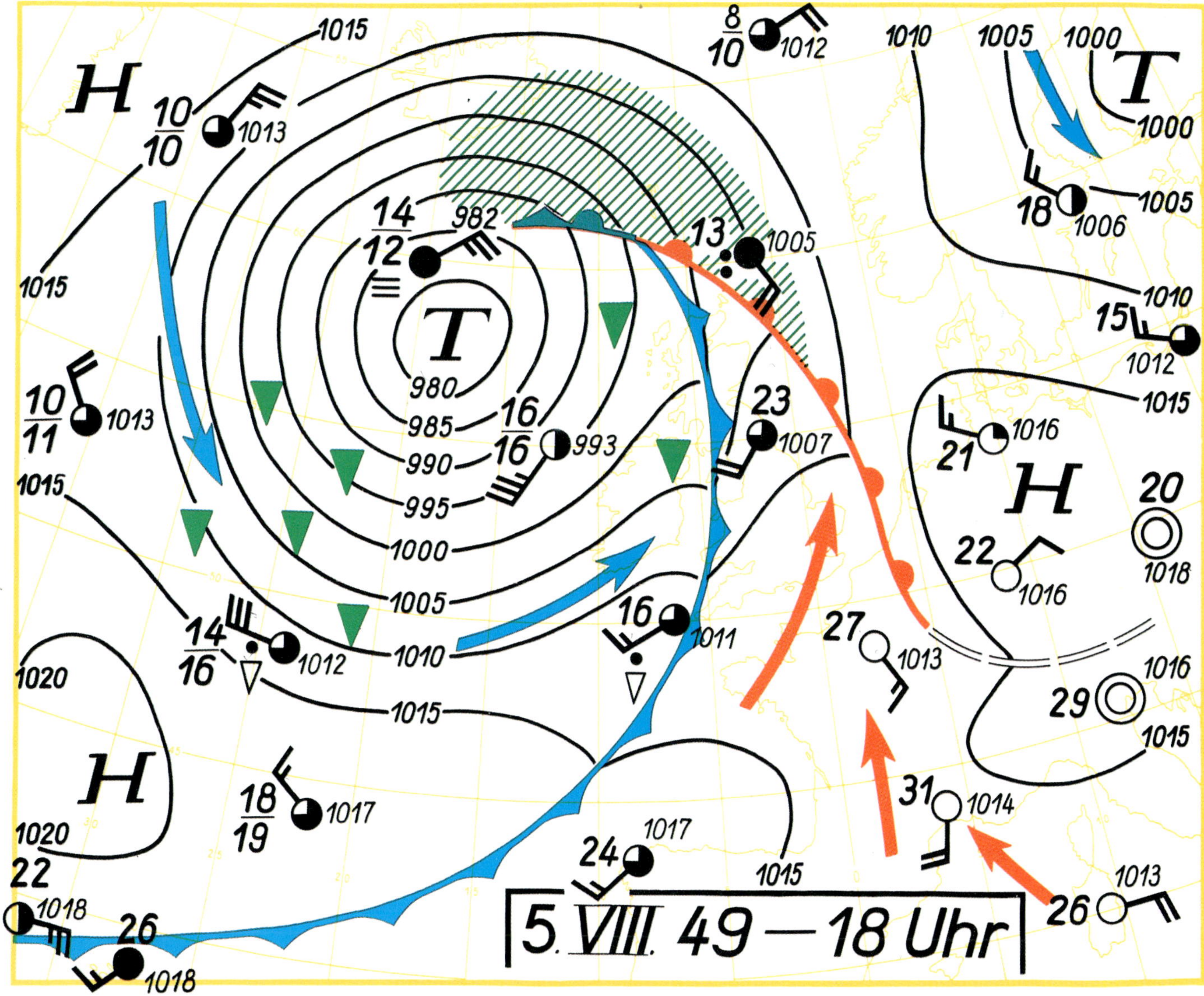

Die Wetterkarte des 5. August 1949, 18.00 Uhr UTC

Erklärung der Symbole

Windrichtung und Stärke:

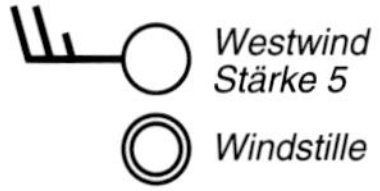

die Windpfeile fliegen mit dem Wind, die Befiederung gibt die Stärke des Windes nach der Beaufort-Skala an. Bei Windstille weist die Station anstelle des Windpfeiles einen weiteren Kreis um den Stationskreis auf.

Bedeckung:

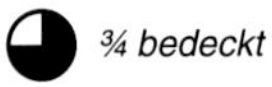

die Schätzung der Gesamtbewölkung ist in Vierteln der sichtbaren Himmelsfläche eingetragen.

Niederschläge usw.:

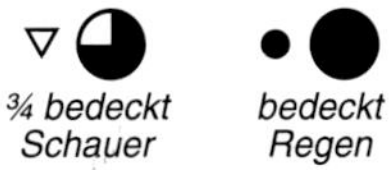

Regen, Schnee, Schauer, Hagel, auch Nebel sind mit den üblichen Wetterdienst-Symbolen neben der Station eingetragen.

Temperatur:

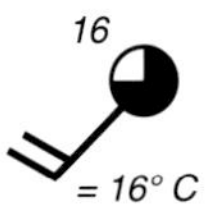

sie ist in „Grad Celsius" der Station beigeschrieben. Schiffe melden die Temperatur der Luft **und** des Oberflächenwassers. Bei ihnen stehen daher zwei Angaben der Temperatur, und zwar über dem Bruchstrich die Temperatur der Luft, darunter die Temperatur des Wassers. Diese Angaben lehren uns, ob die Luft wärmer oder kälter als das Seewasser ist. Die Luftströmungen auf großen Wasserflächen gleichen ihre Temperatur dem Wasser an. An den Temperatur-Differenzen lesen wir also ab, ob über einer Wasserfläche wärmere (Warmluft) oder kältere (Kaltluft) Luft lagert oder fließt.

Luftdruck:

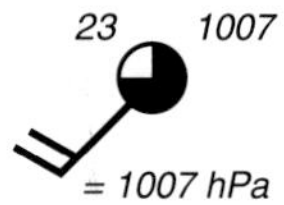

Die Luftdruck-Angaben der Stationen sind – auf den Meeresspiegel umgerechnet – noch einmal in Zahlen in Hektopascal angeschrieben.

Erklärung der Wetterkarte

Die Wetterkarte vom 5. August 1949 zeigt zwischen Irland und Island ein ausgedehntes Gebiet geschlossener – nahezu kreisförmiger – Isobaren (Linien gleichen Luftdrucks). Der tiefste Druck wird umschlossen von einer Isobare mit dem Luftdruck 980 mbar. Das ganze Gebilde heißt Tief oder Tiefdruckgebiet.

Die Windbeobachtungen im Bereich dieses Tiefs zeigen uns, daß die Strömung das Kerngebiet entgegen der Drehung des Uhrzeigers umkreist. Das Tief, das wir hier vor uns haben, ist also gleichzeitig eine **Zyklone,** d. h. ein riesiger Wirbel. Je nachdem wir daher die Druckverteilung oder das Strömungsbild betrachten, sprechen wir von einem Tiefdruckgebiet oder von einer Zyklone.

Nach Südwesten hin und über Mitteleuropa sind höhere Barometerstände, d. h. stärkerer Druck der Luft auf dem Boden beobachtet. Dementsprechend sind diese Gebiete in ihrem Kern mit *Hoch* (H) bezeichnet. Man nennt sie auch Antizyklonen, da die Strömungen entgegengesetzt der Zyklonen verlaufen.

Im Bereich der Zyklone zeigen die Stationsmeldungen teilweise beträchtliche Unterschiede in der Lufttemperatur. Über England/Schottland werden Thermometerstände von 23 Grad Celsius beobachtet. Der Wind weht hier aus Südwest mit Stärke 4. Nördlich von Schottland weist die Station auf den Shetland-Inseln jedoch nur 13 Grad Celsius auf. Bei völlig bedecktem Himmel fällt hier *Regen.*

Aufgrund dieses Temperaturgegensatzes ist hier eine Grenze zwischen kühleren Luftmassen mit reichlicher Bewölkung und Regen sowie warmer Luft mit aufgerissener Bewölkung zu ziehen. In unserer Wetterkarte ist sie durch eine Doppellinie mit regelmäßig angesetzten Halbkreisen ausgeführt (Warmfront = rot). Diese Zeichnung mit ausgefüllten Halbkreisen deutet immer an, daß sich hier anströmende Warmluft, die in der Regel auch verhältnismäßig feucht ist, bis zum Boden durchgesetzt hat.

Die Abgrenzung in der Wetterkarte zwischen warmer Luft über England/Schottland und der aus Südwesten nachrückenden kühlen Luft nennen wir Kaltfront = blau. Sie ist durch eine Doppellinie mit angesetzten Ecken gekennzeichnet. Merke: Eine solche mit ausgefüllten Ecken besetzte Linie auf der Wetterkarte zeigt immer an, daß im Sinne der herrschenden Strömung hinter dieser Kaltfront kühlere Luft – in der Regel mit aufgerissener Schauerbewölkung und Regenschauern – nachdrängt. Der Verlauf der Kaltfront, die den Hochdruckkern im Südwesten unseres Kartenbildes in weitem Bogen umfaßt, gibt uns eine Vorstellung von der Gesamtströmung, die aus nördlichen Richtungen kühlere und wolkenärmere Luft weit nach Süden verfrachtet.

Entsprechend der jeweiligen Strömungsrichtung sind in die Wetterkarte Strömungspfeile eingezeichnet, und zwar zur Unterscheidung warmer und kalter Strömung in Rot bzw. in Blau.

Auszug aus Nr. 5 der „Wetterkundlichen Lehrmittel" des Deutschen Wetterdienstes mit dessen freundlicher Genehmigung

Wind- und Sturmwarnungen sowie Windvorhersagen

293

Nennen Sie mindestens 4 Möglichkeiten, einen Wetterbericht zu erhalten.

Antwort:
1. **Rundfunk.**
2. **Deutscher Wetterdienst, Geschäftsfeld Seeschifffahrt in Hamburg.**
3. **Küstenfunkstellen.**
4. **Privater Informationsdienst (PID) der Deutschen Telekom.**
5. **Zeitung.**
6. **Fernsehen.**
7. **NAVTEX.**

Zu Frage 293:

Wichtiger Grundsatz: Das Abhören des Wetterberichtes ist eine der wichtigsten Sicherheitsmaßnahmen vor dem Auslaufen! Aber auch während der Fahrt sollte mehrmals täglich der Wetterbericht abgehört werden, um rechtzeitig die erforderlichen Sicherheitsvorkehrungen treffen zu können (vgl. Erl. zu Frage 310).

Der Deutsche Wetterdienst, Geschäftsfeld Seeschiffahrt in Hamburg, veröffentlicht u. a. Seewetterberichte mit detaillierten Wind- und Seegangsprognosen und hält einen 24stündigen Warndienst für Wind und Sturm vor.
Starkwind-, Sturm- und Böenwarnungen werden über den Rundunksender Deutschlandfunk (DLF), über die deutschen Küstenfunkstellen (Grenzwellenfrequenzen nur noch bis 31. 12. 1996) und über die Verkehrszentralen ausgestrahlt. Ferner sind sie vom Anrufbeantworter des Deutschen Wetterdienstes in Hamburg (0 40 – 3 19 66 28) abrufbar.
Über diverse Rufnummern der Deutschen Telekom, beginnend mit der Vorwahl 01 90, können ganzjährig regional gegliederte Seewetterberichte des Deutschen Wetterdienstes abgehört werden:

01 90 – 11 69 21	Nord- und Ostsee (Wetterlage)
01 90 – 11 69 22	Deutsche Bucht, Südwestliche Nordsee
01 90 – 11 69 23	Skagerrak, Kattegat, Belte und Sund
01 90 – 11 69 24	Westliche und Südliche Ostsee, Boddengewässer
01 90 – 11 69 31	Mittelfrist-Seewetterbericht für Nord- und Ostsee

Unter der Generalnummer 01 90 – 11 60 53 werden Wassersportberichte für das Ausland angeboten, von April bis Oktober zusätzlich Wassersportberichte für alle deutschen Küstenabschnitte unter der Generalnummer 01 90 – 11 60 40. Seewetterberichte werden in diesem Service auch per Fax unter der Nummer 01 90 – 19 25 70 angeboten.
Eine vollständige Übersicht der Rufnummern kann unter 0 69 – 26 82 24 05 angefordert werden. Vom Ausland kann der 01 90-Service nicht angewählt werden.

Der Deutsche Wetterdienst in Hamburg bietet neben Starkwind- und Sturmwarnungen auch eine breite Palette an weiteren Seewetterinformationen in Text und Grafik über Telefax und Online-Dienste an. Diese Angebote enthalten u. a.:

- Aktuelle Wetterkarten vom gesamten Nordatlantik und Europa einschließlich Nord- und Ostsee
- Wettervorhersagekarten für ein, zwei und drei Tage im voraus
- Seewetterberichte in Textform bis fünf Tage im voraus
- Wind- und Seegangsvorhersagen in Zeitreihen-Grafik
- Aktuelle Wettermeldungen von europäischen Küstenstationen

Unterlagen über Verbreitung von Wettervorhersagen, Berichten und Warnungen
Einzelheiten über Vorhersagegebiete, Rundfunksender und Küstenfunkstellen, über Frequenzen, Sendezeiten, Inhalt der Meldungen usw. können dem vom BSH herausgegebenen Nautischen Funkdienst, Bd. III, dem Yachtfunkdienst, dem BSH-Sonderdruck „Wetter- und Warnfunk" sowie einem vom Deutschen Wetterdienst herausgegebenen Merkblatt „Sturmwarnungen und Seewetterberichte für die Sport- und Küstenschiffahrt" entnommen werden. Die letztge-

nannte Veröffentlichung ist beim Deutschen Wetterdienst in Hamburg erhältlich und wird ständig bei Bedarf aktualisiert.

Es besteht ferner die Möglichkeit, vor Antritt der Seereise individuelle Beratungen und Informationen gegen Gebühr beim Deutschen Wetterdienst in Hamburg anzufordern.

Beratungen und Informationen	
Wettervorhersagedienst	(0 40) 31 90 - 88 01
Meteorologische Schiffsroutenberatung, Törnberatung	- 88 11
Auskünfte über vergangenes Wetter auf See	- 88 41
Laderaummeteorologische Beratung und Gutachten	- 88 31
Witterung und Klima außereuropäischer Länder	- 88 45
Meteorologischer Hafendienst	- 88 26
Witterung und Klima Norddeutschland/Europa, Standortgutachten für Windkraftanlagen	(0 40) 6 01 73 - 2 52
Warntelefon, Wind- und Sturmwarnungen Nord- und Ostsee	**(0 40) 3 19 66 28**

Karte der UKW-Küstenfunkstellen, die Wetterberichte und Vorhersagen verbreiten

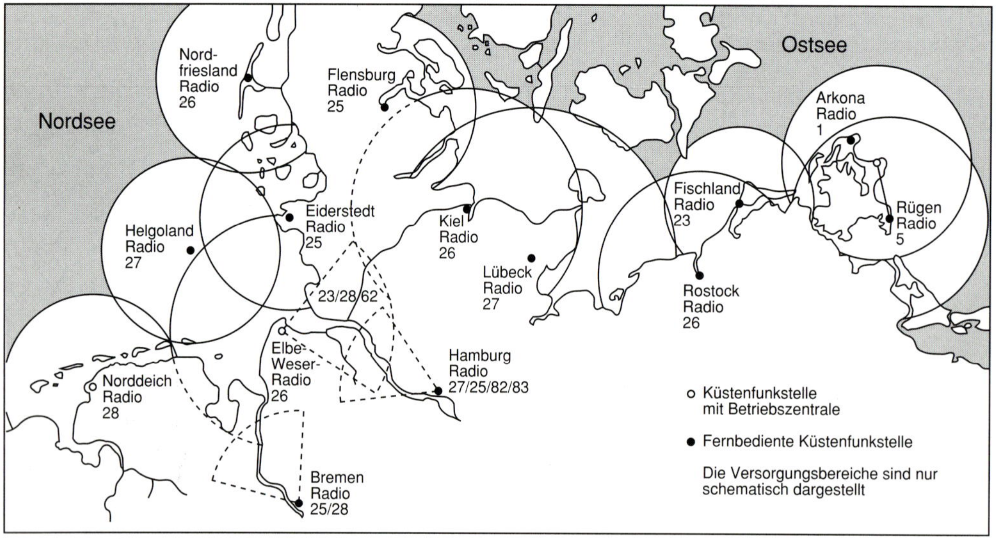

Norddeich-Radio Kanal 28, Elbe-Weser Radio Kanal 26, Helgoland Radio Kanal 27, Nordfriesland Radio Kanal 26, Eiderstedt Radio Kanal 25, Kiel Radio Kanal 26, Flensburg Radio Kanal 25, Lübeck Radio Kanal 27, Rostock Radio Kanal 25, Fischland Radio Kanal 23, Arkona: Kanal 01 und Rügen: Kanal 05

Die Versorgungsbereiche und Arbeitskanäle der UKW-Küstenfunkstellen der Deutschen Telekom

294 **Für welche Windstärken wird eine Starkwindwarnung herausgegeben?**	Antwort: **Für Windstärken 6 und 7 der Beaufortskala.**

295 **Für welche Windstärken wird eine Sturmwarnung herausgegeben?**	Antwort: **Für Windstärken 8 und mehr der Beaufortskala.**

296 **Was verstehen Sie unter Landwind und wann tritt er in der Regel auf?**	Antwort: **1. Ablandiger Wind von geringer Stärke.** **2. Meistens nachts.**

297 **Was verstehen Sie unter Seewind und wann tritt er in der Regel auf?**	Antwort: **1. Auflandiger Wind von schwacher bis mäßiger Stärke.** **2. Meistens nachmittags.**

298 **Welche Zuggeschwindigkeit und -richtung haben Tiefdruckgebiete in der Regel in unseren Breiten?**	Antwort: **1. Fünf bis vierzig Knoten.** **2. Von West nach Ost.**

299 **Was verstehen Sie in amtlichen Wetterberichten unter „schwachem Wind"?**	Antwort: **Wind bis zur Stärke 3 der Beaufortskala.**

300 **Was verstehen Sie in amtlichen Wetterberichten unter „mäßigem Wind"?**	Antwort: **Wind der Stärke 4 der Beaufortskala.**

301 **Was verstehen Sie in amtlichen Wetterberichten unter „frischem Wind"?**	Antwort: **Wind der Stärke 5 der Beaufortskala.**
302 **Was verstehen Sie in amtlichen Wetterberichten unter „schwerem Sturm", „orkanartigem Sturm", „Orkan"?**	Antwort: **Wind der Stärke 10, 11 bzw. 12 der Beaufortskala.**
303 **Sie hören im Wetterbericht die Meldung: Sturm aus Südwest rechtdrehend. Was bedeutet das?**	Antwort: **Der Sturm dreht in Richtung West (im Uhrzeigersinn).**
304 **Sie hören im Wetterbericht die Meldung: Sturm aus Südost rückdrehend. Was bedeutet das?**	Antwort: **Der Sturm dreht in Richtung Ost (entgegen dem Uhrzeigersinn).**

Zu Fragen 294 bis 304:

Hinweis:
- Die Windstärken und ihre Auswirkungen auf die See sind in der Beaufort-Skala beschrieben (vgl. Frage 285).
- Die im Seewetterbericht verwendeten Begriffe der Windstärke können ebenfalls der Beaufort-Skala entnommen werden (vgl. Frage 285).

- **Entstehung des Landwindes**

Wasser hat die spezifische Wärme 1, trockene Erde etwa 0,25. Erde erwärmt sich erheblich schneller als Wasser, kühlt nachts durch Ausstrahlung aber auch schnell und stark ab.
Die Luft kühlt sich am kalten Boden ab, sinkt zusammen, in der Höhe strömt Luft hinzu, die abgekühlte Luft fließt in den unteren Schichten nach See ab und bildet den Landwind. Der Landwind weht in den Morgenstunden vor Sonnenaufgang am stärksten.
Der Landwind ist an unseren Küsten weniger stark ausgeprägt als der Seewind.

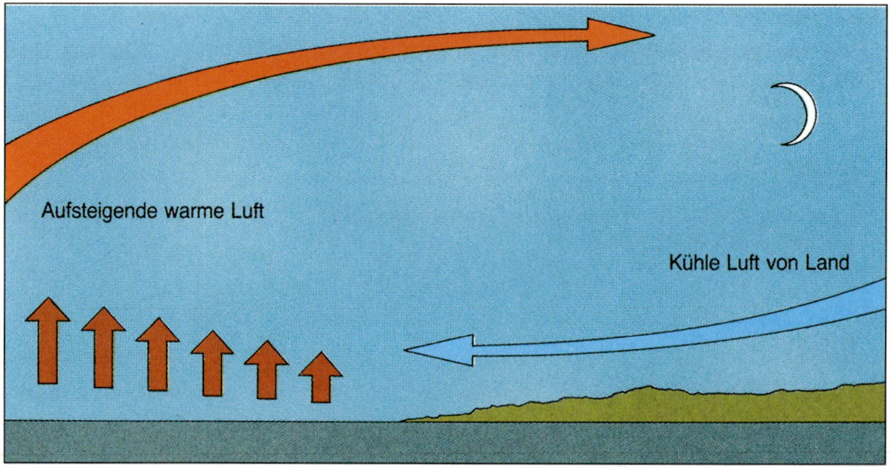

Entstehung des Landwindes

Entstehung des Seewindes

Bei Schönwetterlagen weht an der Küste ein mehr oder weniger kräftiger Seewind. Er entsteht dadurch, daß das Land durch Sonnenstrahlung kräftig angeheizt wird. Während sich das Wasser gleichzeitig nur wenig erwärmt, gibt das Land Wärme an die darüberliegende Luft ab. Nachdem die Sonne einige Zeit in dieser Weise gewirkt hat, entsteht das nebenstehend abgebildete Strömungssystem.

Im Bereich der aufwärts strömenden warmen Luft bilden sich Haufenwolken, von See her weht ein kühler Wind, der „Seewind", in das Land hinein. Je nach Heizkraft der Sonne und dem Abstand vom Meer setzt der Seewind morgens, mittags oder erst nachmittags ein. Seewinde treten an unseren Küsten insbesondere im Mai/Juni auf, d. h., wenn die Temperaturgegensätze Land – See groß sind. Weniger ausgeprägt sind sie im August/September.

Ein reiner Seewind ist allerdings nur bei ganz ruhigem Sommerwetter vorhanden. Häufig kann aber bemerkt werden, daß er eine bestehende Luftströmung beeinflußt, die er etwas drehen und verstärken, aber auch abschwächen kann, je nachdem, ob die Seewindrichtung als solche mit dem herrschenden „Normalwind" übereinstimmt oder nicht. Ist z. B. der „Normalwind" an einer von Ost nach West verlaufenden Küste Ost, so wird der Seewind diesen Ostwind vielleicht bis ONO drehen und zum nachmittäglichen Höhepunkt um 2 Beaufortgrade verstärken. Ein südlicher „Normalwind" würde dagegen zum Abflauen am Tage gebracht werden.

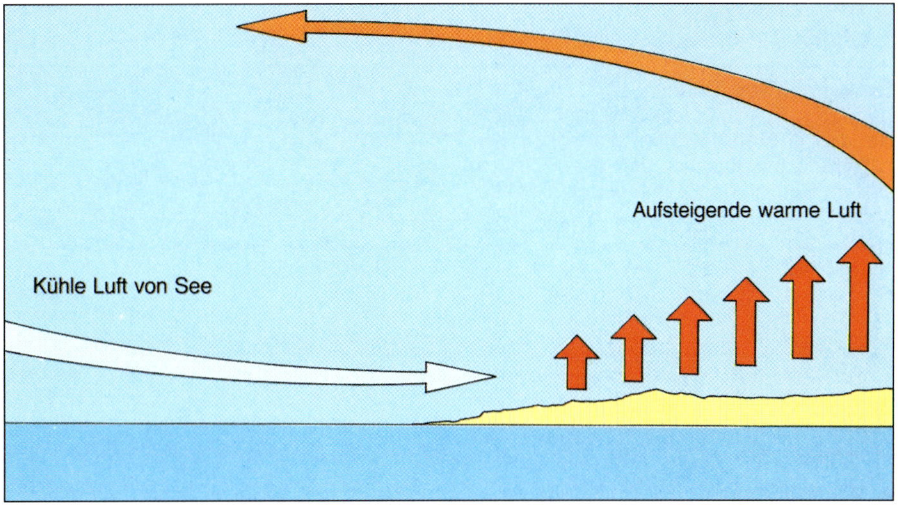

Entstehung des Seewindes

● Rechtsdrehender oder rückdrehender Sturm

Zugbahnen von Tiefs

Bei den in Frage 138 beschriebenen Verhältnissen bedeutet es, daß das Fahrzeug sich im Bereich der Fronten eines Tiefs befindet.

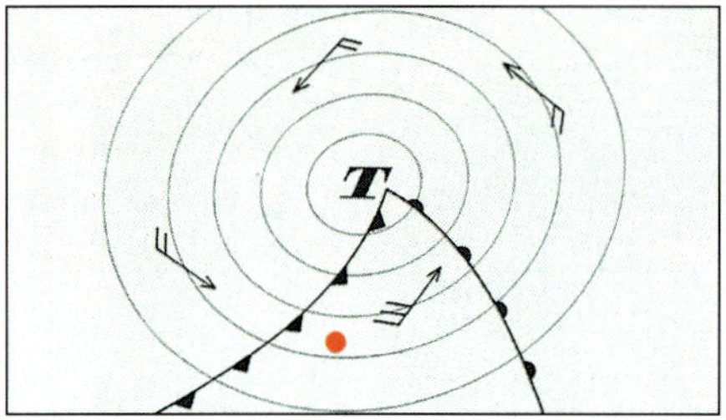

Tiefdruckgebiete liegen während der Entwicklung nicht fest, sondern wandern in östliche Richtung.

Hinweis: Beaufort-Skala vgl. Frage 285

● Windrichtungen bei Durchzug eines Hochs oder Tiefs

Auf Nordbreite strömt der Wind in ein Tiefdruckgebiet in Spiralen gegen den Uhrzeigersinn ein, aus einem Hochdruckgebiet in Spiralen mit dem Uhrzeiger aus. Aufgrund dieses Naturgesetzes kann angenommen werden, daß sich das Vorhersagegebiet, jeweils vom Kern des Druckgebietes gesehen, links der Zugrichtung des Tiefs oder Hochs befindet.

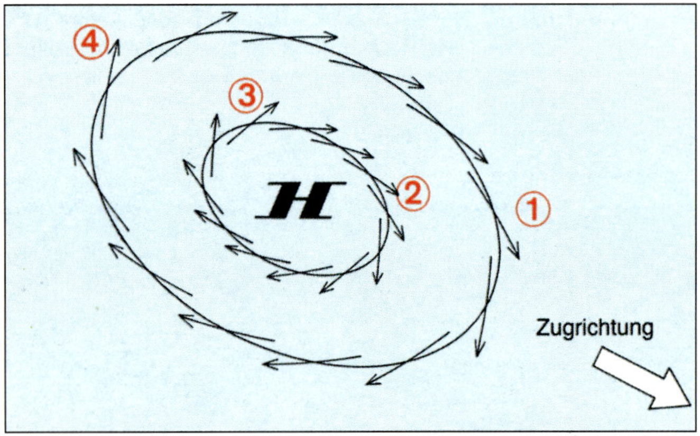

Ausströmen der Luft aus einem Hoch auf Nordbreite

Es ist zu erwarten in Position
1 NNW-Wind
2 NW-Wind
3 SW-Wind
4 SSW-Wind

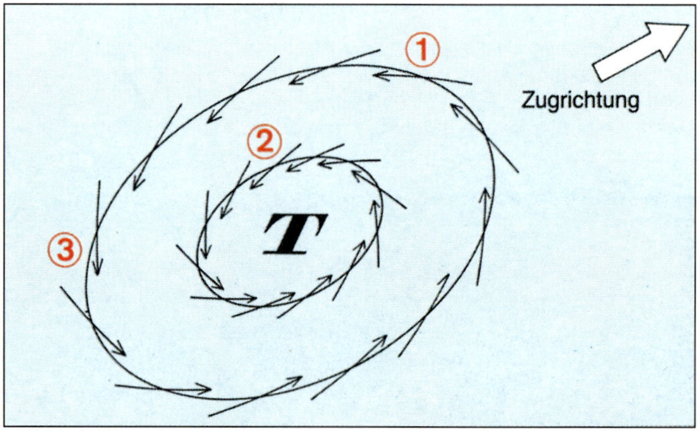

Einströmen der Luft in ein Tief auf Nordbreite

Es ist zu erwarten in Position
1 Ost-Wind
2 NO-Wind
3 NNW-Wind

Gewitter

305

Woran erkennt man ein aufziehendes Gewitter?

Antwort:

1. **Turmartige, mächtige Haufenwolken.**
2. **Ein evtl. vorhandener Wind schläft zunächst ein, frischt danach wieder auf und kommt aus anderer Richtung.**
3. **Aus einem auf Mittelwelle geschalteten Rundfunkgerät ertönen lange vor Gewitterausbruch starke Störgeräusche.**

306

Welche Gefahren kann ein Gewitter mit sich bringen?

Antwort:

1. **Böen bis Orkanstärke mit Winddrehungen.**
2. **Blitzschlag.**
3. **Starke Regenfälle oder Hagelschlag mit verminderter Sicht.**

Zu Fragen 305 und 306:

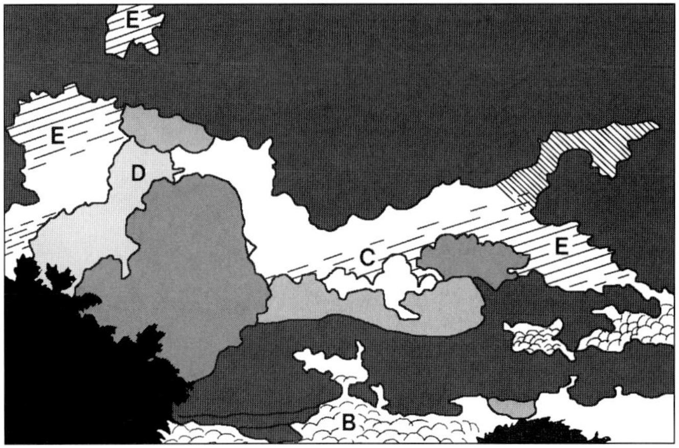

Wie erkenne ich an der Wolkenbildung das Bevorstehen eines Gewitters?

Die Cumuli haben sich mächtig entwickelt. Bei **D** erkennt man die Kondensation in einem aufsteigenden Luftstrom, bei **B** gehäufte Quellformen. Die Wolken geben sehr starke Kontraste von Schatten und Licht, besonders bei **C.** Der Himmel zeigt viele hohe Wolken **EE,** von denen manche vielleicht Amboßwolken von Cumulonimben sind. Das Gewitter trat ungefähr eine Stunde nach der Aufnahme ein.

Sicherheit

Maßnahmen bei verminderter Sicht und Gewitter

307

Wie haben Sie Ihre Fahrweise bei verminderter Sicht aufgrund seemännischer Sorgfaltspflicht einzurichten?

Antwort:

1. **Das Fahrwasser verlassen;**
2. **wenn dies nicht möglich ist, im Fahrwasser äußerst rechts halten.**
3. **Möglichst Flachwassergebiet aufsuchen und ankern.**

Zu Frage 307:

Wenn für das Fahren bei verminderter Sicht (Definition vgl. Frage 16) besondere Hilfsmittel (Radar) nicht vorhanden sind, gilt als **oberstes Gebot seemännischer Sorgfaltspflicht,** das Fahrwasser sofort zu verlassen und, soweit es betonnt ist, außerhalb des Tonnenstrichs weiterzufahren oder aber dort zu ankern. Eine Verletzung dieser Pflicht stellt einen Verstoß gegen die Grundregeln für das Verhalten im Verkehr dar (vgl. Fragen 7 und 8).

Geht das Fahrwasser von Ufer zu Ufer, ist am äußersten Fahrwasserrand rechts zu fahren. Im Küstenbereich ist mit Hilfe des Echolots möglichst ein Flachwassergebiet aufzusuchen und dort entweder vor Anker zu gehen und auf bessere Sicht zu warten oder nur mit langsamer Fahrt weiterzufahren. Der zuletzt zuverlässig festgestellte Standort ist festzuhalten und in die Seekarte einzutragen. Darüber hinaus sind die nach den Kollisionsverhütungsregeln vorgeschriebenen Sicherheitsmaßnahmen zu treffen, nämlich:

- mit sicherer Geschwindigkeit zu fahren,
- beim Hören einen Nebelschallsignals **vorlicher als querab** die Geschwindigkeit auf das für die Erhaltung der Steuerfähigkeit geringstmögliche Maß zu verringern,
- Nebelschallsignale zu geben,
- Positionslichter einzuschalten,
- Ausguck zu gehen.

Hinweis: Vgl. Erl. zu Fragen 16 und 17 sowie 19 sowie Abschnitt 2.1 Kartenaufgaben

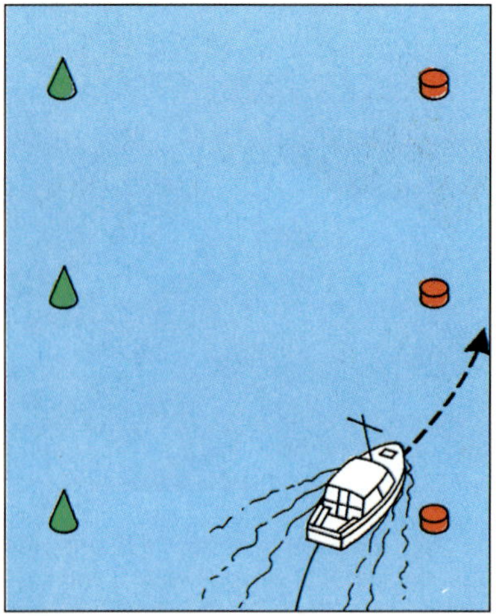

1. Wenn möglich: Das Fahrwasser verlassen

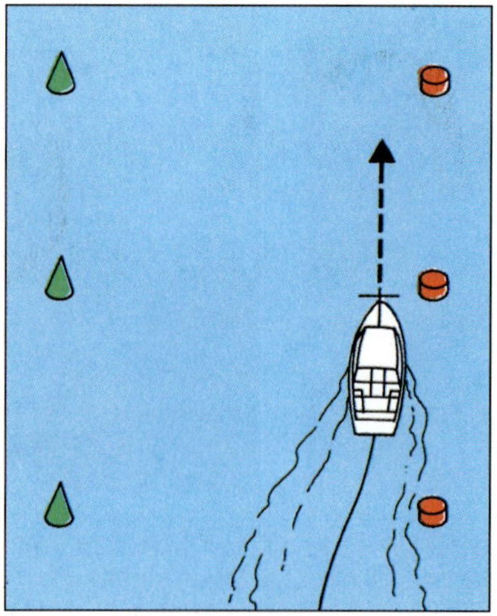

2. Sonst im Fahrwasser äußerst rechts halten

3. Flachwassergebiet aufsuchen und ankern

Beachte: Die seemännischen Sorgfaltspflichten sind gem. § 3 Abs. 1 SeeSchStrO, § 3 Abs. 1 VO KVR mit genauso großer Verbindlichkeit zu beachten wie die Verkehrs- und Sicherheitsvorschriften. Zu diesen Sorgfaltspflichten gehören nicht nur die in der Antwort zu dieser Frage enthaltenen Maßnahmen, sondern auch die Sicherheitsmaßnahmen gem. den Antworten zu den Fragen 15, 91, 278, 308 und 327. Die Verletzung der seemännischen Sorgfaltspflicht ist ein Verstoß gegen die Grundregeln für das Verhalten im Verkehr (vgl. Frage 109).

Hinweise: Zum Begriff verminderte Sicht vgl. Frage 16.
Zum Begriff Fahrwasser vgl. Erl. zu Frage 110.

308

Welche Sicherheitsmaßnahmen treffen Sie an Bord aufgrund der seemännischen Sorgfaltspflicht neben den in den Kollisionsverhütungsregeln vorgeschriebenen Verhaltensmaßregeln bei verminderter Sicht?

Antwort:

1. **Radarreflektor aufheißen, falls nicht fest angebracht. Ist kein Radarreflektor an Bord, Fahrzeug möglichst in eine waagerechte Schwimmlage bringen.**
2. **Alle Navigationsanlagen, z. B. Radar, Echolot, sorgfältig gebrauchen.**
3. **In einem Revier mit Landradarberatung die Radarberatung über UKW-Sprechfunk mithören.**

Zu Frage 308:

Die seemännischen Sorgfaltspflichten erfordern bei verminderter Sicht nicht nur, daß die Fahrweise daraufhin einzurichten ist, sondern auch, daß **an Bord** bestimmte Sicherheitsmaßnahmen zu treffen sind, und zwar über das in den Kollisionsverhütungsregeln vorgeschriebene Verhalten hinaus (vgl. Antwort zu Frage 17): Zur Kollisionsverhütung gilt es vor allem, die Ortung des eigenen Fahrzeugs auf den Radargeräten der in der Nähe befindlichen Fahrzeuge der Berufsschiffahrt durch Aufheißen eines Radarreflektors zu verbessern, falls dieser nicht fest angebracht ist, auch wenn das Fahrzeug selbst in der Regel ein klares Radarecho abgibt, wenn es sich in einer waagerechten Schwimmlage befindet. Bei Seegang ist jedoch die Radarerfassung fraglich.

Aber auch das Mithören der Radarberatung der in der Nähe befindlichen Fahrzeuge der Berufsschiffahrt über UKW-Sprechfunk kann helfen, eine Nahbereichslage zu diesen Fahrzeugen zu vermeiden. Ist eine UKW-Anlage an Bord, ist der Fahrzeugführer verpflichtet, die von der Verkehrszentrale gegebenen Verkehrsinformationen und -unterstützungen zu berücksichtigen (vgl. Frage 113). Die für die Radarberatung in den einzelnen Revierabschnitten vorgesehenen Sprechwege sind in den Bekanntmachungen zur Seeschiffahrtsstraßen-Ordnung der WSDen Nord und Nordwest geregelt.

Um entsprechend der seemännischen Sorgfaltspflicht zu navigieren, sind alle vorhandenen Navigationsanlagen (Ortungsfunkanlage, Radar, UKW, Echolot, Geschwindigkeitsmesser) einzuschalten und ständig zu beobachten.

Schließlich sind für den Fall einer Kollision

- ohnmachtssichere Rettungswesten anzulegen,
- Rettungsfloß und Schlauchboote klar zum Ausbringen zu machen und
- Seenotsignalmittel bereitzulegen.

Hinweise: Hinsichtlich des über die Kollisionsverhütungsregeln hinaus vorgeschriebenen Verhaltens vgl. Frage 17; hinsichtlich der der seemännischen Sorgfaltspflicht entsprechenden Fahrweise vgl. Frage 307.

Hinweis: Verkehrszentralen an Elbe, Weser, Jade, Ems vgl. Frage 293.

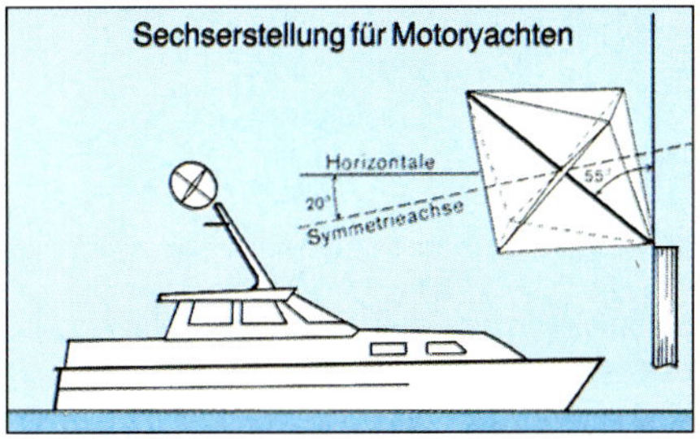

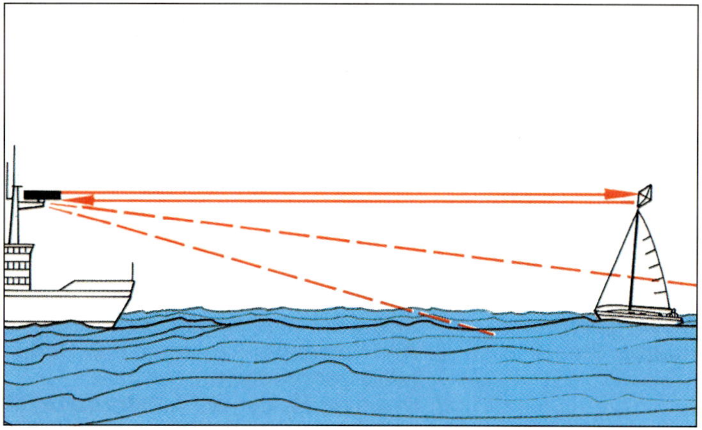

Peilung des Sportfahrzeuges durch Fahrzeuge der Berufsschiffahrt

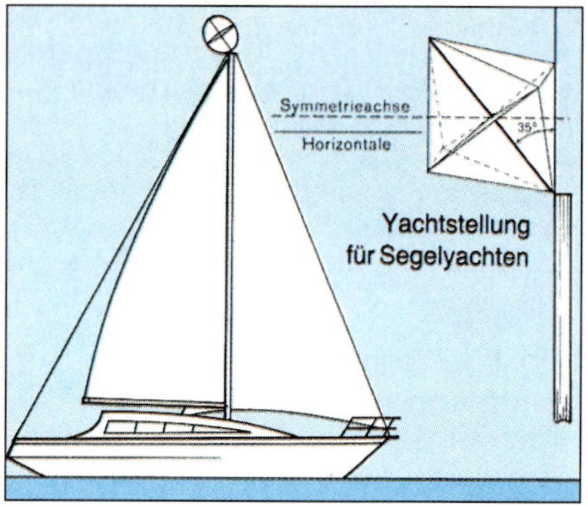

309

Wie verhalten Sie sich bei Gewittergefahr? (Nennen Sie mindestens 4 Maßnahmen).

Antwort:

1. **Hafen oder zumindest Landschutz aufsuchen.**
2. **Ggf. Segel stark reffen, besser ganz wegnehmen.**
3. **Sonstige Maßnahmen wie in schwerem Sturm ergreifen (z. B. alle Gegenstände seefest laschen, Rettungsweste und Sicherheitsgurt anlegen).**
4. **Funkanlagen abschalten.**
5. **Möglichst keine Metallteile berühren.**
6. **Position ermitteln und in die Seekarte eintragen.**

Zu Frage 309:

Beachte:

- **Bei Gewittern auftretende Gefahren**

In Gewittern können innerhalb kurzer Zeit Böen von Orkanstärke auftreten. Typisch sind Winddrehungen um bis zu 180°. Dies kann insbesondere für Fahrzeuge in Landnähe oder für Ankerlieger mit großen Gefahren verbunden sein (Legerwall). Durch starken Regen kann jede Sicht genommen sein. Häufig tritt Hagelschlag auf, der so stark sein kann, daß ein Mensch ihn im Freien nicht ertragen kann. Durch Blitzschlag sind alle Fahrzeuge, mit Ausnahme von Metallschiffen mit Alu-Mast, gefährdet, Menschen außerdem durch Blendung der Augen und Schädigung des Gehörs. Zur Gefährlichkeit trägt ferner bei, daß Gewitter auf und über See meistens nachts auftreten.

● **Vorsichtsmaßnahmen bei auftretenden Gewittern**

Zuerst das Schiff sturmklar machen. Verkleinern der Segelfläche. Besatzung Rettungsweste und Sicherheitsgurte anlegen lassen.
Die Umgebung auf mögliche Gefahren bei Winddrehung und Sichtverschlechterung beobachten, besonders auf das Herannahen der Böenwalze achten.
Uhrzeit und Position in der Seekarte festhalten, um bei schlechter Sicht durch Koppeln über die jeweilige Position fortlaufend informiert zu sein und ggf. Maßnahmen ergreifen, um mögliche Gefahren abwenden zu können (Abschnitt 2.1 Kartenaufgaben).
Das Fahrwasser, soweit es die Tiefenverhältnisse zulassen, verlassen und außerhalb des Fahrwassers weitersegeln. Zumindest äußerst rechts am Fahrwasserrand halten, um Kollisionsgefahren infolge schlechter Sichtverhältnisse mit Fahrzeugen, die auf das Fahrwasser angewiesen sind, zu vermeiden.
Soweit die Verhältnisse dies zulassen, einen Hafen oder eine geschützte Bucht ansteuern. Ist dies nicht möglich, auf jeden Fall von Legerwall und seichten Gewässern freihalten.
Am besten die Segel ganz wegnehmen, die Segel gut festmachen und mit Maschinenkraft fahren.

● **Maßnahmen während des Gewitters**

- Während des Gewitters möglichst nicht aufrecht stehend an Deck aufhalten, sondern in der Plicht hinhocken.
- Teile des Riggs und andere Metallteile nicht berühren.
- Alle Funkgeräte ausschalten.
- Muß ein Gewitter von Anker „abgeritten“ werden, sollte der besthaltende Anker ausgebracht werden; die Ankerleine mit einem Reitgewicht zu beschweren, ist eine weitere, empfehlenswerte Sicherheitsmaßnahme. Liegen andere Yachten in der Nähe, sollte damit gerechnet werden, daß diese vertreiben.
- An beiden Seiten sämtliche Fender ausbringen, die Ankerleine zum schnellen Losgeben bereithalten (unter Umständen vorher zusätzliche Leine aufstecken), um flexibel zu sein, wenn ein treibendes Fahrzeug sich gefahrdrohend nähert. Motor zum Sofortstart bereithalten.

Vorbeugende Sicherheitsmaßnahmen vor dem Auslaufen und vor Eintritt von schwerem Wetter auf See

310

Welche Sicherheitsmaßnahmen treffen Sie vor dem Auslaufen?

Antwort:

Insbesondere:

1. **Überprüfung der Rettungs- und Sicherheitsmittel.**
2. **Belehrung der Besatzung über Rettungs- und Sicherheitsmaßnahmen.**
3. **Wetterbericht und nautische Warnnachrichten abhören.**
4. **Namen der an Bord befindlichen Personen und geplante Reiseroute an Land hinterlassen.**

Zu Frage 310:

Wichtige Grundsätze:

Vor dem Auslaufen sollte der Fahrzeugführer aufgrund der seemännischen Sorgfaltspflicht folgende Vorsichtsmaßregeln ergreifen (vgl. Frage 7):

❶ Abhören der Wetterberichte, ob Sturm, Starkwind oder verminderte Sicht vorhergesagt wird (vgl. Frage 293).

❷ Überprüfung der Vollzähligkeit der Sicherheitsausrüstung, insbesondere der Rettungsmittel (vgl. Erl. zu Frage 317). Die Ausrüstung ist seefest und stabilitätsgerecht sowie so zu stauen, daß Sie auch bei ungünstigen Wetterverhältnissen ohne Schwierigkeiten an die erforderlichen Ausrüstungsgegenstände (insbesondere Seenotsignalmittel, Rettungswesten) herankommen. Bei umfangreicher Ausrüstung Stauplan anlegen und aushändigen.

❸ Vervollständigung des Kraftstoff-, Öl- und Wasservorrats sowie des Proviants. Zu der benötigten Kraftstoffmenge sollte zusätzlich eine Reserve in transportablen zugelassenen Kanistern mitgenommen werden, die mindestens 50 Prozent des errechneten Kraftstoffverbrauchs umfassen sollte, um ggf. einen Nothafen anlaufen zu können.

❹ Überprüfung der E-Anlage. Positionslichter probeweise einschalten und prüfen, ob Akkus in einwandfreiem Zustand und voll aufgeladen sind. Nur so ist sichergestellt, daß die Positionslaternen während der Zeit, in der die Lichterführung vorgeschrieben ist, mit elektrischem Strom gespeist werden können (vgl. Fragen 30 ff.).

❺ Überprüfung der Navigationseinrichtunges. Vor allem ist darauf zu achten, daß die für das betreffende Seegebiet benötigten Seekarten an Bord und auf den neuesten Stand berichtigt sind (vgl. Frage 227).

❻ Überprüfung des Bootskörpers sowie des stehenden und laufenden Gutes. Vor allem ist festzustellen, ob und wieviel Bilgewasser sich im Boot befindet, und das Boot zu lenzen. Nach Verstauen der gesamten Ausrüstung sollte geprüft werden, ob das Boot nicht überladen ist.

❼ Besatzungsmitglieder gemäß Sicherheitsrolle in ihre Funktion einweisen, Mann-über-Bord-Manöver und Anlegen der Rettungswesten proben (vgl. Frage 9)!

311

Was soll ein Bootsführer unternehmen, wenn er Grund zur Annahme haben muß, daß er vermißt wird und dadurch eine Suchaktion ausgelöst worden ist?

Antwort:

Die Seenotleitung Bremen der Deutschen Gesellschaft zur Rettung Schiffbrüchiger und Angehörige benachrichtigen.

Zu Frage 311:

Beachte zusätzlich: Wenn der Fahrzeugführer Notsignale gegeben hat, er die Rückkehr aber noch mit eigener Kraft schafft, ohne von einem Rettungsfahrzeug oder Rettungshubschrauber gesichtet worden zu sein, ist sofort die Wasserschutzpolizei oder die Deutsche Gesellschaft zur Rettung Schiffbrüchiger zu unterrichten, damit eingeleitete Rettungsaktionen sofort eingestellt werden.

Hinweis: Einsatzstationen der Deutschen Gesellschaft zur Rettung Schiffbrüchiger vgl. Erl. zu Frage 340.

312

Welche Sicherheitsmaßnahmen sind für das Tanken zu treffen? (Nennen Sie mindestens 4 Maßnahmen).

Antwort:

Insbesondere:

1. **Motor abstellen.**
2. **Alle offenen Feuer aus, nicht rauchen.**
3. **Keine elektrischen Schalter betätigen.**
4. **Alle Räume verschließen und nach dem Tanken wieder gut lüften.**
5. **Zur Vermeidung elektrostatischer Ladung ist die Zapfanlage zu erden.**

Zu Frage 312:

Beachte zusätzlich:

❶ Bei der Treibstoffübernahme Schläuche und deren Verbindungen auf Dichtigkeit prüfen, Trichter in den Einfüllstutzen einsetzen sowie darauf achten, daß der Tank nicht überläuft, sonst Überlaufmengen sofort beseitigen.

❷ Koch- und Heizeinrichtungen sofort abstellen.

❸ Die Erdung der Zapfanlage kann dadurch geschehen, daß die auf den Einfüllstutzen gelegte Zapfpistole mit der bloßen Hand berührt wird.

❹ Transportable Tanks außerhalb des Bootes füllen, keinesfalls im Bootsinneren füllen.

❺ Prüfen, ob die Bilgen ölfrei sind; ölhaltiges Bilgewasser nicht außenbords pumpen.

Hinweis: Feuerverhütung vgl. Fragen 320 ff.

313

Welche Sicherheitsmaßnahmen treffen Sie auf See vor Eintritt von schwerem Wetter (Starkwind, Sturm)?

Antwort:

1. **Alle Öffnungen vor Wassereinbruch sichern.**
2. **Lose Gegenstände festzurren.**
3. **Rettungswesten und Sicherheitsgurt mit Sorgleine anlegen, diese in Augbolzen, Strecktau oder Laufleine einhaken und andere Rettungsmittel bereithalten.**
4. **Unter Umständen Schutzhafen anlaufen.**

Zu Frage 313:

Sicherheitsmaßnahmen bei schwerem Wetter: Diese Maßnahmen hängen von zahlreichen Faktoren ab, die auf der unterschiedlichen Art und Größe bzw. Seetüchtigkeit des Fahrzeugs und dem Gebiet abhängen, in dem sich das Fahrzeug bei Aufkommen des schweren Wetters (Sturm, Böen, Seegang) befindet. Für das richtige Verhalten ist neben der seemännischen Erfahrung im allgemeinen die Kenntnis des Wettergeschehens sehr wichtig (vgl. Fragen 284 ff.).

In jedem Falle empfiehlt es sich, folgende Sicherheitsmaßnahmen zu treffen:

❶ Fahrzeug in einen seefesten Zustand bringen, d. h. alle Decksöffnungen (Bullaugen, Luken, Niedergänge) und Seitenöffnungen (Entlüftungen von Kraftstoff- und Wassertanks) verschließen.
❷ Geschwindigkeit herabsetzen, insbesondere wenn der Propeller zeitweilig aus dem Wasser taucht.
❸ Ohnmachtssichere Rettungswesten sowie Sicherheitsgurte anlegen und die dazugehörigen Leinen am Bootskörper befestigen.
❹ Seenotsignalmittel griffbereit legen.
❺ Regelmäßig Wetterbericht abhören und Barometerstand beobachten.
❻ Bei gefährlicher Wetterverschlechterung Nothafen anlaufen oder unter Land Schutz suchen. Gefährliche Landannäherung (Legerwall) vermeiden.

Flüssiggasanlagen

314

Warum ist Flüssiggas gefährlich?

Antwort:

1. **Es bildet mit Luft ein explosionsfähiges Gemisch.**
2. **Es ist schwerer als Luft und kann sich daher unbemerkt im Bootsinnern sammeln.**

315

Wo sollen die Gasbehälter einer Flüssiggasanlage gelagert werden?

Antwort:

1. **Möglichst an Deck, geschützt vor Sonneneinstrahlung.**
2. **Sonst in einem besonders abgeschlossenen Raum für Gasbehälter, der in Bodenhöhe eine Öffnung nach außenbords hat.**

316

1. **Was ist vor Inbetriebnahme einer Flüssiggasanlage zu prüfen und**
2. **zu beachten, wenn die Flüssiggasanlage außer Betrieb gesetzt wird?**

Antwort:

1. **Die Leitungen und Anschlüsse müssen dicht sein, Kocher und Heizgeräte müssen einwandfrei arbeiten.**
2. **Haupthahn und andere Absperrventile sind zu schließen.**

Zu Fragen 314 bis 316:

Die Verwendung von Flüssiggasanlagen auf Sportbooten ist nur dann gefährlich, wenn die Anlage schlecht installiert ist, mangelhaft gewartet wird und beim Umgang gewisse Regeln mißachtet werden. Die Kreuzer-Abteilung des Deutschen Segler-Verbandes hat unter Mitwirkung des Germanischen Lloyd das Merkblatt „Flüssiggasanlagen auf Sportbooten" erstellt, das auf allen Sportbooten mit einer Flüssiggasanlage vorhanden sein und beachtet werden sollte.

Regeln für den sicheren Umgang mit Gas:

❶ Die Gasflasche muß außerhalb der Kajüte, vorzugsweise im Heckbereich, in einem dichten Kasten untergebracht werden. Dieser muß an der tiefsten Stelle einen Abfluß nach außenbords haben, der oberhalb der Wasserfläche münden muß. Beim Flaschenwechsel darf in der Nähe kein offenes Feuer vorhanden sein. Rauchen ist nicht erlaubt.

❷ Kocheinrichtungen dürfen nur bei geöffneten Lüftern betrieben werden. Die Benutzung von Kocheinrichtungen zum Heizen eines Raumes ist nicht zulässig.

❸ Grundsätzlich sind nach jedem Betrieb die Absperrventile zu schließen, bei Anlagen mit nur einem Verbraucher auch das Flaschenventil.

❹ Regelmäßig Leitungen auf Leckagen überprüfen. Undichtigkeiten in der Flüssiggasanlage dürfen auf keinen Fall mit offener Flamme gesucht werden. Verdächtige Stellen sind mit schaumbildenden Mitteln zu prüfen. Bei Wahrnehmung von Gasgeruch ist das Flaschenventil zu schließen und eine Prüfung zu veranlassen.

❺ Bei Bränden an der Anlage sofort sämtliche Ventile schließen, Löschstrahl auf Austrittsstelle der Flammen richten, so daß diese abreißt.

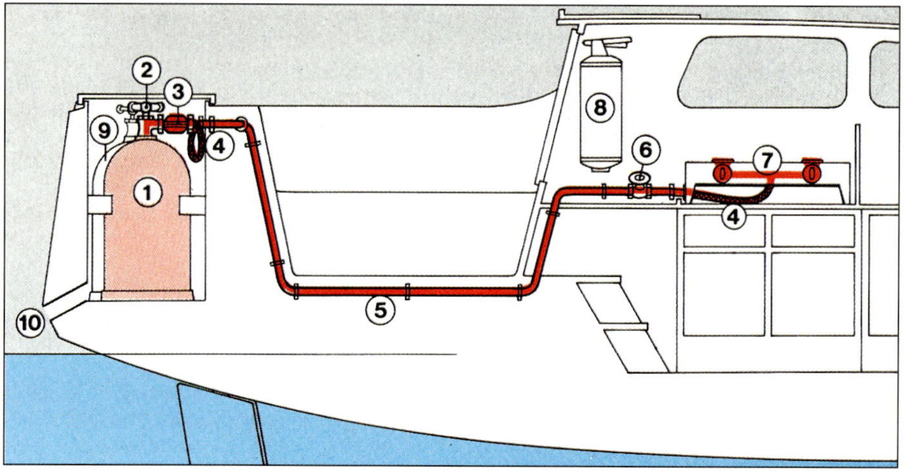

Beispiel einer zweckmäßig installierten Flüssiggas-Anlage

1 Gasflasche
2 Umschaltventil
3 Sicherheitsdruckregler
4 Gasfester Schlauch
5 Fest installierte Leitung zum Verbraucher
6 Absperrventil am Verbraucher
7 Verbraucher
8 Feuerlöscher
9 Ersatzgasflasche
10 Gasablauf nach außenbords

❻ Bei Außerdienststellung des Fahrzeugs sind die Gasbehälter von Bord zu nehmen.

❼ Nach Ablauf von jeweils 2 Jahren sollte man die Gesamtanlage von einem Fachmann prüfen lassen. Anlageteile, die Verschleiß oder Alterung unterliegen, z. B. Schläuche, Druckregelgeräte und Absperreinrichtungen usw. sollte man alle 4 Jahre auf Funktion prüfen und gegebenenfalls auswechseln.

Beachte:
Reparaturen an der Gasanlage dürfen nur von Sachkundigen ausgeführt werden.
Vor Inbetriebnahme des Propankochers gut durchlüften! Bei Vorhandensein eines Gasdetektors diesen auf seine Funktionsfähigkeit prüfen.

Hinweise: Brandverhütung und Bekämpfung vgl. Fragen 319 ff.

Sicherheitsausrüstung

317

Was gehört zur Mindestausrüstung für die Sicherheit des Fahrzeugs und der an Bord befindlichen Personen?
(Nennen Sie mindestens 8 Gegenstände).

Antwort:

1. **Ohnmachtssichere Rettungsweste mit Signalpfeife für jede Person.**
2. **Sicherheitsgurte (Lifebelts) in ausreichender Anzahl.**
3. **Rettungsring mit Wurfleine und Leuchte.**
4. **Notsignale.**
5. **Erste-Hilfe-Kasten.**
6. **Feuerlöscher.**
7. **Lenzpumpe, Eimer und Ösfaß.**
8. **Riemen oder Paddel, Bootshaken.**
9. **Taschenlampe.**
10. **Anker mit Kettenvorläufer und Leine sowie Treibanker.**
11. **Radarreflektor.**
12. **Schleppleine.**

Zu Frage 317:

Gesetzliche Ausrüstungspflicht gilt für:

- Positionslaternen
- Signalkörper
- Schallsignalgeräte

Beachte:
Die Mitnahme der erforderlichen Sicherheitsausrüstung ist eine seemännische Sorgfaltspflicht, die zur Grundregel für das Verhalten im Verkehr gehört. Bedenken Sie, daß davon das Leben abhängen kann.
Die beste Sicherheitsausrüstung ist nur wenig wirksam, wenn sie nicht ständig durch Wartung und Kontrolle funktionstüchtig gehalten und sachgerecht bedient wird.

Zu dieser Sicherheitsausrüstung gehören nicht nur die unter Nrn. 1 bis 12 aufgeführten Ausrüstungsgegenstände, sondern auch noch die folgende Ausrüstung:

- Zweiter Anker, möglichst mit Kettenvorlauf und Trosse
- Reserveruderpinne
- Ersatzteile, Werkzeug, Leckdichtungsmaterial, Klappbeil, bei Segelyachten zusätzlich einen Drahtseilschneider zum Durchschneiden von Wanten
- Rettungsinsel
- Seenotfunkbake (vorzugsweise Inmarsat-E)
- Sicherheits(Bade)leiter
- Bordapotheke

Sicherheitsausrüstung	Hinweise
Ohnmachtssichere Rettungsweste mit Signalpfeife für jede Person	Erl. zu Frage 318 sowie nebenstehende Hinweise
Sicherheitsgurt mit Leine und Karabinerhaken	Erl. vgl. Frage 329
Rettungsring mit Wurfleine	Vgl. „Mann-über-Bord-Manöver" Teil III Abschn. 2.5 und Erl. zu Frage 326
Notsignale und Sturmstreichhölzer	dient zum Geben der Seenotsignale vgl. Fragen 330 ff.
Erste-Hilfe-Kasten	dient zur Behandlung von Verletzten
Feuerlöscher	vgl. Brandverhütung und -bekämpfung Fragen 319 ff.
Lenzpumpe, Eimer, Ösfaß	dienen dem Leeren der Bilge bei überkommendem Spritzwasser und bei Wassereinbruch, notfalls auch zur Brandbekämpfung
Riemen, Paddel	dienen zum Manövrieren, wenn keine Fahrt im Schiff bzw. wenn keine Ruderwirkung mehr gegeben ist, sowie zur Fortbewegung des Beibootes
Bootshaken	vgl. Anlege- und Festmachemanöver Teil III Abschn. 2
Taschenlampe	dient als Notbeleuchtung, wenn die elektrische Enegieversorgung infolge Defektes ausfällt, notfalls auch zum Geben des Seenotsignals vgl. Frage 341
Treibanker	vgl. Erl. zu Frage 282
Radarreflektor	besonders wichtig auf Kunststoff- und Holzbooten, gewährleistet, daß das Fahrzeug rechtzeitig und unter allen Umständen, z. B. auch bei Schräglage, mit Radargeräten geortet wird
Anker mit Kettenvorläufer und Leine	Ankermanöver vgl. Erl. zu Frage 274
Signalhorn, Trillerpfeife	dienen dem Geben von Nebelschallsignalen (vgl. Fragen 64 ff.), Achtungs-, Gefahren- und Warnsignalen (vgl. Fragen 120 ff.), Manöver- und Warnsignalen (vgl. Fragen 93 ff.) und Seenotsignalen (vgl. Fragen 330 ff.).

Wichtige Hinweise für Rettungswesten:

❶ Die Rettungswesten müssen unbedingt sicher sein! Das ist nur der Fall, wenn sie eine ohnmachtssichere Wasserlage gewährleisten, d. h., wenn sie das Gesicht (Mund und Nase) eines Erschöpften oder Bewußtlosen innerhalb von 5 Sek. aus dem Wasser heben, über Wasser halten und den Körper dabei in eine stabile Rückenschräglage drehen. Derartige Rettungswesten sind bisher nur für die Berufsschiffahrt vorgeschrieben. Zahlreiche von Wassersportlern verwendete „Rettungswesten" erfüllen diese Voraussetzungen nicht!

❷ Achten Sie darauf, daß Kinder und Nichtschwimmer stets Rettungswesten tragen und unerfahrene Besatzungsmitglieder in die Handhabung von Rettungswesten eingewiesen werden (vgl. Erl. zu Frage 310).

❸ Bei schlechtem Wetter und verminderter Sicht sowie bei Manövern und Arbeiten auf dem Vordeck sollten unbedingt Rettungswesten angelegt werden (vgl. Erl. zu Frage 313).

❹ Prüfen Sie regelmäßig die Einsatzbereitschaft der Rettungswesten, indem Sie sie öfters zur Kontrolle mit dem Mund aufblasen. Nur so sind Sie sicher, daß Ihre Rettungsweste auch im Ernstfall hilft!

Beachte beim Kauf: Es gibt ohnmachtssichere Rettungswesten sowohl als Feststoffwesten wie auch als aufblasbare Rettungswesten.

Hinweis: Mindestausrüstung für die Navigation vgl. Frage 261; seemännische Sorgfaltspflicht vgl. Frage 7.

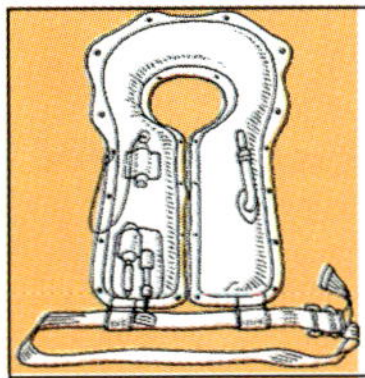

Ohnmachtssichere
Rettungsweste
mit Signalpfeife
für jede Person

Sicherheitsgurt mit Leine
und Karabinerhaken

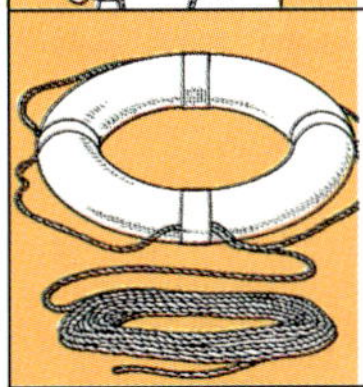

Rettungsring
mit Wurfleine

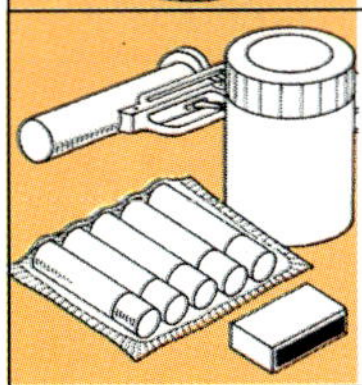

Notsignale und
Sturmstreichhölzer

Erste-Hilfe-Kasten

Feuerlöscher

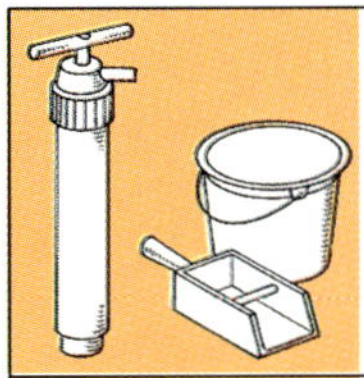

Lenzpumpe
Eimer
Ösfaß

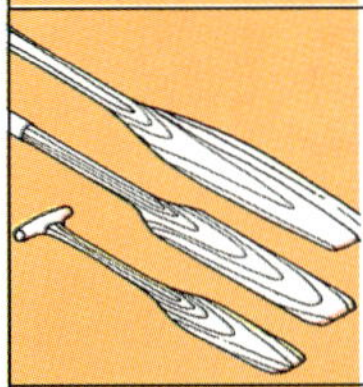

Riemen, Paddel

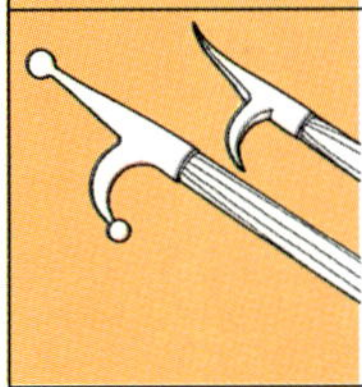

Bootshaken

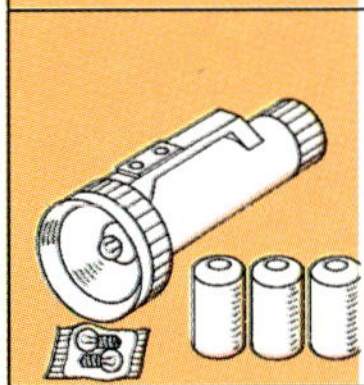

Taschenlampe

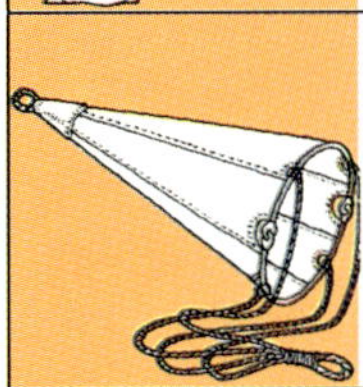

Treibanker

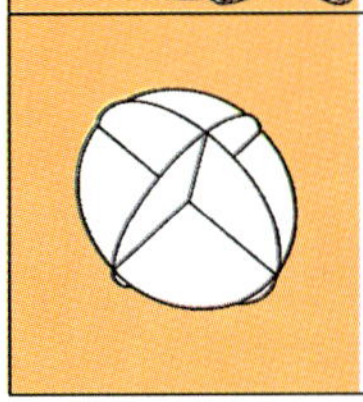

Radarreflektor

Anker mit Kettenvorläufer

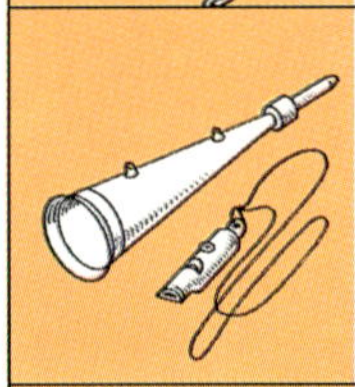

Signalhorn, Zweitonpfeife

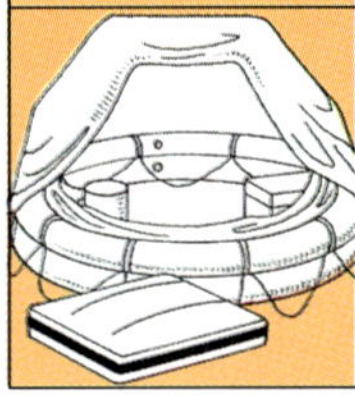

Rettungsinsel

318

Wie oft müssen Sie Ihr aufblasbares Rettungsfloß und Ihre aufblasbare Rettungsweste warten lassen?

Antwort:

Mindestens alle 2 Jahre oder die Herstellerangabe beachten.

Zu Frage 318:

Beachte: Aufblasbare Rettungsflöße – vielfach auch Rettungsinsel genannt – dürfen nach jedem Aufblasen nur von Wartungsstationen wieder zusammengelegt werden. Wird dies durch ungeschulte Personen wahrgenommen, wird sich das Floß mit großer Wahrscheinlichkeit nicht aufblasen lassen.
Durch das unvermeidlich lange Knicken des Floßkörpers an gleichen Stellen werden die Klebeverbindungen stark beansprucht. Das Lösen der Klebenähte nach einiger Zeit kann die Folge sein. Bei der Wartung des Floßes kann dies festgestellt und die schadhafte Naht neu verklebt werden. Aber auch andere wichtige Bestandteile und Ausrüstungsgegenstände des Floßes bedürfen der regelmäßigen Kontrolle und ggf. der Auswechselung, so z. B. die CO_2-Flasche, die pyrotechnischen Notsignalmittel, der Notproviant und das Trinkwasser. Zu beachten ist auch, daß das Material des Floßkörpers durch Alterung an Festigkeit verliert. Es wird vielfach – auch international – die Ansicht vertreten, daß ein aufblasbares Rettungsfloß nach 12 Jahren ausgemustert und durch ein neues Floß ersetzt werden sollte. Kann sich ein Yachteigner dazu nicht entschließen, sollte er wenigstens dafür sorgen, daß ein altes Floß regelmäßig alle 12 Monate gewartet wird. In der Berufsschiffahrt ist das schon lange Vorschrift.

Wichtige Hinweise für die Inbetriebnahme von Rettungsflößen:

Die Rettungsflöße sollten mindestens 2 getrennte Luftkammern haben und so an Deck gefahren werden, daß sie notfalls sofort über Bord geworfen werden können. Erst im Wasser durch Zug an der Reißfangleine den Aufblasmechanismus betätigen, denn beim Aufblasen an Deck könnte das Floß beschädigt werden. Das Ende der Reißfangleine muß stets fest mit dem Boot verbunden sein. Sollte bei einem raschen Bootsuntergang der Aufblasmechanismus nicht mehr von Hand aktiviert worden sein, bläst sich das Floß im Wasser – aber auch nur, wenn die Reißfangleine mit dem untergegangenen Boot verbunden ist – selbsttätig auf. An einer Sollbruchstelle bricht dann die Reißfangleine und verhindert, daß das Floß vom sinkenden Boot mit in die Tiefe gezogen wird.
Überprüfungstermin beachten!

Brandverhütung und -bekämpfung

319

Welche Löschmittel dürfen Sie keinesfalls bei einem Brand in der elektrischen Anlage einsetzen?

Antwort:

Schaum und Wasser.

320

1. **Welcher Feuerlöscher ist für Sportboote zweckmäßig?**
2. **Wie oft müssen Sie einen Feuerlöscher überprüfen lassen?**

Antwort:

1. **ABC-Pulverlöscher.**
2. **Mindestens alle 2 Jahre.**

Zu Fragen 319 und 320:

Jeder Brand an Bord bringt die Bootsbesatzung in akute Gefahr. Wenn es nicht gelingt, einen Brand schon bei der Entstehung zu löschen, ist das Fahrzeug ohne fremde Hilfe meistens nicht mehr zu retten. Deshalb sollte der Bootsbesitzer anstreben, das Brandrisiko durch richtiges Verhalten und durch die Ausrüstung mit Brandbekämpfungseinrichtungen zu verringern.

Zur Mindestausrüstung von Sportbooten, die mit Motoren, Koch- und/oder Heizeinrichtungen ausgerüstet sind, gehören ein oder mehrere tragbare Feuerlöscher (Handfeuerlöscher).

Neben Handfeuerlöschern und eventuell fest eingebauten Feuerlöschanlagen sollten folgende Feuerlöscheinrichtungen vorhanden sein:

- eine Pütz, griffbereit aufbewahrt, zum Löschen von Bränden fester brennbarer Stoffe mit Wasser (nicht für Flüssigkeits- und Gasbrände),
- eine Decke aus Wolle, keinesfalls aus Kunstfasern, zum Ersticken von Bränden, insbesondere bei eventuell brennenden Personen,
- ein Feuerlöschdurchlaß für Motorenräume; dieser Feuerlöschdurchlaß besteht aus einer von einer Schutzkappe abgedeckten, nichtbrennbaren flexiblen Membrane, die bei einem Brand im Motorenraum mit dem Mündungsstück eines tragbaren Feuerlöschers durchstoßen wird und somit die Eingabe des Feuerlöschmittels in den Raum ohne Luft- bzw. Sauerstoffzutritt ermöglicht.

Feuerlöscher

Merke:

- Der mit ABC-Pulver gefüllte Feuerlöscher ist für das Löschen brennender fester, flüssiger und unter Druck austretender gasförmiger Stoffe sowie unter elektrischer Spannung stehender Teile (bis 1000 V) geeignet, so daß er als Standardfeuerlöscher anzusehen ist.

Beachte: Die dritthäufigste Unfallursache auf Sportbooten sind Brände. Daher sollten folgende wichtige Hinweise beachtet werden:

- Es ist zweckmäßig, sich anhand der Bedienungsanleitung immer wieder mit seiner Handhabung vertraut zu machen, damit er im Notfall sofort eingesetzt werden kann.
- Der Feuerlöscher sollte möglichst in Reichweite der Kombüse oder Kochstelle angebracht werden. Die 2jährige Überprüfung ist auch notwendig, wenn er nicht eingesetzt wurde!
- Benutzte Feuerlöscher sollten unverzüglich nachgefüllt werden; das gilt auch für teilweise entleerte Feuerlöscher.
- Vergessen Sie nicht: Brandverhütung ist leichter als Brandbekämpfung!

321

Was ist zu tun, wenn es am Motor brennt?

Antwort:

1. **Kraftstoffzufuhr abstellen, Motor mit möglichst hoher Drehzahl weiterlaufen lassen.**
2. **Brand mit nasser Decke abdecken oder mit ABC-Pulver löschen.**
3. **Luftzufuhr verhindern.**

322

Welche Maßnahmen ergreifen Sie, um einen Brand mit dem Feuerlöscher wirksam zu bekämpfen?

Antwort:

1. Luftzufuhr verhindern.
2. Feuerlöscher erst am Brandherd in Tätigkeit setzen.
3. Das Feuer möglichst von unten bekämpfen.

Zu Fragen 321 und 322:

Beachte: Je früher ein Brand entdeckt wird, um so größer sind die Chancen, des Feuers Herr zu werden. Ein Brand kann durch Geruch, außergewöhnlich hohe Temperaturen, Rauch und Verfärbung von Farbe festgestellt werden. Kajüten- und Motorenbrände sind besonders gefährlich, weil sich das Feuer dort leicht ausbreiten kann und an den Brandherd zum Teil schwer heranzukommen ist.

Wichtige zusätzliche Hinweise zur Brandbekämpfung
Im Brandfall

- Ruhe bewahren,
- Fahrzeug stoppen oder vor den Wind legen, um den Fahrtwind oder den natürlichen Wind nach Möglichkeit auszuschalten. Gegen starken Rauch notfalls durch ein feuchtes Tuch vor Mund und Nase schützen.
- bei laufendem Vergaser-Motor Brennstoffzufuhr absperren und durch Vollgasgeben, soweit möglich, Vergaser entleeren; soweit vorhanden und zugänglich Vergaser abdecken, um Luft- bzw. Sauerstoffzutritt einzuschränken,
- bei geschlossenem Motorenraum alle Lüftungsöffnungen und sonstigen Öffnungen schließen und dann
  - Löschmittel aus tragbarem Feuerlöscher, soweit vorhanden, durch Feuerlöschdurchlaß eingeben oder
  - eine Verschlußeinrichtung des Raumes wegen Luft- bzw. Sauerstoffzufuhr und möglicher Stichflamme langsam und vorsichtig öffnen, dabei seitlich stellen und dann Löschmittel eingeben oder
  - ggf. fest eingebaute Feuerlöschanlage auslösen,
- bei Koch- und Heizeinrichtungen Brennstoffzufuhr unterbrechen, Lüftungsöffnungen verschließen,
- bei Einsatz eines tragbaren Feuerlöschers diesen erst am Brandherd betätigen und Brand von vorn und/oder unten bekämpfen; bei gelöschtem Brand eventuell noch vorhandenes Löschmittel für eventuelle Rückzündung aufbewahren (die ununterbrochene Funktionsdauer – Spritzzeit – eines tragbaren Feuerlöschers liegt je nach Löschergröße bei 6 bis 15 Sekunden!).
- Sollten die Löschmittel verbraucht und der Brand im Bootsinneren noch nicht gelöscht sein, im Rahmen des Möglichen alle Öffnungen verschließen, um den Brand zu ersticken, und Decks einschließlich Aufbauten mit Wasser kühlen.

323

Was ist beim Aufladen von Batterien an Bord generell zu beachten?

Antwort:

Es ist erforderlich, daß der Batterieraum wegen der beim Aufladen entstehenden Gase ausreichend belüftet ist (Explosionsgefahr).

Zu Frage 323: **Beachte!** Beim Aufladen der Batterien mit Schnelladegeräten sollten Kochgeräte abgestellt und das Rauchen eingestellt werden!

Verhalten nach einem Zusammenstoß

324

Wie verhalten Sie sich nach einem Zusammenstoß?

Antwort:

1. **Erste Hilfe leisten und so lange am Unfallort bleiben, bis ein weiterer Beistand nicht mehr erforderlich ist.**
2. **Vor Weiterfahrt alle erforderlichen Schiffs- und Personendaten einschließlich Versicherung austauschen.**

325

Welches Gesetz und welche Verordnung enthalten neben der Seeschiffahrtsstraßen-Ordnung und der Schiffahrtsordnung Emsmündung Vorschriften über das Verhalten nach einem Zusammenstoß?

Antwort:

1. **Das Seeunfalluntersuchungsgesetz.**
2. **Die Verordnung über die Sicherung der Seefahrt.**

Zu Fragen 324 und 325:

Merke: Ein Verstoß gegen die Hilfeleistungspflicht ist nicht nur eine Ordnungswidrigkeit, sondern auch eine **Straftat!**

Neben der

- Hilfeleistungspflicht
- Wartepflicht
- Informationspflicht

ist jeder Schiffsführer verpflichtet:

- das Fahrzeug, wenn die Gefahr des Sinkens besteht, soweit wie möglich aus dem Fahrwasser zu bringen
- die Stelle eines evtl. gesunkenen Fahrzeugs behelfsmäßig zu kennzeichnen und die Schiffahrtspolizeibehörde zu benachrichtigen.

Nachdem diese Maßnahmen durchgeführt worden sind, ist jeder Fahrzeugführer verpflichtet, den Seeunfall dem zuständigen Seeamt unverzüglich anzuzeigen. Dies gilt nicht nur für Kollisionsfälle, sondern für jeden Seeunfall, bei dem durch das Verhalten, den Zustand oder den Betrieb eines Sportbootes eine erhebliche Gefährdung oder Beeinträchtigung

- seiner Sicherheit, insbesondere der Sicherheit der an Bord befindlichen Personen,
- der Sicherheit des Schiffsverkehrs,
- des Zustandes eines Gewässers,

eingetreten ist.

Ein Seeunfall ist auch zu melden, wenn ein Sportboot

- gesunken, verschollen oder aufgegeben worden ist,
- einen erheblichen Schaden erlitten oder verursacht hat

oder wenn

- beim Betrieb eines Sportbootes eine Person getötet worden oder verschollen ist oder
- ein Beteiligter Hilfs- oder Beistandsleistungen unterläßt.

In der Bundesrepublik Deutschland werden die Seeunfalluntersuchungen durch fünf Seeämter (Emden, Bremerhaven, Hamburg, Kiel, Rostock) durchgeführt, deren Entscheidungen in einem Widerspruchsverfahren vor dem Bundesoberseeamt überprüft werden können.

Wichtige Angaben zur Klärung der Schuldfrage nach einem Zusammenstoß:

Die folgenden Angaben über den genauen Verlauf der Kollision und alle im Zusammenhang hiermit getroffenen Maßnahmen sollten nebst einer Unfallskizze im Logbuch eingetragen werden:

- Datum und Uhrzeit des Zusammenstoßes?
- Wetter- und Seegangsverhältnisse?
- Sichtweite (Angabe, ob die Sicht vermindert war, vgl. Frage 16)?
- Unfallort (möglichst genaue Position). In der Nähe eines Schiffahrtszeichens möglichst dieses nebst Entfernung und Peilung angeben. Auf Revieren oder engen Fahrwassern sollte festgehalten werden, an welcher Fahrwasserseite die Kollision erfolgt ist.
- Lag Ihr Fahrzeug oder der Kollisionsgegner von Anker und hatte er bzw. hatten Sie einen Ankerball gesetzt?
- Wann haben Sie den Kollisionsgegner gesehen und welchen Kurs und welche Geschwindigkeit hat er Ihrer Meinung nach schätzungsweise gehabt?

- Kollisionswinkel?
- Haben Sie oder der Kollisionsgegner Manöver des letzten Augenblicks durchgeführt?
- Haben Sie den Kollisionsgegner vor dem Zusammenstoß durch Schall- oder Lichtsignale gewarnt (vgl. Fragen 95 und 123)?
- Hat der Kollisionsgegner vor dem Zusammenstoß Schall- oder Lichtsignale gegeben?
- Brannten auf Ihrem Fahrzeug und/oder dem des Kollisionsgegners die Positionslaternen?
- Fahrzeugführer zur Zeit der Kollision?
- Zeugen?
- Beschädigungen an Ihrem Fahrzeug?

Hinweise: Maßnahmen nach dem Sinken vgl. Erl. zu Fragen 140 ff.; Verhalten im Seenotfall vgl. Erl. zu Fragen 330 ff.

Vorschriften: § 37 SeeSchStrO, § 5 VO über die Sicherung der Seefahrt (Hilfeleistungspflicht), § 11 See UG (Anzeigepflicht)

„Mann-über-Bord"-Manöver

326

Was ist sofort zu tun, wenn jemand über Bord gefallen ist?

Antwort:

1. **Ausruf: „Mann über Bord" und Rettungsring zuwerfen.**
2. **Gut Ausguck halten und sofort Maschine stoppen.**
3. **Mann-über-Bord-Manöver ausführen.**

Zu Frage 326:

Wichtige Hinweise für den Schiffsführer auf allgemeine Sofortmaßnahmen

Während sich die Manöverstrategien für die verschiedenen Fahrzeugtypen (Segeljacht, Motorboot) unterscheiden, sind die Maßnahmen unmittelbar nach dem Mann-über-Bord-Unfall für die Fahrzeuge im wesentlichen gleich. Um eine schnelle Rettung zu ermöglichen, sollten folgende Maßnahmen ergriffen werden:

- Die Person, die den Unfall bemerkt hat, ruft sofort „Mann über Bord!", sorgt für Alarmierung des Wachführers und wirft einen Rettungsring in Richtung des Überbordgefallenen. Dieser Rettungsring ist optisch auffällig und mindestens mit Nachtlicht und Treibanker versehen und dient zur Markierung der Unfallstelle.
- Eine mit einem Fernglas ausgerüstete Person wird als Ausguck eingeteilt. Sie hat die einzige Aufgabe, den Mann nicht aus den Augen zu verlieren.
- Uhrzeit, anliegender Kurs und Schiffsort werden notiert.
- Die gesamte Besatzung wird alarmiert.
- Auf Schiffen, die unter Segeln laufen, wird sofort die Maschine gestartet. Diese wird jedoch erst bei Bedarf eingekuppelt.
- Über Sprechfunk werden andere Schiffe mit einer Pan-Pan-Meldung von dem Unfall unterrichtet und gegebenenfalls um Unterstützung gebeten.
- Die zur Bergung und Erstversorgung des Verunglückten benötigten Gerätschaften werden klargelegt.

Hinweise für den „Mann über Bord":

❶ Durch Signale mit der Signalpfeife oder mit Signalstiften oder durch Rufen bemerkbar machen.

❷ Kräfte schonen und unnötiges Schwimmen vermeiden. Sobald der Rettungsring über Bord geworfen ist, auf diesen zuschwimmen.

❸ Kleidung als Schutz gegen Unterkühlung unbedingt anbehalten.

All diese Maßnahmen sollten nach Möglichkeit simultan ausgeführt werden. Dies ist jedoch, vor allem bei einer zahlenmäßig schwachen oder ungeübten Besatzung, in der Praxis nicht zu verwirklichen. Dadurch und durch die Tatsache, daß ein Menschenleben auf dem Spiel steht, entsteht eine schwere Streßsituation für den Wachführer und alle anderen Beteiligten. Schon allein um diesen Streß zu mildern, müssen die zu treffenden Maßnahmen immer wieder geübt werden. Jeder Wachführer muß in der Ausführung bewährter Manöverstrategien geübt sein. Während seiner Wache hat er zu jedem Zeitpunkt zu wissen, welches „Mann-über-Bord"-Manöver er im Ernstfall anwenden würde. Komplizierte Manöver, die ihn in seiner Streßsituation überfordern, sind hierzu nicht geeignet.

Weitere Kriterien, von denen der Wachführer seine Manöverentscheidung abhängig machen muß, lassen sich als Leitfragen formulieren. Die wichtigsten Leitfragen sind:

- Wieviel Zeit ist seit dem „Mann-über-Bord"-Unfall verstrichen, d. h., ist das Manöver eine Sofortmaßnahme, eine verzögerte Maßnahme oder dient es der Vermißtensuche?
- Wie sind die Sichtverhältnisse? Sie bestimmen, bei welcher Entfernung des Verunglückten bzw. der „Mann-über-Bord"-Boje (Rettungsring) vom Schiff der Sichtkontakt abbricht.
- Wieviel Zeit steht zur Verfügung, um den Verunglückten noch lebend bergen zu können? Vor allem bei schlechten Sichtverhältnissen ist dabei zu berücksichtigen, daß der die Unfallstelle markierende Rettungsring und der Verunglückte aufgrund ihres unterschiedlichen Driftverhaltens mit der Zeit immer weiter auseinandertreiben. Dadurch verringert sich die Chance, den Verunglückten wiederzufinden.
- Wie viele Personen stehen sofort zur Verfügung und sind in Rettungsmanövern geübt?
- Auf Schiffen unter Segeln: Wie lange dauert es, bis die Maschine einsatzbereit ist? Läßt sich ein bereits eingeleitetes Segelmanöver mit einem Maschineneinsatz kombinieren?

Bewährte Manöverstrategien

Für Segeljachten wurden spezielle „Mann-über-Bord"-Manöver entwickelt. Ihre Durchführung ist ohne Motorunterstützung möglich. Dennoch kann in der Endphase der einzelnen Manöver – vor allem beim Aufstoppen des Fahrzeugs oder bei ungeübter Besatzung – die Benutzung der Maschine von großer Hilfe sein.
Bewährte „Mann-über-Bord"-Manöver sind die Q-Wende mit Nahezuaufschießer, das Quick-Stop-Manöver und das Beidreh-Manöver. Motorgetriebene Sportfahrzeuge können aufgrund ihrer Wendigkeit und ihres geringen Drehkreises in kürzester Zeit und ohne große seitliche Abweichung auf Gegenkurs gehen.

Beachte:
Die Rettung von über Bord gefallenen Personen muß schnell erfolgen, weil die Überlebenszeit des Menschen ohne Kälteschutz im Wasser begrenzt ist. Bei Wassertemperaturen zwischen 0 und 4° C kann der Tod nach etwa 15 – 16 Minuten eintreten. Daher sollten alle an Bord befindlichen Personen mit den Manöverstrategien für Rettung und Bergung von über Bord gefallenen Personen vertraut sein.

Hinweis: „Mann-über-Bord"-Manöver vgl. Teil III Abschn. 2.5

327

Wie können Sie nach einem Mann-über-Bord-Manöver eine erschöpft im Wasser treibende Person möglichst schnell und sicher an Bord bekommen?

Antwort:

1. **Leinenverbindung zwischen Boot und Person im Wasser herstellen.**
2. **Leinenbuchten über die Bordwand hängen, wenn vorhanden, Badeleiter herunterklappen bzw. ausbringen.**
3. **Mit dem Großbaum und der Großschot oder über eine Badeleiter oder mit Hilfe von Rettungsmitteln Person an Bord holen.**

Zu Frage 327:

Da eine erschöpft im Wasser treibende Person nur unter äußersten Anstrengungen und meistens nur mit Fremdhilfe geborgen werden kann, sollte möglichst ein Bergegurt zur Verfügung stehen, in dem der im Wasser Treibende mit Hilfe des Großbaums an Bord gewinscht werden kann. Auch das ausgebrachte Beiboot, in das der Erschöpfte leichter gezogen werden kann, ist eine wirksame Bergungsmethode.

Leinenbuchten über die Bootswand hängen und Badeleiter herunterklappen bzw. ausbringen

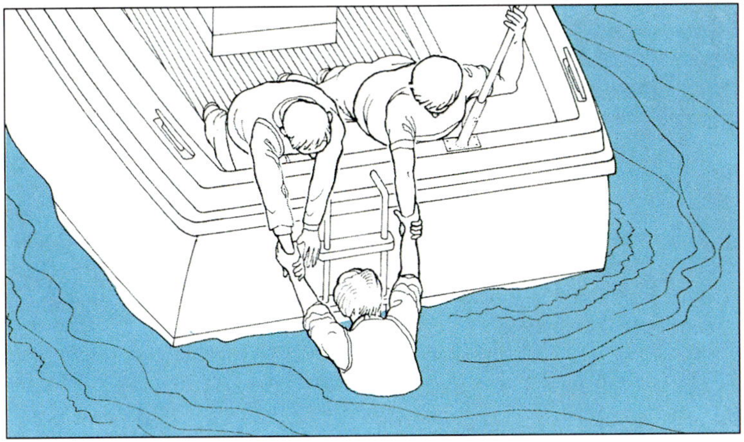

Mit Badeleiter Person an Bord holen

Mit Großbaum und Großschot Person an Bord holen

Kentern, Überbordfallen von Personen

328

Was ist zu tun, wenn Ihr Fahrzeug gekentert ist?

Antwort:

1. **Möglichst am Fahrzeug bleiben.**
2. **Besatzung zusammenhalten.**
3. **Unnötigen Kräfteverschleiß vermeiden (Unterkühlungsgefahr).**
4. **Aufmerksamkeit zur Hilfeleistung erregen.**

Zu Frage 328:

Wichtige Hinweise zum Verhalten im Wasser:

- Solange wie möglich an Bord bleiben! Wenn dies nicht möglich ist, am Fahrzeug oder an schwimmenden Teilen festhalten!
- Unbedingt die Kleidung (auch Schuhe) als Schutz gegen Unterkühlung anbehalten!
- Nicht schwimmen – es sei denn, ein Boot ist in unmittelbarer Nähe. Den Wärmeabstrom von der Körperoberfläche durch ruhige Körperlage im Wasser möglichst gering halten.
- Mit anderen Schiffbrüchigen eng zusammenbleiben, sich möglichst in Gruppen zu dreien in Tuchfühlung im Wasser umarmen. Hierdurch wird der Wärmeabstrom der Körperoberfläche wesentlich verringert!
- Untereinander mit einer Leine verbinden!
- Wenn alleine im Wasser, Beine anziehen, Arme verschränken, Wirbelsäule krümmen, um die Gesamtoberfläche und damit den Wärmeabstrom zu verringern.

329

Wie verhindern Sie das Überbordfallen von Personen bei starkem Seegang?

Antwort:

1. **Sicherheitsleinen spannen.**
2. **Sicherheitsgurt anlegen und einpicken.**

Zu Frage 329:

Einpickpunkte sind Ösen, Augen, Leinen, Durchzüge, Profile, Wanten, Stage, je nach den schiffbaulichen Gegebenheiten des einzelnen Bootes.
Erfindungsgabe und u. U. handwerkliches Können des Skippers, besser noch konstruktive Lösungen von Bootsbauer und Werften, die im Deckslayout bereits geeignete Einpickpunkte vorgeben können, sind gefordert:

- im Cockpit, bereits aus dem Niedergang erreichbar
- beim Rudergänger/an der Steuersäule
- Strecktau an Deck
- am Mast
- am Bugkorb
- Augbolzen ausreichender Dimension, durchgebolzt.

Strecktaue bzw. Laufleinen sollten auf Sportbooten zur Standardausrüstung gehören.

Hinweis: Anlegen von Rettungsweste und Sicherheitsgurt vgl. Teil III, Die praktische Prüfung, Abschn. 4.1

Darstellung der Einpickpunkte bei Segelyachten und Motorbooten

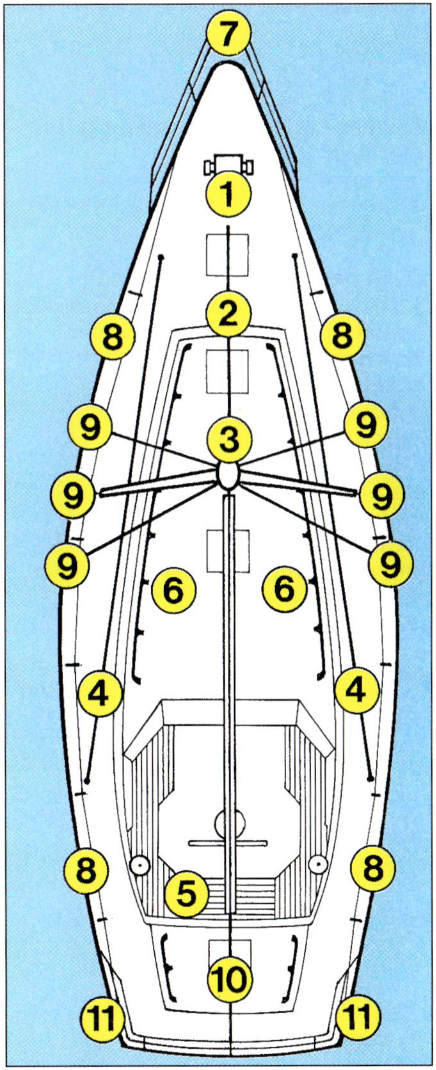

Segelyacht

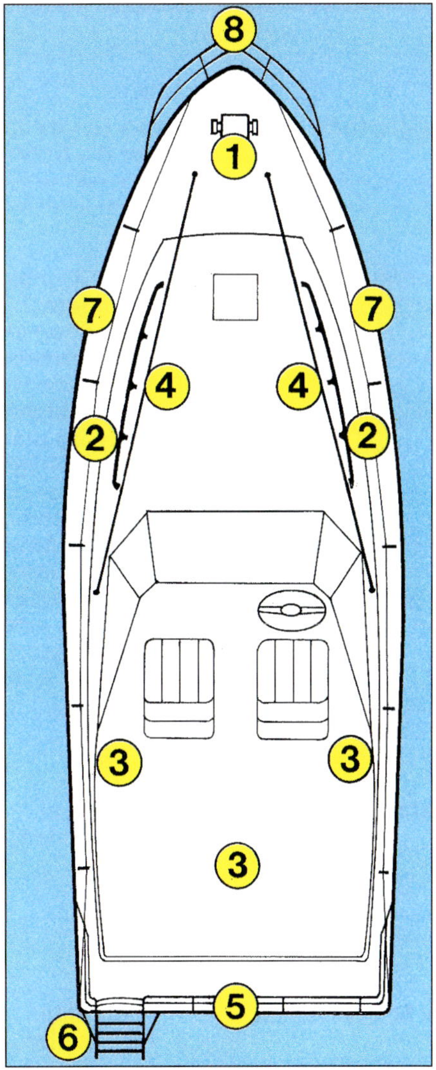

Motoryacht (Kajütboot)

Einpickpunkte für Sicherheitsgurte

Segelyacht	Motorboot (Kajütboot)
Empfohlene Einpickpunkte	
① Klampe, Ankerwinde ② Babystag ③ Mast ④ Strecktau an Bord ⑤ Cockpit beim Rudergänger ⑥ Handläufe	① Vordeck, Ankerwinde ② Handläufe ③ Flybridge ④ Strecktau an Deck
Nichtempfohlene Einpickpunkte	
⑦ Bugkorb ⑧ Reling ⑨ Unterwanten ⑩ Achterstag ⑪ Heckreling	⑤ Heckreling ⑥ Badeleiter ⑦ Reling ⑧ Bugkorb

Merke: Binnenbords einpicken, um nicht außenbords zu hängen!

Notsignale

330

In welcher Situation dürfen Notsignale gegeben werden?

Antwort:

Wenn Gefahr für Leib oder Leben der Besatzung und daher die Notwendigkeit zur Hilfe besteht.

331

Welche Notsignale können gegeben werden? (Nennen Sie mindestens 8 Signale).

Antwort:

1. **Knallsignale in Zwischenräumen von ungefähr 1 Minute.**
2. **Dauerton eines Nebelsignalgerätes.**
3. **Leuchtrakete mit einem roten Leuchtstern oder rote Handfackel.**
4. **SOS durch Licht- oder Schallsignale.**
5. **Mayday durch Sprechfunk.**
6. **Flaggensignal NC.**
7. **Ball über oder unter Flagge.**
8. **Flammensignal.**
9. **Orangefarbenes Rauchsignal.**
10. **Langsames Heben und Senken der seitlich ausgestreckten Arme.**
11. **Signale einer Seenotfunkbake.**
12. **Seewasserfärber.**
13. **Radartransponder.**

332

Sie sehen auf See einen roten Leuchtstern oder eine rot brennende Handfackel.
1. **Was bedeuten diese Signale?**
2. **Wie verhalten Sie sich?**

Antwort:

1. **Seenotfall.**
2. **Hilfe leisten, ggf. weitere Hilfe anfordern.**

333

Sie hören von einem Schiff anhaltendes Ertönen eines Nebelsignalgerätes.
1. **Was bedeutet dieses Signal?**
2. **Wie verhalten Sie sich?**

Antwort:

1. **Seenotfall.**
2. **Hilfe leisten, ggf. weitere Hilfe anfordern.**

334

Sie hören oder sehen folgendes Morsesignal:
Dreimal kurz, dreimal lang, dreimal kurz
(● ● ● ▬ ▬ ▬ ● ● ●)

1. **Was bedeutet dieses Signal?**
2. **Wie verhalten Sie sich?**

Antwort:

1. **Seenotfall.**
2. **Hilfe leisten, ggf. weitere Hilfe anfordern.**

335

Sie hören über Seefunksprechgerät:
Mayday, mayday, mayday.

1. **Was bedeutet dieses Signal?**
2. **Wie verhalten Sie sich?**

Antwort:

1. **Seenotfall.**
2. **Hilfe leisten, ggf. weitere Hilfe anfordern.**

336

Sie sehen ein Schiff, das folgendes Flaggensignal gesetzt hat:

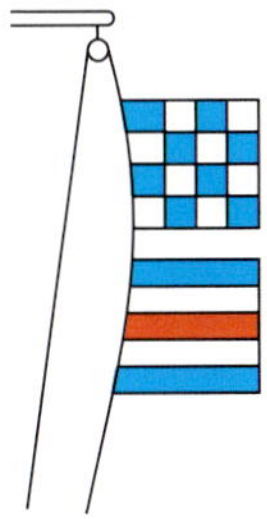

1. **Was bedeutet dieses Signal?**
2. **Wie verhalten Sie sich?**

Antwort:

1. **Seenotfall.**
2. **Hilfe leisten, ggf. weitere Hilfe anfordern.**

337

Sie sehen auf einem Schiff eines der folgenden Signale:

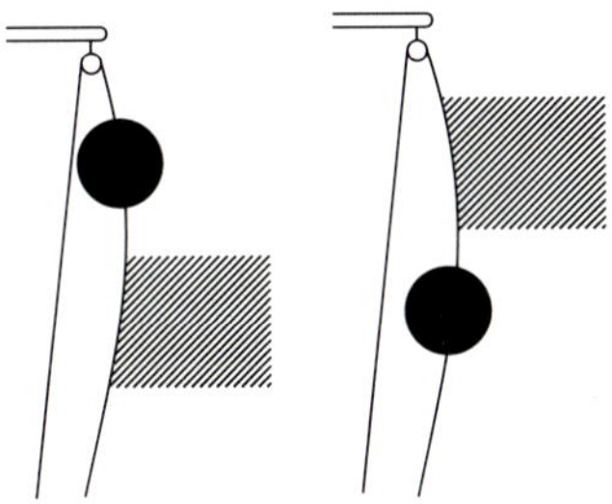

1. **Was bedeutet dieses Signal?**
2. **Wie verhalten Sie sich?**

Antwort:

1. **Seenotfall.**
2. **Hilfe leisten, ggf. weitere Hilfe anfordern.**

338

Sie sehen auf einem Schiff ein orangefarbenes Rauchsignal.
1. Was bedeutet dieses Signal?
2. Wie verhalten Sie sich?

Antwort:
1. Seenotfall.
2. Hilfe leisten, ggf. weitere Hilfe anfordern.

339

Sie sehen auf einem Schiff eine Person stehen, die ihre seitlich ausgestreckten Arme wiederholt langsam auf und ab bewegt.
1. Was bedeutet dieses Signal?
2. Wie verhalten Sie sich?

Antwort:
1. Seenotfall.
2. Hilfe leisten, ggf. weitere Hilfe anfordern.

Zu Fragen 330 bis 339:

Verpflichtung zur Hilfeleistung in Seenotfällen:

- Neben den Berufsrettern der Deutschen Gesellschaft zur Rettung Schiffbrüchiger (DGzRS) ist jeder Führer eines auf See befindlichen Schiffes oder Sportbootes nach den gesetzlichen Bestimmungen zu Hilfeleistungen in Seenotfällen verpflichtet. Sieht oder hört er ein Seenotsignal oder erhält er von irgendeiner Seite eine Meldung darüber, daß sich Menschen in Seenot befinden, so hat er ihnen mit größtmöglicher Geschwindigkeit zu Hilfe zu eilen und ihnen nach Möglichkeit hiervon Kenntnis zu geben.
- Den Anordnungen der Stellen, die sich gegenüber dem Schiffsführer oder sonst für die Sicherheit Verantwortlichen als die mit der Koordinierung der Suche und Rettung in Seenotfällen nach Kapitel II der Anlage zum Internationalen Übereinkommen über den Such- und Rettungsdienst auf See vom 6. November 1979 (BGBl. 1982 II S. 485)* beauftragten Organisationen zu erkennen geben, ist Folge zu leisten.
  Ist der Schiffsführer zur Hilfeleistung außerstande (dies aufgrund besonderer Umstände), so muß er den Grund für die Unterlassung der Hilfeleistung in das vorhandene Schiffstagebuch eintragen.
- Der Schiffsführer ist von seiner Verpflichtung zur Hilfeleistung entbunden, sobald er erfährt, daß andere Schiffe angefordert wurden und dieser Aufforderung nachkommen oder wenn ihm von den in Not befindlichen Personen oder von dem Führer eines anderen hilfeleistenden Schiffes mitgeteilt worden ist, daß eine zusätzliche Hilfe nicht mehr erforderlich ist.

Hinweis: Wahrnehmung des Such- und Rettungsdienstes vgl. Frage 340

* In der Bundesrepublik Deutschland die

Deutsche Gesellschaft zur Rettung Schiffbrüchiger

GEGR. 1865, UNTERHALTEN DURCH FREIWILLIGE BEITRÄGE, SCHIRMHERR: DER BUNDESPRÄSIDENT

Darstellung der Seenotsignale

Knallsignale in Zwischenräumen von ungefähr einer Minute

Anhaltendes Ertönen eines Nebelsignalgerätes

Rote Fallschirm-Leuchtrakete

SOS durch Telegrafiefunk, Licht- oder Schallsignale

Mayday durch Sprechfunk

Notzeichen NC des Internationalen Signalbuches

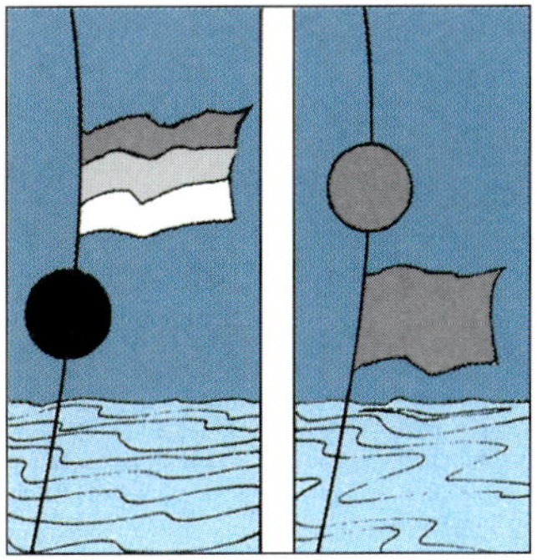

Ball über oder unter einer viereckigen Flagge

Flammensignal auf dem Fahrzeug

Leuchtrakete mit einem roten Leuchtstern

Rote Handfackel

Orangefarbenes Rauchsignal

Langsames und wiederholtes Heben und Senken der nach beiden Seiten ausgestreckten Arme.

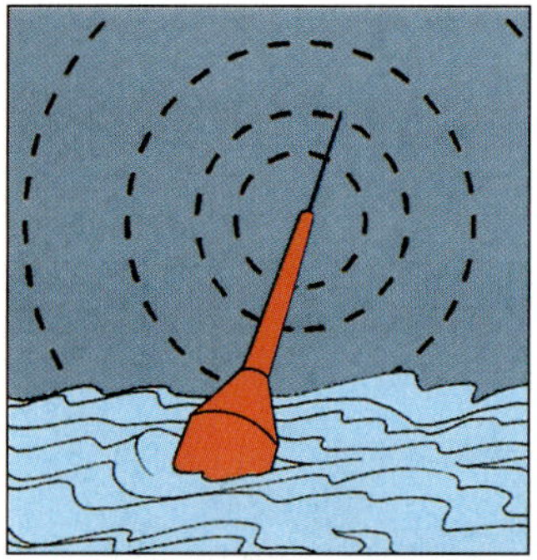

Signale einer Seenotfunkbake

Seewasserfärber

Wichtiger Grundsatz: Von der richtigen Anwendung der Seenotsignale hängt Ihr Leben ab! Beachte daher:

❶ Leuchtsignale nur dann abschießen, wenn die Möglichkeit besteht, daß sie gesehen werden.
Grenzen der Sichtbarkeit bei Nacht und guter Sicht:
Fallschirm-Leuchtraketen 25 bis 35 sm, Handfackeln, Flackerfeuer und einfache Leuchtkugeln: 5 bis 10 sm.
Bei schlechter Sicht verringert sich die Sichtweite.

❷ Nicht den gesamten Vorrat an Leuchtkugeln auf einmal verschießen, vielmehr in Abständen immer in Zweiergruppen mit einer dazwischenliegenden kurzen Pause, damit ein Beobachter sich nicht getäuscht glaubt.

Von den Küsten-Rettungsstationen oder von Seenotrettungsfahrzeugen werden folgende Antwort- bzw. Lande-Signale zur Unterrichtung und ggf. Einweisung gegeben:

Hinweise: vgl. Teil IV, Die Prüfung für See-not-Signalmittel mit den amtlichen Fragen und Antworten.

Vorschriften: Regel 37, Anlage IV KVR

Antworten von Küsten-Rettungsstationen oder von Seenotrettungsfahrzeugen auf Notsignale eines Schiffes oder einer Person

	Armbewegungssignale	Lichtsignale	Andere Signale	Bedeutung
Tag-Signale		**orange**farbenes Rauchsignal	**oder** kombiniertes Licht- u. Schallsignal (Blitzknallsignal), bestehend aus 3 einzeln. Signalen, die in Abständen von etwa 1 Min. abgefeuert werd.	**Wir sehen Sie, Hilfe kommt so bald wie möglich!** (Wiederholung dieser Signale hat die gleiche Bedeutung)
Nacht-Signale		weißes Sternsignal, bestehend aus 3 einz. Signalen, die in Abständen von etwa 1 Min. abgefeuert werd.		

Wenn nötig, können die Tagsignale bei Nacht und die Nachtsignale bei Tage abgegeben werden!

Lande-Signale zur Einweisung kleiner Boote mit in Not befindlichen Besatzungsmitgliedern oder anderen Personen

	Armbewegungssignale	Lichtsignale	Andere Signale	Bedeutung
Tag-Signale	Auf- und Niederbewegen einer weißen Flagge oder der Arme	**oder** Abschießen eines **grünen** Sterns	— • — **oder** Morsezeich. „K" durch Licht- oder Schallsignal	**Dies ist der beste Landeplatz!**
Nacht-Signale	Auf- und Niederbewegen eines weißen Lichtes oder Flackerfeuers	**oder** Abschießen eines **grünen** Sterns	— • — **oder** Morsezeich. „K" durch Licht- oder Schallsignal	

	Armbewegungssignale	Lichtsignale	Andere Signale	Bedeutung
Tag-Signale	Waagerechtes Hin- u. Herbewegen einer weißen Flagge oder der Arme	**oder** Abschießen eines **roten** Sterns	• • • **oder** Morsezeich. „S" durch Licht- oder Schallsignal	**Hier ist das Landen äußerst gefährlich!**
Nacht-Signale	Waagerechtes Hin- u. Herbewegen eines weißen Lichtes oder Flackerfeuers	**oder** Abschießen eines **roten** Sterns	• • • **oder** Morsezeich. „S" durch Licht- oder Schallsignal	
Tag-Signale	1 2 3 **1.** Waagerechtes Hin- u. Herbewegen einer weißen Flagge **2.** anschließend Feststecken der Flagge im Boden und **3.** Tragen einer weiteren weißen Flagge in die anzuzeigende Richtung	1 2 **oder** **1.** Abschießen eines **roten** Sterns senkrecht **2. und** eines weißen Sterns in Richtung auf den besseren Landeplatz	**oder Morsezeichen „S", (• • •) danach Morsezeichen „R" (• — •) wenn ein besserer Landeplatz für das in Not befindliche Fahrzeug auf seinem Annäherungskurs weiter rechts liegt, oder Morsezeichen „S", (• • •) danach Morsezeichen „L" (• — • •) wenn ein besserer Landeplatz für das in Not befindliche Fahrzeug auf seinem Annäherungskurs weiter links liegt**	**Das Landen ist hier äußerst gefährlich. Eine bessere Landemöglichkeit besteht in der angezeigten Richtung!**
Nacht-Signale	1 2 3 1. Waagerechtes Hin- u. Herbewegen eines weißen Lichtes oder Flackerfeuers 2. anschl. Aufstellung des weißen Lichtes o. Flackerfeuers auf dem Boden und 3. Tragen eines weiteren weißen Lichtes oder Flackerfeuers in die anzuzeigende Richtung	1 2 **oder** **1.** Abschießen eines **roten** Sterns senkrecht **2. und** eines weißen Sterns in Richtung auf den besseren Landeplatz	**oder Morsezeichen „S", (• • •) danach Morsezeichen „R" (• — •) wenn ein besserer Landeplatz für das in Not befindliche Fahrzeug auf seinem Annäherungskurs weiter rechts liegt, oder Morsezeichen „S" (• • •) danach Morsezeichen „L" (• — • •) wenn ein besserer Landeplatz für das in Not befindliche Fahrzeug auf seinem Annäherungskurs weiter links liegt**	

Hinweise: Vgl. das Signal „Leuchtkugeln mit weißen Sternen", Frage 109, Schallsignale bei verminderter Sicht vgl. Fragen 64 ff.

Vorschrift: Anhang IV zu den KVR

340

Warum dürfen Seenotsignale nur bei einem Seenotfall verwendet werden?

Antwort:

Weil bei ihrer Anwendung der gesamte Seenotrettungsdienst an der Küste alarmiert wird.

Zu Frage 340:
Den nach Kapitel V Regel 15 des Internationalen Übereinkommens zum Schutz des menschlichen Lebens auf See von den Vertragsstaaten einzurichtenden Seenot-Such- und Rettungsdienst (SAR-Dienst) nimmt in der Bundesrepublik Deutschland die DGzRS wahr.

Der SAR-Dienst gliedert sich in die Bereiche:

- Koordinierung bei SAR-Fällen im Seenotfall durch die Seenotleitung (MRCC) Bremen
  und
- Durchführung des SAR-Dienstes mit Seenotkreuzern und -booten.

Die Seenotleitung (MRCC) Bremen ist im SAR-Bereich der Bundesrepublik Deutschland für die Gesamtleitung im Seenotfall bis zum Abschluß der Aktion zuständig. Sie sorgt für die Planung, Leitung, Koordinierung und den Abschluß der SAR-Maßnahmen und deren Dokumentation. Deshalb ist im Seenotfall die Seenotleitung Bremen mit al-

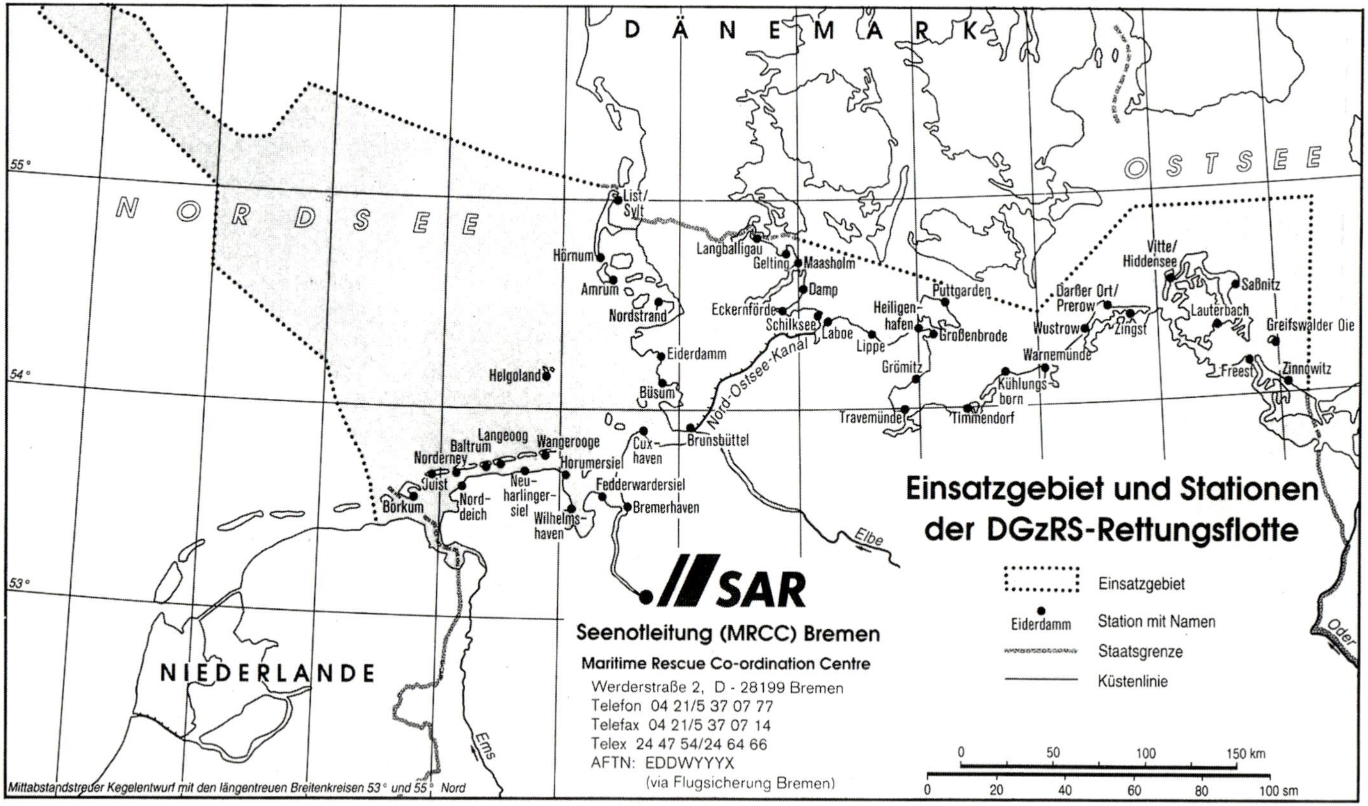

len zur Verfügung stehenden Nachrichtenmitteln zu verständigen:

Öffentliches Telefonnetz	: 04 21 - 5 37 07 77
Telefax	: 04 21 - 5 37 07 14
Telex	: 2 44 754 mrcc d
	: 2 46 466 mrcc d

Die DGzRS wird bei der Durchführung des Such- und Rettungsdienstes in Seenotfällen durch den militärischen SAR-Dienst mit Helikoptern unterstützt.

SAR-Alarmruf für Mobilfunkbenutzer
Alarmierung von See zur Seenotleitung (MRCC) Bremen für Nutzer von Mobilfunktelefonen:

- Mit einem Mobilfunktelefon kann eine Verbindung zu anderen Teilnehmern nur aufgebaut werden, wenn deren Telefonnummer bekannt ist.
- Das Mobilfunktelefon kann auf See nicht gepeilt und somit auch nicht geortet werden.
- Die Reichweite und die Verfügbarkeit der Mobilfunknetze sind auf See eingeschränkt. Ebenso können wetterbedingte Einflüsse die Verbindung beeinträchtigen.

Zur Durchführung des Such- und Rettungsdienstes auf See verfügt die DGzRS über eine Flotte von Seenotkreuzern und Seenotrettungsbooten, die sich auf 46 Stationen entlang der Nord- und Ostseeküste im Bereich der Bundesrepublik Deutschland verteilen. Alle Einheiten der Rettungsflotte stehen in ständiger Nachrichtenverbindung mit der permanent besetzten Seenotleitung (MRCC) Bremen und den SAR-Wachen, die an wichtigen Punkten der Küste eingerichtet sind.

Das Mobilfunktelefon ist kein Ersatz für das UKW-Seefunkgerät!

Aufgrund der immer größeren Verbreitung von Mobilfunktelefonen auf See wurde der SAR-Alarmruf in den Mobilfunknetzen für Teilnehmer auf Schiffen ohne Seefunkanlagen eingerichtet:

① Im Notfall rufen Sie die Seenotleitung (MRCC) Bremen in allen deutschen Mobilfunknetzen unter der Kurzwahl

124 124

ohne Vorwahl und bei eingebuchtem Gerät an.

② Geben Sie der Seenotleitung (MRCC) Bremen unbedingt folgende Informationen:
a) Schiffsname
b) Position
c) Art der Havarie/Notfallbeschreibung in Kurzform
d) Zahl der Personen an Bord
e) Ihre Mobilfunk-Telefonnummer
f) Situations- bzw. Umfeldbeschreibung (Schiffe, Seezeichen, Landmarken usw.). Dies ist besonders wichtig, wenn Ihre Position ungenau oder unbekannt ist!

Beachte: Die Verwendung von Signalen, die mit Seenotsignalen verwechselt werden können, ist verboten (Anlage IV Nr. 2 KVR).

Empfehlungen:

- Lassen Sie das Mobilfunktelefon an Bord von einem Fachmann an einem wassergeschützten Ort einbauen und mit einer optimalen Antenne versehen.
- Stellen Sie stets ausreichend Energie/Ladestromversorgung (Akku/Ladegerät) für das Mobilfunktelefon sicher.
- Informieren Sie sich vor Reiseantritt bei Ihrem Netzbetreiber über die aktuelle Funkversorgung.

Die eingerichtete Kurzwahlnummer 124 124 dient lediglich der Alarmierung der Seenotleitung (MRCC) Bremen. Sie eignet sich nicht zur Abwicklung des Not- und Dringlichkeitsverkehrs im internationalen Seefunk.

341

Welches Seenotsignal können Sie mit einer Leuchte geben?

Antwort:

Das Morsesignal: Dreimal kurz, dreimal lang, dreimal kurz (SOS)
(● ● ● ▬ ▬ ▬ ● ● ●).

342

Wie verhalten Sie sich bei Hilfeleistung durch einen Hubschrauber?

Antwort:

1. **Fahrzeug in den Wind legen.**
2. **Soweit möglich, Antennen, Stagen usw. entfernen.**
3. **Rettungsschlinge mit dem Zugpunkt nach vorn über den Kopf unter die Arme streifen und Arme abwärts anwinkeln.**
4. **Anweisungen der Hubschrauberbesatzung Folge leisten.**

Zu Frage 342:

Hinweise zum Verhalten bei der Hilfeleistung durch Luftfahrzeuge

Bei Annäherung eines Luftfahrzeugs müssen Schiffbrüchige weiter Ruhe und klaren Kopf bewahren; sie dürfen das havarierte Fahrzeug bzw. das Überlebensfahrzeug nicht verlassen, auch wenn sie glauben, entdeckt worden zu sein. Im Wasser treibende Gruppen müssen zusammenbleiben. Nicht wassernde Flugzeuge werden sich darauf beschränken müssen, Rauchmarkierungsbojen und Ausrüstung abzuwerfen und die Position zu melden.

Schiffe in Seenot können durch SAR-Luftfahrzeuge mit speziellem Hilfsgerät versorgt werden, das abgeworfen werden kann. Dazu können auch Behälter mit Hilfsmittel gehören, die mit einer schwimmfähigen Leine verbunden sind. Folgende Geräte können wahlweise abgeworfen werden:

- Rettungsflöße
- schwimmfähige Funkbojen und/oder Sende-Empfangsgeräte
- Seewasserfärber, Rauchsignale
- Fallschirmleuchtkugeln zur Beleuchtung
- Lenzpumpen

Zum Rettungseinsatz kommende Hubschrauber setzen bei Bedarf eines ihrer Besatzungsmitglieder auf den Havaristen oder das Überlebensfahrzeug ab, oder sie seilen ihn ab zu dem im Wasser treibenden Schiffbrüchigen. Dieses Besatzungsmitglied ist dann behilflich beim Gebrauch der Rettungsgeräte.

Für das Abbergen von Personen bzw. Aufheißen von Personen aus dem Wasser ist zusätzlich folgendes zu beachten:

Bergung durch Hubschrauber

Schlinge zu sich heranziehen

Schlinge über den Kopf ziehen und mit beiden Armen „hindurchtauchen“

Metallring vor die Brust herunterziehen

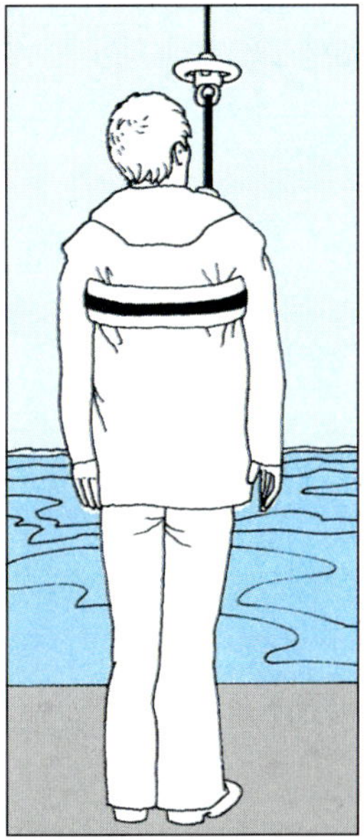

Hände seitlich herunterhängen lassen

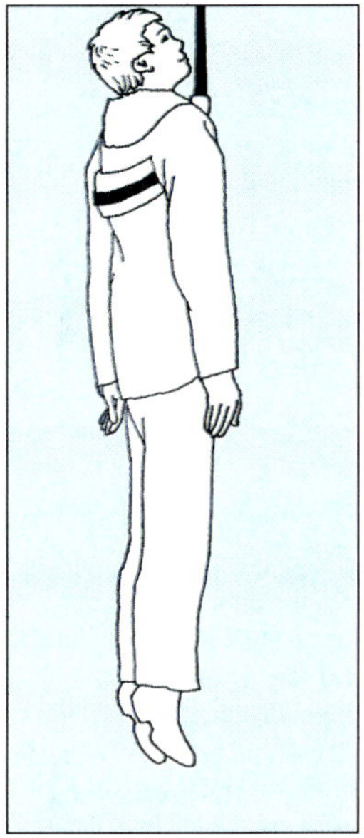

Auch beim Durchpendeln Ruhe bewahren

Beachte zusätzlich:

- Mit einem orangefarbenen Rauchsignal, einer Signallampe, einem Stück orangefarbenem Segeltuch mit einem schwarzen Quadrat oder Kreis oder Seewasserfärber Zeichen geben, um die Aufmerksamkeit des Hubschraubers zu erregen.
- Während der Nacht das Fahrzeug so hell wie möglich beleuchten, insbesondere alle Aufbauten. Darauf achten, daß der Hubschrauberpilot durch die Anstrahlungen nicht geblendet wird.
- Nach Möglichkeit eine konstante Geschwindigkeit durch das Wasser halten und den Wind 30° von Backbord einfallen lassen.
- Eine Anzeige der Windrichtung ist nützlich. Zu diesem Zweck können Wimpel oder Flaggen benutzt werden.
- Hubschrauber sind mit einem etwa 15 m langen Windenläufer ausgerüstet, den sie bei Bedarf herunterlassen. Die Hebevorrichtung am Ende des Windenläufers darf auf keinen Fall an irgendwelchen Schiffsteilen befestigt werden oder sich in der Takelage usw. verfangen. Keiner auf dem Schiff sollte versuchen, nach der Aufholvorrichtung zu greifen, ohne von der Hubschrauberbesatzung dazu aufgefordert zu sein. Auch dann jedoch sollte man erst einen metallenen Teil der Aufholvorrichtung das Deck berühren lassen, um einen durch die mögliche statische Aufladung des Hubschraubers bedingten elektrischen Schlag auszuschließen.
- Um Verletzte abzubergen, wird vom Hubschrauber eine hierfür vorgesehene Krankentrage herabgelassen. Während der Verletzte in der Krankentrage festgeschnallt wird, muß diese vom Windenläufer abgehakt sein.

Kartenaufgaben*

1. Allgemeines

1.1 Gebrauch der Seekarte

Die Seekarte ist neben dem Kompaß das wichtigste Navigationsmittel. Sie ist erforderlich für die Bestimmung des Kurses und des Schiffsortes und enthält daneben die für die sichere Durchführung der Fahrt erforderlichen Angaben (vgl. Erl. zu Fragen 227–230).

Merke: Für die Navigation ist stets die Karte mit größtem Maßstab zu benutzen. Maßstabsangaben befinden sich unter dem Titel der Karte.

Beachte: Vor Gebrauch der Seekarte muß der Benutzer mit der Einteilung der Längen- und Breitengrade genau vertraut sein, denn nur so können Fehler beim Abgreifen von Entfernungen vermieden werden.

- **Navigiere** nie nach unberichtigten Seekarten (vgl. Erl. zu Fragen 227–228)
- **Breitenskala** befindet sich am rechten und linken und
- **Längenskala** am oberen und unteren Kartenrand

Hinweise:

- Vorsicht ist beim Absetzen des Kurses in Gebieten mit unreinem Grund und Steinen geboten.
- Entsprechend dem Tiefgang des einzelnen Fahrzeuges sollte für das Navigieren eine nicht zu unterschreitende Wassertiefe als Gefahrengrenze festgelegt werden.

* zu weiteren Arbeiten in der Seekarte vgl. Graf/Steinicke „Der BR-Schein des Deutschen Segler-Verbandes“

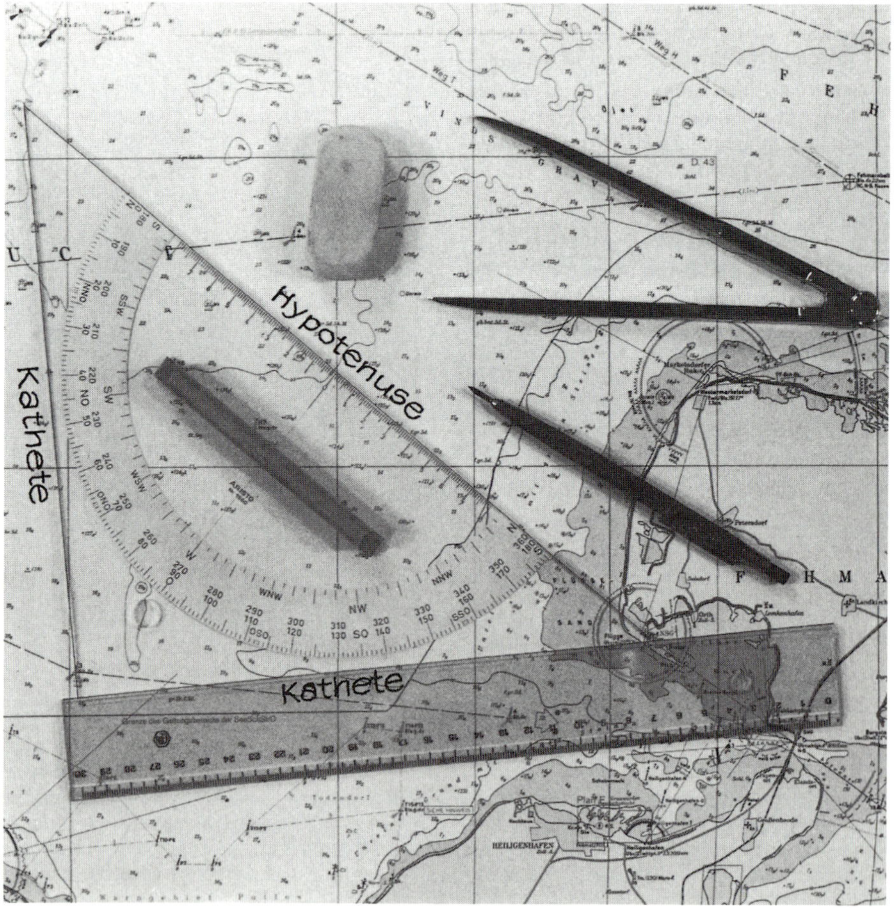

(vgl. Text in 1.2 auf S. 293)

- In den Seekarten angegebene Wassertiefen sind mit Vorsicht zu betrachten; sie können sich im Laufe der Zeit nach der letzten Vermessung verringert haben (Tidegewässer!).
- Ufer, Küsten, Untiefen in ausreichender Entfernung passieren, um Grundberührungen durch unbekannte Strömungen (Stromversetzung) zu vermeiden.
- Als Peilobjekte möglichst feste Seezeichen und keine Tonnen benutzen, da diese aus verschiedenen Gründen gelegentlich vertreiben.

1.2 Geräte für das Arbeiten in der Seekarte

Für das Arbeiten in der Seekarte werden benötigt:

- Kursdreieck zum Absetzen von Kursen und Eintragen von Peilungen,
- Anlegedreieck oder Lineal zur Parallelverschiebung des Kursdreieckes,
- Stechzirkel zum Abgreifen von Entfernungen,
- weicher Bleistift und Radiergummi.

(vgl. Bilddarstellung auf S. 292)

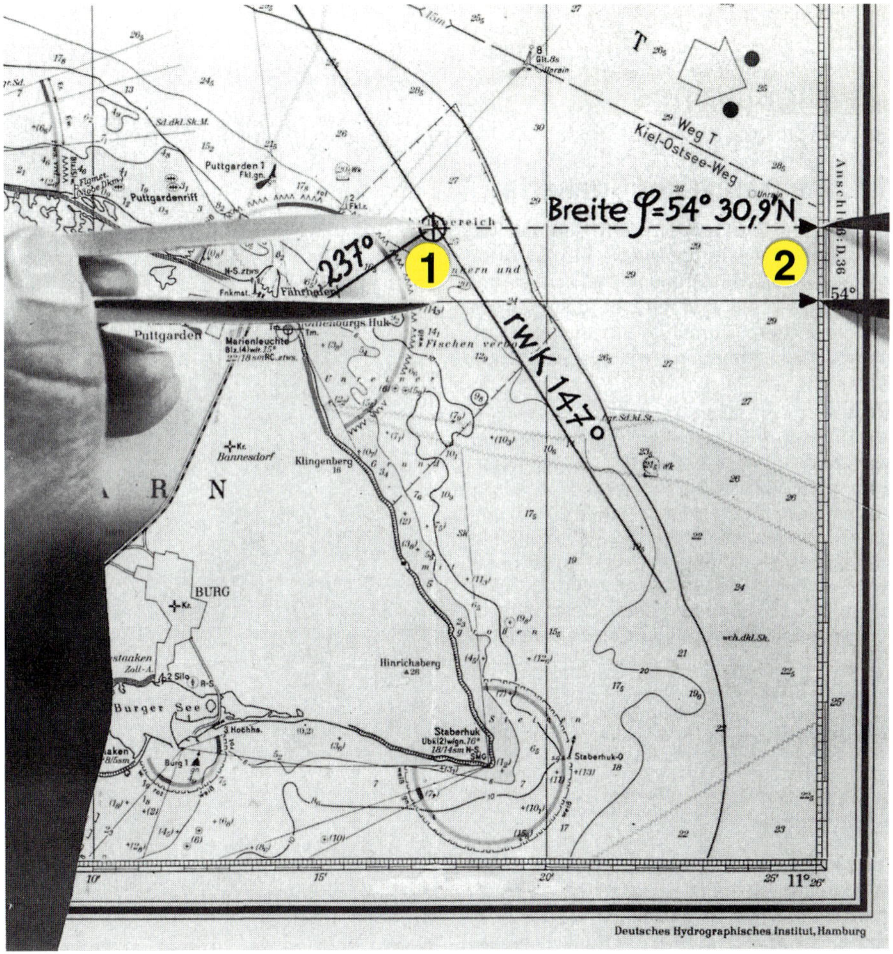

(vgl. Text in 2.1.1 auf S. 294)

2. Die Arbeit in der Seekarte

2.1 Der Schiffsort

Auf der Grundlage des Koordinatensystems der Erde kann jeder Ort nach Breite und Länge festgelegt werden (vgl. Erl. zum Abschnitt Navigation, Allgemeines vor Frage 223).

2.1.1 Entnehmen des Schiffsortes oder einer bestimmten Tonne aus der Seekarte

Vgl. Kartenaufgaben Nr. 347, 349, 352, 356, 359, 360, 361.

Beispiel:
Mit Hilfe einer Peilung (Leuchtfeuer Marienleuchte rw Peilung 241°) und einer Abstandsbestimmung (2,2 sm vom Leuchtfeuer Marienleuchte) wurde der Schiffsort ermittelt. Er ist nach Breite und Länge zu bestimmen (vgl. die Kartenaufgabe Nr. 347, der abweichende Peilungen mit Abstandsbestimmungen zugrunde liegen).

Die **Breite***) wird ermittelt, indem der senkrechte Abstand vom Schiffsort bis zum nächsten in der Karte eingetragenen Breitenparallel in den Zirkel genommen ① und anschließend am rechten oder linken Kartenrand abgetragen wird. ② Die Zirkelspitze in Höhe des Schiffsortes zeigt die Breite an. Im Beispiel liegt der Ort auf der Breite 54° 30,6′ N.

Die **Länge** wird ermittelt, indem der waagerechte Abstand vom Schiffsort bis zum nächsten in der Karte eingetragenen Meridian in den Zirkel genommen ① und anschließend am unteren oder oberen Kartenrand abgetragen wird. ② Die Zirkelspitze über und unter dem Schiffsort zeigt die Länge an. Im Beispiel liegt der Ort auf der Länge 011° 17,2′ E. Der **Schiffsort** liegt demnach auf der Position

Breite = 54° 30,6′ N
Länge = 011° 17,5′ E

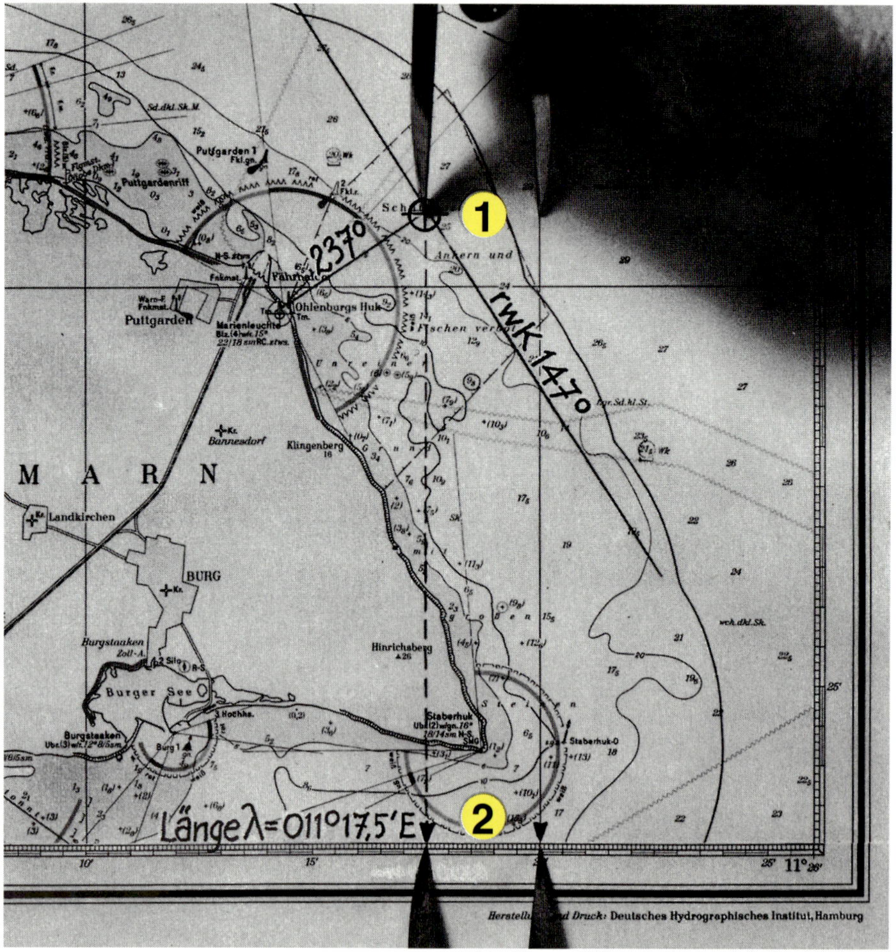

(vgl. Text in 2.1.1)

2.1.2 Eintragen des Schiffsortes in die Seekarte

Vgl. Kartenaufgaben Nr. 343, 344, 345, 350, 351, 354, 355, 357, 361.

Wenn es erforderlich ist, den Schiffsort in die Seekarte einzutragen, so erfolgt dies auf dem umgekehrten Wege wie die Entnahme des Schiffsortes aus der Seekarte (siehe vorstehend 2.1.1).

*) vgl. Bilddarstellung auf S. 293

2.2 Entfernungen

2.2.1 Entnehmen der Entfernung am Kartenrand

Vgl. Kartenaufgaben Nr. 343, 345, 346, 348, 349, 353, 354, 356, 357, 358, 360.

Beispiel:
Wie groß ist die Entfernung zwischen der Tonne Flüggesand-W. und der Leuchttonne 2 westlich des Fehmarnsundes? (Vgl. die Kartenaufgabe Nr. 346, in der jedoch im Unterschied zu der vorstehenden Frage nach dem Querabstand zum Leuchtfeuer Flügge gefragt wird.)
Die Entfernung zwischen den Tonnen wird in den Zirkel genommen ① und anschließend am rechten oder linken Kartenrand in Höhe der Objekte abgegriffen ②. Die Anzahl der zwischen den Zirkelspitzen enthaltenen Breitenminuten ist immer gleich der Anzahl der Seemeilen zwischen den Objekten. Im Beispiel werden 5,8 Breitenminuten ermittelt.
Die Entfernung zwischen der Tonne Flüggesand W und der Leuchttonne 2 beträgt daher 5,8 sm.

2.2.2 Abtragen der Entfernung auf einer Kurslinie

Soll eine Entfernung auf einer Kurslinie abgetragen werden, so wird der umgekehrte Weg wie 2.2.1 dargestellt beschritten. Zunächst wird die gewünschte Anzahl Seemeilen am rechten oder linken Kartenrand abgegriffen und dann auf der Kurslinie abgetragen.

Merke: Entfernungen nur am rechten oder linken Kartenrand abgreifen; nie am oberen oder unteren Kartenrand (vgl. Frage 232).

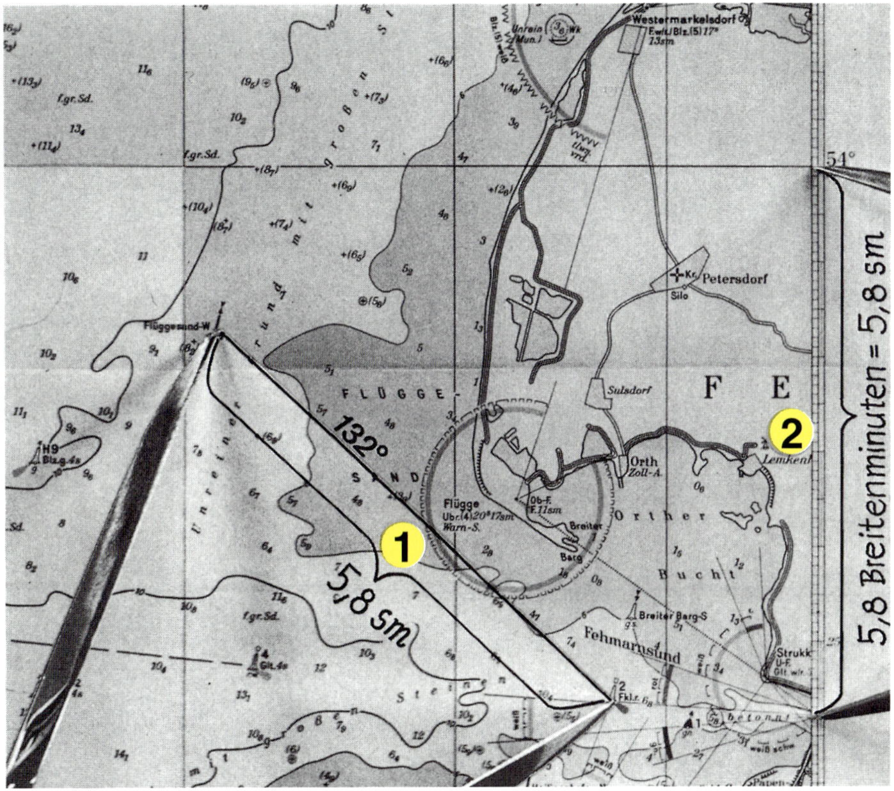

(vgl. Text in 2.2.1)

2.3 Kurse

2.3.1 Entnehmen des Kartenkurses aus der Seekarte

Vgl. Kartenaufgaben Nr. 344, 345, 346, 348, 349, 350, 351, 353, 355, 356, 358, 361.

Beispiel:
Ein Sportboot, das sich auf der Fahrt nach Schleimünde befindet, steht auf der Position 54° 31,4′ N und 010° 03,7′ E und setzt den Kurs auf die Leuchttonne 4 an der Südost-Ecke des Sperrgebietes ab. Wie lautet der rechtweisende Kurs für die eingezeichnete Kurslinie? (Vgl. die Kartenaufgabe Nr. 344, in der aber das Sportboot auf einer anderen Position steht.)
Zur Ermittlung des rechtweisenden Kurses wird zunächst ein Kursdreieck ① mit seiner Hypotenuse an die eingezeichnete Kurslinie angelegt ②. Dann wird das Kursdreieck mit Hilfe eines Lineals ③ oder eines zweiten Kursdreieckes, das zuvor an die unten liegende Kathete des Kursdreiecks herangeführt wurde, soweit parallel verschoben ④, bis der Mittelpunkt der Hypotenuse am nächsten Meridian anliegt ⑤*). Der rwK – also der Winkel zwischen rechtweisend Nord und der Rechtvorausrichtung des Fahrzeugs – ist an der Stelle der Gradskala abzulesen, wo der Meridian durch diese Skala verläuft ⑥*).

Der rwK lautet: 022°

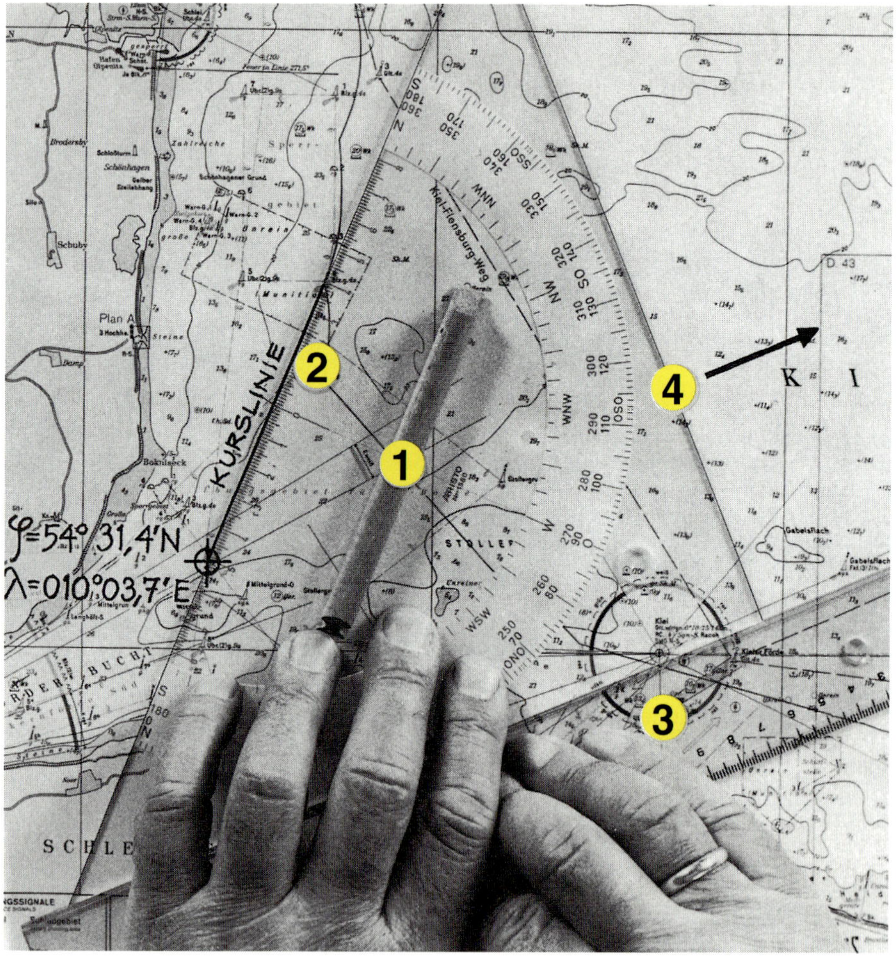

(vgl. Text in 2.3.1)

2.3.2 Kursbeschickung bei Wind

Ist ein Schiff einem Seitenwind ausgesetzt, so wird es versetzt (vgl. Fragen 246–247). Die Windversetzung kann durch Beobachtung des Kielwassers geschätzt werden, das luvwärts zeigt. Eine besonders große Versetzung haben Segler sowie langsame und relativ hoch aus dem Wasser ragende Fahrzeuge. Um der Versetzung entgegenzuwirken, ist eine Beschickung für Wind (BW) notwendig. Es ist dies der Winkel zwischen der Rechtvorausrichtung des Fahrzeugs und der tatsächlichen oder beabsichtigten Bewegungsrichtung durchs Wasser.

*) vgl. Bilddarstellung auf S. 297

Für die Beschickung für Wind gilt folgende Vorzeichenregel:

- Kommt der Wind von Backbord, so wird das Fahrzeug nach Steuerbord versetzt, die Beschickung hat das Vorzeichen + (plus).
- Kommt der Wind von Steuerbord, so wird das Fahrzeug nach Backbord versetzt, die Beschickung hat das Vorzeichen – (minus).
- Will man bei seitlichem Wind einen bestimmten Kurs behalten, so hat man den zu steuernden Kurs um die geschätzte Windversetzung höher, d. h. gegen den Wind gedreht zu wählen.

Beispiel:
Nördlich von Fehmarn kommend segelt ein Sportboot bei westlichem Wind und steuert am Magnetkompaß 208°. Wie lautet der Kurs durchs Wasser*) bei einer geschätzten Windversetzung von 4°?

MGK	= 208°
Abl	= –2°**)
mwK	= 206°
Mw	= –2°
rwk	= 204°
Bw	= –4°
KdW	= 200°

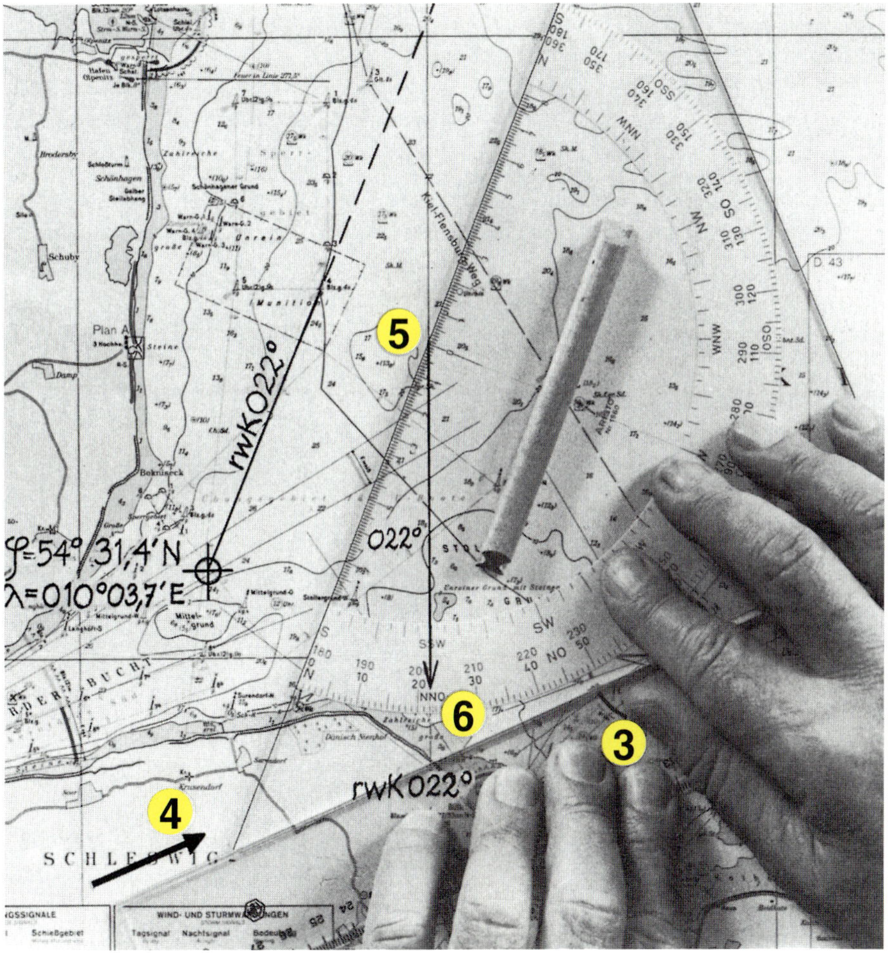

(vgl. Text in 2.3.1 auf S. 296)

*) Kurs durchs Wasser ist die Summe aus rechtweisendem Kurs und Beschickung für Wind

**) Für Kursbeschickungen gilt die Steuertafel in der Erl. zu Fragen 241–245.

2.3.3 Eintragen des rwK in die Seekarte

Vgl. Kartenaufgaben Nr. 343, 347, 349, 352, 354, 355, 359, 360, 361, 362.

Beispiel:

Ein Sportboot, das in der Flensburger Förde auf der Position 54° 47,5′ N, 009° 57,5′ E steht, setzt von dieser Position den rechtweisenden Kurs 135° ab (vgl. Kartenaufgabe Nr. 343).

Zum Absetzen des rwK wird zunächst ein Kursdreieck ① so an einem dem Schiffsort nahegelegenen Meridian ② angelegt, daß der Mittelpunkt der Hypotenuse auf dem Meridian zu liegen kommt ③ und zugleich auf der Gradskala am Meridian 135° abzulesen ist ④.

Dann wird das Kursdreieck mit Hilfe eines Lineals ⑤ oder eines zweiten Kursdreieckes, das zuvor an die untenliegende Kathete des Kursdreieckes herangeführt wurde, so weit parallel verschoben ⑥, bis die Hypotenuse durch den Schiffsort verläuft ⑦*). An der Hypotenuse wird anschließend der Bleistift angesetzt und vom Schiffsort aus die Kurslinie in die Seekarte eingetragen ⑧.*)

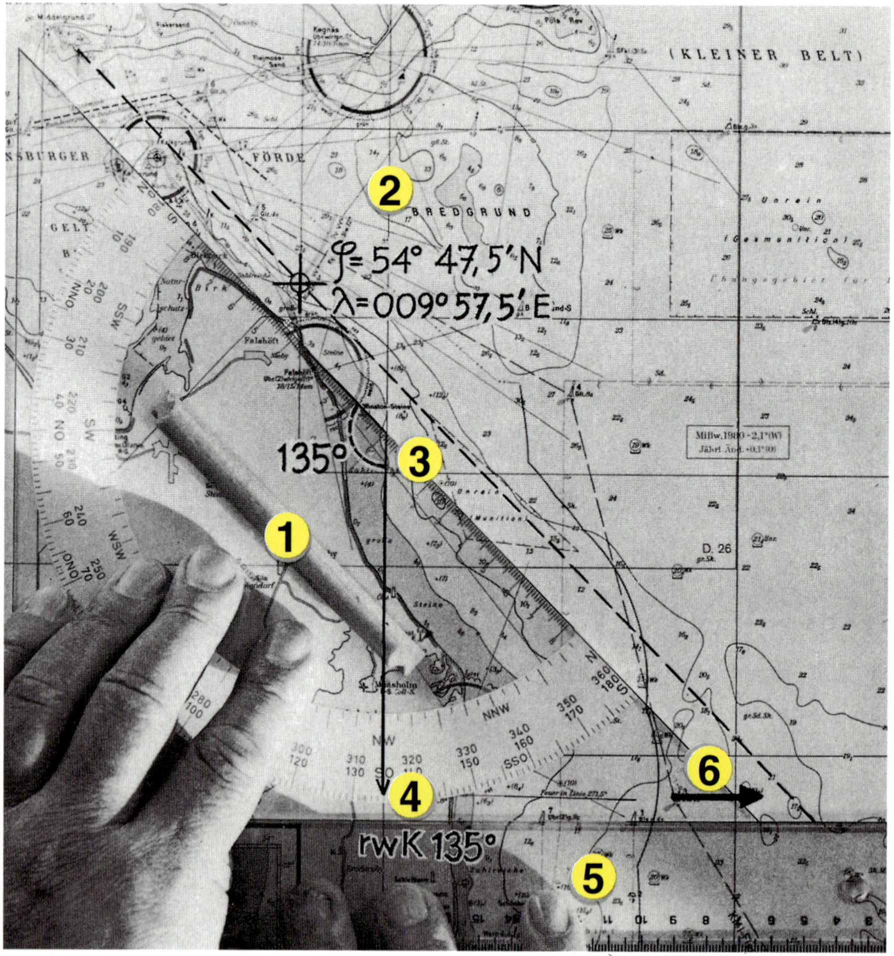

(vgl. Text in 2.3.3)

*) vgl. Bilddarstellung auf S. 299

(vgl. Text in 2.3.3 auf S. 298)

2.4 Peilungen

2.4.1 Eintragen der rechtweisenden Peilung in die Seekarte

Vgl. Kartenaufgaben 345, 346, 347, 350, 357, 362.

Rechtweisende Peilungen werden in gleicher Weise wie rechtweisende Kurse in die Seekarte eingetragen.

Beispiel:
Das Leuchtfeuer Flügge wird am Magnetkompaß gepeilt. Nach Beschickung der Magnetkompaßpeilung ergibt die rechtweisende Peilung 042°. Sie ist in die Seekarte einzutragen (vgl. die Kartenaufgabe Nr. 346).

Zur Eintragung der rechtweisenden Peilung wird als erster Schritt das Kursdreieck ①*) so an einem dem gepeilten Objekt ② nahegelegenen Meridian ③ angelegt, daß der Mittelpunkt der Hypotenuse auf dem Meridian zu liegen kommt ④ und zugleich auf der Gradskala am Meridian 042° abzulesen ist ⑤. Als nächster Schritt wird das Kursdreieck mit Hilfe eines Lineals ⑥ oder eines zweiten Kursdreieckes, das zuvor an die untenliegende Kathede des Kursdreieckes herangelegt wurde, so weit parallel verschoben ⑦, bis die Hypotenuse durch das gepeilte Objekt verläuft ⑧**).

An der Hypotenuse wird anschließend der Bleistift angesetzt ⑨ **)und vom gepeilten Objekt aus die Peilung eingetragen.

Ermittlung des Schiffsortes durch eine Kreuzpeilung vgl. Erl. zu den Fragen 248 bis 251.

---

*) vgl. Bilddarstellung auf S. 300
**) vgl. Bilddarstellung auf S. 301

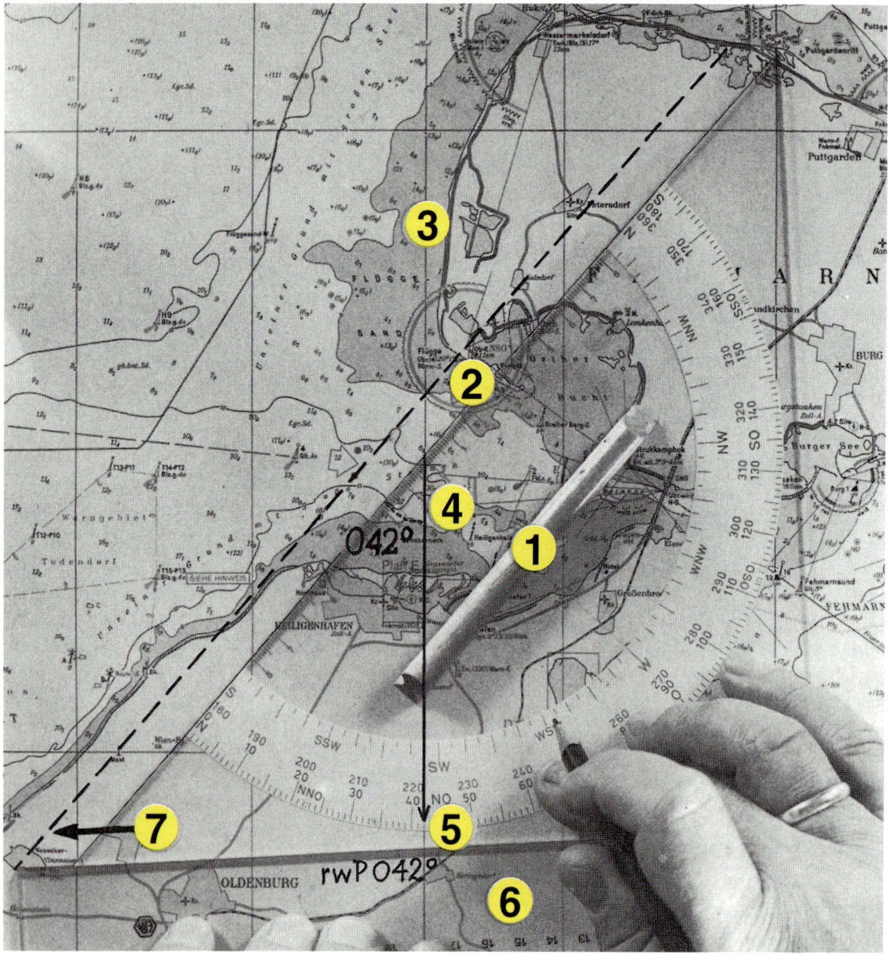

(vgl. Text in 2.4.1 auf S. 299)

2.4.2 Verwandlung von Seitenpeilungen in rechtweisende Peilungen

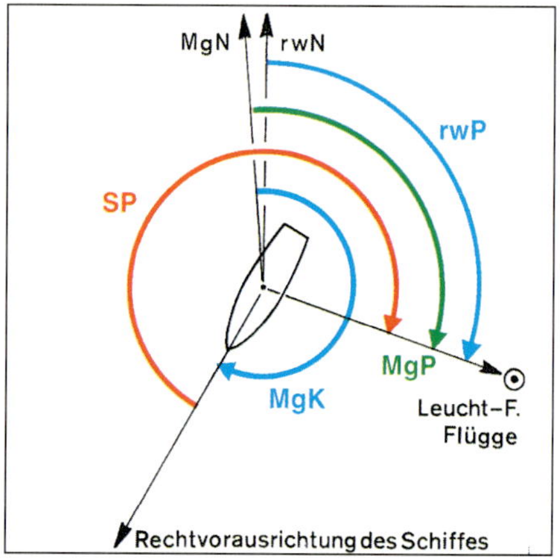

Seitenpeilungen (SP) können unter Berücksichtigung des bei der Peilung anliegenden Magnetkompaßkurses (MgK) auf die Kompaßrose übertragen und weiter wie Magnetkompaßpeilungen (MgP) behandelt werden (vgl. Erläuterung zu Fragen 248, 249). Erhält man durch Addition der Seitenpeilung und des Kompaßkurses eine Summe, die größer als 360° ist, sind von der Summe 360° abzuziehen.

(Fortsetzung nächste Seite, rechte Spalte)

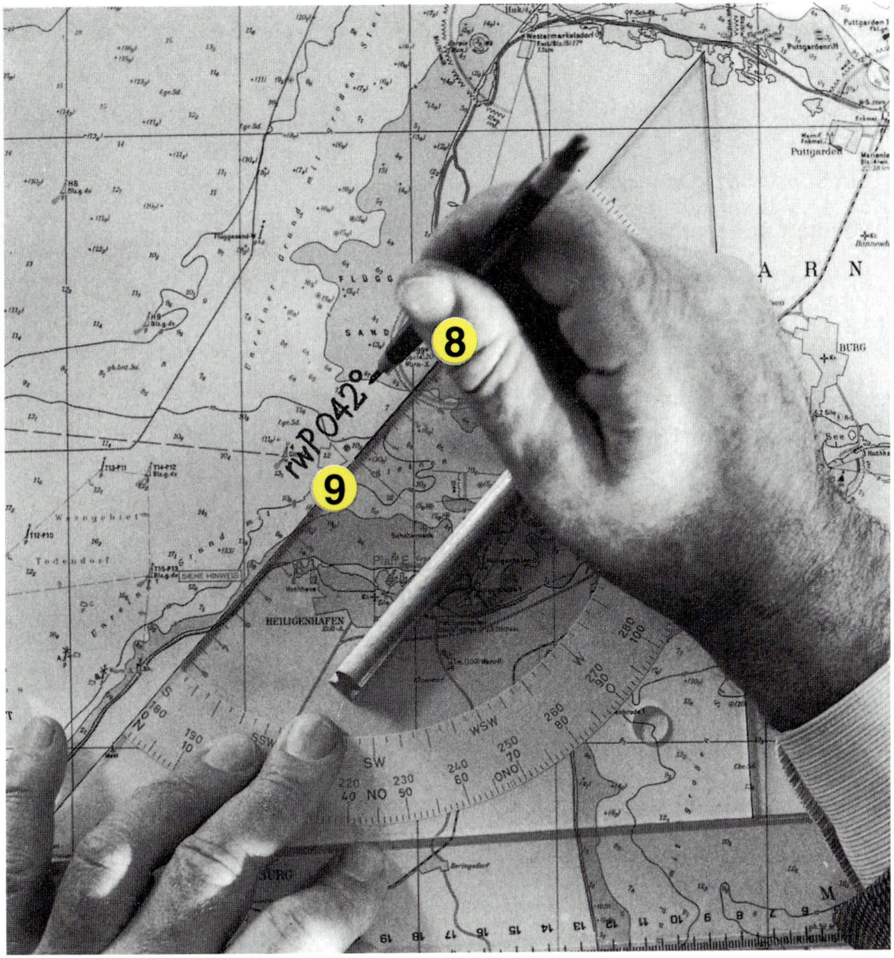

(vgl. Text in 2.4.1 auf S. 299)

Beispiel:
Ein Sportboot, das westlich von Fehmarn steht, peilt auf dem Magnetkompaßkurs 214° mit der Peilscheibe das Leuchtfeuer Flügge 259°.

Wie lautet die rechtweisende Peilung?

SP	=	259°
MgK	=	214°
MgP	=	473°
		–360°
MgP	=	113°
Abl	=	– 2°*)
mwP	=	111°
Mw	=	– 2°
rwP	=	109°

Es ist zu beachten, daß beim Beschicken von Magnetkompaßpeilungen aus der Steuertafel stets die *Ablenkung für den Magnetkompaßkurs,* der zum Zeitpunkt der Peilung anlag, zu entnehmen ist; auf keinen Fall darf mit der Gradzahl der Kompaßpeilung in die Steuertafel eingegangen werden.

*) Für Kursbeschickungen gilt die Steuertafel in den Erl. zu Fragen 241–245.

2.4.3 Schiffsortermittlung mit Hilfe einer Doppelpeilung

Unter einer Doppelpeilung der Schiffsortermittlung versteht man das zweimalige Peilen desselben Objektes – im Unterschied zur Kreuzpeilung (vgl. Erläuterung zu Fragen 250 bis 253) – mit dazwischenliegender Versegelung.

Beispiel:
Ein Sportboot steht auf dem Koppelort (O_k) φ 54° 32,8′ N, λ 010° 55,6′ E und steuert bei achterlichem Wind den Magnetkompaßkurs 062°. Da dem Koppelort mißtraut wird, wird das Leuchtfeuer Westermarkelsdorf am Magnetkompaß 103° und nach einer Versegelung von 4 sm das gleiche Feuer am Ma-

gnetkompaß 173° gepeilt. Wie lautet der „beobachtete Ort" (O_b) nach Breite und Länge? Um die Aufgabe lösen zu können, sind zunächst der Magnetkompaßkurs und die Magnetkompaßpeilungen durch das Anbringen von Beschickungen in den rechtweisenden Kurs bzw. in rechtweisende Peilungen zu verwandeln.

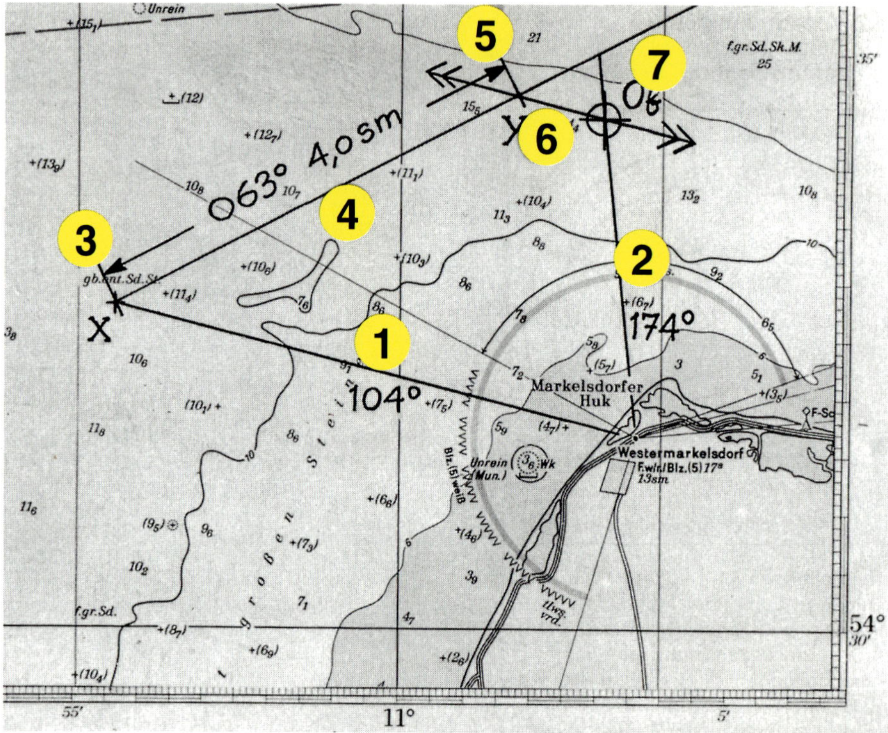

(vgl. Text in 2.4.3 auf S. 301)

MgK	= 062°
Abl	= + 3°
mwK	= 065°
Mw	= – 2°
rwK	= 063°
MgP	= 103°
Abl	= + 3°*)
mwP	= 106°
Mw	= – 2°
rwP	= 104°
MgP	= 173°
Abl	= + 3°*)
mwP	= 176°
Mw	= – 2°
rwP	= 174°

Nachdem durch Anbringung der Beschickung die Magnetkompaßpeilungen 103° und 173° des Leuchtfeuers Westermarkelsdorf in die rechtweisenden Peilungen 104° ① bzw. 174° ② verwandelt wurden, werden diese wie unter 2.4.1 beschrieben eingetragen. Dann wird vom Koppelort X ③ die Kurslinie 063° ④ eingetragen und auf dieser eine Strecke von 4 sm abgegriffen. Der Endpunkt dieser Strecke ist oben als Punkt Y ⑤ bezeichnet. Jetzt wird die erste Peilstandlinie ① (104°) 4 sm parallel bis zum Punkt Y versegelt, d. h. vom Punkt X ③ auf der von dort angetragenen Kurslinie 4 sm weit bis zum Punkt Y ⑤ und dort nochmals eingetragen ⑥. Dort, wo die versegelte Peilstandlinie ⑥ (104°) sich mit der zweiten Peilstandlinie (174°) schneidet ⑦, ist der mit Hilfe einer Doppelpeilung ermittelte Schiffsort (O_b), und zwar zum Zeitpunkt der zweiten Peilung; er lautet φ = 54° 34,4′ N, λ = 011° 03,1′ E.

*) Für Kursbeschickungen gilt die Steuertafel in den Erl. zu Fragen 241–245.

3. Die Kartenaufgaben

343

Ein Sportboot, das in der Flensburger Förde auf 54° 47,5' N und 009° 57,5' E steht, setzt von dieser Position den rechtweisenden Kurs 135° ab.

Fragen:

a) **Tragen Sie die angegebene Position und die Kurslinie in die Karte ein.**

b) **Wie lautet der zu steuernde Magnetkompaßkurs? (Mißweisung = 0°, Ablenkung = +6°) Tragen Sie die Berechnung und das Ergebnis nebenstehend ein.**

c) **Wie groß ist der Abstand zum Leuchtfeuer Falshöft, wenn Sie dieses querab haben, welche Kennung, Farben und Tragweite hat dieses Leuchtfeuer?**

Antworten:

a) **Siehe Karte.**

b)

MgK	**=**	**129°**
Abl	**=**	**+6°**
mwK	**=**	**135°**
Mw	**=**	**0°**
rwK	**=**	**135°**

Der Magnetkompaßkurs beträgt 129°.

c) **0,8 sm**
Unterbrochenes Feuer mit Gruppen von 2 Unterbrechungen, Wiederkehr 16 s, weiß, rot und grün
18 – 13 sm

Zu Frage 343: **Seekarte D 30** (Kennung des Leuchtfeuers Falshöft: Oc [2] WRG / Ubr. [2] w/r/gn)

343 a) Verwandeln rwK in MgK vgl. Erl. zu Fragen 246, 247
MgK vgl. Frage 240
rwK vgl. Frage 237
mwK vgl. Frage 239
Mißweisung vgl. Frage 241
Ablenkung vgl. Frage 242
Beim Rechengang ist mit umgekehrten Vorzeichen zu rechnen, vgl. Erl. zu Fragen 246, 247

343 b) Entnehmen der Entfernung aus der Seekarte vgl. Erl. Nr. 2.2.1 vor Frage 343 und Frage 232

343 c) Kennungen vgl. Erl. zu Fragen 211–217
Leuchtfeuerverzeichnis vgl. Erl. zu Frage 231
Zeichen und Abkürzungen in den Seekarten vgl. Erl. zu Frage 230

344

Ein Sportboot, das sich auf der Fahrt nach Schleimünde befindet, steht auf der Position 54° 31,2' N und 010° 05,0' E und setzt den Kurs auf die Leuchttonne 4 an der Südostecke des Sperrgebietes ab.

Fragen:

a) **Tragen Sie die angegebene Position und die Kurslinie in die Karte ein. Wie lautet der rechtweisende Kurs?**

b) **In welcher Zeit wird die Distanz zwischen der angegebenen Position und der Leuchttonne 4 zurückgelegt, wenn das Sportboot 7,5 sm/h läuft? Tragen Sie die Berechnung und das Ergebnis nebenstehend ein.**

c) **Auf welcher Position nach Breite und Länge liegt die Leuchttonne 4?**

Antworten:

a) **Siehe Karte.**
rwK = 013°

b) $$\frac{4{,}8 \text{ sm} \times 60 \text{ min/h}}{7{,}5 \text{ sm/h}} = 38 \text{ min}$$

Die Zeit beträgt 38 Minuten.

c) **54° 35,9' N**
010° 06,9' E

Zu Frage 344: **Seekarte D 30**

344 a) Entnehmen des rwK aus der Seekarte vgl. Frage 238 und Erl. Nr. 2.3.1 vor Frage 343
rwK vgl. Frage 237

344 b) Berechnung der Fahrzeit vgl. Frage 235
Berechnung der Geschwindigkeit vgl. Erl. zu Frage 234

344 c) Entnehmen der Position der Tonne aus der Seekarte entsprechend Ermittlung des Schiffsortes vgl. Erl. Nr. 2.1.1 vor Frage 343

345

Ein Sportboot, das in die Kieler Förde einlaufen will, steht auf der Position 54° 33,9' N und 010° 12,9' E. Von hier aus setzt es den Kurs auf die Leucht-Heultonne 1 der Kieler Förde ab.

Fragen:

a) **Tragen Sie die angegebene Position und die Kurslinie in die Karte ein. Wie lautet der rechtweisende Kurs?**

b) **Nach 3,4 sm wird eine Wassertiefe von 10 m gelotet und gleichzeitig der Leuchtturm Kiel am Magnetkompaß 107° gepeilt.**
Wie lautet die rechtweisende Peilung?
(Ablenkung = +6°, Mißweisung = 0°)
Tragen Sie die Berechnung und das Ergebnis nebenstehend ein.

c) **Wie groß ist die Restdistanz zur Leuchttonne 1 der Kieler Förde?**
Welches Toppzeichen, welche Kennung und Farbe hat das Feuer dieser Leuchttonne?

Antworten:

a) **Siehe Karte.**
rwK = 165°

b)

MgP	**=**	**107°**
Abl	**=**	**+6°**
mwP	**=**	**113°**
Mw	**=**	**0°**
rwP	**=**	**113°**

Die rechtweisende Peilung beträgt 113°.

c) **2,0 sm**
Kegel
Funkelfeuer grün

Zu Frage 345: **Seekarte D 30** (Kennung der Leucht-Heultonne 1: QG Whis / Hl.-Tn. Fkl. gn)

345 a) Entnehmen des rwK aus der Seekarte vgl Frage 238 und Erl. Nr. 2.3.1 vor Frage 343
rwK vgl. Frage 237

345 b) Verwandeln der Magnetkompaßpeilung in rechtweisende Peilung vgl. Frage 247 und Erl. zu Fragen 246, 247
Magnetkompaßpeilung vgl. Erl. zu Fragen 248–250
Ablenkung vgl. Frage 242
Mißweisende Peilung vgl. Erl. zu Fragen 248–251
Mißweisung vgl. Frage 241
Rechtweisende Peilung vgl. Erl. zu Fragen 248–251
Eintragen der rechtweisenden Peilung in die Seekarte vgl. Erl. 2.4.1 vor Frage 343

345 c) Kennungen vgl. Erl. zu Fragen 211–217
Leuchtfeuerverzeichnis vgl. Erl. zu Frage 231
Zeichen und Abkürzungen in den Seekarten vgl. Erl. zu Frage 230
Toppzeichen vgl. Allgemeines vor Frage 176

346

Ein Sportboot, das sich auf der Fahrt zum Fehmarnsund befindet, steht nahe der Tonne Flüggesand-W. Von hier steuert es die Leuchttonne 2 westlich des Fehmarnsundes an.

Fragen:

a) **Tragen Sie die Kurslinie zwischen den genannten Tonnen ein. Wie lautet der rechtweisende Kurs? In welchem Querabstand wird das Leuchtfeuer Flügge passiert?**

b) **Wie lautet der zu steuernde Magnetkompaßkurs? (Mißweisung = 0°, Ablenkung = + 7°)**
Tragen Sie die Berechnung und das Ergebnis nebenstehend ein.

c) **Nach 3,6 sm wird eine Kreuzpeilung durchgeführt, die folgende rechtweisende Peilungen ergibt:**
Leuchtfeuer Flügge = 042°
Turm bei Klausdorf = 172°
(südlich des Leuchtfeuers Heiligenhafen)
Zeichnen Sie die rechtweisenden Peilungen in die Karte ein.

Antworten:

a) **Siehe Karte.**
rwK = 132°
0,85 sm

b)

MgK	**=**	**125°**
Abl	**=**	**+ 7°**
mwK	**=**	**132°**
Mw	**=**	**0°**
rwK	**=**	**132°**

Der Magnetkompaßkurs beträgt 125°.

c) **Siehe Karte.**

Zu Frage 346: **Seekarte D 36**

346 a) Verwandeln rwK in MgK vgl. Erl. zu Fragen 246, 247
MgK vgl. Frage 240
rwK vgl. Frage 237
mwK vgl. Frage 239
Mißweisung vgl. Frage 241
Ablenkung vgl. Frage 242
Beim Rechengang ist mit umgekehrten Vorzeichen zu rechnen, vgl. Erl. zu Fragen 246, 247

346 b) Eintragen der rechtweisenden Peilungen in die Seekarte vgl. Erl. Nr. 2.4.1 vor Frage 343
Kreuzpeilung vgl. Frage 250 und Erl. zu Fragen 248–251

346 c) Entnehmen der Entfernung aus der Seekarte vgl. Erl. Nr. 2.2.1 vor Frage 343 und Frage 232

347

Ein Sportboot verläßt bei Leuchttonne K07-T64 den Kiel-Ostsee-Weg/Weg T in südöstlicher Richtung. Der rechtweisende Kurs beträgt 151°.

Fragen:

a) **Tragen Sie die Kurslinie in die Karte ein. Wie lautet der zu steuernde Magnetkompaßkurs? (Mißweisung = 0°, Ablenkung = +11°) Tragen Sie die Berechnung und das Ergebnis nebenstehend ein.**

b) **Beim Passieren wird das Leuchtfeuer Marienleuchte rechtweisend 241° gepeilt; der Abstand zur Küstenlinie beträgt 1,8 sm. Tragen Sie die rechtweisende Peilung und den Abstand in die Karte ein und geben Sie an, auf welcher Position nach Breite und Länge sich das Sportboot befindet.**

c) **Geben Sie an, welche Tiefenlinie die Kurslinie schneidet und welches Verbot im Bereich der ermittelten Position zu beachten ist.**

Antworten:

a) **Siehe Karte.**

MgK	**=**	**140°**
Abl	**=**	**+11°**
mwK	**=**	**151°**
Mw	**=**	**0°**
rwK	**=**	**151°**

Der Magnetkompaßkurs beträgt 140°.

b) **Siehe Karte.**
54° 30,6' N
011° 17,2' E

c) **20-m-Tiefenlinie**
Schutzbereich, in dem Ankern, Fischen und Angeln verboten ist.

Zu Frage 347: **Seekarte D 36**

347 a) Verwandeln rwK in MgK vgl. Erl. zu Fragen 246, 247
MgK vgl. Frage 240
rwK vgl. Frage 237
mwK vgl. Frage 239
Mißweisung vgl. Frage 241
Ablenkung vgl. Frage 242
Beim Rechengang ist mit umgekehrten Vorzeichen zu rechnen, vgl. Erl. zu Fragen 246, 247

317 b) Entnehmen des Schiffsortes aus der Seekarte vgl. Erl. Nr. 2.1.1 vor Frage 343
Eintragen der rechtweisenden Peilung in die Seekarte vgl. Erl. Nr. 2.4.1 vor Frage 343
Rechtweisende Peilung vgl. Erl. zu Fragen 248–251

347 c) Verbot des Ankerns vgl. Fragen 138, 156

348

Ein Sportboot, das sich zwischen den Molenköpfen des Yachthafens Grömitz befindet, setzt den Kurs auf die Leuchttonne Trave ab.

Fragen:

a) **Tragen Sie die Kurslinie in die Karte ein. Wie lautet der rechtweisende Kurs? Nach welcher Distanz wird die 20-m-Tiefenlinie passiert?**
b) **In welcher Zeit wird die Distanz zwischen der Yachthafeneinfahrt Grömitz und der Leuchttonne Trave zurückgelegt, wenn das Sportboot 7 sm/h läuft? Tragen Sie die Berechnung und das Ergebnis nebenstehend ein.**
c) **Welche Kennung, Farbe und Wiederkehr hat das Feuer der Leuchttonne Trave?**

Antworten:

a) **Siehe Karte.**
rwK = 183°
1,9 sm

b) $$\frac{8{,}2\ \text{sm} \times 60\ \text{min/h}}{7\ \text{sm/h}} = 70\ \text{min}$$

Die Zeit beträgt 70 Minuten.

c) **Gleichtaktfeuer**
weiß
4 s

Zu Frage 348: **Seekarte D 36** (Kennung des Leuchtfeuers: Fl. WR, 4 s / Blz. w/r 4 s)

348 a) Entnehmen des rwK aus der Seekarte vgl. Frage 238 und Erl. Nr. 2.3.1 vor Frage 343
rwk vgl. Frage 237

348 b) Berechnung der Fahrzeit vgl. Frage 235
Berechnung der Geschwindigkeit vgl. Erl. zu Frage 234

348 c) Kennungen vgl. Erl. zu Fragen 211–217
Leuchtfeuerverzeichnis vgl. Erl. zu Frage 231
Zeichen und Abkürzungen in den Seekarten vgl. Erl. zu Frage 230

349

Ein Sportboot, das die Wismarbucht verlassen will, steht nahe bei der Leuchttonne Wismar. Von hier steuert es die Leuchttonne 5 des Lübeck-Gedser-Weges an.

Fragen:

a) **Tragen Sie die Kurslinie in die Karte ein. Wie lautet der rechtweisende Kurs? Wie groß ist die Distanz zwischen den genannten Leuchttonnen?**

b) **Wie lautet der zu steuernde Magnetkompaßkurs? (Mißweisung = 0°, Ablenkung = – 3°) Tragen Sie die Berechnung und das Ergebnis nebenstehend ein.**

c) **Auf welcher Position nach Breite und Länge liegt die Leuchttonne 5 des Lübeck-Gedser-Weges?**

Antworten:

a) **Siehe Karte.**
rwK = 346°
5,6 sm

b)

MgK	=	**349°**
Abl	=	**–3°**
mwK	=	**346°**
Mw	=	**0°**
rwK	=	**346°**

Der Magnetkompaßkurs beträgt 349°.

c) **54° 12,6' N**
011° 23,5' E

Zu Frage 349: **Seekarte D 36**

349 a) Verwandeln rwK in MgK vgl. Erl. zu Fragen 246, 247
MgK vgl. Frage 240
rwK vgl. Frage 237
mwK vgl. Frage 239
Mißweisung vgl. Frage 241
Ablenkung vgl. Frage 242
Beim Rechengang ist mit umgekehrten Vorzeichen zu rechnen, vgl. Erl. zu Fragen 246, 247

349 b) Entnehmen der Entfernung aus der Seekarte vgl. Erl. Nr. 2.2.1 vor Frage 343 und Frage 232

349 c) Entnehmen der Position der Tonne aus der Seekarte entsprechend Ermittlung des Schiffsortes vgl. Erl. Nr. 2.1.1 vor Frage 343

350

Ein Sportboot will durch das Offentief in die Wismarbucht einlaufen. Es steht auf Position 54° 09,6' N und 011° 18,5' E und setzt den Kurs auf die Leuchttonne O-Tief ab.

Fragen:

a) **Tragen Sie die angegebene Position und die Kurslinie in die Karte ein. Wie lautet der rechtweisende Kurs?**

b) **Beim Erreichen der 20-m-Tiefenlinie wird das Leuchtfeuer Timmendorf am Magnetkompaß 157° gepeilt. Wie lautet die rechtweisende Peilung? (Ablenkung = + 5°, Mißweisung = 0°) Tragen Sie die Berechnung und das Ergebnis nebenstehend ein.**

c) **Wie groß ist die Restdistanz vom ermittelten Ort zur Leuchttonne O-Tief? Welche Kennung, Farbe und Wiederkehr hat das Feuer dieser Leuchttonne?**

Antworten:

a) **Siehe Karte.**
rwK = 185°

b)

MgP	**=**	**157°**
Abl	**=**	**+ 5°**
mwP	**=**	**162°**
Mw	**=**	**0°**
rwP	**=**	**162°**

Die rechtweisende Peilung beträgt 162°.

c) **5,5 sm**
Gleichtaktfeuer
weiß
4 s

Zu Frage 350: **Seekarte D 36** (Kennung der Leuchttonne: O-Tief: Iso. 4 s / Glt. 4 s)

350 a) Entnehmen des rwK aus der Seekarte vgl. Frage 238 und Erl. Nr. 2.3.1 vor Frage 343
rwK vgl. Frage 237

350 b) Verwandeln der Magnetkompaßpeilungen in rechtweisende Peilungen vgl. Frage 249 und Erl. zu Fragen 246, 247
Magnetkompaßpeilung vgl. Erl. zu Fragen 248–251
Ablenkung vgl. Frage 242
Mißweisende Peilung vgl. Erl. zu Fragen 248–251
Mißweisung vgl. Frage 241
Rechtweisende Peilung vgl. Erl. zu Fragen 248–251
Eintragen der rechtweisenden Peilung in die Seekarte vgl. Erl. 2.4.1 vor Frage 343

350 c) Kennungen vgl. Erl. zu Fragen 211–217
Leuchtfeuerverzeichnis vgl. Erl. zu Frage 231
Zeichen und Abkürzungen in den Seekarten vgl. Erl. zu Frage 230
Tonnen vgl. Allgemeines vor Frage 176 und Erl. zu Fragen 200, 201

351

Ein aus Warnemünde auslaufendes Sportboot steht auf der Position 54° 14,6'N und 012° 04,9'E und will die Leuchttonne E70 des Verkehrstrennungsgebietes Gedser ansteuern.

Fragen:

a) **Tragen Sie die angegebene Position und die Kurslinie in die Karte ein. Wie lautet der rechtweisende Kurs?**
b) **Wie groß ist die Distanz zwischen der angegebenen Position und der Leuchttonne E70? Welche Kennung, Farbe und Wiederkehr hat das Feuer dieser Leuchttonne?**
c) **In welcher Zeit wird die Distanz zwischen der angegebenen Position und der Leuchttonne E70 zurückgelegt, wenn das Sportboot 8 sm/h läuft? Tragen Sie die Berechnung und das Ergebnis nebenstehend ein.**

Antworten:

a) **Siehe Karte.**
rwK = 018°

b) **9,3 sm**
Blitz
grün
4 s

c) $$\frac{9{,}3 \text{ sm} \times 60 \text{ min/h}}{8 \text{ sm/h}} = 70 \text{ min}$$

Die Zeit beträgt 70 Minuten.

Zu Frage 351: **Seekarte D 36** (Kennung der Leuchttonne: R 4: QR / Fkl. r)

351 a) Entnehmen des rwK aus der Seekarte vgl. Frage 238 und Erl. Nr. 2.3.1 vor Frage 343
rwK vgl. Frage 237

351 b) Kennungen vgl. Erl. zu Fragen 211–219
Leuchtfeuerverzeichnis vgl. Erl. zu Frage 231
Zeichen und Abkürzungen in den Seekarten vgl. Erl. zu Frage 230
Tonnen vgl. Allgemeines vor Frage 180 und Erl. zu Fragen 200, 201

351 c) Berechnung der Fahrzeit vgl. Frage 235
Berechnung der Geschwindigkeit vgl. Erl. zu Frage 234

352

Ein aus dem Landtief auslaufendes Sportboot setzt nach dem Passieren der Leuchttonne L2 einen rechtweisenden Kurs von 043° ab.

Fragen:

a) **Tragen Sie den angegebenen Kurs in die Karte ein. Welches Toppzeichen hat die Leuchttonne L2?**
b) **Wie lautet der zu steuernde Magnetkompaßkurs? (Mißweisung = 0°, Ablenkung = – 6°) Tragen Sie die Berechnung und das Ergebnis nebenstehend ein.**
c) **Nach 1,3 sm wird querab an Steuerbord ein Schifffahrtszeichen ausgemacht. Was bezeichnet dieses Schiffahrtszeichen? Welches Toppzeichen und welchen Anstrich hat dieses Schiffahrtszeichen?**

Antworten:

a) **Siehe Karte. Roter Zylinder**

b)

MgK	**=**	**049°**
Abl	**=**	**–6°**
mwK	**=**	**043°**
Mw	**=**	**0°**
rwK	**=**	**043°**

Der Magnetkompaßkurs beträgt 049°.

c) **Gefahrenstelle Stundenglas (Kegel, Spitze unten, Kegel, Spitze oben) gelb, schwarz, gelb.**

Zu Frage 352: **Seekarte D 36**

352 a) Verwandeln rwK in MgK vgl. Erl. zu Fragen 246, 247
MgK vgl. Frage 240
rwK vgl. Frage 237
mwK vgl. Frage 239
Mißweisung vgl. Frage 241
Ablenkung vgl. Frage 242
Beim Rechengang ist mit umgekehrten Vorzeichen zu rechnen, vgl. Erl. zu Fragen 246, 247

352 b Entnehmen der Position der Tonne aus der Seekarte entsprechend Ermittlung des Schiffsortes vgl. Erl. Nr. 2.1.1 vor Frage 343

252 c) Verkehrsregelung in Sperr- und Warngebieten vgl. Erl. zu Fragen 162–165

353

Ein Sportboot, das 8 sm/h läuft, befindet sich bei der Leuchttonne Außenelbe-Reede 3/2 und setzt Kurs ab auf die Leucht-Heultonne Süderpiep.

Fragen:

a) **Tragen Sie die Kurslinie in die Karte ein. Wie lautet der rechtweisende Kurs? Wie groß ist die Distanz zwischen den beiden Tonnen?**

b) **In welcher Zeit wird die Distanz zwischen den beiden Tonnen zurückgelegt? Tragen Sie die Berechnung und das Ergebnis nebenstehend ein.**

c) **Welche Kennung, Farbe und Wiederkehr hat das Feuer der Leucht-Heultonne Süderpiep?**

Antworten:

a) **Siehe Karte.**
rwK = 049°
6,6 sm

b) $\frac{6{,}6\text{ sm} \times 60\text{ min/h}}{8\text{ sm/h}} = 49{,}5\text{ min}$

c) **Gleichtaktfeuer**
weiß
8 s

Zu Frage 353: **Seekarte D 87** (Kennung der Leucht-Heultonne Süderpiep: Iso. 8 s / Glt. 8 s)

353 a) Entnehmen des rwK aus der Seekarte vgl. Frage 238 und Erl. Nr. 2.3.1 vor Frage 343
rwK vgl. Frage 237

353 b) Kennungen vgl. Erl. zu Fragen 211–217
Leuchtfeuerverzeichnis vgl. Erl. zu Frage 231
Zeichen und Abkürzungen in den Seekarten vgl. Erl. zu Frage 230
Tonnen vgl. Allgemeines vor Frage 176 und Erl. zu Fragen 200, 201

353 c) Berechnung der Fahrzeit vgl. Frage 235
Berechnung der Geschwindigkeit vgl. Erl. zu Frage 234

354

Ein Sportboot befindet sich auf der Fahrt zur Elbe. Nachdem es die Position 54° 10,0' N und 008° 23,8' E erreicht hat, steuert es die Leuchttonne Außenelbe-Reede 3/2 an.

Fragen:

a) **Tragen Sie die angegebene Position und die Kurslinie in die Karte ein. Wie lautet der rechtweisende Kurs? Wie groß ist die Distanz zu der Tonne?**

b) **Wie lautet der zu steuernde Magnetkompaßkurs? (Mißweisung = –1°, Ablenkung = +4°) Tragen Sie die Berechnung und das Ergebnis nebenstehend ein.**

c) **Welchen Anstrich und welche Kennung hat die Leucht-Heultonne Süderpiep, die an der Backbordseite passiert wird?**

Antworten:

a) **Siehe Karte.**
rwK = 216°
10,2 sm

b)

MgK	**=**	**213°**
Abl.	**=**	**+4°**
mwK	**=**	**217°**
Mw	**=**	**–1°**
rwK	**=**	**216°**

Der Magnetkompaßkurs beträgt 213°.

c) **rot-weiß**
Gleichtaktfeuer
8 s

Zu Frage 354: **Seekarte D 87**

354 a) Verwandeln rwK in MgK vgl. Erl. zu Fragen 246, 247
MgK vgl. Frage 240
rwK vgl. Frage 237
mwK vgl. Frage 239
Mißweisung vgl. Frage 241
Ablenkung vgl. Frage 242
Beim Rechengang ist mit umgekehrten Vorzeichen zu rechnen, vgl. Erl. zu Fragen 246, 247

354 b) Entnehmen der Position der Tonne aus der Seekarte entsprechend Ermittlung des Schiffsortes vgl. Erl. Nr. 2.1.1 vor Frage 343

354 c) Toppzeichen vgl. Allgemeines vor Frage 176
Leuchtfeuerverzeichnis vgl. Erl. zu Frage 231
Zeichen und Abkürzungen in den Seekarten vgl. Erl. zu Frage 230

355

Ein Sportboot, das in die Weser einlaufen will, steht auf der Position 54° 01,1' N und 007° 59,9' E. Von hier steuert es die Leuchttonne Nordergründe-N an.

Fragen:

a) **Tragen Sie die angegebene Position und die Kurslinie in die Karte ein. Wie lautet der rechtweisende Kurs?**

b) **Wie lautet der zu steuernde Magnetkompaßkurs? (Mißweisung = –1°, Ablenkung = –5°)**
Tragen Sie die Berechnung und das Ergebnis nebenstehend ein.

c) **Welchen Anstrich hat die Leuchttonne Nordergründe-N?**
Welche Bedeutung haben der Anstrich und das Toppzeichen?

Antworten:

a) **Siehe Karte.**
rwK = 177°

b)

MgK	**=**	**183°**
Abl	**=**	**–5°**
mwK	**=**	**178°**
Mw	**=**	**–1°**
rwK	**=**	**177°**

Der Magnetkompaßkurs beträgt 183°.

c) **schwarz-gelb**

Die Tonne liegt nördlich einer Gefahrenstelle und ist nördlich zu passieren.

Zu Frage 355 **Seekarte D 2** (Kennung der Leuchttonne Nordergründe-N: VQ / S Fkl.)

355 a) Tiefenlinie vgl. Erl. zu Frage 233

355 b) Verwandeln rwK in MgK vgl. Erl. zu Fragen 246, 247
MgK vgl. Frage 240
rwK vgl. Frage 237
mwK vgl. Frage 239
Mißweisung vgl. Frage 241
Ablenkung vgl. Frage 242
Beim Rechengang ist mit umgekehrten Vorzeichen zu rechnen, vgl. Erl. zu Fragen 246, 247

355 c) Kennungen vgl. Erl. zu Fragen 211–217
Leuchtfeuerverzeichnis vgl. Erl. zu Frage 231
Zeichen und Abkürzungen in den Seekarten vgl. Erl. zu Frage 230
Tonnen vgl. Allgemeines vor Frage 176 und Erl. zu Fragen 200, 201

356

Ein Sportboot hat die Leuchttonne A6 der Alten Weser passiert und befindet sich auf der Fahrt zur Leuchttonne Westertill-N in der Elbmündung.

Fragen:

a) **Tragen Sie die Kurslinie in die Karte ein. Wie lautet der rechtweisende Kurs? Wie groß ist die Distanz zwischen den beiden Leuchttonnen?**

b) **Auf welcher Position nach Breite und Länge liegt die Leuchttonne A6? Welche Kennung und Farbe hat das Feuer der Leuchttonne A6?**

c) **In welcher Zeit wird die Distanz zwischen den beiden Leuchttonnen zurückgelegt, wenn das Sportboot 7 sm/h läuft?**
Tragen Sie die Berechnung und das Ergebnis nebenstehend ein.

Antworten:

a) **Siehe Karte.**
rwK = 030°
4,8 sm

b) **53° 54,0' N**
008° 02,7' E

Blitz
rot

c) $$\frac{4{,}8\ \text{sm} \times 60\ \text{min/h}}{7\ \text{sm/h}} = 41\ \text{min}$$

Die Zeit beträgt 41 Minuten.

Zu Frage 356: **Seekarte D 2**

356 a) Entnehmen des rwK aus der Seekarte vgl. Frage 238 und Erl. Nr. 2.3.1 vor Frage 343
rwK vgl. Frage 237

356 b) Entnehmen der Position der Tonne aus der Seekarte entsprechend Ermittlung des Schiffsortes vgl. Erl. Nr. 2.1.1 vor Frage 343

356 c) Berechnung der Fahrzeit vgl. Frage 235
Berechnung der Geschwindigkeit vgl. Frage 234

357

Ein Sportboot steht auf der Position 53° 52,9' N und 008° 09,3' E und will in die Weser einlaufen. Der rechtweisende Kurs beträgt 186°.

Fragen:

a) **Tragen Sie die angegebene Ausgangsposition und die Kurslinie in die Karte ein.**
b) **Auf der Position 53° 52,1' N und 008° 09,2' E wird das Leuchtfeuer Alte Weser am Magnetkompaß 259° gepeilt. Wie lautet die rechtweisende Peilung? (Ablenkung = –5°, Mißweisung = –2°) Tragen Sie die Berechnung und das Ergebnis nebenstehend ein.**
c) **Wie groß ist der Abstand der Position, auf der gepeilt wird, vom Leuchtturm Alte Weser? Geben Sie die Höhe des Leuchtfeuers an.**

Antworten:

a) **Siehe Karte.**

b)

MgP	**=**	**259°**
Abl	**=**	**–5°**
mwP	**=**	**254°**
Mw	**=**	**–2°**
rwP	**=**	**252°**

Die rechtweisende Peilung beträgt 252°.

c) **0,9 sm**
33 m

Zu Frage 357: **Seekarte D 2**

357 a) Verwandeln der Magnetkompaßpeilung in rechtweisende Peilung vgl. Frage 249 und Erl. zu Fragen 246, 247
Magnetkompaßpeilung vgl. Erl. zu Fragen 248–251
Ablenkung vgl. Frage 242
Mißweisende Peilung vgl. Erl. zu Fragen 248–251
Mißweisung vgl. Frage 241
Rechtweisende Peilung vgl. Erl. zu Fragen 248–251
Eintragen der rechtweisenden Peilung in die Seekarte vgl. Erl. 2.4.1 vor Frage 343

357 b) Entnehmen der Entfernung aus der Seekarte vgl. Erl. Nr. 2.2.1 vor Frage 341 und Frage 232

357 c) Entnehmen der Position des Leuchtfeuers aus der Seekarte entprechend Ermittlung des Schiffsortes vgl. Erl. Nr. 2.1.1 vor Frage 343

358

Ein Sportboot, das 6 sm/h läuft, hat die Alte Weser verlassen; es steht nahe bei der Leuchttonne A1 und will in das Wangerooger Fahrwasser einlaufen. Es setzt seinen Kurs über die Tonne 3b in der Neuen Weser ab.

Fragen:

a) **Tragen Sie die Kurslinie in die Karte ein. Wie lautet der rechtweisende Kurs? Wie groß ist die Distanz zwischen der Leuchttonne A1 und der Tonne 3b?**

b) **Welches Toppzeichen und welchen Anstrich hat die Leuchttonne A1, welche Kennung und Farbe hat das Feuer der Leuchttonne A1.**

c) **In welcher Zeit wird die Distanz zwischen der Leuchttonne A1 und der Tonne 3b zurückgelegt? Tragen Sie die Berechnung und das Ergebnis nebenstehend ein.**

Antworten:

a) **Siehe Karte.**
rwK = 208°
3,8 sm

b) **Toppzeichen: Kegel**
Anstrich: grün
Kennung: Funkelfeuer
Farbe: grün

c) $$\frac{3{,}8\ \text{sm} \times 60\ \text{min/h}}{6\ \text{sm/h}} = 38\ \text{min}$$

Die Zeit beträgt 38 Minuten.

Zu Frage 358: **Seekarte D 2** (Kennung der Leuchttonne A 1: QG / Fkl. gn.)

358 a) Entnehmen des rwK aus der Seekarte vgl. Frage 238 und Erl. Nr. 2.3.1 vor Frage 343
rwK vgl. Frage 237

358 b) Toppzeichen vgl. Allgemeines vor Frage 176
Kennungen vgl. Erl. zu Fragen 211–217
Leuchtfeuerverzeichnis vgl. Erl. zu Frage 231
Zeichen und Abkürzungen in den Seekarten vgl. Erl. zu Frage 230

358 c) Berechnung der Fahrzeit vgl. Frage 235
Berechnung der Geschwindigkeit vgl. Frage 230

359

Ein Sportboot, das in die Jade einlaufen will, steht auf der Position 53° 49,0' N und 007° 36,0' E. Von hier aus wird der Kurs auf die Leuchttonne 3 der Jade abgesetzt.

Fragen:

a) **Tragen Sie die Position und die Kurslinie in die Karte ein. Wie lautet der rechtweisende Kurs?**
b) **Wie lautet der zu steuernde Magnetkompaßkurs? (Mißweisung = – 1°, Ablenkung = + 5°) Tragen Sie die Berechnung und das Ergebnis nebenstehend ein.**
c) **Auf welcher Position kreuzt die Kurslinie ein Unterwasserkabel?**

Antworten:

a) **Siehe Karte.**
rwK = 070°

b)

MgK	**=**	**066°**
Abl	**=**	**+ 5°**
mwK	**=**	**071°**
Mw	**=**	**– 1°**
rwK	**=**	**070°**

Der Magnetkompaßkurs beträgt 066°.

c) **53° 49,2' N**
007° 37,0' E

Zu Frage 359: **Seekarte D 87**

359 a) Verwandeln rwK in MgK vgl. Erl. zu Fragen 246, 247
MgK vgl. Frage 240
rwK vgl. Frage 237
mwK vgl. Frage 239
Mißweisung vgl. Frage 241
Ablenkung vgl. Frage 242
Beim Rechengang ist mit umgekehrten Vorzeichen zu rechnen, vgl. Erl. zu Fragen 246, 247

359 b) Entnehmen der Position der kreuzenden Linien aus der Seekarte entsprechend Ermittlung des Schiffsortes vgl. Erl. Nr. 2.1.1 vor Frage 343

359 c) Zeichen und Abkürzungen in den Seekarten vgl. Erl. zu Frage 230

360

Ein aus westlicher Richtung kommendes Sportboot hat die Schlüsseltonne der Alten Weser nahebei passiert und steuert mit dem rechtweisenden Kurs 074° die Elbe an.

Fragen:

a) **Tragen Sie die Kurslinie in die Karte ein und geben Sie an, nach welcher Distanz die Leuchttonne Nordergründe-N an Steuerbord querab passiert wird.**

b) **Wie lautet der zu steuernde Magnetkompaßkurs? Tragen Sie die Berechnung und das Ergebnis nebenstehend ein. (Mißweisung = −2°, Ablenkung = −2°)**

c) **Auf welcher Position nach Breite und Länge liegt die Leuchttonne Nordergründe-N?**

Antworten:

a) **Siehe Karte.**
3,2 sm

b)

MgK	**=**	**078°**
Abl	**=**	**−2°**
mwK	**=**	**076°**
Mw	**=**	**−2°**
rwK	**=**	**074°**

Der Magnetkompaßkurs beträgt 078°.

c) **53° 57,1' N**
008° 00,2' E

Zu Frage 360: **Seekarte D 2**

360 a) Verwandeln rwK in MgK vgl. Erl. zu Fragen 246, 247
MgK vgl. Frage 240
rwK vgl. Frage 237
mwK vgl. Frage 239
Mißweisung vgl. Frage 241
Ablenkung vgl. Frage 242
Beim Rechengang ist mit umgekehrten Vorzeichen zu rechnen, vgl. Erl. zu Fragen 246, 247

360 b) Entnehmen der Position der Tonne aus der Seekarte entsprechend Ermittlung des Schiffsortes vgl. Erl. Nr. 2.1.1 vor Frage 343

360 c) Tonnen vgl. Allgemeines vor Frage 176 und Erl. zu Fragen 200, 201
Leuchtfeuerverzeichnis vgl. Erl. zu Frage 231
Zeichen und Abkürzungen in den Seekarten vgl. Erl. zu Frage 230

361

Ein Sportboot steht auf Position 54° 01,7' N und 008° 06,3' E. Es will die Leuchttonne Helgoland-O ansteuern.

Fragen:

a) **Tragen Sie die angegebene Position und die Kurslinie in die Karte ein. Wie lautet der rechtweisende Kurs?**

b) **Wie lautet der zu steuernde Magnetkompaßkurs? (Mißweisung = − 1°, Ablenkung = + 8°) Tragen Sie die Berechnung und das Ergebnis nebenstehend ein.**

c) **Nach einer Distanz von 8,4 sm wird die 40-m-Tiefenlinie gelotet. Gleichzeitig wird durch Peilung festgestellt, daß das Boot 0,3 sm in südwestlicher Richtung versetzt worden ist. Tragen Sie die so festgestellte Position in die Karte ein und geben Sie nebenstehend die Breite und Länge für diese Position an.**

Antworten:

a) **Siehe Karte.**
rwK = 314°

b)

MgK	**=**	**307°**
Abl	**=**	**+ 8°**
mwK	**=**	**315°**
Mw	**=**	**− 1°**
rwK	**=**	**314°**

Der Magnetkompaßkurs beträgt 307°.

c) **Siehe Karte.**
54° 07,4' N
007° 55,7' E

Zu Frage 361: **Seekarte D 87**

361 a) Verwandeln rwK in MgK vgl. Erl. zu Fragen 246, 247
MgK vgl. Frage 240
rwK vgl. Frage 237
mwK vgl. Frage 239
Mißweisung vgl. Frage 241
Ablenkung vgl. Frage 242
Beim Rechengang ist mit umgekehrten Vorzeichen zu rechnen, vgl. Erl. zu Fragen 246, 247

361 b) Abtragen der Entfernung auf einer Kurslinie vgl. Erl. 2.2.2 vor Frage 343
Entnehmen der Entfernung aus der Seekarte vgl. Erl. Nr. 2.2.1 vor Frage 343 und Frage 232

361 c) Entnehmen der Position der Tonne aus der Seekarte entsprechend Ermittlung des Schiffsortes vgl. Erl. Nr. 2.1.1 vor Frage 343

362

Ein die Alte Weser verlassendes Sportboot hat auf der Fahrt zur Leuchttonne Nordergründe-N die Tonne A8 der Alten Weser nahebei passiert.

Fragen:

a) **Tragen Sie die Kurslinie in die Karte ein. Wie lautet der rechtweisende Kurs? Welche Tiefenlinie kreuzen Sie zweimal?**

b) **Wie lautet der zu steuernde Magnetkompaßkurs? (Mißweisung = –2°, Ablenkung = +4°) Tragen Sie die Berechnung und das Ergebnis nebenstehend ein.**

c) **Nach einer Distanz von 3,5 sm wird eine Kreuzpeilung durchgeführt, die folgende rechtweisende Peilung ergibt:**
Leuchttonne A2 der Alten Weser 237°
Leuchttonne Nordergründe-N 345°
Tragen Sie die rechtweisenden Peilungen in die Karte ein und geben Sie die Distanz an, um die das Sportboot versetzt worden ist.

Antworten:

a) **Siehe Karte.**
rwK = 325°
10-m-Tiefenlinie

b)

MgK	=	**323°**
Abl	=	**+4°**
mwK	=	**327°**
Mw	=	**–2°**
rwK	=	**325°**

Der Magnetkompaßkurs beträgt 323°.

c) **Siehe Karte.**
0,4 sm

Zu Frage 362: **Seekarte D 2**

362 a) Verwandeln rwK in MgK vgl. Erl. zu Fragen 246, 247
MgK vgl. Frage 240
rwK vgl. Frage 237
mwK vgl. Frage 239
Mißweisung vgl. Frage 241
Ablenkung vgl. Frage 242
Beim Rechengang ist mit umgekehrten Vorzeichen zu rechnen, vgl. Erl. zu Fragen 246, 247

362 b) Eintragen der rechtweisenden Peilungen in die Seekarte vgl. Erl. Nr. 2.4.1 vor Frage 343
Kreuzpeilung vgl. Frage 250 und Erl. zu Fragen 248–251

362 c) Entnehmen der Entfernung aus der Seekarte vgl. Erl. Nr. 2.2.1 vor Frage 343 und Frage 232

Teil III

Die praktische Prüfung

Hinweis auf die Anlage:

3. Empfehlungen für die Ausbildung zur Ablegung der Prüfung zum Erwerb des Sportbootführerscheins–See

I. Der Prüfungsablauf und die Prüfungsanforderungen

Der Bewerber hat in der praktischen Prüfung nachzuweisen, daß er die zur sicheren Führung eines Sportbootes erforderlichen seemännischen Kenntnisse besitzt und zu ihrer praktischen Anwendung fähig ist.

Nach der Sportbootführerscheinverordnung–See obliegt es dem Bewerber, für die praktische Prüfung ein Sportboot mit einem qualifizierten Bootsführer zu stellen. Das Boot muß für die Prüfung geeignet sein; das gilt auch hinsichtlich der Sicherheitsausrüstung.

Die Entscheidung, ob das Boot für die Prüfung geeignet ist, trifft der Vorsitzende des Prüfungsausschusses.

Vor Beginn der praktischen Prüfung sind die Bewerber über die Modalitäten des Prüfungsablaufs zu unterrichten. Sie erhalten einen Laufzettel, den sie dem Prüfer an Bord zur Eintragung der Ergebnisse der praktischen Prüfung übergeben. Folgende Manöver und Fertigkeiten werden geprüft:

- Rettungsmanöver („Mann-über-Bord"-Manöver mit Hilfe eines treibenden Gegenstandes).
- Manövrieren (Ablegen, Wenden auf engem Raum, kursgerechtes Aufstoppen, Anlegen).
- Fahren nach Kompaß.
- Peilen (einfache Peilung/Kreuzpeilung).
- Anlegen einer Rettungsweste und eines Sicherheitsgurtes, wichtige Knoten (Achtknoten, Kreuzknoten, Palstek, halber Schlag, zwei halbe Schläge, einfacher Schotstek, doppelter Schotstek, Webeleinenstek und Belegen von Enden).

[3.1.2.5 RiVerb]

Zur **Vereinheitlichung der Durchführung der praktischen Prüfung** bei allen PAs sind die Pflichtmanöver/Fertigkeiten nunmehr erstmals wie folgt festgelegt und ihre Abnahme durch den PA in einer gesonderten Dienstanweisung geregelt worden:

Zum Nachweis des sicheren Führens eines Sportfahrzeuges hat jeder Bewerber mindestens vier verschiedene Fahrmanöver/Fähigkeiten richtig auszuführen sowie mindestens fünf verschiedene Knoten, die vom Prüfer ausgewählt werden, vorzuführen und deren Bedeutung zu erklären; in jedem Fall sind das Rettungsmanöver und das Fahren nach Kompaß durchzuführen. Die Anweisung für die Durchführung der praktischen Prüfung ist hierbei zu beachten.
[3.2.3.2 RiVerb]

Dem Bewerber kann Gelegenheit gegeben werden, nicht gelungene Manöver oder Fähigkeiten in der Regel **einmal** zu wiederholen. Bei gravierenden Fehlern kann die Prüfung unmittelbar abgebrochen werden.

Der folgende „Kurzlehrgang" zur Vorbereitung auf die praktische Prüfung soll dem Bewerber deutlich machen, was von ihm als Mindestwissen in der praktischen Prüfung gefordert wird. Er darf sich aber nicht zu der Annahme verleiten lassen, er sei damit ein voll ausgebildeter Führer eines Sportbootes. Er muß mehr können, um sich und seine Mitfahrer zu schützen und sein Eigentum zu erhalten. Der verantwortungsbewußte Sportler wird sich daher weiterbilden. Dafür stehen ihm einmal zahlreiche Lehrbücher zur Verfügung, die ihm weiteres theoretisches Wissen vermitteln, zum anderen gibt es viele praktische Kurse bei den verschiedenen Institutionen des Wassersports und auch zahlreiche Bootsfahrschulen, die geeignet sind, seine praktischen Kenntnisse und Fähigkeiten weiter zu vervollständigen.

II. Die einzelnen Fahrmanöver und Fähigkeiten

1. Manövrieren

1.1 Ablegemanöver und Anlegemanöver

Prüfungsanweisung

Ablegemanöver
Sofern der Prüfer keine Vorgabe macht, hat der Bewerber selbständig unter Berücksichtigung von Verkehrs-, Platz-, Strömungs- und Windverhältnissen abzulegen.

Anlegemanöver
Der Bewerber soll das Boot an einer vom Prüfer bestimmten Stelle anlegen. Das Anlegemanöver soll nur mit Ruder- oder Maschinenmanövern durchgeführt werden. Das „Heranziehen" mit den Händen oder Bootshaken sowie das Herantreiben sollte nicht zugelassen werden. Im übrigen gelten die Regelungen über die Durchführung des Ablegemanövers.

Erläuterungen und Hinweise

1.1.1 Vertrautsein mit den Fahreigenschaften

Um gut manövrieren zu können, muß der Fahrzeugführer mit den Fahreigenschaften eines Fahrzeugs vertraut sein. Er muß insbesondere wissen:

- wie sein Fahrzeug bei verschiedenen Ruderlagen reagiert (vgl. Nr. 1),
- welche Geschwindigkeit bei welchen Schraubenumdrehungen erreicht wird,
- bis zu welcher geringsten Geschwindigkeit sein Fahrzeug noch steuerfähig ist,
- wieviel Zeit und Weg erforderlich ist, um das Fahrzeug aus allen Voraus-Fahrtstufen durch Rückwärtsgang der Maschine zum Stoppen zu bringen (Stoppweg),
- welchen kleinsten Drehkreis sein Fahrzeug besitzt und wie sich unterschiedliche Fahrgeschwindigkeiten auf diesen Drehkreis auswirken.

1.1.2 Ab- und Anlegen

Beim Ab- und Anlegen ist zu beachten, daß Wind und Strom die Fahrt und den Kurs des Fahrzeugs stark beeinflussen können. Weht der Wind und/oder setzt der Strom parallel zur Anlegestelle, so sollte das Ab- bzw. Anlegemanöver grundsätzlich gegen Wind und/oder Strom durchgeführt werden (vgl. Frage 264). Kommen Wind und Strom aus verschiedenen Richtungen, so ist in der Regel gegen den Wind anzulegen, wenn dieser eine stärkere Wirkung auf das Fahrzeug ausübt als der Strom. Entsprechendes gilt, wenn die Wirkung des Stromes stärker ist als der Wind.
Jedes Ab- bzw. Anlegemanöver sollte rechtzeitig, gut durchdacht und mit langsamer Fahrt durchgeführt werden. Eine ausreichende Anzahl von Fendern sollte stets zur Verfügung stehen. Beim Anlegen sind die Leinen zum Festmachen des Fahrzeugs frühzeitig an Deck zu legen, und der Anker muß klar zum Fallen sein, um bei Ausfall der Maschine das Schiff mit einem Ankermanöver zur Not aufstoppen zu können.
Unter Berücksichtigung der vorgenannten Grundsätze bereitet das Ab- und Anlegen an einer langen und leeren Pier keine besonderen Schwierigkeiten. Liegen dagegen dicht vor und hinter einem andere Fahrzeuge oder ist beabsichtigt, in einer kleinen Lücke zwischen zwei Fahrzeugen festzumachen, so erfordern die entsprechenden Ab- und Anlegemanöver viel Übung und Umsicht. Die nachfolgenden Beispiele zeigen Möglichkeiten, wie derartige Manöver durchgeführt werden können, wobei unterstellt wird, daß je nach Größe des Bootes mehr oder weniger die Manöver durch Muskelkraft unterstützt werden können (abdrücken vom Pier usw.). Bei der Beschreibung der Manöver wurde von einer rechtsgängigen Schraube (vgl. Frage 279) ausgegangen.

Zeichenerklärung:

VGL = Voraus Ganz Langsam
VL = Voraus Langsam
VH = Voraus Halbe
VV = Voraus Voll
ZGL = Zurück Ganz Langsam
ZL = Zurück Langsam
ZH = Zurück Halbe
ZV = Zurück Voll

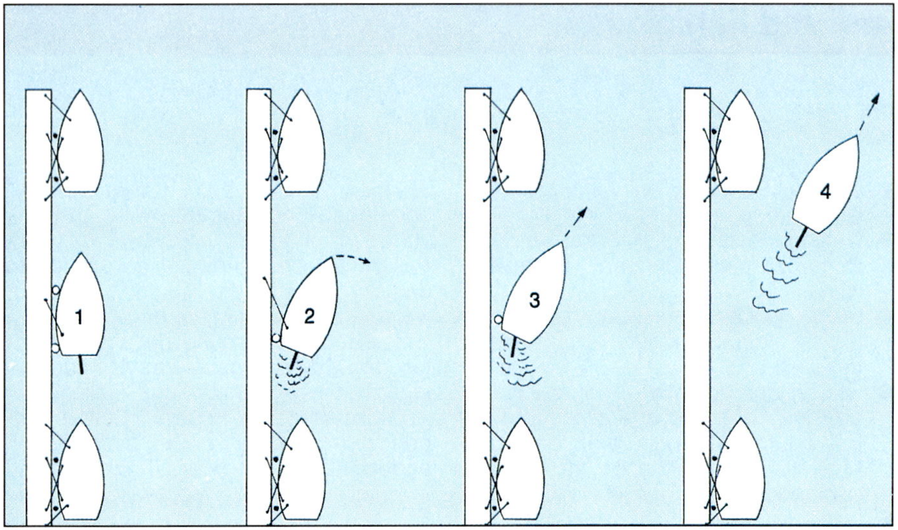

1.1.2.1 Ablegemanöver

1.1.2.1.1 Ohne Wind und Strömung. Alle Leinen los bis auf Achterspring (1). Dann mit ZL in die Achterspring eindampfen, bis Bug frei (2). Achterspring los und VL mit Stb-Ruderlage (3). Schließlich Ruder mittschiffs und Fahrt erhöhen (4).

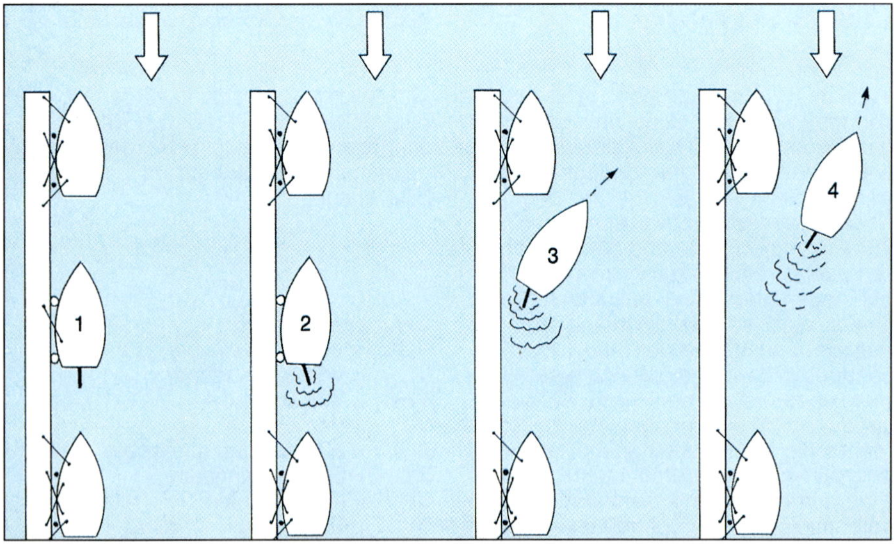

1.1.2.1.2 Gegen Wind und/oder Strömung. Bis auf Achterspring alle Leinen los (1). Sodann VL bei Stb-Ruderlage und Achterspring los (2). Sobald Bug frei VH (3). Zu weites Auswandern des Bugs durch Bb-Ruderlage auffangen (4).

1.1.2.1.3 Mit Wind und/oder Strömung. Alle Leinen bis auf Vorspring los (1). Fahrzeug achtern mit Bootshaken abdrücken, bis es seitlich vom Wind und/oder Strom erfaßt wird und weiterdreht (2). Wenn Heck frei, Vorspring los und ZH bei Bb-Ruderlage (3). Schließlich Ruder mittschiffs und Fahrt voraus aufnehmen (4).

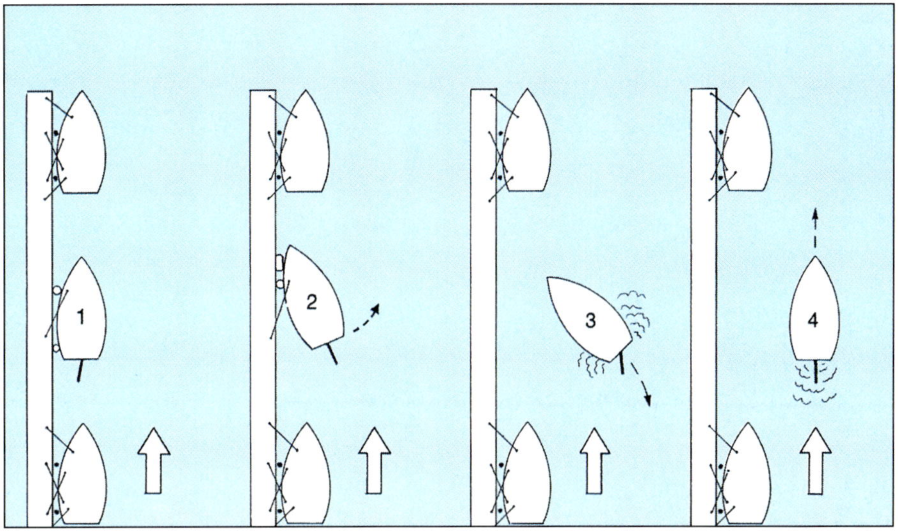

1.1.2.1.4 Bei ablandigem Wind. Alle Leinen los bis auf Achterleine, die etwas aufgefiert wird (1). Bug wird langsam durch Winddruck von der Pier abgedrückt (2). Wenn Bug gut frei, Heckleine los und VL (3). Schließlich mit Bb-Ruderlage Fahrt voraus aufnehmen (4).

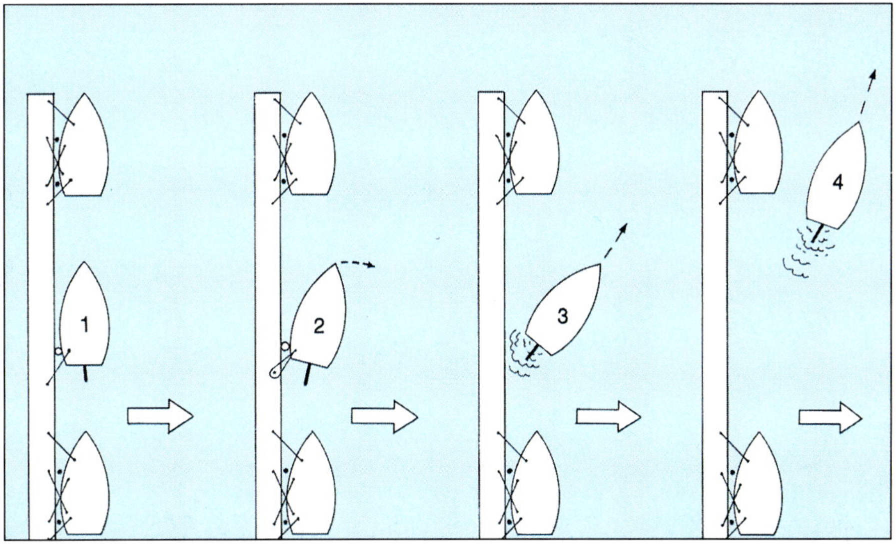

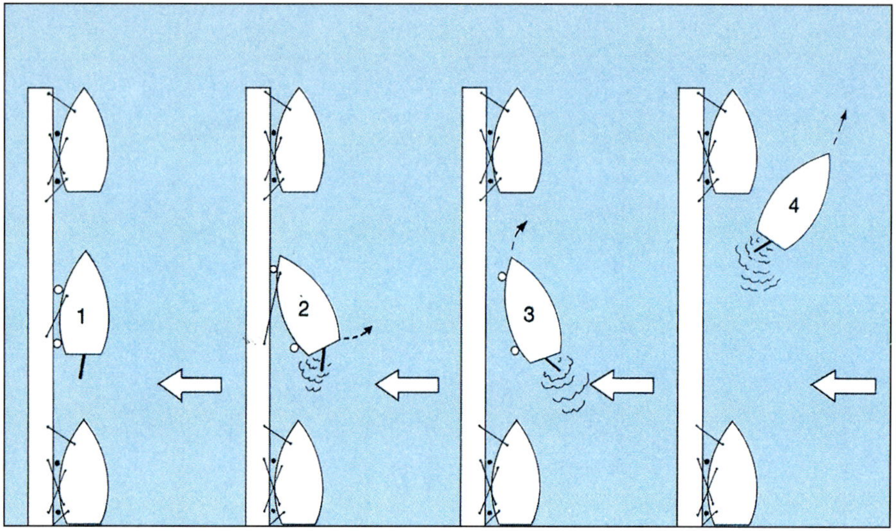

1.1.2.1.5 Bei auflandigem Wind. Alle Leinen los bis auf Vorspring, die etwas aufgefiert wird (1). Dann mit Bb-Ruderlage und VL in die Vorspring eindampfen, damit Heck freikommt (2). Sobald Heck gut frei von der Pier, Vorspring los und VL mit Stb-Ruderlage. Zur Unterstützung Bug evtl. mit Bootshaken abdrücken. Acht geben, damit Heck nicht mit der Pier in Berührung kommt. Fender klar halten (3)! Wenn Boot frei, Vorausfahrt erhöhen bei Bb-Ruderlage (4).

1.1.2.2 Anlegemanöver

1.1.2.2.1 Ohne Wind und Strömung. Mit langsamer Fahrt voraus die Pier unter spitzem Winkel anlaufen (1). Sobald Boot mit dem Bug dicht genug an der Pier, aufstoppen und Vorspring an Land (2). Dann mit Stb-Ruderlage und VL in die Vorspring eindampfen, damit das Boot an die Pier klappt (3). Liegt das Boot längsseits, alle Leinen an Land und festmachen (4).

1.1.2.2.2 Gegen Wind und/oder Strömung. Mit langsamer Fahrt voraus und unter spitzem Winkel die Pier anlaufen (1). Dann mit langsamer Fahrt so manövrieren, bis das Boot in geringem Abstand parallel zur Anlegestelle zum Stehen kommt (2). Vorleine an Land (3). Anschließend die übrigen Leinen festmachen und Motor aus (4).

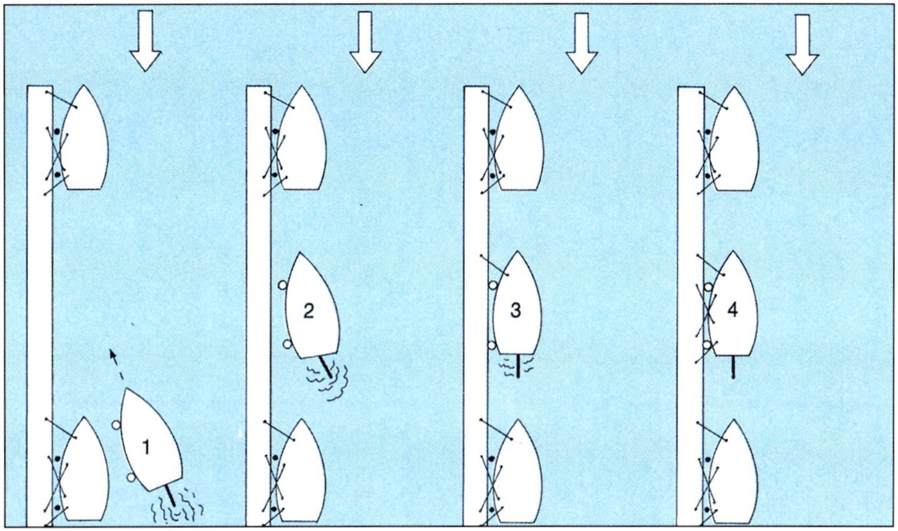

1.1.2.2.3 Bei ablandigem Wind. Anlegestelle langsam unter einem Winkel von ca. 45 Grad ansteuern (1). Kurz vor dem Anleger Aufstoppen und Vorspring an Land (2). Dann mit Stb-Ruderlage und VL in die Spring eindampfen (3). Liegt das Fahrzeug längsseits, erst Achterleine und dann übrige Leinen an Land und festmachen, Maschine aus (4).

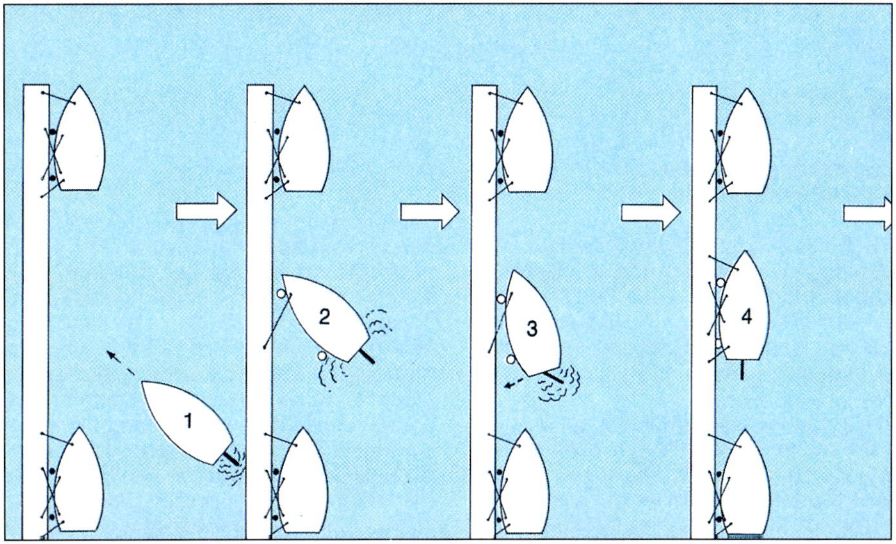

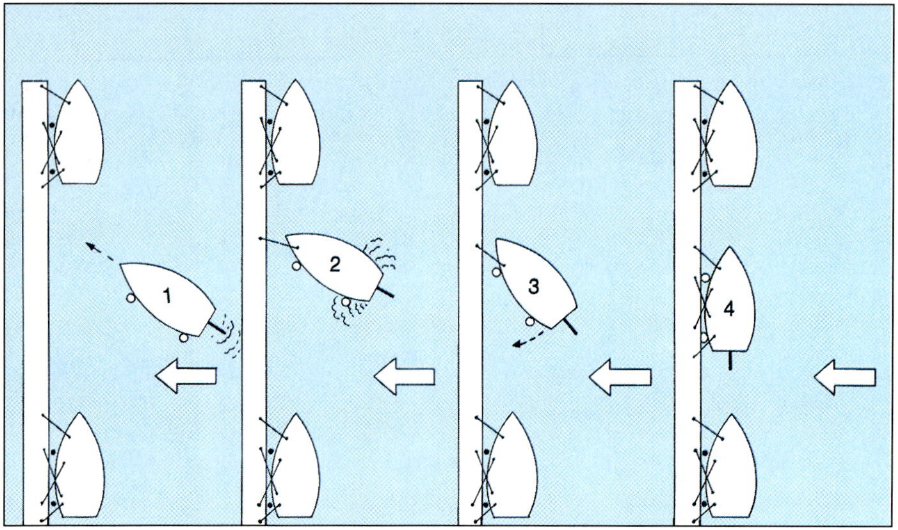

1.1.2.2.4 Bei auflandigem Wind. Damit das Boot nicht gegen andere Boote gedrückt wird, die Pier unter einem Winkel von ca. 70 Grad, mit langsamer Fahrt ansteuern (1). Kurz vor der Pier aufstoppen und Vorleine an Land (2). Dann das Boot langsam an die Pier klappen lassen, evtl. mit langsam zurücklaufender Maschine (3). Liegt das Boot längsseits, übrige Leinen fest (4).

Zusätzliche Hinweise für das Festmachen

Ein Fahrzeug ist so festzumachen, daß es jederzeit sicher liegt und sich nicht losreißen kann. Dabei sind Tide, Sog und Wellenschlag durch vorbeifahrende Schiffe, Wind und Seegang zu berücksichtigen.

In Tidegewässern empfiehlt es sich, an schwimmenden Pontons festzumachen. Ist dies nicht möglich, so sind die Leinen bei ablaufendem Wasser gelegentlich zu fieren, damit sich das Fahrzeug nicht in den Leinen „aufhängt". Um ein Abtreiben bei auflaufendem Wasser zu vermeiden, sind die Leinen von Zeit zu Zeit durchzuholen. Grundsätzlich sollte das Fahrzeug gegen den Strom festgemacht werden (vgl. Nr. 1.1.2.2). Die Leinen sind durch Lippen oder Ösen an Land zu geben, und an Scheuerstellen mit Lappen oder alten Leinen zu schützen. Fender sind in ausreichender Zahl zwischen Bordwand und Pier auszubringen, um das Boot vor Beschädigungen zu bewahren.

Längsseits festmachen

Wird an einer Anlegestelle nur für kurze Zeit angelegt, so genügt im allgemeinen das Ausbringen von Vor- und Achterleine. Soll das Fahrzeug längere Zeit liegen bleiben, so sind zusätzlich Vor- und Achterspring und bei Bedarf auch Querleinen auszubringen!

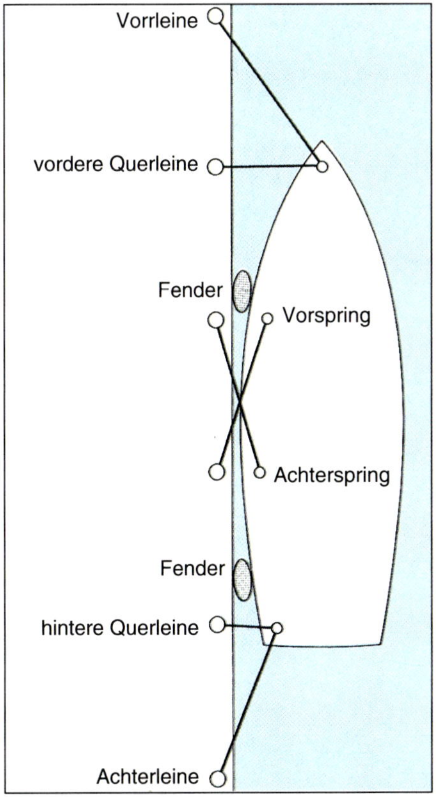

Festmachen zwischen Brücke und Pfählen

Wenn vor der Brücke Pfähle vorhanden sind, werden die Fahrzeuge rechtwinklig zur Brücke zwischen den Pfählen mit 2 Vor- und 2 Achterleinen festgemacht. Die Vorleinen werden so lang ausgesteckt, daß das Heck bei steifen Vorleinen etwa einen halben Meter von der Brücke entfernt kommt. Achtern Fender ausbringen!

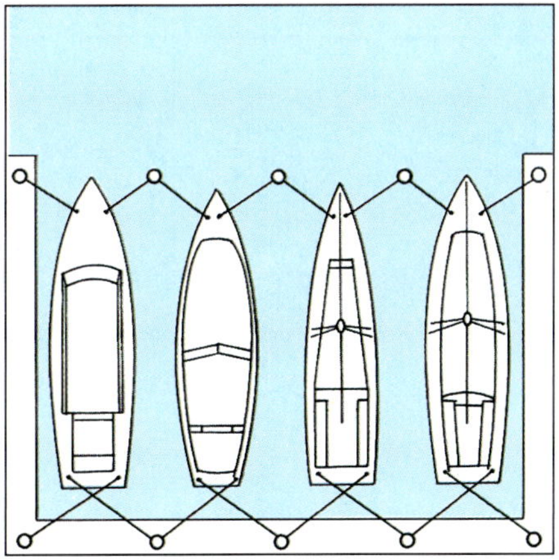

Längsseits festmachen an einem Fahrzeug

In überfüllten Yachthäfen kann es notwendig sein, an bereits festgemachten Fahrzeugen anzulegen. Im allgemeinen wird dann mit Querleinen sowie Vor- und Achterspring am Nachbarboot festgemacht. Bei starkem ablandigen Wind empfiehlt es sich, außerdem zusätzlich Vor- und Achterleine an Land festzumachen. In ausreichender Zahl Fender ausbringen!

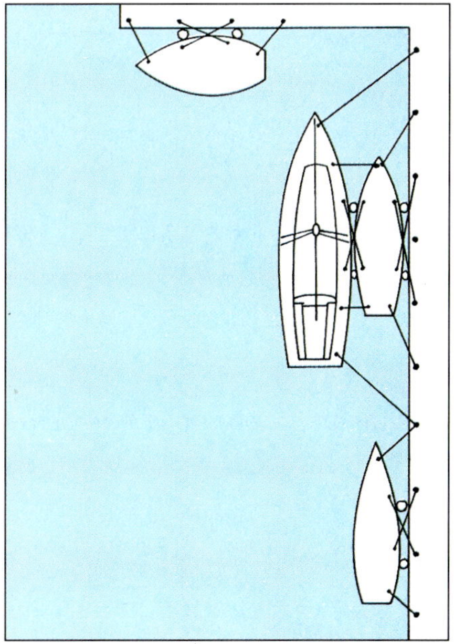

Festmachen von zwei Leinen auf einem Poller an Land

Ist auf einem Poller an Land bereits die Leine eines anderen Fahrzeugs befestigt, so wird das Auge der eigenen Leine von unten nach oben durch das Auge der fremden Leine genommen und dann über den Poller gehakt. Früher auslaufende Fahrzeuge können dann jederzeit ihre Leine vom Poller nehmen, ohne die Leine des anderen Fahrzeugs fieren und abnehmen zu müssen.

Festmachen von Leinen in Ringen an Land

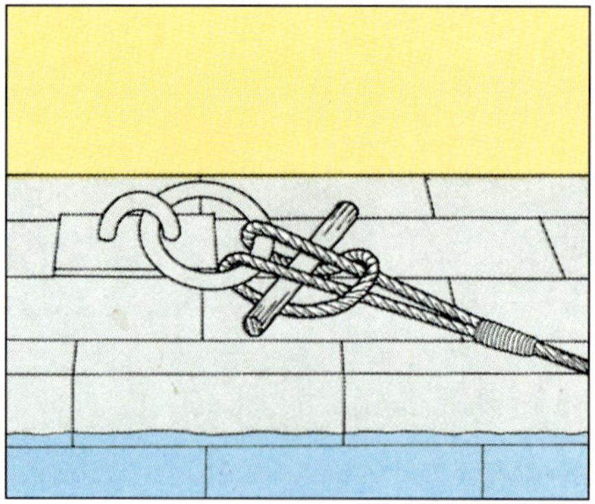

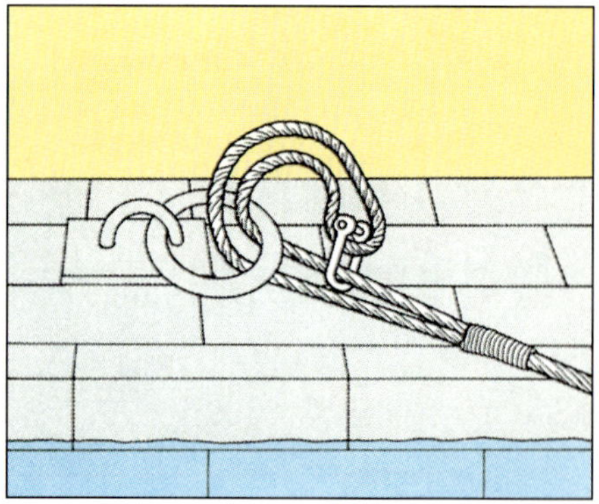

1.2 Kursgerechtes Aufstoppen und Wenden auf engem Raum

Prüfungsanweisung

Wenden auf engem Raum
Der Bewerber soll bei diesem Manöver zeigen, daß er das Zusammenwirken des Ruders und der Schraube im Rahmen eines Wendemanövers beherrscht.

Kursgerechtes Aufstoppen
Der Bewerber soll damit nachweisen, daß er über Kenntnisse der indirekten Steuerwirkung der Schraube bei Rückwärtsfahrt verfügt.

Erläuterungen

1.2.1 Die Steuerwirkung des Ruders oder des Außenbordmotors

Die Steuerwirkung wird bei Fahrzeugen mit Einbaumotor durch Änderung der Ruderstellung und bei Fahrzeugen mit Außenbordmotor durch Änderung der Stellung des Propellers erzielt (Steuerwirkung der Schraube vgl. Fragen 276 u. 277).

1.2.1.1 Steuerwirkung des Ruders
Bei Vorwärtsfahrt wird die Steuerwirkung durch den seitlich auf das eingeschlagene Ruder wirkenden Schrauben- und Fahrtstrom erzielt.

Bei Rückwärtsfahrt wird die Steuerwirkung durch den von hinten auf das eingeschlagene Ruder wirkenden Fahrtstrom erzielt. Der Schraubenstrom hat in diesem Fall keinen Einfluß auf die Steuerwirkung (vgl. die bildlichen Darstellungen auf S. 334 und 335).

1.2.1.2 Steuerwirkung des Außenbordmotors
Hier wird die Steuerwirkung durch den um eine senkrechte Achse drehbaren und mit dem Motor verbundenen Propeller erzielt. Durch gleichzeitigen Vorwärts- und Seitenschub wird das Fahrzeug auf den gewünschten Kurs gebracht (vgl. die bildlichen Darstellungen auf S. 336 und 337).

Steuerwirkung des Ruders bei Vorwärtsfahrt (zu Nr. 1.2.1.1)

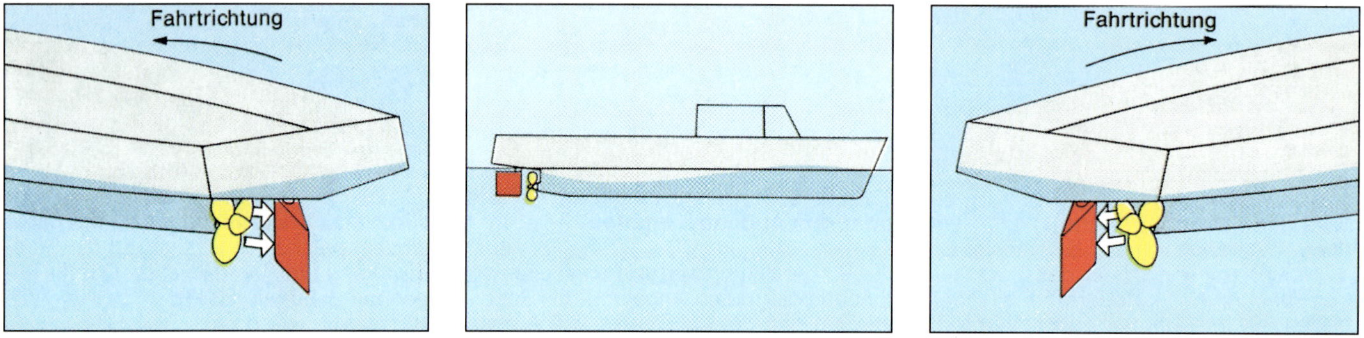

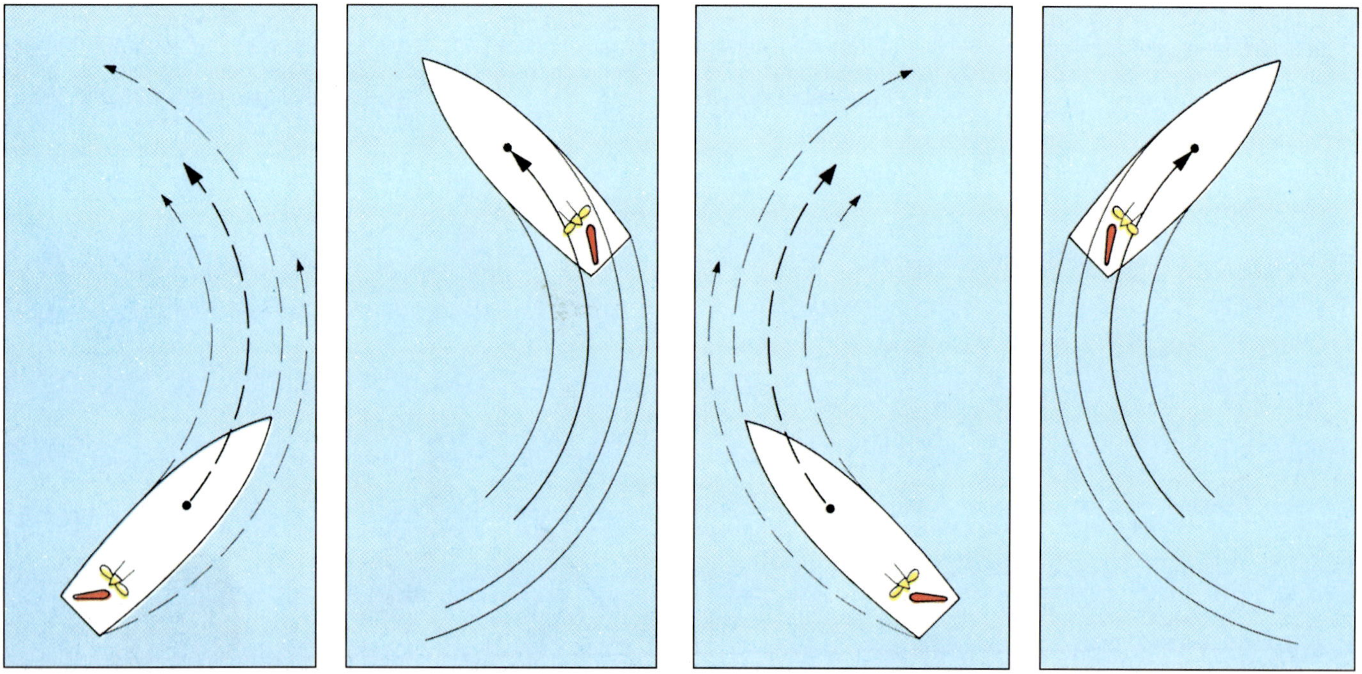

Steuerwirkung des Ruders bei Rückwärtsfahrt (zu Nr. 1.2.1.1)

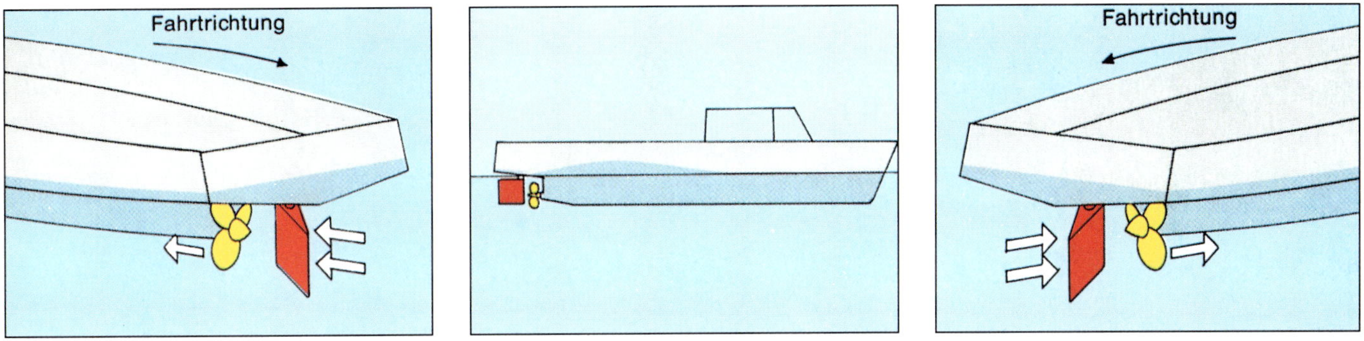

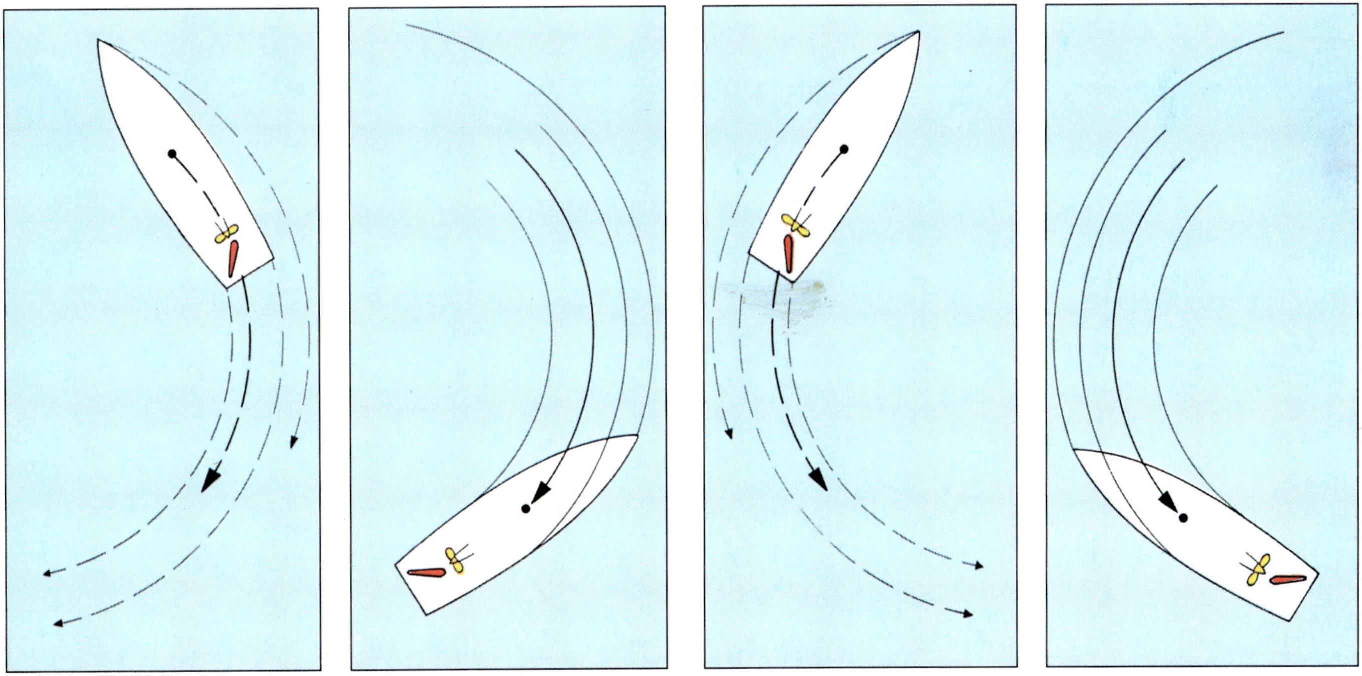

Steuerwirkung des Außenborders bei Vorwärtsfahrt (zu Nr. 1.2.1.2)

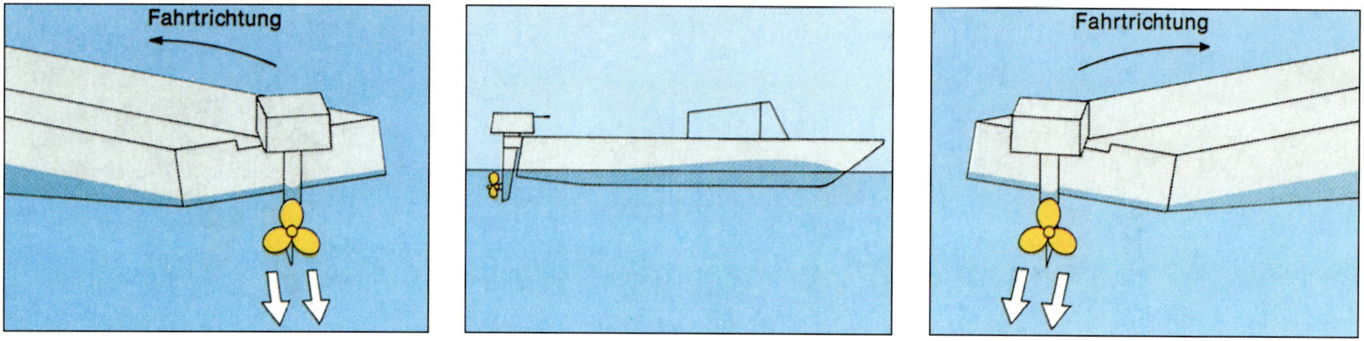

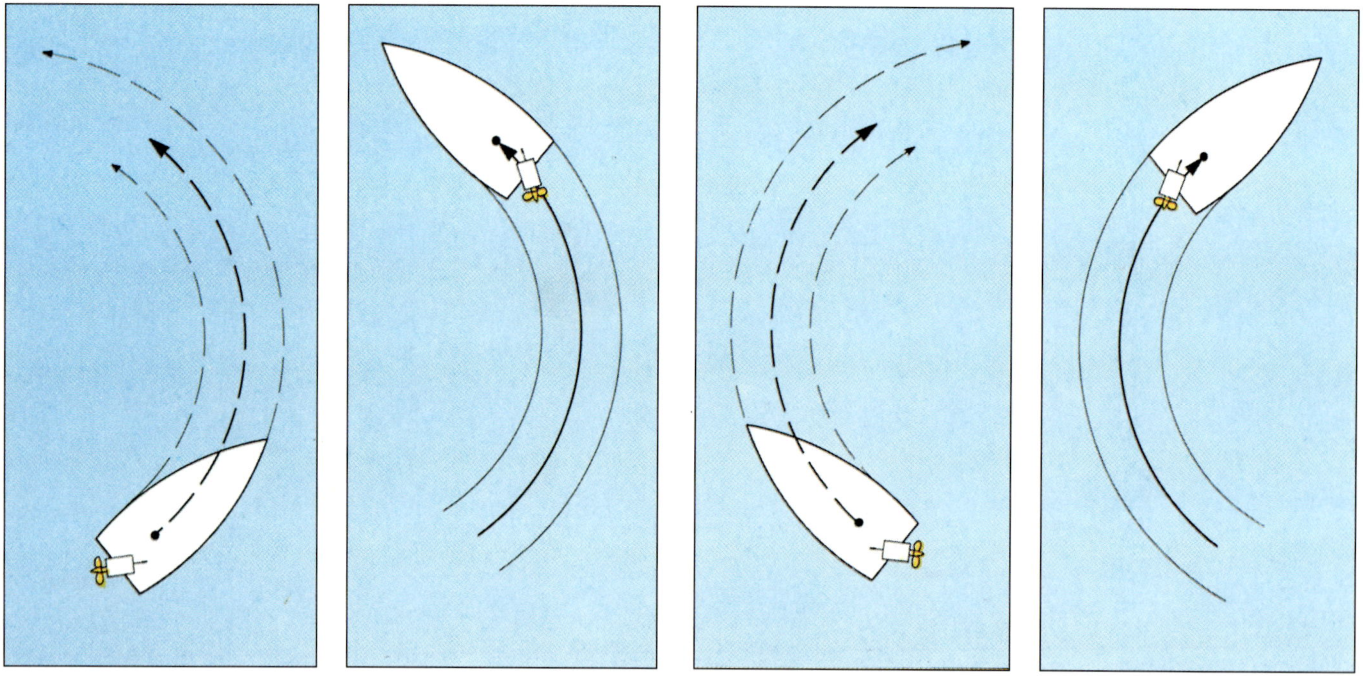

Steuerwirkung des Außenborders bei Rückwärtsfahrt (zu Nr. 1.2.1.2)

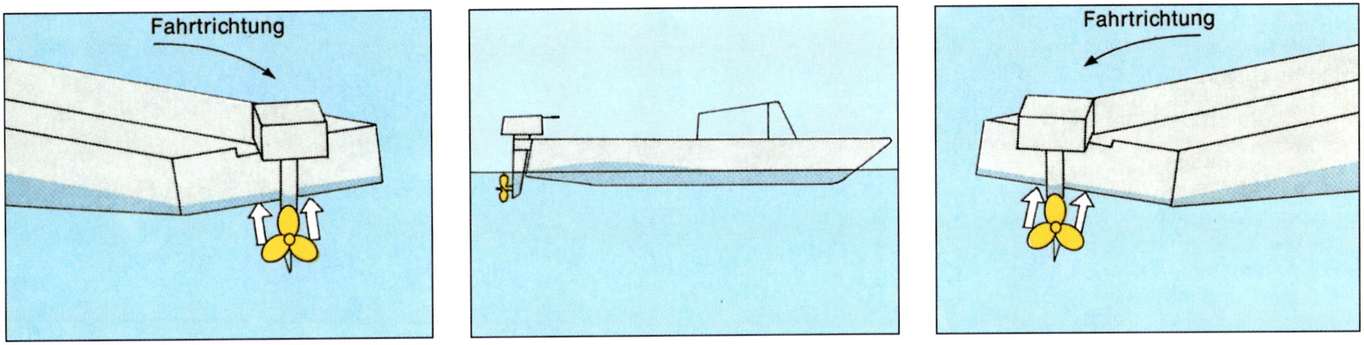

1.2.2 Wenden auf engem Raum

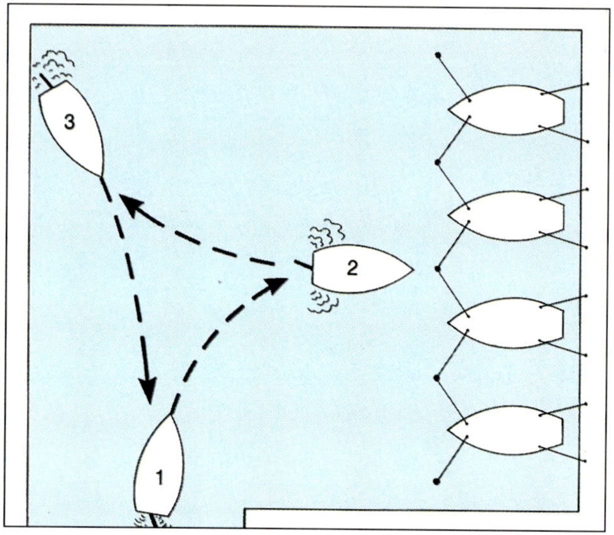

Häufig muß der Fahrzeugführer sein Fahrzeug in einem kleinen Hafenbecken oder auf einem engen Fluß wenden. Unterschreitet der zur Verfügung stehende Manövrierraum den Drehkreisdurchmesser seines Fahrzeuges (beachte die unterschiedlich großen Drehkreisdurchmesser bei verschiedenen Fahrstufen), so ist das Wenden mit Ruder- und Maschinenmanövern durchzuführen. In kleinen Sportboothäfen sind diese Manöver die Regel und müssen daher gut beherrscht werden. Die individuellen Erfahrungen mit den Manövriereigenschaften des Sportbootes spielen hier eine besondere Rolle. Das Wendemanöver wird mit langsamer Fahrt und Stb-Ruderlage eingeleitet (1). Dann Ruder ganz nach Backbord überlegen und ZV (2). Anschließend bei Stb-Ruderlage VV (3). Auf sehr engem Raum kann es notwendig sein, diese Manöver mehrfach durchzuführen.

2. Fahren nach Kompaß

Prüfungsanweisung

Fahren nach Kompaß
Der Bewerber soll nachweisen, daß er fähig ist, Kursanweisungen umzusetzen. Dabei soll er zeigen, daß er das Boot kursbeständig nach Kompaß steuern und Anweisungen zu Kursänderungen unmittelbar befolgen kann. Das Steuern nach Schiffahrtszeichen oder Landmarken kann einbezogen werden.
Es soll insbesondere festgestellt werden, daß der Bewerber in der Lage ist, das Boot über eine bestimmte Strecke kursbeständig zu steuern.

Erläuterungen

Beim Steuern nach dem Kompaß ist darauf zu achten, daß die Gradzahl des zu steuernden Kurses auf der Kompaßrose am Steuerstrich anliegt. Wind und Seegang veranlassen das Schiff, nach der einen oder anderen Seite vom Kurs abzuweichen. Deshalb muß es durch *möglichst kleine Ruderbewegungen,* stets in entgegengesetzter Richtung zur Drehbewegung des Schiffes (Gegenruder), wieder auf Kurs gebracht werden. Dabei ist darauf zu achten, daß – kurz bevor der Kurs wieder anliegt – die Drehbewegung durch Gegenruder gestoppt wird und das Ruder bei anliegendem Kurs wieder mittschiffs liegt.

Merke:

Am Kompaß anliegende Gradzahl	Steuerrichtung
höher als Kursanweisung	nach Bb steuern
niedriger als Kursanweisung	nach Stb steuern

Beachte:
Jedes Ruderlegen vermindert die Geschwindigkeit, und jede Abweichung vom Kurs bedeutet eine Wegverlängerung! Der gewählte Kurs ist daher mit möglichst kleinen Ruderbewegungen zu halten!

Sonstige Empfehlung:
Da das Steuern nach dem Kompaß schnell ermüdet, wird gern nach Schifffahrtszeichen oder anderen Objekten derart gesteuert, daß man sich bei anliegendem Kurs voraus einen markanten Punkt (Leuchtturm usw.) sucht und bis zur nächsten Kursänderung auf diesen zuhält. Dieses Steuern hat außerdem den Vorteil, daß Kursabweichungen sofort erkannt und entsprechende Gegenmaßnahmen schnell ergriffen werden können.
Im betonnten Fahrwasser ist das Steuern nach Kompaß zumindest bei guter Sicht nicht immer erforderlich, da nach den Tonnen gesteuert werden kann. Dabei sind die Fahrwasser-Tonnen aber immer gut frei an der Stb-Seite bzw. an der Bb-Seite des Schiffes zu halten, wenn außerhalb des Fahrwassers gefahren wird.

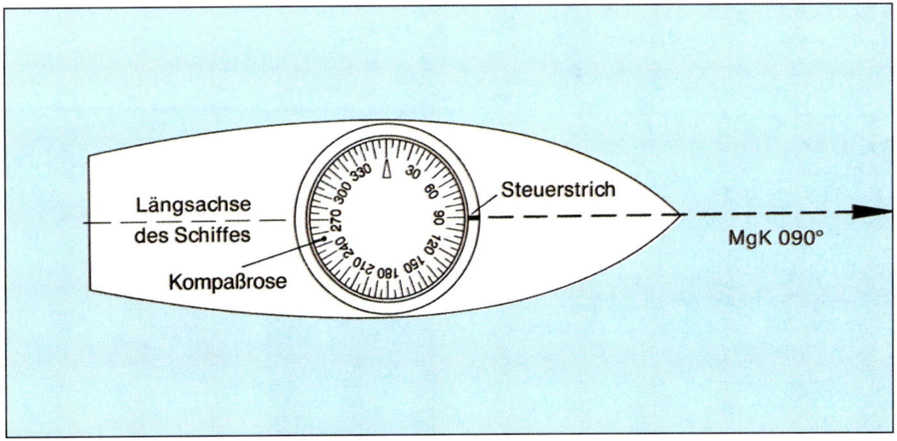

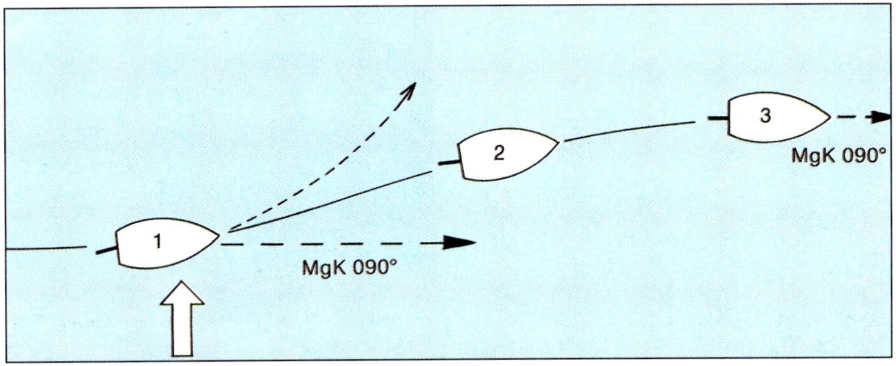

1. Schiff weicht nach Bb aus; Ruder nach Stb legen (Gegenruder)
2. Kurz bevor der Kurs wieder anliegt, durch Bb-Ruderlage die Stb-Drehbewegung des Schiffes aufstoppen (stützen)
3. Kurs liegt an, Ruder mittschiffs

3. Peilen

Prüfungsanweisung

Peilen
Durchführen einer einfachen Peilung/Kreuzpeilung mit einem Peilkompaß oder einer Peilscheibe. Der Bewerber soll damit zeigen, daß er fähig ist, eine Positionsbestimmung vorzunehmen.

Erläuterungen

Der Schiffsort kann durch Peilung von Seezeichen und Objekten an Land bestimmt werden. Peilung ist die Bestimmung der Richtung eines Objekts vom Standpunkt des Beobachters aus mit Hilfe eines auf den Kompaß aufgesetzten Peildiopters bzw. einer Peilscheibe oder mit einem Handpeilkompaß. Dabei wird die Richtung zum Objekt (Peilung) auf dem Kompaß abgelesen. Kreuzpeilung ist die Peilung zweier Objekte in dichter Zeitfolge (vgl. Fragen 250 bis 253 und die dortigen Darstellungen und Hinweise).

4. Anlegen von Rettungsweste und Sicherheitsgurt

Prüfungsanweisung

Anlegen von Rettungsweste und Sicherheitsgurt
Der Bewerber soll nachweisen, daß er mit der Handhabung von Rettungsweste und Sicherheitsgurt vertraut ist.

4.1 Anlegen eines Sicherheitsgurtes

Erläuterungen und Hinweise

Der Sicherheitsgurt dient zum Anleinen, um ein Überbordfallen bei Seegang, insbesondere bei Decksarbeiten, zu verhindern. Er besteht aus einem Brust- bzw. Schrittgurt, der in einem Spezialschloß auf der Brust zusammenläuft, an dem eine Stoppleine mit Karabinerhaken befestigt ist.

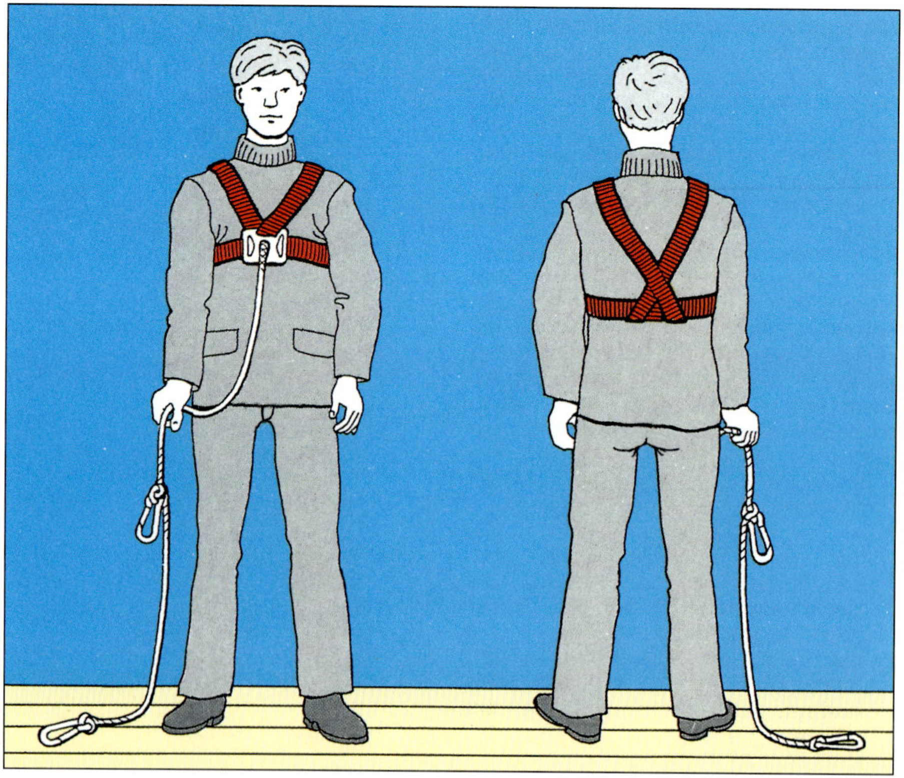

4.2 Anlegen einer Rettungsweste Erläuterung

4.2.1 Sicherheitsanforderungen an Rettungswesten

Rettungswesten müssen sicher sein. Das ist nur der Fall, wenn sie eine ohnmachtssichere Wasserlage bewirken, d. h., wenn sie selbständig die Atmungsöffnungen einer erschöpft oder bewußtlos im Wasser liegenden Person aus dem Wasser hebt und sicher über Wasser hält. Derartige Rettungswesten sind bisher nur für die Berufsschiffahrt vorgeschrieben. Zahlreiche vorhandene Schwimmwesten und Schwimmhilfen erfüllen diese Voraussetzungen nicht. Untersuchungen von Wassersportunfällen haben ergeben, daß Menschenleben hätten gerettet werden können, wenn Rettungswesten getragen worden wären, die eine ohnmachtssichere Wasserlage gewährleisten. Daher hatte der Bundesminister für Verkehr Richtlinien für die Herstelllung und Prüfung von Rettungswesten für die Sportschiffahrt herausgegeben, die später von einem Arbeitsauschuß des Deutschen Instituts für Normung fortentwickelt wurden und zu der DIN-Norm 7929 geführt haben. Diese DIN-Norm ist von einer Richtlinie der Europäischen Union abgelöst worden.

Wichtiger Hinweis

Es sollten nur Rettungswesten gekauft werden, die das CE-Kennzeichen tragen, d.h. die einer EU-Baumusterprüfung unterzogen wurden. Z. Zt. besteht das CE-Zeichen aus einer vierstelligen Kenn-Nr. der Prüfstelle, dem CE-Symbol und der zweistelligen Jahreszahl, in der das Prüfzeichen angebracht wurde. Der Sicherheitsstandard der bisherigen Norm DIN 7929, die als nationale Norm von der CE-Norm abgelöst wurde, bleibt weitestgehend erhalten. Parallel zum CE-Kennzeichen kann die Rettungsweste auch eine GS-Prüfnummer tragen, die besagt, daß auch eine regelmäßige Produktionsüberwachung stattfindet.

4.2.2 Typen von Rettungswesten:

4.2.2.1 Auftrieb erfolgt durch einen aufblasbaren Rettungskragen

Aufblasbare Rettungswesten sind zwar teurer, aber einfacher zu tragen und hindern nicht bei der Arbeit. Bei der aufblasbaren Rettungsweste gibt es folgende Techniken:

- Die automatische Auslösung;
  beim Eintauchen ins Wasser zerfällt eine Tablette. Danach wird der Schlagbolzen freigelegt, der den Preßgasflaschenkopf durchschlägt und dem Preßgas den Weg in die Rettungsweste freigibt.
- Die Handauslösung;
  durch kräftiges Ziehen am Handauslöseknopf wird der Schlagbolzen freigelegt, der den Preßgasflaschenkopf durchschlägt und dem Preßgas den Weg in die Rettungsweste freigibt.
- Die Mundaufblasung;
  die Rettungsweste wird durch ein Mundstück mit den Lippen aufgeblasen.

4.2.2.2 Auftrieb erfolgt durch einen geschlossenen Schaumstoffkörper

Feststoffrettungswesten eignen sich nicht nur als Rettungswesten, sondern auch als Ersatz für Rettungsringe. Das Anlegen an Bord oder im Wasser erfolgt nach dem gleichen Prinzip.

4.2.3 Anlegen einer aufblasbaren Rettungsweste

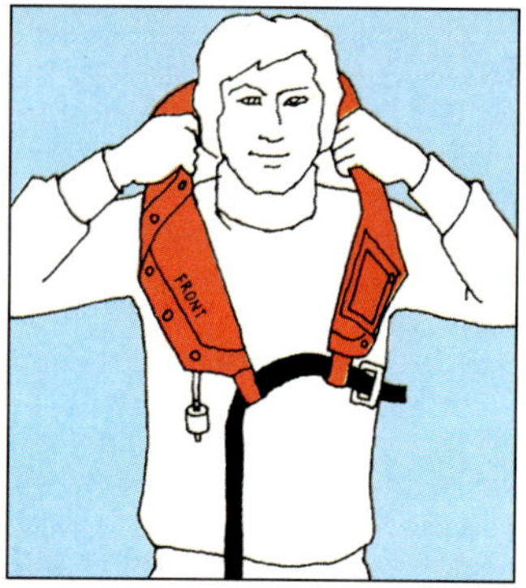

Rettungsweste über den Kopf ziehen und beide Flügel vorn um den Hals legen

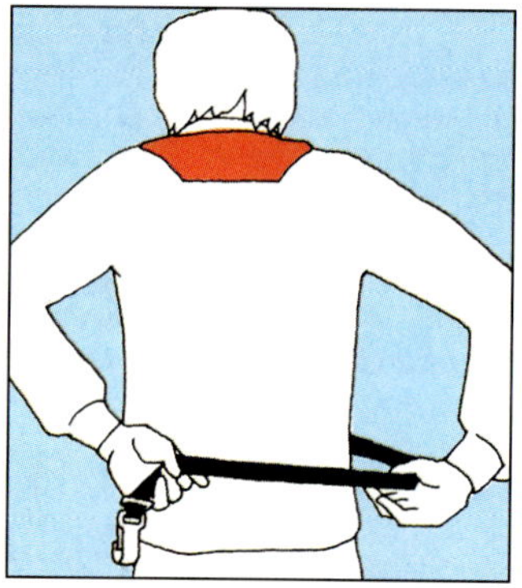

Leibgurt mit Karabinerhaken vorn in Gegenende des Leibgurtes befestigen

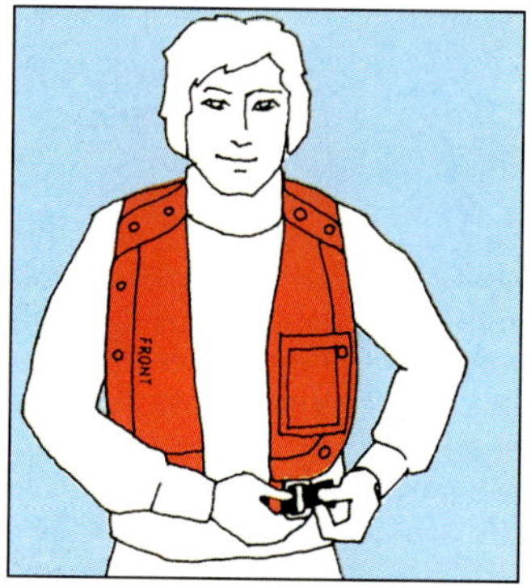

Leibgurt auf Körperumfang einstellen – nicht zu fest – und in Taillenhöhe um den Körper legen

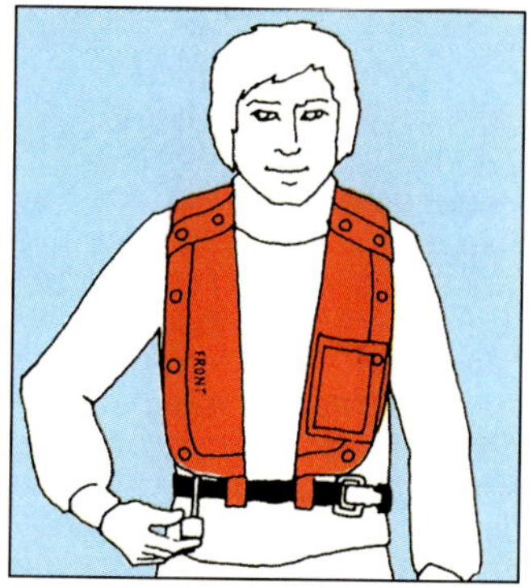

Bei Versagen der Automatik oder Handauslösung erfolgt das Aufblasen durch kräftiges Ziehen am Handauslöseknopf nach unten

4.2.4 Anlegen einer Feststoffweste

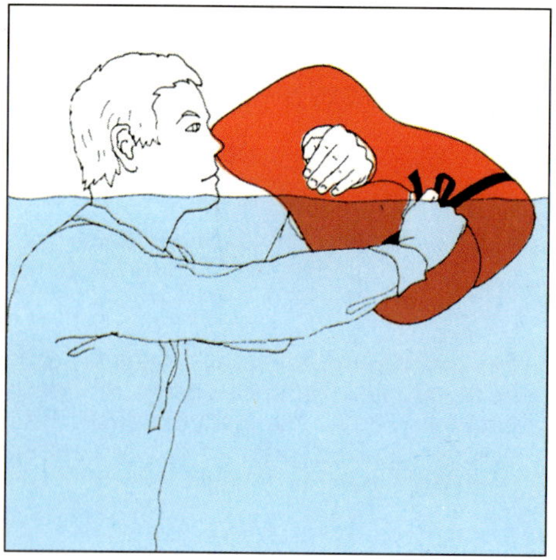

Schleife öffnen, Gurtband abstreifen

Schwimmkörper etwas auseinanderziehen und über den Kopf stülpen

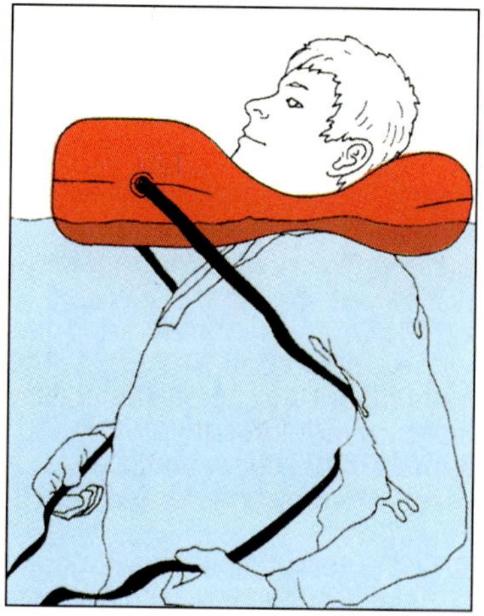

Seitlich herabhängende Bänder straffziehen, über Kreuz um den Rücken führen und vor dem Körper festbinden

5. Rettungsmanöver

Prüfungsanweisung

Rettungsmanöver („Mann über Bord")
Das „Mann-über-Bord"-Manöver wird dadurch simuliert, daß ein Rettungsring oder ein anderer Schwimmkörper über Bord geworfen wird.
Hierbei wird dem Rudergänger laut zugerufen:
„Mann über Bord an Backbord" oder „Mann über Bord an Steuerbord". Der Bewerber muß dieses Kommando laut wiederholen und das Kommando geben „Rettungsring werfen". Die weitere Durchführung des Rettungsmanövers obliegt dem Bewerber.
Der Prüfer hat darauf zu achten, daß
- sofort nach dem vorgenannten Zuruf das Gas weggenommen und ausgekuppelt wird,
- das Heck von dem über Bord geworfenen Gegenstand abgedreht wird,
- das Rettungsmanöver zügig durchgeführt wird,
- der Bewerber ansagt, an welcher Seite er den treibenden Gegenstand aufnehmen will,
- das Boot neben dem treibenden Gegenstand zum Stehen kommt und die Schraube keine Umdrehung mehr macht.

Erläuterungen und Hinweise

Da insbesondere bei niedrigen Wassertemperaturen und stürmischem Wetter das Leben eines Überbordgefallenen vom raschen und umsichtigen Handeln des Bootsführers abhängig ist, muß dieses Manöver häufig geübt und gut beherrscht werden. Es richtet sich zwar nach dem Einzelfall, welche Maßnahmen notwendig sind, dennoch gelten folgende Grundsätze ganz allgemein:

■ Nach dem Ruf „Mann über Bord" ist das Ruder sofort hart nach der Seite überzulegen, an der man das Besatzungsmitglied verloren hat, damit das Heck freischwingt und Verletzungen durch die Schraube vermieden werden. Gleichzeitig Schraube auskuppeln!

■ Dem Überbordgefallenen ist sofort ein Rettungsring mit Rauchsignal oder eine Rettungsboje mit Nachtlicht und eine Leine nachzuwerfen. Rauchsignal oder Nachtlicht erleichtern das Auffinden des Schwimmenden, insbesondere bei hoher See oder bei Nacht.

■ Ein Besatzungsmitglied hat ständig den Überbordgefallenen zu beobachten.

■ Das Boot ist dann mit einer Drehung von ca. 270 Grad derart an den Überbordgefallenen heranzusteuern, daß es in Luv voraus von ihm im spitzen Winkel zum Wind zu liegen kommt. Die letzte Strecke ist mit ausgekuppelter Schraube zurückzulegen, um den im Wasser Treibenden nicht zu gefährden.

■ Dem Verunglückten ist eine Leine zuzuwerfen, mit der er an das Boot heranzuziehen ist, um ihn an geeigneter Stelle über eine Badeleiter an Bord nehmen zu können. Auf jeden Fall sollte eine Leine mit einem Auge klar gehalten werden, in das der Verunglückte sich einhängen kann, wenn er sehr geschwächt ist. Notfalls ist ihm durch ein Besatzungsmitglied, das mit einer Rettungsweste und Leine ausgerüstet sein muß, im Wasser Unterstützung zu leisten (siehe Erläuterung zu Frage 327).

Warnung:
Bei kleinen Booten besteht Kentergefahr, wenn der Verunglückte mittschiffs übernommen wird.

Sofort nach dem Zuruf Gas wegnehmen, auskuppeln und Heck wegdrehen

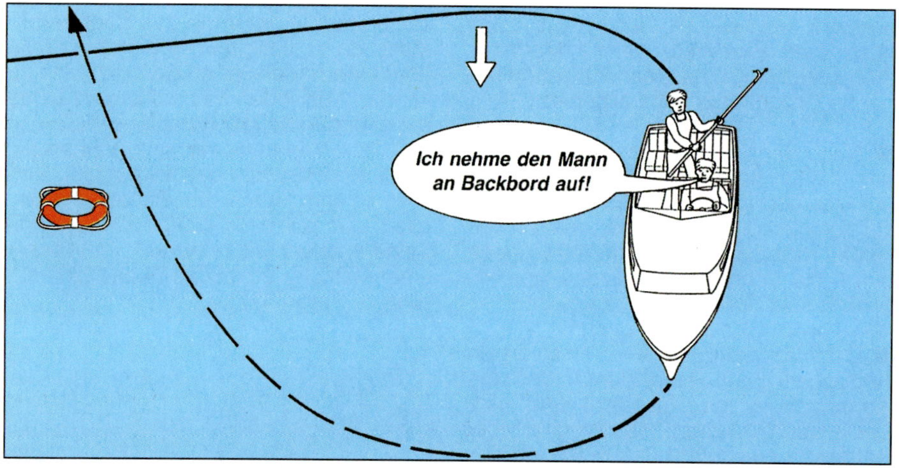

Drehkreis so anlegen, daß das Boot mittschiffs in Luv neben dem Rettungsring zum Halten kommt sowie entsprechende Seite ansagen

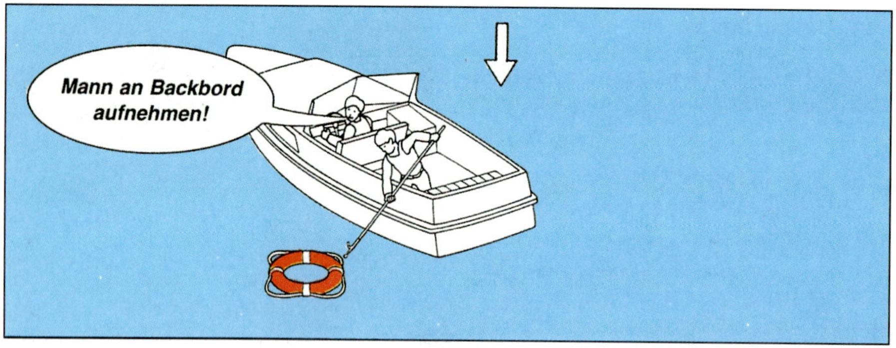

Boot mit dem Heck neben dem Rettungsring zum Stehen bringen

6. Wichtige Knoten

Prüfungsanweisung

Jeder Bewerber hat mindestens 5 verschiedene der folgenden Knoten vorzuführen und deren Bedeutung zu erklären:

Achtknoten	Webeleinenstek
Kreuzknoten	Halber Schlag
Palstek	Zwei halbe Schläge
einfacher Schotstek	Belegen einer Klampe
doppelter Schotstek	

Erläuterungen

6.1 Achtknoten

verhindert das Ausrauschen eines Endes durch einen Block.

6.2 Kreuzknoten

dient zum Zusammenstecken von zwei gleichstarken Leinen.

6.3 Palstek

dient der Herstellung eines Auges, das sich nicht zusammenzieht und wird u. a. zum Überlegen einer Festmacheleine auf einem Poller an Land, aber auch zum Umlegen einer Sicherheitsleine am Körper verwendet.

6.4 Einfacher Schotstek

dient zum Zusammenstecken von zwei Leinen, insbesondere von solchen unterschiedlicher Stärke. Die dünnere Leine wird immer durch die Bucht der dickeren gesteckt.

Achtknoten

Kreuzknoten

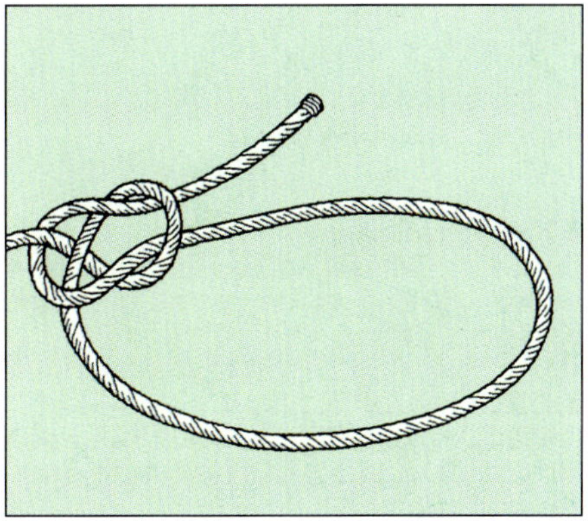

Palstek

Einfacher Schotstek

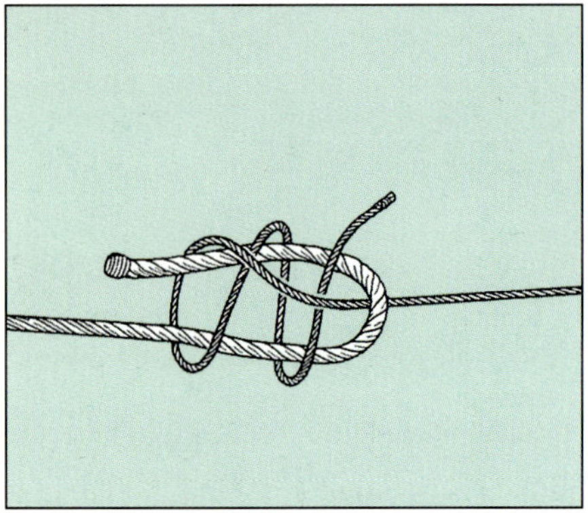

Doppelter Schotstek

Webeleinenstek

Halber Schlag

Zwei halbe Schläge

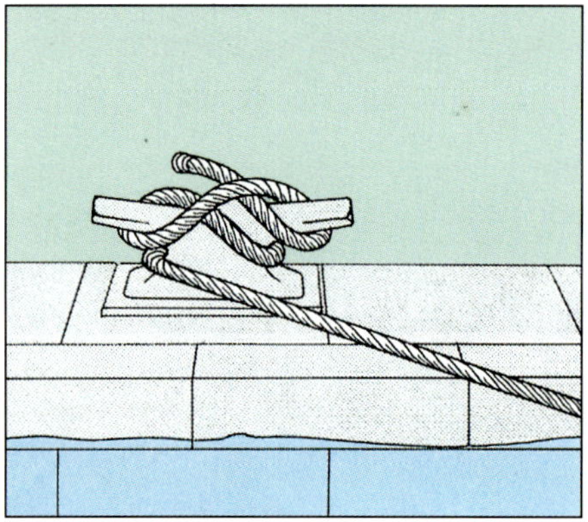

Belegen einer Klampe

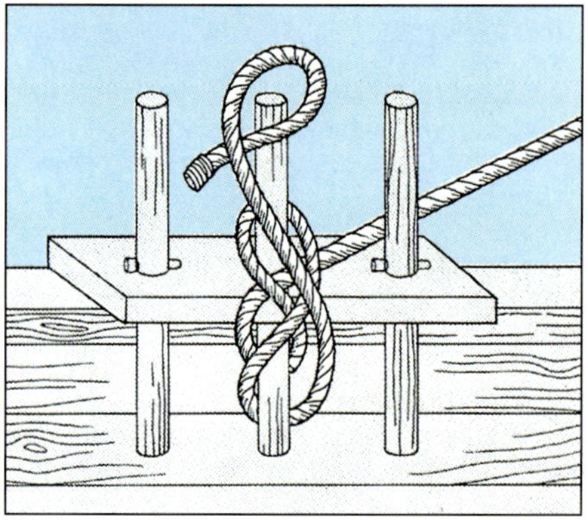

Belegen eines Belegnagels

6.5 Doppelter Schotstek
wird wie ein einfacher Schotstek verwendet, er ist jedoch insbesondere beim Zusammenstecken sehr unterschiedlich starker Leinen zu empfehlen.

6.6 Webeleinenstek
dient zum Anstecken eines Endes an einer waagerechten oder senkrechten Leine, z. B. am Handlauf, an der Reling, oder zum Festmachen an Pollern.

6.7 Halber Schlag
dient zum Befestigen von Leinen, wenn nicht zuviel Zug auf das befestigte Ende der Leine kommt.

6.7 Zwei halbe Schläge
dienen zum Befestigen von Leinen, wenn nicht zuviel Zug auf das befestigte Ende der Leine kommt.
Mit dem zweiten halben Schlag soll das Aufgehen des Knotens vermieden werden.

6.9 Belegen von Enden
das Ende der Leine wird achtförmig um die Klampe oder den Belegnagel gelegt, wobei zunächst mit einem Rundtörn begonnen wird, der sich nicht selbst bekneifen darf, damit das Ende der Leine gefiert werden kann.
Der letzte Kreuzschlag wird zur Sicherung mit einem Kopfschlag versehen.

Teil IV

*Die Prüfung für Seenot-Signalmittel mit den amtlichen Fragen und Antworten**

* Für die Prüfung ist in Verbindung mit dem Bundesverkehrsministerium, Abt. Seeverkehr, der Leitfaden

Seenot-Signalmittel

erschienen.

Verlag Busse + Seewald, Herford

Die Prüfung für Seenot-Signalmittel

1. Allgemeines

Bei der Ausübung des Wassersports ist es im Falle von Notlagen von lebenswichtiger Bedeutung, andere in der Nähe befindliche Fahrzeuge oder Landstationen darauf aufmerksam zu machen.
Die zugelassenen Seenotsignale und ihre Anwendung enthalten die Kollisionsverhütungsregeln (vgl. Fragen 330–339) und die Erläuterungen dazu. Davon sind erlaubnispflichtig:

1. Signalpistolen mit der entsprechenden Munition,
2. Raketen bzw. Leuchtkugeln mit roten Sternen, Fallschirm-Leuchtraketen, rot,
3. orangefarbenes Rauchsignal in bestimmter Form.

Die übrigen Notsignale – mit Ausnahme der funktechnischen – unterliegen keinerlei Beschränkungen.
Dem Waffengesetz unterliegt die Signalpistole mit der entsprechenden Munition (Nr. 1).
Dem Sprengstoffgesetz unterliegen alle übrigen pyrotechnischen Seenotsignale (Nr. 2 und 3).
Für den Besitz von Signalpistolen und der dazugehörigen Munition ist eine Waffenbesitzkarte bzw. ein Munitionserwerbsschein erforderlich; zum Erwerb, zum Umgang und zur Beförderung der pyrotechnischen Signalmittel (Nr. 2 und 3) ist eine Erlaubnis erforderlich. Zuständig für die Ausstellung dieser Scheine bzw. der Erlaubnis ist die jeweilige Ordnungsbehörde. Für den Erwerb der Waffenbesitzkarte und des Munitionserwerbsscheines ist u. a. ein Sachkundenachweis, für die Erlaubnis u. a. ein Fachkundenachweis erforderlich. Der Sach- und der Fachkundenachweis kann durch eine bestandene Prüfung nachgewiesen werden. Für Wassersportler, die **nur** die Berechtigung zur Verwendung der unter Nr. 1–3 aufgeführten Seenot-Signalmittel erwerben wollen, ist eine einheitliche erleichterte Prüfung eingeführt worden, die im Zusammenhang mit der Führerscheinprüfung abgelegt werden kann.
Nach Ablegung der Prüfung wird die Berechtigung durch folgenden Eindruck im Führerschein vermerkt: „Befreit nach § 1 Abs. 3 Erste SprengV, für Signalwaffen sachkundig nach § 31 Abs. 1 WaffenG“. Bei Inhabern von **vor dem 1. April 1979** ausgestellten amtlichen Motor- bzw. Sportbootführerscheinen sind die Vorsitzenden der Prüfungsausschüsse berechtigt, den Stempel im Führerschein anzubringen, wenn glaubhaft nachgewiesen wird, daß der Inhaber des Führerscheins entsprechend geschult wurde. Das gilt ausschließlich für Führerscheine, die durch eine Prüfung erworben wurden.

2. Die theoretische Prüfung

Die Prüfung für Seenot-Signalmittel ist freiwillig. Für die Abnahme der Prüfung sind zuständig:

- **für den amtlichen Sportbootführerschein die Prüfungsausschüsse des Deutschen Motoryachtverbandes und des Deutschen Segler-Verbandes für den amtlichen Sportbootführerschein in Kiel, Lübeck, Flensburg, Hamburg, Aurich, Bremen, Düsseldorf, Wiesbaden, München, Hannover, Berlin, Bodensee, Rostock und Leipzig,**
- für die verschiedenen Führerscheine des Deutschen Segler-Verbandes die jeweils zuständigen Prüfungsausschüsse des Deutschen Segler-Verbandes,
- für die verschiedenen Führerscheine des Deutschen Motoryachtverbandes die jeweils zuständigen Prüfungsausschüsse des Deutschen Motoryachtverbandes,
- für den Sportseeschiffer- bzw. den Sporthochseeschifferschein des DMYV und des DSV die amtlichen Prüfungsausschüsse,
- für den Nachweis der Deutschen Lebensrettungsgesellschaft deren Prüfungskommission und
- für den Nachweis der Deutschen Gesellschaft zur Rettung Schiffbrüchiger deren Prüfungsausschuß.

Der Bewerber für die freiwillige Prüfung für Seenot-Signalmittel, die gleichzeitig mit den vorstehenden Führerscheinen, Zeugnissen und Ausweisen, aber auch später abgenommen werden kann, muß den theoretischen Prüfungsstoff beherrschen, der durch den Fragenkatalog mit 48 amtlichen Fragen und Antworten umrissen ist. In der praktischen Prüfung muß der Bewerber anhand von Übungsmodellen nachweisen, daß er zur Handhabung der Seenot-Signalmittel fähig ist.

3. Die amtlichen Fragen und Antworten

A. Allgemeines

1. Was versteht man unter pyrotechnischen Seenotsignalen?
Antwort:
Notsignale, welche mit Hilfe explosionsgefährlicher Stoffe ausgelöst werden.

2. Welche pyrotechnischen Seenotsignale unterliegen dem Waffengesetz?
Antwort:
Die Signalpistole und die hierfür bestimmte Munition.

3. Welche pyrotechnischen Seenotsignale unterliegen dem Sprengstoffgesetz?
Antwort:
Alle pyrotechnischen Seenotsignale, die nicht aus einer Signalpistole abgeschossen werden, wie Signalraketen, Fallschirmsignalraketen, Handfackeln und Rauchsignale.

4. Welche pyrotechnischen Seenotsignale kenne Sie?
Antwort:
Signalraketen rot
Fallschirmsignalraketen rot
Handfackeln rot
Rauchsignale orange
Lichtrauchsignale

5. Welche Farbe haben pyrotechnische Seenotsignale?
Antwort:
Rot, mit Ausnahme des Rauchsignals, das orangefarbenen Rauch entwickelt.

6. Wann dürfen pyrotechnische Seenotsignale verwendet werden?
Antwort:
Nur im Seenotfall, d. h., wenn angezeigt werden soll, daß Gefahr für Leib oder Leben der Besatzung und daher die Notwendigkeit zur Hilfe besteht.

7. Was ist bei allen steigenden Seenotsignalen unbedingt zu beachten?
Antwort:
1. Auf freies Schußfeld achten,
2. Signal senkrecht in Schußrichtung nach oben halten,
3. beim Handhaben und Abfeuern nicht auf Personen richten und selbst nicht mit Körperteilen vor die Mündung kommen,
4. nicht an Versagern hantieren, sondern diese über Bord werfen.

8. Worin liegt die Gefährlichkeit pyrotechnischer Gegenstände?
Antwort:
Es besteht Explosions-, Feuer- und Verletzungsgefahr.

9. Welche pyrotechnischen Seenotsignale dürfen Sie nur verwenden?
Antwort:
Die Signalpistole Kaliber 4 (26,5 mm) und die von der Physikalisch-Technischen Bundesanstalt (PTB) zugelassenen Signalwaffen einschließlich Munition bzw. die von der Bundesanstalt für Materialprüfung (BAM) zugelassenen sonstigen Notsignale.

10. Was für Vorteile haben Signalraketen bzw. Signalpatronen, die mit Fallschirmen ausgerüstet sind, gegenüber Signalsternen?
Antwort:
Wegen geringerer Sinkgeschwindigkeit (5 m/s) ist eine längere Brenndauer möglich; dadurch haben sie einen höheren Aufmerksamkeitswert.

11. Worüber sollten Sie sich sofort nach dem Erwerb pyrotechnischer Seenotsignale informieren?
Antwort:
Gebrauchsanweisung sorgfältig bis zu Ende lesen – und nicht erst im Notfall.

12. Wie lange ist die Verbrauchsdauer pyrotechnischer Seenotsignale bei sachgemäßer Lagerung?
Antwort:
Soweit auf dem einzelnen Gegenstand nicht anderes vermerkt, 2 bzw. 3 Jahre.

13. Woraufhin sind pyrotechnische Seenotsignale ständig zu überwachen, damit die Funktionstüchtigkeit gewährleistet ist?
Antwort:
1. Herstellungsdatum bzw. Verbrauchsdauer beachten,
2. auf Korrosion oder Beschädigung achten.

14. Was verkürzt die Verbrauchsdauer pyrotechnischer Seenotsignale bzw. macht sie evtl. gefährlicher?
Antwort:
1. Feuchtigkeit,
2. Korrosion,
3. hohe Lagertemperaturen,
4. mechanische Beschädigung.

15. Wie sind pyrotechnische Seenotsignale während der Fahrt aufzubewahren?
Antwort:
1. Kühl und trocken,
2. leicht zugänglich in unverschlossenen Behältern.

16. Wie sind pyrotechnische Seenotsignale an Bord im Hafen und an Land aufzubewahren?
Antwort:
1. Kühl und trocken,
2. dem Zugriff Unbefugter entzogen.

17. Was machen Sie mit überlagerten pyrotechnischen Seenotsignalen?
Antwort:
Über den Handel zurückgeben oder Delaborierbetrieben übergeben. Keinesfalls als Feuerwerkskörper verwenden.

18. Wem dürfen Seenotsignale überlassen werden?
Antwort:
Nur berechtigten Personen im Sinne des Waffen- und Sprengstoffrechts.

19. Was haben Sie nach dem Erwerb einer erlaubnispflichtigen Signalpistole zu tun?
Antwort:
Innerhalb von 2 Wochen nach dem Erwerb habe ich der zuständigen Behörde den Erwerb schriftlich anzuzeigen und die Waffenbesitzkarte zur Eintragung des Erwerbs vorzulegen.

20. Was müssen Sie tun, wenn Ihnen Signalmittel oder Waffen abhanden kommen?
Antwort:
Den Verlust der zuständigen Ordnungsbehörde unverzüglich anzeigen.

21. Dürfen Sie Seenotsignalmittel in öffentlichen Verkehrsmitteln befördern?
Antwort:
Nein.

B. Zusätzliche Fragen für den Erwerb einer Waffenbesitzkarte nach dem Waffengesetz

22. Für welche Signalwaffe benötigen Sie eine Erlaubnis der zuständigen Behörde?
Antwort:
Für Signalwaffen mit einem Patronenlager von mehr als 12 mm Durchmesser.

23. Welche Signalwaffen können frei erworben und mitgeführt werden?
Antwort:
Signalwaffen mit dem Zulassungszeichen der Physikalisch-Technischen Bundesanstalt (PTB).

24. Wozu berechtigt eine Waffenbesitzkarte?
Antwort:
Zum Erwerb einer Signalpistole, zu ihrer bestimmungsgemäßen Verwendung in einer Notlage, zur Aufbewahrung in der Wohnung und zum Transport einer nicht schußbereiten und nicht zugriffsbereiten Signalpistole von seiner Wohnung zu seinem Sportboot und zurück. Zur Mitnahme und zur Aufbewahrung an Bord berechtigt die Waffenbesitzkarte nicht, wenn das Boot nicht über Einrichtungen verfügt, die ein Wohnen (z. B. einen Aufenthalt zur Freizeitbeschäftigung und ähnlichem) auf ihm gestatten. Verfügt das Boot nicht über solche Einrichtungen, so bedarf es zusätzlich eines Waffenscheines.

25. Worin liegt der wesentliche Unterschied zwischen einem Waffenschein und einer Waffenbesitzkarte?
Antwort:
Ein Waffenschein berechtigt abweichend von der Waffenbesitzkarte zum Führen einer Schußwaffe in der Öffentlichkeit.

26. Bei welcher Behörde ist eine Waffenbesitzkarte zu beantragen?
Antwort:
Bei der zuständigen Ordnungsbehörde.

27. Welche Voraussetzungen müssen gegeben sein, um eine Waffenbesitzkarte erwerben zu können?
Antwort:
Der Bewerber muß
- das 18. Lebensjahr vollendet haben,
- zuverlässig, sachkundig und körperlich geeignet sein,
- und es muß ein Bedürfnis vorliegen.

28. Wie kann ein Wassersportler nachweisen, daß ein Bedürfnis für den Erwerb einer Signalpistole vorliegt?
Antwort:
Durch genaue Angabe des Verwendungszwecks und durch Vorlage von Unterlagen, aus denen der Besitz eines seegängigen Wasserfahrzeugs (Kaufvertrag, Chartervertrag, Versicherungspolice, Standerschein, Internationales Sportbootzertifikat usw.) oder die Verwendung für Lehr- und Prüfungszwecke hervorgehen.

29. Welche behördlichen Papiere oder Erlaubnisse berechtigen zum Erwerb von erlaubnispflichtiger pyrotechnischer Munition?
Antwort:
Die Waffenbesitzkarte mit Munitionserwerbsberechtigung oder der Munitionserwerbsschein.

30. Mit welchen Zeichen ist die Signalmunition gekennzeichnet?
Antwort:
1. Bezeichnung der Munition und der Verbrauchsdauer.
2. Bei Seenotsignalen rot durchgehende Rändelung des Patronenbodens und roter Lackverschlußdeckel.

31. Welche Ausweispapiere sind beim Führen einer Signalpistole mitzuführen?
Antwort:
Der Personalausweis, Paß oder Dienstausweis, die Waffenbesitzkarte und erforderlichenfalls der Waffenschein.

32. Wie ist eine Signalpistole an Bord einen Wassersportfahrzeuges aufzubewahren?
Antwort:
Es sind Vorkehrungen zu treffen, um zu verhindern, daß die Signalpistole abhanden kommt oder Dritte sie unbefugt an sich nehmen.

33. Wie ist pyrotechnische Munition zu lagern?
Antwort:
Möglichst originalverpackt, kühl und trocken und dem Zugriff Unbefugter entzogen.

34. Welche Steighöhe und Leuchtdauer haben Fallschirmsignalpatronen?
Antwort:
Steighöhe mindestens 300 m, Leuchtdauer mindestens 30 Sekunden.

35. Wie verhalten Sie sich bei Versagern?
Antwort:
Waffe in Schußrichtung belassen, über Kopf erneut spannen und nochmals abschießen, bei erneutem Versagen die Waffe mit nach oben gerichtetem Lauf außenbords öffnen und den Versager herausgleiten lassen.

36. Erläutern Sie die Handhabung der Signalpistole im Notfall!
Antwort:
Bei abwärts gerichteter Mündung Waffe öffnen, Patrone einführen, Waffe schließen, Waffe über Augenhöhe heben, Hahn spannen – schießen.

C. Zusätzliche Fragen für den Erwerb, die Aufbewahrung und die Verwendung von pyrotechnischen Notsignalen nach dem Sprengstoffgesetz

37. Welche pyrotechnischen Seenotsignale können erlaubnisfrei erworben, aufbewahrt und verwendet werden?
Antwort:
Die der Unterklasse T 1, d. h. Handfackeln rot und bestimmte Rauchsignale, von jedem, der das 18. Lebensjahr vollendet hat.

38. Welche erlaubnispflichtigen pyrotechnischen Seenotsignale dürfen Wassersportler mit einem im Führerschein eingedruckten Befreiungsvermerk erwerben?
Antwort:
Die der Unterklasse T 2, d. h. Signalraketen rot, Fallschirmsignalraketen rot und bestimmte Rauchsignale.

39. Woran erkennen Sie an einem pyrotechnischen Seenotsignal, um welche Unterklasse es sich handelt?
Antwort:
Am Zulassungszeichen: BAM-PT 1... oder BAM-PT 2- ...

40. Wer darf pyrotechnische Seenotsignale der Klasse T verwenden?
Antwort:
Jeder, der damit anzeigen will, daß ein Seenotfall vorliegt, d. h., daß Gefahr für Leib oder Leben der Besatzung und daher die Notwendigkeit zur Hilfe besteht.

41. Wie lange ist die Brenndauer einer Seenot-Handfackel?
Antwort:
Ihre Brenndauer beträgt 30 bis 60 Sekunden.

42. Welche Arten von Zündern werden bei Seenot-Handfackeln gewöhnlich verwendet und wie funktionieren sie?
Antwort:
1. Reibkopf-Zündung – funktioniert wie ein Streichholz, das mit Verzögerung oder direkt den Leuchtsatz zündet.
2. Reißzünder – ein Draht im Inneren wird durch einen reibempfindlichen Satz gezogen, Weiterzündung wie 1.

43. Was ist sicherheitstechnisch bei der Verwendung von Seenot-Handfackeln zu beachten?
Antwort:
1. Gebrauchsanweisung beachten.
2. In jedem Fall die brennenden Fackeln grundsätzlich nach Lee waagerecht so halten, daß versprühende Ascheteile keine Verletzungen (Hand, Augen) verursachen oder das Fahrzeug beschädigen.

44. Beschreiben Sie den allgemeinen Aufbau eines Rauchsignals!
Antwort:
In einem Behälter befindet sich ein Zünder (meist Reißzünder) mit Verzögerung, der mindestens 4 Minuten lang orangefarbenen Rauch abgibt.

45. Was ist bei der Verwendung von Rauchsignalen zu beachten?
Antwort:
Rauchsignale nur am Tage und bei geringen Windstärken gebrauchen. Die Zündung erfolgt durch Reißschnur, die unter einer abschraubbaren Schutzkappe liegt. Nach der Zündung ist das Rauchsignal zur Leeseite außenbords zu werfen.

46. Was wissen Sie über Steighöhe und Brenndauer von Signalraketen?
Antwort:
Steighöhe 100 bis 300 m, Brenndauer mindestens 30 Sek.

47. Fallschirmsignalraketen und Handfackeln sind bei klarem Wetter unterschiedlich weit zu sehen. Welche Signale verwenden Sie den Umständen entsprechend?
Antwort:
Fallschirmsignalraketen, um ein entferntes Fahrzeug auf eine Notlage aufmerksam zu machen und grob in die Richtung einzuweisen;
Handfackeln, um die genaue Position bei größerer Annäherung kenntlich zu machen.

48 Dürfen Sie pyrotechnische Gegenstände selbst herstellen und bearbeiten?
Antwort:
Nein, nur als Inhaber einer Erlaubnis nach dem Sprengstoffgesetz.

4. Die praktische Prüfung der Handhabung der Signalpistole

4.1 Verwendung der Signalpistole zum Abschießen von Seenotsignalmunition

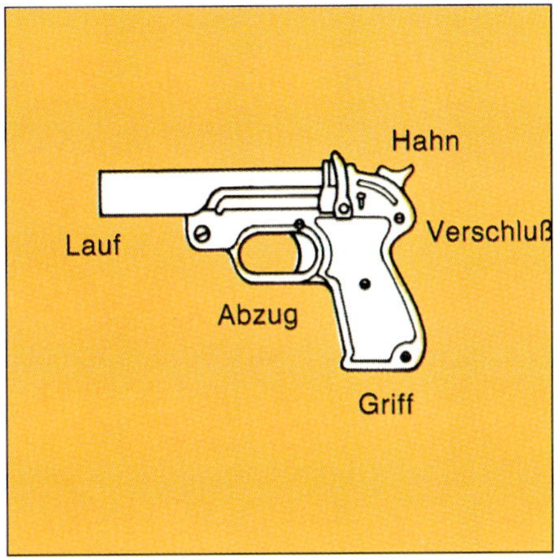

Eigenschaften
Hohe Anfangsgeschwindigkeit – ausgeprägte Richtungsstabilität. Der Schütze kann das Signalmittel einhändig bedienen und sich selbst festhalten.

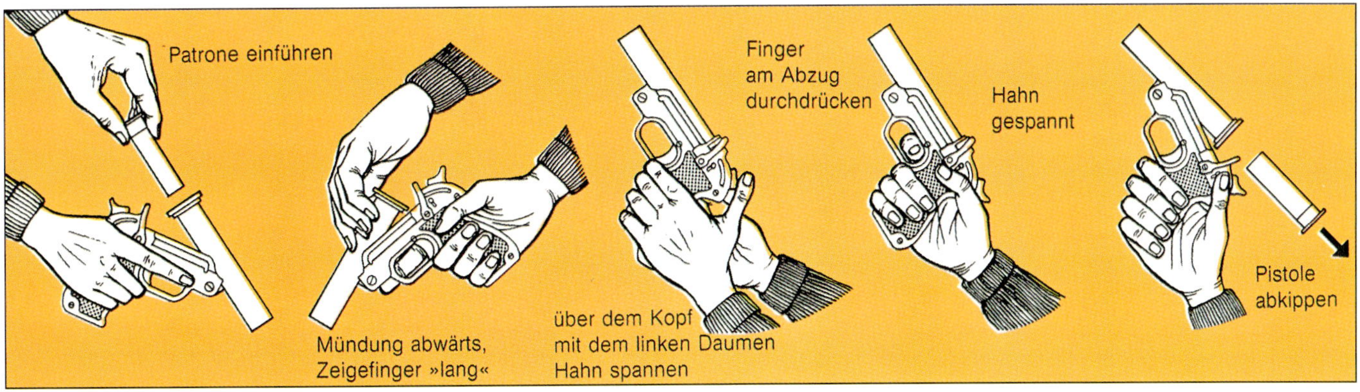

1. Laden **2. Schließen** **3. Spannen** **4. Schießen** **5. Entladen nach Schießen bzw. nach Versagen**

Merke:
Bei Versager Pistole in Schußrichtung über Kopf erneut spannen und nochmals abschießen.

Bei erneutem Versager die Pistole mit nach oben gerichtetem Lauf außenbords öffnen und den Versager herausgleiten lassen.

4.2 Verwendung der Signalpistole als Leinenwurfgerät*

Unter Verwendung eines Zusatzgerätes läßt sich die Signalpistole zum Leinenwurfgerät umrüsten.
Dieses dient zur Herstellung von Leinenverbindungen bei Seenot- und „Mann-über-Bord"-Unfällen.

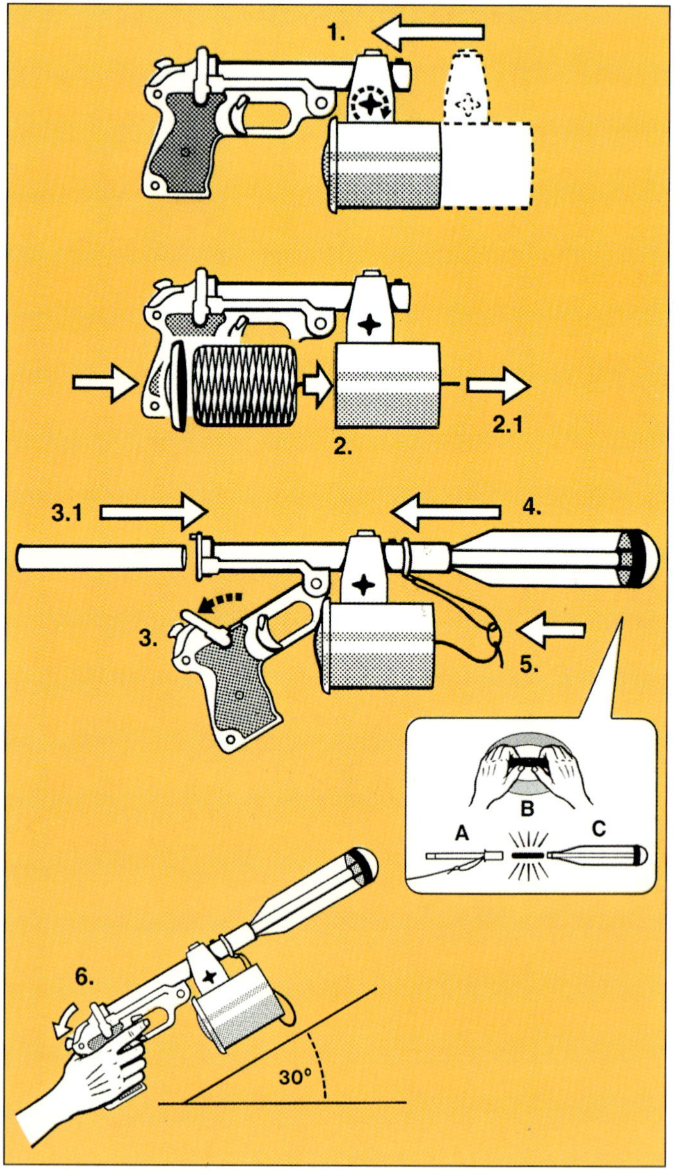

Wichtig bei der Verwendung als „Mann-über-Bord"-Rettungsgerät

a) Vor dem Abschuß Windstärke und Windrichtung beachten und entsprechend weit nach Luv vorhalten.
b) Der Schiffbrüchige sollte sich die Leine um den Oberkörper binden oder an seinen Lifebelt knoten, um so an das Boot herangezogen zu werden.
c) Das An-Bord-Holen sollte entsprechend der Übung der Bootsbesatzung erfolgen.

Gebrauchsanweisung
für eine zum Leinenwurfgerät umgerüstete Signalpistole

1. Leinendose auf den Pistolenlauf schieben (bis max. 35 mm) und festschrauben.
2. Dosendeckel abnehmen und Leinenknäuel einlegen.
2.1 Leinenanfang (weißer Vorläufer) durch das vordere Dosenloch führen und hinteren Dosendeckel wieder verschließen.
3. Pistole öffnen.
3.1 Treibladungskartusche in die Pistole einsetzen, Pistole schließen. Bei zusätzlicher Beleuchtung des Schwimmkopfes:
   A Schwimmkopf von Schießstab abschrauben.
   B Cyalume-Leuchtstab brechen und schütteln.
   C Leuchtstab in den Schwimmkopf einsetzen und diesen wieder mit dem Schießstab verschrauben.
4. Schießstab bis zum Anschlag in den Pistolenlauf einführen.
5. Leinenanfang mit Anschlußschlaufe des Schießstabes verknoten.
6. Pistole spannen und mit ca. 30° Anstellwinkel abschießen. Pistolenlauf möglichst nach jedem Schuß säubern, weil sonst Pulverrückstände das Einführen des nächsten Schießstabes erschweren können.

* Entnommen der Broschüre „Sicherheit in der Sportschiffahrt im See- und Küstenbereich", Ausgabe 1994, herausgegeben vom Bundesamt für Seeschiffahrt und Hydrographie.

5. Einsatz von Fallschirmsignalraketen, Rauchsignalen und Handraketen

5.1 Fallschirmsignalrakete Kal. A, Raketengeschoß mit Einstern, rot

Eigenschaften:
Geringe Anfangsgeschwindigkeit – Gefahr des unkontrollierten Abschusses bei unruhigem Standpunkt oder durch Beeinflussung von außen während der Abschußphase. Das Signalmittel muß beidhändig bedient werden. Die Sicherung des Signalgebenden ist erschwert.
Aus dem Abschußverhalten ergibt sich die bessere Eignung von Signalpistolen auf kleinen Fahrzeugen.

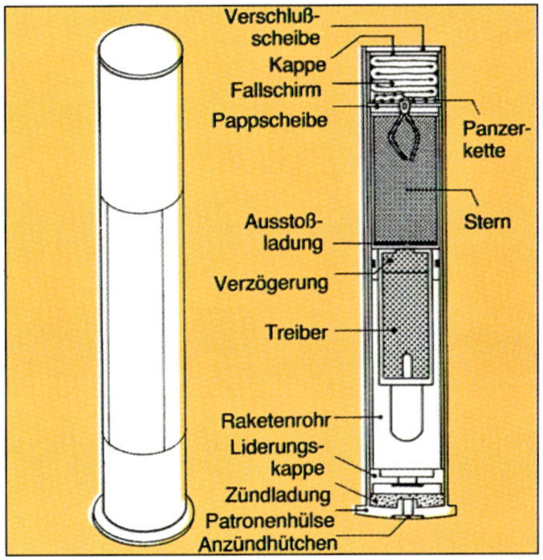

Merke:
Da von allen steigenden Seenotsignalen ein erhebliches Gefährdungspotential ausgeht, gilt generell:
1. auf freies Schußfeld achten
2. Fallschirmsignalrakete senkrecht in Schußposition nach oben halten
3. beim Handhaben und Abfeuern nicht auf Personen richten und selbst nicht mit Körperteilen vor die Mündung kommen
4. nicht an Versagern hantieren, sondern diese über Bord werfen

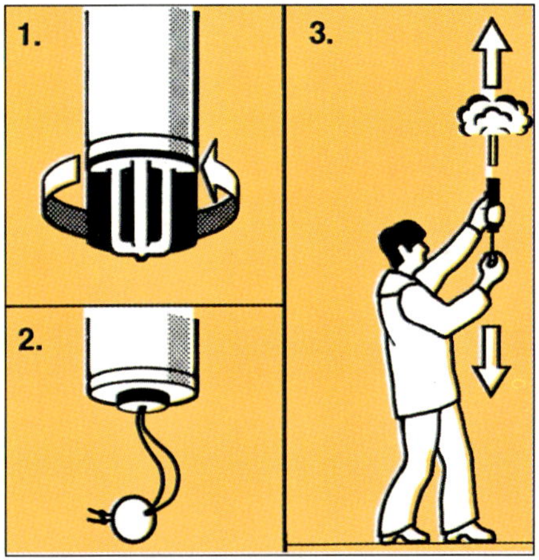

Gebrauchsanweisung für Fallschirmsignalraketen
1. Kappe abschrauben
2. Abreißschnur wird frei
3. Rakete über den Kopf halten und Reißschnur kräftig nach unten ziehen

Beachte:
Da die Bedienung von Fallschirmsignalraketen international nicht genormt ist, sind Gebrauchsanweisungen nicht erst im Notfall durchzulesen!

5.2 Rauchsignal, orange

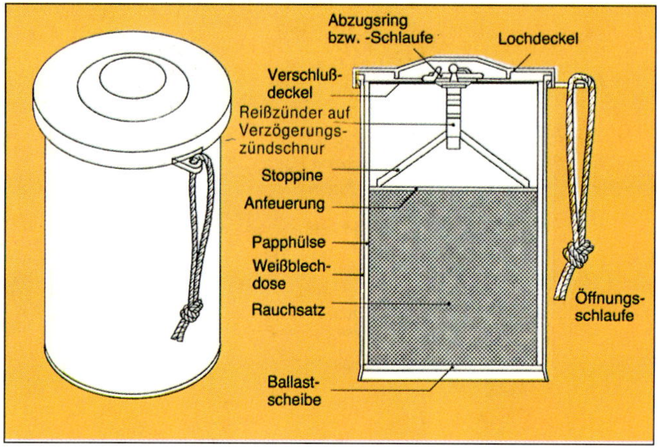

5.3 Handfackel, rot

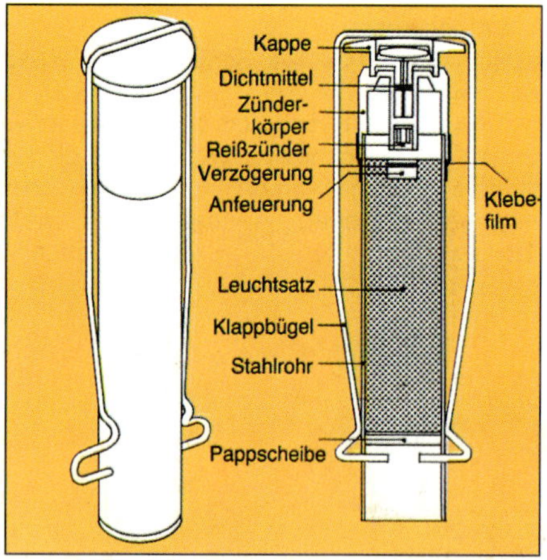

Bundesgesetzblatt 1985

Teil I Z 1997 A

1973 | Ausgegeben zu Bonn am 29. Dezember 1973 | Nr. 110

Verordnung über die Eignung und Befähigung zum Führen von Sportbooten auf den Seeschiffahrtsstraßen (Sportbootführerscheinverordnung – See)

Vom 20. Dezember 1973 (BGBl. I S. 1988), zuletzt geändert durch Art. 9 der Ausführungsverordnung zum Seerechtsübereinkommen vom 7. Dezember 1994 (BGBl. I. S. 3744)

Auf Grund der §§ 7 und 9 Abs. 1 Satz 1 Nr. 3 und Satz 2 sowie des § 12 Abs. 2 des Gesetzes über die Aufgaben des Bundes auf dem Gebiet der Seeschiffahrt vom 24. Mai 1965 (Bundesgesetzbl. II S. 833), zuletzt geändert durch die Zweite Verordnugn zur Änderung seeverkehrsrechtlicher Vorschriften (Ausführungsverordnung zum Seerechtsübereinkommen) vom 7. Dezember 1994 (BGBl. I. S. 3744), wird, hinsichtlich des § 10 im Einvernehmen mit dem Bundesminister der Finanzen, verordnet:

§ 1
Fahrerlaubnis

(1) Wer auf den Seeschiffahrtsstraßen ein Sportboot führen will, bedarf der Erlaubnis (Fahrerlaubnis). Sportboot im Sinne dieser Verordnung ist ein von seinem Bootsführer nicht gewerbsmäßig für Sport- oder Erholungszwecke verwendetes Wasserfahrzeug oder Wassermotorrad. Ausgenommen sind

1. Inhaber eines Befähigungszeugnisses der Gruppen A und B der Schiffsoffiziers-Ausbildungsverordnung vom 11. Februar 1985 (BGBl. I. S. 323) in jeweils geltender Fassung oder eines sonstigen vom Bundesminister für Verkehr anerkannten amtlichen deutschen Befähigungszeugnisses zum Führen eines Wasserfahrzeuges auf den Seeschiffahrtsstraßen,
2. Personen mit Wohnsitz außerhalb des Geltungsbereiches dieser Verordnung, die sich nicht länger als ein Jahr im Geltungsbereich dieser Verordnung aufhalten, es sei denn, daß in dem Staat ihres Wohnsitzes für das Führen von Sportbooten auf Wasserstraßen, die mit den Seeschiffahrtsstraßen vergleichbar sind, ein Befähigungsnachweis amtlich vorgeschrieben ist; in diesem Fall sind die Inhaber des in dem Staat ihres Wohnsitzes geltenden Befähigungsnachweises ausgenommen, soweit Gegenseitigkeit gewährleistet ist,
3. Führer von Sportbooten, wenn die Sportboote keinen Motorantrieb haben oder mit einem Motorantrieb ausgerüstet sind, dessen größte nicht überschreitbare Nutzleistung an der Propellerwelle 3,68 Kilowatt oder weniger beträgt.

(2) Die Fahrerlaubnis ist durch eine amtliche Bescheinigung nach dem Muster der Anlage (Sportbootführerschein – See) nachzuweisen. Der Sportbootführerschein – See oder, wenn vorhanden, der Sportseeschifferschein oder der Sporthochseeschifferschein nach der Sportseeschifferscheinverordnung vom 17. Dezember 1992 (BGBl. I S. 2061) in der jeweils geltenden Fassung oder ein in Absatz 1 Satz 3 Nr. 1 und 2 bezeichnetes Befähigungszeugnis ist beim Führen von Sportbooten mitzuführen und den zur Kontrolle befugten Personen auf Verlangen zur Prüfung auszuhändigen.

(3) Eine nach der Motorbootführerscheinverordnung vom 17. Januar 1967 (Bundesgesetzbl. II S. 731), geändert durch die Verordnung vom 21. Oktober 1968 (Bundesgesetzbl. II S. 1107), erteilte Fahrerlaubnis steht einer Fahrerlaubnis im Sinne des Absatzes 1 gleich. Ein nach dieser Verordnung ausgestellter Motorbootführerschein gilt als Sportbootführerschein im Sinne des Absatzes 2.

§ 2
Eignung und Befähigung

(1) Eine Fahrerlaubnis kann erhalten, wer

1. das 16. Lebensjahr vollendet hat,
2. körperlich, geistig und auf Grund seines bisherigen Verhaltens im Verkehr zum Führen eines Sportbootes geeignet ist und
3. seine Befähigung zum Führen eines Sportbootes nachgewiesen hat.

Bewerber, die das 18. Lebensjahr noch nicht vollendet haben, bedürfen der schriftlichen Zustimmung des gesetzlichen Vertreters. Die Unterschrift in der Zustimmungserklärung muß amtlich beglaubigt sein.

(2) Ungeeignet zum Führen eines Sportbootes ist, wer über kein ausreichendes Hör-, Seh- oder Farbunterscheidungsvermögen verfügt oder zur Trunksucht neigt oder wem die Fahrerlaubnis durch das Seeamt oder das Bundesoberseeamt bestandskräftig entzogen worden ist. Bestehen Zweifel an der Eignung, kann die Vorlage amts- oder fachärztlicher Zeugnisse oder die Beantragung der Erteilung eines Führungszeugnisses nach § 30 Abs. 5 des Bundeszentralregistergesetzes in der Fassung der Bekanntmachung vom 21. September 1984 (BGBl. I S. 1229) verlangt werden. Als ungeeignet kann angesehen werden, wer wegen Gefährdung des Schiffsverkehrs rechtskräftig bestraft worden ist oder wiederholt mit Geldbuße geahndete Zuwiderhandlungen gegen Schifffahrtspolizeivorschriften begangen hat.

(3) Bewerbern, die beschränkt körperlich geeignet sind oder die nach Absatz 2 Satz 3 als ungeeignet angesehen werden können, kann die Fahrerlaubnis unter Auflagen erteilt werden, soweit dadurch die mit dem Mangel der Eignung verbundenen Gefahren durch den Bewerber ausgeglichen werden können. Die Auflagen sind im Sportbootführerschein zu vermerken. Tritt nach dem Erwerb der Fahrerlaubnis eine Beschränkung der körperlichen Eignung ein, können nachträgliche Auflagen erteilt werden, soweit dadurch die mit dem Mangel der Eignung verbundenen Gefahren ausgeglichen werden können. Für die Erteilung der Auflagen ist der Prüfungsausschuß zuständig, der die Fahrerlaubnis erteilt oder erteilt hat.

§ 3
Prüfung

Die Befähigung zum Führen eines Sportbootes ist durch eine Prüfung nachzuweisen. Die Prüfung soll zeigen, ob der Bewerber ausreichende Kenntnisse der für das Führen eines Sportbootes maßgebenden schiffahrtspolizeilichen Vorschriften und die zur sicheren Führung eines Sportbootes auf den Seeschiffahrtsstraßen erforderlichen nautischen und technischen Kenntnisse hat und zu ihrer praktischen Anwendung fähig ist.

§ 4
Beauftragung

Der Deutsche Motoryachtverband und der Deutsche Segler-Verband werden beauftragt, nach Maßgabe dieser Verordnung und der zu ihrer Durchführung vom Bundesminister für Verkehr erlassenen Richtlinien gemeinsam über Anträge auf Zulassung zur Prüfung zu entscheiden, die Prüfung abzunehmen, bei Bestehen der Prüfung Sportbootführerscheine auszustellen sowie nach § 10 Kosten zu erheben. Sie unterstehen hierbei der Fachaufsicht des Bundesministers für Verkehr, der sich bei der Durchführung der Fachaufsicht über die Prüfungsausschüsse der Wasser- und Schiffahrtsdirektion Nord und Nordwest bedient. Die Zuständigkeit der Wasser- und Schiffahrtsdirektion bestimmt der Bundesminister für Verkehr.

§ 5
Antrag

(1) Anträge auf Zulassung zur Prüfung und Erteilung der Fahrerlaubnis sind an den Prüfungsausschuß (§ 6 Abs. 1) zu richten, bei dem der Bewerber die Prüfung ablegen will. Der Antrag muß folgende Angaben, Erklärungen und Unterlagen enthalten:

1. Vor- und Zuname, Geburtstag, Geburtsort und Anschrift,
2. ein Lichtbild in der Größe 38 × 45 mm, das den Bewerber ohne Kopfbedeckung im Halbprofil erkennen läßt,
3. ein ärztliches Zeugnis über ein ausreichendes Hör-, Seh- und Farbunterscheidungsvermögen, das vom untersuchenden Arzt unmittelbar dem Vorsitzenden des zuständigen Prüfungsausschusses in einem verschlossenen Umschlag und in Abschrift dem Antragsteller zuzuleiten ist,
4. eine Erklärung, daß die Erteilung eines Führungszeugnisses nach § 30 Abs. 5 des Bundeszentralregistergesetzes zur Vorlage beim Prüfungsausschuß beantragt worden ist,
5. eine Erklärung, ob dem Bewerber die Fahrerlaubnis für Sportboote bereits einmal entzogen ist,
6. bei Bewerbern, die das 18. Lebensjahr noch nicht vollendet haben, die Zustimmung des gesetzlichen Vertreters (§ 2 Abs. 1).

(2) Der Bewerber wird erst dann zur Prüfung zugelassen, wenn die nach Absatz 1 beizufügenden Unterlagen und das Führungszeugnis nach Absatz 1 Nr. 4 vorliegen. Die Zulassung zur Prüfung darf frühestens drei Monate vor Vollendung des 16. Lebensjahres erfolgen.

§ 6
Prüfungsausschuß und Abnahme der Prüfung

(1) Für die Zulassung zur Prüfung und deren Abnahme werden Prüfungsausschüsse bestellt, die aus einem Vorsitzenden, aus stellvertretenden Vorsitzenden und aus Beisitzern bestehen. Auf gemeinsamen Vorschlag der nach § 4 beauftragten Verbände bestimmt der Bundesminister für Verkehr den Sitz der Prüfungsausschüsse und bestellt die Vorsitzenden und deren Stellvertreter. Die Beisitzer werden von den beauftragten Verbänden aus ihnen angehörenden Vereinen und von den zuständigen Wasser- und Schiffahrtsdirektionen benannt. Nach Anhörung der beauftragten Verbände kann der Bundesminister für Verkehr die Bestellung des Vorsitzenden eines Prüfungsausschusses widerrufen oder zurücknehmen.

(2) Die Prüfung wird von dem Vorsitzenden des Prüfungsausschusses oder dessen Stellvertreter, einem von den beauftragten Verbänden und einem von der zuständigen Wasser- und Schiffahrtsdirektion benannten Beisitzer abgenommen, die mit Stimmenmehrheit beschließen.

(3) Der Vorsitzende des Prüfungsausschusses oder sein Stellvertreter bestimmt den Prüfungstermin und leitet die Prüfung. Über den Prüfungsverlauf ist eine Niederschrift aufzunehmen.

(4) Für die Abnahme der praktischen Prüfung hat der Bewerber ein Sportboot mit einem Bootsführer zu stellen, der eine Fahrerlaubnis haben muß. Der Prüfungsausschuß kann ein Sportboot ablehnen, wenn es nicht verkehrssicher ist oder aufgrund seiner Bauart, Sicherheitsausrüstung, Größe oder Tragfähigkeit für die Prüfung ungeeignet ist. Das gleiche gilt, wenn das Sportboot nicht mit den Gegenständen ausgerüstet ist, die für die in der praktischen Prüfung auszuführenden Manöver erforderlich sind.

(5) Hat der Bewerber in der Prüfung die Befähigung zum Führen eines Sportbootes nachgewiesen, ist die Fahrerlaubnis zu erteilen und darüber ein Sportbootführerschein auszustellen. Besteht ein Bewerber einen Teil der Prüfung nicht, so gilt die Prüfung als nicht bestanden. Bei Nichtbestehen kann eine neue Prüfung frühestens nach Ablauf von vier Wochen abgenommen werden. Bei einer neuen Prüfung kann der Prüfungsausschuß einen Bewerber, der einen Teil der Prüfung überdurchschnittlich bestanden hat, von der erneuten Ablegung dieses Prüfungsteiles befreien.

(6) Der Prüfungsausschuß soll Bewerbern, die neben der Prüfung nach § 3 den Befähigungsnachweis nach der Verordnung über das Führen von Sportbooten auf den Binnenschiffahrtsstraßen vom 21. März 1978 (BGBl. I S. 420) erwerben wollen, ermöglichen, die getrennten Prüfungen in zeitlichem Zusammenhang abzulegen.

§ 7
Ersatzausfertigung

Ist ein Sportbootführerschein unbrauchbar geworden oder wird glaubhaft gemacht, daß er verlorengegangen ist, stellen die beauftragten Verbände auf Antrag eine Ersatzausfertigung aus, die als solche zu bezeichnen ist. Der unbrauchbar gewordene Sportbootführerschein ist abzuliefern.

§ 8
Entziehung der Fahrerlaubnis

(1) Die Fahrerlaubnis ist zu entziehen, wenn der Inhaber körperlich, geistig oder auf Grund seines Verhaltens im Verkehr zum Führen von Sportbooten nicht mehr geeignet ist. Bestehen Zweifel an der Eignung, kann die Vorlage eines amts- oder fachärztlichen Zeugnisses verlangt werden.

(2) Eine Fahrerlaubnis kann entzogen werden, wenn der Inhaber

1. wegen Gefährdung des Schiffsverkehrs rechtskräftig verurteilt worden ist,
2. wiederholt mit Geldbuße geahndete Zuwiderhandlungen gegen strom- und schiffahrtspolizeiliche Vorschriften begangen hat,
3. unter erheblicher Einwirkung geistiger Getränke oder anderer berauschender Mittel ein Sportboot geführt hat oder
4. einer Auflage nach § 2 Abs. 3 nicht nachkommt.

(3) Über die Entziehung der Fahrerlaubnis entscheidet die Wasser- und Schiffahrtsdirektion Nordwest.

(4) Die beauftragten Verbände, die Prüfungsausschüsse und die Schiffahrtspolizeibehörden haben der Wasser- und Schiffahrtsdirektion Nordwest alle Tatsachen unverzüglich mitzuteilen, die eine Entziehung rechtfertigen können.

(5) Die Fahrerlaubnis erlischt mit der Entziehung. Der Sportbootführerschein ist nach der Entziehung unverzüglich der Wasser- und Schiffahrtsdirektion Nordwest abzuliefern. Satz 2 gilt auch dann, wenn die Entziehung der Fahrerlaubnis angefochten und der sofortige Vollzug der Entziehung angeordnet worden ist.

(6) Die Wasser- und Schiffahrtsdirektion Nordwest kann Fristen und Bedingungen für die Erteilung eines neuen Sportbootführerscheins festsetzen.

§ 8a

Fahrverbot

(1) Dem Inhaber eines Befähigungszeugnisses nach § 1 Abs. 1 Satz 3 Nr. 1 ist das Führen eines Sportbootes auf Seeschiffahrtsstraßen befristet für die Dauer von einem bis zu zwölf Monaten oder unbefristet zu untersagen (Fahrverbot), wenn die Voraussetzungen des § 8 Abs. 1 vorliegen.

(2) Dem Inhaber eines Befähigungszeugnisses nach § 1 Abs. 1 Satz 3 Nr. 1 kann das Führen eines Sportbootes auf Seeschiffahrtsstraßen befristet für die Dauer von einem bis zu zwölf Monaten oder unbefristet untersagt werden, wenn die Voraussetzungen des § 8 Abs. 2 Nr. 1, 2 oder 3 vorliegen oder der Inhaber einer im Befähigungszeugnis eingetragenen Auflage nicht nachkommt.

(3) Dem Inhaber einer Fahrerlaubnis kann das Führen eines Sportbootes auf Seeschiffahrtsstraßen befristet für die Dauer von einem bis zu zwölf Monaten untersagt werden, wenn die Voraussetzungen des § 8 Abs. 2 Nr. 1, 2, 3 oder 4 gegeben sind und sich aus dem Verhalten des Inhabers im Verkehr nicht ergibt, daß er zum Führen eines Sportbootes nicht mehr geeignet ist.

(4) Über das Fahrverbot entscheidet die Wasser- und Schiffahrtsdirektion Nordwest. Sie teilt ihre Entscheidung, soweit der Inhaber eines Befähigungszeugnisses betroffen ist, unter Angabe der Gründe der Behörde mit, die das Befähigungszeugnis erteilt hat.

(5) Der Sportbootführerschein ist nach der bestandskräftigen Anordnung des Fahrverbots unverzüglich der Wasser- und Schiffahrtsdirektion Nordwest abzuliefern. Er ist auch abzuliefern, wenn die Anordnung des Fahrverbots angefochten wurde, aber der sofortige Vollzug der Anordnung angeordnet worden ist.

§ 9

Verzeichnis

(1) Die beauftragten Verbände führen gemeinsam ein Verzeichnis der Inhaber einer Fahrerlaubnis. In das Verzeichnis sind Name, Anschrift, Geschlecht, Geburtsdatum und Geburtsort sowie das Datum der Erteilung der Fahrerlaubnis und gegebenenfalls der Verlust des Sportbootführerscheins und das Datum der Erteilung einer Ersatzausfertigung einzutragen; bei Entzug der Fahrerlaubnis sind auch der Grund sowie die Frist zu vermerken, innerhalb derer eine neue Fahrerlaubnis nicht erteilt werden darf.

(2) Auskünfte aus dem Verzeichnis dürfen nur an die Gerichte, Seeämter, Staatsanwaltschaften und Polizeibehörden erteilt werden, soweit dies im öffentlichen Interesse liegt und gesetzliche Vorschriften nicht entgegenstehen.

§ 10

Kosten

(1) An Kosten (Gebühren und Auslagen) werden erhoben:

1. für die Abnahme der Führerscheinprüfung — DM 64,00
2. für die Erteilung einer Fahrerlaubnis nach Bestehen der Prüfung — DM 30,00
3. für die nachträgliche Erteilung von Auflagen nach § 2 Abs. 3 — DM 11,50
4. für die Ausstellung einer Ersatzausfertigung nach § 7 — DM 30,00
5. für die Erteilung einer Fahrerlaubnis ohne Prüfung nach § 13 — DM 30,00
6. für die Ablehnung eines Antrags — DM 19,00
7. für die Entziehung einer Fahrerlaubnis nach § 8 und die Verhängung eines Fahrverbots nach § 8a — DM 85,00 bis DM 250,00
8. für die teilweise oder vollständige Zurückweisung eines Widerspruchs, soweit sich der Widerspruch nicht ausschließlich gegen eine Kostenentscheidung richtet, bis zur Höhe der für die angefochtene Amtshandlung festgesetzten Gebühr; dies gilt nicht, wenn der Widerspruch nur deshalb keinen Erfolg hat, weil die Verletzung einer Verfahrens- oder Formvorschrift nach § 45 des Verwaltungsverfahrensgesetzes unbeachtlich ist,
9. Reisekosten für die Mitglieder der Prüfungsausschüsse und die Kosten für die Bereitstellung von Prüfungsräumen,
10. für die Rücknahme des Widerspruchs nach Beginn der sachlichen Bearbeitung, jedoch vor deren Beendigung bis zu 75 vom Hundert der Gebühr nach Nummer 8.

(2) Die Kosten für Amtshandlungen werden im Auftrage des Bundesministers für Verkehr

1. nach Absatz 1 Nr. 1 bis 3, Nr. 6 und Nr. 9 von den Prüfungsausschüssen,
2. nach Absatz 1 Nr. 4, 5 und 8 von den beauftragten Verbänden,
3. nach Absatz 1 Nr. 7 von der Wasser- und Schiffahrtsdirektion Nordwest

festgesetzt und einbezogen.

§ 11

Überwachung

Die Kontrolle der Führer von Sportbooten, ob sie einen gültigen Sportbootführerschein oder ein anerkanntes Befähigungszeugnis mitführen oder die nach § 2 Abs. 3 erteilten Auflagen erfüllt haben, obliegt den Schiffahrtspolizeibehörden. Schiffahrtspolizeibehörden sind die Wasser- und Schiffahrtsdirektionen Nord und Nordwest sowie die ihnen nachgeordneten Wasser- und Schiffahrtsämter; diese bedienen sich der Vollzugshilfe der Wasserschutzpolizei der Länder nach Maßgabe der Vereinbarungen zwischen dem Bund und den Ländern über die Ausübung der schiffahrtspolizeilichen Vollzugsaufgaben (§ 20 Abs. 1 Nr. 5 des Gesetzes über die Aufgaben des Bundes auf dem Gebiet der Seeschiffahrt) sowie des Bundesgrenzschutzes und der Zollverwaltung.

§ 12

Ordnungswidrigkeiten

(1) Ordnungswidrig im Sinne des § 15 Abs. 1 Nr. 2 des Gesetzes über die Aufgaben des Bundes auf dem Gebiet der Seeschiffahrt handelt, wer vorsätzlich oder fahrlässig

1. entgegen § 1 Abs. 1 ein Sportboot führt, ohne die dazu erforderliche Fahrerlaubnis zu haben,
2. entgegen einem Fahrverbot nach § 8a Abs. 1, 2 oder 3 ein Sportboot fährt,

3. als Eigentümer oder Führer eines Sportbootes anordnet oder zuläßt, daß jemand das Fahrzeug führt, der die dazu erforderliche Fahrerlaubnis (§ 1 Abs. 1) nicht hat,
4. entgegen § 1 Abs. 2 Satz 2 den Sportbootführerschein, den Sportseeschifferschein, den Sporthochseeschifferschein, ein in § 1 Abs. 1 Satz 3 Nr. 1 und 2 bezeichnetes Befähigungszeugnis oder einen nach § 1 Abs. 3 anerkannten Motorbootführerschein beim Führen von Sportbooten nicht mitführt oder einer zur Kontrolle befugten Person auf Verlangen zur Prüfung nicht aushändigt,
5. einer vollstreckbaren Auflage nach § 2 Abs. 3 zuwiderhandelt oder
6. entgegen § 8 Abs. 5 Satz 2 oder 3 nach der Entziehung der Fahrerlaubnis oder in den Fällen des § 8a Abs. 5 den Sportbootführerschein nicht abliefert.

(2) Die Zuständigkeit für die Verfolgung und Ahndung von Ordnungswidrigkeiten nach Absatz 1 wird auf die Wasser- und Schiffahrtsdirektion Nord und Nordwest übertragen.

§ 13

Erteilung einer Fahrerlaubnis ohne Prüfung

(1) Gegen Vorlage eines nach bisheriger Übung bis zum Tage der Verkündung dieser Verordnung vom Deutschen Motoryachtverband oder vom Deutschen Seglerverband erteilten Fertigkeitszeugnisses für Segelboote mit Hilfsmotor wird von den beauftragten Verbänden gemeinsam innerhalb eines Jahres nach Inkrafttreten der Verordnung eine Fahrerlaubnis ohne Ablegung einer Prüfung erteilt, sofern die Voraussetzungen, nach denen dieses Fertigkeitszeugnis erteilt worden ist, den Anforderungen dieser Verordnung entsprochen haben.

(2) Gegen Vorlage eines Befähigungszeugnisses der Gruppen A und B der Schiffsbesatzungs- und Ausbildungsordnung, eines amtlichen Motorbootführerscheins oder eines sonstigen nach § 1 Abs. 1 Satz 3 Nr. 1 anerkannten amtlichen deutschen Befähigungszeugnisses können die beauftragten Verbände gemeinsam auf Antrag eine Fahrerlaubnis erteilen.

§ 14

Inkrafttreten

Diese Verordnung tritt, mit Ausnahme der §§ 1 und 12 für Führer von Segelbooten mit Hilfsmotor von mehr als 5 PS, am 1. Januar 1974 in Kraft; am gleichen Tage tritt die Motorbootführerscheinverordnung vom 17. Januar 1967 (Bundesgesetzbl. II S. 731), geändert durch die Verordnung vom 21. Oktober 1968 (Bundesgesetzbl. II S. 1107), außer Kraft. Die §§ 1 und 12 treten für Führer von Segelbooten mit Hilfsmotor von mehr als 5 PS am 1. April 1974 in Kraft.

Anlage zur Sportbootführerscheinverordnung–See

Anlage
(zu § 2 Abs. 2)

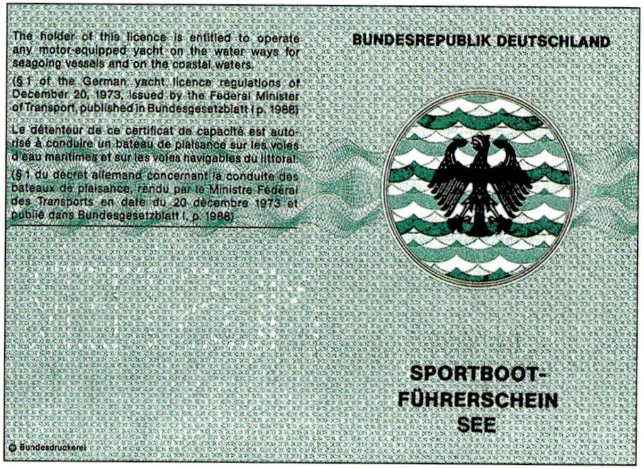

The holder of this licence is entitled to operate any motor-equipped yacht on the water ways for seagoing vessels and on the coastal waters.

(§ 1 of the German yacht licence regulations of December 20, 1973, issued by the Federal Minister of Transport, published in Bundesgesetzblatt I p. 1988)

Le détenteur de ce certificat de capacité est autorisé à conduire un bateau de plaisance sur les voies d'eau maritimes et sur les voies navigables du littoral.

(§ 1 du décret allemand concernant la conduite des bateaux de plaisance, rendu par le Ministre Fédéral des Transports en date du 20 décembre 1973 et publié dans Bundesgesetzblatt I, p. 1988)

© Bundesdruckerei

BUNDESREPUBLIK DEUTSCHLAND

SPORTBOOT-
FÜHRERSCHEIN
SEE

Herrn
Frau ____________
Fräulein

geboren am: ____________

geboren in: ____________

Straße: ____________

Wohnort: ____________

wird hiermit im Auftrage des Bundesministers für Verkehr die Fahrerlaubnis zum Führen von Sportbooten auf den Seeschiffahrtstraßen der Bundesrepublik Deutschland erteilt (§ 1 der Sportbootführerscheinverordnung – See) und der Sportbootführerschein

Nr. ____________

ausgestellt. Auflagen nach § 2 Abs. 3:

Lichtbild

____
(Eigenhändige Unterschrift des Inhabers)

____
(Ort und Datum der Ausstellung)

Deutscher Motoryachtverband e. V.
Deutscher Segler-Verband e. V.

____
(Unterschrift)

Innenseiten

Anlage 2

Anschrift des Koordinationsausschusses

Deutscher Motoryachtverband, Deutscher Seglerverband – Koordinationsausschuß für den Amtlichen Sportbootführerschein, Gründgensstraße 18, 22309 Hamburg, Tel.: (040) 6308011

Verzeichnis der amtlichen Prüfungsausschüsse des DMYV/DSV aufgrund der Sportbootführerscheinverordnung–See

Prüfungs-ausschuß	Vorsitzender	Ort	Telefon
Aurich	Dieter Böse	Am Ehrenmahl 2a **26789 Leer**	(04 91) 29 85
Berlin	Karin Peisker-Wichert	Schulzendorfer Straße 31 **13467 Berlin**	(0 30) 4 04 10 74 / 75
Bodensee	Klaus-Jürgen Glee	Lindenweg 7 **88709 Meersburg**	(0 75 32) 94 60
Bremen	Hans Georg Logemann	Im Kifkenbruch 2a **28755 Bremen**	(04 21) 66 11 60
Düsseldorf	Rolf Helmut Becker	Holzstraße 1 **40221 Düsseldorf**	(02 11) 39 34 94
Flensburg	Werner Ross	Brauereiweg 16 **24939 Flensburg**	(04 61) 4 44 05
Hamburg	Kurt Meuthien	Beim Schlump 2 **20144 Hamburg**	(0 40) 4 10 14 41
Hannover	Gerhard Kallmeyer	Hildesheimer Straße 70 **30880 Laatzen**	(05 11) 86 12 09
Kiel	Gerhard Schröder	Kleiner Eiderkamp 5 **24113 Molfsee**	(04 31) 65 18 20
Leipzig	Uwe Böhme	Tarostraße 20/003 **04103 Leipzig**	(03 41) 2 21 56 36
Lübeck	Fred Steppat	Moorredder 45 **23570 Lübeck-Travemünde**	(0 45 02) 30 20 47
München	Werner Richter	Thomas-Mann-Straße 3 **89257 Illertissen**	(0 73 03) 96 43 30
Rostock	Wolfgang Weinert	Barther Straße 70 **18437 Stralsund**	(0 38 31) 28 05 31
Wiesbaden	Wolfgang Hollbach	Rampenstraße 1 **55252 Mainz-Kastel**	(0 61 34) 72 93 49

Anlage 3

Liste der Motoren, die 3,68 kW (5 PS) oder weniger leisten, so daß mit ihnen ausgerüstete Sportboote nicht der Führerscheinpflicht unterliegen (Freiliste)

Hersteller	Typ	Max. Nutzleistung gemessen an der Propellerwelle	Bemerkungen
Aspera Motors	MEP 7	2,13 kW	
BMW	D 5	3,57 kW	
Chrysler	6 HP (60; 61; 62; 64; 67)	3,64 kW	
Evinrude	6 (BG; BGL)	3,68 kW	
Evinrude	6 (BE; BF; BFL; DR; DRL)	3,60 kW	
Force	3 (MH)	2,20 kW	
Force	5 (MH)	3,68 kW	
Honda	50 EH	3,40 kW	ab Ser.-Nr. BF 75-120 0001 3,53 kW
Johnson	3.3	2,58 kW	
Johnson	CD (22; 23; 24; 25)	3,38 kW	
Johnson	6R (69; 70; 71; 72) 6BR 73; 6BA (74; 75)	3,38 kW	
Johnson	6 (BG; BGL)	3,41 kW	
Johnson	6 (BF; BFL; DR; DRL)	3,60 kW	
König	4,206910	1,81 kW	
Mariner	2 (M)	1,47 kW	
Mariner	2.5 (M)	1,48 kW	identisch mit Mercury MERC 2.5 (M)
Mariner	3.3	2,26 kW	
Mariner	4 (M/ML)	2,66 kW	
Mariner	5 (M/ML; MH)	3,27 kW	
Mariner	6 (M/ML)	3,56 kW	ab Ser.-Nr. 000777/6D (Normalschaft) bzw. 300293/6D (Langschaft) 3,49 kW, ab Modelljahr 87 Leistg. größer als 3,68 kW
Mariner	6 (B; BL)	3,56 kW	
Mariner	6 (M/ML) -3,68	3,68 kW	
Mercury	MERC 2.2	1,55 kW	
Mercury	MERC 2.5 (M)	1,84 kW	
Mercury	3,3	2,32 kW	
Mercury	MERC 3,5 (M; ML)	1,92 kW	
Mercury	MERC 3,6	1,92 kW	
Mercury	MERC 4	2,08 kW	bis einschl. Modellj. 78 MERC 40
Mercury	MERC 4 (M; ML; MLSP)	2,65 kW	
Mercury	MERC 4 (M; ML)	2,96 kW	ab Modelljahr 87
Mercury	MERC 4,5	2,65 kW	bis einschl. Modellj. 78 MERC 45
Mercury	MERC 5 (ML)	3,68 kW	
Mercury	MERC 6	3,39 kW	ab Modelljahr 87 Leistung größer als 3,68 kW
Mercury	MERC 6–3,68	3,68 kW	

(Fortsetzung der Anlage 3)

Selva	5 (S125)	3,50 kW	
Selva	5S (S130)	3,50 kW	
Suzuki	DT 5	3,60 kW	
Suzuki	DT 6 (S; L)	3,50 kW	
Tohatsu	M2.5A (S; S/L)	1,55 kW	
Tohatsu	M3.5A (S/L)	2,70 kW	
Tohatsu	M3.5B	2,58 kW	
Tohatsu	M5B (S/L)	3,68 kW	
Tohatsu*	M6B (S,L)	3,53 kW	in älteren Listen steht fälschlicherweise M8
Tomos	3; 4; 4-electr.	1,82 kW	
Tomos	4.8	2,58 kW	
Volvo Penta	VP R 75	3,60 kW	
Yamaha	2A	1,47 kW	
Yamaha	3,5 (A; AC)	2,38 kW	
Yamaha*	4A (S)	2,66 kW	S: mit separatem Tank
Yamaha	P65	2,38 kW	
Yamaha	P95; 5B	2,83 kW	
Yamaha*	5C (S)	3,27 kW	S: mit separatem Tank
Yamaha	6A	3,48 kW	
Yamaha	6D (DM)	3,48 kW	ab Modelljahr 84 3,49 kW
Yamaha	6B	3,63 kW	ab Ser.-Nr. 250746 (Normalschaft) bzw. 550301 (Langschaft) 3,38 kW
Zündapp	304 – (03; 04)	3,38 kW	

* geändert

Anlage 4

Behörden der Wasser- und Schiffahrtsverwaltung (WSV)

4.1 **Wasser- und Schiffahrtsdirektion Nord,** Hindenburgufer 247, **24106 Kiel,** Tel. 04 31/33 94-0, Teletex: 4 31 780 = WSDN, Telefax: 04 31/33 94-3 48
Seeamt Kiel, Hindenburgufer 247, **24106 Kiel,** Tel. 04 31/3 39 40
Seeamt Hamburg, Moorweidenstraße 14, **20148 Hamburg,** Tel. 0 40/4 11 00
Seeamt Rostock, Dierkower Damm 45, **18146 Rostock,** Tel. 03 81/4 56 35, Fax 03 81/4 56 39 70
Wasser- und Schiffahrtsamt Stralsund, Frankendamm 28, **18439 Stralsund,** Tel. 0 38 31/24 90, Telex: 05 831 121 215, Telefax: 0 38 31/24 93 74
Wasser- und Schiffahrtsamt Lübeck, Moltkeplatz 17, **23566 Lübeck,** Tel. 04 51/6 20 80, nach Dienstschluß 0 45 02/7 11 17, Telefax: 04 51-6 20 81 90, Telex: 26 212 bwhld
Wasser- und Schiffahrtsamt Brunsbüttel, Alte Zentrale 4, **25541 Brunsbüttel,** Tel. 0 48 52/8 85-0, Telefax: 0 48 52/88 54 07
Wasser- und Schiffahrtsamt Tönning, Am Hafen 40, **25832 Tönning,** Tel. 0 48 61/61 50, Telefax: 0 48 61/61 53 25, Telex: 28 412 wsatg
Wasser- und Schiffahrtsamt Kiel-Holtenau, Schleuseninsel 2, **24159 Kiel,** Tel. 04 31/36 03-0, Telefax: 04 31/36 03-4 54, Telex: 2 92 836
Wasser- und Schiffahrtsamt Hamburg, Moorweidenstraße 14, **20148 Hamburg,** Tel. 0 40/4 41 10-0, Telex: 2 164 132 bwhhd, Telefax: 0 40/4 41 10-3 65
Wasser- und Schiffahrtsamt Cuxhaven, Am Alten Hafen 2, **27472 Cuxhaven,** Tel. 0 47 21/1 06-0, Telex: 2 32 205 rvzcx, 2 32 154 swdcx, 2 32 263 elgcx, Telefax: 0 47 21/10 61 03

4.2 **Wasser- und Schiffahrtsdirektion Nordwest,** Schloßplatz 9, **26603 Aurich,** Tel. 0 49 41/6 02-0, Telefax: 0 49 41/6 02-3 78, Teletex: 4 94 178 = WSDNW
Sonderstelle des Bundes „Ölunfälle See/Küste“ (SBOE), Deichstraße 12, **27472 Cuxhaven,** Tel. 0 47 21/1 06-0, Telefax: 0 47 21/10 61 03
Wasser- und Schiffahrtsamt Bremen, Franziuseck 5, **28199 Bremen,** Tel. 04 21/53 78-0, Telefax: 04 21/53 78-4 00
Wasser- und Schiffahrtsamt Bremerhaven, Am Alten Vorhafen 1, **27568 Bremerhaven,** Tel. 04 71/48 35-0, Telefax: 04 71/48 35-2 10
Wasser- und Schiffahrtsamt Wilhelmshaven, Mozartstraße 32, **26382 Wilhelmshaven,** Tel. 0 44 21/1 86-0, Telefax: 0 44 21/1 86-3 08
Wasser- und Schiffahrtsamt Emden, Am Eisenbahndock 3, **26725 Emden,** Tel. 0 49 21/8 02-1, Telefax: 0 49 21/8 02-3 88
Seeamt Bremerhaven, Keilstraße 3, **27519 Bremerhaven,** Tel. 04 71/4 83 52 11, Telefax: 04 71/4 83 52 10
Seeamt Emden, Am Eisenbahndock 3, **26725 Emden,** Tel. 0 49 21/80 23 07, Telefax: 0 49 21/80 23 79

4.3 **Wasser- und Schiffahrtsdirektion Mitte,** Am Waterlooplatz 5, **30169 Hannover,** Tel. 05 11/91 15-0, Teletex: 05 11/91 15-4 44, 05 11/91 15-4 00, Telefax: 05 11/91 15-4 00
Wasser- und Schiffahrtsamt Hann. Münden, Kasseler Straße 5, **34346 Hann. Münden,** Tel. 0 55 41/40 71-74, Telefax: 9 43/7 31 99
Wasser- und Schiffahrtsamt Verden, Hohe Leuchte 30, **27283 Verden,** Tel. 0 42 31/8 98-0, Telefax: 8 98 44
Wasser- und Schiffahrtsamt Minden, Am Hohen Ufer 1, **32425 Minden,** Tel. 05 71/4 02-1, Telefax: 9 43/40 24 30
Wasser- und Schiffahrtsamt Braunschweig, Ludwig-Winter-Straße 5, **38120 Braunschweig,** Tel. 05 31/8 66 03-0, Telefax: 9 43/8 66 03 40
Wasser- und Schiffahrtsamt Uelzen, Greyer Straße 12, **29525 Uelzen,** Tel. 05 31/9 07 90, Telefax: 05 31/9 07 92 77

4.4 **Wasser- und Schiffahrtsdirektion West,** Cheruskerring 11, **48147 Münster,** Tel. 02 51/27 08-1, Teletex: 2 51 81 58 = WSD West, Telefax: 02 51/27 08-3 38
Wasser- und Schiffahrtsamt Duisburg-Rhein, Königstraße 84, **47119 Duisburg,** Tel. 0 20 66/20 06-0, Telefax: 0 20 66/20 06 44
Wasser- und Schiffahrtsamt Köln, An der Münze 8, **50668 Köln,** Tel. 02 21/97 35 0, Telefax: 02 21/73 41 88
Wasser- und Schiffahrtsamt Duisburg-Meiderich, Emmericher Straße 201, **47138 Duisburg,** Tel. 02 03/42 70 91, Telefax: 02 03/4 28 01 48
Wasser- und Schiffahrtsamt Rheine, Münsterstraße 75–77, **48431 Rheine,** Tel. 0 59 71/5 02 75-8, Telefax: 0 59 71/5 58 80, Teletex: 5 97 13 21 = WSARh
Wasser- und Schiffahrtsamt Meppen, Herzog-Arenberg-Straße 66, **49716 Meppen,** Tel. 0 59 31/70 41-44, Telefax: 0 59 31/2 01 86

4.5 **Wasser- und Schiffahrtsdirektion Südwest,** Brucknerstraße 2, **55127 Mainz,** Tel. 0 61 31/9 79-0, Telefax: 0 61 31/97 91 55, Telex: 4 187 866
Wasser- und Schiffahrtsamt Freiburg, Stefan-Meier-Straße 4–6, **79104 Freiburg,** Tel. 07 61/27 18-0, Telefax: 07 61/27 18-1 55
Wasser- und Schiffahrtsamt Mannheim, C 8, 3, **68162 Mannheim,** Tel. 06 21/15 05-0, Telex: 1 76 211 977, Teletex: 6 211 977, Telefax: 06 21/15 05-1 55
Wasser- und Schiffahrtsamt Bingen, Schloßstraße 36, **55411 Bingen,** Tel. 0 67 21/3 06-0, Telefax: 0 67 21/3 06-1 05
Wasser- und Schiffahrtsamt Heidelberg, Hans-Böckler-Straße 3, **69115 Heidelberg,** Tel. 0 62 21/5 07-0, Telefax: 0 62 61/5 07-1 55
Wasser- und Schiffahrtsamt Stuttgart, Birkenwaldstraße 38, **70191 Stuttgart,** Tel. 07 11/2 57 26 11, Telefax: 07 11/2 57 26 14
Wasser- und Schiffahrtsamt Koblenz, Mainzer Straße 20, **56068 Koblenz,** Tel. 02 61/98 19-0, Telex: 8 62 740, Telefax: 02 61/98 19-1 57
Wasser- und Schiffahrtsamt Trier, Pacelli-Ufer 16, **54290 Trier,** Tel. 06 51/36 09-0, Telex: 4 72 420, Telefax: 36 09-1 55
Wasser- und Schiffahrtsamt Saarbrücken, Bismarckstraße 133, **66121 Saarbrücken,** Tel. 06 81/60 02-1, Telefax: 06 81/6 00 23 55

4.6 **Wasser- und Schiffahrtsdirektion Süd,** Wörthstraße 19, **97082 Würzburg,** Tel. 09 31/41 05-0, Telex: 6-86 64, Telefax: 09 31/41 05-3 80
Wasser- und Schiffahrtsamt Aschaffenburg, Obernauer Straße 19, **63739 Aschaffenburg,** Tel. 0 60 21/3 85-0, Telefax: 0 60 21/3 85-1 01
Wasser- und Schiffahrtsamt Schweinfurt, Mainberger Straße 8, **97422 Schweinfurt,** Tel. 0 97 21/20 60, Telefax: 0 97 21/20 61 01
Wasser- und Schiffahrtsamt Nürnberg, Marientorgraben 1, **90402 Nürnberg,** Tel. 09 11/20 00-0, Telefax: 09 11/20 00-1 01
Wasser- und Schiffahrtsamt Regensburg, Zeißstraße 1, **93053 Regensburg,** Tel. 09 41/7 84 40, Telefax: 09 41/7 84 45 20

4.7 **Wasser- und Schiffahrtsdirektion Ost,** Werderscher Markt, **10117 Berlin,** Tel. 0 30/2 03 80, Telefax: 0 30/20 38 31 09
Wasser- und Schiffahrtsamt Dresden, Moritzburger Straße 1, **01127 Dresden,** Tel. 03 51/5 61 00, Telefax: 03 51/5 33 92
Wasser- und Schiffahrtsamt Magdeburg, Fürstenwallstraße 19/20, **39104 Magdeburg,** Tel. 03 91/3 36 31, Telefax: 03 91/5 61 65 83
Wasser- und Schiffahrtsamt Lauenburg, Grünstraße 16, **21481 Lauenburg,** Tel. 0 41 53/59 40, Telefax: 0 41 53/33 32
Wasser- und Schiffahrtsamt Brandenburg, Breetzseeufer 3, **14770 Brandenburg,** Tel. 0 33 81/26 60, Telefax: 0 38 81/26 63 21
Wasser- und Schiffahrtsamt Berlin, Poststraße 21/22, **10178 Berlin,** Tel. 0 30/5 52 30, Telefax: 0 30/55 23 43 97

4.8 **Bundesamt für Seeschiffahrt und Hydrographie,** Bernhard-Nocht-Straße 78, **20359 Hamburg,** Tel. 0 40/3 19 00, FS: 211 13 bshh d, Telefax: 0 40/31 90/50 00, und Dierkower Damm 45, **18146 Rostock,** Tel. 03 81/4 56 35, Telefax: 03 81/4 56 39 48

4.9 **Bundesoberseeamt,** Bernhard-Nocht-Straße 78, **20359 Hamburg,** Tel. 0 40/3 19 00, Telefax: 0 40/91 90 50 00

Anlage 5

5. Dienststellen der Wasserschutzpolizei im Küstenbereich

5.1 Niedersachsen

Bezirksregierung Weser-Ems, Dezernat 312, Theodor-Tantzen-Paltz 8, 26106 Oldenburg (als Wasserschutzpolizeibehörde für das Land Niedersachsen)
Der Kommandeur der Waserschutzpolizei, Theodor-Tantzen-Platz 8, 26106 Oldenburg, Tel. (04 41) 7 99 22 69
Technische Fachdienste der Wasserschutzpolizei, 26789 Leer, Groninger Straße 43, Tel. (04 91) 80 25 15
5.1.1 Wasserschutzpolizei-Inspektion I: 26723 Emden-Nesserland, Am Seemannsheim 4, Tel. (0 49 21) 89 15 58
Wasserschutzpolizei-Revier Emden: 26723 Emden-Nesserland, Am Seemannsheim 4, Tel. (0 49 21) 89 15 58
Wasserschutzpolizei-Außenstelle Borkum: 26757 Borkum, Reedestraße 236, Tel. (0 49 22) 16 22
Wasserschutzpolizei-Station Leer: 26789 Leer, Groninger Straße 43, Tel. (04 91) 80 25 15
Wasserschutzpolizei-Außenstelle Papenburg: 26871 Papenburg, Seeschleuse, Tel. (0 49 61) 41 44
Wasserschutzpolizei-Station Norderney: 26548 Norderney, Am Hafen, Tel. (0 49 32) 22 93
Wasserschutzpolizei-Revier Wilhelmshaven: 26382 Wilhelmshaven, Ebertstraße 80, Tel. (0 44 21) 4 09 - 3 58
Wasserschutzpolizei-Station Stade: 21683 Stade, Stadersand 1b, Tel. (0 41 41) 1 02 - 2 55
Wasserschutzpolizei-Revier Oldenburg: 26122 Oldenburg, Stau 169. Tel. (04 41) 7 90 - 25 58
Wasserschutzpolizei-Außenstelle Bad Zwischenahn: 26160 Bad Zwischenahn, Am Delf 41, Tel. (0 44 03) 9 27 - 1 55
Wasserschutzpolizei-Station Elsfleth: 26931 Elsfleth, Weserstraße 14, Tel. (0 44 04) 23 77
Wasserschutzpolizei-Revier Meppen: 49716 Meppen, Kolpingstraße 1, Tel. (0 59 31) 8 49 - 0
Wasserschutzpolizei-Außenstelle Lingen: 49808 Lingen, Meppener Straße 161, Tel. (05 91) 44 77
Wasserschutzpolizei-Station Dörpen: 26892 Dörpen, An der Schleuse, Tel. (0 49 63) 89 30
5.1.2 Wasserschutzpolizei-Inspektion II: 30165 Hannover, Vahrenwalder Straße 21, Tel. (05 11) 67 05 - 8 33 oder 67 05 - 1

5.2 Bremen

Wasserschutzpolizeiamt Bremen: 28217 Bremen, Überseehafen, Hafenkopf II, Nr. 2, Tel. (04 21) 38 20 31
Wasserschutzpolizei-Station I: 28217 Bremen, Überseehafen, Hafenkopf II, Nr. 2, Tel. (04 21) 39 20 31
Wasserschutzpolizei-Station II: 28237 Bremen, Beim Industriehafen 59, Tel. (04 21, v. Hbg. 92) 39 20 31
Wasserschutzpolizei-Station IV: 26919 Brake, Hinrich-Schnitger-Straße 13, Tel. (0 44 01) 77 35
Wasserschutzpolizei-Station V: 27548 Bremerhaven, Container Terminal, Gatehouse III, Tel. (04 71) 4 70 11 - 13
Wasserschutzpolizei-Station VI: 27570 Bremerhaven, An der Neuen Schleuse 16, Tel. (04 71) 2 80 41

5.3 Hamburg

Behörde für Inneres, Polizei, Landespolizeidirektion, LPD 05: 20097 Hamburg, Beim Strohhause 31, Tel. (0 40) 2 83 - 1
Behörde für Inneres, Polizei, Polizeidirektion Süd, Abtlg. Wasserschutzpolizei, 21073 Hamburg, Wilstorfer Straße 100, Tel. (0 40) 76 60 30
Polizeidirektion 452, Fachdienst Hafensicherheit, 20095 Hamburg, Klingberg 1, Tel. (0 40) 2 83 - 1
Polizeidirektion 453, Fachdienst Grenzpolizeiliche Angelegenheiten (Grenzschutzamt Hamburg–Hafen), 20359 Hamburg, Bei den St. Pauli Landungsbrücken 3a, Tel. (0 40) 2 83 - 1 und 31 47 98
Polizeidirektion 455, Dienstgruppe Gewässer und Immissionsschutz/Gefährliche Güter/Umweltschutz, 20095 Hamburg, Klingberg 1, Tel. (0 40) 2 83 - 1
WS-Revier 2 (Steinwerder), 20457 Hamburg, Roßdamm 10, Tel. (0 40) 7 56 14 - 0
WS-Revier (Harburg), 21079 Hamburg, Harburger Hauptdeich 8, Tel. (0 40) 7 66 03 - 1
WS-Revier 3/Außenstelle Lauenburg, Elbstraße 2, 21481 Lauenburg, Tel. (0 41 53) 22 91
WS-Revier 1 (Waltershof), 21129 Hamburg, Waltershofer Damm, Tel. (0 40) 7 41 85 - 1 10
WS-Revier 12 (Cuxhaven), 27472 Cuxhaven, Lentzkai, Tel. Cuxhaven (0 47 21) 2 20 71

5.4 Schleswig-Holstein

Wasserschutzpolizeidirektion: 24116 Kiel, Mühlenweg 166, Haus 10, Tel. (04 31, v. Hbg. 93) 5 98 38 75/76
Unterstellte Dienststellen:

5.4.1 Nordseebereich

Wasserschutzpolizei-Revier Husum: 25813 Husum, Kleikuhle, Tel. (0 48 41) 60 11
mit Wasserschutzpolizei-Station List (Sylt): 25992 List, Landwehrdeich 47, Tel. (0 46 52) 4 60
Wasserschutzpolizei-Station Wyk (Föhr): 25938 Wyk, Am Hafen, Tel. (0 46 21) 12 80
Wasserschutzpolizei-Revier Büsum: 25761 Büsum, Alte Hafeninsel 20, Tel. (0 48 34) 20 25
mit Wasserschutzpolizei-Station Helgoland: 27498 Helgoland, Hafenstraße 2, Tel. (0 47 25) 6 07
mit Wasserschutzpolizei-Station Glückstadt: 25348 Glückstadt, Königsstraße 39, Tel. (0 41 24) 70 14
mit Wasserschutzpolizei-Stationszweigstelle Wedel: 22880 Wedel, Yachthafen, Tel. (0 41 03, v. Hbg. 9 08) 50 18
NO-Kanal-Bereich
Wasserschutzpolizei-Revier Kiel-Holtenau: 24159 Kiel-Holtenau, Schleuse, Tel. (04 31, v. Hbg. 93) 5 98 38 88
mit Wasserschutzpolizei-Station Rendsburg: 24780 Rendsburg, Am Kreishafen 10, Tel. (0 43 31) 20 81
Wasserschutzpolizei-Revier Brunsbüttel: 25541 Brunsbüttel, Schleuse, Tel. (0 48 52) 10 12, 20 16

5.4.2 Ostseebereich

Wasserschutzpolizei-Revier Kiel: 24105 Kiel, Düsternbrooker Weg 82, Landeshaus, Haus C, Tel. (04 31) 59 61
mit Wasserschutzpolizei-Station Eckernförde: 24340 Eckernförde, Schiffsbrücke, Tel. (0 43 51) 90 80
Wasserschutzpolizei-Revier Heiligenhafen: 23774 Heiligenhafen, Graswardensteg, Tel. (0 43 62) 73 42
Wasserschutzpolizei-Station Puttgarden: 23769 Puttgarden, Fährbahnhof, Tel. Burg a. Fehmarn (0 43 71) 38 90
Wasserschutzpolizei-Revier Flensburg: 24939 Flensburg, Norderstraße 72, Tel. (04 61) 48 40
mit Wasserschutzpolizei-Station Kappeln: 24376 Kappeln, Am Hafen 20e, Tel. (0 46 42) 10 84
Wasserschutzpolizei-Revier Lübeck: 23568 Lübeck, Hafenstraße 2, Tel. (04 51, v. Hbg. 91) 3 34 40
mit Wasserschutzpolizei-Station Lübeck-Schlutup: 23568 Lübeck-Schlutup, Am Fischereihafen 1, Tel. (04 51) 69 07 21
Wasserschutzpolizei-Station Ratzeburg: 23909 Ratzeburg, Seestraße 12–14, Tel. (0 45 41) 80 90
Wasserschutzpolizei-Station Mölln: 23879 Mölln, Ohlendörp 7, Tel. (0 45 42) 70 01
Wasserschutzpolizei-Revier Lübeck-Travemünde: 23570 Lübeck-Travemünde, Leuchtenfeld, Tel. (0 45 02, v. Hbg. 9 11) 7 41 41
mit Wasserschutzpolizei-Station Neustadt: 23730 Neustadt, Am Heisterbusch 46, Tel. (0 45 61) 61 50

5.5 Berlin

Der Polizeipräsident in Berlin
Referat Wasserschutzpolizei: Baumschulenstraße 1, 12437 Berlin, Tel. (0 03 72) 6 32 80 57/58
Wasserschutzpolizeibereich 1: 13587 Berlin, Mertensstraße 140, Tel. (0 30) 8 45-20 57
Wasserschutzpolizeibereich 2: 10553 Berlin, Neues Ufer 1, Tel. (0 30) 3 45-20 57
Wasserschutzpolizeibereich 3: 14129 Berlin, Inselstraße 8, Tel. (0 30) 8 03 80 34

5.6 Mecklenburg-Vorpommern

Wasserschutzpolizei-Direktion Mecklenburg-Vorpommern: Blücherstraße 1–3, 18055 Rostock
Wasserschutzpolizei-Station Wismar: Am Kalihafen, 23966 Wismar, Tel. (0 38 41) 22 75
Wasserschutzpolizei-Posten Rerik: Wustrower Straße, 18230 Rerik, Telefax 03 82 96/3 80
Wasserschutzpolizei-Posten Boltenhagen: Dünenweg, 23946 Boltenhagen, Tel. (03 88 25) 24 22
Wasserschutzpolizei-Posten Poel: Am Hafen, 23999 Timmendorf/Poel, Tel. (03 84 25) 2 16

Wasserschutzpolizei-Station Rostock: Warnowenn, 18109 Rostock, Tel. (03 81) 71 11 97

Wasserschutzpolizei-Posten Schwaan: Amtsplatz 3, 18259 Schwaan, Tel. (0 38 44) 6 34

Wasserschutzpolizei-Posten Ribnitz-Damgarten: Am See, 18311 Ribnitz-Damgarten, Tel. (0 38 21) 23 79

Wasserschutzpolizei-Station Stralsund: Am Querkanal 5, 18439 Stralsund, Tel. (0 38 31) 29 30 97

Wasserschutzpolizei-Posten Barth: Baustraße 16, 18356 Barth, Tel. (03 82 31) 33 67

Wasserschutzpolizei-Posten Greifswald: Am Hafen, 17493 Greifswald, Tel. (0 38 34) 27 55

Wasserschutzpolizei-Station Saßnitz: Bahnhofstraße 3, 18546 Saßnitz, Tel. (03 83 92) 3 20 65

Wasserschutzpolizei-Posten Ralswieck/Rg.: Störtebeckerweg, 18528 Ralswieck/Rg.

Wasserschutzpolizei-Posten Lauterbach/Rg.: Lauterbacher Chaussee, 18581 Lauterbach/Rg.

Wasserschutzpolizei-Posten Schaprode/Rg.: Gartenweg 65, 18569 Schaprode/Rg.

Wasserschutzpolizei-Station Wolgast: Breite Straße 21, 17438 Wolgast, Tel. (0 38 36) 20 25 98

Wasserschutzpolizei-Posten Anklam: Werftstraße 6, 17389 Anklam, Tel. (0 39 71) 83 30 26

Wasserschutzpolizei-Posten Ueckermünde: Grabenstraße 1, 17373 Ueckermünde, Tel. (03 97 71) 24 03

Wasserschutzpolizei-Station Waren: Gerhart-Hauptmann-Allee 6, 17192 Waren/Müritz, Tel. (0 39 91) 73 27 04

Wasserschutzpolizei-Posten Neubrandenburg: Darrenstraße 3, 17033 Neubrandenburg, Tel. (03 95) 58 80

Stichwortverzeichnis